LUST AN DER ERKENNTNIS:
Die klassische deutsche Philosophie

SERIE PIPER
Band 750

Zu diesem Buch

In der erfolgreichen Reihe »Lust an der Erkenntnis« behandelt der vorliegende Band die klassische deutsche Philosophie, also die Epoche von Leibniz bis Hegel. Anhand von Originaltexten erhält der Leser einen informativen Überblick über die bis heute fruchtbarste Epoche der deutschen Philosophie. Das Lesebuch enthält Texte u. a. von Leibniz, Moses Mendelssohn, Lichtenberg, Kant, Lessing, Jacobi, Herder, Schelling, Fichte, Hölderlin, Hegel. In seiner ausführlichen Einleitung zeichnet Anton Friedrich Koch die Stationen der klassischen deutschen Philosophie nach und stellt den philosophisch-geistesgeschichtlichen Zusammenhang der Texte her.

Anton Friedrich Koch, geboren 1952, Dr. phil., ist wissenschaftlicher Assistent am Institut für Philosophie der Universität München.

LUST AN DER ERKENNTNIS:

Die klassische deutsche Philosophie

Ein Lesebuch

Herausgegeben und mit einer Einführung versehen von
Anton Friedrich Koch

Piper
München Zürich

In der Reihe »Lust an der Erkenntnis« liegen
in der Serie Piper bereits vor:
Die Philosophie des 20. Jahrhunderts (547)
Die Theologie des 20. Jahrhunderts (646)
Russisches Christentum (866)
Jüdische Theologie im 20. Jahrhundert (879)
Weitere Bände sind in Vorbereitung.

ISBN 3-492-10750-8
Originalausgabe
Februar 1989

Umschlag: Federico Luci,
unter Verwendung der Lithographie »Hegel dozierend im Kolleg«,
1828, von Franz Kugler (© Archiv für
Kunst und Geschichte, Berlin)
Gesamtherstellung: Clausen & Bosse, Leck
Printed in Germany

Inhalt

VI. Ein neues Fundament der kritischen Philosophie?

VII. Die Entstehung des Idealismus

VIII. Der Idealismus vor Hegel

IX. Hegel

X. Der Idealismus neben und nach Hegel

Vorwort

Ein Lesebuch zur klassischen deutschen Philosophie kann keine leichte Lektüre sein. Mißlicher ist, daß es auch keinen aus sich heraus verständlichen Gesamttext präsentieren kann. Ich habe versucht, wenigstens die Einführung, die leider auch keine leichte Lektüre sein kann, so zu gestalten, daß sie im wesentlichen nur Vorkenntnisse voraussetzt, die zu erwerben sind, wenn man ihren Verweisen auf die abgedruckten Texte nachgeht.

Die Auswahl der Texte zwang oft zu schmerzlichen Entscheidungen. Hamann, Schiller, Hegels *Phänomenologie des Geistes* und *Rechtsphilosophie*, um ein paar besonders gravierende Lükken zu nennen, sind nicht vertreten. Aber es konnte ja auch nicht nur darum gehen, einen repräsentativen Querschnitt durch die deutsche Philosophie von Leibniz bis Hegel geben zu wollen. Mir kam es darauf an, Textauswahl und Einführung so aufeinander abzustimmen, daß derjenige sachliche Zusammenhang offenbar würde, der die klassische deutsche Philosophie als prima philosophia – als erste und eigentliche Philosophie – klassisch macht.

Das Buch hat, als Lesebuch, keinen wissenschaftlichen Apparat. Aber ich habe mich bemüht, auch den Bedürfnissen von Fachstudenten im Grundstudium Rechnung zu tragen. Sie werden in unseren Proseminaren mit einzelnen Textstücken einzelner Klassiker konfrontiert. Für die sachlichen Zusammenhänge zwischen verschiedenen Theorieansätzen sind sie oft genug auf Begriffsbildungen angewiesen, die durch zu häufigen Gebrauch stumpf und nichtssagend geworden sind. Wenn ihnen das vorliegende Lesebuch als Arbeitsbuch hilfreich sein könnte, hätte es einen wichtigen Nebenzweck erfüllt.

München, Juli 1988 A. F. K.

Einführung

Anton Friedrich Koch: Stationen der klassischen deutschen Philosophie

Monaden in prästabilierter Harmonie

Newton und Leibniz waren Zeitgenossen. Bekanntlich haben beide unabhängig voneinander die Differential- und Integralrechnung entwickelt (und sich um die Urheberschaft gestritten). Aber Newton war theoretischer Physiker, und Leibniz war, neben vielem anderen, in erster Linie Philosoph. Und so hat das Werk des einen ein ganz anderes Schicksal gehabt als das des anderen. Newtons Mechanik ist in vielerlei Hinsicht überboten worden, doch niemand bestreitet ihr Wahrheitsmoment. Zwar ist sie, wie wir wissen, nicht das letzte Wort der mathematischen Naturbeschreibung gewesen; aber wenn es z. B. gilt, einen Satelliten in eine Umlaufbahn zu bringen, reicht sie im Grunde aus. Leibniz' Philosophie scheint demgegenüber nicht nur überboten, sondern in vielerlei Hinsicht völlig aus den Angeln gehoben worden zu sein. Wer würde sich heute noch zu der Behauptung ›versteigen‹, daß die letzte Realität einerseits aus Gott und andererseits aus unendlich vielen nichträumlichen, prinzipiell nicht teilbaren geschaffenen Substanzen, aus ›Monaden‹, besteht, die einander in keiner Weise beeinflussen können, wohl aber alle aufeinander in ›prästabilierter Harmonie‹ abgestimmt sind, und von denen jede das ganze Universum aus ihrer jeweiligen Perspektive vollständig repräsentiert? Und doch wagte Leibniz gerade von der Hypothese der prästabilierten Harmonie zu sagen, sie sei *bewiesen* (Text 4, § 59). Sie war für ihn ein Theorem, das *mindestens* ebenso sicher stand wie Newtons Gesetze.

Kant gibt für die verschiedenen Schicksale der beiden Lehrsysteme folgende Erklärung: Newton gehört bereits in die wissenschaftliche Phase der Physik, Leibniz aber noch in die vorwissenschaftliche, ›präkopernikanische‹ Phase der Philosophie. Doch diese Erklärung befriedigt uns nicht mehr. Denn zum einen hat die kopernikanische Wende, die (wenn man denn in dieser Analogie sprechen will) Kant selber in der Philosophie herbeigeführt hat, nicht dazu geführt, seinem eigenen Lehrsystem ein Schicksal zu sichern, das eher dem des Newtonschen als dem des Leibnizschen vergleichbar wäre; und zum anderen ist auch nach Kant nie ein Übergang der Philosophie von einer vorwissenschaftlichen in eine wissenschaftliche Phase erfolgt, der zum Vergleich mit der Entstehung der mathematischen Naturbeschreibung zu Beginn der Neuzeit einladen könnte.

Wenn Heidegger darin recht hatte, daß die größten Denker dasselbe wollen (und gerade deshalb einander nicht verstehen; vgl. *Gesamtausgabe*, Band 42, Ffm 1988, S. 21 f.), dann müssen wir freilich damit rechnen, daß Leibniz' System der prästabilierten Harmonie(n) nichts Abgetanes ist, sondern in der Philosophie eine Zukunft hat, und zwar eine bedeutendere Zukunft als etwa Newtons Mechanik in der theoretischen Physik. Dies soll im folgenden im Durchgang durch einige Stationen der klassischen deutschen Philosophie, wenn nicht bewiesen, so doch illustriert werden. Ich möchte dabei keine Zusammenfassung von Leibniz' (oder von irgendeiner anderen) Philosophie geben, da dies bei der gebotenen Kürze zu unvertretbaren Simplifizierungen führen müßte. (Eine Zusammenfassung seiner Philosophie hat übrigens Leibniz selber in der *Monadologie* [Text 4] gegeben.) Ich möchte vielmehr einige Leibnizsche Grundgedanken skizzieren, deren Nachwirkungen an späteren Stationen der philosophischen Tradition spürbar werden, und insbesondere die These der prästabilierten Harmonie als wiederkehrendes Thema und als einen Gedanken vorstellen, dem wir ein Wahrheitsmoment zuerkennen müssen.

Leibniz betrachtet die Fragen nach dem Wesen der Freiheit und der Zusammensetzung des (räumlichen) Kontinuums als die beiden »Labyrinthe für den menschlichen Geist« (Text 3). Aus ihnen soll seine Philosophie den Ausweg weisen. Wenden wir uns zunächst der Freiheitsproblematik zu. In ihrem Zusammenhang vollzieht Leibniz (in Text 3) eine Vorform dessen, was man heute *semantischen Aufstieg* nennt: Er redet von den zu betrachtenden Gegenständen – freien Handlungen – auf indirekte Weise, indem er die semantischen Eigenschaften (Wahrheit bzw. Falschheit) von Aussagen über diese Dinge thematisiert und insbesondere der Frage nachgeht, wie wir die Wahrheit solcher Aussagen einzusehen vermögen.

Nun muß man wissen, daß Leibniz ganz generell zwei »große Prinzipien« unseres theoretischen (nicht bloß empirisch-konstatierenden) Erkennens annimmt, den Satz des Widerspruchs und den Satz des zureichenden Grundes (Text 4, §§ 31 f.). Und anhand dieser Prinzipien teilt er die wahren Aussagen ein in *Vernunftwahrheiten*, die notwendigerweise wahr sind, und *Tatsachenwahrheiten*, die zufälligerweise wahr sind (Text 4, § 33). Dies geschieht auf folgende Weise.

Nach dem Satz des Widerspruchs ist jede Aussage falsch, die einen Widerspruch enthält; das kontradiktorische Gegenteil einer widersprüchlichen Aussage ist also wahr. Wahr nach dem Satz des Widerspruchs wäre z. B. die Aussage: ›Ledige Männer sind ledig.‹ Andere Wahrheiten sind durch reine Begriffsanalyse auf Aussagen zurückführbar, die wahr sind gemäß dem Satz des Widerspruchs. Der Begriff *Junggeselle* ist der Begriff eines ledigen Mannes. Also hat die Aussage ›Junggesellen sind ledig‹ den zureichenden Grund ihrer Wahrheit in reiner Begriffsanalyse plus dem Satz des Widerspruchs. Es handelt sich deshalb bei ihr um eine *notwendige* oder *Vernunftwahrheit*. Aussagen, die nicht durch Analyse auf das kontradiktorische Gegenteil eines Widerspruches zurückführbar und insofern nicht beweisbar – selbst von Gott nicht beweisbar (Text 3) – sind, wären *zufällige* oder *Tatsachenwahrheiten*. Für jede Wahrheit muß nach dem Satz des zureichenden Grundes ein zureichender Grund vorhanden sein, »weshalb es so und nicht anders ist« (Text 4, § 32). Sofern es überhaupt Tatsachenwahrheiten gibt (bei denen der Prozeß der Begriffsanalyse zu keinem Abschluß kommen kann, vgl. Text 3), muß sich also jeweils ein anderer Grund als die bloße Widerspruchsfreiheit finden lassen.

Wenn wir nun annehmen, daß Brutus die Freiheit hatte, Cäsar zu töten oder nicht zu töten, so muß der zureichende Grund der wahren Aussage ›Brutus tötete Cäsar‹ in Brutus' freier Entscheidung liegen. Anders gewendet: sieht man von Brutus' Entscheidung ab, so darf es keinerlei *zureichenden* Grund für die Wahrheit der Aussage mehr geben. Sie darf also insbesondere keine notwendige Wahrheit sein, weil sie sonst (eventuell via Begriffsanalyse) einen zureichenden Grund im Satz des Widerspruchs, also außerhalb von Brutus' Entscheidung hätte. Um der Freiheit willen also muß es Tatsachenwahrheiten geben, d. h. Wahrheiten, die nicht beweisbar, nicht aus kontradiktorischen Gegenteilen von Widersprüchen begriffsanalytisch deduzierbar sind.

Es müssen demnach Alternativen zum wirklichen Weltgeschehen *möglich* sein; mit anderen Worten, die *wirkliche* Welt muß eine aus einer *Pluralität* von *möglichen* Welten sein. Aber mit dieser Weltenpluralität allein ist die Freiheit des Individuums noch nicht gesichert. Denn Leibniz' Philosophie ist theistisch (auch dies mag, insbesondere vor dem Hintergrund der Kantischen Kritik der rationalen Theologie, vgl. unten, ein Grund dafür sein, daß wir ihr heute mit großer Skepsis begegnen). Der letzte Grund der Dinge, so erfahren wir (Text 4, §§ 38f.), muß in einer notwendigen Substanz liegen, die wir Gott nennen; »und dieser Gott ist zureichend«.

Auf diese Weise entsteht zwischen dem freien Brutus und dem Schöpfergott eine Art Konkurrenz um die Rolle des zureichenden Grundes dafür, daß Brutus Cäsar tötete. Aber nicht nur wird die Realität der menschlichen Freiheit durch Gottes Allmacht in Frage gestellt, es bricht auch die Problematik der Theodizee, der Rechtfertigung Gottes, auf; denn als zureichender Grund des Weltgeschehens wäre Gott für alles Unheil der Welt verantwortlich zu machen. Leibniz löst diese Schwierigkeiten, indem er die Distinktion zwischen der singulären wirklichen Welt und der Vielzahl möglicher Welten in einer Dualität im Wesen Gottes selber verankert. Er unterscheidet nämlich zwischen Gottes Verstand, kraft dessen Gott die Gesamheit der möglichen Welten denkt und erkennt, und Gottes Willen, kraft dessen Gott sich zur Verwirklichung einer dieser möglichen Welten frei entschließt.

Real ist die Freiheit also jedenfalls in Gott; und sie kann sich auch in Gott nur auf Tatsachenwahrheiten beziehen. Vernunftwahrheiten haben ihren zureichenden Grund im Satz des Widerspruchs und ihren Ort nicht im göttlichen Willen, sondern insofern im göttlichen Verstand, als sie in allen möglichen Welten gültig sind. Gott kann sie nicht willentlich (in einer bestimmten möglichen Welt) außer Kraft setzen. Gott ist der zureichende Grund aller wirklichen Dinge und Ereignisse also ›nur‹ bezüglich ihres Überschusses gegenüber bloß möglichen Dingen und Ereignissen. Wenn wir daher die wirkliche Welt nur in Beziehung auf Gottes Verstand, also gewissermaßen sub specie possibilitatis betrachten, so gilt von Brutus, daß er selbst kraft seiner freien Entscheidung der zureichende Grund dafür ist, daß er Cäsar tötet – alles freilich im Modus der Möglichkeit betrachtet. Um der Realität der menschlichen Freiheit willen muß also ein gemäßigter modaler Realismus akzeptiert werden, dem zufolge auch den möglichen Welten als solchen ein Maß an Realität zukommt. Ihre Realität ist ›objektive Realität‹ (im alten, scholastischen Sinn des Ausdrucks: gedachte Realität) im göttlichen Verstand (vgl. Text 4, §§ 43f.).

So ist Gott der zureichende Grund aller Dinge (einschließlich der freien Handlungen der Menschen) in einer anderen Hinsicht, als ein Mensch der zureichende Grund seiner freien Handlungen ist. Gott ist zureichender Grund aller wirklichen Dinge sub specie actualitatis, der Mensch ist zureichender Grund seiner freien Handlungen sub specie possibilitatis. Daß Brutus Cäsar tötet, ist Brutus als freie Tat zuzurechnen. Daß aber Brutus inklusive seiner freien Tat aus dem Reich des Möglichen in das Reich der Aktualität hervortreten (›ex-sistieren‹ im lateinischen Wortsinn) durfte, ist Gott als freiem Schöpfer zuzurechnen. (Im freien Schaffen manifestiert sich neben Verstand und Wille ein drittes Moment in Gott: seine Macht; vgl. Text 4, § 48.)

Das Wesen der Freiheit ist durch Leibniz' gemäßigten modalen Realismus allerdings nicht positiv bestimmt – es sind nur Hindernisse der menschlichen Freiheit aus dem Wege geräumt worden –, und Leibniz bleibt eine hinreichende Wesensbestimmung der Freiheit auch bis zuletzt schuldig. Aber einen Hinweis enthält der noch fällige Schlußstein im Gebäude der Theodizee: Gottes freie Schöpfungstat steht als freie unter dem Prinzip des Besten (Text 4, § 48); und im Falle Gottes, von dem wir wissen, daß er vollkommen ist, können wir sicher sein, daß seine freie Tat ihrem Prinzip *positiv* entspricht, d. h. daß Gott die beste aller möglichen Welten verwirklicht.

Dies bedarf einiger Erläuterungen. Ein freier Wille benötigt ein Prinzip zur Bewertung der jeweiligen Alternativen. Wäre er grundsätzlich mit für ihn ganz ›wertfreien‹ Alternativen konfrontiert, so könnte es gar nicht zu willentlichen, geschweige denn freien Entscheidungen kommen. Der gedachte Wille hätte vielmehr die Rolle eines Zufallsgenerators, der ›grundlos‹ ein hinreichendes Übergewicht zugunsten jeweils einer bestimmten Alternative erzeugt. Kant wird später größten Wert darauf legen, daß das Prinzip der Bewertung seinerseits ein frei zu wählendes ist, sofern man von einem *freien* Willen sprechen können soll (Autonomie des Willens). Dieses Bewertungsprinzip, das Kant als Gesetz besonderer Art (als Freiheitsgesetz) versteht und das Leibniz unter dem erwähnten Titel ›Prinzip des Besten‹ faßt, ist für unvollkommene Handelnde ein Imperativ (um wiederum einen Vorgriff auf Kant einzustreuen), im Falle Gottes aber gibt es einfach die positive Ausgestaltung seiner Freiheit an. Auf diese Weise ist garantiert, daß Gott die beste aller möglichen Welten verwirklicht, ohne daß durch diese Garantie seiner Freiheit Abbruch geschähe.

Wir wissen also (dieser Theorie zufolge) in abstracto, was zu bezweifeln wir in concreto manchen Anlaß nehmen: daß unsere wirkliche Welt die beste aller möglichen Welten ist. (Dieses Wissen muß nicht zu geschichtsphilosophischem Optimismus führen; es könnte auch im resignativen Ton des ›mehr war nicht drin‹ vorgetragen werden.) Die beste ist diejenige unter den möglichen Welten, durch deren Verwirklichung am meisten Realität im Sinne von Sach- oder Seinsgehalt verwirklicht wird, also gewissermaßen die erfüllteste mögliche Welt. Die schlechteste aller möglichen Welten wäre dementsprechend die leere Welt, sofern diese überhaupt zu den *möglichen* Welten zu rechnen ist. D. h. Leibniz hat keinen positiven Begriff des Schlechten, keinen ursprünglichen Begriff des Bösen. Das Schlechte ist gedacht als Mangel an Realität, als bloße Abwesenheit des Guten. Schelling wird dies später kritisieren (in der Schrift, der Text 47 entnommen ist) und u. a. darauf hinweisen, daß »schon die einfache Überlegung, daß es der Mensch, die vollkommenste aller sichtbaren Kreaturen ist, der des Bösen allein fähig ist, zeigt, daß der Grund desselben keineswegs in Mangel oder Beraubung liegen könne« (S. 368 der Schrift, vgl. Autoren- und Quellenverzeichnis).

Der erste und entscheidende Schritt zur prästabilierten Harmonie besteht nun darin, daß die Leibnizsche Mögliche-Welten-Konzeption (schon aufgrund ihres modalen Realismus) das ausschließt, was in Übersetzung des englischen ›transworld identity‹ *Querweltein-Identität* genannt worden ist. Ausgeschlossen ist mit anderen Worten, daß ein und dasselbe Individuum in mehreren möglichen Welten vorkommt. Brutus etwa kommt nur in derjenigen möglichen Welt vor, die die wirkliche ist. Wenn wir (vermutlich wahrheitsgemäß) sagen: »Es wäre möglich gewesen, daß Brutus beschlossen hätte, Cäsar nicht zu töten«, so können wir nicht meinen, daß es eine mögliche Welt gibt, in der *Brutus* diesen für Cäsar günstigen Beschluß faßt; diese Meinung wäre falsch, weil Brutus nur in derjenigen möglichen Welt existiert, in der er den für Cäsar fatalen Beschluß faßt. Was wir meinen, ist vielmehr, daß es eine mögliche Welt gibt, die von der unsrigen qualitativ ununterscheidbar ist, solange nur die Zeit bis zu Brutus' Entschluß berücksichtigt wird. Unter diesem Proviso haben alle Individuen, die in unserer Welt vor Brutus' Entschluß existieren, perfekte Gegenstücke in jener Welt. Aber mit Brutus' Entschluß werden die Differenzen zwischen beiden Welten und ihren jeweiligen Individuen manifest.

Der Grund für den Ausschluß der Querweltein-Identität besteht darin, daß eine individuelle Substanz durch nichts Geringeres als den gesamten Weltlauf und ihren Platz darin *definiert* wird. Auf diese Weise enthält ihr *vollständiger Individuenbegriff* eine komplette Beschreibung der zugehörigen Welt (vgl. Text 1). Jede mögliche individuelle Substanz paßt exakt in eine einzige mögliche Welt.

Auch zu diesem überraschenden Resultat ist Leibniz im Zuge des skizzierten semantischen Aufstiegs gekommen. Was immer der zureichende Grund für die Wahrheit einer Aussage in letzter Analyse sein mag, so ist der unmittelbare Grund doch der, daß (sofern ein Subjekt-Prädikat-Satz vorliegt) das Prädikat der Aussage dem Subjekt der Aussage wirklich zukommt, daß es – und dies ist der entscheidende Punkt – im *Begriff* des Subjektes enthalten ist. (Im Falle einer Vernunftwahrheit kann das enthaltene Prädikat in endlich vielen Analyseschritten aus dem Subjektbegriff entwickelt werden, im Falle einer Tatsachenwahrheit nicht, vgl. Text 3.) Alle Prädikate, die z. B. Brutus wahrheitsgemäß zugesprochen werden können, müssen in seinem vollständigen Individuenbegriff enthalten sein. Da aber Brutus durch relationale Prädikate (›lebte... Jahre vor...‹) zu jedem Ding bzw. Ereignis im Universum wahrheitsgemäß in Beziehung gesetzt werden kann, ist die ganze Weltgeschichte in Brutus' Individuenbegriff inbegriffen.

Der vollständige Begriff einer individuellen Substanz ist aber gar nichts anderes als diese Substanz sub specie possibilitatis betrachtet, so wie sie in Gottes Verstand als gedachte vorkommt. Insofern sind die möglichen individuellen Substanzen in Gottes Verstand völlig zwanglos und insbesondere ohne Gottes willentliches Zutun weltweise präzise aufeinander abgestimmt. Die so verstandene prästabilierte Harmonie zwischen allen Substanzen je einer Welt ist also, da sie für jede mögliche Welt charakteristisch ist, eine notwendige Wahrheit. Sie muß nicht eigens, wenn man zur Illustration so reden darf, von Gott im Schöpfungsprozeß kunstvoll installiert werden.

Das zweite Labyrinth ergibt sich bei der Annahme ausgedehnter Substanzen, also etwa für Descartes' res extensa. Eine ausgedehnte Substanz erfüllt einen Teil des Raumes kontinuierlich; denn selbst wenn sie porös ist, kann sie trivialerweise nicht nur aus Poren bestehen. Was einen Raum kontinuierlich erfüllt, ist, als Ausgedehntes, teilbar und als Teilbares ein Aggregat. Ein Aggregat ist ein Ganzes, das seine Realität (seinen Sachgehalt) der Realität seiner Teile verdankt. Ein Ausgedehntes ist aber (vielleicht nicht technisch, aber grundsätzlich) endlos teilbar, weil seine Teilung stets wieder zu ausgedehnten Teilen führt. Es ist somit ausgeschlossen, daß im Teilungsprozeß irgendwann der ›Boden der Realität‹ des ursprünglichen Ausgedehnten erreicht wird. Also ist dieses ursprüngliche Ausgedehnte nichts gediegen Reales, sondern enthält ein Moment der Bodenlosigkeit, des Imaginären. Das jedenfalls ist Leibniz' Schlußfolgerung. Er gleicht, indem er sie zieht, der Mehrheitsfraktion der modernen Mengentheoretiker, die, ohne etwas gegen Unendlichkeit als solche zu haben und in Cantors Paradies der Unendlichkeiten geradezu schwelgend, dennoch mittels des Fundierungsaxioms die Existenz einer Menge M_0 ausschließen, die eine Menge M_1 zum Element hat, die ihrerseits eine Menge M_2 zum Element hat, die ihrerseits eine Menge M_3 zum Element hat, usf. ins Endlose. Anstößig sind nicht Mengen mit unendlich vielen Elementen, wohl aber *unfundierte* Mengen, d. h. unendliche absteigende Elementketten. Auch Leibniz hat nichts gegen Unendlichkeit als solche. Er nimmt an, daß ein räumliches Aggregat das, was es an Realität besitzt, realen unteilbaren Entitäten (einfachen Substanzen) verdankt, aus denen es zwar nicht als aus seinen Teilen bestehen kann, die ihm aber realitätsstiftend zugrunde liegen. Da nun ein räumliches Aggregat endlos teilbar ist, muß es auch unendlich viele zugrundeliegende einfache Substanzen geben – nämlich für jeden der unendlich vielen Teile *mindestens* eine; weil aber jeder Teil selbst wieder endlos teilbar ist, für jeden Teil in Wahrheit unendlich viele. Leibniz nennt sie *Monaden*.

Monaden sind nicht unausgedehnt im Sinne von Raumpunkten, sie sind vielmehr in keiner Weise räumlich. Denn mit der Ausdehnung enthält auch der Raum als solcher – also auch die Raumpunkte – ein Moment des Irrealen, Imaginären. Die Monaden hingegen sind durch und durch real; sie haben ja gerade die Rolle des fundierenden, realen Momentes im Ausgedehnten zu übernehmen. Und sie sind ferner nicht nur unausgedehnt (im Sinne von unräumlich), sondern auch auf keine andere Weise teilbar, also absolut einfach. Auch das ergibt sich aus ihrer alles Reale fundierenden Rolle.

Die absolute Einfachheit der Monaden bringt es mit sich, daß ein Organismus, z. B. ein Mensch, keine Monade sein kann, sondern allenfalls ein Monaden*system*, eine zusammengesetzte Substanz. Die Einheit eines Organismus und insbesondere die Einheit der Person erklärt sich daraus, daß die Monaden, aus denen eine Person zu einem bestimmten Zeitpunkt besteht, hierarchisch auf eine einzige Zentralmonade hin geordnet sind, die bei aller Fluktuation der untergeordneten Monaden (etwa im Stoffwechsel) stets dieselbe bleibt (s. Text 4, §§ 61 ff.).

Die absolute Einfachheit der Monaden bringt es ferner mit sich, daß die Lehre vom vollständigen Individuenbegriff und die noch kaum entfaltete These der prästabilierten Harmonie sogleich problematisch werden. Ein mögliches Individuum, so wie es im Verstand Gottes als gedachtes vorkommt, muß jener Lehre bzw. dieser These zufolge einen sehr hohen internen Komplexionsgrad haben, es darf nämlich an Komplexion der Welt, zu der es gehört, nicht nachstehen. Dies gilt auch für die absolut einfachen Individuen, die Monaden. Die schwierige Aufgabe ist also die, die absolute Einfachheit der Monade mit ihrer welthaften Komplexität widerspruchsfrei zusammenzudenken.

Leibniz' Lösung besteht darin, die Einheit-in-Mannigfaltigkeit der Monade nach dem Modell des Bewußtseins bzw. das Bewußtsein als den uns vertrautesten Sonderfall der Einheit der Monade zu begreifen. Die Mannigfaltigkeit in der Monade verhält sich zu ihrer Einheit wie die Mannigfaltigkeit von Vorstellungen oder Repräsentationen zum jeweils vorstellenden Subjekt. Das gilt auch für diejenigen Monaden, in denen diese Einheit nicht in dem Metagedanken ›Ich denke, daß...‹ explizit werden kann. Leibniz' Ansicht, daß alle Monaden, auch diejenigen, aus denen z. B. irgendein simpler Gebrauchsgegenstand oder irgendein Felsbrocken besteht, *repräsentieren*, und zwar jeweils (wenn auch verworren) das ganze Universum, ist demnach eine theoretisch wohlmotivierte These. Freilich bleibt Leibniz ebenso wie eine positive Bestimmung des Wesens der Freiheit eine positive Bestimmung des Wesens der Bewußtseinseinheit schuldig. Wichtig ist ihm in jenem Fall, daß die menschliche Freiheit, was immer ihr Wesen zuletzt sein mag, von der Metaphysik nicht geleugnet werden muß, und in diesem Fall, daß es überhaupt ein geeignetes Modell für die Einheit-in-Mannigfaltigkeit der Monade gibt. In beiden Punkten lädt seine Philosophie also zu theoretischer Weiterentwicklung ein.

Sie lädt aber auch zum Widerspruch ein. Und dies natürlich auf vielerlei Weisen. Doch halten wir uns an das, was sich als theoretisch fruchtbar erwiesen hat. Leibniz muß dem Begriff der Vernunftwahrheit um der Integrität seines Systemes willen so viele Lasten aufbürden, daß er am Ende unkenntlich wird. Eine Kostprobe lieferte uns bereits die These, daß die wirkliche Welt die beste aller möglichen Welten ist, d. h. daß jede bessere Welt unmöglich, weil intern widersprüchlich ist. Wir können uns leicht eine Welt denken, die von der unsrigen im wesentlichen nur dadurch abweicht, daß in ihr die Greuel des Nationalsozialismus nicht vorkommen (man kann annehmen, daß es dennoch zu so etwas wie dem Zweiten Weltkrieg, der Zerschlagung des deutschen Reiches, dem kalten Krieg usw. kam), ohne daß dieses Nichtvorkommen durch andere Greuel aufgewogen, geschweige denn überkompensiert würde. Dieser Gedanke hätte freilich Leibniz' These zufolge den gleichen logischen Status wie der Gedanke eines verheirateten Junggesellen. Denn die gedachte Welt verletzt der These zufolge nicht etwa irgendein uns vielleicht unbekanntes Naturgesetz – Naturgesetze sind kontingent –, sondern auf uns unbekannte Weise den uns bekannten Satz des Widerspruchs. Daß unsere Vernunft nicht Herr im Haus der Natur ist, wären wir allenfalls bereit hinzunehmen. Aber Leibniz macht sie zu einem Fremdling in ihrem eigenen Haus. Anders gesagt: Leibniz schränkt den Bereich des *logisch* Möglichen aufgrund von *außerlogischen* Erwägungen ein.

Dies wird noch deutlicher, wenn man Identifikationsfragen stellt, d. h. wenn man fragt, wie es grundsätzlich möglich ist, eine bestimmte aus der Gesamtheit aller Monaden denkend herauszugreifen (vgl. P. F. Strawson, *Einzelding und logisches Subjekt [Individuals]*, Stuttgart 1972, Kapitel 4). Um den Rahmen für solche Fragen im Sinne Leibniz' abzustecken, ist zweierlei zu erwähnen: (1) Wenn eine Monade a und eine Monade b objektiv ununterscheidbar sind, so gilt a = b (identitas indiscernibilium). (2) Der Raum (und ebenso die Zeit) hat, wie wir sahen, keine Realität *gegenüber* den Monaden, sondern das, was er überhaupt an Realität besitzt, verdankt er gänzlich den einzelnen Monaden. Es gibt also keinen absoluten Raum (auch dies war bekanntlich ein Streitpunkt zwischen Leibniz und Newton bzw. zwischen Leibniz und dem Vertreter der Newtonschen Position Samuel Clarke), und es gibt nicht einmal wahrhaft einen relativen Raum, wenn darunter so etwas wie eine allen Monaden *gemeinsame* Bühne der Interaktion verstanden wird. Es gibt nur den Anschein einer gemeinsamen raumzeitlichen Bühne aufgrund der Tatsache, daß jede Monade, in völliger Isolation von allen anderen Monaden, das Universum aus einem für sie charakteristischen Gesichtspunkt (im übertragenen, nicht raum-zeitlichen Sinn) und in prästabilierter Harmonie mit allen anderen Monaden repräsentiert.

Wir haben keinen Grund anzunehmen, daß unser Universum als ganzes ein symmetrisches Gebilde ist, aber wir können es auch nicht definitiv ausschließen; und selbst wenn wir das könnten, so dürften dafür nicht rein logische, sondern physikalische Erwägungen ausschlaggebend sein. Also gibt es vielerlei symmetrische *mögliche* Welten (im Verstand Gottes). Betrachten wir eine mögliche Welt w, deren Materie punktsymmetrisch im Raum verteilt ist. Dem Phänomen der punktsymmetrisch verteilten Materie liegen natürlich Monaden in prästabilierter Harmonie zugrunde, und zwar entspricht jedem Punkt im Universum, der ja ein möglicher räumlicher Gesichtspunkt ist, zu jedem Zeitpunkt eine Monade mit einem für sie charakteristischen Gesichtspunkt im nicht-räumlichen Sinn. Jede Monade in w, mit Ausnahme derjenigen, die dem Symmetriepunkt entspricht (und die als einzige ›ortsgebunden‹ ist), hat einen qualitativ identischen, aber numerisch von ihr verschiedenen Doppelgänger, jeweils jenseits des Symmetriepunktes. Dies hat nun in dem durch (1) und (2) angegebenen Leibnizschen Rahmen eine Reihe absurder Konsequenzen: Die Monade, die dem Symmetriepunkt entspricht, kann eine Richtung im Raum nicht von der jeweiligen Gegenrichtung (nicht rechts von links, oben von unten, hinten von vorne) und ihren rechten Nachbarn nicht von ihrem linken Nachbarn unterscheiden. Es gibt da andererseits auch gar nichts zu unterscheiden, weil Richtung und Gegenrichtung, rechter und linker Nachbar selbst im Verstand Gottes ununterschieden und somit identisch sind. Ebenso gibt es unserer Annahme zufolge für jede Monade, die nicht dem Symmetriepunkt entspricht, einen perfekten Doppelgänger; aber auch der ist qua ununterscheidbar von der jeweiligen Ausgangsmonade entgegen unserer Annahme mit ihr zu identifizieren. D. h. Leibniz ist gezwungen, unsere Annahme von w als absurd zu klassifizieren und w zu einer *logisch unmöglichen* Welt zu erklären. Wiederum wird die Logik externen Zwängen angepaßt.

Kants kopernikanische Wende

Kants Philosophie läßt sich auf eine sehr grundsätzliche Weise wie folgt gegen Alternativen profilieren: Sie behauptet zweimal eine Dualität wesentlich Zusammengehöriger, ohne die jeweilige Art des Zusammengehörens eigens zum Gegenstand philosophischer Theoriebildung zu machen, und zwar (a) die Dualität von *Erkennen* und Handeln und (b) die Dualität von *Leiden* und Handeln. Bekannter sind diese Dualitäten als diejenige von Erkenntnisvermögen und Begehrungsvermögen und von Sinnlichkeit (Passivität) und Verstand (Aktivität). Diese sachliche Viergliederung hat ihre Entsprechung in der Gliederung der Kantischen Philosophie in die Kritik der reinen (theoretischen) Vernunft und die Kritik der praktischen Vernunft und in der Gliederung der Kritik der reinen Vernunft in die transzendentale Ästhetik qua Theorie der Sinnlichkeit (ihr entstammt Text 9) und die transzendentale Logik qua Theorie des Verstandes im weiten Sinn (Texte 10–15). Bekanntlich hat Kant eine dritte Kritik, die der Urteilskraft, geschrieben. Mit ihr wird aber weniger die genannte Sachgliederung angereichert, als vielmehr dem Moment des Einheitsprinzips auf indirekte Weise Rechnung getragen.

Der Begriff der kopernikanischen Wende, die Kant in der Philosophie vollzogen oder jedenfalls zu vollziehen beansprucht hat (Text 8), ist unmittelbar mit der theoretischen Philosophie, folglich mit Kants Neubestimmung des Verhältnisses von Sinnlichkeit und Verstand verknüpft. An den Rollen, welche Sinnlichkeit und Verstand in seiner Theorie spielen, wird erkennbar, daß Kant so etwas wie eine prästabilierte Harmonie zwischen ihnen als zwischen unserer Empfänglichkeit für Anschauungen und unserem Vermögen der Begriffe, zwischen epistemischer Passivität und epistemischer Aktivität entdeckt hat. Ich werde aber (aus einem in Kürze zu ersehenden Grund) von dem Leibnizschen Begriff zur Charakterisierung der Kantischen Einsicht ferner keinen Gebrauch machen und statt dessen von einem *Wechselverhältnis* zwischen Sinnlichkeit und Verstand sprechen. Damit ist gemeint, daß weder die Sinnlichkeit auf den Verstand oder umgekehrt der Verstand auf die Sinnlichkeit noch beide auf ein Drittes ihrer (vermeintlichen) Gattung *reduzierbar* sind und daß gleichwohl keines der beiden ohne das andere sein könnte, was es ist. Nicht nur sind Verstand *und* Sinnlichkeit für Erkenntnis unverzichtbar; es gäbe vielmehr keinen Verstand ohne die Sinnlichkeit und umgekehrt. Sie sind generisch verschieden und wechselseitig konstitutiv und verhalten sich zueinander ungefähr so wie z. B. die Bauern und die Offiziere im Schach: nicht nur sind Bauern *und* Offiziere für das Schachspiel unverzichtbar, es gäbe vielmehr keine Bauern ohne die Offiziere und umgekehrt; zudem sind weder Bauern auf Offiziere (oder umgekehrt) noch beide auf einen dritten, zugrundeliegenden Figurentyp reduzierbar.

Hier zeigt sich auch eine entscheidende Differenz zwischen

einem Wechselverhältnis und einer Leibnizschen prästabilierten Harmonie: In der Harmonie der Monaden sollen die Glieder qua selbständige einfache Substanzen auch für sich betrachtet als real gelten können; im Wechselverhältnis verdanken die Glieder ihre Realität hingegen dem Verhältnis, genauer der Totalität der sie konstituierenden Beziehungen. So werden Bauern und Offiziere in ihrem Wechselverhältnis durch die Totalität der Schachregeln bzw. durch das regelgeleitete Verhalten der Schachspieler konstituiert.

Wir haben oben ein Aggregat als ein Ganzes bezeichnet, das seine Realität der Realität seiner Teile verdankt (und ihnen insofern ontologisch nachgeordnet ist). Wir können jetzt eine Totalität als ein Ganzes bestimmen, dessen Glieder ihre Realität *seiner* Realität verdanken (und das ihnen insofern ontologisch vorgeordnet ist). Damit läßt sich als eine weitere Leibniz-Kritik die Bemerkung verbinden, daß eine Leibnizsche Welt als Gesamtheit von Monaden in prästabilierter Harmonie eine instabile Verbindung von Aggregat und Totalität darstellt. Wir werden sehen, daß Leibniz dennoch auf verheißungsvoller Fährte war; denn er hat ein allseitiges Wechselverhältnis der Einzeldinge in Raum und Zeit entdeckt, dessen freilich nicht ganz angemessenen theoretischen Ausdruck wir in der Hypothese der prästabilierten Harmonie vor uns haben.

Die Entdeckung eines Wechselverhältnisses weist immer auf eine zugrundeliegende Totalität als Einheitsprinzip hin. So spricht denn auch Kant von Sinnlichkeit und Verstand als von »zwei Stämme[n] der menschlichen Erkenntnis [...], die vielleicht aus einer gemeinschaftlichen, aber uns unbekannten Wurzel entspringen« (*Kritik der reinen Vernunft*, fortan: KrV, B 29). Aber er beläßt es bei dem Blick ›von unten‹, von der Pluralität der Glieder auf den Fluchtpunkt eines möglichen Einheitsprinzips. Im deutschen Idealismus wird man die Blickrichtung umzukehren und von dem zuvor thematisierten Einheitsprinzip her die Notwendigkeit der Aufspaltung in eine Pluralität von im Wechselverhältnis stehenden Gliedern zu deduzieren versuchen.

Zuzugeben ist, daß Kant die These vom Wechselverhältnis zwischen Sinnlichkeit und Verstand nicht in der Schärfe vorgetragen hat, die sie durch die vorangehenden Erläuterungen (etwa den

Schachvergleich) gewonnen hat. Dennoch wird hier nichts Fremdes in seine Philosophie hineingetragen. Denn ohne das Wechselverhältnis von Sinnlichkeit und Verstand wäre die transzendentale Deduktion der Kategorien (vgl. Text 12) nicht möglich gewesen. Ohne das Wechselverhältnis könnten nämlich nicht die für den Verstand als solchen charakteristischen Grundarten der epistemischen Aktivität, die reinen Verstandesbegriffe, sich in demjenigen, das sich unserer Sinnlichkeit präsentiert, d. h. im sinnlichen Mannigfaltigen als solchen, manifestieren – so wie es zur Komplettierung der transzendentalen Deduktion erfordert wird.

Um dies zu erläutern, sei daran erinnert, daß wir unser Denken nicht nur auf die Dinge richten, sondern daß allem Anschein nach aus den Dingen selber uns das Denken bereits entgegentritt. Beispielsweise scheint es Implikationsverhältnisse nicht nur zwischen Gedanken zu geben, wo man sie erwartet, sondern auch zwischen Naturereignissen – wenn etwa ein Ereignis ein anderes mit kausaler *Notwendigkeit* nach sich zieht. Man kann natürlich versuchen, diesen Anschein als einen *bloßen*, täuschenden Schein wegzuerklären. Gerade der entgegengesetzte Versuch wird in der transzendentalen Deduktion der Kategorien unternommen. Kant versucht zu beweisen, daß es sich so verhält, wie es auch scheint: daß die Dinge und Ereignisse der Welt in der Tat verstandesdurchwirkt sind und daß ihre allgemeinsten Züge, die sogenannten Kategorien, ihnen sowohl objektiv angehören als auch im reinen Verstand ihren Ursprung haben. Wenn dem so ist, dann ist Kants kopernikanische Wende gerechtfertigt; denn dann ›richten‹ sich die Dinge ganz von selber, ohne besondere Vorkehrungen unsererseits, im Grundsätzlichen nach ›unserem‹ Verstand, noch bevor wir uns erkennend nach den Dingen richten (vgl. Text 8).

Der Beweis dieser These schließt aber den Nachweis eines Wechselverhältnisses zwischen einerseits den Dingen und andererseits dem Verstand qua epistemischer Aktivität ein (und damit indirekt, vermittelt durch die epistemische Aktivität, auch den Nachweis eines allseitigen Wechselverhältnisses unter den Dingen, wodurch die These der prästabilierten Harmonie reinterpretiert und bestätigt wird). Und in diesem Nachweis ist das Wechselverhältnis von Sinnlichkeit und Verstand ein wesentliches Ingrediens. Die Sinnlichkeit ist qua *Passivität* keine Quelle möglichen

Irrtums (vgl. KrV B 350); sie fügt dem, was sich ihr präsentiert, insofern es sich ihr präsentiert, nichts hinzu und nimmt ihm nichts hinweg. (Erst mit der Aktivität, also mit der Freiheit, tritt Irrtums*möglichkeit* auf.) Dann aber greift das Wechselverhältnis, in dem der Verstand zur Sinnlichkeit steht, widerstandslos über auf das, was sich der Sinnlichkeit präsentiert, d. h. auf das sinnliche Mannigfaltige. Es selber muß im Wechselverhältnis zum Verstand stehen. Wie die Schachoffiziere aufgrund des Wechselverhältnisses zu den Bauern sich in diesen selber bemerkbar machen, so macht sich also die epistemische Aktivität im sinnlichen Mannigfaltigen selber bemerkbar. (Kant führt den Nachweis, daß das Wechselverhältnis zum Verstand sich von der Sinnlichkeit auf das sinnliche Gegebene fortsetzt, unter Bezugnahme auf Raum und Zeit als einerseits Formen der Sinnlichkeit und andererseits Totalitäten der sinnlich sich präsentierenden Dinge im zweiten Teil der transzendentalen Deduktion, der sich unmittelbar an Text 12 anschließt, hier aber nicht abgedruckt ist.)

Die Einzeldinge einschließlich der empirischen Subjekte (der Personen) sind an ihnen selber, sofern sie sich der Sinnlichkeit präsentieren, d. h. sofern sie »erscheinen«, verstandesdurchwirkt. *An ihnen selber:* die Spuren der epistemischen Aktivität (die Kategorien) werden ihnen nicht als äußere Formen übergestülpt. Dies ist die eine Seite der Medaille, Kants sogenannter *empirischer Realismus*. Aber es gibt noch eine andere Seite. Was für die empirische Betrachtung ein Letztes, Zugrundeliegendes ist – Dinge und Personen, die (empirischen) Substanzen –, ist andererseits, als Glied eines Wechselverhältnisses, *konstituiert* durch eine zugrundeliegende Totalität und insofern *nichts* Letztes und Selbständiges. Wie Leibniz diagnostiziert auch Kant an den raumzeitlichen Einzeldingen ein imaginäres, rein ideelles Moment (Kants sogenannter transzendentaler Idealismus als ergänzender Gegenzug zum empirischen Realismus). Dennoch ist die theoretische Situation gegenüber Leibniz grundlegend verändert. Denn Kant bietet in Abweichung von Leibniz keine metaphysische Theorie an, die das reale, wahrhaft substantielle Moment der raumzeitlichen Dinge als solches hervortreten lassen soll. Eine solche Theorie ist, gegeben das Wechselverhältnis von Verstand und Sinnlichkeit, vielmehr unmöglich oder jedenfalls unmöglich in der Form konventioneller

Metaphysik. Unter einer konventionellen Metaphysik (Kant redet von dogmatischer Metaphysik) soll dabei eine philosophische Theorie verstanden sein, welche die ›Substanz‹, im Sinne des wahrhaft zugrundeliegenden Realen, direkt zu thematisieren versucht und sie in diesem Versuch unweigerlich als Substanz in dem anderen Sinne behandelt, dem zufolge die grundlegenden logischen Subjekte unserer Urteile als Substanzen gelten. Leibniz' Monaden sind klarerweise als Substanzen in beiderlei Sinn konzipiert. Die grundlegenden und paradigmatischen Subjekte unserer Urteile sind aber gerade diejenigen Dinge, die im Wechselverhältnis zum Verstand stehen, also die *empirischen* Substanzen einschließlich der Personen (vgl. Text 12). Und als Glieder eines Wechselverhältnisses können sie nicht zugleich den Status von wahrhaft Realem haben. D. h. die beiden Substanzsinne fallen auseinander, und jede konventionelle Metaphysik tut dem, worum es ihr geht, dadurch Gewalt an, daß sie es aufgrund ihrer Theorieform unweigerlich demjenigen nachbildet, was sie als partiell imaginär erkannt hat. (Kants Nachfolger haben sich um indirekte Thematisierung des wahrhaft Realen, d. h. um unkonventionelle Formen von Metaphysik bemüht – wie auch auf gewisse Weise bereits Kant selber im Rahmen der praktischen Philosophie.) Allerdings ist die Tendenz zur konventionellen Metaphysik ganz unvermeidlich und, wie Kant in der transzendentalen Dialektik (der die Texte 13–15 entstammen) zu zeigen unternimmt, der Vernunft selbst immanent. (Hinzuweisen bleibt auch darauf, daß nicht die Thematisierung der den Einzeldingen zugrundeliegenden Realität als solche unstatthaft ist – sonst wäre dieser Satz selbst unstatthaft –, sondern die mit der Thematisierung tendenziell verknüpfte Meinung, daß die letzte Realität in der Thematisierung ebenso angemessen zur Sprache kommt, wie Einzeldinge in der Thematisierung zur Sprache zu kommen vermögen.)

Kants Metaphysikkritik (vgl. Texte 13–15) ruht auf demselben Fundament wie sein Nachweis, daß die raumzeitlichen Dinge an ihnen selbst verstandesdurchwirkt sind: auf der Entdeckung des Wechselverhältnisses von Verstand und Sinnlichkeit, von Aktivität und Passivität. Natürlich hat diese Entdeckung auch auf die philosophische Theorie von Raum und Zeit unmittelbare Auswirkungen. Raum und Zeit sind in das allseitige Wechselverhältnis der Dinge untereinander und der Dinge insgesamt zu Sinnlichkeit und Verstand integriert. Kant räumt ihnen den Status von Formen (Weisen) der Sinnlichkeit ein, von denen wir apriorisches Wissen haben, d. h. solches Wissen, das nicht auf Wissen von einzelnen Dingen in Raum und Zeit reduzierbar ist (Text 9). Auf diesem Boden lassen sich auch die oben am Beispiel der symmetrischen Welt w gegen Leibniz vorgebrachten Identifikationsprobleme lösen. Da Raum und Zeit, ohne absolute Behälter der Einzeldinge zu sein, in den Einzeldingen keineswegs aufgehen, lassen sich qualitativ identische Individuen aufgrund ihrer raumzeitlichen Lokalisationen sehr wohl voneinander unterscheiden – allerdings nur vom Standpunkt eines Beobachters *innerhalb* des Raum-Zeit-Systems, der am allseitigen Wechselverhältnis teilnimmt, sich selber raumzeitlich identifiziert und lokalisiert und sich als Ursprung eines raumzeitlichen Koordinatensystems zur Identifizierung aller anderen Einzeldinge benutzen kann. Auch für einen Beobachter im Symmetriepunkt des Universums gibt es keine prinzipiellen Aporien der Identifikation mehr. Er unterscheidet die jeweils empirisch ununterscheidbaren Gegenrichtungen *a priori* voneinander; denn als teilnehmend am allseitigen Wechselverhältnis ist er wesentlich auf Raum und Zeit bezogen, sie machen sich in ihm a priori bemerkbar.

Mit Überlegungen dieser Art zu Problemen der Identifikation von Einzeldingen, die Kant in dieser Form nicht angestellt hat, lassen sich die Resultate seiner transzendentalen Ästhetik (Text 9) weitgehend bestätigen.

Freiheit und Sittengesetz

Wechselverhältnisse schließen Asymmetrien zwischen ihren Gliedern nicht aus, wie man sich am Beispiel der Bauern und Offiziere im Schach leicht klarmachen kann. Auch im Falle von Aktivität und Passivität konstatiert Kant eine wichtige Asymmetrie. Es gibt keine reinen Fälle von Passivität, von purer Sinnlichkeit. Was immer sich der Passivität präsentiert, ist bereits verstandesdurchwirkt und enthält somit ein Moment der Aktivität. Ebenso gibt es keine reinen Fälle von Aktivität, sofern es sich darum handelt, daß sich Dinge als logische Subjekte möglicher Urteile präsentieren. So weit besteht Symmetrie. Aber es gibt, und das ist die Asymmetrie, reine Fälle von Aktivität außerhalb dieses Bereiches. In Beziehung auf das Wechselverhältnis ist die Tätigkeit (Kants Wortgebrauch zufolge) *Verstand*, in Beziehung auf die angekündigte Asymmetrie ist sie *Vernunft*. Die Asymmetrie besteht darin, daß die Vernunft als *reine* Vernunft *praktisch* ist, und zwar im moralischen Handeln der Personen.

Allerdings schließt (moralisches) Handeln Umgang mit solchem ein, das sich sinnlich präsentiert, etwa mit anderen Menschen, und ist deswegen keine reine Tätigkeit im hier relevanten Sinn. Reine Tätigkeit muß sich von allem sinnlich Präsenten unabhängig vollziehen. Sie kann also nicht in der Durchführung konkreter Handlungen *bestehen*, sondern muß ihnen vorausgehen. Sie besteht, wie Kant lehrt, im Vollzug der Selbstgesetzgebung der praktischen Vernunft (Text 16). Auch in diesem Vollzug reiner Tätigkeit ist das Wechselverhältnis von Aktivität und Passivität keineswegs außer Kraft gesetzt. Es manifestiert sich vielmehr darin, daß die reine Tätigkeit ihrerseits ein »Gefühl« sui generis provoziert, nämlich *Achtung* für das selbstgegebene Gesetz (Text 17).

Mit Bezug auf die reine Aktivität hat Kant seine Freiheitslehre entwickelt. Freiheit ist eine von der Kausalität nach Naturgesetzen unterschiedene Art der Kausalität. Nun behauptet Kant, daß der Begriff einer ohne alle Gesetze wirkenden Ursache widerspruchsvoll, eine contradictio in adiecto ist (Text 19). Diese Behauptung ist wohlbegründet. Denn nehmen wir an, es gäbe eine völlig gesetzlos wirkende Ursache. Dann träten ihre Wirkungen absolut zufällig ein. Als *absolut* zufällig aber wären sie unverursacht, im Widerspruch zu der Annahme. Wir dürfen also das oben im Zusammenhang mit der Leibnizschen Freiheitslehre in abstracto eingeführte *Prinzip zur Bewertung von Alternativen* dem Kantischen Gedankengang gemäß als ein *Freiheitsgesetz* fassen. Daraus lassen sich weitere Konkretisierungen gewinnen. (1) Die Freiheit ist, wie Schelling später formulieren wird (Text 47), »ein Vermögen des Guten und des Bösen« (vgl. dazu von Kant Text 19). Ein Freiheitsgesetz ist demnach ein Gesetz, in dem die *Möglichkeit*, wenn auch natürlich nicht die *Wirklichkeit* von Verstößen vorgesehen ist. Für Wesen, die zu Verstößen motiviert sein können, hat es daher imperativische Form. (2) Ein Gesetz kann nur für denjenigen ein Freiheitsgesetz sein, der es selbst erläßt. Und es kann in letzter Konsequenz auch für ihn *nur insofern* ein Freiheitsgesetz sein, *als* er es erläßt. Denn würde es, einmal erlassen, sich gegenüber dem Gesetzgeber verselbständigen, so verlöre es eo ipso seinen Freiheitscharakter und nähme seiner Genese zum Trotz den Status einer äußeren Vorschrift an, die ebensogut von einer fremden Instanz erlassen sein könnte.

Strenggenommen also gilt das Freiheitsgesetz einzig für den Akt seiner eigenen Erlassung; und als der Entdecker dieses Zirkels, der »das einzige Faktum der reinen Vernunft« darstellt (Text 16), wird Kant von Fichte in der Aenesidemus-Rezension gerühmt (Text 29). In der Tat kann die Entdeckung – und die Radikalität des Denkens, dem sie gelang – nicht genug gerühmt werden. Aber sie bedarf ebensosehr der Erläuterung.

Kant faßt die Zirkularität der Freiheit, ihre Selbstbezüglichkeit, terminologisch sehr präzise als *Autonomie*. Autonom ist die reine Tätigkeit, indem sie sich in ihrem Vollzug das Gesetz des Vollzugs selber gibt. Fichtes Begriff der *Tathandlung* (Text 29), d. h. einer Handlung (actio), die ihre eigene Tat, ihr eigenes Produkt (factum) ist, kündigt sich hier an. Aber im Gegensatz zu seinen Nachfolgern scheut Kant die Thematisierung dessen, was dem allseitigen Wechselverhältnis der raumzeitlichen Einzeldinge zugrunde liegt, in Abstraktion von der Sphäre eben jener Einzeldinge. Wenn wir die raumzeitlichen Einzeldinge einschließlich der Personen *Partikularien* und das Zugrundeliegende, dem die Metaphysik nachgeht, das *Präpartikuläre* nennen, so können wir sagen, daß Kant sich scheut, das Präpartikuläre rein für sich, in Abstraktion vom Bereich der Partikularien zu thematisieren. Er redet daher von der zirkulären, autonomen, reinen Tätigkeit nicht (wie später Fichte und Schelling) als von *dem absoluten Ich*, sondern als von der Freiheit und von der Autonomie des Willens konkreter handelnder Personen, in denen allein (was Fichte und Schelling natürlich nicht bestreiten) die Tathandlung des absoluten Ich sich vollziehen kann.

Im Sinne Kants müssen wir also die Zirkularität der Freiheit phänomenal im partikulären Bereich aufweisen. Das Freiheitsgesetz nimmt als Sittengesetz für konkrete Personen die Form eines kategorischen Imperativs an (Text 16). Wahrhaft frei ist eine konkrete Handlung also, wenn sie gemäß dem kategorischen Imperativ und aus reiner Achtung für das Sittengesetz erfolgt. Im Entschluß zu einer solchen Handlung ist der Wille des Handelnden autonom. Nun erfolgen de facto viele konkrete Handlungen nicht aus Achtung für das Sittengesetz und oft nicht einmal in äußerer Konformität mit dem kategorischen Imperativ. Im Entschluß zu solchen Handlungen ist der Wille des Handelnden fremdbestimmt, heteronom. Die Handlung bzw. der Handelnde ist nicht frei – jedenfalls nicht *wahrhaft* frei. Dieser einschränkende Zusatz ist wichtig. Denn wäre ein unmoralisch Handelnder als solcher uneingeschränkt unfrei, so könnte man ihn weder für eine geschehene Tat verantwortlich machen, noch könnte man ihm zumuten, sich aus seiner Unfreiheit unverzüglich zur Autonomie des Willens, d. h. zu künftigem moralischen Handeln zu erheben. Freiheit ist also primär Freiheit zur Freiheit bzw. zur – wenn auch nie totalen – Preisgabe der Freiheit. Insofern ist die Freiheit konkreter Personen immer selbstbezüglich oder zirkulär.

Die Zirkularität der Freiheit hat zwei Aspekte. Zum einen gilt, daß Freiheit nur aus Freiheit, nicht aus Unfreiheit, etwa aus einem Mechanismus, hervorgehen kann. Zum anderen ist der Mensch kein Schöpfergott; er vermag nicht etwas aus nichts zu erschaffen, ist nicht Ursache von *Sein*. Er vermag *nur* Freiheit zu erschaffen. Auf diese Weise kommen Freiheit und Sein in einen grundsätzlichen Kontrast: Freiheit ist Selbstprodukt bzw. Geschöpf freier Menschen; Sein ist das prinzipiell Ungeschaffene. Freiheit ist daher, wie Fichte in seinen späten Wissenschaftslehren sagt, ein Reales *außerhalb des Seins*, aber auch das einzig Reale außerhalb des Seins.

Die prima philosophia ist die Theorie des Präpartikulären. In der Gestalt der konventionellen Metaphysik behandelt sie ihren Gegenstand, als handle es sich um eine tiefere Schicht des Partikulären, verkennend, daß Partikuläres als solches in einem allseitigen Wechselverhältnis steht und daher wesentlich konstituiert ist. (Um so höher ist Leibniz' theoretische Leistung zu bewerten, der im Korsett der Metaphysik bis zum Gedanken einer prästabilierten Harmonie einfacher Substanzen vorzudringen vermochte.) Bei Kant nimmt die Theorie des Präpartikulären die Form einer

Theorie der *Praxis* partikulärer Personen an; d. h. die prima philosophia wird praktische Philosophie, und die reine praktische Vernunft erhält den Primat »in ihrer Verbindung mit der spekulativen« (Text 18).

Gewissermaßen ein Manual zur Rückübersetzung der praktischen Philosophie in konventionelle Metaphysik gibt Kant mit der sogenannten Postulatenlehre (Text 18) an die Hand. Die Metaphysik selber kann die Grundtheoreme ihrer drei speziellen Disziplinen – die Realität der Freiheit in der rationalen Kosmologie, die Unsterblichkeit der Seele in der rationalen Psychologie und die Existenz Gottes in der rationalen Theologie – nicht beweisen. Doch die praktische Vernunft beweist das mit diesen Theoremen *Gemeinte* (aber inadäquat Formulierte) durch die Tat, im Vollzug der reinen Tätigkeit. Insofern hat die Vernunft *als praktische* epistemische Relevanz, wenn auch ihr tatkräftiger ›Beweis‹ einer Übersetzung bedarf, die das Bewiesene zugleich entstellt. An dieser Theoriesituation orientiert sich der Autor des ältesten Systemprogramms (Text 34), wenn er gleich eingangs erklärt, die ganze Metaphysik falle künftig in die Moral; Kant habe davon »mit seinen beiden praktischen Postulaten« (die Realität der Freiheit wird hier offenbar nicht zu den Postulaten gerechnet) nur ein Beispiel gegeben, nichts erschöpft.

Die epistemische Relevanz der praktischen Vernunft als solcher, die sich darin manifestiert, daß wir von unseren Pflichten *wissen* (und daß uns in der Achtung für das Sittengestz Wirklichkeit offenbar wird), bringt es mit sich, daß der Bereich des Wissens weiter zu ziehen ist als der Bereich des in Urteilen Konstatierbaren. Kants Nachfolger, die versucht haben, das Präpartikuläre im Gegensatz zur Metaphysik *als* wesentlich *Prä*-Partikuläres und, im Gegensatz zu Kant, rein für sich zu betrachten, haben daher die Theorie-Praxis-Distinktion als typisch für den partikulären Bereich hintergehen und herleiten zu können geglaubt. So konnte die reine Tätigkeit etwa (von Fichte) als absolutes Wissen ausgelegt werden. Der Versuch, das Präpartikuläre rein für sich zu betrachten (und den Bereich der Partikularien im Rahmen dieser Betrachtung aus dem Präpartikulären zu deduzieren), ist freilich mit der prinzipiellen Schwierigkeit behaftet, daß die Partikularien die grundlegenden Urteilssubjekte sind. Die Thematisierung des Präpartikulären *als solchen* kann daher nur auf dem Weg theoretisch kontrollierten – nicht willkürlichen – Verstoßens gegen die logische Grammatik des Aussagesatzes erfolgen. So sind die Theoretiker des deutschen Idealismus, Fichte, Schelling und Hegel, in der Tat vorgegangen. Ihr Vorgehen hat sie schon zu Lebzeiten in Verruf gebracht und ihr Werk einer angemessenen Rezeption bis heute entzogen.

Pantheismus, Atheismus, Monismus

Kants Philosophie verweist auf präpartikuläre Einheitsprinzipien, ohne sie eigens zu thematisieren. Diese Zurückhaltung wurde von seinen Nachfolgern abgelegt. Kant war mit seinem Gespür für das Ausmaß der Schwierigkeiten einer Theorie des Präpartikulären als solchen offenbar allein geblieben. Zudem hatte der von Jacobi 1785 mit der Schrift *Über die Lehre des Spinoza* ausgelöste sogenannte *Pantheismusstreit* das theoretische Interesse am philosophischen Monismus genährt (vgl. Texte 21–24). Vordergründig ging es um die von Jacobi aufgestellte und von Mendelssohn bestrittene Behauptung, Lessing sei Spinozist gewesen. Das theoretische Interesse aber galt dem Spinozismus selber. Spinoza hatte gelehrt, daß Gott gegenüber der Welt nicht die Rolle einer von ihrer Wirkung substantiell verschiedenen Ursache innehat, sondern die Rolle einer Substanz im Verhältnis zur Gesamtheit ihrer Akzidenzien. Gott also ist *die eine* Substanz (Monismus) und ist als solche allen Dingen nach dem Substanz-Akzidens-Verhältnis *immanent.* Der Substanzmonismus mußte unter moralphilosophischen Gesichtspunkten problematisch erscheinen, weil er die endlichen Personen qua Akzidenzien Gottes gegenüber der Substanz zu völlig unfreien und ohnmächtigen Wesen zu machen droht. Der Immanentismus war theologisch bedenklich, weil er Gott nicht mehr als eine erkennende und wollende, von der Welt substantiell verschiedene Person zu denken erlaubt.

Jacobi stand zu Spinozas Lehre in einem ungewöhnlichen Verhältnis. Er versuchte einerseits, sie als das einzige konsequente philosophische System stark zu machen, und wies sie andererseits als Atheismus und Fatalismus zurück und bekannte sich in einem »Salto mortale« zu einem theoretisch nicht legitimierbaren *Glauben* an die menschliche Freiheit und an Gott als eine »verständige persönliche Ursache der Welt« (Text 21). Damit war natürlich auch Kants Philosophie, und zwar auf ganz unvorhersehbare Weise, angegriffen. Als systematische Philosophie leistet sie, im Lichte der These Jacobis betrachtet, unweigerlich dem Atheismus und Fatalismus Vorschub; andererseits ist sie nicht konsequent genug, um diese Positionen offen einzunehmen.

Kant fand es allerdings »kaum zu begreifen«, daß man »in der *Kritik der reinen Vernunft* Vorschub zum Spinozism finden« konnte (»Was heißt: Sich im Denken orientiren?«, 1786, in: *Kants gesammelte Schriften*, Band VIII, Berlin 1912/23, 131–147, S. 143 Fn.). Für ihn war der Spinozismus metaphysischer Dogmatismus, in der Wahl der axiomatischen Methode zwar rigoros und so dogmatisch, »daß er sogar mit dem Mathematiker in Ansehung der Strenge des Beweises wetteifert«, in der Sache aber der Leibniz-Wolffschen Metaphysik (Texte 1–6) unterlegen, die der idealen Metaphysik, die Kant in der transzendentalen Dialektik in kritischer Absicht rekonstruiert (Texte 13–15), sehr viel näher kommt. Kaum zu begreifen hätte Kant dann auch den Brief gefunden, in dem Schelling, sich in Kants Nachfolge glaubend, 1795 seinem ehemaligen Studienkollegen Hegel unter mannigfachen Bezügen auf Jacobis (in Text 21 berichtetes) Gespräch mit Lessing mitteilt, er sei »indessen Spinozist geworden« (Text 33). (Allerdings geht aus dem unmittelbaren Kontext der Mitteilung hervor, daß Schelling damit rechnete, daß auch Hegel über diese Nachricht staunen würde.)

Weltanschauliche Fronten, die im gegebenen Fall ja auch eine Rolle spielen, sind oft unübersichtlich. Wer etwa Jacobi nur halb folgte und Spinozas Substanzmonismus zwar für philosophische Weisheit hielt, nicht aber den Salto mortale nachzuvollziehen bereit war, konnte sich gerade von Kants Philosophie der Freiheit eine ganz neue Perspektive für den Monismus versprechen. Umgekehrt leistet die Kantische Philosophie, unbeschadet der Postulatenlehre, in der Tat dem ›Atheismus‹ im Sinne Jacobis Vorschub, der darunter die Leugnung einer persönlichen Ursache der Welt versteht. Denn eine persönliche Ursache der Welt wäre ein Partikulare, eine »besondere Substanz«, wie Fichte Jahre später, 1798, in einem Aufsatz sagte, der dann *ihm* den Vorwurf des Atheismus einbrachte (Text 35). Als Partikulare wäre diese Ursache der Welt, wenn es sie gäbe, gerade nicht Substanz im Sinne einer wahrhaft zugrundeliegenden Realität, sondern ein Konstituiertes. Sie wäre nicht Gott, sondern, als in die Rolle Gottes versetztes Konstituiertes, ein Abgott. Fichte drückt sich also sehr präzise aus, wenn er in seiner *Appellation an das Publikum* (*Werke* V, 190–238) den Atheismusvorwurf an seine Gegner zurückgibt und sie als Vertreter »einer gewissen abgöttischen und atheistischen Partei« charakterisiert (ebd. S. 194).

Dem entspricht auch, daß Schelling in dem erwähnten Brief an Hegel, Jahre vor Fichtes Atheismusstreit, schreibt: »Wir reichen *weiter* noch als bis zum persönlichen Wesen« (Text 33). *Weiter:* bis zu einer letzten präpartikulären Totalität, die als Einheitsprinzip allen Wechselverhältnissen zugrunde liegt. Fichte hat von ihr in der inkriminierten Schrift (Text 35) als von der *moralischen Weltordnung* gesprochen. Seine Gegner haben die theoretische Kraft dieses Begriffes gewiß verkannt. Ihnen mag ein Aggregat endlicher Personen, bestenfalls eine prästabilierte Harmonie ohne zugrundeliegenden göttlichen Verstand und Willen, folglich ohne prästabilierendes Prinzip, vor Augen gestanden haben. Eine moralische Weltordnung ist aber eine *Totalität*, d. h. ein Ganzes, das seinen Gliedern vorausgeht und sie konstituiert, und zudem eine Totalität von *Freien*, so daß andererseits die konstituierten Glieder gegenüber der sie konstituierenden Realität ebensosehr als Unabhängige zu betrachten sind. Der Begriff der moralischen Weltordnung beinhaltet also die Zumutung, *konstituierte Freie* zu denken und gehört infolgedessen mit zum Schwersten, was die Philosophie zu denken aufgibt. (Vgl. hierzu auch Text 47.) Fichte mochte sich gegenüber seinen Anklägern daher in der Rolle des Elia gegenüber den 450 Baalspropheten (1. Kön. 18,21 ff.) fühlen. Daß er dementsprechend auftrat, hat ihn am Ende seine Professur in Jena gekostet.

Mit den letzten Bemerkungen sind wir dem Gang der Dinge vorausgeeilt. Es lohnt sich, Fichtes Philosophie auch (und gerade) in ihrem frühesten Zustand, in der ersten Artikulation ihrer Grundeinsicht zu betrachten. Zur Vorbereitung darauf ist eine weitere

Form des Monismus wenigstens zu erwähnen, die im Anschluß an Kant bedeutsam und für Fichte zum Ausgangspunkt der eigenen theoretischen Entwicklung wurde: die ›Philosophie aus *einem* Grundsatz‹ des Karl Leonhard Reinhold.

Kants Philosophie war, wie wir gesehen haben, von Anfang an nicht nur den Einwänden von Vertretern der Schulmetaphysik und ihren mehr oder weniger empiristisch orientierten Antipoden, also von Vertretern derjenigen Positionen ausgesetzt, die sie ihrerseits angegriffen hatte und deren Widerspruch in ihrer Systematik gewissermaßen vorgesehen war. Auch nahm der Meinungsstreit in der Philosophie keineswegs die Form an, die man erwarten mußte, wenn man mit Kant davon ausging, daß nun die Philosophie zum ersten und zugleich ein für allemal auf den sicheren Pfad einer Wissenschaft gebracht worden war. Und so lag der Versuch nahe, die wahre Stärke der neuen, »kritischen« Philosophie gegen erwartete wie unvermutete Opponenten dadurch zur Geltung zu bringen, daß ihr Fundament im Präpartikulären, das sie selber im Dunkeln gelassen hatte, eigens ins Licht der Theorie gerückt würde.

Reinhold hat sich in seinem *Versuch einer neuen Theorie des menschlichen Vorstellungsvermögens* (Prag und Jena 1789) und in Nachfolgeschriften aus den Jahren 1790 und 1791, denen die Texte 25–27 entnommen sind, um ein solches Fundament bemüht. Allerdings hatte er wenig Sinn für die Besonderheiten des Präpartikulären; und der Erfolg, der seinem Versuch beschieden war, war alles in allem gering. Aber er hat dem Interesse am inhaltlich-metaphysischen Monismus ein Interesse an einem Monismus in der Methode hinzugefügt. Er meinte nämlich, am Bewußtsein und seiner (behaupteten) Artikulation in die drei Momente Subjekt, Objekt und Vorstellung *die eine* schlechthin unbestreitbare Tatsache gefunden zu haben, deren Anerkennung die Anerkennung der Resultate der Kantischen Philosophie zwingend nach sich ziehen müßte.

Daraus ergab sich für ihn das Programm einer Theorie, die er aufgrund ihres Stellenwertes für die Fundierung der kritischen Philosophie Kants als *Elementarphilosophie* und aufgrund ihres Inhaltes als *Theorie des Vorstellungsvermögens* bezeichnete. Aufgrund der Singularität ihrer Ausgangstatsache war die Elementarphilosophie als Philosophie aus *einem* Grundsatz konzipiert, wobei der Grundsatz (der sogenannte Satz des Bewußtseins, Text 25) die Tatsache des Bewußtseins auf eine neutrale, für alle philosophischen Positionen akzeptable Weise zum Ausdruck bringen sollte.

Das Programm hat sich sehr schnell als undurchführbar erwiesen. Ich werde seine Schwachstellen hier nicht thematisieren, sondern nur einen einzigen Kritikpunkt ins Auge fassen, der historisch besonders folgenreich gewesen ist.

Fichtes Entdeckung

Kant hat sehr vorsichtig und fast unterminologisch von »unserm Gemüt« gesprochen, das »affizierbar« ist qua Passivität und das denkt qua Aktivität; und er hat ebenso vorsichtig den Begriff des Dinges an sich geprägt, um andeuten zu können, daß die verstandesdurchwirkte Welt der Partikularien nicht die letzte Realität ist. Seine – indirekte – *Theorie* des Präpartikulären ist allein in seiner praktischen Philosophie zu suchen. Reinhold wagt sich weiter vor. Er faßt das »Gemüt« terminologisch als Vorstellungsvermögen und macht es eigens und für sich genommen zum Gegenstand einer Theorie. Dann aber wird die Frage akut, wodurch sich die Theorie des Vorstellungsvermögens von konventioneller Metaphysik unterscheidet. Sofern Reinholds Anspruch akzeptiert wird, das Programm einer Theorie des Vorstellungsvermögens ergebe sich zwingend in der Konsequenz des Kantischen Denkens als das Programm einer das Fundament der kritischen Philosophie nachliefernden Elementarphilosophie, ist diese Frage auch an Kant selber zu richten. Und so fragt denn Gottlob Ernst Schulze in seiner 1792 anonym erschienenen Schrift *Aenesidemus oder über die Fundamente der [...] Elementar-Philosophie*, wodurch die Elementarphilosophie zu der »überschwenglichen Kenntnis« von der objektiven Existenz des Vorstellungsvermögens gekommen sei (Text 28), und hat dabei sicher auch Kant im Sinn, dessen Metaphysikkritik er übrigens in der Rede von überschwenglicher Kenntnis zitiert.

Kant hätte die Frage zurückweisen können mit dem Hinweis

darauf, daß die kritische Philosophie entgegen Reinholds Meinung keiner Fundierung in einer Theorie des Vorstellungsvermögens bedarf (vgl. Kants Stellungnahme zur Wissenschaftslehre, Text 37). Reinhold ist eine einleuchtende Abgrenzung seiner Theorie gegen die konventionelle Metaphysik schuldig geblieben. Fichte aber gibt in seiner Rezension des *Aenesidemus* die Antwort, mit der die Emanzipation der Theorie des Präpartikulären von der Theorie des (moralischen) Handelns der Menschen und damit der Übergang von Kant zum deutschen Idealismus vollzogen wird. Sie lautet (Text 29):

(1) Das Vorstellungsvermögen existiert nicht unabhängig vom Vorstellen als (vorstellendes) Ding an sich, sondern (a) nur *für* das Vorstellungsvermögen und (b) *durch* das Vorstellungsvermögen.

(2) Das Für- und Durchsichsein des Vorstellungsvermögens ist der notwendige Zirkel (den Kant entdeckt hat), in den jeder uns denkbare Verstand eingeschlossen ist.

Die Reinholdischen Termini ›vorstellen‹ und ›Vorstellungsvermögen‹, die Fichte hier in der Auseinandersetzung mit dem Reinhold-Kritiker Schulze verwendet, sind so eng mit der theoretischen Philosophie assoziiert, daß sie leicht die Tatsache verdecken, daß Fichte, indem er den Schritt zur Theorie des Präpartikulären vollzieht, gerade die Theorie-Praxis-Distinktion hintergeht. (Andernfalls könnte er die Entdeckung des Zirkels auch nicht Kant zuschreiben, der den Zirkel ja nicht mit Bezug auf das Erkenntnisvermögen, sondern als Zirkel der Freiheit entdeckt hat. Vgl. oben.) Fichtes eigene Termini sind ›setzen‹ bzw. ›Ich‹. Wir können daher (1) und (2) wie folgt reformulieren:

(3) Das Ich existiert (a) nur für sich und (b) durch sich, indem es sich selber setzt.

(4) Der Zirkel des Sichselbstsetzens des Ich (von Kant als Zirkel der Freiheit entdeckt) ist unhintergehbar.

Des weiteren erfahren wir in der Rezension des *Aenesidemus*, daß das Sichselbstsetzen des Ich keine Tatsache (wie etwa die Tatsache des Bewußtseins, von der Reinhold ausging), sondern eine *Tathandlung* und daß das Setzen ferner *intellektuelle Anschauung* ist. Diese Begriffe bedürfen natürlich der Erläuterung.

Setzen, lateinisch *ponere*, ist eine logische Operation (man denke an den Modus ponens). Der Gegenbegriff ist der des Aufhebens (*tollere*, Modus tollens). Setzen und Aufheben sind daher nicht reales Erschaffen und Vernichten, sondern, wenn man so will, Erschaffen und Vernichten nur im Medium des Denkens. Dem korrespondiert der oben erwähnte Gegensatz von Freiheit und Sein; denn Freiheit war als Vermögen nicht des Erschaffens und Vernichtens von Sein, sondern nur des ›Erschaffens‹ und ›Vernichtens‹ (der Selbstverwirklichung und der Selbstpreisgabe) der Freiheit bestimmt worden.

Der Begriff der intellektuellen Anschauung ist der Begriff eines rein kreativen Denkens, dem seine Objekte nicht gegeben werden müssen, sondern das sie denkend hervorbringt. Kant hat großen Nachdruck darauf gelegt, daß unser Verstand nicht kreativ, sondern bezüglich seiner Objekte auf die Sinnlichkeit angewiesen ist (Wechselverhältnis von Aktivität und Passivität). Aber er hat ebenso großen Nachdruck darauf gelegt, daß das Denken als reine praktische Vernunft kreativ (bezüglich Freiheit) ist, ohne allerdings in diesem Zusammenhang von intellektueller Anschauung zu sprechen (Asymmetrie im Wechselverhältnis). Erst jenseits der Theorie-Praxis-Distinktion, im präpartikulären Bereich, kann der Begriff der intellektuellen Anschauung die ihm von Fichte zugeteilte Rolle übernehmen: menschenmögliches *Wissen* positiv zu charakterisieren. Das so charakterisierte Wissen manifestiert sich im personal-partikulären Bereich als Wissen von der Geltung des Sittengesetzes in dem vernunftgewirkten Gefühl der Achtung bzw., wie Fichte sagt, in »moralischer Stimmung« (Text 35). (Die moralische Stimmung geht mit einer »Veränderung der Ansicht« von der Welt einher. Die Welt wird als *Konstituiertes* begriffen, und dem Menschen »ist es nicht zu verargen, wenn ihm bei dieser gänzlichen Verschwindung des Bodens unter ihm unheimlich wird« [ebd.]. Der Metapher der Bodenlosigkeit wird sich im folgenden ein guter Sinn abgewinnen lassen.)

Im Begriff der Tathandlung wird das Moment der Tätigkeit mit dem der Zirkularität kombiniert. Eine Tathandlung ist Handlung, actio; und sie ist ihre *eigene* Tat (ihr eigenes Produkt, factum). Die Handlung ist näher als Setzen zu kennzeichnen, aufgrund der Zirkularität also als ein Setzen, in dem es selber gesetzt wird. Zugleich handelt es sich um ein intellektuelles, also kreatives Anschauen, in dem dieses Anschauen selber ›er-schaut‹ wird.

Aber die Gleichung ›actio = factum‹ ist noch ergänzungsbedürftig um ein weiteres Glied. Dies folgt daraus, daß (gemäß (3) und (4)) das Ich sowohl als das Setzende wie auch als das Gesetzte zu betrachten ist. D. h. es gilt auch: actor = factum. Das Ich (actor) ist ein Setzen (actio), das sich selber (factum) setzt. Die vollständige Gleichung lautet demnach: actor = actio = factum, oder spezifischer: Setzendes = Setzen = Gesetztes.

Spätestens an dieser Stelle dürfte Kants Scheu vor einer direkten Thematisierung des Präpartikulären vielen als Weisheit erscheinen. Ungeachtet dessen wollen wir auf dem von Fichte eröffneten Pfad noch ein paar Stationen weiter gehen.

Wer oder was ist *das Ich*? Wir haben gesehen: ein Setzen, das sich selber setzt, oder, wie wir auch sagen können, ein Setzen in der Form der Identität. In der Form der Identität ist eine zweistellige Relation (hier das Setzen), sofern sie mit ihren beiden Relata (hier dem Setzenden und dem Gesetzten) identifiziert wird. Die Auskunft, das Ich sei Setzen in der Form der Identität, ist dann aber auf mehrere Weisen paradox, jedenfalls in dem Sinn (wenn in keinem anderen), in dem Unerhörtes paradox ist.

(a) Der Gedanke der Form der Identität selber beinhaltet, gemessen an den Verhältnissen im partikulären Bereich, das, was man seit Gilbert Ryle einen Kategorienfehler nennt. Betrachten wir zur Illustration den grundlegenden Fall einer Relation im partikulären Bereich, irgendeine Beziehung zwischen konkreten Einzelnen. Sokrates beispielsweise ist älter als Platon; d. h. er steht in der Relation des Älterseins zu Platon. Wenn nun jemand Sokrates mit Platon identifiziert, so irrt er sich. Aber seine Verwechslung zweier Entitäten ist kein Kategorienfehler, weil Sokrates und Platon Entitäten gleichen Typs (konkrete Einzelne und näher Personen) sind. Sie sind verwechsel*bar*, wenn auch faktisch wohlunterschieden; die Aussage: Sokrates = Platon, ist zwar falsch, aber doch ein sinnvoller Satz. Anders verhält es sich, wenn jemand die Relation des Älterseins, sei es mit Sokrates, sei es mit Platon zu identifizieren vorgibt. Er würde mit der Aussage, daß Sokrates (oder Platon) mit dem Ältersein identisch ist, einen sinnlosen Satz produzieren und im Versuch, Unverwechsel*bares* zu identifizieren, einen Kategorienfehler begehen. Eine Relation ist grundsätzlich eine Entität anderen Typs (anderer Kategorie) als die Entitäten, die als ihre Termini in Frage kommen.

(b) Im konkreten Fall des Setzens kommt hinzu, daß das zweite Relationsglied (das Gesetzte) Aussageform hat. Setzen betrifft als logische Operation immer Propositionen oder Satzgehalte; es wird gesetzt, *daß*... (das und das der Fall ist). Das Setzen also ist im partikulären Bereich eine Relation zwischen einer Person und einer Proposition. Setzen in der Form der Identität würde dann eine Amalgamierung einer Relation mit einer Person und einer Proposition einschließen.

(c) Im partikulären Bereich gibt es eine Pluralität von Personen, deren jede sich selber mittels des Personalpronomens der ersten Person Singular bezeichnen kann. Nun kann man natürlich dieses Personalpronomen nominalisieren und Personen aufgrund der erwähnten Fähigkeit, ›ich‹ zu sich zu sagen, als ›Iche‹ bezeichnen. Andererseits ist für eine solche Sprachregelung im partikulären Bereich auch kein Bedarf zu erkennen. Völlig unmotiviert aber wäre die Rede von *dem* Ich als von einem Singularetantum.

(d) Das Ich, wenn wir die befremdliche Nominalisierung und Singularisierung denn einmal mitvollziehen, ist *durch sich*; es existiert, weil es sich selber setzt. Es hat also die zirkuläre Form einer Ursache seiner selbst, einer causa sui.

(e) Das Ich ist andererseits *nur für* sich. Als Gesetztes hat es die Seinsweise eines Gedachten (etwa wie eine nur mögliche Welt der Leibnizschen Konzeption zufolge den Status eines – im Verstande Gottes – Gedachten hat). Es existiert nicht *an sich*, sondern für das Denken, und zwar, wegen der erwähnten Zirkularität, nur für sein eigenes Denken oder für das Denken, das es selber ist. Es ist also nicht wirklich causa sui, sondern nur Denken in der Form einer causa sui. (Es ist ein Denken, das sich selbst erdenkt; kein Sein, dem zugemutet würde, sich selbst zu erschaffen.)

Diese fünf Punkte, (a)–(e), zeigen, daß das Ich, gedacht als Setzen in der Form der Identität, eine schlichte Absurdität ist, sofern es nach dem Modell eines konkreten Einzelnen aufgefaßt wird. So also darf es nicht aufgefaßt werden. Im Rahmen dieser Einleitung kann nicht viel dazu beigetragen werden, den deutschen Idealismus vom Anfangsverdacht der Absurdität zu befreien und als ein im wesentlichen rationales Unternehmen sichtbar werden zu lassen. Ich muß es mit den folgenden unzulänglichen Bemerkungen bewenden lassen.

Zirkularität als solche ist nichts in sich Widersprüchliches. Andernfalls wäre nicht nur bereits Kants Freiheitslehre inkonsistent, sondern beispielsweise auch der Gedanke einer Menge, die sich selbst als Element enthält. Solche Mengen sind *unfundiert*, und ihre Existenz wird in den gewöhnlichen Systemen der Mengenlehre durch das sogenannte Fundierungsaxiom in der Tat ausgeschlossen. Man kann aber beweisen, daß dann, wenn man in einem gewöhnlichen Axiomensystem der Mengenlehre das Fundierungsaxiom durch die Behauptung der Existenz einer Menge ersetzt, die dadurch definiert ist, daß sie selbst ihr einziges Element ist, kein Widerspruch entsteht. Nun lädt der mengentheoretische Fundierungsbegriff zu mannigfaltigen Analogiebildungen ein. Oben habe ich ihn bereits zur Erläuterung der Zusammensetzung des Kontinuums benutzt, und jetzt möchte ich ihn per Analogie auf den Fall der Relationen zwischen Personen und Propositionen anwenden. Denken, Meinen, Wissen, ..., *daß* (das und das der Fall ist), sind solche Relationen. Sie werden gewöhnlich propositionale Einstellungen genannt. Wie eine Menge wiederum eine Menge als Element, so kann eine propositionale Einstellung einer Person wiederum eine propositionale Einstellung einer Person zum Inhalt haben. Eine Person A kann etwa meinen, daß eine Person B meint, daß A sie liebt. Das Fundierungsaxiom schließt die Existenz von Mengen mit endlosen oder zirkulären Elementketten aus. Es kann ihm zufolge keine Menge M_0 geben, so daß gilt: $M_1 \varepsilon M_0$, $M_2 \varepsilon M_1$, $M_3 \varepsilon M_2$ usf. ad infinitum. Ebensowenig kann gelten: $M_0 \varepsilon M_0$; oder: $M_0 \varepsilon M_1$ und $M_1 \varepsilon M_0$. Dies sind Beispiele für unfundierte Mengen. Per Analogie kann man sich nun leicht Beispiele für unfundierte propositionale Einstellungen ausdenken: A meint, daß B meint, daß C meint, daß D meint, daß... usf. ad infinitum. Oder: A meint, daß A eben dies (daß A meint, ...) meint. Oder A meint, daß B meint, daß A eben dies (daß B meint, ...) meint.

Es dürfte Einigkeit darüber herrschen, daß es unfundierte propositionale Einstellungen, jedenfalls im üblichen Sinn des Ausdrucks ›propositionale Einstellung‹, nicht gibt. D. h. es gilt für propositionale Einstellungen ein Analogon des Fundierungsaxioms.

Wenn es aber Fälle von Denken oder auch von Wissen gibt, die nicht als Fälle propositionaler Einstellungen im üblichen Sinn verstanden werden können, dann wäre u. U. auch die Fundierungsfrage neu zu stellen. Und so verhält es sich in der Tat. Das Wissen, das wir von dem haben, was Kant das Faktum der Vernunft nennt (Text 16), also unser Wissen von der Verbindlichkeit des Sittengesetzes ist von dieser Art, ebenso (obwohl das in letzter Analyse gar nichts davon Unterschiedenes ist) das Selbstbewußtsein, das jede Person als solche hat und das sie zum kompetenten Gebrauch der indexikalischen Ausdrücke und insbesondere des Personalpronomens der ersten Person Singular befähigt. Ebenso ist der Glaube an Gott, im Gegensatz zum Glauben an einen konstituierten Abgott, primär nur als Glaube dieser zweiten Art möglich. Das Denken, Wissen, Glauben dieser zweiten Art betrifft Einzelnes nicht als solches, sondern, wenn Einzelnes, dann als Glied eines Wechselverhältnisses und als konstituiert durch eine zugrundeliegende Totalität. Es bildet unseren primären epistemischen Zugang zu konstituierenden Totalitäten und ist insofern wesentlich ganzheitlich oder holistisch. Es ist das Denken und Wissen, das der menschliche Lebensvollzug als solcher ist, das soundso tätige, soundso gestimmte Menschsein, die Lebensform (mit Wittgenstein zu reden), in der alle im engen Sinn propositionalen Einstellungen wurzeln.

Fichtes große Entdeckung kann vor diesem Hintergrund charakterisiert werden als die Entdeckung, daß der Kantische Zirkel der Freiheit als Moment der Unfundiertheit in unserem holistischen Wissen, folglich in unserem Menschsein, zu verstehen ist. So spricht denn Fichte selber davon, daß wir uns im Wissen »in das unbegrenzte Bodenlose stürzen« können und Boden nur in der moralischen *Stimmung* gewinnen (Text 35). Die Freiheit ist das Reale außerhalb des Seins und auszulegen sowohl als reine selbstbezügliche Tätigkeit wie auch als total unfundiertes holistisches Wissen, als Wissen, das *nur* sich selber zum Inhalt hat. Aber dank dem Wechselverhältnis von Aktivität und Passivität tritt gerade in der Verwirklichung der Freiheit, in der tiefsten Bodenlosigkeit, die reine, leere Stimmung der *Achtung* ein, in der wir uns erfahren als uns weder konstituierten Einzelnen noch dem total unfundierten Wissen, sondern einem wahrhaft Realen verdankend, das auch der Grund des Momentes der Fundiertheit in allem Wissen ist: dem Sein.

Das Ich bzw. das total unfundierte Wissen und das Sein stehen also in scharfem Kontrast zueinander, und dies wird im Laufe der Weiterentwicklung der Fichteschen Philosophie (der »Wissenschaftslehre«) immer deutlicher. Anfangs mochte darüber eine gewisse Unklarheit herrschen, zumal der Kontrast nicht verhindert, daß das Sein – um eine dunkle Rede zu führen, die erst weiter unten erläutert werden kann – in die Ich-Form eintritt. So würde auch verständlich, daß Schelling 1795 in der Schrift *Vom Ich* das absolute Ich und das Sein gleichsetzen konnte (Text 30). Hölderlin hat sich in dem Fragment *Urteil und Sein* (Text 31) gegen diese Gleichsetzung gewandt und sich dabei, wie ich glaube, auf Schellings Ich-Schrift bezogen (vgl. unten). Jedenfalls bot Fichte sachlich kaum Anlaß für eine derartige Kritik – zumal, wenn man den Ausgangspunkt seiner Entdeckung, Schulzes Metaphysikverdacht gegen Reinhold, in Rechnung stellt. Der Verweis auf den zirkulären Charakter des Ich kann diesen Verdacht ja nur insofern entkräften, als das Wissen, das das Ich ist und das die kritische Philosophie expliziert, unfundiertes Wissen ist, während die Metaphysik im Sein fundiertes Wissen gewinnen (nicht explizieren) will, also dasjenige Wissen, das sich in der moralischen Stimmung auf indirektem Wege einstellt.

Die größere Affinität zur Metaphysik, die sich beim frühen Schelling im Vergleich zu Fichte konstatieren läßt, sollte aber nicht zum Anlaß genommen werden, sein Programm einer Naturphilosophie (Text 36, vgl. Texte 39 und 49) unter Metaphysikverdacht zu stellen. Dieses Programm, das Fichte nicht hinreichend zu würdigen verstand und das in seinem Bruch mit Schelling eine Rolle spielte, ergibt sich daraus, daß zwischen der präpartikulären Realität (Sein und Ich) und dem partikulären Bereich keine Realdistinktion besteht. Zur Illustration mag einmal mehr das Schachspiel dienen. Die den Schachfiguren und Spielzügen als solchen zugrundeliegende Realität ist das regelgeleitete Verhalten der Schachspieler. Aber diese zugrundeliegende Realität existiert nicht unabhängig von dem, dessen Konstitutionsprinzip sie ist. Sie vollzieht sich vielmehr in ihren Konstitutionsprodukten und könnte sich unabhängig von ihnen in keiner Weise vollziehen. So ist auch das konstituierende Präpartikuläre nur im konstituierten Partikulären existent. Für die Konstitution des Partikulären aber ist das Ich, folglich die Autonomie des Willens endlicher Personen und ihre Achtung für das Sittengesetz unabdingbar. Partikularien (konkrete Einzeldinge) aber gab es, lange bevor es Menschen gab. Daraus folgt, daß das Wechselverhältnis, in dem Partikularien als solche zu menschlicher Tätigkeit stehen, in die vormenschliche Vergangenheit zurückreichen muß. Lange bevor es Menschen gab, machte sich ihre künftige Subjektivität beispielsweise in der Gestalt der sekundären Qualitäten der Dinge bemerkbar (wie sich die möglichen künftigen Züge einer Schachfigur, etwa der Dame, schon zu Beginn einer Partie in den Werten der anderen Figuren bemerkbar machen). Der Naturphilosophie kommt die Aufgabe zu, den Widerschein der menschlichen Subjektivität, so wie er aufgrund des Wechselverhältnisses in den Dingen selber unabhängig von aller menschlichen Einwirkung vorkommt, zu betrachten.

Schelling und Hölderlin

Fichtes anonyme Aenesidemus-Rezension vom Februar 1794 und seine kurze programmatische Schrift *Über den Begriff der Wissenschaftslehre oder der sogenannten Philosophie* vom Frühjahr desselben Jahres genügten dem gerade neunzehnjährigen Schelling zur produktiven Rezeption des Programms einer Theorie des Präpartikulären als solchen. Noch im Herbst 1794 erschien seine eigene kleine Schrift *Über die Möglichkeit einer Form der Philosophie überhaupt*, durch die er sich als Mitausführender des Programms ankündigte, und im Frühjahr 1795 – inzwischen war Fichtes *Grundlage der gesamten Wissenschaftslehre* teilweise veröffentlicht – trat er mit dem Beginn der eigenen Ausführung hervor, in einem Buch mit dem Titel *Vom Ich als Prinzip der Philosophie oder über das Unbedingte im menschlichen Wissen* (daraus Text 30).

Die Vorrede des Buches datiert vom 29. März 1795. Zu dieser Zeit hielt sich Hölderlin in Jena auf. Er war zusammen mit Hegel im September 1793 aus dem Tübinger Stift entlassen worden und hatte zum Jahreswechsel 1793/94 eine Hofmeisterstelle in Waltershausen bei Jena angetreten. Dort las er, wie er Hegel ein Jahr darauf, am 26. Januar 1795, mitteilt (Text 32), die ersten Blätter der ab Sommer 1794 bogenweise für Fichtes Hörer erscheinenden

Grundlage der gesamten Wissenschaftslehre und hatte Fichte anfangs »im Verdacht des Dogmatismus«. Auch fällt ihm auf, daß Fichte über die von Reinhold an die Spitze der Philosophie gestellte Tatsache des Bewußtseins *in der Theorie* hinauszugehen versucht. (Freilich handelt es sich dabei, wie wir gesehen haben, um eine Theorie, die gerade das unserer Praxis als solcher immanente Wissen rein für sich hervortreten lassen und die Theorie-Praxis-Distinktion in diesem Sinne hintergehen soll.) Ende 1794 hielt er sich mit seinem Zögling und dann, nach Lösung des Dienstverhältnisses am 16. Januar 1795, noch einmal von Januar bis Mai 1795 in Jena auf und konnte die Wissenschaftslehre in Fichtes Vorlesungen aus erster Hand studieren. Inwieweit das alte Fichte-Bild dabei korrigiert wurde, geht aus dem Brief an Hegel nicht hervor. (Es fehlen fünf vermutlich entscheidende Zeilen, und anschließend wechselt Hölderlin sehr bald das Thema.)

Hölderlins Fragment, das (nicht von ihm) den Titel »Urteil und Sein« erhalten hat, wurde den äußeren Anhaltspunkten (etwa der Hölderlinschen Orthographie, die sich in Jena änderte) nach zu urteilen, Anfang April 1795 in Jena geschrieben (vgl. die im Autoren- und Quellenverzeichnis bei Text 31 genannte Literatur). Man hat es aus, wie zuzugeben ist, naheliegenden Gründen für eine Fichte-Kritik bzw. eine programmatische Korrektur an Fichte gehalten. Wenn man aber dem auf äußeren Indizien beruhenden Datierungsverfahren einen nur geringen Unsicherheitsspielraum zugesteht, *könnte* der Text auch anläßlich der Lektüre von Schellings Ich-Schrift entstanden sein. Die mit Text 30 getroffene Auswahl aus Schellings Schrift soll, unterstützt durch die folgenden Hinweise, dazu einladen, ihn versuchsweise einmal so zu lesen.

Ein Vergleich der Texte 30 und 31 (fortan einfach mittels dieser Nummern zitiert) läßt zunächst eine gemeinsame theoretische Grundlage beider Autoren erkennen, die eine Auseinandersetzung erst ermöglicht. Diese Ausgangsbasis ist monistisch: Die letzte, allem zugrundeliegende Realität ist wesentlich *eine*. Sie ist weder Subjekt noch Objekt; Subjekt und Objekt sind bereits Momente des Einen (30, § 3). Sie werden durch das Urteil als die Ur-Teilung des Einen erst möglich (31). Das Eine ist demgemäß als solches nicht angemessen im Urteil thematisierbar; wenn es »zum logischen Objekt« gemacht wird, dann um den Preis einer »ganz eigene(n) Unfaßlichkeit« der so angestellten Untersuchungen (30, § 3; diese Unfaßlichkeit ist uns oben beim Versuch der Thematisierung des Präpartikulären als solchen begegnet). Nicht im Urteil, sondern in intellektueller (»intellektualer« heißt es in beiden Texten) Anschauung, in der Subjekt und Objekt »innigst« vereinigt sind (31), ist es »bestimmbar« (30, § 8). Das Eine ist als solches unteilbar (30, § 11), also kein Aggregat, sondern eine Totalität. Seine Teilung im Urteil läßt folglich seine Momente nicht ohne Wesensveränderung überdauern (31).

Schelling faßt das Eine als das absolute Ich (30, § 3) und bestimmt die »Urform« des Ich als reine Identität (30, § 7, und sein Wesen als Freiheit (§ 8); daß das Ich in der Form der Identität und wesentlich Freiheit ist, ist uns von Fichte her geläufig). Der oberste Grundsatz der Philosophie wird daher ausgedrückt als ›Ich bin ich‹ (was allerdings auf das Gleiche hinausläuft wie ›Ich bin‹; ebd.). Dieser Satz ist der einzige absolut thetische (also absolut *setzende*) Satz, wie Schelling auf S. 230 der Ich-Schrift sagt (in 30 nicht wiedergegeben). Absolute Thesis ist dabei verstanden als *modalitätsfreies* Setzen einer Proposition, die Kopula des setzenden Urteils kommt nicht im Modus der Möglichkeit, Wirklichkeit oder Notwendigkeit vor, sondern absolut, also als *absolutes Sein*: »Für das absolute Ich gibt es keine Möglichkeit, Wirklichkeit und Nothwendigkeit; denn alles, was das absolute Ich setzt, ist durch die bloße Form des reinen Seyns bestimmt« (30 Ende). (Hier wird deutlich, daß Schelling Kopula und Identität identifiziert. Mit welchem Recht, sei dahingestellt.) Schließlich erfahren wir noch, daß das absolute Ich kein Selbstbewußtsein hat (30, § 8). Es ist also keine Person. Personen sind als selbstbewußte Einzelne *wesentlich* endlich; denn Selbstbewußtsein setzt Entgegensetzung und Objektivierung, mithin »die Gefahr voraus, das Ich zu verlieren« (ebd.).

Zu diesem Schellingschen Bild findet sich in Hölderlins Fragment ein Gegenbild. Das Eine ist nicht das Ich. Anerkannt wird (mit Fichte) die Identität als Form des Ich. Aber daraus wird nun gerade gefolgert, daß die Identität nicht mit dem Sein schlechthin verwechselt werden darf. Der Satz ›Ich bin Ich‹ ist »das passendste Beispiel zum Begriffe der Urteilung«, keineswegs eine bloße Übersetzung der intellektuellen Anschauung des Einen in Satzform. Die Urteilung ist auch wesentlich dafür, daß die Rede von einem *Ich* mit Grund geführt werden kann. Denn zum Ich gehört wesentlich Selbstbewußtsein, und zum Selbstbewußtsein gehört (wie Schelling anerkennt) Entgegensetzung (und die Gefahr, »das Ich zu verlieren«). Diese Entgegensetzung wird in der Urteilung als solcher vollzogen und durch das Urteil ›Ich bin Ich‹ aufgehoben und bekräftigt zugleich; aufgehoben durch den Inhalt des Urteils, kraft dessen es identifizierenden Charakter hat; bekräftigt durch die Form, denn ›Ich‹ kommt ja gerade zweimal vor (und dies nicht zufällig, sondern in Entsprechung zur Struktur der Tathandlung, in der das Ich sowohl als Tätiges wie auch als Produkt vorkommt). Hölderlin weist darauf hin, daß sich bezüglich des Selbstbewußtseins und damit seiner These zufolge auch bezüglich des Ich *Rücksichten* unterscheiden lassen, die in der Frage der Identität zu verschiedenen Resultaten führen. Wir können dieses Argument aus Fichte wie folgt ergänzen: Insofern Setzen eine irreflexive Relation ist, ist das setzende Ich vom gesetzten Ich verschieden; insofern aber das Setzende und das Gesetzte Ich sind, sind sie identisch. Wenn aber, so räsoniert Hölderlin weiter, hier Hinsichten zu unterscheiden sind, dann ist die Einheit der Tathandlung nicht die innige und absolute Einheit des absoluten Seins.

Etwas dunkel bleibt bei alledem, wieso die Urteilung des Einen sich einerseits in der Urteilsstruktur (also in der Zweiheit von Subjekt und Prädikat) und andererseits in der Zweiheit von Subjekt und Objekt manifestieren und warum dementsprechend *Sein* qua Kopula (oder auch Identität, wenn man sich an die Amalgamierung beider durch alle Beteiligten – Fichte, Schelling, Hölderlin – einmal akkomodiert) nicht nur und nicht primär die Einheit von Subjekt und Prädikat, sondern die Einheit von Subjekt und Objekt ausdrücken soll. Auf diese Sachfrage werde ich unten anläßlich Fichtes später Wissenschaftslehre zurückkommen. Hier ist nur zu erwähnen, daß dies kein Hölderlinsches Spezifikum ist.

Dunkel bleibt relativ zu dem bisher Gesagten auch das sachliche Fundament und die Zielrichtung von Hölderlins Bemerkungen zu den Modalitäten. Sie enthalten nicht bloß und nicht primär Kritik, sondern den Kern einer positiven Theorie. *Daß* aber die Modalitäten im Zuge der Schelling-Kritik zu thematisieren waren, dürfte deutlich geworden sein. Denn es galt, dem von Schelling betonten Kontrast zwischen der modalitätsfreien Kopula, die absolutes Sein ausdrückt, und der ›modalisierten‹ Kopula gewöhnlicher Urteile Rechnung zu tragen. Ganz nahe lag, insbesondere vor Kantischem Hintergrund (vgl. Text 11), die Kritik, daß das Urteil als solches modalitätsbezogen ist und daß schon deswegen kein Urteil (auch nicht der Satz ›Ich bin Ich‹) *absolutes* Sein ausdrücken kann, daß folglich der Schellingsche Gedanke eines absolut thetischen Satzes unhaltbar ist und absolute Thesis nur in intellektueller Anschauung vorkommen kann.

Ich habe hier keine Interpretation des Hölderlinschen Fragmentes zu geben versucht, sondern nur auf einige Punkte hinweisen wollen, die dafür sprechen, daß man den kurzen Text als eine Frucht der Lektüre der Schellingschen Ich-Schrift betrachten darf. Abschließend sei noch ein Indiz genannt, das dagegen spricht, Fichte als unmittelbaren Zielpunkt der kritischen Partien des Textes anzunehmen.

In einem Brief vom 13. April 1795, also gerade zu der aufgrund äußerer Indizien erschlossenen Entstehungszeit von *Urteil und Sein*, teilt Hölderlin seinem Bruder »eine Haupteigentümlichkeit der Fichteschen Philosophie« mit (*Sämtliche Werke und Briefe*, Zweiter Band, S. 648; vgl. Literaturangabe zu Text 31). Er referiert Fichte u. a. dahingehend, daß im Menschen ein Streben ins Unendliche, eine »ihrem Triebe nach unendliche Tätigkeit« ist, und sagt dann: »die *ihrem Triebe nach* unendliche *unbeschränkte* Tätigkeit ist in der Natur eines Wesens, das Bewußtsein hat (eines Ich, wie Fichte sich ausdrückt) notwendig, aber auch die *Beschränkung* dieser Tätigkeit ist einem Wesen, das Bewußtsein hat, notwendig«; andernfalls »wäre uns nichts *entgegen*«, und »wir hätten kein Bewußtsein« (ebd. 648 f., Hervorhebungen im Original). Hier wird der Ausdruck ›Ich‹ als Fichtescher Terminus technicus für (selbst)bewußte endliche Wesen eingeführt. Wenn also Hölderlin zur gleichen Zeit, in *Urteil und Sein*, rhetorisch fragt: »Wie kann ich sagen: Ich! ohne Selbstbewußtsein?« (und dann ganz im Sinne Fichtes fortfährt und Entgegensetzung als Bedingung der Möglichkeit von Selbstbewußtsein statuiert), so kann mit der rhetorischen Frage schwerlich in kritischer Absicht auf Fichte gezielt sein, was natürlich nicht ausschließt, daß Hölderlins Thesen in anderen Punkten auch mit Fichtes Position unverträglich sind.

Eine reife Frucht des von Fichte 1794 initiierten Philosophierens ist Hegels *Wissenschaft der Logik* (fortan: WdL; daraus Texte 43 und 44). Das Prinzip der Wissenschaftslehre von 1794/95 war das Setzen in der Form der Identität. Hegel hat es als das »echte Prinzip der Spekulation« anerkannt (Text 38). Setzen ist eine irreflexive Relation, d. h. Setzendes und Gesetztes sind grundsätzlich verschieden – bis, so will es Fichtes Pointe, auf den singulären Fall der Tathandlung bzw. des Ichs bzw. der Freiheit. Wir haben gesehen, daß eine Relation in der Form der Identität, also identifiziert mit ihren Relata, aufhört, ein Universale zu sein, und daß die Relata aufhören, Einzelne zu sein; die Kategoriendifferenzen werden verwischt. Das ist ungewöhnlich genug. Aber eine *irreflexive* Relation in der Form der Identität sorgt für zusätzliche Irregularitäten, um nicht zu sagen für einen Widerspruch. Ihre Relata sind nämlich einerseits, wegen der Irreflexivität der Relation, verschieden und andererseits, wegen der Form der Identität, identisch. Wir haben also (im Fall des setzenden und gesetzten Ich) Identität in Nichtidentität, Einheit in Zweiheit anzuerkennen. Und diese Spannung, diese Schwierigkeit, das Setzen in der Form der Identität konsistent zu denken, ist gerade ein unverzichtbares Movens der theoretischen Entwicklung für Fichte gewesen.

Hegels Hauptwerk tritt als Logik auf. Schon deswegen muß es von dem »echten Prinzip der Spekulation« einen anderen Gebrauch machen als die Wissenschaftslehre. Denn der Begriff des Setzens oder affirmierenden Denkens ist so, wie er an der Spitze der Wissenschaftslehre steht, kein logischer Begriff im eigentlichen Sinne. Zwar gehört er oder vielmehr einer seiner entfernteren Verwandten zum begrifflichen Handwerkszeug der Logiker, die uns etwa mitteilen, daß, *gesetzt* das Antezedens eines Konditionalsatzes, *›setzenderweise‹* (modo ponente) auf das Sukzedens geschlossen werden darf. Aber logische Ausdrücke im eigentlichen Sinne sind nicht die Termini technici der logischen Theorie, sondern diejenigen Ausdrücke, die grundsätzlich keine Termini technici *irgendeiner* Theorie sein können, weil sie das neutrale logische Gerüst für beliebige Theorien und auch für das vortheoretische Sprechen und Denken und als solches den *Gegenstand* der logischen Theorie bilden. Es sind die Ausdrücke, von denen die Korrektheit formaler Schlüsse abhängt, also Partikeln wie ›alle‹, ›einige‹, ›nicht‹, ›und‹, ›wenn..., dann...‹ und als einziger einfacher Terminus das Identitätsprädikat, das sich mit der Verneinungspartikel zu einem komplexen Prädikat, dem der Unterschiedenheit, kombinieren läßt.

Freilich ist die WdL nicht als Logik im gewöhnlichen Sinn konzipiert. Die gewöhnliche Logik betrachtet das Logische als Form am Außerlogischen, wobei es auf das Außerlogische natürlich nicht ankommt; von ihm, d. h. von allen spezifischen Terminologien und von allen vortheoretischen Begriffsinhalten – von der »Sphäre der Vorstellung«, wie Hegel sagt, um das Außerlogische vom Logischen als der Sphäre des Denkens abzugrenzen – wird ›abstrahiert‹. Damit aber erhält das Logische den Status von etwas wesentlich Unvollständigem und Ergänzungsbedürftigem, was ja auch in der Verwendung von Schemabuchstaben für Sätze und Termini durch die logische Theorie zum Ausdruck gebracht wird. Die WdL hingegen will das Logische als etwas in sich Vollständiges betrachten. Dann aber muß sie aus den wenigen Materialien, die sonst nur das Gerüst für wirkliche Gedanken ausmachen, Gedanken eigenen Rechtes aufzubauen versuchen. Und zu diesen wenigen Materialien gehört nicht, jedenfalls nicht gleich zu Beginn des Unternehmens, der Begriff des Setzens oder affirmierenden Vollzugs eines Gedankens durch einen Denker. Dieser ›Begriff‹ (Hegel würde ihn nicht so nennen) gehört vielmehr der Sphäre der Vorstellung an. (Die Garantie, das das Logische rein für sich thematisierbar sein muß, leistet Hegels Systematik zufolge die *Phänomenologie des Geistes*, die den Gegenstand von Hegels erster großen Veröffentlichung bildet. Aber man kann den Entschluß zur Durchführung der WdL auch ohne Garantie möglichen Gelingens fassen und es einfach auf den Versuch ankommen lassen.)

Versuchen wir also einmal, das Prinzip der Spekulation von allem nichtneutralen, außerlogischen und in diesem Sinne voraussetzungsvollen Gehalt zu entkleiden. Wir abstrahieren also vom Setzen und behalten die Form der Identität übrig. Soweit gleicht unser Verfahren dem der gewöhnlichen formalen Logik. Eigentlich aber wollen wir keine Form als solche, sondern einen vollständigen Denkinhalt haben. Dazu betrachten wir nun die Form der Identität rein für sich, was darauf hinausläuft, daß wir die Relation der Identität selber in die Form der Identität versetzen. Was wir hier praktizieren, nennt Hegel »äußere Reflexion«: Wir räsonieren über einen Denkinhalt, im vorliegenden Fall noch dazu über einen, den wir erst suchen, und wir mobilisieren dabei begriffliche Mittel, die dem thematisierten Denkinhalt fremd sind und ihn übersteigen, die in ihm selber nicht »gesetzt« sind, wie Hegel sich ausdrückt (wodurch der Ausdruck ›setzen‹ eine weitere, WdL-spezifische Bedeutungskomponente erhält). Wenn wir von der Identität in der Form der Identität reden, dann gehen wir mit einem nominalisierten Prädikat (›Identität‹ statt einfach ›ist identisch mit‹) um und mobilisieren damit ein Wissen von der Kategoriendifferenz von Einzelnem und Allgemeinem. Aber das Resultat unserer Bemühungen, der gesuchte Denkinhalt, der aus der Identität in der Form der Identität hervorgeht, ist etwas völlig Simples und liegt jenseits aller Kategoriendifferenzen. Denn die Form der Identität selber leistet ja deren Verwischung. Wir erhalten gewissermaßen eine Identität zwischen ihr selber und ihr selber abzüglich der mit dem Ausdruck ›Identität‹ suggerierten Kategoriendifferenz von Allgemeinheit und Einzelnheit, »einfache Gleichheit mit sich selbst«, wie Hegel sagt (in Text 43, dessen flüchtige Lektüre für das folgende vorausgesetzt ist). Sofern Identität in der Sprache durch ›ist‹ ausgedrückt wird, liegt es nahe, den resultierenden Denkinhalt als *Sein* zu bezeichnen. (Natürlich trägt diese Benennung noch andere begriffliche und historische Reminiszenzen.) Das Sein ist, wie man sagen kann, ganz und gar degenerierte Identität, deren letzte Schwundstufe; denn es ist ein Denkinhalt, der weder Allgemeinbegriff, unter den Einzelne fallen könnten, noch Gedanke eines Einzelnen ist, das seinerseits unter Allgemeinbegriffe fallen könnte. Im Sein ist die Identität nicht *»gesetzt«*; das Sein ist Identität mit sich nur für die »äußere Reflexion«, in der wir es uns vorstellig gemacht haben. (Deswegen spricht Hegel bezüglich des Seins statt von Identität [mit sich] von *Gleichheit* [mit sich]; der Terminus ›Gleichheit‹ indiziert bei Hegel nämlich äußere Reflexion, »Vergleichung«, nicht etwas, das in der Sache, dem betreffenden Denkinhalt selbst, »gesetzt« ist.)

Das zu einem Denkinhalt eigenen Rechtes verabsolutierte und ipso facto zu einem ganz Einfachen degenerierte ›ist‹ der Identität ist zwar wegen seiner Einfachheit und Voraussetzungslosigkeit ein willkommener Ausgangspunkt für die WdL; aber der Ausgangspunkt scheint zugleich ein toter Punkt zu sein, von dem aus keine weitere theoretische Entwicklung möglich ist. Wir können den Gedanken *Sein* drehen und wenden, wie wir wollen, wir werden (außer durch Wortklauberei) nie dazu kommen, zu sagen, was Hegel sagt: daß das Sein mit dem Nichts identisch und zugleich von ihm unterschieden ist. D. h. wir kommen nicht zur Struktur des Werdens. Versuchen wir es daher mit einer zweiten »äußeren Reflexion«.

Indem wir die Identität – die reflexive Relation par excellence – in die Form der Identität versetzten, haben wir dem Prinzip der Spekulation die theoretische Spannung geraubt, die es hat, solange eine *irreflexive* Relation, wie das Setzen, in der Form der Identität angenommen wird. Das hat uns einerseits wunschgemäß einen ganz einfachen und affirmativen Denkinhalt eingebracht, andererseits fehlt uns nun die Komplexion und das Moment des Widerspruches, das eine theoretische Entwicklung in Gang bringen könnte. Wir sollten also versuchsweise eine irreflexive Relation in die Form der Identität versetzen, und zwar eine solche, die nicht der »Sphäre der Vorstellung« angehört. Dafür gibt es nur einen Kandidaten: den Unterschied oder die Nichtidentität als irreflexive Relation par excellence. Wir betrachten also nun den Unterschied in der Form der Identität bzw. den Denkinhalt, zu dem die Form der Identität das logische Universale *Unterschied* degenerieren läßt – in der Hoffnung auf Komplexion und einen theoretisch fruchtbaren und beherrschbaren Widerspruch.

Durch die Form der Identität wird eine Relation, R, mit ihren beiden Relata, a und b, gleichgesetzt. Setzen in der Form der Identität ist ein Setzen (R), das (als Relatum a) sich selber (als Relatum b) setzt (R). Der Unterschied in der Form der Identität ist dann ein Unterschied (R), der (als a) von sich selber (als b) unterschieden ist (R). Einerseits gilt also: a nicht = b. Andererseits aber ist es derselbe Unterschied R, der sowohl mit a als auch mit b identisch ist. D. h. es gilt ebenso: a = b. Damit ist in abstracto die Struktur des Werdens hergeleitet: a und b als zwei Unterschiedene, die *auch* identisch sind; in abstracto, weil a und b noch nicht als Sein und Nichts interpretiert sind.

Wir haben also, wie erhofft, Widerspruch und Komplexion erhalten, aber nicht innerhalb *eines* Denkinhaltes, sondern zwischen *zwei* noch unbekannten Denkinhalten, wobei der Widerspruch darin besteht, daß diese Denkinhalte *auch* identisch sind. Ganz unbekannt sind die beiden Denkinhalte natürlich nicht, denn es handelt sich beidesmal um den Unterschied in der Form der Identität oder, wie wir in Anlehnung an Hegels Sprachgebrauch sagen können, um Ungleichheit mit sich selbst. Und die Selbstzerlegung dieses Inhaltes in zwei, a und b, die zugleich identisch sind, können wir auch an dem Inhalt selber nachvollziehen. Denn Ungleichheit mit sich ist aus *inhaltlichen* Erwägungen *auch* als ihr eigenes Gegenteil zu betrachten. Womit nämlich besteht Ungleichheit? Mit der Ungleichheit selber. Was aber ist hier, außerhalb der »Sphäre der Vorstellung«, das mit der Ungleichheit Ungleiche? Die Gleichheit. Die Ungleichheit mit sich ist also ihre Selbstzerlegung in einerseits ihr Gegenteil, Gleichheit mit sich, und andererseits wiederum sie selber, Ungleichheit mit sich. Sie erweist sich somit als gespalten oder bipolar, wobei ihr positiver Pol für Einheit steht und ihr selber insofern entgegengesetzt ist und ihr negativer Pol, der ihr entspricht, seinerseits wieder durch Spaltung bzw. Bipolarität charakterisiert ist. Man kann dem negativen Pol also keinen *einheitlichen* Denkinhalt zuordnen, wohl aber dem positiven Pol.

Wir wissen auch, welchen Inhalt wir dem positiven Pol zuordnen müssen: Gleichheit mit sich, die sich in unserer ersten Reflexion als der völlig einfache Denkinhalt *Sein* ergeben hatte. Damit sind nun die einerseits identischen, andererseits unterschiedenen a und b interpretierbar geworden, von denen oben die Rede war. Eines von ihnen, z. B. a, ist Sein bzw. Gleichheit mit sich. Das andere, b, ist damit identisch, also ebenfalls bar jeder internen Komplexion, ebenfalls Gleichheit mit sich. Aber es ist auch davon verschieden; dann aber, wegen des Mangels an interner Komplexion, *absolut* davon verschieden. Absolut verschieden sind zwei, die nichts gemeinsam haben. Sokrates und Platon sind verschieden, aber sie haben die Eigenschaften des Menschseins, des Griecheseins, des Philosophseins und zahllose andere gemeinsam. Selbst Entitäten unterschiedlicher Kategorien wie z. B. Sokrates und die Relation des Älterseins sind nicht absolut verschieden; denn sowohl Sokrates wie auch das Ältersein ist jeweils unum (Eines) und ens (Seiendes). Vom Sein aber soll b absolut verschieden sein, weil das Sein nicht die geringste Komplexion für die Unterscheidung von Rücksichten zur Verfügung stellt. (Nur *wir* unterscheiden in äußerer Reflexion notgedrungen Rücksichten am Sein, rein dadurch, daß wir es thematisieren; für uns ist es notgedrungen unum und ens, aber dies ist in ihm nicht »gesetzt«.) Als absolut vom Sein verschieden ist b das *Nichts*. Diese Bezeichnung hat Hegel sehr treffend gewählt. Denn die passenden Gegenbegriffe wären ›Nichtsein‹ zu ›Sein‹ und ›Etwas‹ zu ›Nichts‹ gewesen. ›Sein‹ und ›Nichts‹ aber bringen in ihrer sprachlichen Unzusammengehörigkeit die *absolute* Verschiedenheit und Inkommensurabilität des so Bezeichneten zum Ausdruck.

So hätten wir denn die beiden ersten Denkinhalte der WdL, Sein und Nichts, und die wesentliche Auskunft über sie, daß sie sowohl identisch als auch absolut verschieden sind, mittels unserer beiden Reflexionen hergeleitet; und es fragt sich natürlich, warum Hegel zu Beginn der WdL sich nicht selber die Mühe macht, solche hilfreichen Reflexionen anzustellen, sondern unvermittelt mit der Sache selbst beginnt. Ich denke, der Grund ist folgender: Daß das Versetzen einer irreflexiven Relation in die Form der Identität das »echte Prinzip der Spekulation« ist, können wir *vor* der Durchführung der WdL oder wenigstens eines Teiles der WdL nicht wissen, sondern nur, wenn auch vielleicht mit guten Gründen, vermuten. Insofern war unser Anfangen mit den beiden Reflexionen auf Vermutung gegründet, die freilich durch den Erfolg bereits teilweise bestätigt worden ist. Wir haben gewissermaßen Gedankenexperimente durchgeführt, die das gewünschte Ergebnis hatten: uns einen ganz einfachen Anfangsgedanken und ein Fortsetzungsprinzip für die WdL außerhalb der »Sphäre der Vorstellung« zur Verfügung zu stellen. Aber nichts garantierte zunächst den Erfolg der Gedankenexperimente, oder korrekter: der Erfolg war nur faktisch garantiert, dadurch daß wir bereits von Hegel zur Kenntnis genommen hatten, was sich als das echte Prinzip der Spekulation erweisen würde.

Natürlich ist es im Rahmen dieser Einleitung unmöglich, den

Gedankengang der WdL anders als sehr undetailliert und zudem nur für ein kleines Teilstück nachzukonstruieren. Ich möchte aber die Nachkonstruktion wenigstens für den Bereich von Text 43 zu einem Abschluß bringen, nicht zuletzt weil damit eine wichtige Voraussetzung für das Verständnis des Endes der WdL und des Überganges zur Naturphilosophie, also auch für das Verständnis der WdL im ganzen geschaffen wird.

Das zweite Gedankenexperiment (Versetzen des Unterschieds in die Form der Identität) hat eine Bipolarität an der resultierenden Ungleichheit mit sich zutage treten lassen, die eine symmetrische und eine asymmetrische Betrachtungsweise zuläßt. Die asymmetrische Betrachtungsweise gibt dem positiven Pol ein Übergewicht, die symmetrische Betrachtungsweise läßt beide Pole im Gleichgewicht. Der negative Pol kann kein Übergewicht bekommen, weil er qua Pol des Unterschieds (der Ungleichheit *mit sich*) wesentlich auf den positiven Pol verweist. Er ist selber gar nichts anderes als der Pol der Polarität. Der Versuch, ihm Übergewicht zu erteilen, hat unweigerlich Gleichgewicht der Pole zur Folge. Anders steht es mit dem positiven Pol (der Gleichheit mit sich selbst), den wir ja im ersten Gedankenexperiment rein für sich, also nicht qua Pol, betrachtet haben. Er verweist nicht auf sein Gegenteil und ist, vom Standpunkt der Identität in der Form der Identität (dem Standpunkt des Seins) aus gesehen, gar nicht Pol, sondern unbezogenes Affirmatives. Er ist gewissermaßen der Pol der Nichtpolarität. Die asymmetrische Betrachtungsweise ordnet die Bipolarität in der Ungleichheit mit sich der Selbständigkeit des positiven Poles unter – auf eine Weise, die sogleich deutlicher werden wird.

Zunächst scheint es, als müsse die symmetrische Betrachtungsweise unbedingt den Vorrang haben. Wir hätten uns das erste Gedankenexperiment ja sparen und mit dem zweiten den Anfang machen können. Dann wären wir auf die asymmetrische Betrachtungsweise vielleicht gar nicht gekommen. Aber dieser Schein trügt. Denn die symmetrische Betrachtungsweise, als die eigentlich angemessene, führt uns in einen totalen Widerspruch, den Widerspruch des Werdens. Vorwegnehmend können wir über die beiden nächsten Denkinhalte, die Hegel uns vorstellt, Werden und Dasein, folgendes sagen: das Werden ist die Einheit von Sein und

Nichts gemäß der eigentlich korrekten, symmetrischen Betrachtungsweise, die aber in einen totalen Widerspruch führt. Das Dasein ist die Einheit von Sein und Nichts gemäß der einseitigen, ein Moment der Täuschung beinhaltenden, asymmetrischen Betrachtungsweise, die uns aber einen Ausweg aus dem totalen Widerspruch ermöglicht. Dies sei nun näher erläutert.

In der Einheit des Werdens sind die Gleichung ›Sein = Nichts‹ und die Ungleichung ›Sein nicht = Nichts‹ gleichwertig. Das Werden ist die Einheit von Sein und Nichts so, daß in ihr Sein und Nichts zugleich absolut verschieden sind. Hegels Diagnose lautet angesichts dessen: Das Werden »widerspricht sich also in sich selbst, weil es solches in sich vereint, das sich entgegengesetzt ist; eine solche Vereinigung aber zerstört sich« (Text 43).

Diese Selbstzerstörung ist in einem sehr starken Sinn zu verstehen. Der Gedanke des reinen Werdens und damit auch die Denkinhalte Sein und Nichts sind in Wahrheit gar nicht denkend vollziehbar. Man kann sie nicht denken, sondern nur *meinen* im Sinne von denken *wollen*, intendieren. Wenn es vom Denkenwollen zum Vollzug eines Gedankens kommt, ist aber das hier Intendierte ipso facto schon verfehlt. Der Denkinhalt Sein ist sein Umschlagen in den Denkinhalt Nichts (Vergehen als ein Moment des Werdens), und der Denkinhalt Nichts ist sein Umschlagen in den Denkinhalt Sein (Entstehen als das andere Moment des Werdens). Solange nur so viel gesagt wird, scheint es freilich so, als ließe sich dieses, wenn auch inkonsistente, Denken wenigstens faktisch vollziehen. Nun aber ist weiter zu berücksichtigen, daß Sein und Nichts *absolut* verschieden sind. Es bleibt für das Umschlagen kein Substrat übrig, an dem es sich vollziehen könnte. Sein Ausgangspunkt und sein Zielpunkt, die ihm vorausgehen müßten, damit es Halt gewinnen kann, sind paradoxerweise nur als sein Resultat möglich. Das Werden ist daher, wie Hegel sagt, »eine haltungslose Unruhe«, eben selbstzerstörend.

Doch für das Projekt der WdL, das kaum begonnen zu scheitern droht, spricht nun unser erstes Gedankenexperiment, in dem wir unter dem Titel ›Sein‹ und in der Überzeugung, einen völlig simplen und affirmativen Denkinhalt gefunden zu haben, doch jedenfalls *irgendeinen* stabilen, nicht haltungslosen Denkinhalt gefunden hatten. Wir ziehen aus dem zweiten Gedankenexperiment nun die Lehre, daß wir unter dem Titel ›Sein‹ einen anderen Denkinhalt betrachteten, als wir meinten, nämlich einen, der in Wahrheit Einheit von Sein und Nichts ist; freilich nicht die instabile Einheit des Werdens, die aus der symmetrischen Betrachtung, sondern eine stabile Einheit, die aus der einseitigen, asymmetrischen Betrachtung der Bipolarität der Ungleichheit mit sich resultiert. Diese stabile Einheit des Seins und des Nichts, in der die Einheit, also die Gleichung ›Sein = Nichts‹, das Übergewicht gegenüber der Spaltung, also der Ungleichung ›Sein nicht = Nichts‹, hat, ist das *Dasein*. – Wann immer wir Sein zu denken versuchen, geschieht es uns unter der Hand, daß wir Dasein denken. So auch im ersten Gedankenexperiment.

Die *ganze* Ungleichheit mit sich ist einerseits Gleichheit mit sich, andererseits wiederum sie selber, Ungleichheit. Die Gleichheit mit sich ist also einerseits der positive Pol der Ungleichheit mit sich, andererseits aber auch die ganze Ungleichheit mit sich in ihrer Bipolarität. Auf dieser Basis ergeben sich die nächsten logischen Denkinhalte: *Bestimmtheit*, die aus Gründen, die ich hier übergehe und die in Text 43 klar zum Ausdruck kommen, näher als *Qualität* spezifiziert wird, sowie *Realität* und *Negation*. Die weiterführende Überlegung ist folgende. Dasein ist Sein (positiver Pol) mit einer *Bestimmtheit* (negativer Pol), wobei das Sein als Pol der Nichtpolarität das Übergewicht hat und die Bestimmtheit als Pol der Polarität wiederum eine Bipolarität von Realität und Negation mit sich bringt, in der wiederum die Realität das Übergewicht hat – gemäß der asymmetrischen Betrachtungsweise.

Oben habe ich freilich gesagt, dem negativen Pol könne aufgrund seiner eigenen Bipolarität kein einheitlicher Denkinhalt zugeordnet werden, im Widerspruch zu der gerade gegebenen Erläuterung der Bestimmtheit. Doch diese Aussage galt, wie wir jetzt einsehen können, nur für die symmetrische Betrachtungsweise. (Das Werden war gewissermaßen der hoffnungslose Versuch, den Widerspruch zu einem einheitlichen Denkinhalt zusammenzuzwingen.) In der asymmetrischen Betrachtungsweise ist die Bipolarität des negativen Pols durch den positiven Pol als Einheitsprinzip umfaßt und zusammengefügt. Die Bestimmtheit fällt nicht auseinander, weil sie die Bestimmtheit *des Daseins* ist. Was in der Kürze, in der es hier präsentiert wird, thetisch erscheinen mag, läßt sich in seiner Notwendigkeit vielleicht durch die Erinnerung daran sichtbar machen, daß das Ergebnis unseres ersten Gedankenexperimentes ein *einheitlicher* Denkinhalt war, der sich im nachhinein, in der Folge des zweiten Gedankenexperimentes, als *identisch* mit dem erwiesen hat, was als Ungleichheit mit sich in zwei separate Denkinhalte durch sich selbst zerlegt war. So ergibt sich im Dasein Einheit-in-Mannigfaltigkeit, also interne – »gesetzte« – Komplexion oder »Vermittlung«. (Interne Komplexion ist uns bereits im Werden begegnet; aber die Einheit-in-Mannigfaltigkeit des Werdens war die unglückliche, forcierte Zusammenfassung einer äußeren Komplexion, die sich selbst zerstörte.)

Mit dem Feststellen interner Komplexion gehen wir in der WdL vom Dasein als solchen zum Etwas über. Das Dasein als solches war uns im Ergebnis des ersten Gedankenexperimentes unter dem Anschein der Unmittelbarkeit als vermeintliches Sein entgegengetreten; seine vermittelnde Kraft, die auseinanderstrebende Momente einigt, war in ihm noch nicht »gesetzt«. »Gesetzt« ist sie aber in dem Nachfolgegedanken, den wir nun gefunden haben. Das Dasein in dieser neuen Rolle, und nun bezeichnet als *Daseiendes* oder *Etwas*, einigt aufgrund des Übergewichts, das der positive Pol in der asymmetrischen Betrachtungsweise erhält, die sich selbst zerlegende Ungleichheit mit sich. Im Etwas ist »gesetzt«, was wir im zweiten Gedankenexperiment in »äußerer Reflexion« getan haben, als wir die Ungleichheit mit sich in ihr Gegenteil, Gleichheit mit sich, umschlagen ließen. Das Etwas ist als Dasein Gleichheit mit sich; aber es ist Gleichheit mit sich nicht so, wie sie aus dem ersten, sondern so, wie sie aus dem zweiten Gedankenexperiment resultierte: als Selbstaufhebung der Ungleichheit mit sich. Was den Übergang zum Etwas erzwingt, ist also die (mit dem zweiten Gedankenexperiment eingetretene) Notwendigkeit, die Gleichheit mit sich als identisch mit der – *ganzen* – Ungleichheit mit sich zu denken: Sie ist identisch mit ihr als einer sich selbst aufhebenden. So ist das Etwas, wie Hegel sagt, die erste Negation der Negation (und als solche affirmative Selbstvermittlung: »Insichsein«).

In dem hier abgedruckten Textstück (Text 43) geht Hegel noch einen Schritt über dieses Resultat hinaus. Er nimmt nämlich in äußerer Reflexion dem hergeleiteten Etwas gegenüber nunmehr den Standpunkt der symmetrischen Betrachtungsweise oder des Werdens ein: Etwas ist »an sich [d. h. für die äußere Reflexion] ferner auch Werden, das aber nicht mehr nur Sein und Nichts zu seinen Momenten hat«. In äußerer Reflexion nämlich stellen wir fest, daß die Einigung der sich zerlegenden Ungleichheit mit sich im Etwas wiederum nur der eine, positive Pol in dieser Zerlegung ist. Die Ungleichheit bleibt daneben auch Ungleichheit. Das Etwas ist demnach wie zuvor das Sein in der Rolle des a, von dem sowohl gilt: a = b, als auch: a nicht = b. Weil a = b, ist auch b Etwas. Weil a nicht = b, müssen wir zwei Etwas voneinander unterscheiden: Etwas und Anderes, wie Hegel naheliegenderweise sagt.

In unserem Textstück wird nicht mehr deutlich, worin die äußere Reflexion, die die Zweiheit der Etwas, als Etwas und Anderes, generiert, ihre Berechtigung hat und warum man sie nicht ebensogut unterlassen oder ganz andere Reflexionen anstellen könnte, um die Theorieentwicklung voranzutreiben. Aber der Grund ist unschwer zu erraten. Die äußere Reflexion ist legitimiert durch eine Überlegung, die sich zur Herleitung des Etwas so verhält wie das zweite zum ersten Gedankenexperiment. In der Folge des ersten Gedankenexperimentes hatten wir das (vermeintliche) Sein, in dem nichts »gesetzt« war, das uns hätte veranlassen können, das Sein mit dem Nichts zu identifizieren und zugleich davon zu unterscheiden. So ist auch jetzt nichts im Etwas »gesetzt«, das uns veranlassen könnte, das Etwas mit dem Anderen zu identifizieren und zugleich davon zu unterscheiden. Aber wie es in jenem Fall ein zweites Gedankenexperiment gab, das uns das (vermeintliche) Sein aus einer ganz anderen Perspektive, nämlich als positiven Pol der Ungleichheit mit sich zeigte, so wird es auch in diesem Fall eine Überlegung geben, die uns das Etwas aus einer anderen, aber inzwischen durch das zweite Gedankenexperiment nicht mehr unbekannten Perspektive zeigen wird: als affirmative Seite dessen, was Hegel als *das Andere seiner selbst* bezeichnen wird. Das Insichsein des Etwas, zu dem die Gleichheit mit sich sich angereichert hat, wird sich als positiver Pol eines Außersichseins erweisen, zu dem die Ungleichheit mit sich sich in genauer Entsprechung anreichern wird. Aber darauf kann und soll hier nicht mehr eingegangen werden.

Um abschätzen zu können, wie sich das hier Thematisierte zu dem Gesamtprojekt der WdL verhält, muß man wissen, daß wir etwa in der Mitte des ersten von drei Abschnitten der sogenannten *Seinslogik* angekommen sind. Der erste Abschnitt trägt als ganzer eine Überschrift, die uns an einer bestimmten Stelle innerhalb seiner dem Wortlaut nach schon begegnet ist: »Die Bestimmtheit (Qualität)«. Die beiden anderen Abschnitte sind überschrieben: »Die Größe (Quantität)« und »Das Maß«. Die Seinslogik ihrerseits ist der erste von drei Teilen (»Büchern«) der WdL; die beiden anderen sind die *Wesenslogik* und die *Begriffslogik* (vgl. Text 42, § 83). Die WdL als ganze schließlich ist die erste von drei »Wissenschaften« im Gesamtsystem der (Hegelschen) Philosophie, das in Hegels *Enzyklopädie der philosophischen Wissenschaften* (daraus die Texte 40–42) für den akademischen Unterricht vollständig, wenn auch bloß »im Grundrisse« dargestellt ist (vgl. Text 41, § 18). Die beiden anderen philosophischen Wissenschaften, die sogenannten Realwissenschaften, sind die Philosophie der Natur und die Philosophie des Geistes.

Die Seins- und Wesenslogik bilden zusammen die sogenannte objektive Logik, die faktisch eine Kritik der Metaphysik (und Hegels Selbstverständnis zufolge sogar eine Kritik der gesamten vorhegelschen Philosophie einschließlich Kants, Fichtes und Schellings) enthält. Davon haben wir oben Beispiele betrachtet. So wollten wir zu Beginn den Denkinhalt Sein vorstellig machen, aber er verwandelte sich unter der Hand, um Schlimmeres – die Inkonsistenz des Werdens – zu verhüten, in den Nachfolgegedanken Dasein, bei dem es aber auch nicht bleiben konnte, wie wir im Übergang zum Etwas feststellen mußten. Und natürlich war auch dies kein Denkinhalt, bei dem Verweilen gestattet ist. Für die Metaphysik ist es charakteristisch, daß sie dennoch verweilt und Denkinhalte, die der Überbietung durch Nachfolgegedanken bedürfen, festschreibt, und zwar festschreibt nicht als (logische) Denkinhalte rein für sich betrachtet, sondern als Kategorien, folglich als Universalien, unter die Seiende fallen. Denkinhalte rein für sich betrachtet sind Ideen im Platonischen Sinn. Universalien kann man dann fassen als das, was aus Ideen wird, wenn sie auf einzelne Seiende bezogen werden, die an ihnen »teilhaben«, d. h. wenn sie zu Allgemeinbegriffen werden, unter die Einzelnes fällt.

Die Metaphysik verwandelt demzufolge logische Ideen in ontologische Universalien, d. h. in Kategorien. Ihr Irrtum ist dabei zweifach: (a) Ideen lassen sich nicht *ohne weiteres* als Universalien auffassen; (b) wegen des ständigen Überbietens einer logischen ›Idee‹ durch eine Nachfolger-›Idee‹ ist es gar nicht angemessen, von einer Pluralität von logischen Ideen zu sprechen; es gibt vielmehr nur *eine* logische Idee, die am Ende der WdL erreicht wird und in der alle vorangehenden, korrekturbedürftigen Denkinhalte im Hegelschen Sinne aufgehoben, also *als korrigierte* bewahrt sind. So war ja auch das Dasein Sein, d. h. Gleichheit mit sich, und das Etwas Dasein. Insbesondere ist die Idee also Sein (Gleichheit mit sich). Zugleich auch ist sie *Begriff*, d. h. derjenige Denkinhalt, der am Ende der objektiven Logik erreicht wird und von dem Hegel (in Text 44) sagt, er sei das Allgemeine und das Einzelne in Einheit, eine *freie* Existenz und »nichts anderes als *Ich* oder das reine Selbstbewußtsein«.

Die Idee ist eine präpartikuläre Totalität, die Totalität des Logischen. Was es für sie heißt, daß sie *Ich* ist, werde ich im nächsten Abschnitt berühren. Was es für sie heißt, daß sie *Sein* ist, soll in den folgenden Bemerkungen und Hinweisen angedeutet werden.

(1) Als Sein oder Gleichheit mit sich ist die Idee, wie wir aus unserem zweiten Gedankenexperiment wissen, der positive Pol der Ungleichheit mit sich. So ist sie Etwas gegenüber Anderem, und zwar so, daß sie schließlich als Geist das wahre Etwas gegenüber der Natur (als zugleich dem Anderen ihrer, der Natur, selbst und dem anderen des Geistes) ist. Was den Übergang von der WdL in die Naturphilosophie erzwingt, ist also die symmetrische Betrachtungsweise in Anwendung auf die Idee als die Totalität des Logischen. In dieser Anwendung entsteht der Begriff einer außerlogischen Sphäre.

(2) Wie die Idee qua Etwas durch Insichsein, so ist die außerlogische Sphäre durch Außersichsein, näher durch Vereinzelung in Raum und Zeit, gekennzeichnet. Hier wird sehr deutlich, daß das Logische den präpartikulären Bereich und das Außerlogische qua Natur den partikulären Bereich bildet: Die Einzelnen ›außer sich‹ in Raum und Zeit sind Partikularien, die Idee ist präpartikuläre Einheit von Einzelheit und Allgemeinheit.

(3) Die »Entäußerung« der Idee zur Natur bringt es mit sich,

daß die logischen Denkinhalte in der Tat den Charakter von Allgemeinbegriffen annehmen, unter die anderes – Partikularien – fällt, daß sie also nicht mehr rein für sich zu betrachten sind.

(4) Das Verhältnis von Präpartikulärem (Idee) und Partikulärem (Natur) verharrt nicht auf der Stufe von Etwas und Anderem. Die Entäußerung der Idee zur Natur kulminiert im sogenannten absoluten Geist (der am Ende der Philosophie des Geistes thematisiert wird). Der absolute Geist aber vollzieht sich in einzelnen Personen, die – zuguterletzt – die WdL bzw. das Gesamtsystem der Philosophie entwerfen und durchdenken. Hierin zeigt sich, daß das Logische in der WdL nur rein für sich *betrachtet* wird, nicht aber in Wahrheit rein für sich *Realität hat*. Das Präpartikuläre vollzieht sich eben, wie oben S. 44f. schon ausgeführt wurde, nur im Partikulären.

Die späte Wissenschaftslehre und die transzendentale Deduktion

Die *Idee* am Ende der WdL ist als »Begriff« reines Selbstbewußtsein, Ich (Text 44). Dann aber darf sie, wenn Hölderlin in *Urteil und Sein* (Text 31) recht hat, nicht mit dem Sein gleichgesetzt werden. Schelling, der vermutliche Adressat von Hölderlins Kritik, hat später seinerseits Hegel in diesem Sinne kritisiert (Text 49). Und wir können diese Kritik im Rückgriff auf das im Abschnitt über *Fichtes Entdeckung* Ausgeführte substantiieren.

Dort haben wir gesehen, daß das Ich als Setzen in der Form der Identität total unfundiertes Wissen – Wissen, in dem nichts gewußt wird – und Freiheit ist. Als total unfundiertes Wissen steht es im Gegensatz zum (partiell) fundierten Wissen; als Freiheit steht es im Gegensatz zum Sein, dem alleinigen Fundierungsprinzip für das Wissen. Unser wirkliches Wissen ist aufgrund des Wechselverhältnisses von epistemischer Aktivität und Passivität immer Einheit eines Momentes totaler Unfundiertheit (das sich der Aktivität verdankt) und eines Momentes der Fundiertheit im Sein (das sich der Passivität verdankt). So zeigt sich uns im tätigen Lebensvollzug, am angemessensten in der Achtung für das Sittengesetz bzw. in der moralischen Stimmung, also in holistischem Wissen, das

Sein als die allem zugrundeliegende präpartikuläre Realität. Dieses Sich-Zeigen nennt Fichte (in Text 46) die *Erscheinung* des Seins.

Der Ausdruck ›Sein‹ ist dabei nicht im Sinne der WdL verwendet, die ihren Seinsbegriff ja gerade als letzte Schwundstufe der Form der Identität, mithin des total unfundierten Wissens, gewinnt und die in ihrer Durchführung das vollentfaltete Ich aus der abstraktesten Schwundstufe als freien Begriff und Idee systematisch wiederauferstehen läßt. Sein im Sinne der WdL ist daher das, was wir *denken* oder *verstehen*, wenn wir ›ist‹ sagen, gedachtes Sein oder Sein qua Denkinhalt, in Abstraktion von dem, was wir *erleben* oder *erleiden*, wenn wir, etwa in der moralischen Stimmung, vom Sein »affiziert« werden. Sein im Sinne der Wissenschaftslehre ist hingegen das, worauf wir im ›ist‹-Sagen hinweisen und wovon wir nichts wüßten, wenn unsere epistemische Aktivität nicht im Wechselverhältnis mit Passivität stünde und das ›ist‹-Verstehen nicht wesentlich auf ein Erleben und Erleiden des Seins bezogen wäre. (Für diejenigen, die mit Freges Terminologie vertraut sind, mag es hilfreich sein, die Differenz wie folgt zu erläutern: Sein im Sinne der WdL ist der *Sinn* von ›ist‹; Sein im Sinne der Wissenschaftslehre ist die *Bedeutung* von ›ist‹.)

Wenn wir den vollen Seinssinn zugrunde legen, dann erweist sich also die Idee, wie es übrigens der sprachlichen Verwandtschaft entspricht, als *Wissen* (vom Sein) bzw., dem griechischen Wortsinn gemäß, als das *eidos*, Aussehen, das das Sein annimmt, indem es erscheint. Wenn der Idealismus als die philosophische Grundposition bestimmt wird, die das Sein als Idee auslegt, dann also ist erstens der Idealismus unhaltbar und zweitens Hegel der einzige Idealist unter den deutschen Idealisten (wenn man einmal von Schellings früher Philosophie absieht), ja in der klassischen deutschen Philosophie überhaupt. Aber diese Kritik betrifft weniger Hegels Werk als Hegels Selbstinterpretation. Der WdL oder vielmehr ihrem Haupttext im Gegensatz zu den erläuternden Anmerkungen wird durch die Kritik nichts genommen. Nur die Meinung des Autors, er habe als Wissenschaft der Logik eine Seinslehre (Ontologie) vorgetragen, wird dahingehend korrigiert, daß er vielmehr malgré lui eine bloße Ideenlehre bzw., wie es bei Fichte heißt, eine Wissenschaftslehre vorgetragen hat, die eine Seinslehre allenfalls indirekt, via negationis ist.

Dieser »Ideenlehre«, so wie sie Fichte in seinem Spätwerk (in Vorlesungen) vorgetragen hat, möchte ich mich zum Schluß noch kurz zuwenden. Fichte selber hat sich immer wieder um populäre Darstellungen seiner Philosophie bemüht, und eine Frucht dieser Bemühungen ist die *Anweisung zum seligen Leben* von 1806, aus der Text 45 ausführliche Auszüge bringt. Dieser Text sei dem an Fichtes Spätwerk interessierten Leser zum Studium empfohlen. Ich werde mich hier darauf beschränken, einem einzigen Problem und dem Lösungsansatz nachzugehen, den die Wissenschaftslehre von 1812 dafür anbietet (s. Text 46), und von dort noch einmal zu Kants transzendentaler Deduktion der Kategorien zurückkehren.

Das Problem bildet die Einheit von einerseits total unfundiertem und andererseits seinsfundiertem Wissen, welche die Idee bzw. die Erscheinung des Seins ist. Daß die Erscheinung des Seins als (holistisches) Wissen wenigstens teilweise seinsfundiertes Wissen ist, versteht sich von selbst; sonst wäre sie nicht die Erscheinung des *Seins*. Andererseits wissen wir, daß zur Erscheinung das gehört, was wir oben Setzen in der Form der Identität genannt haben und was wir (in Anlehnung an Text 46) auch Einheit-in-Zweiheit von Subjekt und Objekt nennen können: Das Subjekt ist das Setzende als solches, das Objekt das Gesetzte als solches; die Einheit-in-Zweiheit folgt aus der Irreflexivität des Setzens bei angenommener Form der Identität. Als total unfundiertes Wissen ist die Erscheinung *pure* Subjekt-Objekt-Einheit ohne irgendeinen qualitativen Gehalt des Wissens. Sie wird, wie Fichte sagt, gewußt in ihrem *formalen* Sein unter völliger Ausblendung ihres *qualitativen* Seins, das ihr, sofern sie andererseits seinsfundiertes Wissen ist, ebenso zukommen muß.

Ich möchte nun den Gedanken des formalen Seins etwas näher erläutern und dazu den präpartikulären Bereich vorübergehend verlassen. Zum singulären Urteil, z. B. ›Sokrates ist weise‹, gehört die ›als‹-Struktur: das logische Subjekt (Sokrates) wird *als* soundso beschaffen (weise) gedacht bzw. ausgesagt. Dabei besteht zwischen den beiden Gliedern, die in der ›als‹-Struktur verbunden sind, logischem Subjekt und logischem Prädikat, Typen- oder Kategorienungleichheit. (Vgl. oben, *Fichtes Entdeckung*) Sokrates etwa ist ein Partikulare, das Weisesein ein Universale. Wenn wir Fichtes Unterscheidung von formalem und qualitativem Sein auf die Urteilsstruktur abzubilden hätten, dann würden wir wohl das formale Sein der Subjektstelle und das qualitative Sein der Prädikatstelle zuordnen. Aber diese Zuordnung ist nicht ganz befriedigend. Denn die Subjektstelle des Urteils enthält ihrerseits bereits die ›als‹-Struktur in versteckter Weise. Wenn wir nämlich irgendein singuläres Urteil fällen, müssen wir das logische Subjekt ja unter irgendeiner individuierenden Beschreibung im Sinn haben. Wenn wir die individuierende Beschreibung explizieren, entsteht wiederum ein Urteil. (Ich berichte hier Ergebnisse, die P. F. Strawson in *Einzelding und logisches Subjekt [Individuals]*, Stuttgart 1972, Kap. 6, erarbeitet hat.) Um den Fall von Eigennamen, der Sonderprobleme aufwirft, zu vermeiden, variiere ich unseren Beispielsatz zu: ›Der bekannte Lehrer Platons ist weise‹. Im Vollzug dieses Urteils setze ich ein anderes Urteil voraus: ›Es gibt einen und nur einen bekannten Lehrer Platons‹. (Dies ist wegen des ›Es gibt‹ kein singuläres, sondern ein generelles Urteil und hat damit gewissermaßen einen noch höheren Komplexionsgrad als das ursprüngliche Urteil.)

Etwas vereinfachend können wir folgendes festhalten: Die ›als‹-Struktur ist die Bipolarität von formalem und qualitativem Sein. Im (singulären) Urteil kommt sie so vor, daß der Prädikatstelle ihr qualitativer Pol und der Subjektstelle wiederum sie als ganze entspricht. Das aber bedeutet, daß die paradigmatischen logischen Subjekte, die Partikularien, nie als nur formaliter seiende gedacht werden können. So gedacht, würden sie sich in nichts (in Dinge ohne Eigenschaften) auflösen. Sie sind zwar nicht einfach Aggregate von qualitativem Sein, Bündel von Eigenschaften; dann nämlich wären sie nicht die grundlegenden Einzelnen und paradigmatischen Urteilssubjekte. Aber ihr formales Sein ist ein Fluchtpunkt, der nie erreicht wird, etwas Imaginäres; denn es ist *wesentlich* mit qualitativem Sein kontaminiert.

Nun kehren wir zurück in den präpartikulären Bereich, zu Fichte. Dabei sehen wir nach unserem Exkurs (oder werden in Kürze sehen), daß wir uns am Ursprung der ›als‹-Struktur befanden bzw. wieder befinden. Und hier, an ihrem präpartikulären Ursprung, kommt ihr formaler Pol *rein* vor (so wie eben überhaupt etwas im präpartikulären Bereich vorkommen kann; wir wissen ja, daß das Präpartikuläre dem Partikulären immanent ist und sich nur so vollzieht). Die Erscheinung ist als unfundiertes Wissen zirkulär; sie hat Ich-Form und erscheint sich selbst; dies aber auf zwei verschiedene Weisen. Da sie nämlich einerseits total unfundiert, andererseits zugleich im Sein fundiert ist, totale Unfundiertheit und (partielle) Fundiertheit aber miteinander unverträglich sind, erhalten wir, indem die Erscheinung sich erscheint (in Fichtes Worten:) »zwei durchaus verschiedene Bilder der Erscheinung: Eins, in welchem ausgedrückt ist das innere Wesen der Erscheinung [...], ihr qualitativer Inhalt: ihr so formales Sein aber überhaupt durchaus verborgen bleibt. Ein anderes, in welchem ausgedrückt ist das bloße formale Dasein, ohne allen Inhalt« (Text 46). Diese »Bilder«, in denen die Erscheinung sich einmal qualitativ und zum anderen rein formal erscheint, sind generisch (der Gattung nach) verschieden (ebd.) und gehören doch als Bilder derselben Erscheinung wesentlich zusammen: Ein Wechselverhältnis kündigt sich an. Fichtes Benennungen tragen dem Rechnung; er nennt das qualitative Bild *Anschauung* und das formale Bild *Begriff*. Im Begriff (ganz in Entsprechung zu dem »Begriff« im Sinne der WdL), erscheint sich die Erscheinung rein, in total unfundiertem Wissen. In der Anschauung erscheint sie sich zwar auch in Unfundiertheit, d. h. in subjekt-objektiver Form, aber nicht in totaler Unfundiertheit als »Subjekt-Objekt schlechtweg« (ebd.), sondern so, wie sie als seinsfundiertes Wissen ist: qualitativ.

Die Autonomie des Willens bei Kant, das Ich als Tathandlung beim frühen Fichte, der Begriff bzw. die Idee in der WdL – in alledem erkennen wir nun die Erscheinung des Seins (die zugleich sich selbst erscheint) *in ihrem rein formalen Sein*. In der Welt als Totalität der Partikularien und insbesondere im konkreten Lebensvollzug derjenigen Partikularien, die Personen sind, also der Menschen, erkennen wir die Erscheinung des Seins, wie sie in der Vereinigung ihres formalen und qualitativen Seins ist.

Unser Ausgangsproblem ist damit in die Frage nach der Einheit von formalem und qualitativem Sein der Erscheinung bzw. der Einheit von »Begriff« und »Anschauung« (in Fichtes Sinn der Termini) gemündet. Hier ist Fichtes Lösung: »Wie läßt eine solche

Vereinigung sich denken? Ich behaupte, und fordere Sie auf, es selbst einzusehen: wenn die Erscheinung, die formaliter seiende, sich erscheint, *als* sicherscheinend, in der *qualitativen Anschauung* nämlich« (Text 46). D. h. die Erscheinung erscheint sich primär formaliter: in total unfundiertem Wissen. Dies ist der Primat des »Begriffs« gegenüber der »Anschauung«, den wir (in Abschnitt 3.) in der Form einer *Asymmetrie* im Wechselverhältnis von Aktivität und Passivität als Kantische Entdeckung kennengelernt haben. Es bleibt aber nicht bei dem engen Zirkel des »Begriffes«. (Er steht eben im Wechselverhältnis zur »Anschauung«.) In den Zirkel des formalen Seins wird als nachgeordnetes Moment das qualitative Sein eingezeichnet: die Erscheinung erscheint sich (a) formaliter als (b) sich qualitativ erscheinend (soundso).

Der Grund für die Nachordnung des qualitativen Momentes als ein nochmaliges *Erscheinen* gegenüber dem zugrundeliegenden formalen *Sein* (dem primären Erscheinen) liegt in der Zirkularität des rein formalen Seins der Erscheinung: Nichts Fremdes kann in diesen Zirkel eintreten; wenn qualitative Anschauung möglich sein soll, dann nur unter dem Anschein, erscheinendes Produkt des Zirkels (also der Freiheit oder des Ichs) zu sein. Das Sein tritt also in die Ich-Form unter dem Anschein eines Nachgeordneten ein. Als Sein ist es aber das singuläre präpartikuläre Prinzip der Fundierung des Wissens. Es tritt in die Ich-Form also unter einem *falschen* Anschein, dessen Korrektur zu fordern ist; und die Wissenschaftslehre findet ihren Fortgang in der Frage nach den Bedingungen der Möglichkeit der Korrektur.

Ich will diesen Fortgang (über den Bereich von Text 46 hinaus) hier nicht weiter verfolgen, sondern mit Fichtes Lösungsansatz demnächst in den partikulären Bereich zurückkehren und dort einige seiner Konsequenzen betrachten. Fichte hat eine »Fünffachheit in der Form der Erscheinung« hergeleitet (von der auch in Text 45 die Rede ist): die Duplizität von (1) Subjekt und (2) Objekt, die mit der Duplizität von (3) Begriff und (4) Anschauung im (5) Einheitspunkt des ›als‹ vereinigt ist. In dieser Fünffachheit laufen einige Fäden zusammen, die wir hier und dort aufgenommen und wieder liegen gelassen haben.

So fragten wir oben (S. 48) mit Blick auf Hölderlin , wie sich die Einheit von Subjekt und Prädikat im Urteil zu der Einheit von

Subjekt und Objekt im Ich verhält. Die Antwort lautet: Die Subjekt-Objekt-Einheit in ihrer reinen Form ist qua formales Sein der Erscheinung der formale Pol der ›als‹-Struktur, die der Urteilsstruktur zugrundeliegt.

Außerdem wird in der Fichteschen Fünffachheit der Ursprung des Wechselverhältnisses von Aktivität bzw. Begriff und Passivität bzw. Anschauung und der gleichzeitigen Asymmetrie zugunsten der Aktivität erkennbar. Dies führt uns in das Zentrum von Kants theoretischer Philosophie, zu der transzendentalen Deduktion der Kategorien (Text 12), die oben im Abschnitt über *Kants kopernikanische Wende* nur kurz berührt worden ist.

Die ›als‹-Struktur tritt uns in zweierlei Gestalt entgegen, einmal in einfacher Bipolarität von formalem und qualitativem Sein, wie es der Fichteschen Fünffachheit entspricht, zum anderen in der komplexen Bipolarität des singulären Urteils, in der das formale Sein nie als solches vorkommt. Auch in ihrer einfachen Form ist die ›als‹-Struktur im partikulären Bereich anzutreffen, und zwar als die Notwendigkeit der möglichen ›ich denke, daß‹-Begleitung aller vorstellbaren qualitativen Gehalte (»Das: *Ich denke*, muß alle meine Vorstellungen begleiten *können*«, Text 12, § 16.) Vorstellbare qualitative Gehalte sind als *qualitativ* gemäß Fichtes Lösungsansatz solches, das wesentlich auf die (in der schriftlichen Darstellung) *rechte* Seite des ›als‹, im Urteil also primär an die Prädikatstelle gehört. Was die rechte Seite des ›als‹ besetzt, verhält sich zu demjenigen, das die linke Seite besetzt, wie ein Erscheinen, Sich-Präsentieren zu einem zugrundeliegenden (formalen) Sein. So also verhalten sich die vorstellbaren qualitativen Gehalte zum ›ich denke‹. Als rein formales Sein ist es selber, wie Kant immer wieder betont, völlig leer. Es ist mit ihm kein zugrundeliegendes reales Seiendes gegeben. Wer oder was ich jeweils bin, entscheidet sich auf der rechten, der Erscheinungsseite des ›als‹.

Im Urteil kommt die linke Seite des ›als‹ nie rein, sondern nur als Fluchtpunkt vor. Alles im Urteil Thematisierbare und insbesondere die Partikularien (Dinge und Personen) als paradigmatische Urteilssubjekte gehört daher als solches zuletzt der rechten oder Erscheinungsseite des ›als‹ an. Wenn unter Substanzen die grundlegenden und paradigmatischen Urteilssubjekte verstanden werden, so sind Substanzen durch und durch Erscheinendes, abgesehen von dem als Fluchtpunkt hinzugedachten Moment des formalen Seins. Sie können dann auch durch und durch in einem, noch dazu asymmetrischen, Wechselverhältnis zur Subjektivität, d. h. zu den grundlegenden Weisen der epistemischen Aktivität stehen. (Hätten paradigmatische Urteilssubjekte ein wirkliches und eigenes formales Sein, so wären sie Dinge an sich, die uns in der Wahrnehmung als soundso beschaffene erschienen, wobei nur das Soundso-Erscheinen, da es ja in Wahrnehmungsurteilen an Prädikatstelle zum Ausdruck gebracht werden kann, im asymmetrischen Wechselverhältnis zur Subjektivität stünde, nicht aber die Urteilssubjekte selber in ihrem Ansichsein.)

Um nun herauszufinden, ob die reine Tätigkeit wesentlich gegliedert ist und was, wenn ja, ihre grundlegenden Artikulationsweisen sind, wird man sich an der ›als‹-Struktur zu orientieren haben, deren Glied die reine Tätigkeit qua Einheit von Subjekt und Objekt ihrerseits ist (in der Fünffachheit). Gegliedert kennen wir die ›als‹-Struktur als Inbegriff der Urteilsformen, die die formale Logik thematisiert. Hieran schließen sich zwei Folgerungsmöglichkeiten:

(1) Die Kategorien sind die grundlegenden und allgemeinsten Strukturen der Partikularien. Partikularien aber sind die paradigmatischen Urteilssubjekte. Wegen der Nichtreinheit des formalen Pols im Urteil, sind Partikularien qua Urteilssubjekte zugleich von der ganzen ›als‹-Struktur geprägt. Ihre grundlegenden Strukturen sind daher genaue Entsprechungen zu den Urteilsformen.

(2) Die Urteilsformen bzw. die Kategorien sind als die Artikulationsweisen der ›als‹-Struktur zugleich die Artikulationsweisen der reinen Aktivität (das formale Sein liegt dem qualitativen ja zugrunde).

An der Tafel der Urteilsformen kann man daher gemäß (1) die Tafel der Kategorien ablesen, wie Kant es in der metaphysischen Deduktion der Kategorien tut (Text 11). Zugleich berechtigt (2) dazu, das ›ich denke‹ gewissermaßen als Vehikel der Kategorien zu betrachten, so wie es in der transzendentalen Deduktion geschieht. Die objektive Gültigkeit der Artikulationsweisen des ›ich denke‹ bezüglich dessen, was Urteilssubjekt werden kann, folgt – über die Vermittlung der *einfachen* ›als‹-Struktur der ›ich denke‹-Begleitung – aus der *komplexen* ›als‹-Struktur des Urteils.

Da alles, was überhaupt die Passivität ›affiziert‹, indem es sie ›affiziert‹, qualitativ erscheint und da ferner alles qualitativ Erscheinende als solches der rechten Seite des ›als‹ zuzuordnen ist, fällt das Affizierende schon als »sinnliches Mannigfaltiges« in den Bereich der objektiven Gültigkeit der reinen Verstandesbegriffe. So bestätigt Fichtes Spätphilosophie nicht nur das Ergebnis, sondern auch die wesentlichen Gedankenschritte der Kantischen Deduktion der Kategorien.

Editorische Notiz:

Auslassungen und Anmerkungen des Herausgebers sind durch eckige Klammern [...] gekennzeichnet. Anmerkungen der Herausgeber der Originalausgaben der Texte sind im allgemeinen nicht wiedergegeben. Die Orthographie folgt den im Autoren- und Quellenverzeichnis angegebenen Quellen.

I. Leibniz

1. Die individuelle Substanz

8. Die Handlungen Gottes von denen der Geschöpfe zu unterscheiden, ist ziemlich schwer; gibt es doch manche, die glauben, daß Gott alles allein wirke, während wieder andre meinen, er erhalte nur die Kraft, die er den Geschöpfen ursprünglich verliehen hat: wir werden in der Folge sehen, inwiefern man das eine wie das andre sagen kann. Da nun aber Tätigkeit und Leiden im Grunde den individuellen Substanzen zugehören (*actiones sunt suppositorum*), so müßte man erklären, was unter einer solchen Substanz zu verstehen ist. Es ist allerdings richtig, daß, wenn mehrere Prädikate von ein und demselben Subjekt ausgesagt werden, dieses Subjekt dagegen keinem andren mehr als Prädikat beigelegt werden kann, man es eine individuelle Substanz nennt; doch genügt diese Definition noch nicht, da sie schließlich nur eine Namenerklärung gibt. Man muß also erwägen, was es besagen will, wenn wir von einem Prädikat sagen, daß es einem bestimmten Subjekt wahrhaft zugehört. Nun steht so viel fest, daß jede wahre Aussage irgend einen Grund in der Natur der Dinge hat, daß also, wenn ein Satz nicht identisch ist, d. h. wenn das Prädikat nicht *ausdrücklich* im Subjekt enthalten ist, es doch *virtuell* in ihm enthalten sein muß. Die Philosophen geben diese Beziehung durch das Wort *»inesse«* wieder, indem sie sagen, daß das Prädikat »in dem Subjekt ist«. Der Terminus, der das Subjekt bezeichnet, muß daher stets den des Prädikats in sich begreifen, so daß derjenige, der vollkommene Einsicht in den Begriff des Subjekts besäße, sogleich das Urteil fällen müßte, daß das betreffende Prädikat ihm zugehört. Unter der Natur einer individuellen Substanz oder eines in sich vollständigen Seins wird daher ein Begriff zu verstehen sein, der so

vollendet ist, daß alle Prädikate des Subjekts, dem er beigelegt wird, aus ihm hinlänglich begriffen und deduktiv abgeleitet werden können. Ein Accidens dagegen ist ein Wesen, dessen Begriff keineswegs alles das einschließt, was man dem betreffenden Subjekt, von dem man diese Beschaffenheit aussagt, noch außerdem zuschreiben kann. So ist die Eigenschaft, König zu sein, die Alexander dem Großen zukommt, wenn man sie losgelöst von ihrem Subjekt denkt, nicht ausreichend für die Bestimmung eines Individuums, da sie die andren Eigenschaften desselben Subjekts nicht einschließt und nicht all das, was in dem Begriff eines bestimmten Fürsten liegt, in sich faßt, Gott hingegen, der den individuellen Begriff oder die »Haecceität« Alexanders sieht, sieht darin zugleich das Fundament und den Grund für *alle* Prädikate, die wahrhaft von ihm ausgesagt werden können, er sieht z. B., daß er Darius und Porus besiegen wird, ja er weiß *a priori* – und nicht durch die Erfahrung – ob Alexander eines natürlichen Todes oder durch Gift gestorben ist, worüber *uns* nur die Geschichte Auskunft geben kann. Wenn man daher die Verknüpfung der Dinge recht betrachtet, so kann man sagen, daß in der Seele Alexanders jederzeit Nachwirkungen von allem, was ihm zugestoßen ist, und ebenso Anzeichen von dem, was er noch erleben wird, vorhanden sind, ja sogar Spuren von allem, was im Universum vor sich geht, wenngleich es allein Gott zukommt, sie sämtlich zu erkennen.

9. Daraus folgen verschiedene wichtige Paradoxa, so z. B. daß niemals zwei Substanzen einander vollkommen gleichen und *nur der Zahl nach* von einander verschieden sind, daß somit, was der heilige Thomas von den Engeln und Intelligenzen behauptet (*quod ibi omne individuum sit species infima*), von allen Substanzen überhaupt gilt, wobei man indes die spezifische Differenz so zu nehmen hat, wie es die Geometer bei ihren Figuren tun. Ferner folgt daraus, daß eine Substanz nur durch Schöpfung anfangen und nur durch Vernichtung untergehen kann; daß es unmöglich ist, eine Substanz in zwei andre zu zerlegen oder aus zwei andren zusammenzusetzen, daß demnach die Zahl der Substanzen von Natur weder zu- noch abnimmt, wenngleich sie häufig Umformungen erleiden. Vielmehr ist jede Substanz wie eine Welt für sich, gleichsam ein Spiegel Gottes oder vielmehr des gesamten Universums, das sie nach ihrer Weise und Eigentümlichkeit ausdrückt, sowie

etwa eine und dieselbe Stadt je nach den verschiedenen Standorten, die der Betrachter wählt, sich verschiedenartig darstellt. Auf diese Weise wird das Universum gewissermaßen so viele Male vervielfältigt, als es Substanzen gibt, und ebenso mehrt sich der Ruhm Gottes im selben Maße, als es eine Vielheit von einander ganz verschiedener Darstellungen seines Werkes gibt. Ja, man kann sogar sagen, daß jede Substanz in gewisser Weise den Charakter der unendlichen Weisheit und Allmacht Gottes in sich birgt und ihn, soweit sie dessen fähig ist, nachahmt. Denn alle Ereignisse des Universums, die vergangenen, gegenwärtigen und zukünftigen, sind in ihr, wenn auch nur verworren, ausgedrückt, worin eine gewisse Ähnlichkeit mit einem unendlichen Bewußtsein oder einer unendlichen Erkenntnis liegt. Da ferner alle andren Substanzen diese eine ebenfalls auf ihre Weise ausdrücken und sich mit ihr in Übereinstimmung setzen, so kann man sagen, daß sie ihre Macht auf alle andren erstreckt und somit auch hierin die Macht des Schöpfers nachahmt.

10. Die Alten sowohl, wie manche tüchtige Lehrer der Theologie und Philosophie in früheren Jahrhunderten, die an tiefsinnige Spekulation gewöhnt und zum Teil sogar wegen der Heiligkeit ihres Wandels geschätzt waren, scheinen den Gedanken, der eben erwähnt wurde, in bestimmtem Grade erfaßt zu haben. Vielleicht haben sie eben deshalb die heute so verschrieenen substantiellen Formen eingeführt und behauptet, wobei sie gar nicht so weit von der Wahrheit entfernt sind, noch so lächerlich, als unsere modernen Philosophen es sich gemeinhin einbilden. Ich gebe zu, daß die Betrachtung dieser Formen bei den Einzelproblemen der Physik zu nichts führt, und daß sie bei der Erklärung der Phänomene im besonderen auszuschließen sind. Hierin haben die Scholastiker und ihnen folgend die Mediziner früherer Zeit gefehlt, indem sie die Beschaffenheiten der Körper dadurch erklären zu können meinten, daß sie Formen und Qualitäten einführten, ohne sich dabei die Mühe zu geben, die besondere Art ihrer Wirksamkeit zu untersuchen. Das ist nicht anders, als wenn man sich bei einer Uhr damit zufrieden gäbe, daß man sagte, sie habe eine stundenzeigende Qualität, ohne in Betracht zu ziehen, worin eben diese besteht. Dem Käufer der Uhr mag dies in der Tat genügen, vorausgesetzt, daß er ihre Instandhaltung einem andren überläßt. Diese

fehlerhafte und falsche Anwendung der Formen aber darf uns nicht dazu verleiten, einen Begriff gänzlich zu verwerfen, dessen Erkenntnis in der Metaphysik so notwendig ist, daß man ohne ihn, wie ich behaupte, weder die obersten Prinzipien recht begreifen, noch auch zu der Erkenntnis der unkörperlichen Naturen und der Wunderwerke Gottes sich erheben kann. Wie indessen ein Geometer sich wegen des berühmten Labyrinthes der Zusammensetzung des Kontinuums nicht zu beunruhigen braucht, und wie ein Moralphilosoph oder gar ein Jurist oder Politiker sich über die großen Schwierigkeiten, die in dem Problem der Versöhnung des freien Willens mit der Vorsehung Gottes liegen, keine Sorge zu machen braucht – denn der Geometer kann alle seine Beweise zu Ende führen und der Politiker alle seine Entscheidungen treffen, ohne in die Erörterung dieser Fragen einzutreten, die trotzdem für Philosophie und Theologie ihre Notwendigkeit und Wichtigkeit behalten – so kann auch ein Physiker von einem Experiment Rechenschaft ablegen, indem er sich bald auf einfachere, schon bekannte Erfahrungen, bald auf geometrische und mechanische Beweisgründe beruft, ohne irgendwie der allgemeinen Erwägungen zu bedürfen, die einem andren Bereich angehören. Beruft er sich indessen hier auf die Mitwirkung Gottes oder auf irgend eine Seele, einen Archäus oder etwas dergleichen, so schweift er darin ebenso über seine Grenzen hinaus, wie der, der bei einer wichtigen praktischen Entscheidung sich auf die großen Erörterungen über Schicksal und Freiheit einlassen wollte: ein Fehler, den der Mensch freilich oft genug unbewußt begeht, indem er sich durch die Betrachtung des fatalistischen Zwanges, der alle Dinge beherrscht, den Geist verwirrt, ja wohl gar sich dadurch von einem vernünftigen Entschluß oder einer notwendigen Handlung abbringen läßt.

2. Die Verschiedenartigkeit der Erkenntnisse (G. Leibniz)

24. Um zu einem besseren Verständnisse der Ideen zu gelangen, müssen wir ein wenig auf die Verschiedenartigkeit der Erkenntnisse eingehen. Kann ich eine Sache unter andren gleichartigen erkennen, ohne imstande zu sein, zu sagen, worin ihre Unterschiede oder ihre Eigentümlichkeiten bestehen, so ist diese Erkenntnis *verworren*. Auf diese Weise erkennen wir zuweilen völlig *klar* und ohne darüber im geringsten im Zweifel zu sein, ob ein Gedicht oder ein Gemälde gut oder schlecht ist, weil ein *ich weiß nicht was* in ihm liegt, das uns befriedigt oder abstößt. Kann ich aber die bestimmenden und unterscheidenden Merkmale erklären, so heißt die Erkenntnis *distinkt*. Derart ist die Erkenntnis eines Münzwardeins beschaffen, welcher das echte Gold vom falschen vermittels bestimmter Proben und Merkmale unterscheidet, die in ihrer Gesamtheit die Definition des Goldes ausmachen. Auch die distinkte Erkenntnis aber hat Grade; denn für gewöhnlich hätten die in die Definition eingehenden Begriffe selbst eine Definition nötig und werden nur verworren erkannt. Ist aber alles, was in eine Definition oder eine distinkte Erkenntnis eingeht, selbst distinkt erkannt und zwar bis zu den ursprünglichen Begriffen, dann nenne ich diese Erkenntnis *adäquat*. Und wenn mein Geist wie mit einem Blick und in distinkter Weise alle ursprünglichen Bestandteile eines Begriffes erfaßt, dann besitzt er eine *intuitive* Erkenntnis derselben, die indes sehr selten ist, da die meisten menschlichen Erkenntnisse nur verworren sind, d. h. bestimmte, nicht weiter zerlegte Voraussetzungen enthalten. (la pluspart des connoissances humaines n'estant que confuses ou bien *suppositives*.)

Es ist auch von Nutzen, Nominal- und Realdefinitionen zu unterscheiden: von einer *Nominaldefinition* spreche ich, wenn man noch daran zweifeln kann, ob der definierte Begriff möglich ist. Wenn ich z. B. sage, daß eine »Schraube ohne Ende« eine dreidimensionale Linie ist, deren Teile einander kongruent sind oder mit einander zur Deckung gebracht werden können, dann wird jemand, der im übrigen nicht weiß, was eine Schraube ohne Ende ist, daran zweifeln können, ob eine solche Linie überhaupt möglich ist, obgleich dies in der Tat eine reziproke Eigenschaft der Schraube ohne Ende ist; denn die andren Linien, deren Teile einander kongruent sind – die Peripherie des Kreises und die Gerade – sind *eben*, d. h. sie können *in plano*, in einer Ebene, beschrieben werden. Es zeigt dies, daß jedes umkehrbare Merkmal als Nominaldefinition dienen kann; wenn indes das Merkmal die Möglichkeit der Sache zu erkennen gibt, dann ist damit eine Realdefinition gegeben. Und solange man nur eine Nominaldefinition hat, haben die aus ihr gezogenen Schlüsse keine Sicherheit, denn wenn in ihr irgend ein Widerspruch oder eine Unmöglichkeit verborgen läge, so könnte man einander entgegenstehende Folgerungen aus ihr ziehen. Die Wahrheiten hängen daher nicht von den Namen ab und sind keineswegs willkürlich, wie einige neuere Philosophen geglaubt haben. Überdies besteht noch ein großer Unterschied zwischen den verschiedenen Arten der Realdefinitionen; denn wenn die Möglichkeit nur durch die Erfahrung bewiesen wird, wie bei der Defintion des Quecksilbers, dessen Möglichkeit man kennt, weil man weiß, daß es tatsächlich einen Körper gibt, der eine äußerst schwere Flüssigkeit und dennoch ziemlich flüchtig ist, so ist die Definition nur eine reale und nichts mehr; erfolgt aber der Beweis der Möglichkeit auf *apriorischem* Wege, so ist die Definition *real* und *kausal*, da sie alsdann die mögliche Erzeugung der Sache in sich schließt. Führt sie aber die Analyse bis ans Ende und bis zu den ursprünglichen Begriffen durch, ohne nur das Geringste vorauszusetzen, das eines *apriorischen* Beweises seiner Möglichkeit bedürfte, dann ist die Definition vollkommen oder eine *wesentliche*.

3. Über die Freiheit (G. Leibniz)

Eine der ältesten Streitfragen, die je das Menschengeschlecht erregt, ist es, wie Freiheit und Zufälligkeit mit der Reihe der Ursachen und der Vorsehung zusammenbestehen können. Die Schwierigkeiten sind noch gestiegen durch die christlichen Untersuchungen über die Gerechtigkeit, die Gott in der Erwirkung des Heils der Menschen walten läßt.

Ich meinerseits bin hierbei davon ausgegangen, daß sich nichts durch Zufall oder von ungefähr (casu aut per accidens) ereignet – außer von dem eingeschränkten Standpunkt bestimmter Einzelsubstanzen aus – und daß das Wort Zufall (fortuna), wenn man darunter etwas andres als das Geschick (fatum) versteht, ein törichter Ausdruck ist, da alles nur unter der Voraussetzung seiner einzelnen Bedingungen existiert und aus ihrer Gesamtheit wiederum mit Notwendigkeit folgt. Daher kam ich der Meinung derer nahe, die alles für absolut notwendig halten und meinen, es sei für die Freiheit genug, daß das Geschehen dem *Zwange* nicht unterworfen ist, wenngleich es der *Notwendigkeit* untersteht; die daher auch das, was unfehlbar eintritt oder mit Gewißheit als wahr erkannt wird, nicht von dem Notwendigen unterscheiden.

Aus diesem Abgrunde zog mich indessen die Betrachtung derjenigen Möglichkeiten, die weder sind, noch sein werden, noch je gewesen sind; denn wenn gewisse Möglichkeiten niemals existieren, so sind auch die existierenden Dinge nicht immer schlechterdings notwendig, denn sonst wäre es unmöglich, daß an ihrer Stelle andre existierten, und es würde damit, was niemals existierte, auch unmöglich sein. Nun werden doch aber unleugbar manche Erdichtungen, wie wir sie in Romanen finden, an sich für möglich gehalten, obwohl sie in dieser bestimmten Reihe des Universums, die Gott erwählt hat, keinen Platz finden: wenn man sich nicht etwa vorstellen will, daß, bei der unermeßlichen Ausdehnung des Raumes und der Zeit, irgendwo auch die dichterischen Gefilde existieren, in denen König Artus und Amadis von Gallien und der sagenhafte Dietrich von Bern ein wirkliches Dasein führen. Ein bedeutender moderner Philosoph scheint sich in der Tat dieser Meinung genähert zu haben, da er ausdrücklich behauptet, die Materie nehme nach einander alle Gestaltungen an, deren sie fähig ist. (Descartes, Princip. philos., pars III, art. 47.) Dieser Satz ist jedoch völlig unhaltbar; denn er würde alle Schönheit des Universums und allen Reiz der Dinge zunichte machen – um von andren Beweisgründen, die ihn ersichtlich widerlegen, jetzt noch ganz zu schweigen.

Nachdem ich so die Zufälligkeit der Dinge erkannt, erwog ich des weiteren, welches eigentlich der klare Begriff der *Wahrheit* sei; nicht mit Unrecht nämlich erhoffte ich von diesem Punkte aus eine nähere Aufklärung der Fragen, wenn es gelänge, die notwendigen Wahrheiten von den zufälligen zu unterscheiden. Ich sah nun, daß es jedem wahren, bejahenden, allgemeinen und einzelnen, notwendigen oder zufälligen, Satze gemein ist, daß das Prädikat dem Subjekte *innewohnt* oder daß der Begriff des Prädikats in dem Begriffe des Subjekts in irgend welcher Weise enthalten ist; und daß eben hierin für den, der alles a priori erkennt, das Prinzip der Unfehlbarkeit bei allen Arten von Wahrheiten gelegen ist. Eben dies aber schien die Schwierigkeit zu vermehren; denn wenn der Begriff des Prädikats für einen bestimmten Zeitpunkt im Begriffe des Subjekts enthalten ist, wie könnte da überhaupt, ohne daß ein Widerspruch und eine Unmöglichkeit entsteht, das Prädikat dem Subjekte, unter Wahrung seines vollen Begriffs, nicht zukommen? Da ist mir schließlich ein neues und unerwartetes Licht von einer Seite gekommen, von der ich dies am allerwenigsten erwartete: nämlich aus mathematischen Betrachtungen über das Wesen des Unendlichen. Denn es gibt zwei Labyrinthe für den menschlichen Geist: das eine betrifft die Zusammensetzung des Kontinuums, das andere das Wesen der Freiheit. Das eine wie das andre aber entspringt aus derselben Quelle, nämlich aus dem Begriff des Unendlichen. Beide Knoten aber hat eben jener berühmte Philosoph, da er sie nicht lösen konnte oder seine Meinung nicht offen darlegen wollte, einfach durchhauen; denn in seinen Principia Philosophiae (I, 40 bis 41) sagt er, man verwickle sich in unentwirrbare Schwierigkeiten, wenn man versuche, Gottes Vorsehung mit der Freiheit des Willens zu versöhnen; man müsse daher von solchen Erörterungen Abstand nehmen, da wir Gottes Wesen doch nicht begreifen könnten. An andrer Stelle wieder (ebenda II, 35) sagt er, man dürfe an der Teilung der Materie ins Unendliche nicht zweifeln, wenn sie von uns auch nicht begriffen werden könne. Dies genügt jedoch nicht; denn es ist nicht dasselbe, ob wir eine Sache nur nicht begreifen oder ob wir einsehen, daß sie einen inneren Widerspruch enthält; es ist daher zum wenigsten notwendig, auf die Beweisgründe eine Antwort zu finden, aus denen hervorzugehen scheint, daß die Freiheit oder die unendliche Teilung der Materie einen Widerspruch einschließt.

Nun muß man vor allem wissen, daß alle Geschöpfe einen Stempel der göttlichen Unendlichkeit in sich tragen, und daß dies der Ursprung der vielen wundersamen Dinge ist, die den menschlichen Geist in Staunen setzen. So gibt es z. B. keinen noch so winzigen materiellen Teil, in dem nicht eine Welt unendlich vieler Geschöpfe vorhanden wäre, und keine noch so unvollkommene geschaffene individuelle Substanz, die nicht auf alle übrigen einwirkte und von allen übrigen eine Einwirkung erführe und die daher in ihrem vollständigen Begriffe – wie er im göttlichen Geiste vorhanden ist – nicht das ganze Universum und alles, was ist, gewesen ist oder sein wird, umfaßte. So gibt es denn auch keine Tatsachenwahrheit, d. h. keine Wahrheit von individuellen Dingen, die nicht von einer unendlichen Reihe von Gründen abhinge; welchen Inhalt diese Reihe aber in sich birgt, vermag allein Gott zu durchschauen. Dies ist auch der Grund dafür, daß Gott allein die zufälligen Wahrheiten a priori begreift und daß er ihr unfehlbares Eintreffen auf andre Weise als durch die Erfahrung erkennt.

Durch die genauere Erwägung dieser Dinge ergab sich ein innerer Unterschied zwischen den notwendigen und den zufälligen Wahrheiten. Denn jede Wahrheit ist entweder ursprünglich oder abgeleitet. Die ursprünglichen Wahrheiten sind diejenigen, von denen sich keine Rechenschaft geben läßt, und derart sind die identischen oder unmittelbaren Sätze, die von einem Subjekt ein Prädikat, das mit ihm identisch ist, aussagen oder eines, das ihm widerspricht, verneinen. Die abgeleiteten Wahrheiten sind wiederum von zweierlei Art: die einen nämlich lassen sich völlig in die ursprünglichen auflösen, während die andren bei ihrer Auflösung einen Fortschritt ins Unendliche zulassen. Jene sind notwendig, diese zufällig. Ein notwendiger Satz nämlich ist derjenige, dessen Gegenteil einen Widerspruch einschließt, und dazu gehören alle identischen oder in identische auflösbaren Sätze. Von dieser Art sind die Wahrheiten, die man als metaphysische oder geometrische Notwendigkeiten bezeichnet. Denn beweisen heißt nichts andres, als vermittels der Auflösung der Termini eines Urteils und durch Einsetzung der Definition oder eines Teils derselben an die Stelle des Definierten eine gewisse Gleichheit oder ein Zusammenfallen des Prädikats mit dem Subjekte in einem umkehrbaren Urteil aufweisen; in andren Fällen dagegen wenigstens zu zeigen, daß das Prädikat im Subjekt eingeschlossen ist, sodaß, was in dem Urteil verborgen und gewissermaßen nur potentiell in ihm enthalten war, durch den Beweis zum klaren Ausdruck gebracht wird. So läßt sich z. B., wenn man eine Drei- oder Sechs- oder Zwölfzahl annimmt, d. h. eine solche, die sich durch 3, 6, 12 teilen läßt, der Satz beweisen, daß jede durch 12 teilbare Zahl auch durch 6 teilbar ist. Denn jede Zwölfzahl ist eine zweimal zweifache Dreizahl; dies ist die Auflösung der Zwölfzahl in ihre Primfaktoren: $12=2\cdot2\cdot3$ oder die Definition der Zwölfzahl; jede zweimal zweifache Dreizahl ferner ist auch eine zweifache Dreizahl – was ein identischer Satz ist – jede zweifache Dreizahl endlich ist eine Sechszahl – was die Definition der Sechszahl $(6=2\cdot3)$ ist. – Also ist jede Zwölfzahl eine Sechszahl (– denn 12 ist dasselbe wie $2\cdot2\cdot3$ – und $2\cdot2\cdot3$ ist teilbar durch $2\cdot3$ und $2\cdot3$ ist dasselbe wie 6, – also ist 12 teilbar durch 6).

In den zufälligen Wahrheiten indes ist das Prädikat zwar im Subjekt enthalten, kann aber trotzdem niemals als zu ihm gehörig *erwiesen* werden, sodaß sich hier das Urteil niemals auf eine Gleichung oder eine Identität zurückführen läßt, die Auflösung vielmehr ins Unendliche weitergeht. Gott sieht zwar nicht das Ende der Auflösung – denn ein solches Ende gibt es nicht – wohl aber die Verknüpfung (zwischen den Terminis) oder die Art, in der das Prädikat im Subjekt eingeschlossen ist, da er alles überschaut, was in der Reihe enthalten ist. Ja diese Wahrheit selbst stammt zum Teil aus seinem Verstande, zum Teil aus seinem Willen her und drückt seine Vollkommenheit und die Harmonie der Gesamtreihe der Dinge auf ihre Weise aus.

Für uns aber gibt es nur zwei Wege, um die zufälligen Wahrheiten zu erkennen: der eine ist der der Erfahrung, der andre der der Vernunft. Auf dem der Erfahrung erkennen wir eine solche Wahrheit, wenn wir ihren Gegenstand vermöge der Sinne mit genügender Deutlichkeit erfassen, der Weg der Vernunft aber beruht auf dem allgemeinen Prinzip, daß nichts ohne Grund geschieht oder daß stets das Prädikat in irgend welcher Weise dem Subjekte innewohnt. Man kann demgemäß als gewiß ansehen, daß alles durch Gott in der vollkommensten Weise geschieht, daß er nie anders als vernunftgemäß handelt, und daß sich niemals etwas ereignet, ohne daß von dem, der es völlig erkennt, auch der Grund dafür eingesehen wird, weshalb der Zustand der Dinge sich eher so als anders verhält...

Wenn man indes seine Aufmerksamkeit fixiert, um den Geist nicht durch unbestimmte Schwierigkeiten hin und her irren zu lassen, so fällt einem eine gewisse Analogie zwischen den Wahrheiten und den *Proportionen* auf, die, wie es scheint, die Sache wunderbar erleuchtet und in klares Licht setzt. Wie nämlich in jedem Verhältnis die kleinere Zahl in der größeren oder die gleiche in der gleichen enthalten ist, so ist in jeder Wahrheit das Prädikat im Subjekt enthalten. Und wie in jedem Verhältnis, das zwischen homogenen Quantitäten stattfindet, sich eine Zerlegung in gleiche oder kongruente Teile vornehmen läßt und das Kleinere vom Größeren abgezogen werden kann, indem man nämlich von dem Größeren einen dem Kleineren gleichen Teil wegnimmt und wie man in ähnlicher Weise von der Größe, die man abgezogen hat, wiederum den Rest abzieht und so durchweg weiter bis ins Unendliche, so wird auch in der Analysis der Wahrheiten stets für einen Terminus ein aequivalenter eingesetzt und damit das Prädikat in Bestandteile aufgelöst, die auch in dem Subjekt enthalten sind. Wie aber bei den Verhältnissen bisweilen allerdings die Analysis einen Abschluß findet und man zu einem gemeinsamen Maß gelangt, das durch seine Wiederholung in vollkommener Weise beide Seiten des Verhältnisses mißt, während sie in andren Fällen, wie z. B. bei der Vergleichung einer Rational- und einer Irrationalzahl, bis ins Unendliche fortgesetzt werden kann, so bei der Seite und der Diagonale des Quadrats, so sind auch die Wahrheiten bisweilen *beweisbar* oder *notwendig*, bisweilen *frei* oder *zufällig*, so daß sie durch keine Analysis auf die Identität, als ein gemeinsames Maß zurückgeführt werden können. Hierin liegt das wesentliche Unterscheidungsmerkmal für die verschiedenen Arten der Verhältnisse wie der Wahrheiten.

Wie indessen die inkommensurabeln Proportionen der Wissenschaft der Geometrie unterworfen sind und wir auch von den unendlichen Reihen Beweise besitzen, so unterliegen erst recht die zufälligen oder die unendlichen Wahrheiten dem Wissen Gottes und werden von ihm zwar nicht durch einen Beweis – was einen Widerspruch einschließt – aber doch durch ein unfehlbares Schauen (infallibili visione) erkannt. Gottes Schauen darf man sich aber nicht als eine Art Erfahrungswissen vorstellen, wie wenn er in äußeren, von ihm selbst verschiedenen Dingen etwas »erschaute«, sondern als eine Erkenntnis a priori, die die Gründe der Wahrheiten erfaßt. Denn er erblickt die Dinge, soweit seine *Natur* in Betracht kommt, in ihrer reinen Möglichkeit; wirklich aber werden sie durch einen hinzutretenden Akt seines freien Willens und seiner Beschlüsse, deren erster dahingeht, alles in der besten Weise und mit der höchsten Vernunft zu tun. Das sogenannte mittlere Wissen aber ist nichts andres, als das Wissen der zufälligen Möglichkeiten.

Wird dies alles recht erwogen, so glaube ich nicht, daß in dieser Frage noch irgend eine Schwierigkeit zurückbleibt, für die sich nicht auf Grund des Gesagten eine Lösung finden ließe. Legt man nämlich den allgemeinen zugestandenen Begriff der Notwendigkeit zugrunde, daß im letzten Sinne dasjenige notwendig heißt, dessen Gegenteil einen Widerspruch einschließt, so folgt ohne weiteres aus dem Wesen des Beweises und aus der Analysis, daß es Wahrheiten geben kann, ja muß, welche sich durch keine Analysis auf die identischen Wahrheiten oder das Prinzip des Widerspruchs zurückführen lassen, die vielmehr eine unendliche Reihe von Gründen als Stütze brauchen: eine Reihe, die allein für Gott durchsichtig ist. Und dies ist eben das Wesen alles dessen, was man als frei und zufällig bezeichnet. Daß dies aber hauptsächlich bei allem, was Raum und Zeit einschließt, auf Grund der Unendlichkeit der Teile des Universums und der wechselseitigen Durchdringung und Verknüpfung der Dinge statthat, ist mehr als zur Genüge gezeigt worden.

4. Die »Monadologie« (G. Leibniz)

1. Die Monade, von der hier die Rede sein soll, ist nichts andres, als eine einfache Substanz, die als Element in das Zusammengesetzte eingeht. Sie ist *einfach*, d. h. sie hat keine Teile (vgl. Theodicee § 10).

2. Einfache Substanzen muß es aber geben, da es zusammengesetzte gibt; denn das Zusammengesetzte ist nichts andres, als eine Anhäufung, ein *Aggregat* der einfachen.

3. Nun kann es da, wo gar keine Teile vorhanden sind, weder Ausdehnung, noch Gestalt noch auch eine mögliche Teilbarkeit geben. Die Monaden sind also die wahrhaften Atome der Natur und, mit einem Worte, die Elemente der Dinge.

4. Bei ihnen braucht man daher auch keine Auflösung zu fürchten, und es ist auf keine Weise verständlich, wie eine einfache Substanz auf natürlichem Wege vergehen könnte (§ 89).

5. Ebenso unbegreiflich ist es, daß eine einfache Substanz auf natürlichem Wege entstehen könnte, da sie sich ja nicht durch Zusammensetzung bilden kann.

6. Man kann demnach sagen, daß die Monaden nur mit einem Schlage entstehen oder vergehen können, d. h. sie können nur durch Schöpfung entstehen und durch Vernichtung vergehen, während das Zusammengesetzte aus Teilen entsteht und in solche vergeht.

7. Es ließe sich auch nicht erklären, wie eine Monade in ihrem Innern durch ein beliebiges andres Geschöpf eine Einwirkung oder Veränderung erleiden könnte, da man in sie nichts übertragen, noch auch in ihr selbst eine innere Bewegung sich denken kann, die in ihr angeregt, geleitet, vermehrt oder vermindert werden könnte, wie dies bei den zusammengesetzten Dingen geschieht, bei denen ein Wechsel in der Anordnung der Teile eintre-

ten kann. Die Monaden haben keine Fenster, durch die etwas hinein- oder heraustreten könnte. Die Bestimmungen können sich weder von den Substanzen loslösen, noch außerhalb ihrer sich ergehen, wie es früher die sinnlichen Spezies der Scholastiker machten. Es kann daher weder eine Substanz, noch eine Bestimmung von außen in eine Monade eintreten.

8. Trotzdem müssen die Monaden doch irgend welche Eigentümlichkeiten (qualités) haben, da sie sonst nicht einmal »Wesen« sein würden. Denn wenn die einfachen Substanzen sich nicht in ihren Eigentümlichkeiten unterschieden, so gäbe es überhaupt kein Mittel, irgend welche Veränderung in den Dingen festzustellen. Denn alle Bestimmungen des Zusammengesetzten stammen einzig und allein aus den einfachen Bestandteilen: wenn daher die Monaden keine bestimmten Qualitäten besäßen und somit von einander ununterscheidbar wären – denn auch der Quantität nach weichen sie, als Monaden, nicht von einander ab – so würde, unter der Voraussetzung der durchgängigen Erfüllung des Raumes, bei der Bewegung jeder Ort stets nur einen Inhalt aufnehmen, der demjenigen, den er zuvor besaß, aequivalent wäre; es wäre demnach Ein Zustand der Dinge vom andren völlig ununterscheidbar.

9. Ja, es muß sogar jede Monade von jeder andren verschieden sein; denn es gibt niemals in der Natur zwei Wesen, die vollkommen identisch wären und in denen sich nicht ein innerlicher oder auf eine innerliche Bestimmung gegründeter Unterschied aufzeigen ließe.

10. Ich nehme ferner als zugestanden an, daß jedes geschaffene Wesen, somit auch die geschaffene Monade, der Veränderung unterworfen ist, und daß diese Veränderung in jeder kontinuierlich vonstatten geht.

11. Hieraus folgt weiter, daß die natürlichen Veränderungen der Monaden aus einem *inneren Prinzip* erfolgen, da eine äußere Ursache ja keinen Einfluß auf ihr Inneres haben kann (§396, §400).

12. Außer dem Prinzip der Veränderung bedarf es aber einer *besondren Eigenart des sich verändernden Subjekts* (un détail de ce qui change), wodurch, sozusagen, die Besonderung und die Mannigfaltigkeit der einfachen Substanzen bewirkt wird.

13. Diese Eigenart setzt notwendig eine Vielheit in der Einheit oder im Einfachen voraus. Denn da jede Veränderung gradweise

vor sich geht, so verändert sich Etwas und Etwas bleibt; es muß demnach in der einfachen Substanz eine Vielfältigkeit von Beschaffenheiten und Beziehungen geben, wenngleich sie keine Teile enthält.

14. Der momentane Zustand, der eine Vielheit in der Einheit oder in der einfachen Substanz einbegreift und vorstellt, ist nichts andres, als was man *Perzeption* nennt. Sie muß, wie sich in der Folge noch zeigen wird, von der *Apperzeption* oder dem Selbstbewußtsein wohl unterschieden werden. Gerade hier haben die Cartesianer einen großen Fehler gemacht, indem sie die Perzeptionen, die nicht zum Selbstbewußtsein gelangen, ganz außer acht gelassen haben. Das hat sie auch zu der Annahme geführt, daß allein die denkenden Geister Monaden seien und daß es weder Tierseelen noch andre Entelechien gebe. So haben sie auch in Übereinstimmung mit der populären Ansicht eine langdauernde Betäubung mit dem Tode im strengen Sinne verwechselt, wodurch sie dann wieder in das scholastische Vorurteil verfallen sind, daß es gänzlich getrennte Seelen gibt; ja, wodurch sie sogar übelberatene Geister in der Meinung von der Sterblichkeit der Seele bestärkt haben.

15. Die Tätigkeit des inneren Prinzips, das die Veränderung oder den Übergang von einer Perzeption zu einer andren bewirkt, kann als *Streben* bezeichnet werden, wobei allerdings zu bemerken ist, daß das Streben die ganze Perzeption, auf die es sich richtet, nicht immer vollständig erreicht. Es erreicht sie jedoch mindestens teilweise und gelangt so zu neuen Perzeptionen.

16. Wir erfahren in uns selbst eine Vielheit in der einfachen Substanz, wenn wir finden, daß der geringste Gedanke, dessen wir uns bewußt werden, eine Mannigfaltigkeit des vorgestellten Inhalts in sich begreift. Es müssen demnach alle, die die Seele als einfache Substanz anerkennen, diese Vielheit in der Monade zugeben, und Bayle hätte hierin keine Schwierigkeit sehen sollen, wie er das in seinem Wörterbuch, Artikel Rorarius, getan hat.

17. Man muß ferner notwendig zugestehen, daß die *Perzeption* und was von ihr abhängt, *aus mechanischen Gründen*, d.h. aus Gestalt und Bewegung, nicht erklärbar ist. Denkt man sich etwa eine Maschine, deren Einrichtung so beschaffen wäre, daß sie zu denken, zu empfinden und zu perzipieren vermöchte, so kann man

sie sich unter Beibehaltung derselben Verhältnisse vergrößert denken, sodaß man in sie wie in eine Mühle hineintreten könnte. Untersucht man alsdann ihr Inneres, so wird man in ihm nichts als Stücke finden, die einander stoßen, niemals aber Etwas, woraus man eine Perzeption erklären könnte. Den Grund hierfür muß man also in der einfachen Substanz, nicht im Zusammengesetzen oder in der Maschine suchen. Auch läßt sich in der einfachen Substanz nichts weiter als eben dies: Perzeptionen und ihre Veränderungen, finden, und alle ihre *inneren Tätigkeiten* können nur hierin bestehen.

18. Man könnte allen einfachen Substanzen oder geschaffenen Monaden den Namen Entelechien geben; denn sie tragen alle eine bestimmte Vollkommenheit in sich (*ἔχουσι τὸ ἐντελές*); sie haben eine Art Selbstgenügsamkeit (*αὐτάρκεια*), die sie zum Quell ihrer inneren Tätigkeiten und sozusagen zu unkörperlichen Automaten macht (§ 87).

19. Wollen wir die Bezeichnung »Seele« allem geben, was in dem allgemeinen, von mir oben erklärten Sinne Perzeptionen und Begehrungen hat, so könnte man alle einfachen Substanzen oder geschaffenen Monaden Seelen nennen. Da jedoch die bewußte Wahrnehmung (sentiment) mehr ist als eine einfache Perzeption, so mag für die einfachen Substanzen, denen nur diese zukommt, die allgemeine Bezeichnung als Monaden oder Entelechien genügen und die Bezeichnung »Seele« nur denen vorbehalten bleiben, deren Perzeption distinkter und von Erinnerung begleitet ist.

20. Wir machen nämlich an uns selbst die Erfahrung von Zuständen, in denen wir uns an nichts erinnern und in denen wir keine deutlich unterschiedene Perzeption haben, so z. B. im Fall einer Ohnmacht oder des tiefen, traumlosen Schlafes. In diesem Zustand unterscheidet sich die Seele nicht merklich von einer einfachen Monade; da er aber nicht andauert und sie sich ihm entreißt, so ist sie doch etwas mehr (§ 64).

21. Hieraus folgt indes nicht, daß die einfache Substanz ohne jede Perzeption wäre, ja, es ist dies sogar durch die erwähnten Gründe ausgeschlossen. Denn sie kann nicht vergehen, kann aber ebensowenig ohne irgend welche Eigenschaften, die eben nichts andres sind, als ihre Perzeptionen, weiterbestehen. Ist aber eine gewaltige Menge kleiner Perzeptionen vorhanden, in der sich

nichts deutlich abhebt, so ist man betäubt, wie wenn man sich mehrmals in derselben Richtung herumdreht, wobei einen ein Schwindel überkommt, durch den man das Bewußtsein verlieren kann und der es einem unmöglich macht, Etwas zu unterscheiden. In diesen Zustand aber kann der Tod die Tiere eine Zeitlang versetzen.

22 und 23. Da nun jeder gegenwärtige Zustand einer einfachen Substanz die natürliche Folge des vorhergehenden Zustands ist, so daß die Gegenwart die Zukunft in ihrem Schoße trägt (§ 360), da man ferner bei dem Erwachen aus der Betäubung *sich seiner Perzeptionen bewußt wird*, so muß man auch unmittelbar vorher wohl irgend welche gehabt haben, wenngleich man sich ihrer nicht bewußt wurde. Denn eine Perzeption kann im natürlichen Laufe des Geschehens nur aus einer andren Perzeption entstehen, wie eine Bewegung nur von einer Bewegung herstammen kann (§ 401-403).

24. Man sieht hieraus, daß wir stets in einem Zustande der Betäubung verharren würden, wenn unsre Perzeptionen nicht sozusagen eine hervorstechende Eigentümlichkeit und eine bestimmte Vorliebe für dieses oder jenes besäßen. Tatsächlich ist das der Zustand der ganz einfachen Monaden.

25. Daß die Natur den Tieren bestimmte, ausgezeichnete Perzeptionen gegeben hat, erkennen wir auch daraus, daß sie dafür gesorgt hat, ihnen Organe zu geben, vermöge deren eine Menge von Lichtstrahlen oder Luftschwingungen zusammengefaßt werden, um so durch ihre Vereinigung zu größerer Wirksamkeit zu gelangen. Etwas dem Ähnliches gibt es beim Geruch, beim Geschmack und bei der Berührung, ja vielleicht auch noch bei vielen andren uns unbekannten Sinnen. Ich werde alsbald die Erklärung dafür geben, wie durch die Ereignisse in der Seele die Vorgänge in den Organen vorgestellt werden.

26. Das Gedächtnis liefert den Seelen eine Art von Schlußfolgerung, die, wenngleich eine Nachahmung der Vernunft, von ihr dennoch unterschieden werden muß. Wir sehen, daß die Tiere, wenn sie einen Eindruck erfahren, der einer früheren Wahrnehmung ähnlich ist, kraft ihres Gedächtnisses dasjenige erwarten, was früher mit dieser Wahrnehmung verbunden war, und daß sie zu ähnlichen Empfindungen wie die früheren veranlaßt werden. Zeigt man z. B. den Hunden den Stock, so erinnern sie sich des

Schmerzes, den er ihnen verursacht hat, und laufen heulend weg (Prélim. [der *Theodicee*, A. F. K.] § 65).

27. Die starke sinnliche Vorstellung, die sie erregt und bewegt, stammt nun entweder von der Größe oder von der Menge der vorhergehenden Perzeptionen. Denn häufig kommt ein starker Eindruck in seiner Wirkung einer langen *Gewohnheit* oder vielen mittelstarken wiederholten Perzeptionen gleich.

28. Die Menschen handeln wie die Tiere, sofern die Verkettungen ihrer Perzeptionen allein durch das Prinzip des Gedächtnisses geschehen, ähnlich den empirischen Ärzten, die lediglich der Praxis folgen, ohne eine Theorie zu besitzen. Bei drei Vierteln unsrer Handlungen sind wir reine Empiriker. Erwartet man z. B., daß es morgen Tag sein wird, so handelt man in dieser Annahme als Empiriker, da man sich darauf stützt, daß dies bis jetzt stets so gewesen ist: der Astronom allein erschließt es aus Vernunftgründen.

29. Die Erkenntnis der notwendigen und ewigen Wahrheiten jedoch unterscheidet uns von den bloßen Tieren und setzt uns in den Besitz der *Vernunft* und der Wissenschaften, indem sie uns zur Erkenntnis unsrer selbst und Gottes erhebt. Dies nun ist es, was man in uns vernünftige Seele oder *Geist* nennt.

30. Durch die Erkenntnis der notwendigen Wahrheiten und durch die Abstraktionen, die sich hieran knüpfen, erheben wir uns auch zu den *reflexiven Akten*, vermöge deren wir den Gedanken unsres *»Ich«* fassen und dies oder jenes als *uns* zugehörig betrachten können. Und indem wir in dieser Weise an uns selbst denken, fassen wir damit zugleich den Gedanken des Seins, der Substanz, des Einfachen und Zusammengesetzten, des Immateriellen, ja Gottes selbst, indem wir uns vorstellen, daß das, was in uns eingeschränkt vorhanden, in ihm ohne Schranken enthalten ist. Diese reflexiven Akte liefern somit die hauptsächlichsten Gegenstände unsrer Vernunfterkenntnis.

31. Unsre Vernunfterkenntnisse beruhen auf zwei großen *Prinzipien*: erstens auf *dem des Widerspruchs*, kraft dessen wir alles als *falsch* bezeichnen, was einen Widerspruch einschließt, und als *wahr* alles das, was dem Falschen kontradiktorisch entgegengesetzt ist (§ 44; § 169).

32. Zweitens *auf dem des zureichenden Grundes*, kraft dessen wir annehmen, daß keine Tatsache wahr und existierend, keine

Aussage richtig sein kann, ohne daß ein zureichender Grund vorliegt, weshalb es so und nicht anders ist, wenngleich diese Gründe in den meisten Fällen uns nicht bekannt sein mögen (§ 44; § 196).

33. Es gibt ferner zwei Arten von Wahrheiten, nämlich Vernunft- und Tatsachen-Wahrheiten. Die Vernunft-Wahrheiten sind notwendig und ihr Gegenteil ist unmöglich, die Tatsachen-Wahrheiten dagegen sind zufällig und ihr Gegenteil ist möglich. Ist eine Wahrheit notwendig, so läßt sich ihr Grund vermittels der Analyse aufzeigen, indem man sie in einfachere Ideen und Wahrheiten auflöst, bis man zu den ursprünglichen gelangt (§ 170. § 174. § 189. § 280 bis 282. § 367. Abriß der Einwände 3).

34. So werden bei den Mathematikern die theoretischen Lehrsätze und die praktischen Vorschriften vermittels der Analyse auf die *Definitionen, Axiome* und *Postulate* zurückgeführt.

35. Man gelangt hierbei zuletzt auf einfache Ideen, von denen sich keine Definition geben läßt, wie auch auf Axiome und Postulate oder mit einem Worte: auf *ursprüngliche Prinzipien*, die keines Beweises fähig sind und auch keines bedürfen: es sind dies *die identischen Sätze*, deren Gegenteil einen ausdrücklichen Widerspruch enthält.

36. Der *zureichende Grund* muß sich jedoch auch bei den zufälligen oder Tatsachen-Wahrheiten, und zwar in dem wechselseitigen Zusammenhang aller erschaffenen Dinge, auffinden lassen. Hier könnte die Auflösung in Sondergründe – wegen der unermeßlichen Mannigfaltigkeit der Naturdinge und der Teilung der Körper ins Unendliche – bis zu schrankenloser Besonderung fortgehen. Wenn ich nach der wirkenden Ursache meiner gegenwärtigen Schrift frage, so finde ich eine unendliche Anzahl von Figuren und von gegenwärtigen und vergangenen Bewegungen, und ebenso ergeben sich mir bei der Frage nach der Zweckursache eine unendliche Anzahl kleiner Neigungen und gegenwärtiger wie vergangener Anlagen (§ 36. § 37. 44. 45. 49. 52. § 121. 122. § 337. § 340. 344).

37. Da nun all diese besondren Bestimmungen ihrerseits wieder auf andre vorhergehende und noch speziellere, zufällige Bestimmungen führen, von denen jede wiederum zu ihrer Begründung einer ähnlichen Analyse bedarf, so ist man damit um nichts gefördert. Der zureichende oder letzte Grund muß also *außerhalb* des

Zusammenhangs oder der Reihe der besondren und zufälligen Dinge liegen, so sehr man diese auch ins Unendliche fortgesetzt denken mag.

38. So muß also der letzte Grund der Dinge in einer notwendigen Substanz liegen, in der die besondre Eigenart der Veränderungen nur in eminenter Weise als in ihrem Quell vorhanden ist, und diese nennen wir *Gott* (Theodicee § 7).

39. Da nun diese Substanz ein zureichender Grund für alles Besondre ist, das seinerseits wiederum mit einander in durchgängiger Verknüpfung steht, *so gibt es nur einen Gott, und dieser ist zureichend.*

40. Man darf auch den Schluß ziehen, daß diese oberste Substanz, die einzig, allumfassend und notwendig ist – da es nichts außerhalb ihrer gibt, das von ihr unabhängig wäre, und da sie eine einfache Folge des möglichen Seins ist – unmöglich Schranken besitzen kann, vielmehr alle nur mögliche Realität in sich begreifen muß.

41. Daraus folgt dann, daß Gott unbedingt vollkommen ist, da die *Vollkommenheit* im strengen Sinne nichts andres ist, als die Größe der positiven Realität, die man erhält, wenn man die Grenzen oder Schranken in den Dingen, die solche haben, beiseite läßt. Dort nun, wo es keine Schranken gibt, d. h. in Gott, ist die Vollkommenheit unbedingt unendlich (Theodicee § 22).

42. Hieraus folgt auch, daß die Geschöpfe ihre Vollkommenheiten dem Einflusse Gottes verdanken, daß sie jedoch ihre Unvollkommenheiten aus ihrer eignen Natur haben, die ein schrankenloses Sein nicht zuläßt. Denn eben hierin liegt ihr Unterschied von Gott (Theodicee § 20. § 27-31. § 153. § 167. § 377 ff.).

43. Gott ist ferner nicht nur der Ursprung der Existenzen, sondern auch der Wesenheiten, sofern sie reell sind, oder der Ursprung dessen, was als real in der *Möglichkeit* enthalten ist. Denn der Verstand Gottes ist die Region der ewigen Wahrheiten oder der Ideen, von denen sie abhängen, ohne ihn gäbe es daher in den Möglichkeiten nichts Reales, und es wäre somit nicht nur nichts Existierendes, sondern auch nichts Mögliches vorhanden (Theodicee § 20).

44. Denn wenn in den Wesenheiten oder Möglichkeiten oder auch in den ewigen Wahrheiten eine Realität vorhanden ist, so

muß sie wohl auf etwas Existierendem und Aktuellem, d. h. auf der Existenz des notwendigen Wesens beruhen, bei dem die Wesenheit die Existenz einschließt, oder bei dem es genügt, möglich zu sein, um aktuell zu sein (§184. 189. §335).

45. Es hat demnach Gott allein – oder das notwendige Wesen – das Vorrecht, daß es existieren muß, wenn es möglich ist. Da nun nichts der Möglichkeit dessen im Wege stehen kann, was keine Schranken, keine Verneinung und infolgedessen keinen Widerspruch einschließt, so genügt dies allein, um die Existenz Gottes *a priori* zu erkennen. Wir haben sie auch durch die Realität der ewigen Wahrheiten bewiesen. Ferner aber haben wir sie eben erst *a posteriori* dargetan, aus der Erwägung nämlich, daß zufällige Wesen existieren, die ihren letzten oder zureichenden Grund nur in dem notwendigen Wesen haben können, das den Grund seiner Existenz in sich selbst hat.

46. Man darf sich indessen nicht, wie es einige getan haben, vorstellen, daß die ewigen Wahrheiten, weil von Gott abhängig, willkürlich sind und von seinem Willen abhängen, eine Meinung, die Descartes und später H. Poiret vertreten zu haben scheinen. Das trifft nur für die Tatsachen-Wahrheiten zu, deren Prinzip die *Angemessenheit* oder die Wahl des *Besten* ist, während die notwendigen Wahrheiten einzig von seinem Verstande abhängen und dessen inneren Gegenstand bilden (§180. 184. 185. §335. §351. §380).

47. Demnach ist Gott allein die ursprüngliche Einheit oder die einfache, uranfängliche Substanz. Alle geschaffenen oder abgeleiteten Monaden aber sind seine Erzeugnisse und entstehen, sozusagen durch unaufhörliche Ausstrahlungen der Gottheit von Augenblick zu Augenblick, wobei sie nur durch die Aufnahmefähigkeit des Geschöpfes – dem es wesentlich ist, begrenzt zu sein – in Schranken eingeschlossen werden (§382-391. §398. §395).

48. Gott enthält erstens die *Macht*, die der Ursprung von allem ist, sodann die *Erkenntnis*, die die besondre Eigenart der Ideen in sich schließt und schließlich den Willen, der die Veränderungen oder Schöpfungen gemäß dem Prinzip des Besten hervorbringt. Dies entspricht nun dem, was in den geschaffenen Monaden das Subjekt oder die Grundlage, die perzipierende und die begehrende Fähigkeit ausmacht. In Gott aber sind diese Attribute in unbedingter Schrankenlosigkeit und Vollkommenheit vorhanden,

während sie in den Monaden oder *Entelechien* – »Perfectihabies«, wie Hermolaus Barbarus dieses Wort übersetzte – nur Nachahmungen gemäß dem Grade ihrer Vollkommenheit sind (§ 7. § 149. 150. § 87).

49. Man sagt von einem Geschöpf, daß es nach außen *wirkt*, sofern es Vollkommenheit enthält, und von einem andren, daß es *leidet*, sofern es unvollkommen ist. So schreibt man der Monade *Tätigkeiten* zu, sofern sie distinkte, *Leiden*, sofern sie verworrene Perzeptionen hat (Theodicee § 32. 66. § 386).

50. Ein Geschöpf ist vollkommener als ein andres, sofern sich in ihm etwas vorfindet, vermöge dessen man *a priori* von den Vorgängen im andren Rechenschaft geben kann, und auf Grund hiervon sagt man, daß es auf das andre wirkt.

51. Bei den einfachen Substanzen gibt es indes nur einen *idealen* Einfluß einer Monade auf eine andre, d. h. eine Wirkung, die nur durch die Vermittlung Gottes zustande kommt, sofern in den Ideen Gottes eine Monade mit Recht verlangt, daß Gott bei der Regelung der andren schon bei Beginn der Dinge auf sie Rücksicht nehme. Denn da eine geschaffene Monade keinen physischen Einfluß auf das Innere der andren ausüben kann, so kann einzig auf diesem Wege die eine in Abhängigkeit von der andren stehen (Theodicee § 9. § 54. § 65. 66. § 201. Abriß d. Einw. 3).

52. So kommt es, daß zwischen den Geschöpfen ein wechselseitiges Tun und Leiden stattfindet. Denn Gott findet bei der Vergleichung zweier einfacher Substanzen in jeder einzelnen Gründe, die ihn nötigen, die andre ihr anzupassen, und es ist infolgedessen, was in bestimmter Beziehung als aktiv, aus einem andren Gesichtspunkt als passiv zu betrachten: als *aktiv* insofern, als eine Bestimmung, die in ihm distinkt bekannt wird, dazu dient, von einem Vorgang in einem andren Rechenschaft zu geben, als *passiv*, sofern der Grund eines Vorgangs in ihm sich in dem findet, was distinkt in einem andren erkannt wird (§ 66):

53. Da nun die Ideen Gottes eine unendliche Anzahl von möglichen Welten enthalten und nur eine einzige existieren kann, so muß es wohl einen zureichenden Grund für die Wahl Gottes geben, der ihn zu der einen eher als zu der andren determiniert (Theodicee § 8. § 10. § 44. § 173. § 196 ff. § 225. § 414-416).

54. Diesen Grund kann man aber in nichts andrem finden, als in

der *inneren Angemessenheit* oder in den Graden der Vollkommenheit, die diese Welten enthalten, da jede das Recht hat, Existenz gemäß dem Grade der Vollkommenheit, die sie einbegreift, zu beanspruchen (§ 74. § 167. § 350. § 201. § 130. 352. 345 ff. 354).

55. Hierin liegt die Ursache für die Existenz des Besten, das von Gott vermöge seiner Weisheit erkannt, vermöge seiner Güte erwählt und vermöge seiner Macht erschaffen wird (Theodicee § 8. § 78. § 80. § 84. § 119. § 204. 206. 208. Abriß d. Einw. 1. u. 8).

56. Diese wechselseitige *Verknüpfung* oder Anpassung aller geschaffenen Dinge hat nun zur Folge, daß jede einfache Substanz Beziehungen in sich schließt, durch die sie alle andren zum Ausdruck bringt, und daß sie daher ein lebender, immerwährender Spiegel des Universums ist (§ 130. § 360).

57. Und wie eine und dieselbe Stadt, von verschiedenen Seiten betrachtet, immer wieder anders und gleichsam *perspektivisch* vervielfältigt erscheint, so gibt es vermöge der unendlichen Vielheit der einfachen Substanzen gleichsam ebensoviele verschiedene Welten, die indes nichts andres sind, als – gemäß den verschiedenen *Gesichtspunkten* jeder Monade – perspektivische Ansichten einer einzigen (§ 147).

58. Hierdurch erhält man die größtmögliche Mannigfaltigkeit, die indes mit der größten nur möglichen Ordnung Hand in Hand geht, d. h. man erhält so viel Vollkommenheit, als nur möglich ist (§ 120. § 124. § 241 ff. § 214. 243. § 275).

59. Es wird daher allein durch diese Hypothese – von der ich zu sagen wage, daß sie bewiesen ist – die Größe Gottes in das richtige Licht gestellt. Das erkannte auch H. Bayle an, als er in seinem Wörterbuch – unter Rorarius – Einwendungen machte, in denen er sich sogar zu der Annahme versucht sah, daß ich Gott zuviel und mehr als möglich zuschriebe. Er vermochte indes keinen Grund dafür anzugeben, weshalb diese allumfassende Harmonie unmöglich wäre, gemäß der jede Substanz alle andren durch die Beziehungen, die sie zu ihnen hat, genau ausdrückt.

60. Hieraus begreift man weiterhin die apriorischen Gründe dafür, daß die Dinge keinen andren Verlauf nehmen können. Denn Gott hat bei der Regelung des Ganzen auf jeden Teil Rücksicht genommen, insbesondere auf jede Monade, die, da sie ihrer Natur nach zur Vorstellung geschaffen ist, durch nichts darauf be-

schränkt werden kann, nur einen Teil der Dinge vorzustellen, wenngleich man zugeben muß, daß diese Vorstellung, was die Besonderheiten des Universums anlangt, nur verworren und nur bei einem geringen Teil der Dinge, nämlich bei solchen, die für die Monade die nächsten oder größten sind, distinkt sein kann, denn sonst wäre jede Monade eine Gottheit. Nicht im Gegenstande also, sondern in der verschiedenen Art der Erkenntnis des Gegenstandes haben die Monaden ihre Schranken. Sie beziehen sich alle in verworrener Weise auf das Unendliche, auf das Ganze, sind jedoch durch die Grade der distinkten Perzeptionen begrenzt und von einander verschieden.

61. Das Zusammengesetzte aber bildet hierin das Einfache symbolisch nach. Da nämlich alles erfüllt ist – wodurch die ganze Materie mit einander verknüpft wird – und da im erfüllten Raume jede Bewegung auf die entlegenen Körper ihrer Entfernung entsprechend einwirkt, da somit jeder Körper nicht nur durch die Berührung mit seiner nächsten Nachbarschaft in Zusammenhang steht und gewissermaßen all das, was in ihr vorgeht, verspürt, sondern durch ihre Vermittlung auch alle Vorgänge bemerkt, die in den Körpern, die wieder mit denen seiner unmittelbaren Umgebung in Berührung stehen, von statten gehen, so folgt daraus, daß dieser Zusammenhang sich auf jede beliebige Entfernung erstreckt. Infolgedessen verspürt jeder Körper alles, was im Universum vor sich geht, so daß der, der alles sieht, in jedem einzelnen zu lesen vermöchte, was im All geschieht, ja selbst das, was geschehen ist und geschehen wird, indem er im Gegenwärtigen das erkennt, was sowohl den Zeiten wie den Orten nach entfernt ist: *σύμπνοια πάντα* wie Hippokrates sich ausdrückte. Eine Seele aber vermag in sich selbst nur das zu lesen, was in ihr distinkt vorgestellt wird, sie ist nicht imstande, mit einem Schlage alle ihre Falten zur Entwicklung zu bringen, denn diese gehen ins Unendliche.

62. Wenngleich somit jede geschaffene Monade das ganze Universum vorstellt, so stellt sie doch in distinkterer Weise den Körper vor, der ihr besonders zuerteilt ist und dessen Entelechie sie ausmacht. Da nun dieser Körper vermöge der Verknüpfung aller Materie im erfüllten Raume das ganze Universum ausdrückt, so stellt die Seele auch das ganze Universum vor, wenn sie den ihr in besondrer Weise zugehörenden Körper vorstellt (§ 400).

63. Der Körper, der zu einer Monade gehört, die seine Entele-

chie oder seine Seele ist, konstituiert im Verein mit der Entelechie das, was man ein *Lebewesen* nennen kann, und im Verein mit der Seele das, was man als *Tier* bezeichnet. Nun ist dieser Körper eines Lebewesens oder eines Tieres stets organisch; denn da jede Monade auf ihre Art ein Spiegel des Universums und das Universum nach einer vollkommenen Ordnung geregelt ist, so muß auch in dem Vorstellenden, d. h. aber in den Perzeptionen der Seele und damit in dem Körper, gemäß dem sie das Universum auffaßt, eine durchgehende Ordnung herrschen (§403).

64. Jeder organische Körper eines Lebewesens ist demnach eine Art göttlicher Maschine oder natürlichen Automats, der alle künstlichen Automaten unendlich weit übertrifft. Denn eine durch menschliche Kunst gebaute Maschine ist nicht Maschine in jedem ihrer Teile; so hat z. B. der Zahn eines Messingrades Teile oder Stückchen, die für uns nichts Kunstvolles mehr enthalten und denen man nichts von der Maschine anmerken kann, für die das Rad bestimmt war. Die Maschinen der Natur jedoch, d. h. die lebenden Körper, sind noch Maschinen in ihren kleinsten Teilen bis ins Unendliche. Das eben macht den Unterschied zwischen Natur und Kunst, oder auch zwischen der göttlichen Kunst und der unsrigen aus.

65. Der Urheber der Natur allein hat dieses göttliche und unendlich wunderbare Kunstwerk zustande bringen können, in dem jeder Teil der Materie nicht nur ins Unendliche teilbar ist, wie die Alten richtig erkannt haben, sondern selbst aktuell stets ohne Ende weitergeteilt ist, wo jeder Teil in neue Teile sich gliedert, von denen jeder eine bestimmte Eigenbewegung hat: sonst nämlich wäre es unmöglich, daß jeder Teil der Materie das ganze Universum ausdrücken könnte (Einl. §70. Theodicee §195).

66. Man ersieht hieraus, daß es in dem geringsten Teil der Materie eine Welt von Geschöpfen, von Lebewesen, von Tieren, von Entelechien, von Seelen gibt.

67. Jedes Stück Materie kann als ein Garten voller Pflanzen oder ein Teich voller Fische aufgefaßt werden. Aber jeder Zweig der Pflanze, jedes Glied des Tieres, jeder Tropfen seiner Feuchtigkeit ist wiederum ein derartiger Garten oder ein derartiger Teich.

68. Und wenngleich die Erde und die Luft zwischen den Pflanzen des Gartens und das Wasser zwischen den Fischen des Teiches

weder Pflanze noch Fisch ist, so enthalten sie doch immer wieder solche, in den meisten Fällen jedoch von einer für uns unmerklichen Feinheit.

69. Es gibt demnach im Universum nichts Oedes, nichts Unfruchtbares, nichts Totes, kein Chaos und keine Verwirrung außer dem Anscheine nach; etwa im selben Sinne, wie in einem Teich, den man aus der Entfernung erblickte und in dem man nur eine verworrene Bewegung und ein Durcheinander von Fischen sähe, ohne die Fische selbst von einander unterscheiden zu können.

70. Aus dem Gesagten ersieht man, daß jeder lebende Körper eine herrschende Entelechie hat, die in dem Tiere die Seele ausmacht; die Glieder dieses lebenden Körpers aber sind wieder erfüllt von andren Lebewesen, Pflanzen, Tieren, von denen jedes wiederum seine Entelechie oder seine herrschende Seele hat.

71. Man darf sich indessen nicht vorstellen – wie das manche durch ein Mißverständnis meiner Gedanken getan haben – daß jede Seele eine Masse oder ein bestimmtes Stück Materie hat, das *ihr* für immer zugeteilt wäre, und daß sie infolgedessen andre niedere Lebewesen besitze, die stets nur zu ihrem Dienst bestimmt wären. Denn alle Körper sind in einem immerwährenden Flusse begriffen, wie Ströme, und es treten unaufhörlich Teile ein und aus.

72. Die Seele wechselt demnach ihren Körper nur nach und nach und gradweise, so daß sie niemals mit einem Schlage ihrer sämtlichen Organe beraubt wird; und es findet bei den Tieren häufig eine Metamorphose, aber niemals eine Metempsychose oder Hinüberwanderung der Seelen statt: ebensowenig gibt es gänzlich *abgetrennte Seelen* oder *Genien* ohne Körper. Gott allein ist vom Körper gänzlich losgelöst (§ 90. § 124).

73. Infolgedessen gibt es auch niemals eine gänzliche Zeugung, noch im strengen Sinne einen vollkommenen Tod, der in der Abtrennung der Seele bestände. Was wir Zeugungen nennen, das sind Entwicklungen und Steigerungen, wie das, was wir *Tod* nennen, Rückentwicklungen und Verminderungen sind.

74. Die Philosophen haben sich großes Kopfzerbrechen über den Ursprung der Formen, Entelechien oder Seelen gemacht; heute jedoch, wo man durch genaue an Pflanzen, Insekten und höheren Tieren angestellte Untersuchungen erkannt hat, daß die

organischen Körper der Natur niemals aus einem Chaos oder durch einen Verwesungsprozeß hervorgerufen werden, sondern stets aus Samen hervorgehen, in denen zweifelsohne eine bestimmte *Präformation* liegt, ist man zu dem Schluß gekommen, daß nicht nur der organische Körper in ihnen schon vor der Empfängnis enthalten war, sondern auch eine Seele in diesem Körper und, mit einem Worte, das Lebewesen selbst, und daß vermöge der Empfängnis dieses Lebewesen nur die Fähigkeit zu einer großen Umformung erlangt, durch die es zu einem Tiere andrer Art wird. Etwas Ähnliches sieht man selbst außerhalb der Zeugung, wie wenn z. B. die Würmer zu Fliegen und die Raupen zu Schmetterlingen werden (§86. 89. §96. §187. 188. §403. §397).

75. Die Lebewesen, die zum Teil vermittels der Empfängnis zur Stufe der großen Tiere erhoben werden, kann man *Samentiere* nennen; diejenigen aber unter ihnen, die in ihrer Art verbleiben, d. h. bei weitem die meisten, entstehen, vermehren sich und werden vernichtet, wie die großen Tiere, und es gibt nur eine kleine Anzahl auserwählter, die auf einen größeren Schauplatz übergehen.

76. Das wäre jedoch erst die Hälfte der Wahrheit: ich habe also geschlossen, daß, wenn das Tier nie auf natürlichem Wege entsteht, es ebensowenig auf natürlichem Wege vergeht; daß es daher nicht nur keine Zeugung, sondern auch keine gänzliche Vernichtung und keinen Tod im strengen Sinne gibt. Diese *aposteriorischen* und empirischen Erwägungen aber stehen vollkommen mit den Prinzipien im Einklang, die ich oben *a priori* deduziert habe (§90).

77. Man kann demnach sagen, daß nicht nur die Seele – als Spiegel eines unzerstörbaren Universums – unzerstörbar ist, sondern auch das Tier, wenngleich seine Maschine häufig teilweise zugrunde geht und organische Hüllen fallen läßt oder annimmt.

78. Diese Prinzipien haben mir ein Mittel an die Hand gegeben, um die Vereinigung oder besser die Uebereinstimmung der Seele und des organischen Körpers auf natürliche Weise zu erklären. Die Seele folgt ihren eignen Gesetzen und der Körper ebenfalls den seinen, beide treffen indes mit einander kraft der prästabilierten Harmonie unter allen Substanzen zusammen, da sie ja alle Vorstellungen eines und desselben Universums sind (§340. §352. 353. 358).

79. Die Seelen handeln gemäß den Gesetzen der Zweckursachen

durch Begehrungen, Mittel und Zwecke. Die Körper handeln gemäß den Gesetzen der wirkenden Ursachen oder der Bewegungen. Und diese beiden Reiche, das der wirkenden und das der Zweckursachen, stehen in Harmonie unter einander.

80. Descartes hat richtig erkannt, daß die Seelen den Körpern keine Kraft zuführen können, weil in der Materie stets dieselbe Größe der Kraft vorhanden ist. Er hat jedoch geglaubt, die Seele könnte die Richtung der Körper ändern. Es kommt das indessen daher, daß man zu seiner Zeit das Naturgesetz von der Erhaltung derselben Gesamtrichtung in der Materie nicht gekannt hat. Hätte er dieses beachtet, so wäre er auf mein System der prästabilierten Harmonie verfallen (Theodicee §22. §59. 60. 61. §63. §66. §345. 346ff. §354. 355).

81. Diesem System gemäß handeln die Körper, als ob es – vermöge einer unmöglichen Fiktion – keine Seelen gäbe, und die Seelen, als ob es keine Körper gäbe, und alle beide, als ob eins das andre beeinflußte.

82. Was die Geister oder vernünftigen Seelen angeht, so finde ich zwar im Grunde keinen Unterschied zwischen den verschiedenen Lebewesen und Tieren und glaube, wie gesagt, daß in allen Fällen das Tier sowohl wie die Seele nur mit der Welt entstehen und ebensowenig anders als mit der Welt vergehen kann – dennoch haben die vernünftigen Tiere das besondre Vorrecht, daß ihre kleinen Samentiere, solange sie nichts als dies sind, nur gewöhnliche oder sensitive Seelen haben, daß jedoch, sobald die Auserwählten, wenn ich so sagen darf, durch eine wirkliche Empfängnis zur menschlichen Natur gelangen, ihre sensitiven Seelen auf die Stufe der Vernunft und zum Vorrang der Geister erhoben werden (§91. §397).

83. Abgesehen von andren Unterschieden zwischen den gewöhnlichen Seelen und den Geistern, die ich zum Teil bereits angegeben habe, gibt es noch den, daß die Seelen im allgemeinen lebende Spiegel oder Abbilder des Alls der Geschöpfe sind, daß jedoch die Geister außerdem Abbilder der Gottheit oder des Urhebers der Natur selbst sind: fähig, das System des Universums zu erkennen und es durch architektonische Proben wenigstens in etwas nachzuahmen, da jeder Geist innerhalb seines Bereiches wie eine kleine Gottheit ist (§147).

84. Die Geister können daher in eine Art Gemeinschaft mit Gott eintreten, der sich zu ihnen nicht nur wie ein Erfinder zu seiner Maschine verhält – wie dies von der Beziehung Gottes zu den andren Geschöpfen gilt – sondern auch wie ein Fürst zu seinen Untertanen, ja wie ein Vater zu seinen Kindern.

85. Hieraus kann man nun leicht schließen, daß der Inbegriff aller Geister den Gottesstaat ausmacht, d. h. den vollkommensten Staat, der nur möglich ist unter dem vollkommensten der Monarchen (§146. Abriß d. Einw. 2).

86. Dieser Gottesstaat, diese wahrhaft allumfassende Monarchie ist eine moralische Welt in der natürlichen Welt und stellt das erhabenste und göttlichste unter den Werken Gottes dar. In ihm liegt wahrhaft der Ruhm Gottes; denn er besäße keinen, wenn nicht seine Größe und seine Güte von den Geistern erkannt und bewundert würde. Mit Bezug auf diesen Gottesstaat übt Gott im eigentlichen Sinne seine Güte aus, während seine Weisheit und seine Macht sich überall bekunden.

87. Wie wir oben eine vollkommene Harmonie zwischen zwei natürlichen Reichen, dem der wirkenden und dem der Zweckursachen, festgestellt haben, so müssen wir hier noch eine andre Harmonie beobachten, die zwischen dem physischen Reiche der Natur und dem moralischen Reiche der Gnade, d. h. zwischen Gott als Architekten der Maschine des Universums und zwischen ihm als Monarchen des Gottesstaates der Geister besteht (§62. §74. §118. §248. §112. §130. §247).

88. Kraft dieser Harmonie führen die Wege der Natur von selbst zur Gnade: und es muß z. B. diese Erdkugel auf rein natürlichen Wegen zu der Zeit zerstört und wiederhergestellt werden, wo die Regierung der Geister es zur Strafe der einen und zur Belohnung der andren verlangt (§18ff. §110. §244. 245. §340).

89. Man kann außerdem sagen, daß Gott als Architekt Gott als Gesetzgeber in allem zufriedenstellt, und daß somit die Verfehlungen kraft der Ordnung der Natur und der mechanischen Struktur der Dinge selbst ihre Strafe mit sich führen und ebenso die gute Handlung ihre Belohnung vermittels des mechanischen Laufs der Körperwelt erlangen muß, wenngleich dies nicht stets sogleich eintreten kann und eintreten darf.

90. So wird es schließlich unter dieser vollkommenen Regierung

keine gute Handlung ohne Belohnung, keine schlechte ohne Strafe geben, und alles muß sich für die Guten zum Besten wenden, d. h. für die, die keine Unzufriedenen in diesem großen Staate bilden, die, wenn sie ihre Pflicht getan haben, auf die Vorsehung vertrauen, die den Urheber alles Guten in gebührender Weise lieben und nachahmen und sich in der Betrachtung seiner Vollkommenheiten gefallen, gemäß der Natur der wahren, *reinen Liebe*, die uns über die Glückseligkeit des geliebten Gegenstands Freude empfinden läßt. Wahrhaft weise und tugendhafte Menschen arbeiten daher an all dem, was dem mutmaßlichen oder früher kundgegebenen Willen Gottes zu entsprechen scheint, beruhigen sich indes bei dem, was Gott tatsächlich durch seinen geheimen, folgerechten und entscheidenden Willen eintreten läßt: in der Erkenntnis, daß wir bei einem richtigen Verständnis der Ordnung des Universums finden würden, daß es alle, auch die weisesten, Wünsche weit übertrifft, und daß es unmöglich wäre, es besser zu gestalten, als es ist, nicht nur in Betreff des großen Ganzen, sondern für uns selbst im Besondren, wenn wir dem Urheber des Ganzen in gebührender Weise ergeben sind, nicht nur als dem Architekten und der wirkenden Ursache unsres Seins, sondern auch als unsrem Herrn und als der Zweckursache, die das ganze Ziel unsres Willens ausmachen muß, und die allein unser Glück bewirken kann (§ 134 [. . .] Ende. Theodicee § 278).

II. Schulmetaphysik und Aufklärungsphilosophie

5. Christian Wolff: Aus der deutschen Metaphysik

Von den ersten Gründen unserer Erkäntniß und allen Dingen überhaupt

§ 10. Grund des Widerspruches.

Indem wir erkennen, daß wir uns unserer und anderer Dinge bewust sind, und nehmen es ver gewiß an; so geschiehet solches in der That deswegen, weil wir uns unmöglich gedenken können, daß wir uns zugleich unserer solten bewust seyn und auch nicht bewust seyn. Eben so finden wir in allen übrigen Fällen, es sey uns unmöglich zu gedenken, daß etwas nicht sey, indem es ist. Und solchergestalt räumen wir überhaupt ohne einiges Bedenken diesen allgemeinen Satz ein: *Es kan etwas nicht zugleich seyn und auch nicht seyn*. Diesen Satz nennen wir den *Grund des Widerspruchs*, und von ihm haben nicht allein die Schlüsse ihre Gewißheit (§ 5. c. 4. Log.), sondern auch durch ihn wird ein Satz, den wir erfahren, ausser allen Zweifel gesetzet, wie wir eben dieses in unserem Fall, daß wir uns unserer bewust sind, erfahren.

§11. Beschaffenheit des Widerspruches.

Es wird demnach zu einem Widerspruche erfordert, daß dasjenige, was bekräftiget wird, auch zugleich verneinet wird. Und solchergestalt ist nöthig, daß die Sache, von welcher etwas bekräftiget wird, nicht nur diejenige ist, von welcher etwas verneinet wird, sondern auch diese einige Sache beydemahl unter einerley Umständen angenommen, und auf einerley Art angesehen wird. Z. E. Wenn ihrer zwey ein Wort nicht in einerley Verstande nehmen; so kan der eine von eben der Sache dem Worte nach verneinen, was der andere davon bekräftiget (§15. c. 2 Log.), und es ist doch kein Widerspruch vorhanden, indem nicht eben dasselbe von dem einen verneinet wird, was der andere bekräftiget.

§. 12. Was möglich und unmöglich sey.

Weil nichts zugleich seyn und nicht seyn kan (§. 10.); so erkennet man, daß etwas unmöglich sey, wenn es demjenigen widerspricht, davon wir bereits wissen, daß es ist oder seyn kan, als wenn daraus folget, daß ein Theil dem Gantzen gleich oder grösser als das Gantze ist; oder auch, wenn unter demjenigen, so ihm zukommen soll, eines dem andern widerspricht. Und auf solche Weise ist *unmöglich*, was etwas widersprechendes in sich enthält, als z. E. ein eisern Holtz oder zwey Circul, die einander berühren und einerley Mittel-Punct haben. Denn, was Eisen ist, kan kein Holtz seyn, und wenn zwey Circul einander berühren, können sie nicht einerley Mittel Punct haben, wie in der *Geometrie* erwiesen wird. Woraus man ferner ersiehet, daß *möglich* sey, was nichts widersprechendes in sich enthält, das ist, nicht allein selbst neben andern Dingen, welche sind oder seyn können, bestehen kan, sondern auch nur dergleichen in sich enthält, so neben einander bestehen kan, als z. B. ein höltzerner Teller. Denn ein Teller seyn und von Holtze seyn, lauffet nicht wider einander, sondern beydes kan zugleich seyn. [...]

§. 30. Satz des zureichenden Grundes. Historische Nachricht davon.

Wo etwas vorhanden, woraus man begreiffen kan, warum es ist, das hat einen zureichenden Grund (§. 29.). Derowegen wo keiner vorhanden ist, da ist nichts, woraus man begreiffen kan, warum etwas ist, nehmlich warum es würcklich werden kan, und also muß es aus Nichts entstehen. Was demnach nicht aus Nichts entstehen kan, muß einen zureichenden Grund haben, warum es ist, als es muß an sich möglich seyn und eine Ursache haben, die es zur Würcklichkeit bringen kan, wenn wir von Dingen reden, die nicht nothwendig sind. Da nun unmöglich ist, daß aus Nichts *etwas werden kan* (§. 28.); *so muß auch alles, was ist, seinen zureichenden Grund haben, warum es ist,* das ist, es muß allezeit etwas seyn, daraus man verstehen kan, warum es würcklich werden kan (§. 29.). Diesen Satz wollen wir *den Satz des zureichenden Grundes* nennen. Der Herr von *Leibnitz* hat die Wichtigkeit dieses Satzes, darauf schon vor langen Zeiten *Archimedes* seine Lehre von der Gleichwichtigkeit oder dem Wagerechten Stande der schweren Cörper gegründet, und noch vorher *Confucius* in der Sitten-Lehre und Staats-Kunst gesehen, erst in unseren Tagen durch herrliche Proben erwiesen, so wohl in seiner Theodicee als in den Briefen, welche er mit dem Engelländer *Clarcke* über einige streitige Puncte gewechselt. Er hat ihn angenommen als einen in der Erfahrung gegründeten Satz, dawider man kein Exempel aufbringen kan, und daher keinen Beweis gegeben, ob ihn gleich *Clarcke* gefordert. Es kan Beweises genug seyn, wenn wir unten (§. 143.) zeigen, daß durch ihn der Unterscheid zwischen Wahrheit und Träumen, ja zwischen der wahren Welt und dem Schlaraffen-Lande entstehet.

§. 31. Fernerer Beweiß desselben.

Ich erweise diesen Satz auch noch auf folgende Weise. Man nehme an zwey Dinge A und B, die einerley sind. Wenn etwas seyn kan, das weder in der Sache, noch ausser ihr einen zureichenden Grund hat, warum es ist; so kan in A sich eine Veränderung ereignen, die in B nicht erfolget, wenn man B für A in seine Stelle setzet. Solchergestalt ist B nicht einerley Ding mit A (§. 17.). Da nun eben daraus, daß angenommen wird, A sey einerley mit B, folget, es sey nicht einerley mit B, wenn man den Satz des zureichenden Grundes nicht gelten lässet: hingegen unmöglich ist, daß etwas zugleich seyn und nicht seyn kan (§. 10.); so muß derselbe Satz seine unstreitige Richtigkeit haben, das ist, es ist wahr: alles hat seinen zureichenden Grund, warum es ist.

§. 32. Wie dasjenige beschaffen, so einer Sache zukommet.

Wenn man demnach mancherley in einem Dinge von einander unterscheiden kan; so muß einiges unter ihnen den Grund in sich enthalten, warum das übrige ihm zukommet, und weil dieses nicht wiederum seinen Grund, warum das übrige ihm zukommet, in einem von den übrigen haben kan, wie es durch den Grund des Widerspruches sich gar leicht begreiffen lässet (§. 10.); so muß es ihm nothwendig zukommen. Denn, was nothwendig so ist, braucht keinen weitern Grund, warum es so ist. Nehmlich in jedem Dinge ist etwas nothwendiges, wodurch es in seiner Art determiniret wird, und das übrige hat seinen Grund darinnen.

§. 33. Was das Wesen ist.

Dasjenige, darinnen der Grund von dem übrigen zu finden, was einem Dinge zukommet, wird das *Wesen* genennet. Wer also das Wesen eines Dinges erkennet, der kan den Grund anzeigen von allem, was ihm zukommet. Man erkennet aber das Wesen eines Dinges, wenn man verstehet, wodurch es in seiner Art determiniret wird (§. 32.).

§. 34. Das Wesen ist das erste in einem Dinge.

Was den Grund von dem übrigen in sich enthält, ist das erste, was sich von einem Dinge gedencken lässet. Dasjenige, was in ihm gegründet ist, kan nicht eher gesetzet werden: denn von dem muß der Anfang gemacht werden, daraus ich erkennen kan, warum das andere ist. Also ist das Wesen das erste, was sich von einem Dinge gedencken lässet.

§. 35. Worinnen es bestehet.

Es lässet sich aber von einem Dinge nichts eher gedencken, als wie es möglich ist: denn eben deswegen ist es ein Ding, weil es seyn kan, und deswegen kan es seyn, weil es möglich ist (§. 16.). Daher ist das Wesen eines Dinges seine Möglichkeit, und derjenige verstehet das Wesen, welcher weiß, auf was für Art und Weise ein Ding möglich ist. Man weiß aber, wie etwas möglich ist, wenn man verstehet, wie es in seiner Art determiniret wird.

§. 36. Was nothwendig ist.

Wenn dasjenige, was einem Dinge entgegen gesetzet wird, etwas widersprechendes in sich enthält; so ist dasselbe *nothwendig*. Da nun dasjenige, so etwas widersprechendes in sich enthält, unmöglich ist (§. 12.); so ist dasjenige unmöglich, was etwas nothwendigem entgegen gesetzet wird: und wenn das, welches einem Dinge entgegen gesetzet wird, unmöglich ist; so ist dasselbe Ding nothwendig. Auch ist klar, daß das nothwendige sich nur auf einerley Art determiniren lässet, und also auch nur auf einerley Art seyn kan.

§. 37. Wird mit Exempeln erläutert.

Damit man sich besser vorstellen kan, was nothwendig ist, weil gar viel daran gelegen, wie unten zur Gnüge erhellen wird; so will ich es mit einem und dem anderen Exempel erläutern. Z. E. Wenn ich sage: Zweymahl zwey ist vier: so ist der entgegen gesetzte Satz, zweymahl zwey ist nicht vier, oder zweymahl zwey ist mehr oder auch weniger als vier. Da man nun erweisen kan, daß das letztere unmöglich ist: so ist der Satz, zweymahl zwey ist vier, nothwendig. Und von dergleichen Art sind alle Sätze von den Zahlen in der Arithmetick. Wiederum wenn ich sage: Ein Dreyeck hat drey Winckel; so ist der entgegen gesetzte Satz, ein Dreyeck hat nicht drey Winckel, das ist, er hat mehr oder weniger als drey Winckel. Da man nun erweisen kan, daß der letztere Satz: Ein Dreyeck hat mehr als drey Winckel, unmöglich ist, oder der Erklärung des Dreyecks widerspricht; so ist es nothwendig, daß ein Dreyeck drey Winckel hat. Und von solcher Beschaffenheit sind alle Wahrheiten in der Geometrie.

§. 38. Das Wesen der Dinge ist nothwendig.

Was möglich ist, kan nicht zugleich unmöglich seyn (§. 10.), und wenn etwas auf eine solche Art und Weise möglich ist; so kan es nicht zugleich auf eine solche Art und Weise unmöglich seyn (§. cit.), und ist demnach nothwendig möglich (§. 36.). Da nun die Möglichkeit an sich etwas nothwendiges ist, das Wesen aber eines Dinges darinnen bestehet, daß es auf eine gewisse Art und Weise möglich ist (§. 35.); so ist das Wesen nothwendig.

§. 39. Das nothwendige ist ewig.

Was nothwendig ist, ist auch *ewig*, das ist, kan weder Anfang noch Ende haben. Denn, wenn etwas nothwendig ist; so ist unmöglich, daß es nicht seyn kan (§. 36.): hätte es aber einen Anfang oder ein Ende; so könte es auch nicht seyn. Es lässet sich aber dieser Satz nicht umkehren, denn die Nothwendigkeit hat einen andern Grund, als die Ewigkeit (§. 36.).

§. 40. Das Wesen ist ewig.

Da nun das Wesen der Dinge nothwendig ist (§. 38.), so ist dasselbe auch ewig, das ist, man kan keine Zeit setzen, da ein Ding hat angefangen möglich zu seyn, und da es aufhören wird möglich zu seyn (§. 35.).

§. 41. Das nothwendige ist unveränderlich.

Wiederum, was nothwendig ist, das ist unveränderlich. Denn wenn es könte geändert werden; so könte es auch nicht seyn: welches der Nothwendigkeit zuwider läuft. (§. 36.).

§. 42. Das Wesen ist unveränderlich.

Derowegen da das Wesen eines Dinges nothwendig ist (§. 38.); so ist es auch unveränderlich. Wenn ich mir aber eine mögliche Veränderung in dem Wesen eines Dinges gedencken kan; so ist dadurch das Wesen des Dinges nicht verändert worden, sondern ich bin nur durch dessen Erkäntniß zur Erkäntniß des Wesens eines andern Dinges kommen. Z. E. Das Wesen eines Dreyecks bestehet darinnen, daß der Raum in drey Seiten eingeschlossen wird. Es ist möglich, daß man an statt drey Seiten vier Seiten nehmen kan und einen Raum einschliessen: allein dadurch wird das Wesen des Dreyecks nicht geändert. Denn wenn vier Seiten einen Raum einschliessen; so hat man ein Viereck und also ein anderes Ding.

§. 43. Einem Wesen kan nichts Fremdes mitgetheilet werden.

Dadurch daß das Wesen eines Dinges unveränderlich ist, und nicht mehr dasselbe Ding bleibet, wenn etwas in seinem Wesen geändert wird (§. 42.), lässet sich begreiffen, daß das Wesen eines Dinges dem andern nicht mitgetheilet werden kan, das ist, es ist nicht möglich, daß ein Ding ausser seinem Wesen noch das Wesen eines andern Dinges bekommet, und doch dasjenige Ding bleibet. Z. E. Es wäre ungereimet, wenn man sich einbilden wolte, es könte ein Viereck zugleich ein Dreyeck seyn, oder auch ein Cörper könte zugleich ein Geist seyn. Ja, weil alles, was einer Sache beständig zukommet, und von ihrem Wesen unterschieden ist, seinen zureichenden Grund in ihrem Wesen haben muß (§. 33.); so kan auch einem Dinge nichts beygeleget werden, was nicht in seinem, sondern in dem Wesen eines anderen Dinges gegründet ist. Z. E. Man kan einem Viereck keinesweges die Eigenschaften eines Dreyecks beylegen, noch einem Cörper die Eigenschaften eines Geistes, oder einer Pflantze die Eigenschaften eines Thieres, als, ein Gedächtniß.

§. 44. Was eine Eigenschaft ist.

Was einig und allein in dem Wesen eines Dinges gegründet ist, wird eine *Eigenschaft* genennet. Z. E. Sehen ist in dem Wesen eines Thieres, das Augen hat, gegründet, und also eine Eigenschaft desselben. Und also können die Eigenschaften von einem Dinge nicht abgesondert werden, und sind so wohl als das Wesen selbst unveränderlich (§. 42.), und dasjenige, was einem Dinge nothwendig (§. 38.), und also beständig zukommet.

§. 45. Was ausser uns und ausser einander ist.

Wenn wir auf uns acht haben; so werden wir finden, daß wir uns vieler Dinge als *ausser uns bewust* sind. Wir setzen sie aber *ausser uns*, indem wir erkennen, daß sie von uns unterschieden sind: gleichwie wir sie auch *ausser einander* setzen, indem wir erkennen, daß sie von einander unterschieden sind. Ein jeder wird bey sich selbst befinden, daß, so bald er annimmet, es sollen verschiedene Dinge zugleich seyn, er sich eines ausser dem andern vorstellet, und eben darum, weil es ihm unmöglich fället zu gedencken, es könten zwey verschiedene Dinge eines allein seyn (§. 10.17.), es ihm auch unmöglich ist, sich eines in dem andern vorzustellen.

§. 46. Was der Raum ist.

Indem nun viele Dinge, die zugleich sind, und deren eines das andere nicht ist, als ausser einander vorgestellet werden (§. 45.); so entstehet dadurch unter ihnen eine gewisse Ordnung, dergestalt daß, wenn ich eines unter ihnen für das erste annehme, alsdenn ein anderes das andere, noch ein anderes das dritte, noch ein anderes das vierte wird, und so weiter fort. Und so bald wir uns diese Ordnung vorstellen; stellen wir uns den *Raum* vor. Daher, wenn wir die Sache nicht anders ansehen wollen, als wie wir sie erkennen; so müssen wir den *Raum* für die Ordnung derer Dinge annehmen, die zugleich sind. Und also kan kein *Raum* seyn, wenn nicht Dinge vorhanden sind, die ihn erfüllen: unterdessen aber ist er doch von diesen Dingen unterschieden (§. 17.).

§. 47. Was der Ort ist.

Auf solche Weise erhält ein jedes Ding eine gewisse Art, wie es mit andern zugleich ist, so, daß keines unter den übrigen auf eben die Art mit den andern zugleich ist. Und eben dieses ist es, was wir den Ort eines Dinges zu nennen pflegen. Nehmlich der Ort ist die Art und Weise, wie ein Ding neben andern zugleich da ist. Wir gehen hier bloß auf dasjenige, was sich deutlich begreiffen lässet (§. 13. c. 1. Log.). [...]

§. 76. Daß es einfache Dinge giebet.

Wo zusammengesetzte Dinge sind, da müssen auch einfache seyn. Wenn keine einfache vorhanden wären; so müsten alle Theile, sie möchten so klein angenommen werden, als sie immermehr wollen, auch so gar die undencklich kleinen Theile, aus anderen Theilen bestehen. Da man nun aber keinen Grund anzeigen könte, woher denn die zusammengesetzten Theile endlich herkämen, so wenig als man begreiffen könte, woher eine zusammengesetzte Zahl entstanden wäre, wenn sie keine Einheiten in sich fassen solte, und doch ohne zureichenden Grund nichts seyn kan (§. 30.); so muß man endlich einfache Dinge zugeben, daraus die zusammengesetzten entstanden. Wer den Satz des zureichenden Grundes recht einsiehet, der begreift, daß man nicht eher denselben erreichet, als wenn man mit dem Fragen zu Ende kommet, wie geschiehet, wenn man Theile unendlich fort einräumet. [...]

§. 81. Die einfachen Dinge haben keine Figur, Grösse und innerliche Bewegung: erfüllen auch keinen Raum.

Es stehet demnach feste, daß einfache Dinge seyn müssen, durch deren Zusammensetzung die Theile der andern entstehen. Weil nun aber diese einfache Dinge keine Theile haben (§. 75.), und also nicht ferner aus andern zusammengesetzet sind (§. 51.); die Grösse aber, Figur, Erfüllung des Raumes und innerliche Bewegung zusammengesetzter Dinge Eigenschaften sind (§. 73.); so können die einfachen Dinge keine Figur und Grösse haben, sie können keinen Raum erfüllen, auch kan in ihnen keine innerliche Bewegung anzutreffen seyn (§. 43.44.).

§. 82. Einfache Dinge sind von den zusammengesetzten gantz unterschieden.

Auf solche Weise sind die einfachen Dinge von den zusammengesetzten Dingen ganz unterschieden (§. 17.), und da alle Dinge, deren wir uns als ausser uns bewust sind, zusammengesetzte Dinge sind (§. 51.); so können wir von demjenigen, was wir an ihnen wahrnehmen, nichts den einfachen beylegen.

§. 83. Warum wir sie nicht aus der Erfahrung erkennen können.

Es ist wohl wahr, daß das einfache zugleich wahrgenommen wird, indem wir uns das zusammengesetzte vorstellen (§. 76.): allein man kan durch die Erfahrungen, so die Vergrösserungs-Gläser geben, klärlich zeigen, daß die zusammengesetzte Dinge, geschweige denn die einfachen, so in einander fallen, daß wir sie nicht mehr von einander unterscheiden können. Und wenn ich unten den Unterscheid unserer Begriffe erklären werde; so wird man auch begreifen können, warum es nicht möglich fället, daß wir die einfache in dem zusammengesetzten zu unterscheiden vermögend sind. Es verhält sich eben so, wie mit grossen Zahlen wenn wir uns dieselben gleich vorstellen können; so ist es doch nicht möglich alle Einheiten sich vorzustellen, daraus sie bestehen. Wir haben von ihnen nur einen gantz dunckeln Begrif (§. 23. c. 1. Log.). [...]

§. 114. Unterschied der Dinge, die vor sich bestehen, und die durch andere bestehen.

Nun lässet sich auch begreiffen, worinnen eigentlich die Dinge, so vor sich bestehen, von denen unterschieden sind, die nur durch andere bestehen. Nehmlich ein *vor sich bestehendes Ding* oder *eine Substanz* ist dasjenige, welches die Quelle seiner Veränderungen in sich hat: hingegen *ein durch ein anderes bestehendes Ding* ist nichts anders als eine Einschränckung des vorigen. Z. E. Unsere Seele hat eine Kraft, wodurch sie in einer unverrückten Ordnung ihre Gedancken nach einander hervor bringet, und deswegen ist sie ein vor sich bestehendes Ding. Hingegen sowohl ihre Begriffe, die sie hervorbringet, als ihr Appetit, der daraus erwächset, sind nichts anders als Einschränckungen dieser Kraft, welche entspringen, indem sie auf etwas gewisses determiniret wird, da sie vor sich zu unendlich vielem aufgeleget ist. Derowegen sind ihre Begriffe und Appetite durch ein anderes bestehende Dinge. Ich führe dieses nur zur Erläuterung an, damit die gegenwärtigen Erklärungen besser verstanden werden, die ohne Exempel vielen dunckel bleiben. Die Sache darf man jetzt noch nicht als wahr annehmen; sie wird an ihrem Orte erwiesen werden. Es ist bekandt, daß man bey Exempeln, dadurch man etwas erläutert, sich nicht zu bekümmern hat, ob sie wahr sind, oder nicht. Wir erklären hier ohnedem nur Wörter, und fragen noch nicht, welches die vor sich bestehende Dinge sind.

§. 115. Was die Kraft sey, und in welchen Dingen sie zu finden.

Die Quelle der Veränderungen nennet man eine *Kraft*; und solchergestalt findet sich in einem jeden vor sich bestehenden Dinge eine Kraft, dergleichen wir in den durch andere bestehenden Dingen nicht antreffen.

§. 116. Vor sich bestehende Dinge können etwas thun.

Da nun vermittelst dieser Kraft die Veränderungen, die sich mit einem vor sich bestehenden Dinge zutragen, in ihm gegründet sind (§. 29.); so sind es Thaten desselben Dinges (§. 104.), und solchergestalt siehet man, daß ein vor sich bestehendes Ding etwas thun kan, und man also daraus dasselbe erkennet, und von anderen Dingen unterscheidet, folgends dieses sein rechtes Merckmahl ist: wie der Herr von *Leibnitz* [...] längst ohne Beweiß erinnert. Was hier von denen vor sich bestehenden Dingen gesaget wird, kan durch das Exempel unserer Seele erläutert werden. Sie kan etwas thun, nehmlich dencken, und aus denen Gedancken wird sie erkannt, auch dadurch von andern Dingen unterschieden, darinnen wir keine Gedancken verspüren. Und daher kan man auch sagen, ein vor sich bestehendes Ding sey dasjenige, welches etwas thun kan.

6. Moses Mendelssohn: Der ontologische Gottesbeweis

Beweisgründe a priori *vom Daseyn eines allervollkommensten, nothwendigen, unabhängigen Wesens.*

Der Begriff des Nothwendigen, wie er in der letzten Vorlesung entwickelt worden ist, konnte einem kühnen Denker, wie *Cartes*, leicht auf die Spur bringen, einen Beweis *a priori* für das Daseyn eines solchen Wesens zu entdecken. Hängt die Würklichkeit desselben blos von seiner Möglichkeit ab; giebt es einen festgegründeten Uebergang von der Denkbarkeit des Nothwendigen auf das würkliche Daseyn desselben; vielleicht ist es der menschlichen Vernunft vergönnet, diesen Uebergang zu entdecken und sich also zu der ihr so theuern Wahrheit eine neue Bahn zu brechen. Ohne irgend ein würkliches Daseyn vorauszusetzen, auch sein eigenes Daseyn nicht, so wenig es dem Zweifel unterworfen ist; ohne alle Erfahrungssätze des äußern oder innern Sinnes, würde der Mensch von der Erklärung ausgehen, und sichern Schrites zu der Wahrheit gelangen, *daß ein Gott sey!*

Kühn und ohne Vorgang wäre er, dieser große Schritt. In dem ganzen Bezirk menschlicher Erkenntnisse giebt es kein Beyspiel von dieser Art zu schliessen. Allenthalben wird von Möglichkeit auf Möglichkeit, oder von Würklichkeit auf Würklichkeit geschlossen. Die Realexistenz außerhalb der Seele stehet unter sich in Verbindung, wie die Idealexistenz innerhalb derselben; die Dinge entsprechen einander; so wie die Begriffe. Macht ein Begriff den andern nothwendig, so wird auch ein Ding das andre zur Folge haben; daher die nothwendige Verbindung zwischen idealischen Wesen, die wir durch die Vernunft entdecken, auch auf reale Wesen außer uns angewendet werden kann. Aber nirgends findet sich ein Beyspiel, daß von Begriff gerade zu auf Sache, von idealischem Daseyn unmittelbar auf reales, objectives Vorhandenseyn geschlossen worden sey, wie hier in Absicht auf das nothwendige Wesen geschehen soll.

Allein diese Seltenheit, diese Einzigkeit vielmehr, kann in unserm Falle kein Bedenken verursachen; denn sie ist gerade hier Charakter der Wahrheit. Da nicht mehr, als eine einzige Substanz dieses Wesens vorhanden seyn kann; da außer dieser einzigen Substanz keines Dinges Würklichkeit mit der Denkbarkeit desselben in schlußrichtiger Verbindung stehet; so kann es auch nur den einzigen Fall geben, wo diese Beweisesart anzubringen sey. In dem ganzen Bezirk aller menschlichen Erkenntnisse, muß dieser Fall der einzige, ohne Vorgang und Beyspiel seyn, wenn der Weg zur Wahrheit führen soll.

Um ihn zu finden, versuchte *Cartes* eine Versetzung gleichgeltender Begriffe. An statt des Nothwendigen, setzte er das Unendliche, das vollkommenste Wesen. Es ist offenbar, daß das nothwendige Wesen keine veränderliche Schranken haben, und also alle Vollkommenheiten in dem höchsten Grade besitzen müße. In der Idee eines nothwendigen Wesens liege also der Inbegriff aller vollkommenen Eigenschaften, die einem Wesen zukommen können. Nun, schloß *Cartes* weiter, nun ist die Existenz offenbar eine vollkommene Eigenschaft der Dinge; also schließt der Begriff des Nothwendigen, auch die Vollkommenheit der Existenz mit in sich; also muß das Nothwendige auch würklich vorhanden seyn. – Auf diese Weise hätten wir durch eine feine Wendung des Begriffes, den *einzigen* Uebergang entdeckt, der das Reich der Würklichkeit mit dem Reiche der Möglichkeit verbindet und von Begriff auf Sache führt. –

Zu rasch, rief *Leibnitz* seinem kühnen Vorgänger nach; der Sprung, den ihr bei diesem Uebergange gethan, hat zwar keine Gefahr; allein die Vernunft soll gehen, und nicht springen lernen. Wenn wir von dem Daseyn des Nothwendigen aus andern Gründen überführt sind, so ergiebt sich dessen Möglichkeit von selbst. Soll aber das Daseyn desselben aus seiner Möglichkeit geschlossen werden; so haben wir diese vorher zu beweisen. Aus andern Gründen muß vorher dargethan werden, daß der Begriff des nothwendigen, unendlichen oder vollkommensten Wesens Wahrheit enthalte, und nicht Merkmale verbinde, die sich einander aufheben.

Glücklicher Weise läßt der Mangel hier sich leicht ersetzen und die Lücke sich ausfüllen. Wenn Merkmale sich widersprechen sollen; so muß das Eine aufheben, was das Andre setzet, das Eine verneinen, was das Andre von eben demselben Subjecte bejahet. Nun werden von dem nothwendigen Wesen alle Realitäten im höchsten Grade bejahet, und alle Mängel und Einschränkungen verneinet. Alle positive Prädicate werden ihm zugeschrieben und alle negative von ihm entfernet. Hier kann also nichts widersprechendes, nichts sich einander aufhebendes zu besorgen seyn. Alle Vollkommenheiten im höchsten Grade sind auch im höchsten Grade vertragsam, stimmen in dem vollkommensten Wohlklang zusammen, können also auch durch ihre Vereinigung nicht Widerspruch, Undenkbarkeit, und also den höchsten Mißlaut, Unwahrheit hervorbringen. Dieses gründet sich auf eine andre Lehre des Leibnitz, daß alle Vollkommenheiten bejahende Merkmale, so wie umgekehrt auch alle bejahende Prädicate der Dinge Vollkommenheiten sind. Wenn nun die Vereinigung aller bejahenden Prädicate oder Vollkommenheiten nichts undenkbares ist, und zum Inbegriff aller Vollkommenheiten offenbar die Existenz mitgehört; so hat die Folge ihre Richtigkeit, daß von dem Begriffe des Unendlichen oder Allervollkommensten die Existenz unzertrennlich sey. Alles Endliche kann, als Begriff, wahr seyn, ohne daß ihm würkliches Daseyn zugeschrieben werde. Das Unendliche hingegen, das Schrankenlose, das Vollkommenste, würde auch als Begriff unwahr seyn müssen, wenn es nicht existiren sollte. – Und nunmehr stünde es da, das reine wissenschaftliche Argument für das Daseyn Gottes, unerschüttert stünde es da, gegründet auf seine eigene Evidenz.

Keineswegs, sprechen einige Gegner dieser Beweisesart; ihr bauet noch immer auf einem Grunde, dessen Festigkeit ihr nicht gehörig untersucht habt. Willkürlich bildet ihr euch einen abgezogenen Begriff, und leget demselben alle Eigenschaften bey, die sich nur erdenken laßen. Wir können euch die Freyheit hierzu nicht verweigern und laßen den Begriff gelten. Kaum habt ihr aber dieses erschlichen; so greift ihr schon nach der Existenz und sprecht: Um das Bündel vollständig zu machen, müssen wir auch diese Eigenschaft mitnehmen und dem Begriffe würkliches Daseyn ertheilen. Ist dieses Verfahren nicht sycophantisch?

Nichts weniger, wie mich dünkt. Ich glaube, das Verfahren wider alle Beschuldigungen dieser Art rechtfertigen zu können.

Zuvörderst sind die abstracten Begriffe nicht bloß willkührlich. Sie müssen wenigstens Wahrheit enthalten, und diese Wahrheit hängt nicht von unserer Willkühr ab. Sie müßen, als Modificationen unsers denkenden Wesens, ein idealisches Daseyn haben, müßen denkbar seyn, um gedacht zu werden. Nun sprechen wir weiter: Ein eingeschränktes Wesen kann, als Modification von mir selbst, gedacht werden, ohne daß ich ihm würkliches Daseyn zuschreibe. Es kann idealische Existenz haben, und die reale Existenz ihm abgesprochen werden. Es kann *bloßer Begriff* ohne *Sache* seyn. Das nothwendige Wesen hingegen kann entweder nicht gedacht werden, entweder auch als Modification von mir selbst keine Wahrheit haben, oder ich muß es wenigstens als würklich vorhanden denken. Es ist entweder Begriff und Sache zugleich; oder es ist weder dieses noch jenes. Bloßer Begriff ohne Sache kann dieses Wesen schlechterdings nicht seyn; als bloße Modification von unserer Denkungskraft kann dieses Wesen nicht gedacht werden. Wir haben also immer nur die Denkbarkeit dieses Begriffs zu beweisen und sind alsdenn gezwungen, uns solches, als würklich existirend zu denken. Außer der idealischen Existenz, die auch in einem endlichen Wesen als Wahrheit zukommt, muß dem Unendlichen auch reale Existenz zugeschrieben werden. Ich finde in diesem Verfahren nichts unredliches, nichts erschlichenes, wie die Gegner vorgeben.

Daß der Begriff des Unendlichen denkbar sey, ist bereits im vorigen mit *Leibnitz* ausgeführet worden. Ich glaube noch auf eine andere faßlichere Weise die Denkbarkeit desselben darthun zu können.

Alle Wahrheit muß erkennbar seyn, und zwar je reiner die Wahrheit ist, desto größer der Verstand, der sie fasset und begreift, je vollkommner die Erkenntniß, desto vollkommener das erkennende Wesen.

Die reinste Wahrheit kann nur von dem vollkommensten Verstande gefaßt und begriffen werden. Zur höchsten Erkenntniß gehöret die allerhöchste Erkenntnißkraft. Nur eine unendliche Kraft umfasset die Wahrheit in ihrer ganzen Lauterkeit.

Nun ist die reinste Wahrheit unstreitig ein denkbarer Begriff, also muß es auch ein Verstand seyn, der allein sie fassen kann, also ist auch der allerhöchste Verstand, eine unendliche Denkungskraft, kein undenkbarer Begriff. Sollten die Merkmale dieses Begriffs sich einander aufheben; so müßte die reinste Wahrheit etwas sich selbst widersprechendes seyn, und dieses ist ungereimt.

Aber wie? Bleibt dieser Begriff des Allervollkommensten auch ohne die Vollkommenheit der Existenz noch denkbar? Kann der Inbegriff aller Realitäten ohne die Realität des würklichen Daseyns gedacht werden? Wenn dieses nicht ist; so stehet unser Schluß feste; so muß das Allervollkommenste auch würklich vorhanden seyn.

Eben hier liegt das Erschlichene, rufen die Gegner. Ihr nehmet die Existenz als eine Eigenschaft des Dinges an, die zu allen seinen möglichen Eigenschaften hinzukommt, um sie ins Daseyn zu rufen. Ihr betrachtet das Daseyn, vermöge eurer Schuldefinition, als eine Ergänzung der Wesenheit, *(complementum essentiae)* gleichsam als einen Zusatz zur Möglichkeit eines Dinges. Weil wir die Existenz in der Sprache eben so aussagen, als die Eigenschaften der Dinge; weil wir sprechen: ein Ding ist würklich; so wie wir sagen: eine Zahl ist gerade; eine Figur ist rund; darum nehmet ihr an: die Existenz sey mit den übrigen Eigenschaften und Merkmalen der Dinge von gleicher Beschaffenheit, und bauet auf diese Voraussetzung euer Schlußgebäude. Allein diese Voraussetzung selbst kann euch nicht eingeräumet werden. Die Existenz ist keine bloße Eigenschaft, kein Zusatz, keine Ergänzung, sie ist vielmehr die Position aller Eigenschaften und Merkmale des Dinges, ohne welche jene bloße abgesonderte Begriffe bleiben.

Die Existenz muß vielmehr erkläret werden, sprechen sie ferner – – Jedoch die Existenz mag lieber unerklärt bleiben. Ihr wisset, wie abgeneigt ich bin, dergleichen Wahrnehmung des innern Sinnes in Worte einzuhüllen. Genug, wir alle haben bey diesem Worte beynahe dieselbe Vorstellung. Der Begriff ist bey uns allen auf eine ähnliche Weise entstanden, indem wir ein Merkmal aufsuchten, das allen unsern eignen Handlungen und Leidenschaften gemeinschaftlich ist: und da dieses Merkmal eine solche Allgemeinheit hat; so kann es schwerlich, oder vielleicht gar nicht weiter zergliedert, oder in Bestandtheile aufgelöset werden. Dem sey indessen, wie ihm wolle; so haben unsere Gegner doch immer nicht

Unrecht, zu behaupten, daß die Existenz ihre eigenen Kennzeichen habe, wodurch sie sich von allen Merkmalen und Beschaffenheiten der Dinge unterscheidet, und daß wir nicht so schlechterdings darauf zugreifen dürfen, um den Inbegriff aller Eigenschaften des vollkommensten Wesens gleichsam vollzählig zu machen.

Ich kann dieses zugeben. Sey immer das würkliche Daseyn nicht eine Eigenschaft, sondern die Position aller Eigenschaften eines Dinges, oder sey sie sonst etwas unerklärbares, das uns allen bekannt ist; genug, ich kann das Zufällige ohne diese Position denken. Ich kann von der Idee des Zufälligen das Daseyn weglassen, ohne die Idee selbst aufzuheben. Sie bleibt Begriff ohne Sache. So aber nicht in Absicht auf das nothwendige Wesen. Ich kann von der Idee desselben das Daseyn nicht trennen, ohne die Idee selbst zu zernichten. Ich muß Begriff und Sache denken, oder den Begriff selbst fahren laßen. Auf diesem wichtigen Unterschiede beruhet alles, und dieser Unterschied beruhet keineswegs auf einer willkürlichen Definition; er ergiebt sich aus dem Begriffe selbst, und kann von dem hartnäckigsten Gegner nicht in Zweifel gezogen werden.

7. Georg Christoph Lichtenberg: Aus den »Sudelbüchern«

Ich und *mich*. *Ich* fühle *mich* – sind zwei Gegenstände. Unsere falsche Philosophie ist der ganzen Sprache einverleibt; wir können so zu sagen nicht raisonnieren, ohne falsch zu raisonnieren. Man bedenkt nicht, daß Sprechen, ohne Rücksicht von was, eine Philosophie ist. Jeder, der Deutsch spricht, ist ein Volksphilosoph, und unsere Universitätsphilosophie besteht in Einschränkungen von jener. Unsere ganze Philosophie ist Berichtigung des Sprachgebrauchs, also, die Berichtigung einer Philosophie, und zwar der allgemeinsten. Allein die gemeine Philosophie hat den Vorteil, daß sie im Besitz der Deklinationen und Konjugationen ist. Es wird also immer von uns wahre Philosophie mit der Sprache der falschen gelehrt. Wörter erklären hilft nichts; denn mit Wörtererklärungen ändere ich ja die Pronomina und ihre Deklination noch nicht.

Wir mögen uns eine Art uns die Dinge außer uns vorzustellen gedenken, welche wir wollen, so wird und muß sie immer etwas von dem Subjekt an sich tragen. Es ist, dünkt mich, eine sehr unphilosophische Idee, unsere Seele bloß als ein leidendes Ding anzusehen; nein, sie leihet auch den Gegenständen. Auf diese Weise möchte es kein Wesen in der Welt geben, das die Welt so erkennte, wie sie ist. Ich möchte dieses die Affinitäten der Geister- und der Körperwelt nennen, und ich kann mir gar wohl vorstellen, daß es Wesen geben könnte, für die die Ordnung des Weltgebäudes eine Musik ist, wonach sie tanzen können, während der Himmel aufspielt.

Was das Studium einer tiefen Philosophie so sehr erschwert, ist, daß man im gemeinen Leben eine Menge von Dingen für so natürlich und leicht hält, daß man glaubt, es wäre gar nicht möglich, daß es anders sein könnte; und doch muß man wissen, daß man solcher vermeintlichen Kleinigkeiten größte Wichtigkeit erst einsehen muß, um das eigentlich so genannte *Schwere* zu erklären. Wenn ich sage: *dieser Stein ist hart* – also erst den Begriff *Stein*, der mehreren Dingen zukommt, diesem Individuo beilege; alsdann von Härte rede, und nun gar das Hartsein mit dem Stein verbinde – so ist dieses ein solches Wunder von Operation, daß es eine Frage ist, ob bei Verfertigung manches Buches so viel angewandt wird. »Aber sind das nicht Subtilitäten? braucht man das zu wissen?« – Was das erste anbetrifft, so sind es keine Subtilitäten, denn gerade an diesen simpeln Fällen müssen wir die Operationen des Verstandes kennen lernen. Wollen wir dieses erst bei dem Zusammengesetzten tun, so ist alle Mühe vergebens. Diese leichten Dinge schwer zu finden, verrät keine geringen Fortschritte in der Philosophie. – Was aber das andere anbetrifft, so antworte ich: *Nein!* man braucht es nicht zu wissen; aber man braucht auch kein Philosoph zu sein.

Die wenigsten Menschen haben wohl recht über den Wert des *Nichtseins* gehörig nachgedacht. Unter Nichtsein nach dem Tode stelle ich mir den Zustand vor, in dem ich mich befand, ehe ich geboren ward. Es ist eigentlich nicht Apathie, denn die kann noch gefühlt werden, sondern es ist gar nichts. Gerate ich in diesen Zustand – wiewohl hier die Wörter *ich* und *Zustand* gar nicht mehr passen; es ist, glaube ich, etwas, das dem ewigen Leben völlig das Gleichgewicht hält. *Sein* und *Nichtsein* stehen einander, wenn von empfindenden Wesen die Rede ist, nicht entgegen, sondern *Nichtsein* und *höchste Glückseligkeit.* Ich glaube, man befindet sich gleich wohl, in welchem von beiden Zuständen man ist. Sein und *abwarten*, seiner Vernunft gemäß handeln, ist unsere Pflicht, da wir das Ganze nicht übersehen.

III. Kants Kritik der reinen Vernunft

8. Die kopernikanische Wende

Der *Metaphysik*, einer ganz isolierten spekulativen Vernunfterkenntnis, die sich gänzlich über Erfahrungsbelehrung erhebt, und zwar durch bloße Begriffe (nicht wie Mathematik durch Anwendung derselben auf Anschauung), wo also Vernunft selbst ihr eigener Schüler sein soll, ist das Schicksal bisher noch so günstig nicht gewesen, daß sie den sicheren Gang einer Wissenschaft einzuschlagen vermocht hätte; ob sie gleich älter ist, als alle übrige, und bleiben würde, wenn gleich die übrigen insgesamt in dem Schlunde einer alles vertilgenden Barbarei gänzlich verschlungen werden sollten. Denn in ihr gerät die Vernunft kontinuierlich in Stecken, selbst wenn sie diejenigen Gesetze, welche die gemeinste Erfahrung bestätigt, (wie sie sich anmaßt) a priori einsehen will. In ihr muß man unzählige Male den Weg zurück tun, weil man findet, daß er dahin nicht führt, wo man hin will, und was die Einhelligkeit ihrer Anhänger in Behauptungen betrifft, so ist sie noch so weit davon entfernt, daß sie vielmehr ein Kampfplatz ist, der ganz eigentlich dazu bestimmt zu sein scheint, seine Kräfte im Spielgefechte zu üben, auf dem noch niemals irgend ein Fechter sich auch den kleinsten Platz hat erkämpfen und auf seinen Sieg einen dauerhaften Besitz gründen können. Es ist also kein Zweifel, daß ihr Verfahren bisher ein bloßes Herumtappen, und, was das Schlimmste ist, unter bloßen Begriffen, gewesen sei.

Woran liegt es nun, daß hier noch kein sicherer Weg der Wissenschaft hat gefunden werden können? Ist er etwa unmöglich? Woher hat denn die Natur unsere Vernunft mit der rastlosen Bestrebung heimgesucht, ihm als einer ihrer wichtigsten Angelegenheiten nachzuspüren? Noch mehr, wie wenig haben wir Ursache, Vertrauen in unsere Vernunft zu setzen, wenn sie uns in einem der wichtigsten Stücke unserer Wißbegierde nicht bloß verläßt, sondern durch Vorspiegelungen hinhält und am Ende betrügt! Oder ist er bisher nur verfehlt; welche Anzeige können wir benutzen, um bei erneuertem Nachsuchen zu hoffen, daß wir glücklicher sein werden, als andere vor uns gewesen sind?

Ich sollte meinen, die Beispiele der Mathematik und Naturwissenschaft, die durch eine auf einmal zustande gebrachte Revolution das geworden sind, was sie jetzt sind, wäre merkwürdig genug, um dem wesentlichen Stücke der Umänderung der Denkart, die ihnen so vorteilhaft geworden ist, nachzusinnen, und ihnen, soviel ihre Analogie, als Vernunfterkenntnisse, mit der Metaphysik verstattet, hierin wenigstens zum Versuche nachzuahmen. Bisher nahm man an, alle unsere Erkenntnis müsse sich nach den Gegenständen richten; aber alle Versuche über sie a priori etwas durch Begriffe auszumachen, wodurch unsere Erkenntnis erweitert würde, gingen unter dieser Voraussetzung zunichte. Man versuche es daher einmal, ob wir nicht in den Aufgaben der Metaphysik damit besser fortkommen, daß wir annehmen, die Gegenstände müssen sich nach unserem Erkenntnis richten, welches so schon besser mit der verlangten Möglichkeit einer Erkenntnis derselben a priori zusammenstimmt, die über Gegenstände, ehe sie uns gegeben werden, etwas festsetzen soll. Es ist hiermit ebenso, als mit den ersten Gedanken des *Kopernikus* bewandt, der, nachdem es mit der Erklärung der Himmelsbewegungen nicht gut fort wollte, wenn er annahm, das ganze Sternenheer drehe sich um den Zuschauer, versuchte, ob es nicht besser gelingen möchte, wenn er den Zuschauer sich drehen, und dagegen die Sterne in Ruhe ließ. In der Metaphysik kann man nun, was die *Anschauung* der Gegenstände betrifft, es auf ähnliche Weise versuchen. Wenn die Anschauung sich nach der Beschaffenheit der Gegenstände richten müßte, so sehe ich nicht ein, wie man a priori von ihr etwas wissen könne; richtet sich aber der Gegenstand (als Objekt der Sinne) nach der Beschaffenheit unseres Anschauungsvermögens, so kann ich mir diese Möglichkeit ganz wohl vorstellen. Weil ich aber bei diesen Anschauungen, wenn sie Erkenntnisse werden sollen, nicht stehen bleiben kann, sondern sie als Vorstellung auf irgend etwas als Gegenstand beziehen und diesen durch jene bestimmen muß, so kann ich entweder annehmen, die *Begriffe*, wodurch ich diese Bestimmung zustande bringe, richten sich auch nach dem Gegenstande, und dann bin ich wiederum in derselben Verlegenheit, wegen der Art, wie ich a priori hiervon etwas wissen könne; oder ich nehme an, die Gegenstände oder, welches einerlei ist, die *Erfahrung*, in welcher sie allein (als gegebene Gegenstände) erkannt werden, richte sich nach diesen Begriffen, so sehe ich sofort eine leichtere Auskunft, weil Erfahrung selbst eine Erkenntnisart ist, die Verstand erfordert, dessen Regel ich in mir, noch ehe mir Gegenstände gegeben werden, mithin a priori voraussetzen muß, welche in Begriffen a priori ausgedrückt wird, nach denen sich also alle Gegenstände der Erfahrung notwendig richten und mit ihnen übereinstimmen müssen. Was Gegenstände betrifft, sofern sie bloß durch Vernunft und zwar notwendig gedacht, die aber (so wenigstens, wie die Vernunft sie denkt) gar nicht in der Erfahrung gegeben werden können, so werden die Versuche sie zu denken (denn denken müssen sie sich doch lassen), hernach einen herrlichen Probierstein desjenigen abgeben, was wir als die veränderte Methode der Denkungsart annehmen, daß wir nämlich von den Dingen nur das a priori erkennen, was wir selbst in sie legen.*

* Diese dem Naturforscher nachgeahmte Methode besteht also darin: die Elemente der reinen Vernunft in dem zu suchen, *was sich durch ein Experiment bestätigen oder widerlegen läßt.* Nun läßt sich zur Prüfung der Sätze der reinen Vernunft, vornehmlich wenn sie über alle Grenzen möglicher Erfahrung hinaus gewagt werden, kein Experiment mit ihren *Objekten* machen (wie in der Naturwissenschaft): also wird es nur mit *Begriffen* und *Grundsätzen*, die wir a priori annehmen, tunlich sein, indem man sie nämlich so einrichtet, daß dieselben Gegenstände *einerseits* als Gegenstände der Sinne und des Verstandes für die Erfahrung, *andererseits* aber doch als Gegenstände, die man bloß denkt, allenfalls für die isolierte und über Erfahrungsgrenze hinausstrebende Vernunft, mithin von zwei verschiedenen Seiten betrachtet werden können. Findet es sich nun, daß, wenn man die Dinge aus jenem doppelten Gesichtspunkte betrachtet, Einstimmung mit dem Prinzip der reinen Vernunft stattfinde, bei einerlei Gesichtspunkte aber ein unvermeidlicher Widerstreit der Vernunft mit sich selbst entspringe, so entscheidet das Experiment für die Richtigkeit jener Unterscheidung.

Dieser Versuch gelingt nach Wunsch, und verspricht der Metaphysik in ihrem ersten Teile, da sie sich nämlich mit Begriffen a priori beschäftigt, davon die korrespondierenden Gegenstände in der Erfahrung jenen angemessen gegeben werden können, den sicheren Gang einer Wissenschaft. Denn man kann nach dieser Veränderung der Denkart die Möglichkeit einer Erkenntnis a priori ganz wohl erklären, und, was noch mehr ist, die Gesetze, welche a priori der Natur, als dem Inbegriffe der Gegenstände der Erfahrung, zum Grunde liegen, mit ihren genugtuenden Beweisen versehen, welches beides nach der bisherigen Verfahrungsart unmöglich war. Aber es ergibt sich aus dieser Deduktion unseres Vermögens a priori zu erkennen, im ersten Teile der Metaphysik ein befremdliches und dem ganzen Zwecke derselben, der den zweiten Teil beschäftigt, dem Anscheine nach sehr nachteiliges Resultat, nämlich daß wir mit ihm nie über die Grenze möglicher Erfahrung hinauskommen können, welches doch gerade die wesentlichste Angelegenheit dieser Wissenschaft ist. Aber hierin liegt eben das Experiment einer Gegenprobe der Wahrheit des Resultats jener ersten Würdigung unserer Vernunfterkenntnis a priori, daß sie nämlich nur auf Erscheinungen gehe, die Sache an sich selbst dagegen zwar als für sich wirklich, aber von uns unerkannt, liegen lasse. Denn das, was uns notwendig über die Grenze der Erfahrung und aller Erscheinungen hinaus zu gehen treibt, ist das *Unbedingte*, welches die Vernunft in den Dingen an sich selbst notwendig und mit allem Recht zu allem Bedingten, und dadurch die Reihe der Bedingungen als vollendet verlangt. Findet sich nun, wenn man annimmt, unsere Erfahrungserkenntnis richte sich nach den Gegenständen als Dingen an sich selbst, daß das Unbedingte *ohne Widerspruch gar nicht gedacht* werden könne; dagegen, wenn man annimmt, unsere Vorstellung der Dinge, wie sie uns gegeben werden, richte sich nicht nach diesen, als Dingen an sich selbst, sondern diese Gegenstände vielmehr, als Erscheinungen, richten sich nach unserer Vorstellungsart, *der Widerspruch wegfalle*; und daß folglich das Unbedingte nicht an Dingen, sofern wir sie kennen, (sie uns gegeben werden,) wohl aber an ihnen, sofern wir sie nicht kennen, als Sachen an sich selbst, angetroffen werden müsse: so zeigt sich, daß, was wir anfangs nur zum Versuche annahmen, gegründet sei.* Nun bleibt uns immer noch übrig, nachdem der spekulativen Vernunft alles Fortkommen in diesem Felde des Übersinnlichen abgesprochen worden, zu versuchen, ob sich nicht in ihrer praktischen Erkenntnis Data finden, jenen transzendenten Vernunftbegriff des Unbedingten zu bestimmen, und auf solche Weise, dem Wunsche der Metaphysik gemäß, über die Grenzen aller möglichen Erfahrungen hinaus mit unserem, aber nur in praktischer Absicht möglichen Erkenntnisse a priori zu erlangen. Und bei einem solchen Verfahren hat uns die spekulative Vernunft zu solcher Erweiterung immer doch wenigstens Platz verschafft, wenn sie ihn gleich leer lassen mußte, und es bleibt uns also noch unbenommen, ja wir sind gar dazu durch sie aufgefordert, ihn durch praktische Data derselben, wenn wir können, auszufüllen.**

* Dieses Experiment der reinen Vernunft hat mit dem der *Chemiker*, welches sie manchmal den Versuch der *Reduktion*, im allgemeinen aber das *synthetische Verfahren* nennen, viel Ähnliches. Die *Analysis des Metaphysikers* schied die reine Erkenntnis a priori in zwei sehr ungleichartige Elemente, nämlich die der Dinge als Erscheinungen, und dann der Dinge an sich selbst. Die *Dialektik* verbindet beide wiederum zur *Einhelligkeit* mit der notwendigen Vernunftidee des *Unbedingten* und findet, daß diese Einhelligkeit niemals anders, als durch jene Unterscheidung herauskomme, welche also die wahre ist.

** So verschafften die Zentralgesetze der Bewegung der Himmelskörper dem, was *Kopernikus*, anfänglich nur als Hypothese annahm, ausgemachte Gewißheit und bewiesen zugleich die unsichtbare, den Weltbau verbindende Kraft (der *Newtonischen* Anziehung), welche auf immer unentdeckt geblieben wäre, wenn der erstere es nicht gewagt hätte, auf eine widersinnische, aber doch wahre Art, die beobachteten Bewegungen nicht in den Gegenständen des Himmels, sondern in ihren Zuschauern zu suchen. Ich stelle in dieser Vorrede die in der Kritik vorgetragene, jener Hypothese analogische, Umänderung der Denkart auch nur als Hypothese auf, ob sie gleich in der Abhandlung selbst aus der Beschaffenheit unserer Vorstellungen von Raum und Zeit und den Elementarbegriffen des Verstandes, nicht hypothetisch, sondern apodiktisch bewiesen wird, um nur die ersten Versuche einer solchen Umänderung, welche allemal hypothetisch sind, bemerklich zu machen.

9. Raum und Zeit (I. Kant)

Der transzendentalen Ästhetik
Erster Abschnitt

Von dem Raume

§ 2

Metaphysische Erörterung dieses Begriffs

Vermittelst des äußeren Sinnes, (einer Eigenschaft unseres Gemüts), stellen wir uns Gegenstände als außer uns, und diese insgesamt im Raume vor. Darinnen ist ihre Gestalt, Größe und Verhältnis gegeneinander bestimmt, oder bestimmbar. Der innere Sinn, vermittelst dessen das Gemüt sich selbst, oder seinen inneren Zustand anschaut, gibt zwar keine Anschauung von der Seele selbst, als einem Objekt; allein es ist doch eine bestimmte Form, unter der die Anschauung ihres inneren Zustandes allein möglich ist, so daß alles, was zu den inneren Bestimmungen gehört, in Verhältnissen der Zeit vorgestellt wird. Äußerlich kann die Zeit nicht angeschaut werden, so wenig wie der Raum, als etwas in uns. Was sind nun Raum und Zeit? Sind es wirkliche Wesen? Sind es zwar nur Bestimmungen, oder auch Verhältnisse der Dinge, aber doch solche, welche ihnen auch an sich zukommen würden, wenn sie auch nicht angeschaut würden, oder sind sie solche, die nur an der Form der Anschauung allein haften, und mithin an der subjektiven Beschaffenheit unseres Gemüts, ohne welche diese Prädikate gar keinem Dinge beigelegt werden können? Um uns hierüber zu belehren, wollen wir zuerst den Begriff des Raumes erörtern. Ich verstehe aber unter *Erörterung* (expositio) die deutliche (wenn gleich nicht ausführliche) Vorstellung dessen, was zu einem Begriffe gehört; *metaphysisch* aber ist die Erörterung, wenn sie dasjenige enthält, was den Begriff, *als a priori gegeben*, darstellt.

1. Der Raum ist kein empirischer Begriff, der von äußeren Erfahrungen abgezogen worden. Denn damit gewiße Empfindungen auf etwas außer mich bezogen werden, (d. i. auf etwas in einem anderen Orte des Raumes, als darinnen ich mich befinde), imgleichen damit ich sie als außer- und nebeneinander, mithin nicht bloß verschieden, sondern als in verschiedenen Orten vorstellen könne, dazu muß die Vorstellung des Raumes schon zu Grunde liegen. Demnach kann die Vorstellung des Raumes nicht aus den Verhältnissen der äußeren Erscheinung durch Erfahrung erborgt sein, sondern diese äußere Erfahrung ist selbst nur durch gedachte Vorstellung allererst möglich.

2. Der Raum ist eine notwendige Vorstellung a priori, die allen äußeren Anschauungen zum Grunde liegt. Man kann sich niemals eine Vorstellung davon machen, daß kein Raum sei, ob man sich gleich ganz wohl denken kann, daß keine Gegenstände darin angetroffen werden. Er wird also als die Bedingung der Möglichkeit der Erscheinungen, und nicht als eine von ihnen abhängende Bestimmung angesehen, und ist eine Vorstellung a priori, die notwendigerweise äußeren Erscheinungen zum Grunde liegt.

3. Der Raum ist kein diskursiver oder, wie man sagt, allgemeiner Begriff von Verhältnissen der Dinge überhaupt, sondern eine reine Anschauung. Denn erstlich kann man sich nur einen einigen Raum vorstellen, und wenn man von vielen Räumen redet, so versteht man darunter nur Teile eines und desselben alleinigen Raumes. Diese Teile können auch nicht vor dem einigen allbefassenden Raume gleichsam als dessen Bestandteile (daraus eine Zusammensetzung möglich sei) vorhergehen, sondern nur *in ihm* gedacht werden. Er ist wesentlich einig, das Mannigfaltige in ihm, mithin auch der allgemeine Begriff von Räumen überhaupt, beruht lediglich auf Einschränkungen. Hieraus folgt, daß in Ansehung seiner eine Anschauung a priori (die nicht empirisch ist) allen Begriffen von demselben zum Grunde liegt. So werden auch alle geometrischen Grundsätze, z. E. daß in einem Triangel zwei Seiten zusammen größer sind, als die dritte, niemals aus allgemeinen Begriffen von Linie und Triangel, sondern aus der Anschauung und zwar a priori mit apodiktischer Gewißheit abgeleitet.

4. Der Raum wird als eine unendliche *gegebene* Größe vorgestellt. Nun muß man zwar einen jeden Begriff als eine Vorstellung denken, die in einer unendlichen Menge von verschiedenen möglichen Vorstellungen (als ihr gemeinschaftliches Merkmal) enthalten ist, mithin diese *unter sich* enthält; aber kein Begriff, als ein solcher, kann so gedacht werden, als ob er eine unendliche Menge von Vorstellungen *in sich* enthielte. Gleichwohl wird der Raum so gedacht (denn alle Teile des Raumes ins Unendliche sind zugleich). Also ist die ursprüngliche Vorstellung vom Raume *Anschauung* a priori, und nicht Begriff.

§ 3
Transzendentale Erörterung des Begriffs vom Raume

Ich verstehe unter einer *transzendentalen Erörterung* die Erklärung eines Begriffes, als eines Prinzips, woraus die Möglichkeit anderer synthetischer Erkenntnisse a priori eingesehen werden kann. Zu dieser Absicht wird erfordert, 1) daß wirklich dergleichen Erkenntnisse aus dem gegebenen Begriffe herfließen, 2) daß diese Erkenntnisse nur unter der Voraussetzung einer gegebenen Erklärungsart dieses Begriffs möglich sind.

Geometrie ist eine Wissenschaft, welche die Eigenschaften des Raumes synthetisch und doch a priori bestimmt. Was muß die Vorstellung des Raumes denn sein, damit eine solche Erkenntnis von ihm möglich sei? Er muß ursprünglich Anschauung sein; denn aus einem bloßen Begriffe lassen sich keine Sätze, die über den Begriff hinausgehen, ziehen, welches doch in der Geometrie geschieht (Einleitung V). Aber diese Anschauung muß a priori, d. i. vor aller Wahrnehmung eines Gegenstandes, in uns angetroffen werden, mithin reine, nicht empirische Anschauung sein. Denn die geometrischen Sätze sind apodiktisch, d. i. mit dem Bewußtsein ihrer Notwendigkeit verbunden, z. B. der Raum hat nur drei Abmessungen; dergleichen Sätze aber können nicht empirische oder Erfahrungsurteile sein, noch aus ihnen geschlossen werden (Einleitung II).

Wie kann nun eine äußere Anschauung dem Gemüte beiwohnen, die vor den Objekten selbst vorhergeht, und in welcher der

Begriff der letzteren a priori bestimmt werden kann? Offenbar nicht anders, als so fern sie bloß im Subjekte, als die formale Beschaffenheit desselben, von Objekten affiziert zu werden, und dadurch *unmittelbare Vorstellung* derselben d. i. *Anschauung* zu bekommen, ihren Sitz hat, also nur als Form des äußeren *Sinnes* überhaupt.

Also macht allein unsere Erklärung die *Möglichkeit* der *Geometrie* als einer synthetischen Erkenntnis a priori begreiflich. Eine jede Erklärungsart, die dieses nicht liefert, wenn sie gleich dem Anscheine nach mit ihr einige Ähnlichkeit hätte, kann an diesen Kennzeichen am sichersten von ihr unterschieden werden. [...]

Der transzendentalen Ästhetik
Zweiter Abschnitt

Von der Zeit

§ 4
Metaphysische Erörterung des Begriffs der Zeit

Die Zeit ist 1. kein empirischer Begriff, der irgend von einer Erfahrung abgezogen worden. Denn das Zugleichsein oder Aufeinanderfolgen würde selbst nicht in die Wahrnehmung kommen, wenn die Vorstellung der Zeit nicht a priori zum Grunde läge. Nur unter deren Voraussetzung kann man sich vorstellen, daß einiges zu einer und derselben Zeit (zugleich) oder in verschiedenen Zeiten (nacheinander) sei.

2. Die Zeit ist eine notwendige Vorstellung, die allen Anschauungen zum Grunde liegt. Man kann in Ansehung der Erscheinungen überhaupt die Zeit selbst nicht aufheben, ob man zwar ganz wohl die Erscheinungen aus der Zeit wegnehmen kann. Die Zeit ist also a priori gegeben. In ihr allein ist alle Wirklichkeit der Erscheinungen möglich. Diese können insgesamt wegfallen, aber sie selbst (als die allgemeine Bedingung ihrer Möglichkeit,) kann nicht aufgehoben werden.

3. Auf diese Notwendigkeit a priori gründet sich auch die Mög-

lichkeit apodiktischer Grundsätze von den Verhältnissen der Zeit, oder Axiomen von der Zeit überhaupt. Sie hat nur Eine Dimension: verschiedene Zeiten sind nicht zugleich, sondern nacheinander (so wie verschiedene Räume nicht nacheinander, sondern zugleich sind). Diese Grundsätze können aus der Erfahrung nicht gezogen werden, denn diese würde weder strenge Allgemeinheit, noch apodiktische Gewißheit geben. Wir würden nur sagen können: so lehrt es die gemeine Wahrnehmung; nicht aber: so muß es sich verhalten. Diese Grundsätze gelten als Regeln, unter denen überhaupt Erfahrungen möglich sind, und belehren uns vor derselben, und nicht durch dieselbe.

4. Die Zeit ist kein diskursiver, oder, wie man ihn nennt, allgemeiner Begriff, sondern eine reine Form der sinnlichen Anschauung. Verschiedene Zeiten sind nur Teile eben derselben Zeit. Die Vorstellung, die nur durch einen einzigen Gegenstand gegeben werden kann, ist aber Anschauung. Auch würde sich der Satz, daß verschiedene Zeiten nicht zugleich sein können, aus einem allgemeinen Begriff nicht herleiten lassen. Der Satz ist synthetisch, und kann aus Begriffen allein nicht entspringen. Er ist also in der Anschauung und Vorstellung der Zeit unmittelbar enthalten.

5. Die Unendlichkeit der Zeit bedeutet nichts weiter, als daß alle bestimmte Größe der Zeit nur durch Einschränkungen einer einigen zum Grunde liegenden Zeit möglich sei. Daher muß die ursprüngliche Vorstellung *Zeit* als uneingeschränkt gegeben sein. Wovon aber die Teile selbst, und jede Größe eines Gegenstandes, nur durch Einschränkung bestimmt vorgestellt werden können, da muß die ganz Vorstellung nicht durch Begriffe gegeben sein, (denn die enthalten nur Teilvorstellungen,) sondern es muß ihnen unmittelbare Anschauung zum Grunde liegen.

§ 5
Transzendentale Erörterung des Begriffs der Zeit

Ich kann mich deshalb auf Nr. 3 berufen, wo ich, um kurz zu sein, das, was eigentlich transzendental ist, unter die Artikel der metaphysischen Erörterung gesetzt habe. Hier füge ich noch hinzu, daß der Begriff der Veränderung und, mit ihm, der Begriff der Bewegung (als Veränderung des Orts) nur durch und in der Zeitvorstellung möglich ist: daß, wenn diese Vorstellung nicht Anschauung (innere) a priori wäre, kein Begriff, welcher es auch sei, die Möglichkeit einer Veränderung, d. i. einer Verbindung kontradiktorisch entgegengesetzter Prädikate (z. B. das Sein an einem Orte und das Nichtsein eben desselben Dinges an demselben Orte) in einem und demselben Objekte begreiflich machen könnte. Nur in der Zeit können beide kontradiktorisch-entgegengesetzte Bestimmungen in einem Dinge, nämlich *nacheinander*, anzutreffen sein. Also erklärt unser Zeitbegriff die Möglichkeit so vieler synthetischer Erkenntnis a priori, als die allgemeine Bewegungslehre, die nicht wenig fruchtbar ist, darlegt.

10. Das Programm einer transzendentalen Logik (I. Kant)

Der transzendentalen Elementarlehre
Zweiter Teil

Die transzendentale Logik

Einleitung
Idee einer transzendentalen Logik

I.
Von der Logik überhaupt

Unsere Erkenntnis entspringt aus zwei Grundquellen des Gemüts, deren die erste ist, die Vorstellungen zu empfangen (die Rezeptivität der Eindrücke), die zweite das Vermögen, durch diese Vorstellungen einen Gegenstand zu erkennen (Spontaneität der Begriffe); durch die erstere wird uns ein Gegenstand *gegeben*, durch die zweite wird dieser im Verhältnis auf jene Vorstellung (als bloße Bestimmung des Gemüts) *gedacht*. Anschauung und Begriffe machen also die Elemente aller unserer Erkenntnis aus, so daß weder Begriffe, ohne ihnen auf einige Art korrespondierende Anschauung, noch Anschauung ohne Begriffe, ein Erkenntnis abgeben können. Beide sind entweder rein, oder empirisch. *Empirisch*, wenn Empfindung (die die wirkliche Gegenwart des Gegenstandes voraussetzt) darin enthalten ist: *rein* aber, wenn der Vorstellung keine Empfindung beigemischt ist. Man kann die letztere die Materie der sinnlichen Erkenntnis nennen. Daher enthält reine Anschauung lediglich die Form, unter welcher etwas angeschaut wird, und reiner Begriff allein die Form des Denkens eines Gegenstandes überhaupt. Nur allein reine Anschauungen oder Begriffe sind a priori möglich, empirische nur a posteriori.

Wollen wir die *Rezeptivität* unseres Gemüts, Vorstellungen zu empfangen, sofern es auf irgendeine Weise affiziert wird, *Sinnlichkeit* nennen, so ist dagegen das Vermögen, Vorstellungen selbst hervorzubringen, oder die *Spontaneität* des Erkenntnisses, der *Verstand*. Unsere Natur bringt es so mit sich, daß die *Anschauung* niemals anders als *sinnlich* sein kann, d. i. nur die Art enthält, wie wir von Gegenständen affiziert werden. Dagegen ist das Vermögen, den Gegenstand sinnlicher Anschauung *zu denken*, der *Verstand*. Keine dieser Eigenschaften ist der anderen vorzuziehen. Ohne Sinnlichkeit würde uns kein Gegenstand gegeben, und ohne Verstand keiner gedacht werden. Gedanken ohne Inhalt sind leer, Anschauungen ohne Begriffe sind blind. Daher ist es ebenso notwendig, seine Begriffe sinnlich zu machen, (d. i. ihnen den Gegenstand in der Anschauung beizufügen,) als seine Anschauungen sich verständlich zu machen (d. i. sie unter Begriffe zu bringen). Beide Vermögen, oder Fähigkeiten, können auch ihre Funktionen nicht vertauschen. Der Verstand vermag nichts anzuschauen, und die Sinne nichts zu denken. Nur daraus, daß sie sich vereinigen, kann Erkenntnis entspringen. Deswegen darf man aber doch nicht ihren Anteil vermischen, sondern man hat große Ursache, jedes von dem andern sorgfältig abzusondern, und zu unterscheiden. Daher unterscheiden wir die Wissenschaft der Regeln der Sinnlichkeit überhaupt, d. i. Ästhetik, von der Wissenschaft der Verstandesregeln überhaupt, d. i. der Logik.

Die Logik kann nun wiederum in zwiefacher Absicht unternommen werden, entweder als Logik des allgemeinen, oder des besonderen Verstandesgebrauchs. Die erste enthält die schlechthin notwendigen Regeln des Denkens, ohne welche gar kein Gebrauch des Verstandes stattfindet, und geht also auf diesen, unangesehen der Verschiedenheit der Gegenstände, auf welche er gerichtet sein mag. Die Logik des besonderen Verstandesgebrauchs enthält die Regeln, über eine gewisse Art von Gegenständen richtig zu denken. Jene kann man die Elementarlogik nennen, diese aber das Organon dieser oder jener Wissenschaft. Die letztere wird mehrenteils in den Schulen als Propädeutik der Wissenschaften vorangeschickt, ob sie zwar, nach dem Gange der menschlichen Vernunft, das späteste ist, wozu sie allererst gelangt, wenn die Wissenschaft schon lange fertig ist, und nur die letzte Hand zu ihrer Berichtigung und Vollkommenheit bedarf. Denn man muß die Gegenstände schon in ziemlich hohem Grade kennen, wenn man die Regel angeben will, wie sich eine Wissenschaft von ihnen zustande bringen lasse.

Die allgemeine Logik ist nun entweder die reine, oder die angewandte Logik. In der ersteren abstrahieren wir von allen empirischen Bedingungen, unter denen unser Verstand ausgeübt wird, z. B. vom Einfluß der Sinne, vom Spiele der Einbildung, den Gesetzen des Gedächtnisses, der Macht der Gewohnheit, der Neigung usw., mithin auch den Quellen der Vorurteile, ja gar überhaupt von allen Ursachen, daraus uns gewisse Erkenntnisse entspringen, oder untergeschoben werden mögen, weil sie bloß den Verstand unter gewissen Umständen seiner Anwendung betreffen, und, um diese zu kennen, Erfahrung erfordert wird. Eine *allgemeine*, aber *reine Logik*, hat es also mit lauter Prinzipien a priori zu tun, und ist ein *Kanon des Verstandes* und der Vernunft, aber nur in Ansehung des Formalen ihres Gebrauchs, der Inhalt mag sein, welcher er wolle, (empirisch oder transzendental). Eine *allgemeine Logik* heißt aber alsdann *angewandt*, wenn sie auf die Regeln des Gebrauchs des Verstandes unter den subjektiven empirischen Bedingungen, die uns die Psychologie lehrt, gerichtet ist. Sie hat also empirische Prinzipien, ob sie zwar insofern allgemein ist, daß sie auf den Verstandesgebrauch ohne Unterschied der Gegenstände geht. Um deswillen ist sie auch weder ein Kanon des Verstandes überhaupt, noch ein Organon besonderer Wissenschaften, sondern lediglich ein Kathartikon des gemeinen Verstandes.

In der allgemeinen Logik muß also der Teil, der die reine Vernunftlehre ausmachen soll, von demjenigen gänzlich abgesondert werden, welcher die angewandte (obzwar noch immer allgemeine) Logik ausmacht. Der erstere ist eigentlich nur allein Wissenschaft, obzwar kurz und trocken, und wie es die schulgerechte Darstellung einer Elementarlehre des Verstandes erfordert. In dieser müssen also die Logiker jederzeit zwei Regeln vor Augen haben.

1. Als allgemeine Logik abstrahiert sie von allem Inhalt der Verstandeserkenntnis, und der Verschiedenheit ihrer Gegenstände, und hat mit nichts als der bloßen Form des Denkens zu tun.

2. Als reine Logik hat sie keine empirischen Prinzipien, mithin schöpft sie nichts (wie man sich bisweilen überredet hat) aus der Psychologie, die also auf den Kanon des Verstandes gar keinen Einfluß hat. Sie ist eine demonstrierte Doktrin, und alles muß in ihr völlig a priori gewiß sein.

Was ich die angewandte Logik nenne, (wider die gemeine Bedeutung dieses Wortes, nach der sie gewisse Exerzitien, dazu die reine Logik die Regel gibt, enthalten soll,) so ist sie eine Vorstellung des Verstandes und der Regeln seines notwendigen Gebrauchs in concreto, nämlich unter den zufälligen Bedingungen des Subjekts, die diesen Gebrauch hindern oder befördern können, und die insgesamt nur empirisch gegeben werden. Sie handelt von der Aufmerksamkeit, deren Hindernis und Folgen, dem Ursprunge des Irrtums, dem Zustande des Zweifels, des Skrupels, der Überzeugung usw. und zu ihr verhält sich die allgemeine und reine Logik wie die reine Moral, welche bloß die notwendigen sittlichen Gesetze eines freien Willens überhaupt enthält, zu der eigentlichen Tugendlehre, welche diese Gesetze unter den Hindernissen der Gefühle, Neigungen und Leidenschaften, denen die Menschen mehr oder weniger unterworfen sind, erwägt, und welche niemals eine wahre und demonstrierte Wissenschaft abgeben kann, weil sie ebensowohl als jene angewandte Logik empirische und psychologische Prinzipien bedarf.

II.
Von der transzendentalen Logik

Die allgemeine Logik abstrahiert, wie wir gewiesen, von allem Inhalt der Erkenntnis, d. i. von aller Beziehung derselben auf das Objekt, und betrachtet nur die logische Form im Verhältnisse der Erkenntnisse aufeinander, d. i. die Form des Denkens überhaupt. Weil es nun aber sowohl reine, als empirische Anschauungen gibt, (wie die transzendentale Ästhetik dartut,) so könnte auch wohl ein Unterschied zwischem reinem und empirischem Denken der Gegenstände angetroffen werden. In diesem Falle würde es eine Logik geben, in der man nicht von allem Inhalt der Erkenntnis abstrahierte; denn diejenige, welche bloß die Regeln des reinen

Denkens eines Gegenstandes enthielte, würde alle diejenigen Erkenntnisse ausschließen, welche von empirischem Inhalte wären. Sie würde auch auf den Ursprung unserer Erkenntnisse von Gegenständen gehen, sofern er nicht den Gegenständen zugeschrieben werden kann; da hingegen die allgemeine Logik mit diesem Ursprunge der Erkenntnis nichts zu tun hat, sondern die Vorstellung, sie mögen uranfänglich a priori in uns selbst, oder nur empirisch gegeben sein, bloß nach den Gesetzen betrachtet, nach welchen der Verstand sie im Verhältnis gegeneinander braucht, wenn er denkt, und also nur von der Verstandesform handelt, die den Vorstellungen verschafft werden kann, woher sie auch sonst entsprungen sein mögen.

Und hier mache ich eine Anmerkung, die ihren Einfluß auf alle nachfolgenden Betrachtungen erstreckt, und die man wohl vor Augen haben muß, nämlich: daß nicht eine jede Erkenntnis a priori, sondern nur die, dadurch wir erkennen, daß und wie gewisse Vorstellungen (Anschauungen oder Begriffe) lediglich a priori angewandt werden, oder möglich sind, transzendental (d. i. die Möglichkeit der Erkenntnis oder der Gebrauch derselben a priori) heißen müsse. Daher ist weder der Raum, noch irgendeine geometrische Bestimmung desselben a priori eine transzendentale Vorstellung, sondern nur die Erkenntnis, daß diese Vorstellungen gar nicht empirischen Ursprungs sind, und die Möglichkeit, wie sie sich gleichwohl a priori auf Gegenstände der Erfahrung beziehen könne, kann transzendental heißen. Imgleichen würde der Gebrauch des Raumes von Gegenständen überhaupt auch transzendental sein: aber ist er lediglich auf Gegenstände der Sinne eingeschränkt, so heißt er empirisch. Der Unterschied des Transzendentalen und Empirischen gehört also nur zur Kritik der Erkenntnisse, und betrifft nicht die Beziehung derselben auf ihren Gegenstand.

In der Erwartung also, daß es vielleicht Begriffe geben könne, die sich a priori auf Gegenstände beziehen mögen, nicht als reine oder sinnliche Anschauungen, sondern bloß als Handlungen des reinen Denkens, die mithin Begriffe, aber weder empirischen noch ästhetischen Ursprungs sind, so machen wir uns zum voraus die Idee von einer Wissenschaft des reinen Verstandes und Vernunfterkenntnisses, dadurch wir Gegenstände völlig a priori denken. Eine solche Wissenschaft, welche den Ursprung, den Umfang und die objektive Gültigkeit solcher Erkenntnisse bestimmte, würde *transzendentale Logik* heißen müssen, weil sie es bloß mit den Gesetzen des Verstandes und der Vernunft zu tun hat, aber lediglich, sofern sie auf Gegenstände a priori bezogen wird, und nicht, wie die allgemeine Logik, auf die empirischen sowohl, als reinen Vernunfterkenntnisse ohne Unterschied. [...]

IV.
Von der Einteilung der transz. Logik in die transzendentale Analytik und Dialektik

In einer transzendentalen Logik isolieren wir den Verstand, (so wie oben in der transzendentalen Ästhetik die Sinnlichkeit) und heben bloß den Teil des Denkens aus unserem Erkenntnisse heraus, der lediglich seinen Ursprung in dem Verstande hat. Der Gebrauch dieser reinen Erkenntnis aber beruht darauf, als ihrer Bedingung: daß uns Gegenstände in der Anschauung gegeben seien, worauf jene angewandt werden können. Denn ohne Anschauung fehlt es aller unserer Erkenntnis an Objekten, und sie bleibt alsdann völlig leer. Der Teil der transzendentalen Logik also, der die Elemente der reinen Verstandeserkenntnis vorträgt, und die Prinzipien, ohne welche überall kein Gegenstand gedacht werden kann, ist die transzendentale Analytik, und zugleich eine Logik der Wahrheit. Denn ihr kann keine Erkenntnis widersprechen, ohne daß sie zugleich allen Inhalt verlöre, d. i. alle Beziehung auf irgendein Objekt, mithin alle Wahrheit. Weil es aber sehr anlokkend und verleitend ist, sich dieser reinen Verstandeserkenntnisse und Grundsätze allein, und selbst über die Grenzen der Erfahrung hinaus, zu bedienen, welche doch einzig und allein uns die Materie (Objekte) an die Hand geben kann, worauf jene reinen Verstandesbegriffe angewandt werden können: so gerät der Verstand in Gefahr, durch leere Vernünfteleien von den bloßen formalen Prinzipien des reinen Verstandes einen materialen Gebrauch zu machen, und über Gegenstände ohne Unterschied zu urteilen, die uns doch nicht gegeben sind, ja vielleicht auf keinerlei Weise gegeben werden können. Da sie also eigentlich nur ein Kanon der Beurteilung des empirischen Gebrauchs sein sollte, so wird sie mißbraucht, wenn man sie als das Organon eines allgemeinen und unbeschränkten Gebrauchs gelten läßt, und sich mit dem reinen Verstande allein wagt, synthetisch über Gegenstände überhaupt zu urteilen, zu behaupten, und zu entscheiden. Also würde der Gebrauch des reinen Verstandes alsdann dialektisch sein. Der zweite Teil der transzendentalen Logik muß also eine Kritik dieses dialektischen Scheines sein, und heißt transzendentale Dialektik, nicht als eine Kunst, dergleichen Schein dogmatisch zu erregen, (eine leider sehr gangbare Kunst mannigfaltiger metaphysischer Gaukelwerke) sondern als eine Kritik des Verstandes und der Vernunft in Ansehung ihres hyperphysischen Gebrauchs, um den falschen Schein ihrer grundlosen Anmaßungen aufzudecken, und ihre Ansprüche auf Erfindung und Erweiterung, die sie bloß durch transzendentale Grundsätze zu erreichen vermeint, zur bloßen Beurteilung und Verwahrung des reinen Verstandes vor sophistischem Blendwerke herabzusetzen.

11. Die metaphysische Deduktion der Kategorien (I. Kant)

Des Leitfadens
der Entdeckung aller reinen Verstandesbegriffe
Zweiter Abschnitt

§ 9
Von der logischen Funktion des Verstandes in Urteilen

Wenn wir von allem Inhalte eines Urteils überhaupt abstrahieren, und nur auf die bloße Verstandesform darin achtgeben, so finden wir, daß die Funktion des Denkens in demselben unter vier Titel gebracht werden könne, deren jeder drei Momente unter sich enthält. Sie können füglich in folgender Tafel vorgestellt werden.

1.
Quantität der Urteile
Allgemeine
Besondere
Einzelne

2. *Qualität*	3. *Relation*
Bejahende	Kategorische
Verneinende	Hypothetische
Unendliche	Disjunktive

4.
Modalität
Problematische
Assertorische
Apodiktische

Da diese Einteilung in einigen, obgleich nicht wesentlichen Stükken, von der gewohnten Technik der Logiker abzuweichen scheint, so werden folgende Verwahrungen wider den besorglichen Mißverstand nicht unnötig sein.

1. Die Logiker sagen mit Recht, daß man beim Gebrauch der Urteile in Vernunftschlüssen die einzelnen Urteile gleich den allgemeinen behandeln könne. Denn eben darum, weil sie gar keinen Umfang haben, kann das Prädikat derselben nicht bloß auf einiges dessen, was unter dem Begriff des Subjekts enthalten ist, gezogen, von einigem aber ausgenommen werden. Es gilt also von jenem Begriffe ohne Ausnahme, gleich als wenn derselbe ein gemeingültiger Begriff wäre, der einen Umfang hätte, von dessen ganzer Bedeutung das Prädikat gelte. Vergleichen wir dagegen ein einzelnes Urteil mit einem gemeingültigen, bloß als Erkenntnis, der Größe nach, so verhält sie sich zu diesem wie Einheit zur Unendlichkeit, und ist also an sich selbst davon wesentlich unterschieden. Also, wenn ich ein einzelnes Urteil (*judicium singulare*) nicht bloß nach seiner inneren Gültigkeit, sondern auch, als Erkenntnis überhaupt, nach der Größe, die es in Vergleichung mit anderen Erkenntnissen hat, schätze, so ist es allerdings von gemeingültigen Urteilen (*judicia communia*) unterschieden, und verdient in einer vollständigen Tafel der Momente des Denkens überhaupt (obzwar freilich nicht in der bloß auf den Gebrauch der Urteile untereinander eingeschränkten Logik) eine besondere Stelle.

2. Ebenso müssen in einer transzendentalen Logik *unendliche Urteile* von *bejahenden* noch unterschieden werden, wenn sie gleich in der allgemeinen Logik jenen mit Recht beigezählt sind und kein besonderes Glied der Einteilung ausmachen. Diese nämlich abstrahiert von allem Inhalt des Prädikats (ob es gleich verneinend ist) und sieht nur darauf, ob dasselbe dem Subjekt beigelegt, oder ihm entgegengesetzt werde. Jene aber betrachtet das Urteil auch nach dem Werte oder Inhalt dieser logischen Bejahung ver-

mittelst eines bloß verneinenden Prädikats, und was diese in Ansehung des gesamten Erkenntnisses für einen Gewinn verschafft. Hätte ich von der Seele gesagt, sie ist nicht sterblich, so hätte ich durch ein verneinendes Urteil wenigstens einen Irrtum abgehalten. Nun habe ich durch den Satz: die Seele ist nicht sterblich, zwar der logischen Form nach wirklich bejaht, indem ich die Seele in den unbeschränkten Umfang der nichtsterbenden Wesen setze. Weil nun von dem ganzen Umfange möglicher Wesen das Sterbliche einen Teil enthält, das Nichtsterbende aber den anderen, so ist durch meinen Satz nichts anderes gesagt, als daß die Seele eines von der unendlichen Menge Dinge sei, die übrigbleiben, wenn ich das Sterbliche insgesamt wegnehme. Dadurch aber wird nur die unendliche Sphäre alles Möglichen insoweit beschränkt, daß das Sterbliche davon abgetrennt, und in dem übrigen Umfang ihres Raums die Seele gesetzt wird. Dieser Raum bleibt aber bei dieser Ausnahme noch immer unendlich, und können noch mehrere Teile desselben weggenommen werden, ohne daß darum der Begriff von der Seele im mindesten wächst, und bejahend bestimmt wird. Diese unendlichen Urteile also in Ansehung des logischen Umfanges sind wirklich bloß beschränkend in Ansehung des Inhalts der Erkenntnis überhaupt, und insofern müssen sie in der transzendentalen Tafel aller Momente des Denkens in den Urteilen nicht übergangen werden, weil die hierbei ausgeübte Funktion des Verstandes vielleicht in dem Felde seiner reinen Erkenntnis a priori wichtig sein kann.

3. Alle Verhältnisse des Denkens in Urteilen sind die a) des Prädikats zum Subjekt, b) des Grundes zur Folge, c) der eingeteilten Erkenntnis und der gesammelten Glieder der Einteilung untereinander. In der ersteren Art der Urteile sind nur zwei Begriffe, in der zweiten zwei Urteile, in der dritten mehrere Urteile im Verhältnis gegeneinander betrachtet. Der hypothetische Satz: wenn eine vollkommene Gerechtigkeit da ist, so wird der beharrlich Böse bestraft, enthält eigentlich das Verhältnis beider Sätze: Es ist eine vollkommene Gerechtigkeit da, und der beharrlich Böse wird bestraft. Ob beide dieser Sätze an sich wahr seien, bleibt hier unausgemacht. Es ist nur die Konsequenz, die durch dieses Urteil gedacht wird. Endlich enthält das disjunktive Urteil ein Verhältnis zweier, oder mehrerer Sätze gegeneinander, aber nicht der Ab-

folge, sondern der logischen Entgegensetzung, sofern die Sphäre des einen die des anderen ausschließt, aber doch zugleich der Gemeinschaft, insofern sie zusammen die Sphäre der eigentlichen Erkenntnis erfüllen, also ein Verhältnis der Teile der Sphäre eines Erkenntnisses, da die Sphäre eines jeden Teils ein Ergänzungsstück der Sphäre des anderen zu dem ganzen Inbegriff der eingeteilten Erkenntnis ist, z. E. die Welt ist entweder durch einen blinden Zufall da, oder durch innere Notwendigkeit, oder durch eine äußere Ursache. Jeder dieser Sätze nimmt einen Teil der Sphäre des möglichen Erkenntnisses über das Dasein einer Welt überhaupt ein, alle zusammen die ganze Sphäre. Das Erkenntnis aus einer dieser Sphären wegnehmen, heißt, sie in eine der übrigen setzen, und dagegen sie in eine Sphäre setzen, heißt, sie aus den übrigen wegnehmen. Es ist also in einem disjunktiven Urteile eine gewisse Gemeinschaft der Erkenntnisse, die darin besteht, daß sie sich wechselseitig einander ausschließen, aber dadurch doch *im Ganzen* die wahre Erkenntnis bestimmen, indem sie zusammengenommen den ganzen Inhalt einer einzigen gegebenen Erkenntnis ausmachen. Und dieses ist es auch nur, was ich des Folgenden wegen hiebei anzumerken nötig finde.

4. Die Modalität der Urteile ist eine ganz besondere Funktion derselben, die das Unterscheidende an sich hat, daß sie nichts zum Inhalte des Urteils beiträgt, (denn außer Größe, Qualität, und Verhältnis ist nichts mehr, was den Inhalt eines Urteils ausmachte,) sondern nur den Wert der Copula in Beziehung auf das Denken überhaupt angeht. *Problematische* Urteile sind solche, wo man das Bejahen oder Verneinen als bloß *möglich* (beliebig) annimmt. *Assertorische,* da es als *wirklich* (wahr) betrachtet wird. *Apodiktische*, in denen man es als notwendig ansieht *. So sind die beiden Urteile, deren Verhältnis das hypothetische Urteil ausmacht, (antecedens und consequens), imgleichen in deren Wechselwirkung das Disjunktive besteht, (Glieder der Einteilung) insgesamt nur problematisch. In dem obigen Beispiel wird der Satz:

* Gleich, als wenn das Denken im ersten Fall eine Funktion des *Verstandes*, im zweiten der *Urteilskraft*, im dritten der *Vernunft* wäre. Eine Bemerkung, die erst in der Folge ihre Aufklärung erwartet.

es ist eine vollkommene Gerechtigkeit da, nicht assertorisch gesagt, sondern nur als ein beliebiges Urteil, wovon es möglich ist, daß jemand es annehme, gedacht, und nur die Konsequenz ist assertorisch. Daher können solche Urteile auch offenbar falsch sein, und doch, problematisch genommen, Bedingungen der Erkenntnis der Wahrheit sein. So ist das Urteil: *die Welt ist durch blinden Zufall da,* in dem disjunktiven Urteil nur von problematischer Bedeutung, nämlich, daß jemand diesen Satz etwa auf einen Augenblick annehmen möge, und dient doch, (wie die Verzeichnung des falschen Weges, unter der Zahl aller derer, die man nehmen kann,) den wahren zu finden. Der problematische Satz ist also derjenige, der nur logische Möglichkeit (die nicht objektiv ist) ausdrückt, d. i. eine freie Wahl einen solchen Satz gelten zu lassen, eine bloß willkürliche Aufnehmung desselben in den Verstand. Der assertorische sagt von logischer Wirklichkeit oder Wahrheit, wie etwa in einem hypothetischen Vernunftschluß das Antecedens im Obersatze problematisch, im Untersatze assertorisch vorkommt, und zeigt an, daß der Satz mit dem Verstande nach dessen Gesetzen schon verbunden sei, der apodiktische Satz denkt sich den assertorischen durch diese Gesetze des Verstandes selbst bestimmt, und daher a priori behauptend, und drückt auf solche Weise logische Notwendigkeit aus. Weil nun hier alles sich gradweise dem Verstande einverleibt, so daß man zuvor etwas problematisch urteilt, darauf auch wohl es assertorisch als wahr annimmt, endlich als unzertrennlich mit dem Verstande verbunden, d. i. als notwendig und apodiktisch behauptet, so kann man diese drei Funktionen der Modalität auch so viel Momente des Denkens überhaupt nennen.

Des Leitfadens
der Entdeckung aller reinen Verstandesbegriffe
Dritter Abschnitt

§ 10
Von den reinen Verstandesbegriffen oder Kategorien

Die allgemeine Logik abstrahiert, wie mehrmalen schon gesagt worden, von allem Inhalt der Erkenntnis, und erwartet, daß ihr anderwärts, woher es auch sei, Vorstellungen gegeben werden, um diese zuerst in Begriffe zu verwandeln, welches analytisch zugeht. Dagegen hat die transzendentale Logik ein Mannigfaltiges der Sinnlichkeit a priori vor sich liegen, welches die transzendentale Ästhetik ihr darbietet, um zu den reinen Verstandesbegriffen einen Stoff zu geben, ohne den sie ohne allen Inhalt, mithin völlig leer sein würde. Raum und Zeit enthalten nun ein Mannigfaltiges der reinen Anschauung a priori, gehören aber gleichwohl zu den Bedingungen der Rezeptivität unseres Gemüts, unter denen es allein Vorstellungen von Gegenständen empfangen kann, die mithin auch den Begriff derselben jederzeit affizieren müssen. Allein die Spontaneität unseres Denkens erfordert es, daß dieses Mannigfaltige zuerst auf gewisse Weise durchgegangen, aufgenommen, und verbunden werde, um daraus eine Erkenntnis zu machen. Diese Handlung nenne ich Synthesis.

Ich verstehe aber unter *Synthesis* in der allgemeinsten Bedeutung die Handlung, verschiedene Vorstellungen zueinander hinzuzutun, und ihre Mannigfaltigkeit in einer Erkenntnis zu begreifen. Eine solche Synthesis ist *rein*, wenn das Mannigfaltige nicht empirisch, sondern a priori gegeben ist (wie das im Raum und der Zeit). Vor aller Analysis unserer Vorstellungen müssen diese zuvor gegeben sein, und es können keine Begriffe dem *Inhalte nach* analytisch entspringen. Die Synthesis eines Mannigfaltigen aber (es sei empirisch oder a priori gegeben), bringt zuerst eine Erkenntnis hervor, die zwar anfänglich noch roh und verworren sein kann, und also der Analysis bedarf; allein die Synthesis ist doch dasjenige, was eigentlich die Elemente zu Erkenntnissen sammelt, und zu einem gewissen Inhalte vereinigt; sie ist also das erste, worauf wir acht zu geben haben, wenn wir über den ersten Ursprung unserer Erkenntnis urteilen wollen.

Die Synthesis überhaupt ist, wie wir künftig sehen werden, die bloße Wirkung der Einbildungskraft, einer blinden, obgleich unentbehrlichen Funktion der Seele, ohne die wir überall gar keine Erkenntnis haben würden, der wir uns aber selten nur einmal bewußt sind. Allein, diese Synthesis *auf Begriffe* zu bringen, das ist ein Funktion, die dem Verstande zukommt, und wodurch er uns allererst die Erkenntnis in eigentlicher Bedeutung verschafft.

Die reine *Synthesis, allgemein vorgestellt,* gibt nun den reinen Verstandesbegriff. Ich verstehe aber unter dieser Synthesis diejenige, welche auf einem Grunde der synthetischen Einheit a priori beruht: so ist unser Zählen (vornehmlich ist es in größeren Zahlen merklicher) eine *Synthesis nach Begriffen*, weil sie nach einem gemeinschaftlichen Grunde der Einheit geschieht (z. E. der Dekadik). Unter diesem Begriffe wird also die Einheit in der Synthesis des Mannigfaltigen notwendig.

Analytisch werden verschiedene Vorstellungen *unter* einen Begriff gebracht, (ein Geschäft, wovon die allgemeine Logik handelt). Aber nicht die Vorstellungen, sondern die *reine Synthesis* der Vorstellungen *auf* Begriffe zu bringen, lehrt die transz. Logik. Das erste, was uns zum Behuf der Erkenntnis aller Gegenstände a priori gegeben sein muß, ist das *Mannigfaltige* der reinen Anschauung; die *Synthesis* dieses Mannigfaltigen durch die Einbildungskraft ist das zweite, gibt aber noch noch keine Erkenntnis. Die Begriffe, welche dieser reinen Synthesis *Einheit* geben, und lediglich in der Vorstellung dieser notwendigen synthetischen Einheit bestehen, tun das dritte zum Erkenntnisse eines vorkommenden Gegenstandes, und beruhen auf dem Verstande.

Dieselbe Funktion, welche den verschiedenen Vorstellungen *in einem Urteile* Einheit gibt, die gibt auch der bloßen Synthesis verschiedene Vorstellungen *in einer Anschauung* Einheit, welche, allgemein ausgedrückt, der reine Verstandesbegriff heißt. Derselbe Verstand also, und zwar durch eben dieselben Handlungen, wodurch er in Begriffen, vermittelst der analytischen Einheit, die logische Form eines Urteils zustande brachte, bringt auch, vermittelst der synthetischen Einheit des Mannigfaltigen in der Anschauung überhaupt, in seine Vorstellungen einen transzendentalen Inhalt, weswegen sie reine Verstandesbegriffe heißen, die a priori auf Objekte gehen, welches die allgemeine Logik nicht leisten kann.

Auf solche Weise entspringen gerade so viel reine Verstandesbegriffe, welche a priori auf Gegenstände der Anschauung überhaupt gehen, als es in der vorigen Tafel logische Funktionen in allen möglichen Urteilen gab: denn der Verstand ist durch gedachte Funktionen völlig erschöpft, und sein Vermögen dadurch gänzlich ausgemessen. Wir wollen diese Begriffe, nach dem Aristoteles *Kategorien* nennen, indem unsere Absicht uranfänglich mit der seinigen zwar einerlei ist, ob sie sich gleich davon in der Ausführung gar sehr entfernt.

Tafel der Kategorien

1.

Der Quantität:

Einheit
Vielheit
Allheit.

2.

Der Qualität:

Realität
Negation
Limitation.

3.

Der Relation:

der Inhärenz und Subsistenz *(substantia et accidens)*
der Kausalität und Dependenz (Ursache und Wirkung)
der Gemeinschaft (Wechselwirkung zwischen dem Handelnden und Leidenden).

4.

Der Modalität:

Möglichkeit – Unmöglichkeit
Dasein – Nichtsein
Notwendigkeit – Zufälligkeit.

Dieses ist nun die Verzeichnung aller ursprünglich reinen Begriffe der Synthesis, die der Verstand a priori in sich enthält, und um derentwillen er auch nur ein reiner Verstand ist; indem er durch sie allein etwas bei dem Mannigfaltigen der Anschauung verstehen, d. i. ein Objekt derselben denken kann. Diese Einteilung ist systematisch aus einem gemeinschaftlichen Prinzip, nämlich dem Vermögen zu urteilen, (welches ebensoviel ist, als das Vermögen zu denken,) erzeugt, und nicht rhapsodistisch, aus einer auf gut Glück unternommenen Aufsuchung reiner Begriffe entstanden, von deren Vollzähligkeit man niemals gewiß sein kann, da sie nur durch Induktion geschlossen wird, ohne zu denken, daß man noch auf die letztere Art niemals einsieht, warum denn gerade diese und nicht andere Begriffe dem reinen Verstande beiwohnen. Es war ein eines scharfsinnigen Mannes würdiger Anschlag des *Aristoteles*, diese Grundbegriffe aufzusuchen. Da er aber kein Prinzipium hatte, so raffte er sie auf, wie sie ihm aufstießen, und trieb deren zuerst zehn auf, die er *Kategorien* (Prädikamente) nannte. In der Folge glaubte er noch ihrer fünfe aufgefunden zu haben, die er unter dem Namen der Postprädikamente hinzufügte. Allein seine Tafel blieb noch immer mangelhaft. Außerdem finden sich auch einige *modi* der reinen Sinnlichkeit darunter, (*quando, ubi, situs,* imgleichen *prius, simul,*) auch ein empirischer, (*motus*) die in dieses Stammregister des Verstandes gar nicht gehören, oder es sind auch die abgeleiteten Begriffe mit unter die Urbegriffe gezählt, (*actio, passio,*) und an einigen der letzteren fehlt es gänzlich.

12. Die transzendentale Deduktion der Kategorien (Beginn) (I. Kant)

Transzendentale Deduktion der reinen Verstandesbegriffe

§ 15
Von der Möglichkeit einer Verbindung überhaupt

Das Mannigfaltige der Vorstellungen kann in einer Anschauung gegeben werden, die bloß sinnlich d. i. nichts als Empfänglichkeit ist, und die Form dieser Anschauung kann a priori in unserem Vorstellungsvermögen liegen, ohne doch etwas anderes, als die Art zu sein, wie das Subjekt affiziert wird. Allein die Verbindung (conjunctio) eines Mannigfaltigen überhaupt, kann niemals durch Sinne in uns kommen, und kann also auch nicht in der reinen Form der sinnlichen Anschauung zugleich mit enthalten sein; denn sie ist ein Aktus der Spontaneität der Vorstellungskraft, und, da man diese, zum Unterschiede von der Sinnlichkeit, Verstand nennen muß, so ist alle Verbindung, wir mögen uns ihrer bewußt werden oder nicht, es mag eine Verbindung des Mannigfaltigen der Anschauung, oder mancherlei Begriffe, und an der ersteren der sinnlichen, oder nicht sinnlichen Anschauung sein, eine Verstandeshandlung, die wir mit der allgemeinen Benennung *Synthesis* belegen würden, um dadurch zugleich bemerklich zu machen, daß wir uns nichts, als im Objekt verbunden, vorstellen können, ohne es vorher selbst verbunden zu haben, und unter allen Vorstellungen die *Verbindung* die einzige ist, die nicht durch Objekte gegeben, sondern nur vom Subjekte selbst verrichtet werden kann, weil sie ein Aktus seiner Selbsttätigkeit ist. Man wird hier leicht gewahr, daß diese Handlung ursprünglich einig, und für alle Verbindung gleichgeltend sein müsse, und daß die Auflösung *Analysis*, die ihr Gegenteil zu sein scheint, sie doch jederzeit voraussetze; denn wo der Verstand vorher nichts verbunden hat, da kann er auch nichts auflösen, weil es nur *durch ihn* als verbunden der Vorstellungskraft hat gegeben werden können.

Aber der Begriff der Verbindung führt außer dem Begriffe des Mannigfaltigen, und der Synthesis desselben, noch den der Einheit desselben bei sich. Verbindung ist Vorstellung der *synthetischen* Einheit des Mannigfaltigen*. Die Vorstellung dieser Einheit kann also nicht aus der Verbindung entstehen, sie macht vielmehr dadurch, daß sie zur Vorstellung des Mannigfaltigen hinzukommt, den Begriff der Verbindung allererst möglich. Diese Einheit, die a priori vor allen Begriffen der Verbindung vorhergeht, ist nicht etwa jene Kategorie der Einheit (§ 10); denn alle Kategorien gründen sich auf logische Funktionen in Urteilen, in diesen aber ist schon Verbindung, mithin Einheit gegebener Begriffe gedacht. Die Kategorie setzt also schon Verbindung voraus. Also müssen wir diese Einheit (als qualitative § 12) noch höher suchen, nämlich in demjenigen, was selbst den Grund der Einheit verschiedener Begriffe in Urteilen, mithin der Möglichkeit des Verstandes, sogar in seinem logischen Gebrauche, enthält.

§ 16
Von der ursprünglich-synthetischen Einheit der Apperzeption

Das: *Ich denke*, muß alle meine Vorstellungen begleiten *können*; denn sonst würde etwas in mir vorgestellt werden, was gar nicht gedacht werden könnte, welches ebensoviel heißt, als die Vorstellung würde entweder unmöglich, oder wenigstens für mich nichts sein. Diejenige Vorstellung, die vor allem Denken gegeben sein kann, heißt *Anschauung*. Also hat alles Mannigfaltige der Anschauung eine notwendige Beziehung auf das: *Ich denke*, in demselben Subjekt, darin dieses Mannigfaltige angetroffen wird.

* Ob die Vorstellungen selbst identisch sind, und also eine durch die andere analytisch könne gedacht werden, das kommt hier nicht in Betrachtung. Das *Bewußtsein* der einen ist, sofern vom Mannigfaltigen die Rede ist, vom Bewußtsein der anderen doch immer zu unterscheiden, und auf die Synthesis dieses (möglichen) Bewußtseins kommt es hier allein an.

Diese Vorstellung aber ist ein Aktus der *Spontaneität*, d. i. sie kann nicht als zur Sinnlichkeit gehörig angesehen werden. Ich nenne sie die *reine Apperzeption*, um sie von der *empirischen* zu unterscheiden, oder auch die *ursprüngliche Apperzeption*, weil sie dasjenige Selbstbewußtsein ist, was, indem es die Vorstellung *Ich denke* hervorbringt, die alle anderen muß begleiten können, und in allem Bewußtsein ein und dasselbe ist, von keiner weiter begleitet werden kann. Ich nenne auch die Einheit derselben die *transzendentale* Einheit des Selbstbewußtseins, um die Möglichkeit der Erkenntnis a priori aus ihr zu bezeichnen. Denn die mannigfaltigen Vorstellungen, die in einer gewissen Anschauung gegeben werden, würden nicht insgesamt *meine* Vorstellungen sein, wenn sie nicht insgesamt zu einem Selbstbewußtsein gehörten, d. i. als meine Vorstellungen (ob ich mich ihrer gleich nicht als solcher bewußt bin) müssen sie doch der Bedingung notwendig gemäß sein, unter der sie allein in einem allgemeinen Selbstbewußtsein zusammenstehen *können,* weil sie sonst nicht durchgängig mir angehören würden. Aus dieser ursprünglichen Verbindung läßt sich vieles folgern.

Nämlich diese durchgängige Identität der Apperzeption eines in der Anschauung gegebenen Mannigfaltigen, enthält eine Synthesis der Vorstellungen, und ist nur durch das Bewußtsein dieser Synthesis möglich. Denn das empirische Bewußtsein, welches verschiedene Vorstellungen begleitet, ist an sich zerstreut und ohne Beziehung auf die Identität des Subjekts. Diese Beziehung geschieht also dadurch noch nicht, daß ich jede Vorstellung mit Bewußtsein begleite, sondern daß ich eine zu der anderen *hinzusetze* und mir der Synthesis derselben bewußt bin. Also nur dadurch, daß ich ein Mannigfaltiges gegebener Vorstellungen *in einem Bewußtsein* verbinden kann, ist es möglich, daß ich mir die *Identität des Bewußtseins in diesen Vorstellungen* selbst vorstelle, d. i. die *analytische* Einheit der Apperzeption ist nur unter der Voraussetzung irgendeiner *synthetischen* möglich*. Der Gedanke: diese in

* Die analytische Einheit des Bewußtseins hängt allen gemeinsamen Begriffen, als solchen, an, z. B. wenn ich mir *rot* überhaupt denke, so stelle ich mir dadurch eine Beschaffenheit vor, die (als Merkmal) irgendworan angetrof-

der Anschauung gegebenen Vorstellungen gehören mir insgesamt zu, heißt demnach soviel, als ich vereinige sie in einem Selbstbewußtsein, oder kann sie wenigstens darin vereinigen, und ob er gleich selbst noch nicht das Bewußtsein der *Synthesis* der Vorstellungen ist, so setzt er doch die Möglichkeit der letzteren voraus, d. i. nur dadurch, daß ich das Mannigfaltige derselben in einem Bewußtsein begreifen kann, nenne ich dieselben insgesamt *meine* Vorstellungen; denn sonst würde ich ein so vielfarbiges verschiedenes Selbst haben, als ich Vorstellungen habe, deren ich mir bewußt bin. Synthetische Einheit des Mannigfaltigen der Anschauungen, als a priori gegeben, ist also der Grund der Identität der Apperzeption selbst, die a priori allem *meinem* bestimmten Denken vorhergeht. Verbindung liegt aber nicht in den Gegenständen, und kann von ihnen nicht etwa durch Wahrnehmung entlehnt und in den Verstand dadurch allererst aufgenommen werden, sondern ist allein eine Verrichtung des Verstandes, der selbst nichts weiter ist, als das Vermögen, a priori zu verbinden, und das Mannigfaltige gegebener Vorstellungen unter Einheit der Apperzeption zu bringen, welcher Grundsatz der oberste im ganzen menschlichen Erkenntnis ist.

Dieser Grundsatz, der notwendigen Einheit der Apperzeption, ist nun zwar selbst identisch, mithin ein analytischer Satz, erklärt aber doch eine Synthesis des in einer Anschauung gegebenen Mannigfaltigen als notwendig, ohne welche jene durchgängige Identität des Selbstbewußtseins nicht gedacht werden kann. Denn durch das Ich, als einfache Vorstellung, ist nichts Mannigfaltiges

fen, oder mit anderen Vorstellungen verbunden sein kann; also nur vermöge einer vorausgedachten möglichen synthetischen Einheit kann ich mir die analytische vorstellen. Eine Vorstellung, die als *verschiedenen* gemein gedacht werden soll, wird als zu solchen gehörig angesehen, die außer ihr noch etwas *Verschiedenes* an sich haben, folglich muß sie in synthetischer Einheit mit anderen (wenngleich nur möglichen Vorstellungen) vorher gedacht werden, ehe ich die analytische Einheit des Bewußtseins, welche sie zum conceptus communis macht, an ihr denken kann. Und so ist die synthetische Einheit der Apperzeption der höchste Punkt, an dem man allen Verstandesgebrauch, selbst die ganze Logik, und, nach ihr, die Transzendental-Philosophie heften muß, ja dieses Vermögen ist der Verstand selbst.

gegeben; in der Anschauung, die davon unterschieden ist, kann es nur gegeben und durch *Verbindung* in einem Bewußtsein gedacht werden. Ein Verstand, in welchem durch das Selbstbewußtsein zugleich alles Mannigfaltige gegeben würde, würde *anschauen*; der unsere kann nur *denken* und muß in den Sinnen die Anschauung suchen. Ich bin mir also des identischen Selbst bewußt, in Ansehung des Mannigfaltigen der mir in einer Anschauung gegebenen Vorstellungen, weil ich sie insgesamt *meine* Vorstellungen nenne, die *eine* ausmachen. Das ist aber soviel, als, daß ich mir einer notwendigen Synthesis derselben a priori bewußt bin, welche die ursprüngliche synthetische Einheit der Apperzeption heißt, unter der alle mir gegebenen Vorstellungen stehen, aber unter die sie auch durch eine Synthesis gebracht werden müssen.

§17
Der Grundsatz der synthetischen Einheit der Apperzeption ist das oberste Prinzip alles Verstandesgebrauchs

Der oberste Grundsatz der Möglichkeit aller Anschauung in Beziehung auf die Sinnlichkeit war laut der transz. Ästhetik: daß alles Mannigfaltige derselben unter den formalen Bedingungen des Raumes und der Zeit stehen. Der oberste Grundsatz eben derselben in Beziehung auf den Verstand ist: daß alles Mannigfaltige der Anschauung unter Bedingungen der ursprünglich-synthetischen Einheit der Apperzeption stehe*. Unter dem ersteren stehen alle mannigfaltigen Vorstellungen der Anschauung, sofern sie uns *gegeben* werden, unter dem zweiten sofern sie in einem Bewußtsein müssen *verbunden* werden können; denn ohne das kann nichts

* Der Raum und die Zeit und alle Teile derselben sind *Anschauungen*, mithin einzelne Vorstellungen mit dem Mannigfaltigen, daß sie in sich enthalten (siehe die transz. Ästhetik), mithin nicht bloße Begriffe, durch die eben dasselbe Bewußtsein, als in vielen Vorstellungen, sondern viel Vorstellungen als in einer, und deren Bewußtsein, enthalten, mithin als zusammengesetzt, folglich die Einheit des Bewußtseins, als *synthetisch*, aber doch ursprünglich angetroffen wird. Diese *Einzelnheit* derselben ist wichtig in der Anwendung (siehe §25).

dadurch gedacht oder erkannt werden, weil die gegebenen Vorstellungen den Aktus der Apperzeption, *Ich* denke, nicht gemein haben, und dadurch nicht in einem Selbstbewußtsein zusammengefaßt sein würden.

Verstand ist, allgemein zu reden, das Vermögen der *Erkenntnisse*. Diese bestehen in der bestimmten Beziehung gegebener Vorstellungen auf ein Objekt. *Objekt* aber ist das, in dessen Begriff das Mannigfaltige einer gegebenen Anschauung *vereinigt* ist. Nun erfordert aber alle Vereinigung der Vorstellungen Einheit des Bewußtseins in der Synthesis derselben. Folglich ist die Einheit des Bewußtseins dasjenige, was allein die Beziehung der Vorstellungen auf einen Gegenstand, mithin ihre objektive Gültigkeit, folglich, daß sie Erkenntnisse werden, ausmacht, und worauf folglich selbst die Möglichkeit des Verstandes beruht.

Das erste reine Verstandeserkenntnis also, worauf sein ganzer übriger Gebrauch sich gründet, welches auch zugleich von allen Bedingungen der sinnlichen Anschauung ganz unabhängig ist, ist nun der Grundsatz der ursprünglichen *synthetischen* Einheit der Apperzeption. So ist die bloße Form der äußeren sinnlichen Anschauung, der Raum, noch gar keine Erkenntnis; er gibt nur das Mannigfaltige der Anschauung a priori zu einem möglichen Erkenntnis. Um aber irgend etwas im Raume zu erkennen, z. B. eine Linie, muß ich sie *ziehen*, und also eine bestimmte Verbindung des gegebenen Mannigfaltigen synthetisch zustande bringen, so, daß die Einheit dieser Handlung zugleich die Einheit des Bewußtseins (im Begriffe einer Linie) ist, und dadurch allererst ein Objekt (ein bestimmter Raum) erkannt wird. Die synthetische Einheit des Bewußtseins ist also eine objektive Bedingung aller Erkenntnis, nicht deren ich bloß selbst bedarf, um ein Objekt zu erkennen, sondern unter der jede Anschauung stehen muß, *um für mich Objekt zu werden*, weil auf andere Art, und ohne diese Synthesis, das Mannigfaltige sich *nicht* in einem Bewußtsein vereinigen würde.

Dieser letztere Satz ist, wie gesagt, selbst analytisch, ob er zwar die synthetische Einheit zur Bedingung alles Denkens macht; denn er sagt nichts weiter, als, daß alle *meine* Vorstellungen in irgendeiner gegebenen Anschauung unter der Bedingung stehen müssen, unter die ich sie allein als *meine* Vorstellungen zu dem identischen Selbst rechnen, und also als in einer Apperzeption synthetisch verbunden, durch den allgemeinen Ausdruck *Ich denke* zusammenfassen kann.

Aber dieser Grundsatz ist doch nicht ein Prinzip für jeden überhaupt möglichen Verstand, sondern nur für den, durch dessen reine Apperzeption in der Vorstellung: *Ich bin*, noch gar nichts Mannigfaltiges gegeben ist. Derjenige Verstand, durch dessen Selbstbewußtsein zugleich das Mannigfaltige der Anschauung gegeben würde, ein Verstand, durch dessen Vorstellung zugleich die Objekte dieser Vorstellung existierten, würde einen besonderen Aktus der Synthesis der Mannigfaltigen zu der Einheit des Bewußtseins nicht bedürfen, deren der menschliche Verstand, der bloß denkt, nicht anschaut, bedarf. Aber für den menschlichen Verstand ist er doch unvermeidlich der erste Grundsatz, so, daß er sich sogar von einem anderen möglichen Verstande, entweder einem solchen, der *selbst* anschaute, oder, wenngleich eine sinnliche Anschauung, aber doch von anderer Art, als die im Raume und der Zeit, zum Grunde liegend besäße, sich nicht den mindesten Begriff machen kann.

§ 18
Was objektive Einheit des Selbstbewußtseins sei

Die *transzendentale Einheit* der Apperzeption ist diejenige, durch welche alles in einer Anschauung gegebene Mannigfaltige in einen Begriff vom Objekt vereinigt wird. Sie heißt darum *objektiv*, und muß von der *subjektiven Einheit* des Bewußtseins unterschieden werden, die eine *Bestimmung des inneren Sinnes* ist, dadurch jenes Mannigfaltige der Anschauung zu einer solchen Verbindung empirisch gegeben wird. Ob ich mir des Mannigfaltigen als zugleich, oder nacheinander, *empirisch* bewußt sein könne, kommt auf die Umstände, oder empirische Bedingungen, an. Daher die empirische Einheit des Bewußtseins, durch Assoziation der Vorstellungen, selbst eine Erscheinung betrifft, und ganz zufällig ist. Dagegen steht die reine Form der Anschauung in der Zeit, bloß als Anschauung überhaupt, die ein gegebenes Mannigfaltiges enthält, unter der ursprünglichen Einheit des Bewußtseins, lediglich durch die notwendige Beziehung des Mannigfaltigen der Anschauung zum Einen: Ich denke; also durch die reine Synthesis des Verstandes, welche a priori der empirischen zum Grunde liegt. Jene Einheit ist allein objektiv gültig; die empirische Einheit der Apperzeption, die wir hier nicht erwägen, und die auch nur von der ersteren, unter gegebenen Bedingungen in concreto, abgeleitet ist, hat nur subjektive Gültigkeit. Einer verbindet die Vorstellung eines gewissen Wortes mit einer Sache, der andere mit einer anderen Sache; und die Einheit des Bewußtseins, in dem, was empirirsch ist, ist in Ansehung dessen, was gegeben ist, nicht notwendig und allgemein geltend.

§ 19
Die logische Form aller Urteile besteht in der objektiven Einheit der Apperzeption der darin enthaltenen Begriffe

Ich habe mich niemals durch die Erklärung, welche die Logiker von einem Urteile überhaupt geben, befriedigen können: es ist, wie sie sagen, die Vorstellung eines Verhältnisses zwischen zwei Begriffen. Ohne nun hier über das Fehlerhafte der Erklärung, daß sie allenfalls nur auf *kategorische*, aber nicht hypothetische und disjunktive Urteile paßt, (als welche letztere nicht ein Verhältnis von Begriffen, sondern selbst von Urteilen enthalten,) mit ihnen zu zanken, (ohnerachtet aus diesem Versehen der Logik manche lästige Folgen erwachsen sind,) * merke ich nur an, daß, worin dieses *Verhältnis* bestehe, hier nicht bestimmt ist.

Wenn ich aber die Beziehung gegebener Erkenntnisse in jedem Urteile genauer untersuche, und sie, als dem Verstande angehö-

* Die weitläufige Lehre von den vier syllogistischen Figuren betrifft nur die kategorischen Vernunftschlüsse, und, ob sie zwar nichts weiter ist, als eine Kunst, durch Versteckung unmittelbarer Schlüsse (consequentiae immediatiae) unter die Prämissen eines reinen Vernunftschlusses, den Schein mehrerer Schlußarten, als des in der ersten Figur, zu erschleichen, so würde sie doch dadurch allein kein sonderliches Glück gemacht haben, wenn es ihr nicht gelungen wäre, die kategorischen Urteile, als die, worauf sich alle andere müssen beziehen lassen, in ausschließliches Ansehen zu bringen, welches aber nach § 9 falsch ist.

rige, von dem Verhältnisse nach Gesetzen der reproduktiven Einbildungskraft (welches nur subjektive Gültigkeit hat) unterscheide, so finde ich, daß ein Urteil nichts anderes sei, als die Art, gegebene Erkenntnisse zur objektiven Einheit der Apperzeption zu bringen. Darauf zielt das Verhältniswörtchen ist in denselben, um die objektive Einheit gegebener Vorstellungen von der subjektiven zu unterscheiden. Denn dieses bezeichnet die Beziehung derselben auf die ursprüngliche Apperzeption und die *notwendige Einheit* derselben, wenngleich das Urteil selbst empirisch, mithin zufällig ist, z. B. die Körper sind schwer. Damit ich zwar nicht sagen will, diese Vorstellungen gehören in der empirischen Anschauung *notwendig zueinander*, sondern sie gehören *vermöge* der *notwendigen Einheit* der Apperzeption in der Synthesis der Anschauungen zueinander, d. i. nach Prinzipien der objektiven Bestimmung aller Vorstellungen, sofern daraus Erkenntnis werden kann, welche Prinzipien alle aus dem Grundsatze der transzendentalen Einheit der Apperzeption abgeleitet sind. Dadurch allein wird aus diesem Verhältnisse ein *Urteil*, d. i. ein Verhältnis, das *objektiv gültig* ist, und sich von dem Verhältnisse eben derselben Vorstellungen, worin bloß subjektive Gültigkeit wäre, z. B. nach Gesetzen der Assoziation, hinreichend unterscheidet. Nach den letzteren würde ich nur sagen können: Wenn ich einen Körper trage, so fühle ich einen Druck der Schwere; aber *nicht*: er, der Körper ist schwer; welches soviel sagen will, als, diese beiden Vorstellungen sind im Objekt, d. i. ohne Unterschied des Zustandes des Subjekts, verbunden, und nicht bloß in der Wahrnehmung (so oft sie auch wiederholt sein mag) beisammen.

§ 20
Alle sinnlichen Anschauungen stehen unter den Kategorien, als Bedingungen, unter denen allein das Mannigfaltige derselben in ein Bewußtsein zusammenkommen kann

Das mannigfaltige in einer sinnlichen Anschauung Gegebene gehört notwendig unter die ursprüngliche synthetische Einheit der Apperzeption, weil durch diese die *Einheit* der Anschauung allein möglich ist. (§ 17). Diejenige Handlung des Verstandes aber, durch die das Mannigfaltige gegebener Vorstellungen (sie mögen Anschauungen oder Begriffe sein) unter eine Apperzeption überhaupt gebracht wird, ist die logische Funktion der Urteile. (§ 19). Also ist alles Mannigfaltige, sofern es in Einer empirischen Anschauung gegeben ist, in Ansehung einer der logischen Funktionen zu urteilen *bestimmt*, durch die es nämlich zu einem Bewußtsein überhaupt gebracht wird. Nun sind aber die *Kategorien* nichts anderes, als eben diese Funktionen zu urteilen, sofern das Mannigfaltige einer gegebenen Anschauung in Ansehung ihrer bestimmt ist. (§ 13). Also steht auch das Mannigfaltige in einer gegebenen Anschauung notwendig unter Kategorien.

13. Die Fehlschlüsse der rationalen Psychologie (I. Kant)

Des zweiten Buchs der transzendentalen Dialektik
Erstes Hauptstück

Von den Paralogismen der reinen Vernunft

Der logische Paralogismus besteht in der Falschheit eines Vernunftschlusses der Form nach, sein Inhalt mag übrigens sein, welcher er wolle. Ein transzendentaler Paralogismus aber hat einen transzendentalen Grund: der Form nach falsch zu schließen. Auf solche Weise wird ein dergleichen Fehlschluß in der Natur der Menschenvernunft seinen Grund haben, und eine unvermeidliche, obzwar nicht unauflösliche, Illusion bei sich führen.

Jetzt kommen wir auf einen Begriff, der oben, in der allgemeinen Liste der transzendentalen Begriffe, nicht verzeichnet worden, und dennoch dazu gezählt werden muß, ohne doch darum jene Tafel im mindesten zu verändern und für mangelhaft zu erklären. Dieses ist der Begriff, oder, wenn man lieber will, das Urteil: *Ich denke*. Man sieht aber leicht, daß er das Vehikel aller Begriffe überhaupt, und mithin auch der transzendentalen sei, und also unter diesen jederzeit mit begriffen werde, und daher ebensowohl transzendental sei, aber keinen besonderen Titel haben könne, weil er nur dazu dient, alles Denken, als zum Bewußtsein gehörig, aufzuführen. Indessen, so rein er auch vom Empirischen (dem Eindruck der Sinne) ist, so dient er doch dazu, zweierlei Gegenstände aus der Natur unserer Vorstellungskraft zu unterscheiden. *Ich*, als denkend, bin ein Gegenstand des inneren Sinnes, und heiße Seele. Dasjenige, was ein Gegenstand äußerer Sinne ist, heißt Körper. Demnach bedeutet der Ausdruck: Ich, als ein denkend Wesen, schon den Gegenstand der Psychologie, welche die rationale Seelenlehre heißen kann, wenn ich von der Seele nichts weiter zu wissen verlange, als was unabhängig von aller Erfahrung (welche mich näher und in concreto bestimmt) aus diesem Begriffe *Ich*, sofern er bei allem Denken vorkommt, geschlossen werden kann.

Die *rationale* Seelenlehre ist nun wirklich ein Unterfangen von dieser Art; denn, wenn das mindeste Empirische meines Denkens, irgendeine besondere Wahrnehmung meines inneren Zustandes, noch unter die Erkenntnisgründe dieser Wissenschaft gemischt würde, so wäre sie nicht mehr rationale, sondern *empirische* Seelenlehre. Wir haben also schon eine angebliche Wissenschaft vor uns, welche auf dem einzigen Satze: *Ich denke*, erbaut worden, und deren Grund oder Ungrund wir hier ganz schicklich, und der Natur einer Transzendentalphilosophie gemäß, untersuchen können. Man darf sich daran nicht stoßen, daß ich doch an diesem Satze, der die Wahrnehmung seiner selbst ausdrückt, eine innere Erfahrung habe, und mithin die rationale Seelenlehre, welche darauf erbaut wird, niemals rein, sondern zum Teil auf ein empirisches Prinzipium gegründet sei. Denn diese innere Wahrnehmung ist nichts weiter, als die bloße Apperzeption: *Ich denke*; welche sogar alle transzendentalen Begriffe möglich macht, in welchen es heißt: Ich denke die Substanz, die Ursache usw. Denn innere Erfahrung überhaupt und deren Möglichkeit, oder Wahrnehmung überhaupt und deren Verhältnis zu anderer Wahrnehmung, ohne daß irgendein besonderer Unterschied derselben und Bestimmung empirisch gegeben ist, kann nicht als empirische Erkenntnis, sondern muß als Erkenntnis des Empirischen überhaupt angesehen werden, und gehört zur Untersuchung der Möglichkeit einer jeden Erfahrung, welche allerdings transzendental ist. Das mindeste Objekt der Wahrnehmung (z. B. nur Lust oder Unlust), welche zu der allgemeinen Vorstellung des Selbstbewußtseins hinzukäme, würde die rationale Psychologie sogleich in eine empirische verwandeln.

Ich denke, ist also der alleinige Text der rationalen Psychologie, aus welchem sie ihre ganze Weisheit auswickeln soll. Man sieht leicht, daß dieser Gedanke, wenn er auf einen Gegenstand (mich selbst) bezogen werden soll, nichts anderes, als transzendentale Prädikate desselben, enthalten könne; weil das mindeste empirische Prädikat die rationale Reinigkeit und Unabhängigkeit der Wissenschaft von aller Erfahrung, verderben würde.

Wir werden aber hier bloß dem Leitfaden der Kategorien zu folgen haben, nur, da hier zuerst ein Ding, *Ich*, als denken Wesen, gegeben worden, so werden wir zwar die obige Ordnung der Kategorien untereinander, wie sie in ihrer Tafel vorgestellt ist, nicht verändern, aber doch hier von der Kategorie der Substanz anfangen, dadurch ein Ding an sich selbst vorgestellt wird, und so ihrer Reihe rückwärts nachgehen. Die Topik der rationalen Seelenlehre, woraus alles übrige, was sie nur enthalten mag, abgeleitet werden muß, ist demnach folgende:

1.
Die Seele ist
Substanz.

2.
Ihrer Qualität nach
einfach.

3.
Den verschiedenen Zeiten nach,
in welchen sie da ist, numerisch-identisch, d.i. *Einheit*
(nicht Vielheit).

4.
Im Verhältnisse
zu *möglichen* Gegenständen im Raume*.

* Der Leser, der aus diesen Ausdrücken, in ihrer transzendentalen Abgezogenheit, nicht so leicht den psychologischen Sinn derselben, und warum das letztere Attribut der Seele zur Kategorie der *Existenz* gehöre, erraten wird, wird sie in dem Folgenden hinreichend erklärt und gerechtfertigt finden. Übrigens habe ich wegen der lateinischen Ausdrücke, die statt der gleichbedeutenden deutschen, wider den Geschmack der guten Schreibart, eingeflossen sind, sowohl bei diesem Abschnitte, als auch in Ansehung des ganzen Werks, zur Entschuldigung anzuführen: daß ich lieber etwas der Zierlichkeit der Sprache habe entziehen, als den Schulgebrauch durch die mindeste Unverständlichkeit erschweren wollen.

Aus diesen Elementen entspringen alle Begriffe der reinen Seelenlehre, lediglich durch die Zusammensetzung, ohne im mindesten ein anderes Prinzipium zu erkennen. Diese Substanz, bloß als Gegenstand des inneren Sinnes, gibt den Begriff der *Immaterialität*; als einfache Substanz, der *Inkorruptibilität*; die Identität derselben, als intellektueller Substanz, gibt die *Personalität*; alle diese drei Stücke zusammen die *Spiritualität*; das Verhältnis zu den Gegenständen im Raume gibt das *Kommerzium* mit Körpern; mithin stellt sie die denkende Substanz, als das Prinzipium des Lebens in der Materie, d. i. sie als Seele (*anima*) und als den Grund der *Animalität* vor; diese durch die Spiritualität eingeschränkt, *Immortalität*.

Hierauf beziehen sich nun vier Paralogismen einer transzendentalen Seelenlehre, welche fälschlich für eine Wissenschaft der reinen Vernunft, von der Natur unseres denkenden Wesens gehalten wird. Zum Grunde derselben können wir aber nichts anderes legen, als die einfache und für sich selbst an Inhalt gänzlich leere Vorstellung: *Ich*; von der man nicht einmal sagen kann, daß sie ein Begriff sei, sondern ein bloßes Bewußtsein, das alle Begriffe begleitet. Durch dieses Ich, oder Er oder Es (das Ding), welches denkt, wird nun nichts weiter, als ein transzendentales Subjekt der Gedanken vorgestellt = x, welches nur durch die Gedanken, die seine Prädikate sind, erkannt wird, und wovon wir, abgesondert, niemals den mindesten Begriff haben können; um welches wir uns daher in einem beständigen Zirkel herumdrehen, indem wir uns seiner Vorstellung jederzeit schon bedienen müssen, um irgend etwas von ihm zu urteilen; eine Unbequemlichkeit, die davon nicht zu trennen ist, weil das Bewußtsein an sich nicht sowohl eine Vorstellung ist, die ein besonderes Objekt unterscheidet, sondern eine Form derselben überhaupt, sofern sie Erkenntnis genannt werden soll; denn von der allein kann ich sagen, daß ich dadurch irgend etwas denke.

14. Die Antinomie der reinen Vernunft (Dritter Widerstreit) (I. Kant)

Thesis

Die Kausalität nach Gesetzen der Natur ist nicht die einzige, aus welcher die Erscheinungen der Welt insgesamt abgeleitet werden können. Es ist noch eine Kausalität durch Freiheit zur Erklärung derselben anzunehmen notwendig.

Beweis

Man nehme an, es gebe keine andere Kausalität, als nach Gesetzen der Natur; so setzt alles, was geschieht, einen vorigen Zustand voraus, auf den es unausbleiblich nach einer Regel folgt. Nun muß aber der vorige Zustand selbst etwas sein, was geschehen ist (in der Zeit geworden, das es vorher nicht war), weil, wenn es jederzeit gewesen wäre, seine Folge auch nicht allererst entstanden, sondern immer gewesen sein würde. Also ist die Kausalität der Ursache, durch welche etwas geschieht, selbst etwas Geschehenes, welches nach dem Gesetz der Natur wiederum einen vorigen Zustand und dessen Kausalität, dieser aber eben so einen noch älteren voraussetzt usw. Wenn also alles nach bloßen Gesetzen der Natur geschieht, so gibt es jederzeit nur einen subalternen, niemals aber einen ersten Anfang, und also überhaupt keine Vollständigkeit der Reihe auf der Seite der voneinander abstammenden Ursachen. Nun besteht aber eben darin das Gesetz der Natur: daß ohne hinreichend a priori bestimmte Ursache nichts geschehe. Also widerspricht der Satz, als wenn alle Kausalität nur nach Naturgesetzen möglich sei, sich selbst in seiner unbeschränkten Allgemeinheit, und diese kann also nicht als die einzige angenommen werden.

Diesem nach muß eine Kausalität angenommen werden, durch welche etwas geschieht, ohne daß die Ursache davon noch weiter, durch eine andere vorhergehende Ursache, nach notwendigen Gesetzen bestimmt sei, d. i. eine absolute Spontaneität der Ursachen, eine Reihe von Erscheinungen, die nach Naturgesetzen läuft, von selbst anzufangen, mithin transzendentale Freiheit, ohne welche selbst im Laufe der Natur die Reihenfolge der Erscheinungen auf der Seite der Ursachen niemals vollständig ist.

Antithesis

Es ist keine Freiheit, sondern alles in der Welt geschieht lediglich nach Gesetzen der Natur.

Beweis

Setzet: es gehe eine Freiheit im tranzendentalen Verstande, als eine besondere Art von Kausalität, nach welcher die Begebenheiten der Welt erfolgen könnten, nämlich ein Vermögen, einen Zustand, mithin auch eine Reihe von Folgen desselben, schlechthin anzufangen; so wird nicht allein eine Reihe durch diese Spontaneität, sondern die Bestimmung dieser Spontaneität selbst zur Hervorbringung der Reihe, d. i. die Kausalität, wird schlechthin anfangen, so daß nichts vorhergeht, wodurch diese geschehende Handlung nach beständigen Gesetzen bestimmt sei. Es setzt aber ein jeder Anfang zu handeln einen Zustand der noch nicht handelnden Ursache voraus, und ein dynamisch erster Anfang der Handlung einen Zustand, der mit dem vorhergehenden eben derselben Ursache gar keinen Zusammenhang der Kausalität hat, d. i. auf keine Weise daraus erfolgt. Also ist die transzendentale Freiheit dem Kausalgesetze entgegen, und eine solche Verbindung der suk zessiven Zustände wirkender Ursachen, nach welcher keine Einheit der Erfahrung möglich ist, die also auch in keiner Erfahrung angetroffen wird, mithin ein leeres Gedankending.

Wir haben also nichts als Natur, in welcher wir den Zusammenhang und Ordnung der Weltbegebenheiten suchen müssen. Die

Freiheit (Unabhängigkeit) von den Gesetzen der Natur, ist zwar eine Befreiung vom Zwange, aber auch vom Leitfaden aller Regeln. Denn man kann nicht sagen, daß, anstatt der Gesetze der Natur, Gesetze der Freiheit in die Kausalität des Weltlaufs eintreten, weil, wenn diese nach Gesetzen bestimmt wäre, sie nicht Freiheit, sondern selbst nichts anderes als Natur wäre. Natur also und transzendentale Freiheit unterscheiden sich wie Gesetzmäßigkeit und Gesetzlosigkeit, davon jene zwar den Verstand mit der Schwierigkeit belästigt, die Abstammung der Begebenheiten in der Reihe der Ursachen immer höher hinauf zu suchen, weil die Kausalität an ihnen jederzeit bedingt ist, aber zur Schadloshaltung durchgängige und gesetztmäßige Einheit der Erfahrung verspricht, dahingegen das Blendwerk von Freiheit zwar dem forschenden Verstande in der Kette der Ursachen Ruhe verheißt, indem sie ihn zu einer unbedingten Kausalität führt, die von selbst zu handeln anhebt, die aber, da sie selbst blind ist, den Leitfaden der Regeln abreißt, an welchem allein eine durchgängig zusammenhängende Erfahrung möglich ist.

15. Kritik des ontologischen Gottesbeweises (I. Kant)

Von der Unmöglichkeit eines ontologischen Beweises vom Dasein Gottes

Man sieht aus dem bisherigen leicht: daß der Begriff eines absolut notwendigen Wesens ein reiner Vernunftbegriff, d. i. eine bloße Idee sei, deren objektive Realität dadurch, daß die Vernunft ihrer bedarf, noch lange nicht bewiesen ist, welche auch nur auf eine gewisse obzwar unerreichbare Vollständigkeit Anweisung gibt, und eigentlich mehr dazu dient, den Verstand zu begrenzen, als ihn auf neue Gegenstände zu erweitern. Es findet sich hier nun das Befremdliche und Widersinnische, daß der Schluß von einem gegebenen Dasein überhaupt auf irgendein schlechthin notwendiges Dasein, dringend und richtig zu sein scheint, und wir gleichwohl alle Bedingungen des Verstandes, sich einen Begriff von einer solchen Notwendigkeit zu machen, gänzlich wider uns haben.

Man hat zu aller Zeit von dem *absolut notwendigen* Wesen geredet, und sich nicht sowohl Mühe gegeben, zu verstehen, ob und wie man sich ein Ding von dieser Art auch nur denken könne, als vielmehr desses Dasein zu beweisen. Nun ist zwar eine Namenerklärung von diesem Begriffe ganz leicht, daß es nämlich so etwas sei, dessen Nichtsein unmöglich ist; aber man wird hierdurch um nichts klüger, in Ansehung der Bedingungen, die es unmöglich machen, das Nichtsein eines Dinges als schlechterdings undenklich anzusehen, und die eigentlich dasjenige sind, was man wissen will, nämlich, ob wir uns durch diesen Begriff überall etwas denken, oder nicht. Denn alle Bedingungen, die der Verstand jederzeit bedarf, um etwas als notwendig anzusehen, vermittelst des Worts: *Unbedingt*, wegwerfen, macht mir noch lange nicht verständlich, ob ich alsdann durch einen

Begriff eines Unbedingtnotwendigen noch etwas, oder vielleicht gar nichts denke.

Noch mehr: diesen auf das bloße Geratewohl gewagten und endlich ganz geläufig gewordenen Begriff hat man noch dazu durch eine Menge Beispiele zu erklären geglaubt, so, daß alle weitere Nachfrage wegen seiner Verständlichkeit ganz unnötig erschienen. Ein jeder Satz der Geometrie, z. B. daß ein Triangel drei Winkel habe, ist schlechthin notwendig, und so redet man von einem Gegenstande, der ganz außerhalb der Sphäre unseres Verstandes liegt, als ob man ganz wohl verstände, was man mit dem Begriffe von ihm sagen wolle.

Alle vorgegebenen Beispiele sind ohne Ausnahme nur von *Urteilen*, aber nicht von *Dingen* und deren Dasein hergenommen. Die unbedingte Notwendigkeit der Urteile aber ist nicht eine absolute Notwendigkeit der Sachen. Denn die absolute Notwendigkeit des Urteils ist nur eine bedingte Notwendigkeit der Sache, oder des Prädikats im Urteile. Der vorige Satz sagte nicht, daß drei Winkel schlechterdings notwendig sind, sondern, unter der Bedingung, daß ein Triangel da ist, (gegeben ist) sind auch drei Winkel (in ihm) notwendigerweise da. Gleichwohl hat diese logische Notwendigkeit eine so große Macht ihrer Illusion bewiesen, daß, indem man sich einen Begriff a priori von einem Dinge gemacht hatte, der so gestellt war, daß man seiner Meinung nach das Dasein mit in seinen Umfang begriff, man daraus glaubte sicher schließen zu können, daß, weil dem Objekt dieses Begriffs das Dasein notwendig zukommt, d. i. unter der Bedingung, daß ich dieses Ding als gegeben (existierend) setze, auch sein Dasein notwendig, (nach der Regel der Identität) gesetzt werde, und dieses Wesen daher selbst schlechterdings notwendig sei, weil sein Dasein in einem nach Belieben angenommenen Begriffe und unter der Bedingung, daß ich den Gegenstand desselben setze, mitgedacht wird.

Wenn ich das Prädikat in einem identischen Urteile aufhebe und behalte das Subjekt, so entspringt ein Widerspruch, und daher sage ich: jenes kommt diesem notwendigerweise zu. Hebe ich aber das Subjekt zusamt dem Prädikate auf, so entspringt kein Widerspruch; denn *es ist nichts mehr*, welchem widersprochen werden könnte. Ein Triangel setzen und doch die drei Winkel desselben aufheben, ist widersprechend; aber den Triangel samt seinen drei Winkeln aufheben, ist kein Widerspruch. Gerade ebenso ist es mit dem Begriffe eines absolut notwendigen Wesens bewandt. Wenn ihr das Dasein desselben aufhebt, so hebt ihr das Ding selbst mit allen seinen Prädikaten auf; wo soll alsdann der Widerspruch herkommen? Äußerlich ist nichts, dem widersprochen würde, denn das Ding soll nicht äußerlich notwendig sein; innerlich auch nichts, denn ihr habt, durch Aufhebung des Dinges selbst, alles Innere zugleich aufgehoben. Gott ist allmächtig; das ist ein notwendiges Urteil. Die Allmacht kann nicht aufgehoben werden, wenn ihr eine Gottheit, d. i. ein unendliches Wesen, setzt, mit dessen Begriff jener identisch ist. Wenn ihr aber sagt: *Gott ist nicht*, so ist weder die Allmacht, noch irgendein anderes seiner Prädikate gegeben; denn sie sind alle zusamt dem Subjekte aufgehoben, und es zeigt sich in diesem Gedanken nicht der mindeste Widerspruch.

Ihr habt also gesehen, daß, wenn ich das Prädikat eines Urteils zusamt dem Subjekt aufhebe, niemals ein innerer Widerspruch entspringen könne, das Prädikat mag auch sein, welches es wolle. Nun bleibt euch keine Ausflucht übrig, als, ihr müßt sagen: es gibt Subjekte, die gar nicht aufgehoben werden können, die also bleiben müssen. Das würde aber ebensoviel sagen, als: es gibt schlechterdings notwendige Subjekte; eine Voraussetzung, an deren Richtigkeit ich eben gezweifelt habe, und deren Möglichkeit ihr mir zeigen wolltet. Denn ich kann mir nicht den geringsten Begriff von einem Dinge machen, welches, wenn es mit allen seinen Prädikaten aufgehoben würde, einen Widerspruch zurück ließe, und ohne den Widerspruch habe ich, durch bloße reine Begriffe a priori, kein Merkmal der Unmöglichkeit.

Wider alle diese allgemeinen Schlüsse (deren sich kein Mensch weigern kann) fordert ihr mich durch einen Fall auf, den ihr, als einen Beweis durch die Tat, aufstellt: daß es doch einen und zwar nur diesen *Einen* Begriff gebe, da das Nichtsein oder das Aufheben seines Gegenstandes in sich selbst widersprechend sei, und dieses ist der Begriff des allerrealsten Wesens. Es hat, sagt ihr, alle Realität, und ihr seid berechtigt, ein solches Wesen als möglich anzunehmen, (welches ich vorjetzt einwillige, obgleich der sich nicht widersprechende Begriff noch lange nicht die Möglichkeit des Gegenstandes beweist)*. Nun ist unter aller Realität auch das Dasein mitbegriffen: Also liegt das Dasein in dem Begriffe von einem Möglichen. Wird dieses Ding nun aufgehoben, so wird die innere Möglichkeit des Dinges aufgehoben, welches widersprechend ist.

Ich antworte: Ihr habt schon einen Widerspruch begangen, wenn ihr in den Begriff eines Dinges, welches ihr lediglich seiner Möglichkeit nach denken wolltet, es sei unter welchem versteckten Namen, schon den Begriff seiner Existenz hinein brachtet. Räumt man euch dieses ein, so habt ihr dem Scheine nach gewonnen Spiel, in der Tat aber nichts gesagt; denn ihr habt eine bloße Tautologie begangen. Ich frage euch, ist der Satz: *dieses oder jenes Ding* (welches ich euch als möglich einräume, es mag sein, welches es wolle,) *existiert*, ist, sage ich, dieser Satz ein analytischer oder synthetischer Satz? Wenn er das erstere ist, so tut ihr durch das Dasein des Dinges zu euerem Gedanken von dem Dinge nichts hinzu, aber alsdann müßte entweder der Gedanke, der in euch ist, das Ding selber sein, oder ihr habt ein Dasein, als zur Möglichkeit gehörig, vorausgesetzt, und alsdann das Dasein dem Vorgeben nach aus der inneren Möglichkeit geschlossen, welches nichts als eine elende Tautologie ist. Das Wort: Realität, welches im Begriffe des Dinges anders klingt, als Existenz im Begriffe des Prädikats, macht es nicht aus. Denn, wenn ihr auch alles Setzen (unbestimmt was ihr setzt) Realität nennt, so habt ihr das Ding schon mit allen seinen Prädikaten im Begriffe des Subjekts gesetzt und als wirklich angenommen, und im Prädikat wiederholt ihr es nur. Gesteht ihr dagegen, wie es billigermaßen jeder Vernünftige gestehen muß, daß ein jeder Existenzialsatz synthetisch sei, wie wollt ihr dann

* Der Begriff ist allemal möglich, wenn er sich nicht widerspricht. Das ist das logische Merkmal der Möglichkeit, und dadurch wird sein Gegenstand vom *nihil negativum* unterschieden. Allein er kann nichtsdestoweniger ein leerer Begriff sein, wenn die objektive Realität der Synthesis, dadurch der Begriff erzeugt wird, nicht besonders dargetan wird; welches aber jederzeit, wie oben gezeigt worden, auf Prinzipien möglicher Erfahrung und nicht auf dem Grundsatze der Analysis (dem Satze des Widerspruchs) beruht. Das ist eine Warnung, von der Möglichkeit der Begriffe (logische) nicht sofort auf die Möglichkeit der Dinge (reale) zu schließen.

behaupten, daß das Prädikat der Existenz sich ohne Widerspruch nicht aufheben lasse? da dieser Vorzug nur den analytischen, als deren Charakter eben darauf beruht, eigentümlich zukommt.

Ich würde zwar hoffen, diese grüblerische Argutation, ohne allen Umschweif, durch eine genaue Bestimmung des Begriffes der Existenz zunichte zu machen, wenn ich nicht gefunden hätte, daß die Illusion, in Verwechslung eines logischen Prädikats mit einem realen, (d. i. der Bestimmung eines Dinges,) beinahe alle Belehrung ausschlage. Zum *logischen Prädikate* kann alles dienen, was man will, sogar das Subjekt kann von sich selbst prädiziert werden; denn die Logik abstrahiert von allem Inhalte. Aber die *Bestimmung* ist ein Prädikat, welches über den Begriff des Subjekts hinzukommt und ihn vergrößert. Sie muß also nicht in ihm schon enthalten sein.

Sein ist offenbar kein reales Prädikat, d. i. ein Begriff von irgend etwas, was zu dem Begriffe eines Dinges hinzukommen könne. Es ist bloß die Position eines Dinges, oder gewisser Bestimmungen an sich selbst. Im logischen Gebrauche ist es lediglich die Copula eines Urteils. Der Satz: *Gott ist allmächtig*, enthält zwei Begriffe, die ihre Objekte haben: Gott und Allmacht; das Wörtchen: *ist*, ist nicht noch ein Prädikat obendrein, sondern nur das, was das Prädikat *beziehungsweise* aufs Subjekt setzt. Nehme ich nun das Subjekt (Gott) mit allen seinen Prädikaten (worunter auch die Allmacht gehört) zusammen, und sage: *Gott ist*, oder es ist ein Gott, so setze ich kein neues Prädikat zum Begriffe von Gott, sondern nur das Subjekt an sich selbst mit allen seinen Prädikaten, und zwar den *Gegenstand* in Beziehung auf meinen *Begriff*. Beide müssen genau einerlei enthalten, und es kann daher zu dem Begriffe, der bloß die Möglichkeit ausdrückt, darum, daß ich dessen Gegenstand als schlechthin gegeben (durch den Ausdruck: er ist) denke, nichts weiter hinzukommen. Und so enthält das Wirkliche nichts mehr als das bloß Mögliche. Hundert wirkliche Taler enthalten nicht das mindeste mehr, als hundert mögliche. Denn, da diese den Begriff, jene aber den Gegenstand und dessen Position an sich selbst bedeuten, so würde, im Fall dieser mehr enthielte als jener, mein Begriff nicht den ganzen Gegenstand ausdrücken, und also auch nicht der angemessene Begriff von ihm sein. Aber in meinem Vermögenszustande ist mehr bei hundert wirklichen Talern, als bei dem bloßen Begriffe derselben, (d. i. ihrer Möglichkeit). Denn der Gegenstand ist bei der Wirklichkeit nicht bloß in meinem Begriffe analytisch enthalten, sondern kommt zu meinem Begriffe (der eine Bestimmung meines Zustandes ist) synthetisch hinzu, ohne daß durch dieses Sein außerhalb meinem Begriffe diese gedachten hundert Taler selbst im mindesten vermehrt werden.

Wenn ich also ein Ding, durch welche und wie viel Prädikate ich will, (selbst in der durchgängigen Bestimmung) denke, so kommt dadurch, daß ich noch hinzusetze, dieses Ding *ist*, nicht das mindeste zu dem Dinge hinzu. Denn sonst würde nicht eben dasselbe, sondern mehr existieren, als ich im Begriffe gedacht hatte, und ich könnte nicht sagen, daß gerade der Gegenstand meines Begriffs existiere. Denke ich mir auch sogar in einem Dinge alle Realität außer einer, so kommt dadurch, daß ich sage, ein solches mangelhaftes Ding existiert, die fehlende Realität nicht hinzu, sondern es existiert gerade mit demselben Mangel behaftet, als ich es gedacht habe, sonst würde etwas anderes, als ich dachte, existieren. Denke ich mir nun ein Wesen als die höchste Realität (ohne Mangel), so bleibt noch immer die Frage, ob es existiere, oder nicht. Denn, obgleich an meinem Begriffe, von dem möglichen realen Inhalte eines Dinges überhaupt, nichts fehlt, so fehlt doch noch etwas an dem Verhältnisse zu meinem ganzen Zustande des Denkens, nämlich daß die Erkenntnis jenes Objekts auch a posteriori möglich sei. Und hier zeigt sich auch die Ursache der hierbei obwaltenden Schwierigkeit. Wäre von einem Gegenstande der Sinne die Rede, so würde ich die Existenz des Dinges mit dem bloßen Begriffe des Dinges nicht verwechseln können. Denn durch den Begriff wird der Gegenstand nur mit den allgemeinen Bedingungen einer möglichen empirischen Erkenntnis überhaupt als einstimmig, durch die Existenz aber als in dem Kontext der gesamten Erfahrung enthalten gedacht; da denn durch die Verknüpfung mit dem Inhalte der gesamten Erfahrung der Begriff vom Gegenstande nicht im mindesten vermehrt wird, unser Denken aber durch denselben eine mögliche Wahrnehmung mehr bekommt. Wollen wir dagegen die Existenz durch die reine Kategorie allein denken, so ist kein Wunder, daß wir kein Merkmal angeben können, sie von der bloßen Möglichkeit zu unterscheiden.

Unser Begriff von einem Gegenstande mag also enthalten, was

und wie viel er wolle, so müssen wir doch aus ihm herausgehen, um diesem die Existenz zu erteilen. Bei Gegenständen der Sinne geschieht dieses durch den Zusammenhang mit irgendeiner meiner Wahrnehmungen nach empirischen Gesetzen; aber für Objekte des reinen Denkens ist ganz und gar kein Mittel, ihr Dasein zu erkennen, weil es gänzlich a priori erkannt werden müßte, unser Bewußtsein aller Existenz aber (es sei durch Wahrnehmungen unmittelbar, oder durch Schlüsse, die etwas mit der Wahrnehmung verknüpfen,) gehört ganz und gar zur Einheit der Erfahrung, und eine Existenz außer diesem Felde kann zwar nicht schlechterdings für unmöglich erklärt werden, sie ist aber eine Voraussetzung, die wir durch nichts rechtfertigen können.

Der Begriff eines höchsten Wesens ist eine in mancher Absicht sehr nützliche Idee; sie ist aber eben darum, weil sie bloß Idee ist, ganz unfähig, um vermittelst ihrer allein unsere Erkenntnis in Ansehung dessen, was existiert, zu erweitern. Sie vermag nicht einmal so viel, daß sie uns in Ansehung der Möglichkeiten eines Mehreren belehrte. Das analytische Merkmal der Möglichkeit, das darin besteht, daß bloße Positionen (Realitäten) keinen Widerspruch erzeugen, kann ihm zwar nicht gestritten werden; da aber die Verknüpfung aller realen Eigenschaften in einem Dinge eine Synthesis ist, über deren Möglichkeit wir a priori nicht urteilen können, weil uns die Realitäten spezifisch nicht gegeben sind, und, wenn dieses auch geschähe, überall gar kein Urteil darin stattfindet, weil das Merkmal der Möglichkeit synthetischer Erkenntnisse immer nur in der Erfahrung gesucht werden muß, zu welcher aber der Gegenstand einer Idee nicht gehören kann; so hat der berühmte Leibniz bei weitem das nicht geleistet, wessen er sich schmeichelte, nämlich eines so erhabenen idealischen Wesens Möglichkeit a priori einsehen zu wollen.

Es ist also an dem so berühmten ontologischen (Cartesianischen) Beweise, vom Dasein eines höchstens Wesens, aus Begriffen, alle Mühe und Arbeit verloren, und ein Mensch möchte wohl ebensowenig aus bloßen Ideen an Einsichten reicher werden, als ein Kaufmann an Vermögen, wenn er, um seinen Zustand zu verbessern, seinem Kassenbestande einige Nullen anhängen wollte.

IV. Kants praktische Philosophie

16. Von den Grundsätzen der reinen praktischen Vernunft

§ 1
Erklärung

Praktische *Grundsätze* sind Sätze, welche eine allgemeine Bestimmung des Willens enthalten, die mehrere praktische Regeln unter sich hat. Sie sind subjektiv oder *Maximen*, wenn die Bedingung nur als für den Willen des Subjekts gültig von ihm angesehen wird; objektiv aber oder praktische *Gesetze*, wenn jene als objektiv, d. i. für den Willen jedes vernünftigen Wesens gültig erkannt wird. [...]

§ 2
Lehrsatz I

Alle praktischen Prinzipien, die ein *Objekt* (Materie) des Begehrungsvermögens als Bestimmungsgrund des Willens voraussetzen, sind insgesamt empirisch und können keine praktischen Gesetze abgeben.

Ich verstehe unter der Materie des Begehrungsvermögens einen Gegenstand, dessen Wirklichkeit begehrt wird. Wenn die Begierde nach diesem Gegenstande nun vor der praktischen Regel vorhergeht und die Bedingung ist, sie sich zum Prinzip zu machen, so sage ich (*erstlich*): dieses Prinzip ist alsdann jederzeit empirisch. Denn der Bestimmungsgrund der Willkür ist alsdann die Vorstellung eines Objekts und dasjenige Verhältnis derselben zum Subjekt, wodurch das Begehrungsvermögen zur Wirklichmachung desselben bestimmt wird. Ein solches Verhältnis aber zum Subjekt heißt die *Lust* an der Wirklichkeit eines Gegenstandes. Also müßte diese als Bedingung der Möglichkeit der Bestimmung der Willkür vorausgesetzt werden. Es kann aber von keiner Vorstellung irgend eines Gegenstandes, welche sie auch sei, a priori erkannt werden, ob sie mit *Lust* oder *Unlust* verbunden oder *indifferent* sein werde. Also muß in solchem Falle der Bestimmungsgrund der Willkür jederzeit empirisch sein, mithin auch das praktische materiale Prinzip, welches ihn als Bedingung voraussetzte.

Da nun (*zweitens*) ein Prinzip, das sich nur auf die subjektive Bedingung der Empfänglichkeit einer Lust oder Unlust (die jederzeit nur empirisch erkannt und nicht für alle vernünftige Wesen in gleicher Art gültig sein kann) gründet, zwar wohl für das Subjekt, das sie besitzt, zu ihrer *Maxime*, aber auch für diese selbst (weil es ihm an objektiver Notwendigkeit, die a priori erkannt werden muß, mangelt), nicht zum *Gesetze* dienen kann, so kann ein solches Prinzip niemals ein praktisches Gesetz abgeben.

§ 3
Lehrsatz II

Alle materialen praktischen Prinzipien sind als solche insgesamt von einer und derselben Art und gehören unter das allgemeine Prinzip der Selbstliebe oder eigenen Glückseligkeit.

Die Lust aus der Vorstellung der Existenz einer Sache, sofern sie ein Bestimmungsgrund des Begehrens dieser Sache sein soll, gründet sich auf der *Empfänglichkeit* des Subjekts, weil sie von dem Dasein eines Gegenstandes *abhängt*; mithin gehört sie dem Sinne (Gefühl) und nicht dem Verstande an, der eine Beziehung der Vorstellung *auf ein Objekt* nach Begriffen, aber nicht auf das Subjekt nach Gefühlen ausdrückt. Sie ist also nur sofern praktisch, als die Empfindung der Annehmlichkeit, die das Subjekt von der Wirklichkeit des Gegenstandes erwartet, das Begehrungsvermögen bestimmt. Nun ist aber das Bewußtsein eines vernünftigen Wesens von der Annehmlichkeit des Lebens, die ununterbrochen sein ganzes Dasein begleitet, die *Glückseligkeit*, und das Prinzip, diese sich zum höchsten Bestimmungsgrunde der Willkür zu machen, das Prinzip der Selbstliebe. Also sind alle materialen Prinzipien, die den Bestimmungsgrund der Willkür in der aus irgendeines Gegenstandes Wirklichkeit zu empfindenden Lust oder Unlust setzen, sofern gänzlich von *einerlei Art*, daß sie insgesamt zum Prinzip der Selbstliebe oder eigenen Glückseligkeit gehören.

Folgerung

Alle *materialen* praktischen Regeln setzen den Bestimmungsgrund des Willens im *unteren Begehrungsvermögen*, und gäbe es gar keine *bloß formalen* Gesetze desselben, die den Willen hinreichend bestimmten, so würde auch *kein oberes Begehrungsvermögen* eingeräumt werden können. [...]

§ 4
Lehrsatz III

Wenn ein vernünftiges Wesen sich seine Maximen als praktische allgemeine Gesetze denken soll, so kann es sich dieselben nur als solche Prinzipien denken, die nicht der Materie, sondern bloß der Form nach den Bestimmungsgrund des Willens enthalten.

Die Materie eines praktischen Prinzips ist der Gegenstand des Willens. Dieser ist entweder der Bestimmungsgrund des letzteren oder nicht. Ist er der Bestimmungsgrund desselben, so würde die Regel des Willens einer empirischen Bedingung (dem Verhältnis der bestimmenden Vorstellung zum Gefühle der Lust oder Unlust) unterworfen, folglich kein praktisches Gesetz sein. Nun bleibt von einem Gesetze, wenn man alle Materie, d. i. jeden Gegenstand des Willens (als Bestimmungsgrund) davon absondert, nichts übrig als die bloße Form einer allgemeinen Gesetzgebung. Also kann ein vernünftiges Wesen sich *seine* subjektiv-praktischen Prinzipien d. i. Maximen entweder gar nicht zugleich als allgemeine Gesetze denken, oder es muß anmehmen, daß die bloße Form derselben nach der jene *sich zur allgemeinen Gesetzgebung schicken*, sie für sich allein zum praktischen Gesetze mache. [...]

§ 5
Aufgabe I

Vorausgesetzt, daß die bloße gesetzgebende Form der Maximen allein der zureichende Bestimmungsgrund eines Willens sei: die Beschaffenheit desjenigen Willens zu finden, der dadurch allein bestimmbar ist.

Da die bloße Form des Gesetzes lediglich von der Vernunft vorgestellt werden kann und mithin kein Gegenstand der Sinne ist, folglich auch nicht unter die Erscheinungen gehört: so ist die Vorstellung derselben als Bestimmungsgrund des Willens von allen Bestimmungsgründen der Begebenheiten in der Natur nach dem Gesetze der Kausalität unterschieden, weil bei diesen die bestimmenden Gründe selbst Erscheinungen sein müssen. Wenn aber auch kein anderer Bestimmungsgrund des Willens für diesen zum Gesetz dienen kann als bloß jene allgemeine gesetzgebende Form: so muß ein solcher Wille als gänzlich unabhängig von dem Naturgesetz der Erscheinungen, nämlich dem Gesetze der Kausalität, beziehungsweise aufeinander gedacht werden. Eine solche Unabhängigkeit aber heißt *Freiheit* im strengsten, d. i. transzendentalen Verstande. Also ist ein Wille, dem die bloße gesetzgebende Form der Maxime allein zum Gesetze dienen kann, ein freier Wille.

§ 6
Aufgabe II

Vorausgesetzt, daß ein Wille frei sei: das Gesetz zu finden, welches ihn allein notwendig zu bestimmen tauglich ist.

Da die Materie des praktischen Gesetzes, d. i. ein Objekt der Maxime, niemals anders als empirisch gegeben werden kann, der freie Wille aber, als von empirischen (d. i. zur Sinnenwelt gehörigen) Bedingungen unabhängig, dennoch bestimmbar sein muß: so muß ein freier Wille, unabhängig von der *Materie* des Gesetzes, dennoch einen Bestimmungsgrund in dem Gesetze antreffen. Es ist aber außer der Materie des Gesetzes nichts weiter in demselben als die gesetzgebende Form enthalten. Also ist die gesetzgebende Form, sofern sie in der Maxime enthalten ist, das einzige, was einen Bestimmungsgrund des Willens ausmachen kann. [...]

§ 7
Grundgesetz der reinen praktischen Vernunft

Handle so, daß die Maxime deines Willens jederzeit zugleich als Prinzip einer allgemeinen Gesetzgebung gelten könne.

Anmerkung

Die reine Geometrie hat Postulate als praktische Sätze, die aber nichts weiter enthalten als die Voraussetzung, daß man etwas tun *könne*, wenn etwas gefordert würde, man *solle* es tun, und diese sind die einzigen Sätze derselben, die ein Dasein betreffen. Es sind also praktische Regeln unter einer problematischen Bedingung des Willens. Hier aber sagt die Regel: man solle schlechthin auf gewisse Weise verfahren. Die praktische Regel ist also unbedingt, mithin als kategorisch praktischer Satz a priori vorgestellt, wodurch der Wille schlechterdings und unmittelbar (durch die praktische Regel selbst, die also hier Gesetz ist), objektiv bestimmt wird. Denn reine, *an sich praktische Vernunft* ist hier unmittelbar gesetzgebend. Der Wille wird als unabhängig von empirischen Bedingungen, mithin, als reiner Wille, *durch die bloße Form des Gesetzes* als bestimmt gedacht und dieser Bestimmungsgrund als die oberste Bedingung aller Maximen angesehen. Die Sache ist befremdlich genug und hat ihresgleichen in der ganzen übrigen praktischen Erkenntnis nicht. Denn der Gedanke a priori von einer möglichen allgemeinen Gesetzgebung, der also bloß problematisch ist, wird, ohne von der Erfahrung oder irgend einem äußeren Willen etwas zu entlehnen, als Gesetz unbedingt geboten. Es ist aber auch nicht eine Vorschrift, nach welcher eine Handlung geschehen soll, dadurch eine begehrte Wirkung möglich ist (denn da wäre die Regel immer physisch bedingt), sondern eine Regel, die bloß den Willen in Ansehung der Form seiner Maximen a priori bestimmt, und da ist ein Gesetz, welches bloß zum Behuf der *subjektiven* Form der Grundsätze dient, als Bestimmungsgrund durch die *objektive* Form eines Gesetzes überhaupt, wenigstens zu denken nicht unmöglich. Man kann das Bewußtsein dieses Grundgesetzes ein Faktum der Vernunft nennen, weil man es nicht aus vorhergehenden Datis der Vernunft, z. B. dem Bewußtsein der Freiheit (denn dieses ist uns nicht vorher gegeben) herausvernünfteln kann, sondern weil es sich für sich selbst uns aufdringt als synthetischer Satz a priori, der auf keiner, weder reinen noch empirischen Anschauung gegründet ist, ob er gleich analytisch sein würde, wenn man die Freiheit des Willens voraussetzte, wozu aber, als positivem Begriffe, eine intellektuelle Anschauung erfordert werden würde, die man hier gar nicht annehmen kann. Doch muß man, um dieses Gesetz ohne Mißdeutung als *gegeben* anzusehen, wohl bemerken, daß es kein empirisches, sondern das einzige Faktum der reinen Vernunft sei, die sich dadurch als ursprünglich gesetzgebend, (*sic volo, sic iubeo*) ankündigt.

Folgerung

Reine Vernunft ist für sich allein praktisch und gibt (dem Menschen) ein allgemeines Gesetz, welches wir das *Sittengesetz* nennen.

Anmerkung

Das vorher genannte Faktum ist unleugbar. Man darf nur das Urteil zergliedern, welches die Menschen über die Gesetzmäßigkeit ihrer Handlungen fällen: so wird man jederzeit finden, daß, was auch die Neigung dazwischen sprechen mag, ihre Vernunft dennoch, unbestechlich und durch sich selbst gezwungen, die Maxime des Willens bei einer Handlung jederzeit an den reinen Willen halte, d. i. an sich selbst, indem sie sich als a priori praktisch betrachtet. Dieses Prinzip der Sittlichkeit nun, eben um der Allgemeinheit der Gesetzgebung willen, die es zum formalen obersten

Bestimmungsgrunde des Willens unangesehen aller subjektiven Verschiedenheiten desselben macht, erklärt die Vernunft zugleich zu einem Gesetze für alle vernünftigen Wesen, sofern sie überhaupt einen Willen, d.i. ein Vermögen haben, ihre Kausalität durch die Vorstellung von Regeln zu bestimmen, mithin sofern sie der Handlungen nach Grundsätzen, folglich auch nach praktischen Prinzipien a priori (denn diese haben allein diejenige Notwendigkeit, welche die Vernunft zum Grundsatze fordert), fähig sind. Es schränkt sich also nicht bloß auf Menschen ein, sondern geht auf alle endlichen Wesen, die Vernunft und Willen haben, ja schließt sogar das unendliche Wesen, als oberste Intelligenz, mit ein. Im ersteren Falle aber hat das Gesetz die Form eines Imperativs, weil man an jenem zwar als vernünftigem Wesen einen *reinen*, aber als mit Bedürfnissen und sinnlichen Bewegursachen affiziertem Wesen keinen *heiligen* Willen, d.i. einen solchen, der keiner dem moralischen Gesetze widerstreitenden Maximen fähig wäre, voraussetzen kann. Das moralische Gesetz ist daher bei jenen ein *Imperativ*, der kategorisch gebietet, weil das Gesetz unbedingt ist; das Verhältnis eines solchen Willens zu diesem Gesetze ist *Abhängigkeit*, unter dem Namen der Verbindlichkeit, welche eine *Nötigung*, obzwar durch bloße Vernunft und deren objektives Gesetz, zu einer Handlung bedeutet, die darum *Pflicht* heißt, weil eine pathologisch affizierte (obgleich dadurch nicht bestimmte, mithin auch immer freie) Willkür einen Wunsch bei sich führt, der aus *subjektiven* Ursachen entspringt, daher auch dem reinen objektiven Bestimmungsgrunde oft entgegen sein kann und also eines Widerstandes der praktischen Vernunft, der ein innerer, aber intellektueller Zwang genannt werden kann, als moralischer Nötigung bedarf. In der allergenugsamsten Intelligenz wird die Willkür als keiner Maxime fähig, die nicht zugleich objektiv Gesetz sein könnte, mit Recht vorgestellt, und der Begriff der *Heiligkeit*, der ihr um deswillen zukommt, setzt sie zwar nicht über alle praktischen, aber doch über alle praktisch-einschränkenden Gesetze, mithin Verbindlichkeit und Pflicht weg. Diese Heiligkeit des Willens ist gleichwohl eine praktische Idee, welche notwendig zum *Urbilde* dienen muß, welchem sich ins Unendliche zu nähern das einzige ist, was allen endlichen vernünftigen Wesen zusteht, und welche das reine Sittengesetz, das darum selbst heilig heißt, ihnen beständig und richtig vor Augen hält, von welchem ins Unendliche gehenden Progressus seiner Maximen und Unwandelbarkeit derselben zum beständigen Fortschreiten sicher zu sein: d. i. Tugend, das Höchste ist, was endliche praktische Vernunft bewirken kann, die selbst wiederum wenigstens als natürlich erworbenes Vermögen nie vollendet sein kann, weil die Sicherheit in solchem Falle niemals apodiktische Gewißheit wird und als Überredung sehr gefährlich ist.

§ 8
Lehrsatz IV

Die *Autonomie* des Willens ist das alleinige Prinzip aller moralischen Gesetze und der ihnen gemäßen Pflichten; alle *Heteronomie* der Willkür gründet dagegen nicht allein gar keine Verbindlichkeit, sondern ist vielmehr dem Prinzip derselben und der Sittlichkeit des Willens entgegen. In der Unabhängigkeit nämlich von aller Materie des Gesetzes (nämlich einem begehrten Objekte) und zugleich doch Bestimmung der Willkür durch die bloße allgemeine gesetzgebende Form, deren eine Maxime fähig sein muß, besteht das alleinige Prinzip der Sittlichkeit. *Jene Unabhängigkeit* aber ist Freiheit im *negativen*, diese *eigene Gesetzgebung* aber der reinen und als solche praktischen Vernunft ist Freiheit im *positiven* Verstande. Also drückt das moralische Gesetz nichts anderes aus als die *Autonomie* der reinen praktischen Vernunft, d. i. der Freiheit, und diese ist selbst die formale Bedingung aller Maximen, unter der sie allein mit dem obersten praktischen Gesetze zusammenstimmen können. Wenn daher die Materie des Wollens, welche nichts anderes als das Objekt einer Begierde sein kann, die mit dem Gesetz verbunden wird, in das praktische Gesetz *als Bedingung der Möglichkeit desselben* hineinkommt, so wird daraus Heteronomie der Willkür, nämlich Abhängigkeit vom Naturgesetze, irgend einem Antriebe oder Neigung zu folgen, und der Wille gibt sich nicht selbst das Gesetz, sondern nur die Vorschrift zur vernünftigen Befolgung pathologischer Gesetze; die Maxime aber, die auf solche Weise niemals die allgemein-gesetzgebende Form in sich enthalten kann, stiftet auf diese Weise nicht allein keine Verbindlichkeit, sondern ist selbst dem Prinzip einer *reinen* praktischen Vernunft, hiermit also auch der sittlichen Gesinnung entgegen, wenngleich die Handlung, die daraus entspringt, gesetzmäßig sein sollte.

17. Achtung fürs Sittengesetz (I. Kant)

Das Wesentliche aller Bestimmung des Willens durchs sittliche Gesetz ist: daß er als freier Wille, mithin nicht bloß ohne Mitwirkung sinnlicher Antriebe, sondern selbst mit Abweisung aller derselben und mit Abbruch aller Neigungen, sofern sie jenem Gesetze zuwider sein könnten, bloß durchs Gesetz bestimmt werde. Soweit ist also die Wirkung des moralischen Gesetzes als Triebfeder nur negativ, und als solche kann diese Triebfeder a priori erkannt werden. Denn alle Neigung und jeder sinnliche Antrieb ist auf Gefühl gegründet, und die negative Wirkung aufs Gefühl (durch den Abbruch, der den Neigungen geschieht), ist selbst Gefühl. Folglich können wir a priori einsehen, daß das moralische Gesetz als Bestimmungsgrund des Willens, dadurch daß es allen unseren Neigungen Eintrag tut, ein Gefühl bewirken müsse, welches Schmerz genannt werden kann, und hier haben wir nun den ersten, vielleicht auch einzigen Fall, da wir aus Begriffen a priori das Verhältnis einer Erkenntnis (hier ist es einer reinen praktischen Vernunft) zum Gefühl der Lust oder Unlust bestimmen konnten. Alle Neigungen zusammen (die auch wohl in ein erträgliches System gebracht werden können, und deren Befriedigung alsdann eigene Glückseligkeit heißt) machen die *Selbstsucht* (*solipsismus*) aus. Diese ist entweder die der *Selbstliebe*, eines über alles gehenden *Wohlwollens* gegen sich selbst (*philautia*), oder die des *Wohlgefallens* an sich selbst (*arrogantia*). Jene heißt besonders *Eigenliebe*, diese *Eigendünkel*. Die reine praktische Vernunft tut der Eigenliebe bloß *Abbruch*, indem sie solche, als natürlich und noch vor dem moralischen Gesetze in uns rege, nur auf die Bedingung der Einstimmung mit diesem Gesetze einschränkt; da sie alsdann *vernünftige Selbstliebe* genannt wird. Aber den Eigendünkel *schlägt* sie gar *nieder*, indem alle Ansprüche der Selbstschätzung, die vor der Übereinstimmung mit dem sittlichen Gesetze vorhergehen, nichtig und ohne alle Befugnis sind, indem eben die Gewißheit einer Gesinnung, die mit diesem Gesetze übereinstimmt, die erste Bedingung alles Wertes der Person ist (wie wir bald deutlicher machen werden), und alle Anmaßung vor derselben falsch und gesetzwidrig ist. Nun gehört der Hang zur Selbstschätzung mit zu den Neigungen, denen das moralische Gesetz Abbruch tut, sofern jene bloß auf der Sinnlichkeit beruht. Also schlägt das moralische Gesetz den Eigendünkel nieder. Da dieses Gesetz aber doch etwas an sich Positives ist, nämlich die Form einer intellektuellen Kausalität, d. i. der Freiheit, so ist es, indem es im Gegensatze mit dem subjektiven Widerspiele, nämlich den Neigungen in uns, den Eigendünkel *schwächt*, zugleich ein Gegenstand der *Achtung*, und indem es ihn sogar *niederschlägt*, d. i. demütigt, ein Gegenstand der größten *Achtung*, mithin auch der Grund eines positiven Gefühls, das nicht empirischen Ursprungs ist und a priori erkannt wird. Also ist Achtung fürs moralische Gesetz ein Gefühl, welches durch einen intellektuellen Grund gewirkt wird, und dieses Gefühl ist das einzige, welches wir völlig a priori erkennen, und dessen Notwendigkeit wir einsehen können.

Wir haben im vorigen Hauptstück gesehen, daß alles, was sich als Objekt des Willens *vor* dem moralischen Gesetze darbietet, von den Bestimmungsgründen des Willens, unter dem Namen des Unbedingt-Guten, durch dieses Gesetz selbst als die oberste Bedingung der praktischen Vernunft ausgeschlossen werde, und daß die bloße praktische Form, die in der Tauglichkeit der Maximen zur allgemeinen Gesetzgebung besteht, zuerst das, was an sich und schlechterdings gut ist, bestimme und die Maxime eines reinen Willens gründe, der allein in aller Absicht gut ist. Nun finden wir aber unsere Natur als sinnlicher Wesen so beschaffen, daß die Materie des Begehrungsvermögens (Gegenstände der Neigung, es sei der Hoffnung oder Furcht) sich zuerst aufdringt, und unser pathologisch bestimmbares Selbst, ob es gleich durch seine Maximen zur allgemeinen Gesetzgebung ganz untauglich ist, dennoch, gleich als ob es unser ganzes Selbst ausmachte, seine Ansprüche vorher und als die ersten und ursprünglichen geltend zu machen bestrebt sei. Man kann diesen Hang, sich selbst nach den subjektiven Bestimmungsgründen seiner Willkür zum objektiven Bestimmungsgrunde des Willens überhaupt zu machen, die *Selbstliebe* nennen, welche, wenn sie sich gesetzgebend und zum unbedingten praktischen Prinzip macht, *Eigendünkel* heißen kann. Nun schließt das moralische Gesetz, welches allein wahrhaftig (nämlich in aller Absicht) objektiv ist, den Einfluß der Selbstliebe auf das oberste praktische Prinzip gänzlich aus und tut dem Eigendünkel, der die subjektiven Bedingungen der ersteren als Gesetze vorschreibt, unendlichen Abbruch. Was nun unserem Eigendünkel in unserem eigenen Urteil Abbruch tut, das demütigt. Also demütigt das moralische Gesetz unvermeidlich jeden Menschen, indem dieser mit demselben den sinnlichen Hang seiner Natur vergleicht. Dasjenige, dessen Vorstellung *als Bestimmungsgrund unseres Willens*, uns in unserem Selbstbewußtsein demütigt, erweckt, sofern als es positiv und Bestimmungsgrund ist, für sich *Achtung*. Also ist das moralische Gesetz auch subjektiv ein Grund der Achtung. Da nun alles, was in der Selbstliebe angetroffen wird, zur Neigung gehört, alle Neigung aber auf Gefühlen beruht, mithin, was allen Neigungen insgesamt in der Selbstliebe Abbruch tut, ebendadurch notwendig auf das Gefühl Einfluß hat, so begreifen wir, wie es möglich ist, a priori einzusehen, daß das moralische Gesetz, indem es die Neigungen und den Hang, sie zur obersten praktischen Bedingung zu machen, d. i. die Selbstliebe, von allem Beitritte zur obersten Gesetzgebung ausschließt, eine Wirkung aufs Gefühl ausüben könne, welche einerseits bloß *negativ* ist, andererseits und zwar in Ansehung des einschränkenden Grundes der reinen praktischen Vernunft *positiv* ist, und wozu gar keine besondere Art von Gefühl, unter dem Namen eines praktischen oder moralischen, als vor dem moralischen Gesetze vorhergehend und ihm zum Grunde liegend angenommen werden darf.

Die negative Wirkung aufs Gefühl (der Unannehmlichkeit) ist, sowie aller Einfluß auf dasselbe und wie jedes Gefühl überhaupt, *pathologisch*. Als Wirkung aber vom Bewußtsein des moralischen Gesetzes, folglich in Beziehung auf eine intelligible Ursache, nämlich das Subjekt der reinen praktischen Vernunft als obersten Gesetzgeberin, heißt dieses Gefühl eines vernünftigen von Neigungen affizierten Subjekts zwar Demütigung (intellektuelle Verachtung), aber in Beziehung auf den positiven Grund derselben, das Gesetz, zugleich Achtung für dasselbe; für welches Gesetz gar kein Gefühl stattfindet, sondern im Urteile der Vernunft, indem es den Widerstand aus dem Wege schafft, die Wegräumung eines Hindernisses einer positiven Beförderung der Kausalität gleichgeschätzt wird. Darum kann dieses Gefühl nun auch ein Gefühl der Achtung fürs moralische Gesetz, aus beiden Gründen zusammen aber ein *moralisches Gefühl* genannt werden.

Das moralische Gesetz also, sowie es formaler Bestimmungsgrund der Handlung ist durch praktische reine Vernunft, sowie es zwar auch materialer, aber nur objektiver Bestimmungsgrund der Gegenstände der Handlung unter dem Namen des Guten und Bösen ist, so ist es auch subjektiver Bestimmungsgrund d. i. Triebfeder zu dieser Handlung, indem es auf die Sinnlichkeit des Subjekts Einfluß hat und ein Gefühl bewirkt, welches dem Einflusse des Gesetzes auf den Willen beförderlich ist. Hier geht kein Gefühl im Subjekt *vorher*, das auf Moralität gestimmt wäre. Denn das ist unmöglich, weil alles Gefühl sinnlich ist; die Triebfeder der sittlichen Gesinnung aber muß von aller sinnlichen Bedingung frei sein. Vielmehr ist das sinnliche Gefühl, was allen unseren Neigungen zum Grunde liegt, zwar die Bedingung derjenigen Empfindung, die wir Achtung nennen, aber die Ursache der Bestimmung desselben liegt in der reinen praktischen Vernunft, und diese Empfindung kann daher ihres Ursprunges wegen nicht pathologisch, sondern muß *praktisch gewirkt* heißen; indem dadurch, daß die Vorstellung des moralischen Gesetzes der Selbstliebe den Einfluß und dem Eigendünkel den Wahn benimmt, das Hindernis der reinen praktischen Vernunft vermindert und die Vorstellung des Vorzuges ihres objektiven *Gesetzes* vor den Antrieben der Sinnlichkeit, mithin das Gewicht des ersteren relativ (in Ansehung eines durch die letztere affizierten Willens) durch die Wegschaffung des Gegengewichtes im Urteile der Vernunft hervorgebracht wird. Und so ist die Achtung fürs Gesetz nicht Triebfeder zur Sittlichkeit, sondern sie ist die Sittlichkeit selbst, subjektiv als Triebfeder betrachtet, indem die reine praktische Vernunft, dadurch daß sie der Selbstliebe im Gegensatze mit ihr alle Ansprüche abschlägt, dem Gesetze, das jetzt allein Einfluß hat, Ansehen verschafft. Hierbei ist nun zu bemerken, daß, sowie die Achtung eine Wirkung aufs Gefühl, mithin auf die Sinnlichkeit eines vernünftigen Wesens ist, sie diese Sinnlichkeit, mithin auch die Endlichkeit solcher Wesen, denen das moralische Gesetz Achtung auferlegt, voraussetze, und daß einem höchsten oder auch einem von aller Sinnlichkeit freien Wesen, welchem diese also auch kein Hindernis der praktischen Vernunft sein kann, Achtung fürs *Gesetz* nicht beigelegt werden könne.

Dieses Gefühl (unter dem Namen des moralischen) ist also lediglich durch Vernunft bewirkt. Es dient nicht zur Beurteilung der Handlungen oder wohl gar zur Gründung des objektiven Sittengesetzes selbst, sondern bloß zur Triebfeder, um dieses in sich zur Maxime zu machen. Mit welchem Namen aber könnte man dieses sonderbare Gefühl, welches mit keinem pathologischen in Vergleichung gezogen werden kann, schicklicher belegen? Es ist so eigentümlicher Art, daß es lediglich der Vernunft und zwar der praktischen reinen Vernunft zu Gebote zu stehen scheint.

Achtung geht jederzeit nur auf Personen, niemals auf Sachen. Die letzteren können *Neigung* und, wenn es Tiere sind (z.B. Pferde, Hunde usw.) sogar *Liebe*, oder auch *Furcht*, wie das Meer, ein Vulkan, ein Raubtier, niemals aber *Achtung* in uns erwecken. Etwas, was diesem Gefühl schon näher tritt, ist *Bewunderung*, und diese als Affekt, das Erstaunen, kann auch auf Sachen gehen, z. B. himmelhohe Berge, die Größe, Menge und Weite der Weltkörper, die Stärke und Geschwindigkeit mancher Tiere usw. Aber alles dieses ist nicht Achtung. Ein Mensch kann mir auch ein Gegenstand der Liebe, der Furcht oder der Bewunderung, sogar bis zum Erstaunen und doch darum kein Gegenstand der Achtung sein. Seine scherzhafte Laune, sein Mut und Stärke, seine Macht durch seinen Rang, den er unter anderen hat, können mir dergleichen Empfindungen einflößen, es fehlt aber immer noch an innerer Achtung gegen ihn. *Fontenelle* sagt: *Vor einem Vornehmen bücke ich mich, aber mein Geist bückt sich nicht.* Ich kann hinzusetzen: Vor einem niedrigen, bürgerlich-gemeinen Mann, an dem ich eine Rechtschaffenheit des Charakters in einem gewissen Maße, als ich mir von mir selbst nicht bewußt bin, wahrnehme, *bückt sich mein Geist*, ich mag wollen oder nicht und den Kopf noch so hoch tragen, um ihn meinen Vorrang nicht übersehen zu lassen. Warum das? Sein Beispiel hält mir ein Gesetz vor, das meinen Eigendünkel niederschlägt, wenn ich es mit meinem Verhalten vergleiche, und dessen Befolgung, mithin die *Tunlichkeit* desselben ich durch die Tat bewiesen vor mir sehe. Nun mag ich mir sogar eines gleichen Grades der Rechtschaffenheit bewußt sein, und die Achtung bleibt doch. Denn da beim Menschen immer alles Gute mangelhaft ist, so schlägt das Gesetz, durch ein Beispiel anschaulich gemacht, doch immer meinen Stolz nieder, wozu der Mann, den ich vor mir sehe, dessen Unlauterkeit, die ihm immer noch anhängen mag, mir nicht so wie mir die meinige bekannt ist, der mir also in reinerem Licht erscheint, einen Maßstab abgibt. *Achtung* ist ein *Tribut*, den wir dem Verdienste nicht verweigern können, wir mögen wollen oder nicht; wir mögen allenfalls äußerlich damit zurückhalten, so können wir doch nicht verhüten, sie innerlich zu empfinden.

Die Achtung ist so *wenig* ein Gefühl der *Lust*, daß man sich ihr in Ansehung eines Menschen nur ungern überläßt. Man sucht etwas ausfindig zu machen, was uns die Last derselben erleichtern könne, irgend einen Tadel, um uns wegen der Demütigung, die uns durch ein solches Beispiel widerfährt, schadlos zu halten. Selbst Verstorbene sind, vornehmlich wenn ihr Beispiel unnachahmlich scheint, vor dieser Kritik nicht immer gesichert. Sogar das moralische Gesetz selbst in seiner *feierlichen Majestät* ist diesem Bestreben, sich der Achtung dagegen zu erwehren, ausgesetzt. Meint man wohl, daß es einer anderen Ursache zuzuschreiben sei, weswegen man es gern zu unserer vertraulichen Neigung herabwürdigen möchte, und sich aus anderen Ursachen alles so bemühe, um es zur beliebten Vorschrift unseres eigenen wohlverstandenen Vorteils zu machen, als daß man der abschreckenden Achtung, die uns unsere eigene Unwürdigkeit so strenge vorhält, loswerden möge? Gleichwohl ist darin doch auch wiederum *so wenig Unlust*, daß, wenn man einmal den Eigendünkel abgelegt und jener Achtung praktischen Einfluß verstattet hat, man sich wiederum an der Herrlichkeit dieses Gesetzes nicht sattsehen kann, und die Seele sich in dem Maße selbst zu erheben glaubt, als sie das heilige Gesetz über sich und ihre gebrechliche Natur erhaben sieht. Zwar können große Talente und eine ihnen proportionierte Tätigkeit auch Achtung oder ein mit derselben analogisches Gefühl bewirken, es ist auch ganz anständig, es ihnen zu widmen, und da scheint es, als ob Bewunderung mit jener Empfindung einerlei sei. Allein, wenn man näher zusieht, so wird man bemerken, daß, da es immer ungewiß bleibt, wieviel das angeborene Talent und wieviel Kultur durch eigenen Fleiß an der Geschicklichkeit teil habe, so stellt uns die Vernunft die letztere mutmaßlich als Frucht der Kultur, mithin als Verdienst vor, welches unseren Eigendünkel merklich herabstimmt und uns darüber entweder Vorwürfe macht oder uns die Befolgung eines solchen Beispiels in der Art, wie es uns angemessen ist, auferlegt. Sie ist also nicht bloße Bewunderung, diese Achtung, die wir einer solchen Person (eigentlich dem Gesetze, was uns sein Beispiel vorhält) beweisen; welches sich auch dadurch bestätigt, daß der gemeine Haufe der Liebhaber, wenn er das Schlechte des Charakters eines solchen Mannes (wie etwa *Voltaire*) sonstwoher erkundigt zu haben glaubt, alle Achtung gegen ihn aufgibt, der wahre Gelehrte aber sie noch immer wenigstens im Gesichtspunkte seiner Talente fühlt, weil er selbst in einem Geschäfte und Berufe verwickelt ist, welches die Nachahmung desselben ihm gewissermaßen zum Gesetze macht.

Achtung fürs moralische Gesetz ist also die einzige und zugleich unbezweifelte moralische Triebfeder, sowie dieses Gefühl auch auf kein Objekt anders als lediglich aus diesem Grund gerichtet ist. Zuerst bestimmt das moralische Gesetz objektiv und unmittelbar den Willen im Urteile der Vernunft; Freiheit, deren Kausalität bloß durchs Gesetz bestimmbar ist, besteht aber eben darin, daß sie alle Neigungen, mithin die Schätzung der Person selbst auf die Bedingung der Befolgung ihres reinen Gesetzes einschränkt. Diese Einschränkung tut nun eine Wirkung aufs Gefühl und bringt Empfindung der Unlust hervor, die aus dem moralischen Gesetze a priori erkannt werden kann. Da sie aber bloß sofern eine *negative* Wirkung ist, die, als aus dem Einflusse einer reinen praktischen Vernunft entsprungen, vornehmlich der Tätigkeit des Subjekts, sofern Neigungen die Bestimmungsgründe desselben sind, mithin der Meinung seines persönlichen Wertes Abbruch tut (der ohne Einstimmung mit dem moralischen Gesetze auf nichts herabgesetzt wird), so ist die Wirkung dieses Gesetzes aufs Gefühl bloß Demütigung, welche wir also zwar a priori einsehen, aber an ihr nicht die Kraft des reinen praktischen Gesetzes als Triebfeder, sondern nur den Widerstand gegen Triebfedern der Sinnlichkeit erkennen können. Weil aber dasselbe Gesetz doch objektiv, d. i. in der Vorstellung der reinen Vernunft ein unmittelbarer Bestimmungsgrund des Willens ist, folglich diese Demütigung nur relativ auf die Reinigkeit des Gesetzes stattfindet, so ist die Herabsetzung der Ansprüche der moralischen Selbstschätzung, d. i. die Demütigung auf der sinnlichen Seite eine Erhebung der moralischen, d. i. der praktischen Schätzung des Gesetzes selbst auf der intellektuellen, mit einem Worte Achtung fürs Gesetz also auch ein seiner intellektuellen Ursache nach positives Gefühl, das a priori erkannt wird. Denn eine jede Verminderung der Hindernisse einer Tätigkeit ist Beförderung dieser Tätigkeit selbst. Die Anerkennung des moralischen Gesetzes aber ist das Bewußtsein einer Tätigkeit der praktischen Vernunft aus objektiven Gründen, die bloß darum nicht ihre Wirkung in Handlungen äußert, weil subjektive Ursachen (pathologische) sie hindern. Also muß die Achtung fürs moralische Gesetz auch als positive, aber indirekte Wirkung desselben aufs Gefühl, sofern jenes den hindernden Einfluß der Neigungen durch Demütigung des Eigendünkel schwächt, mithin als subjektiver Grund der Tätigkeit, d. i. als *Triebfeder* zur Befolgung desselben und als Grund zu Maximen eines ihm gemäßen Lebenswandels angesehen werden. Aus dem Begriffe einer Triebfeder entspringt der eines *Interesses*, welches niemals einem Wesen, als was Vernunft hat, beigelegt wird und eine *Triebfeder* des Willens bedeutet, sofern sie *durch Vernunft vorgestellt* wird. Da das Gesetz selbst in einem moralisch guten Willen die Triebfeder sein muß, so ist das *moralische Interesse* ein reines sinnenfreies Interesse der bloßen praktischen Vernunft. Auf dem Begriffe eines Interesse gründet sich auch der einer *Maxime*. Diese ist also nur alsdann moralisch echt, wenn sie auf dem bloßen Interesse, das man an der Befolgung des Gesetzes nimmt, beruht. Alle drei Begriffe aber, der einer *Triebfeder*, eines *Interesse* und einer *Maxime*, können nur auf endliche Wesen angewandt werden. Denn sie setzen insgesamt eine Eingeschänktheit der Natur eines Wesens voraus, da die subjektive Beschaffenheit seiner Willkür mit dem objektiven Gesetze einer praktischen Vernunft nicht von selbst übereinstimmt; ein Bedürfnis, irgendwodurch zur Tätigkeit angetrieben zu werden, weil ein inneres Hindernis derselben entgegensteht. Auf den göttlichen Willen können sie also nicht angewandt werden.

Es liegt so etwas Besonderes in der grenzenlosen Hochschätzung des reinen, von allem Vorteil entblößten moralischen Gesetzes, sowie es praktische Vernunft uns zur Befolgung vorstellt, deren Stimme auch den kühnsten Frevler zittern macht und ihn nötigt, sich vor seinem Anblicke zu verbergen, daß man sich nicht wundern darf, diesen Einfluß einer bloß intellektuellen Idee aufs Gefühl für spekulative Vernunft unergründlich zu finden und sich damit begnügen zu müssen, daß man a priori doch noch soviel einsehen kann: ein solches Gefühl sei unzertrennlich mit der Vorstellung des moralischen Gesetzes in jedem endlichen vernünftigen Wesen verbunden. Wäre dieses Gefühl der Achtung pathologisch und also ein auf dem inneren *Sinne* gegründetes Gefühl der Lust, so würde es vergeblich sein, eine Verbindung desselben mit irgend einer Idee a priori zu entdecken. Nun aber ist es ein Gefühl, was bloß aufs Praktische geht und zwar der Vorstellung eines Gesetzes lediglich seiner Form nach, nicht irgend eines Objektes desselben wegen anhängt, mithin weder zum Vergnügen noch zum Schmerze gerechnet werden kann und dennoch ein *Interesse* an der Befolgung desselben hervorbringt, welches wir das *moralische* nennen; wie denn auch die Fähigkeit, ein solches Interesse am Gesetze zu nehmen (oder die Achtung fürs moralische Gesetz selbst), eigentlich das *moralische Gefühl* ist.

Das Bewußtsein einer *freien* Unterwerfung des Willens unter das Gesetz, doch als mit einem unvermeidlichen Zwange, der allen Neigungen, aber nur durch eigene Vernunft angetan wird, verbunden, ist nun die Achtung fürs Gesetz. Das Gesetz, was diese Achtung fordert und auch einflößt, ist, wie man sieht, kein anderes als das moralische (denn kein anderes schließt alle Neigungen von der Unmittelbarkeit ihres Einflusses auf den Willen aus). Die Handlung, die nach diesem Gesetze, mit Ausschließung aller Bestimmungsgründe aus Neigung, objektiv praktisch ist, heißt *Pflicht*, welche um dieser Ausschließung willen in ihrem Begriffe praktische *Nötigung*, d. i. Bestimmung zu Handlungen, so *ungerne* wie sie auch geschehen mögen, enthält. Das Gefühl, das aus dem Bewußtsein dieser Nötigung entspringt, ist nicht pathologisch, als ein solches, was von einem Gegenstande der Sinne gewirkt würde, sondern allein praktisch, d. i. durch eine vorhergehende (objektive) Willensbestimmung und Kausalität der Vernunft möglich. Es enthält also, als *Unterwerfung* unter ein Gesetz, d. i. als Gebot (welches für das sinnlich affizierte Subjekt Zwang ankündigt), keine Lust, sondern sofern vielmehr Unlust an der Handlung in sich. Dagegen aber, da dieser Zwang bloß durch Gesetzgebung der *eigenen* Vernunft ausgeübt wird, enthält es auch *Erhebung*, und die subjektive Wirkung aufs Gefühl, sofern davon reine praktische Vernunft die alleinige Ursache ist, kann also bloß *Selbstbilligung* in Ansehung der letzteren heißen, indem man sich dazu ohne alles Interesse, bloß durchs Gesetz bestimmt erkennt, und sich nunmehr eines ganz anderen, dadurch subjektiv hervorgebrachten Interesse, welches rein praktisch und *frei* ist, bewußt wird, welches an einer pflichtmäßigen Handlung zu nehmen nicht etwa eine Neigung anrätig ist, sondern die Vernunft durchs praktische Gesetz schlechthin gebietet und auch wirklich hervorbringt, darum aber einen ganz eigentümlichen Namen, nämlich den der Achtung, führt.

Der Begriff der Pflicht fordert also an der Handlung *objektiv* Übereinstimmung mit dem Gesetze, an der Maxime derselben aber *subjektiv* Achtung fürs Gesetz, als die alleinige Bestimmungsart des Willens durch dasselbe. Und darauf beruht der Unterschied zwischen dem Bewußtsein, *pflichtmäßig* und *aus Pflicht*, d. i. aus Achtung fürs Gesetz, gehandelt zu haben, davon das erstere (die Legalität) auch möglich ist, wenn Neigungen bloß die Bestimmungsgründe des Willens gewesen wären, das zweite aber (die *Moralität*), der moralische Wert, lediglich darin gesetzt werden muß, daß die Handlung aus Pflicht, d. i. bloß um des Gesetzes willen geschehe.*

* Wenn man den Begriff der Achtung für Personen, so wie er vorher dargelegt worden, genau erwägt, so wird man gewahr, daß sie immer auf dem Bewußtsein einer Pflicht beruhe, die uns ein Beispiel vorhält, und daß also Achtung niemals einen anderen als moralischen Grund haben könne, und es sehr gut, sogar in psychologischer Absicht zur Menschenkenntnis sehr nützlich sei, allerwärts, wo wir diesen Ausdruck brauchen, auf die geheime und wundernswürdige, dabei aber oft vorkommende Rücksicht, die der Mensch in seinen Beurteilungen aufs moralische Gesetz nimmt, acht zu haben.

18. Der Primat der praktischen Vernunft und die Postulatenlehre (I. Kant)

III.
Von dem Primat der reinen praktischen Vernunft in ihrer Verbindung mit der spekulativen

Unter dem Primate zwischen zweien oder mehreren durch Vernunft verbundenen Dingen verstehe ich den Vorzug des einen, der erste Bestimmungsgrund der Verbindung mit allen übrigen zu sein. In engerer praktischer Bedeutung bedeutet es den Vorzug des Interesses des einen, sofern ihm (welches keinem anderen nachgesetzt werden kann) das Interesse der anderen untergeordnet ist. Einem jeden Vermögen des Gemüts kann man ein *Interesse* beilegen, d. i. ein Prinzip, welches die Bedingung enthält, unter welcher allein die Ausübung desselben befördert wird. Die Vernunft, als das Vermögen der Prinzipien, bestimmt das Interesse aller Gemütskräfte, das ihrige aber sich selbst. Das Interesse ihres spekulativen Gebrauchs besteht in der *Erkenntnis* des Objekts bis zu den höchsten Prinzipien a priori, das des praktischen Gebrauchs in der Bestimmung des *Willens* in Ansehung des letzten und vollständigen Zwecks. Das, was zur Möglichkeit eines Vernunftgebrauchs überhaupt erforderlich ist, nämlich daß die Prinzipien und Behauptungen derselben einander nicht widersprechen müssen, macht keinen Teil ihres Interesses aus, sondern ist die Bedingung, überhaupt Vernunft zu haben; nur die Erweiterung, nicht die bloße Zusammenstimmung mit sich selbst wird zum Interesse derselben gezählt.

Wenn praktische Vernunft nichts weiter annehmen und als gegeben denken darf, als was *spekulative* Vernunft für sich ihr aus ihrer Einsicht darreichen konnte, so führt diese das Primat. Gesetzt aber, sie hätte für sich ursprüngliche Prinzipien a priori, mit denen gewisse theoretische Positionen unzertrennlich verbunden wären, die sich gleichwohl aller möglichen Einsicht der spekulativen Vernunft entzögen (ob sie zwar derselben auch nicht widersprechen müßten), so ist die Frage, welches Interesse das oberste sei (nicht, welches weichen müßte, denn eines widerstreitet dem anderen nicht notwendig): ob spekulative Vernunft, die nichts von allem dem weiß, was praktische ihr anzunehmen darbietet, diese Sätze aufnehmen und sie, ob sie gleich für sie überschwenglich sind, mit ihren Begriffen als einen fremden, auf sie übertragenen Besitz zu vereinigen suchen müsse; oder ob sie berechtigt sei, ihrem eigenen abgesonderten Interesse hartnäckig zu folgen und nach der Kanonik des *Epikur* alles als leere Vernünftelei auszuschlagen, was seine objektive Realität nicht durch augenscheinliche, in der Erfahrung aufzustellende Beispiele beglaubigen kann, wenn es gleich noch so sehr mit dem Interesse des praktischen (reinen) Gebrauchs verwebt, an sich auch der theoretischen nicht widersprechend wäre, bloß weil es wirklich sofern dem Interesse der spekulativen Vernunft Abbruch tut, daß es die Grenzen, die diese sich selbst gesetzt, aufhebt und sie allem Unsinn oder Wahnsinn der Einbildungskraft preisgibt.

In der Tat, sofern praktische Vernunft als pathologisch bedingt, d. i. das Interesse der Neigungen unter dem sinnlichen Prinzip der Glückseligkeit bloß verwaltend, zum Grunde gelegt würde, so ließe sich diese Zumutung an die spekulative Vernunft gar nicht tun. *Mahomets* Paradies oder der *Theosophen* und *Mystiker* schmelzende Vereinigung mit der Gottheit, sowie jedem sein Sinn steht, würden der Vernunft ihre Ungeheuer aufdringen, und es wäre ebensogut, gar keine zu haben, als sie auf solche Weise allen Träumereien preiszugeben. Allein wenn reine Vernunft für sich praktisch sein kann und es wirklich ist, wie das Bewußtsein des moralischen Gesetzes es ausweist, so ist es doch immer nur einunddieselbe Vernunft, die, es sei in theoretischer oder praktischer Absicht, nach Prinzipien a priori urteilt, und da ist es klar, daß, wenn ihr Vermögen in der ersteren gleich nicht zulangt, gewisse Sätze behauptend festzusetzen, indessen daß sie ihr auch eben nicht widersprechen, sie eben diese Sätze, sobald sie *unabtrennlich zum praktischen Interesse* der reinen Vernunft gehören, zwar als ein ihr fremdes Angebot, das nicht auf ihrem Boden erwachsen, aber doch hinreichend beglaubigt ist, annehmen und sie mit allem, was sie als spekulative Vernunft in ihrer Macht hat, zu vergleichen und zu verknüpfen suchen müsse; doch sich bescheidend, daß dieses nicht ihre Einsichten, aber doch Erweiterungen ihres Gebrauchs in irgend einer anderen, nämlich praktischen Absicht sind, welches ihrem Interesse, das in der Einschränkung des spekulativen Frevels besteht, ganz und gar nicht zuwider ist.

In der Verbindung also der reinen spekulativen mit der reinen praktischen Vernunft zu einer Erkenntnis führt die letztere das *Primat*, vorausgesetzt nämlich, daß diese Verbindung nicht etwa *zufällig* und beliebig, sondern a priori auf der Vernunft selbst gegründet, mithin *notwendig* sei. Denn es würde ohne diese Unterordnung ein Widerstreit der Vernunft mit ihr selbst entstehen; weil, wenn sie einander bloß beigeordnet (koordiniert) wären, die erstere für sich ihre Grenze enge verschließen und nichts von der letzteren in ihr Gebiet aufnehmen, diese aber ihre Grenzen dennoch über alles ausdehnen und, wo es ihr Bedürfnis erheischt, jene innerhalb der ihrigen mitzubefassen suchen würde. Der spekulativen Vernunft aber untergeordnet zu sein und also die Ordnung umzukehren, kann man der reinen praktischen gar nicht zumuten, weil alles Interesse zuletzt praktisch ist und selbst das der spekulativen Vernunft nur bedingt und im praktischen Gebrauche allein vollständig ist.

IV.
Die Unsterblichkeit der Seele als ein Postulat der reinen praktischen Vernunft

Die Bewirkung des höchsten Guts in der Welt ist das notwendige Objekt eines durchs moralische Gesetz bestimmbaren Willens. In diesem aber ist die *völlige Angemessenheit* der Gesinnungen zum moralischen Gesetze die oberste Bedingung des höchsten Guts. Sie muß also ebensowohl möglich sein als ihr Objekt, weil sie in demselben Gebote dieses zu befördern enthalten ist. Die völlige Angemessenheit des Willens aber zum moralischen Gesetze ist *Heiligkeit*, eine Vollkommenheit, deren kein vernünftiges Wesen der Sinnenwelt in keinem Zeitpunkte seines Daseins fähig ist. Da sie indessen gleichwohl als praktisch notwendig gefordert wird, so kann sie nur in einem ins *Unendliche* gehenden *Progressus* zu jener völligen Angemessenheit angetroffen werden, und es ist nach Prinzipien der reinen praktischen Vernunft notwendig, eine solche praktische Fortschreitung als das reale Objekt unseres Willens anzunehmen.

Dieser unendliche Progressus ist aber nur unter Voraussetzung einer ins *Unendliche* fortdauernden *Existenz* und Persönlichkeit desselben vernünftigen Wesens (welche man die Unsterblichkeit der Seele nennt) möglich. Also ist das höchste Gut praktisch nur unter der Voraussetzung der Unsterblichkeit der Seele möglich; mithin diese, als unzertrennlich mit dem moralischen Gesetz verbunden, ein *Postulat* der reinen praktischen Vernunft (worunter ich einen *theoretischen*, als solchen aber nicht erweislichen Satz verstehe, sofern er einem a priori unbedingt geltenden *praktischen* Gesetze unzertrennlich anhängt). [...]

V.
Das Dasein Gottes als ein Postulat der reinen praktischen Vernunft

Das moralische Gesetz führte in der vorhergehenden Zergliederung zur praktischen Aufgabe, welche ohne allen Beitritt sinnlicher Triebfedern bloß durch reine Vernunft vorgeschrieben wird, nämlich der notwendigen Vollständigkeit des ersten und vornehmsten Teils des höchsten Guts, der *Sittlichkeit*, und, da diese nur in einer Ewigkeit völlig aufgelöst werden kann, zum Postulat der *Unsterblichkeit*. Ebendieses Gesetz muß auch zur Möglichkeit des zweiten Elements des höchsten Guts, nämlich der jener Sittlichkeit angemessenen *Glückseligkeit*, ebenso uneigennützig wie vorher aus bloßer unparteiischer Vernunft, nämlich auf die Voraussetzung des Daseins einer dieser Wirkung adäquaten Ursache führen, d. i. die *Existenz Gottes* als zur Möglichkeit des höchsten Guts (welches Objekt unseres Willens mit der moralischen Gesetzgebung der reinen Vernunft notwendig verbunden ist) notwendig gehörig postulieren. Wir wollen diesen Zusammenhang überzeugend darstellen.

Glückseligkeit ist der Zustand eines vernünftigen Wesens in der

Welt, dem es im Ganzen seiner Existenz *alles nach Wunsch und Willen geht*, und beruht also auf der Übereinstimmung der Natur zu seinem ganzen Zwecke, imgleichen zum wesentlichen Bestimmungsgrunde seines Willens. Nun gebietet das moralische Gesetz als ein Gesetz der Freiheit durch Bestimmungsgründe, die von der Natur und der Übereinstimmung derselben zu unserem Begehrungsvermögen (als Triebfedern) ganz unabhängig sein sollen; das handelnde vernünftige Wesen in der Welt aber ist doch nicht zugleich Ursache der Welt und der Natur selbst. Also ist in dem moralischen Gesetze nicht der mindeste Grund zu einem notwendigen Zusammenhang zwischen Sittlichkeit und der ihr porportionierten Glückseligkeit eines zur Welt als Teil gehörigen und daher von ihr abhängigen Wesens, welches ebendarum durch seinen Willen nicht Ursache dieser Natur sein und sie, was seine Glückseligkeit betrifft, mit seinen praktischen Grundsätzen aus eigenen Kräften nicht durchgängig einstimmig machen kann. Gleichwohl wird in der praktischen Aufgabe der reinen Vernunft, d. i. der notwendigen Bearbeitung zum höchsten Gute, ein solcher Zusammenhang als notwendig postuliert: wir *sollen* das höchste Gut (welches also doch möglich sein muß) zu befördern suchen. Also wird auch das Dasein einer von der Natur unterschiedenen Ursache der gesamten Natur, welche den Grund dieses Zusammenhanges, nämlich der genauen Übereinstimmung der Glückseligkeit mit der Sittlichkeit enthalte, *postuliert*. Diese oberste Ursache aber soll den Grund der Übereinstimmung der Natur nicht bloß mit einem Gesetze des Willens der vernünftigen Wesen, sondern mit der Vorstellung dieses *Gesetzes*, sofern diese es sich zum *obersten Bestimmungsgrunde des Willens* setzen, also nicht bloß mit den Sitten der Form nach, sondern auch ihrer Sittlichkeit als dem Bewegungsgrunde derselben, d. i. mit ihrer moralischen Gesinnung enthalten. Also ist das höchste Gut in der Welt nur möglich, sofern eine oberste Ursache der Natur angenommen wird, die eine der moralischen Gesinnung gemäße Kausalität hat. Nun ist ein Wesen, das der Handlungen nach der Vorstellung von Gesetzen fähig ist, eine *Intelligenz* (vernünftig Wesen), und die Kausalität eines solchen Wesens nach dieser Vorstellung der Gesetze ein *Wille* desselben. Also ist die oberste Ursache der Natur, sofern sie zum höchsten Gute vorausgesetzt werden muß, ein Wesen, das durch *Verstand* und *Willen* die Ursache (folglich der Urheber) der Natur ist, d. i. *Gott*. Folglich ist das Postulat der Möglichkeit des *höchsten abgeleiteten Guts* (der besten Welt) zugleich das Postulat der Wirklichkeit eines *höchsten ursprünglichen Guts*, nämlich der Existenz Gottes. Nun war es Pflicht für uns, das höchste Gut zu befördern, mithin nicht allein Befugnis, sondern auch mit der Pflicht als Bedürfnis verbundene Notwendigkeit, die Möglichkeit dieses höchsten Guts vorauszusetzen; welches, da es nur unter der Bedingung des Daseins Gottes stattfindet, die Voraussetzung desselben mit der Pflicht unzertrennlich verbindet, d. i. es ist moralisch notwendig, das Dasein Gottes anzunehmen.

Hier ist nun wohl zu merken, daß diese moralische Notwendigkeit *subjektiv*, d. i. Bedürfnis, und nicht *objektiv*, d. i. selbst Pflicht sei; denn es kann gar keine Pflicht geben, die Existenz eines Dinges anzunehmen (weil dieses bloß den theoretischen Gebrauch der Vernunft angeht). Auch wird hierunter nicht verstanden, daß die Annehmung des Daseins Gottes *als eines Grundes aller Verbindlichkeit überhaupt* notwendig sei (denn dieser beruht, wie hinreichend bewiesen worden, lediglich auf der Autonomie der Vernunft selbst). Zur Pflicht gehört hier nur die Bearbeitung zu Hervorbringung und Beförderung des höchsten Guts in der Welt, dessen Möglichkeit also postuliert werden kann, die aber unsere Vernunft nicht anders denkbar findet als unter Voraussetzung einer höchsten Intelligenz, deren Dasein anzunehmen also mit dem Bewußtsein unserer Pflicht verbunden ist, obzwar diese Annehmung selbst für die theoretische Vernunft gehört, in Ansehung deren allein sie als Erklärungsgrund betrachtet *Hypothese*, in Beziehung aber auf die Verständlichkeit eines uns doch durchs moralische Gesetz aufgegebenen Objekts (des höchsten Guts), mithin eines Bedürfnisses in praktischer Absicht *Glaube* und zwar reiner *Vernunftglaube* heißen kann, weil bloß reine Vernunft (sowohl ihrem theoretischen als praktischen Gebrauche nach) die Quelle ist, daraus er entspringt. [...]

VI. Über die Postulate der reinen praktischen Vernunft überhaupt

Sie gehen alle vom Grundsatze der Moralität aus, der kein Postulat, sondern ein Gesetz ist, durch welches Vernunft unmittelbar den Willen bestimmt, welcher Wille, ebendadurch daß er so bestimmt ist, als reiner Wille, diese notwendigen Bedingungen der Befolgung seiner Vorschrift fordert. Diese Postulate sind nicht theoretische Dogmata, sondern *Voraussetzungen* in notwendig praktischer Rücksicht, erweitern also zwar nicht die spekulative Erkenntnis, geben aber den Ideen der spekulativen Vernunft im *allgemeinen* (vermittelst ihrer Beziehung auf das Praktische) objektive Realität und berechtigen sie zu Begriffen, deren Möglichkeit auch nur zu behaupten sie sich sonst nicht anmaßen könnte.

Diese Postulate sind die der *Unsterblichkeit*, der *Freiheit*, positiv betrachtet (als der Kausalität eines Wesens, sofern es zur intelligiblen Welt gehört), und des *Daseins Gottes*. Das *erste* fließt aus der praktisch notwendigen Bedingung der Angemessenheit der Dauer zur Vollständigkeit der Erfüllung des moralischen Gesetzes; das *zweite* aus der notwendigen Voraussetzung der Unabhängigkeit von der Sinnenwelt und des Vermögens der Bestimmung seines Willens nach dem Gesetze einer intelligiblen Welt, d. i. der Freiheit; das *dritte* aus der Notwendigkeit der Bedingung zu einer solchen intelligiblen Welt, um das höchste Gut zu sein, durch die Voraussetzung des höchsten selbständigen Guts, d. i. des Daseins Gottes.

Die durch die Achtung fürs moralische Gesetz notwendige Absicht auf das höchste Gut und daraus fließende Voraussetzung der objektiven Realität desselben führt also durch Postulate der praktischen Vernunft zu Begriffen, welche die spekulative Vernunft zwar als Aufgaben vortragen, sie aber nicht auflösen konnte. Also 1) zu derjenigen, in deren Auflösung die letzteren nichts als *Paralogismen* begehen konnte (nämlich der Unsterblichkeit), weil es hier am Merkmale der Beharrlichkeit fehlte, um den psychologischen Begriff eines letzten Subjekts, welcher der Seele im Selbstbewußtsein notwendig beigelegt wird, zur realen Vorstellung einer Substanz zu ergänzen, welches die praktische Vernunft durch das Postulat einer zur Angemessenheit mit dem moralischen Gesetze im höchsten Gute als dem ganzen Zwecke der praktischen Vernunft erforderlichen Dauer ausrichtet. 2) Führt sie zu dem, wovon die spekulative Vernunft nichts als *Antinomie* enthielt, deren Auflösung sie nur auf einem problematisch zwar denkbaren, aber seiner objektiven Realität nach für sie nicht erweislichen und bestimmbaren Begriffe gründen konnte, nämlich die *kosmologische* Idee einer intelligibelen Welt und das Bewußtsein unseres Daseins in derselben, vermittelst des Postulats der Freiheit (deren Realität sie durch das moralische Gesetz darlegt und mit ihm zugleich das Gesetz einer intelligibelen Welt, worauf die spekulative nur hinweisen, ihren Begriff aber nicht bestimmen konnte). 3) Verschafft sie dem, was spekulative Vernunft zwar denken, aber als bloßes transzendentales *Ideal* unbestimmt lassen mußte, dem *theologischen* Begriffe des Urwesens, Bedeutung (in praktischer Absicht, d. i. als einer Bedingung der Möglichkeit des Objektes eines durch jenes Gesetz bestimmten Willens), als dem obersten Prinzip des höchsten Guts in einer intelligibelen Welt durch gewalthabende moralische Gesetzgebung in derselben.

Wird nun aber unsere Erkenntnis auf solche Art durch reine praktische Vernunft wirklich erweitert, und ist das, was für die spekulative *transzendent* war, in der praktischen *immanent*? Allerdings, aber *nur in praktischer Absicht*. Denn wir erkennen zwar dadurch weder unserer Seele Natur noch die intelligibele Welt noch das höchste Wesen nach dem, was sie an sich selbst sind, sondern haben nur die Begriffe von ihnen im *praktischen* Begriffe des *höchsten Guts* vereinigt, als dem Objekte unseres Willens, und völlig a priori durch reine Vernunft, aber nur vermittelst des moralischen Gesetzes und auch bloß in Beziehung auf dasselbe in Ansehung des Objekts, das es gebietet. Wie aber auch nur die Freiheit möglich sei, und wie man sich diese Art von Kausalität theoretisch und positiv vorzustellen habe, wird dadurch nicht eingesehen, sondern nur, daß eine solche sei, durch das moralische Gesetz und zu dessen Behuf postuliert. So ist es auch mit den übrigen Ideen bewandt, die nach ihrer Möglichkeit kein menschlicher Verstand jemals ergründen, aber auch, daß sie nicht wahre Begriffe sind, keine Sophisterei der Überzeugung selbst des gemeinsten Menschen jemals entreißen wird.

19. Der Grund des Bösen (I. Kant)

Der Satz: der Mensch ist *böse*, kann nach dem Obigen nichts anderes sagen wollen als: er ist sich des moralischen Gesetzes bewußt und hat doch die gelegentliche Abweichung von demselben in seine Maxime aufgenommen. Er ist *von Natur* böse, heißt soviel als: dieses gilt von ihm in seiner Gattung betrachtet; nicht als ob solche Qualität aus seinem Gattungsbegriffe (dem eines Menschen überhaupt) könne gefolgert werden (denn alsdann wäre sie notwendig), sondern er kann nach dem, wie man ihn durch Erfahrung kennt, nicht anders beurteilt werden, oder man kann es als subjektiv notwendig in jedem, auch dem besten Menschen voraussetzen. Da dieser Hang nun selbst als moralisch böse, mithin nicht als Naturanlage, sondern als etwas, was dem Menschen zugerechnet werden kann, betrachtet werden, folglich in gesetzwidrigen Maximen der Willkür bestehen muß; diese aber der Freiheit wegen für sich als zufällig angesehen werden müssen, welches mit der Allgemeinheit dieses Bösen sich wiederum nicht zusammenreimen will, wenn nicht der subjektive oberste Grund aller Maximen mit der Menschheit selbst, es sei wodurch es wolle, verwebt und darin gleichsam gewurzelt ist: so werden wir diesen einen natürlichen Hang zum Bösen und, da er doch immer selbstverschuldet sein muß, ihn selbst ein *radikales*, angeborenes (nichtsdestoweniger aber uns von uns selbst zugezogenes) *Böse* in der menschlichen Natur nennen können. [...]

Der Grund dieses Bösen kann nun 1) nicht, wie man ihn gemeiniglich anzugeben pflegt, *in der Sinnlichkeit* des Menschen und den daraus entspringenden natürlichen Neigungen gesetzt werden. Denn nicht allein, daß diese keine gerade Beziehung aufs Böse haben (vielmehr zu dem, was die moralische Gesinnung in ihrer Kraft beweisen kann, zur Tugend die Gelegenheit geben), so dürfen wir ihr Dasein nicht verantworten (wir können es auch nicht; weil sie als anerschaffen uns nicht zu Urhebern haben), wohl aber den Hang zum Bösen, der, indem er die Moralität des Subjekts betrifft, mithin in ihm als einem frei handelnden Wesen angetroffen wird, als selbst verschuldet ihm muß zugerechnet werden können; ungeachtet der tiefen Einwurzelung desselben in die Willkür, wegen welcher man sagen muß, er sei in dem Menschen von Natur anzutreffen. – Der Grund dieses Bösen kann auch 2) nicht *in einer Verderbnis* der moralisch-gesetzgebenden Vernunft gesetzt werden; gleich als ob diese das Ansehen des Gesetzes selbst in sich vertilgen und die Verbindlichkeit aus demselben ableugnen könne; denn das ist schlechterdings unmöglich. Sich als ein frei handelndes Wesen und doch von dem einem solchen angemessenen Gesetz (dem moralischen) entbunden denken, wäre soviel als eine ohne alle Gesetze wirkende Ursache denken (denn die Bestimmung nach Naturgesetzen fällt der Freiheit halber weg); welches sich widerspricht. – Um also einen Grund des Moralisch-Bösen im Menschen anzugeben, enthält die *Sinnlichkeit* zu wenig; denn sie macht den Menschen, indem sie die Triebfedern, die aus der Freiheit entspringen können, wegnimmt, zu einem bloß *tierischen*; eine vom moralischen Gesetze aber freisprechende, gleichsam *boshafte Vernunft* (ein schlechthin böser Wille) enthält dagegen zu viel, weil dadurch der Widerstreit gegen das Gesetz selbst zur Triebfeder (denn ohne alle Triebfeder kann die Willkür nicht bestimmt werden) erhoben und so das Subjekt zu einem *teuflischen Wesen* gemacht werden würde. – Keines von beiden ist aber auf den Menschen anwendbar.

Wenn nun aber gleich das Dasein dieses Hanges zum Bösen in der menschlichen Natur durch Erfahrungsbeweise des in der Zeit wirklichen Widerstreits der menschlichen Willkür gegen das Gesetz dargetan werden kann, so lehren uns diese doch nicht die eigentliche Beschaffenheit desselben und den Grund dieses Widerstreits; sondern diese, weil sie eine Beziehung der freien Willkür (also einer solchen, deren Begriff nicht empirisch ist) auf das moralische Gesetz als Triebfeder (wovon der Begriff gleichfalls rein intellektuell ist) betrifft, muß aus dem Begriffe des Bösen, sofern es nach Gesetzen der Freiheit (der Verbindlichkeit und Zurechnungsfähigkeit) möglich ist, *a priori* erkannt werden. Folgendes ist die Entwickelung des Begriffs.

Der Mensch (selbst der ärgste) tut, in welchen Maximen es auch sei, auf das moralische Gesetz nicht gleichsam rebellischerweise (mit Aufkündigung des Gehorsams) Verzicht. Dieses dringt sich ihm vielmehr kraft seiner moralischen Anlage unwiderstehlich auf; und, wenn keine andere Triebfeder dagegen wirkte, so würde er es auch als hinreichenden Bewegungsgrund der Willkür in seine oberste Maxime aufnehmen, d. i. er würde moralisch gut sein. Er hängt aber doch auch, vermöge seiner gleichfalls schuldlosen Naturanlage, an den Triebfedern der Sinnlichkeit und nimmt sie (nach dem subjektiven Prinzip der Selbstliebe) auch in seine Maxime auf. Wenn er diese aber als *für sich allein hinreichend* zur Bestimmung der Willkür in seine Maxime aufnähme, ohne sich ans moralische Gesetz (welches er doch in sich hat) zu kehren, so würde er moralisch böse sein. Da er nun natürlicherweise beide in dieselbe aufnimmt, da er auch jede für sich, wenn sie allein wäre, zur Willensbestimmung hinreichend finden würde, so würde er, wenn der Unterschied der Maximen bloß auf den Unterschied der Triebfedern (der Materie der Maximen), nämlich, ob das Gesetz oder der Sinnenantrieb eine solche abgeben, ankäme, moralisch gut und böse zugleich sein; welches sich (nach der Einleitung) widerspricht. Also muß der Unterschied, ob der Mensch gut oder böse sei, nicht in dem Unterschiede der Triebfedern, die er in seine Maxime aufnimmt (nicht in dieser ihrer Materie), sondern in der *Unterordnung* (der Form derselben) *liegen*: *welche von beiden er zur Bedingung der anderen macht.* Folglich ist der Mensch (auch der beste) nur dadurch böse, daß er die sittliche Ordnung der Triebfedern in der Aufnehmung derselben in seine Maximen umkehrt: das moralische Gesetz zwar neben dem der Selbstliebe in dieselbe aufnimmt; da er aber inne wird, daß eines neben dem anderen nicht bestehen kann, sondern eins dem anderen als seiner obersten Bedingung untergeordnet werden müsse, er die Triebfedern der Selbstliebe und ihre Neigungen zur Bedingung der Befolgung des moralischen Gesetzes macht, da das letztere vielmehr als die *oberste Bedingung* der Befriedigung der ersteren in die allgemeine Maxime der Willkür als alleinige Triebfeder aufgenommen werden sollte.

Bei dieser Umkehrung der Triebfedern durch seine Maxime, wider die sittliche Ordnung, können die Handlungen dennoch wohl so gesetzmäßig ausfallen, als ob sie aus echten Grundsätzen entsprungen wären; wenn die Vernunft die Einheit der Maximen überhaupt, welche dem moralischen Gesetze eigen ist, bloß dazu braucht, um in die Triebfedern der Neigung, unter dem Namen *Glückseligkeit*, Einheit der Maximen, die ihnen sonst nicht zukommen kann, hineinzubringen (z. B. daß die Wahrhaftigkeit, wenn man sie zum Grundsatze annähme, uns der Ängstlichkeit überhebt, unseren Lügen die Übereinstimmung zu erhalten und uns nicht in den Schlangenwindungen derselben selbst zu verwickeln), da dann der empirische Charakter gut, der intelligibele aber immer noch böse ist.

V. Die Frage des Pantheismus

20. Gotthold Ephraim Lessing: Die Erziehung des Menschengeschlechts

§. 1.

Was die Erziehung bey dem einzeln Menschen ist, ist die Offenbarung bey dem ganzen Menschengeschlechte.

§. 2.

Erziehung ist Offenbarung, die dem einzeln Menschen geschieht: und Offenbarung ist Erziehung, die dem Menschengeschlechte geschehen ist, und noch geschieht.

§. 3.

Ob die Erziehung aus diesem Gesichtspunkte zu betrachten, in der Pädagogik Nutzen haben kann, will ich hier nicht untersuchen. Aber in der Theologie kann es gewiß sehr großen Nutzen haben, und viele Schwierigkeiten heben, wenn man sich die Offenbarung als eine Erziehung des Menschengeschlechts vorstellet.

§. 4.

Erziehung giebt dem Menschen nichts, was er nicht auch aus sich selbst haben könnte: sie giebt ihm das, was er aus sich selber haben könnte, nur geschwinder und leichter. Also giebt auch die Offenbarung dem Menschengeschlechte nichts, worauf die menschliche Vernunft, sich selbst überlassen, nicht auch kommen würde: sondern sie gab und giebt ihm die wichtigsten dieser Dinge nur früher.

§. 5.

Und so wie es der Erziehung nicht gleichgültig ist, in welcher Ordnung sie die Kräfte des Menschen entwickelt; wie sie dem Menschen nicht alles auf einmal beybringen kann: eben so hat auch Gott bey seiner Offenbarung eine gewisse Ordnung, ein gewisses Maaß halten müssen.

§. 6.

Wenn auch der erste Mensch mit einem Begriffe von einem Einigen Gotte sofort ausgestattet wurde: so konnte doch dieser mitgetheilte, und nicht erworbene Begriff, unmöglich lange in seiner Lauterkeit bestehen. Sobald ihn die sich selbst überlassene menschliche Vernunft zu bearbeiten anfing, zerlegte sie den Einzigen Unermeßlichen in mehrere Ermeßlichere, und gab jedem dieser Theile ein Merkzeichen.

§. 7.

So entstand natürlicher Weise Vielgötterey und Abgötterey. Und wer weiß, wie viele Millionen Jahre sich die menschliche Vernunft noch in diesen Irrwegen würde herumgetrieben haben; ohngeachtet überall und zu allen Zeiten einzelne Menschen erkannten, daß es Irrwege waren: wenn es Gott nicht gefallen hätte, ihr durch einen neuen Stoß eine bessere Richtung zu geben.

§. 8.

Da er aber einem jeden *einzeln Menschen* sich nicht mehr offenbaren konnte, noch wollte: so wählte er sich ein *einzelnes Volk* zu seiner besondern Erziehung; und eben das ungeschliffenste, das verwildertste, um mit ihm ganz von vorne anfangen zu können.

§. 9.

Dieß war das Israelitische Volk, von welchem man gar nicht einmal weiß, was es für einen Gottesdienst in Aegypten hatte. Denn an dem Gottesdienste der Aegyptier durften so verachtete Sklaven nicht Theil nehmen: und der Gott seiner Väter war ihm gänzlich unbekannt geworden. [...]

§. 16.

Ein Volk aber, das so roh, so ungeschickt zu abgezognen Gedanken war, noch so völlig in seiner Kindheit war, was war es für einer *moralischen* Erziehung fähig? Keiner andern, als die dem Alter der Kindheit entspricht. Der Erziehung durch unmittelbare sinnliche Strafen und Belohnungen.

§. 17.

Auch hier also treffen Erziehung und Offenbarung zusammen. Noch konnte Gott seinem Volke keine andere Religion, kein anders Gesetz geben, als eines, durch dessen Beobachtung oder Nichtbeobachtung es hier auf Erden glücklich oder unglücklich zu werden hoffte oder fürchtete. Denn weiter als auf dieses Leben gingen noch seine Blicke nicht. Es wußte von keiner Unsterblichkeit der Seele; es sehnte sich nach keinem künftigen Leben. Ihm aber nun schon diese Dinge zu offenbaren, welchen seine Vernunft noch so wenig gewachsen war: was würde es bey Gott anders gewesen seyn, als der Fehler des eiteln Pädagogen, der sein Kind lieber übereilen und mit ihm prahlen, als gründlich unterrichten will.

§. 18.

Allein wozu, wird man fragen, diese Erziehung eines so rohen Volkes, eines Volkes, mit welchem Gott so ganz von vorne anfangen mußte? Ich antworte: um in der Folge der Zeit einzelne Glieder desselben so viel sichrer zu Erziehern aller übrigen Völker brauchen zu können. Er erzog in ihm die künftigen Erzieher des Menschengeschlechts. Das wurden Juden, das konnten nur Juden werden, nur Männer aus einem so erzogenen Volke. [...]

§. 22.

Auf gleiche Weise. Daß, – die Lehre von der Einheit Gottes bey Seite gesetzt, welche in den Büchern des Alten Testaments sich findet, und sich nicht findet – daß, sage ich, wenigstens die Lehre von der Unsterblichkeit der Seele, und die damit verbundene Lehre von Strafe und Belohnung in einem künftigen Leben, darinn völlig fremd sind: beweiset eben so wenig wider den göttlichen Ursprung dieser Bücher: Es kann dem ohngeachtet mit allen darinn enthaltenen Wundern und Prophezeyungen seine gute Richtigkeit haben. Denn laßt uns setzen, jene Lehren würden nicht allein darinn *vermißt*, jene Lehren wären auch sogar *nicht* einmal *wahr*; laßt uns setzen, es wäre wirklich für die Menschen in diesem Leben alles aus: wäre darum das Daseyn Gottes minder erwiesen? Stünde es darum Gotte minder frey, würde es darum Gotte minder ziemen, sich der zeitlichen Schicksale irgend eines Volks aus diesem vergänglichen Geschlechte unmittelbar anzunehmen? Die Wunder, die er für die Juden that, die Prophezeyungen, die er durch sie aufzeichnen ließ, waren ja nicht blos für die wenigen sterblichen Juden, zu deren Zeiten sie geschahen und aufgezeichnet wurden: er hatte seine Absichten damit auf das ganze Jüdische Volk, auf das ganze Menschengeschlecht, die hier auf Erden vielleicht ewig dauern sollen, wenn schon jeder einzelne Jude, jeder einzelne Mensch auf immer dahin stirbt.

§. 23.

Noch einmal. Der Mangel jener Lehren in den Schriften des Alten Testaments beweiset wider ihre Göttlichkeit nichts. Moses war doch von Gott gesandt, obschon die Sanktion seines Gesetzes sich nur auf dieses Leben erstreckte. Denn warum weiter? Er war ja nur an das *Israelitische* Volk, an das *damalige* Israelitische Volk gesandt: und sein Auftrag war den Kenntnissen, den Fähigkeiten, den Neigungen dieses *damaligen* Israelitischen Volks, so wie der Bestimmung des *künftigen*, vollkommen angemessen. Das ist genug. [...]

§. 26.

Ich erkläre mich an dem Gegenbilde der Offenbarung. Ein Elementarbuch für Kinder, darf gar wohl dieses oder jenes wichtige Stück der Wissenschaft oder Kunst, die es vorträgt, mit Stillschweigen übergehen, von dem der Pädagog urtheilte, daß es den Fähigkeiten der Kinder, für die er schrieb, noch nicht angemessen sey. Aber es darf schlechterdings nichts enthalten, was den Kindern den Weg zu den zurückbehaltnen wichtigen Stücken versperre oder verlege. Vielmehr müssen ihnen alle Zugänge zu denselben sorgfältig offen gelassen werden: und sie nur von einem einzigen dieser Zugänge ableiten, oder verursachen, daß sie denselben später betreten, würde allein die Unvollständigkeit des Elementarbuchs zu einem wesentlichen Fehler desselben machen.

§. 27.

Also auch konnten in den Schriften des Alten Testaments, in diesen Elementarbüchern für das rohe und im Denken ungeübte Israelitische Volk, die Lehre von der Unsterblichkeit der Seele und künftigen Vergeltung gar wohl mangeln: aber enthalten durften sie schlechterdings nichts, was das Volk, für das sie geschrieben waren, auf dem Wege zu dieser großen Wahrheit auch nur verspätet hätte. Und was hätte es, wenig zu sagen, mehr dahin *verspätet*, als wenn jene wunderbare Vergeltung in diesem Leben darinn wäre versprochen, und von dem wäre versprochen worden, der nichts verspricht, was er nicht hält?

§. 28.

Denn wenn schon aus der ungleichen Austheilung der Güter dieses Lebens, bey der auf Tugend und Laster so wenig Rücksicht genommen zu seyn scheinet, eben nicht der strengste Beweis für die Unsterblichkeit der Seele und für ein anders Leben, in welchem jener Knoten sich auflöse, zu führen: so ist doch wohl gewiß, daß der menschliche Verstand ohne jenem Knoten noch lange nicht – und vielleicht auch nie – auf bessere und strengere Beweise gekommen wäre. Denn was sollte ihn antreiben können, diese bessern Beweise zu suchen? Die blosse Neugierde? [...]

§. 34.

Noch hatte das Jüdische Volk in seinem Jehova mehr den Mächtigsten, als den Weisesten aller Götter verehrt; noch hatte es ihn als einen eifrigen Gott mehr gefürchtet, als geliebt: auch dieses zum Beweise, daß die Begriffe, die es von seinem höchsten einigen Gott hatte, nicht eben die rechten Begriffe waren, die wir von Gott haben müssen. Doch nun war die Zeit da, daß diese seine Begriffe erweitert, veredelt, berichtiget werden sollten, wozu sich Gott eines ganz natürlichen Mittels bediente; eines bessern richtigern Maaßstabes, nach welchem es ihn zu schätzen Gelegenheit bekam.

§. 35.

Anstatt daß es ihn bisher nur gegen die armseligen Götzen der kleinen benachbarten rohen Völkerschaften geschätzt hatte, mit welchen es in beständiger Eifersucht lebte: fing es in der Gefangenschaft unter dem weisen Perser an, ihn gegen das Wesen aller Wesen zu messen, wie das eine geübtere Vernunft erkannte und verehrte.

§. 36.

Die Offenbarung hatte seine Vernunft geleitet, und nun erhellte die Vernunft auf einmal seine Offenbarung.

§. 37.

Das war der erste wechselseitige Dienst, den beyde einander leisteten; und dem Urheber beyder ist ein solcher gegenseitiger Einfluß so wenig unanständig, daß ohne ihm eines von beyden überflüssig seyn würde. [...]

§. 54.

Der Theil des Menschengeschlechts, den Gott in *Einen* Erziehungsplan hatte fassen wollen – Er hatte aber nur denjenigen in Einen fassen wollen, der durch Sprache, durch Handlung, durch Regierung, durch andere natürliche und politische Verhältnisse in sich bereits verbunden war – war zu dem zweyten großen Schritte der Erziehung reif.

§. 55.

Das ist: dieser Theil des Menschengeschlechts war in der Ausübung seiner Vernunft so weit gekommen, daß er zu seinen moralischen Handlungen edlere, würdigere Bewegungsgründe bedurfte und brauchen konnte, als zeitliche Belohnung und Strafen waren, die ihn bisher geleitet hatten. Das Kind wird Knabe. Lekkerey und Spielwerk weicht der aufkeimenden Begierde, eben so frey, eben so geehrt, eben so glücklich zu werden, als es sein älteres Geschwister sieht.

§. 56.

Schon längst waren die Bessern von jenem Theile des Menschengeschlechts gewohnt, sich durch einen *Schatten* solcher edlern Bewegungsgründe regieren zu lassen. Um nach diesem Leben auch nur in dem Andenken seiner Mitbürger fortzuleben, that der Grieche und Römer alles.

§. 57.

Es war Zeit, daß ein andres *wahres* nach diesem Leben zu gewärtigendes Leben Einfluß auf seine Handlungen gewönne.

§. 58.

Und so ward Christus der erste *zuverlässige, praktische* Lehrer der Unsterblichkeit der Seele.

§. 59.

Der erste *zuverlässige* Lehrer. – Zuverlässig durch die Weissagungen, die in ihm erfüllt schienen; zuverlässig durch die Wunder, die er verrichtete; zuverlässig durch seine eigene Wiederbelebung nach einem Tode, durch den er seine Lehre versiegelt hatte. Ob wir noch itzt diese Wiederbelebung, diese Wunder beweisen können: das lasse ich dahin gestellt seyn. So, wie ich es dahin gestellt seyn lasse, wer die Person dieses Christus gewesen. Alles das kann damals zur *Annehmung* seiner Lehre wichtig gewesen seyn: itzt ist es zur Erkennung der Wahrheit dieser Lehre so wichtig nicht mehr.

§. 60.

Der erste *praktische* Lehrer. – Denn ein anders ist die Unsterblichkeit der Seele, als eine philosophische Speculation, vermuthen, wünschen, glauben: ein anders, seine innern und äussern Handlungen darnach einrichten.

§. 61.

Und dieses wenigstens lehrte Christus zuerst. Denn ob es gleich bey manchen Völkern auch schon vor ihm eingeführter Glaube war, daß böse Handlungen noch in jenem Leben bestraft würden: so waren es doch nur solche, die der bürgerlichen Gesellschaft Nachtheil brachten, und daher auch schon in der bürgerlichen Gesellschaft ihre Strafe hatten. Eine innere Reinigkeit des Herzens in Hinsicht auf ein andres Leben zu empfehlen, war ihm allein vorbehalten.

§. 62.

Seine Jünger haben diese Lehre getreulich fortgepflanzt. Und wenn sie auch kein ander Verdienst hätten, als daß sie einer Wahrheit, die Christus nur allein für die Juden bestimmt zu haben schien, einen allgemeinern Umlauf unter mehrern Völkern verschaft hätten: so wären sie schon darum unter die Pfleger und Wohlthäter des Menschengeschlechts zu rechnen.

§. 63.

Daß sie aber diese Eine große Lehre noch mit andern Lehren versetzten, deren Wahrheit weniger einleuchtend, deren Nutzen weniger erheblich war: wie konnte das anders seyn? Laßt uns sie darum nicht schelten, sondern vielmehr mit Ernst untersuchen: ob nicht selbst diese beygemischten Lehren ein neuer *Richtungsstoß* für die menschliche Vernunft geworden.

§. 64.

Wenigstens ist es schon aus der Erfahrung klar, daß die Neutestamentlichen Schriften, in welchen sich diese Lehren nach einiger Zeit aufbewahret fanden, das zweyte beßre Elementarbuch für das Menschengeschlecht abgegeben haben, und noch abgeben.

§. 65.

Sie haben seit siebzehnhundert Jahren den menschlichen Verstand mehr als alle andere Bücher beschäftiget; mehr als alle andere Bücher erleuchtet, sollte es auch nur das Licht seyn, welches der menschliche Verstand selbst hineintrug.

§. 66.

Unmöglich hätte irgend ein ander Buch unter so verschiednen Völkern so allgemein bekannt werden können: und unstreitig hat das, daß so ganz ungleiche Denkungsarten sich mit diesem nehmlichen Buche beschäftigten, den menschlichen Verstand mehr fortgeholfen, als wenn jedes Volk für sich besonders sein eignes Elementarbuch gehabt hätte.

§. 67.

Auch war es höchst nöthig, daß jedes Volk dieses Buch eine Zeit lang für das *Non plus ultra* seiner Erkenntnisse halten mußte. Denn dafür muß auch der Knabe sein Elementarbuch vors erste ansehen; damit die Ungeduld, nur fertig zu werden, ihn nicht zu Dingen fortreißt, zu welchen er noch keinen Grund gelegt hat.

§. 68.

Und was noch itzt höchst wichtig ist: – Hüte dich, du fähigeres Individuum, der du an dem letzten Blatte dieses Elementarbuches stampfest und glühest, hüte dich, es deine schwächere Mitschüler merken zu lassen, was du witterst, oder schon zu sehn beginnest.

§. 69.

Bis sie dir nach sind, diese schwächere Mitschüler; – kehre lieber noch einmal selbst in dieses Elementarbuch zurück, und untersuche, ob das, was du nur für Wendungen der Methode, für Lückenbüsser der Didaktik hältst, auch wohl nicht etwas Mehrers ist.

§. 70.

Du hast in der Kindheit des Menschengeschlechts an der Lehre von der Einheit Gottes gesehen, daß Gott auch bloße Vernunftswahrheiten unmittelbar offenbaret; oder verstattet und einleitet, daß bloße Vernunftswahrheiten als unmittelbar geoffenbarte Wahrheiten eine Zeit lang gelehret werden: um sie geschwinder zu verbreiten, und sie fester zu gründen.

§. 71.

Du erfährst, in dem Knabenalter des Menschengeschlechts, an der Lehre von der Unsterblichkeit der Seele, das Nehmliche. Sie wird in dem zweyten bessern Elementarbuche als Offenbarung *gepredi-get*, nicht als Resultat menschlicher Schlüsse *gelehret*.

§. 72.

So wie wir zur Lehre von der Einheit Gottes nunmehr des Alten Testaments entbehren können; so wie wir allmälig, zur Lehre von der Unsterblichkeit der Seele, auch des Neuen Testaments entbehren zu können anfangen: könnten in diesem nicht noch mehr dergleichen Wahrheiten vorgespiegelt werden, die wir als Offenbarungen so lange anstaunen sollen, bis sie die Vernunft aus ihren andern ausgemachten Wahrheiten herleiten und mit ihnen verbinden lernen?

§. 73.

Z. E. die Lehre von der Dreyeinigkeit. – Wie, wenn diese Lehre den menschlichen Verstand, nach unendlichen Verirrungen rechts und links, nur endlich auf den Weg bringen sollte, zu erkennen, daß Gott in dem Verstande, in welchem endliche Dinge *eins* sind, unmöglich *eins* seyn könne; daß auch seine Einheit eine transcendentale Einheit seyn müsse, welche eine Art von Mehrheit nicht ausschließt? – Muß Gott wenigstens nicht die vollständige Vorstellung von sich selbst haben? d. i. eine Vorstellung, in der sich alles befindet, was in ihm selbst ist. Würde sich aber alles in ihr finden, was in ihm selbst ist, wenn auch von seiner *nothwendigen Wirklichkeit*, so wie von seinen übrigen Eigenschaften, sich blos eine Vorstellung, sich blos eine Möglichkeit fände? Diese Möglichkeit erschöpft das Wesen seiner übrigen Eigenschaften: aber auch seiner nothwendigen Wirklichkeit? Mich dünkt nicht. – Folglich kann entweder Gott gar keine vollständige Vorstellung von sich selbst haben: oder diese vollständige Vorstellung ist eben so nothwendig wirklich, als er es selbst ist etc. – Freylich ist das Bild von mir im Spiegel nichts als eine leere Vorstellung von mir, weil es nur das von mir hat, wovon Lichtstrahlen auf seine Fläche fallen. Aber wenn denn nun dieses Bild *alles*, alles ohne Ausnahme hätte, was ich selbst habe: würde es sodann auch noch eine leere Vorstellung, oder nicht vielmehr eine wahre Verdopplung meines Selbst seyn? – Wenn ich eine ähnliche Verdopplung in Gott zu erkennen glaube: so irre ich mich vielleicht nicht so wohl, als daß die Sprache meinen Begriffen unterliegt; und so viel bleibt doch immer unwidersprechlich, daß diejenigen, welche die Idee davon populär machen wollen, sich schwerlich faßlicher und schicklicher hätten ausdrücken können, als durch die Benennung eines *Sohnes*, den Gott von Ewigkeit zeugt.

§. 74.

Und die Lehre von der Erbsünde. – Wie, wenn uns endlich alles überführte, daß der Mensch auf der *ersten und niedrigsten* Stufe seiner Menschheit, schlechterdings so Herr seiner Handlungen nicht sey, daß er moralischen Gesetzen folgen könne?

§. 75.

Und die Lehre von der Genugthuung des Sohnes. – Wie, wenn uns endlich alles nöthigte, anzunehmen: daß Gott, ungeachtet jener ursprünglichen Unvermögenheit des Menschen, ihm dennoch moralische Gesetze lieber geben, und ihm alle Uebertretungen, in Rücksicht auf seinen *Sohn*, d. i. in Rücksicht auf den selbstständigen Umfang aller seiner Vollkommenheiten, gegen den und in dem jede Unvollkommenheit des Einzeln verschwindet, lieber verzeihen wollen; als daß er sie ihm nicht geben, und ihn von aller moralischen Glückseligkeit ausschliessen wollen, die sich ohne moralische Gesetze nicht denken läßt?

§. 76.

Man wende nicht ein, daß dergleichen Vernünfteleyen über die Geheimnisse der Religion untersagt sind. – Das Wort Geheimniß bedeutete, in den ersten Zeiten des Christentums, ganz etwas anders, als wir itzt darunter verstehen; und die Ausbildung geoffenbarter Wahrheiten in Vernunftswahrheiten ist schlechterdings nothwendig, wenn dem menschlichen Geschlechte damit geholfen seyn soll. Als sie geoffenbaret wurden, waren sie freylich noch keine Vernunftswahrheiten; aber sie wurden geoffenbaret, um es zu werden. Sie waren gleichsam das *Facit*, welches der Rechenmeister seinen Schülern voraus sagt, damit sie sich im Rechnen einigermaassen darnach richten können. Wollten sich die Schüler an dem voraus gesagten *Facit* begnügen: so würden sie nie rechnen lernen, und die Absicht, in welcher der gute Meister ihnen bey ihrer Arbeit einen Leitfaden gab, schlecht erfüllen.

§. 77.

Und warum sollten wir nicht auch durch eine Religion, mit deren historischen Wahrheit, wenn man will, es so mißlich aussieht, gleichwohl auf nähere und bessere Begriffe vom göttlichen Wesen, von unsrer Natur, von unsern Verhältnissen zu Gott, geleitet werden können, auf welche die menschliche Vernunft von selbst nimmermehr gekommen wäre? [...]

§. 86.

Sie wird gewiß kommen, die Zeit eines *neuen ewigen Evangeliums*, die uns selbst in den Elementarbüchern des Neuen Bundes versprochen wird.

§. 87.

Vielleicht, daß selbst gewisse Schwärmer des dreyzehnten und vierzehnten Jahrhunderts einen Strahl dieses neuen ewigen Evangeliums aufgefangen hatten; und nur darinn irrten, daß sie den Ausbruch desselben so nahe verkündigten.

§. 88.

Vielleicht war ihr *dreyfaches Alter der Welt* keine so leere Grille; und gewiß hatten sie keine schlimme Absichten, wenn sie lehrten, daß der Neue Bund eben so wohl *antiquiret* werden müsse, als es der Alte geworden. Es blieb auch bey ihnen immer die nehmliche Oekonomie des nehmlichen Gottes. Immer – sie meine Sprache sprechen zu lassen – der nehmliche Plan der allgemeinen Erziehung des Menschengeschlechts.

§. 89.

Nur daß sie ihn übereilten; nur daß sie ihre Zeitgenossen, die noch kaum der Kindheit entwachsen waren, ohne Aufklärung, ohne Vorbereitung, mit Eins zu Männern machen zu können glaubten, die ihres *dritten Zeitalters* würdig wären.

§. 90.

Und eben das machte sie zu Schwärmern. Der Schwärmer thut oft sehr richtige Blicke in die Zukunft: aber er kann diese Zukunft nur nicht erwarten. Er wünscht diese Zukunft beschleuniget; und wünscht, daß sie durch ihn beschleuniget werde. Wozu sich die Natur Jahrtausende Zeit nimmt, soll in dem Augenblicke seines Daseyns reifen. Denn was hat er davon, wenn das, was er für das Bessere erkennt, nicht noch bey seinen Lebzeiten das Bessere wird? Kömmt er wieder? Glaubt er wieder zu kommen? – Sonderbar, daß diese Schwärmerey allein unter den Schwärmern nicht mehr Mode werden will!

§. 91.

Geh deinen unmerklichen Schritt, ewige Vorsehung! Nur laß mich dieser Unmerklichkeit wegen an dir nicht verzweifeln. – Laß mich an dir nicht verzweifeln, wenn selbst deine Schritte mir scheinen sollten, zurück zu gehen! – Es ist nicht wahr, daß die kürzeste Linie immer die gerade ist.

§. 92.

Du hast auf deinem ewigen Wege so viel mitzunehmen! so viel Seitenschritte zu thun! – Und wie? wenn es nun gar so gut als ausgemacht wäre, daß das große langsame Rad, welches das Geschlecht seiner Vollkommenheit näher bringt, nur durch kleinere schnellere Räder in Bewegung gesetzt würde, deren jedes sein Einzelnes eben dahin liefert?

§. 93.

Nicht anders! Eben die Bahn, auf welcher das Geschlecht zu seiner Vollkommenheit gelangt, muß jeder einzelne Mensch (der früher, der später) erst durchlaufen haben. – »In einem und eben demselben Leben durchlaufen haben? Kann er in eben demselben Leben ein sinnlicher Jude und ein geistiger Christ gewesen seyn? Kann er in eben demselben Leben beyde überhohlet haben?«

§. 94.

Das wohl nun nicht! – Aber warum könnte jeder einzelne Mensch auch nicht mehr als einmal auf dieser Welt vorhanden gewesen seyn?

§. 95.

Ist diese Hypothese darum so lächerlich, weil sie die älteste ist? weil der menschliche Verstand, ehe ihn die Sophisterey der Schule zerstreut und geschwächt hatte, sogleich darauf verfiel?

§. 96.

Warum könnte auch Ich nicht hier bereits einmal alle die Schritte zu meiner Vervollkommnung gethan haben, welche blos zeitliche Strafen und Belohnungen den Menschen bringen können?

§. 97.

Und warum nicht ein andermal alle die, welche zu thun, uns die Aussichten in ewige Belohnungen, so mächtig helfen?

§. 98.

Warum sollte ich nicht so oft wiederkommen, als ich neue Kenntnisse, neue Fertigkeiten zu erlangen geschickt bin? Bringe ich auf Einmal so viel weg, daß es der Mühe wieder zu kommen etwa nicht lohnet?

§. 99.

Darum nicht? – Oder, weil ich es vergesse, daß ich schon da gewesen? Wohl mir, daß ich das vergesse. Die Erinnerung meiner vorigen Zustände, würde mir nur einen schlechten Gebrauch des gegenwärtigen zu machen erlauben. Und was ich auf itzt vergessen muß, habe ich denn das auf ewig vergessen?

§. 100.

Oder, weil so zu viel Zeit für mich verloren gehen würde? – Verloren? – Und was habe ich denn zu versäumen? Ist nicht die ganze Ewigkeit mein?

21. Friedrich Heinrich Jacobi: Ein Gespräch mit Lessing

Meine Reise kam zu Stande, und den fünften Julius [1780, A.F.K.] Nachmittags, hielt ich Lessingen zum erstenmal in meinen Armen.

Wir sprachen noch an demselbigen Tage über viele wichtige Dinge; auch von Personen, moralischen und unmoralischen, Atheisten, Theisten und Christen.

Den folgenden Morgen kam Lessing in mein Zimmer, da ich mit einigen Briefen, die ich zu schreiben hatte, noch nicht fertig war. Ich reichte ihm verschiedenes aus meiner Brieftasche, daß er unterdessen sich die Zeit damit vertriebe. Bey'm Zurückgeben fragte er: ob ich nicht noch mehr hätte das er lesen dürfte. »Doch!« sagte ich (ich war im Begriff zu siegeln): »hier ist noch ein Gedicht; – Sie haben so manches Aergerniß gegeben, so mögen Sie auch wohl einmal eines nehmen«...*

Lessing. (Nachdem er das Gedicht gelesen, und indem er mir's

* *Prometheus.*
(S. Göthe, aus meinem Leben Th. 3 S. 477.)

Bedecke deinen Himmel, Zeus,
Mit Wolkendunst,
Und übe, dem Knaben gleich,
Der Disteln köpft,
An Eichen dich und Bergeshöhn!
Mußt mir meine Erde
Doch lassen stehn
Und meine Hütte, die du nicht gebaut,
Und meinen Herd,
Um dessen Glut
Du mich beneidest!

zurück gab) Ich habe kein Aergerniß genommen; ich habe das schon lange aus der ersten Hand. Ich. Sie kennen das Gedicht?

Ich kenne nichts ärmeres
Unter der Sonn', als euch, Götter!
Ihr nähret kümmerlich
Von Opfersteuern
Und Gebetshauch
Eure Majestät,
Und darbtet, wären
Nicht Kinder und Bettler
Hoffnungsvolle Thoren.

Da ich ein Kind war,
Nicht wußte wo aus wo ein,
Kehrt' ich mein verirrtes Auge
Zur Sonne, als wenn drüber wär'
Ein Ohr, zu hören meine Klage,
Ein Herz wie meins,
Sich des Bedrängten zu erbarmen.

Wer half mir
Wider der Titanen Uebermuth;
Wer rettete vom Tode mich,
Von Sklaverey?

Hast du nicht alles selbst vollendet,
Heilig glühend Herz?
Und glühtest jung und gut,
Betrogen, Rettungsdank
Dem Schlafenden da droben?

Ich dich ehren? Wofür?
Hast du die Schmerzen gelindert
Je des Beladenen?
Hast du die Thränen gestillet
Je des Geängsteten?
Hat nicht mich zum Manne geschmiedet
Die allmächtige Zeit
Und das ewige Schicksal,
Meine Herrn und deine?

Wähntest du etwa
Ich sollte das Leben hassen,

Lessing. Das Gedicht hab' ich nie gelesen; aber ich find' es gut. Ich. In seiner Art, ich auch; sonst hätte ich es Ihnen nicht gezeigt. Lessing. Ich meyn' es anders... Der Gesichtspunct, aus welchem das Gedicht genommen ist, das ist mein eigener Gesichtspunct... Die orthodoxen Begriffe von der Gottheit sind nicht mehr für mich; ich kann sie nicht genießen. *Ἑν και Παν!* Ich weiß nichts anders. Dahin geht auch dieses Gedicht; und ich muß bekennen, es gefällt mir sehr. Ich. Da wären Sie ja mit Spinoza ziemlich einverstanden. Lessing. Wenn ich mich nach jemand nennen soll, so weiß ich keinen andern. Ich. Spinoza ist mir gut genug: aber doch ein schlechtes Heil, das wir in seinem Namen finden! Lessing. Ja! Wenn Sie wollen!... Und doch... Wissen Sie etwas besseres?...

Der Dessauische Director Wolke war unterdessen hereingetreten, und wir gingen zusammen auf die Bibliothek.

Den folgenden Morgen, als ich, nach dem Frühstück, in mein Zimmer zurück gekehrt war, um mich anzukleiden, kam mir Lessing über eine Weile nach. So bald wir allein waren, hub er an: Ich bin gekommen über mein *Ἑν και Παν* mit Ihnen zu reden. Sie erschracken gestern. Ich. Sie überraschten mich, und ich fühlte meine Verwirrung. Schrecken war es nicht. Freylich war es gegen meine Vermuthung, an Ihnen einen Spinozisten oder Pantheisten zu finden; und noch weit mehr dagegen, daß Sie mir es gleich und so blank und baar hinlegen würden. Ich war großen Theils in der Absicht gekommen, von Ihnen Hülfe gegen den Spinoza zu erhalten. Lessing. Also kennen Sie ihn doch? Ich. Ich glaube ihn zu kennen, wie nur sehr wenige ihn gekannt haben mögen. Lessing.

In Wüsten fliehen,
Weil nicht alle

Blüthenträume – reiften?

Hier sitz' ich, forme Menschen
Nach meinem Bilde,
Ein Geschlecht, das mir gleich sey,
Zu leiden, zu weinen,
Zu genießen und zu freuen sich,
Und dein nicht zu achten,
Wie ich!

Dann ist Ihnen nicht zu helfen. Werden Sie lieber ganz sein Freund. Es giebt keine andre Philosophie, als die Philosophie des Spinoza. Ich. Das mag wahr seyn. Denn der Determinist, wenn er bündig seyn will, muß zum Fatalisten werden: hernach giebt sich das Uebrige von selbst. Lessing. Ich merke, wir verstehen uns. Desto begieriger bin ich, von Ihnen zu hören: was Sie für den Geist des Spinozismus halten; ich meyne den, der in Spinoza selbst gefahren war. Ich. Das ist wohl kein anderer gewesen, als das Uralte: *a nihilo nihil fit*; welches Spinoza, nach abgezogenern Begriffen, als die philosophirenden Kabbalisten und andre vor ihm, in Betrachtung zog. Nach diesen abgezogenern Begriffen fand er, daß durch ein jedes Entstehen im Unendlichen, mit was für Bildern oder Worten man ihm auch zu helfen suche, durch einen jeden Wechsel in demselben, ein Etwas aus dem Nichts gesetzt werde. Er verwarf also jeden Uebergang des Unendlichen zum Endlichen; überhaupt alle *Causas transitorias, secundarias* oder *remotas*; und setzte an die Stelle des emanirenden ein nur immanentes Ensoph; eine inwohnende, ewig in sich unveränderliche Ursache der Welt, welche mit allen ihren Folgen zusammengenommen – Eins und dasselbe wäre.

. . . *

Diese innewohnende unendliche Ursache hat, als solche, *explicite*, weder Verstand noch Willen: weil sie, ihrer transcendentalen Einheit und durchgängigen absoluten Unendlichkeit zufolge, keinen Gegenstand des Denkens und des Wollens haben kann; und ein Vermögen einen Begriff vor dem Begriffe hervorzubringen, oder einen Begriff der vor seinem Gegenstande und die *vollständige* Ursache seiner selbst wäre, so wie auch ein Wille, der das Wollen wirkte und durchaus sich selbst bestimmte, lauter ungereimte Dinge sind. . . .

* Ich fahre in dieser Darstellung fort, und ziehe, um nicht zu weitläufig zu werden, so viel ich kann, zusammen, ohne die Zwischenreden aufzuschreiben. Was unmittelbar hier folgt, wurde herbeygeführt, indem Lessing als des Dunkelsten im Spinoza erwähnte, was auch Leibnitz so gefunden und nicht ganz verstanden hätte (Theod. §. 173.). Ich mache diese Erinnerung hier Ein für Allemal, und werde sie in der Folge, wo ich mir ähnliche Freyheiten nehme, nicht wiederholen. (Anm. der ersten Ausgabe.)

...Der Einwurf, daß eine unendliche Reihe von Wirkungen möglich sey, (bloße Wirkungen sind es nicht, weil die inwohnende Ursache immer und überall ist), widerlegt sich selbst, weil jede Reihe, die nicht aus Nichts entspringen soll, schlechterdinge eine unendliche seyn muß. Und daraus folgt denn wieder, da jeder einzelne Begriff aus einem andern einzelnen Begriffe entspringen, und sich auf einen wirklich vorhandenen Gegenstand *unmittelbar* beziehen muß: daß in der ersten Ursache, die unendlicher Natur ist, weder einzelne Gedanken, noch einzelne Bestimmungen des Willens angetroffen werden können; – sondern nur der innere, erste, allgemeine Urstoff derselben... Die erste Ursache kann eben so wenig nach Absichten oder Endursachen handeln, als sie selbst um einer gewissen Absicht oder Endursache willen da ist; eben so wenig einen Anfangs-Grund oder Endzweck haben etwas zu verrichten, als in ihr selbst Anfang oder Ende ist... Im Grunde aber ist, was wir Folge oder Dauer nennen, bloßer Wahn; denn da die reelle Wirkung mit ihrer vollständigen reellen Ursache zugleich, und allein der Vorstellung nach von ihr verschieden ist: so muß Folge und Dauer, nach der Wahrheit, nur eine gewisse Art und Weise seyn, das Mannichfaltige in dem Unendlichen anzuschauen.

Lessing... Ueber unser *Credo* also werden wir uns nicht entzweyen. Ich. Das wollen wir in keinem Falle. Aber im Spinoza steht mein *Credo* nicht. – *Ich glaube eine verständige persönliche Ursache der Welt.* Lessing. O, desto besser! Da muß ich etwas ganz neues zu hören bekommen. Ich. Freuen Sie sich nicht zu sehr darauf. Ich helfe mir durch einen *Salto mortale* aus der Sache; und Sie pflegen am Kopf-unten eben keine sonderliche Lust zu finden. Lessing. Sagen Sie das nicht; wenn ich's nur nicht nachzuahmen brauche. Und Sie werden schon wieder auf Ihre Füße zu stehen kommen. Also – wenn es kein Geheimnis ist – so will ich mir es ausgebeten haben. Ich. Sie mögen mir das Kunststück immer absehen. Die ganze Sache bestehet darinn, daß ich aus dem Fatalismus unmittelbar gegen den Fatalismus, und gegen alles, was mit ihm verknüpft ist, schließe. – Wenn es lauter wirkende und keine Endursachen giebt, so hat das denkende Vermögen in der ganzen Natur bloß das Zusehen; sein einziges Geschäft ist, den Mechanismus der wirkenden Kräfte zu begleiten. Die Unterredung, die wir gegenwärtig miteinander haben, ist nur ein Anliegen unserer Leiber; und der ganze Inhalt dieser Unterredung, in seine Elemente aufgelöst: Ausdehung, Bewegung, Grade der Geschwindigkeit, nebst den Begriffen davon, und den Begriffen von diesen Begriffen. Der Erfinder der Uhr erfand sie im Grunde nicht; er sah nur ihrer Entstehung aus blindlings sich entwickelnden Kräften zu. Eben so Raphael, da er die Schule von Athen entwarf; und Lessing, da er seinen Nathan dichtete. Dasselbe gilt von allen Philosophieen, Künsten, Regierungsformen, Kriegen zu Wasser und zu Lande: kurz, von allem Möglichen. Denn auch die Affecten und Leidenschaften wirken nicht, in so fern sie Empfindungen und Gedanken sind; oder richtiger: – in so fern sie Empfindungen und Gedanken mit sich führen. Wir glauben nur, daß wir aus Zorn, Liebe, Großmuth, oder aus vernünftigem Entschlusse handeln. Lauter Wahn! In allen diesen Fällen ist im Grunde das, was uns bewegt, ein Etwas, das von allem dem nichts weiß, und das, in so fern, von Empfindung und Gedanke schlechterdings entblößt ist. Diese aber, Empfindung und Gedanke, sind nur Begriffe von Ausdehnung, Bewegung, Graden der Geschwindigkeit, u. s. w. – Wer nun dieses annehmen kann, dessen Meynung weiß ich nicht zu widerlegen. Wer es aber nicht annehmen kann, der muß der Antipode von Spinoza werden*. Lessing. Ich merke, Sie hätten gern Ihren Willen frey. Ich begehre keinen freyen Willen. Ueberhaupt erschreckt mich, was Sie eben sagten, nicht im mindesten. Es gehört zu den menschlichen Vorurtheilen, daß wir den Gedanken als das erste und vornehmste betrachten, und aus ihm alles herleiten wollen; da doch alles, die Vorstellungen mit einbegriffen, von höheren Principien abhängt. Ausdehnung, Bewegung, Gedanke, sind offenbar in einer höheren Kraft gegründet, die noch lange nicht damit erschöpft ist. Sie muß unendlich vortrefflicher seyn, als diese oder jene Wirkung; und so kann es auch eine Art des Genusses für sie geben, der nicht allein alle Begriffe übersteigt, sondern völlig ausser dem Begriffe liegt. Daß wir uns

* Vgl. die Abhandlung über die Unzertrennlichkeit des Begriffes der Freyheit und Vorsehung von dem Begriffe der Vernunft im zweiten Bande dieser Sammlung S. 311.

nichts davon denken können, hebt die Möglichkeit nicht auf. Ich. Sie gehen weiter als Spinoza; diesem galt Einsicht über alles. Lessing. Für den Menschen! Er war aber weit davon entfernt, unsere elende Art, nach Absichten zu handeln, für die höchste Methode auszugeben, und den Gedanken oben an zu setzen. Ich. Einsicht ist bey Spinoza in allen endlichen Naturen der beste Theil, weil sie derjenige Theil ist, womit jede endliche Natur über ihr Endliches hinausreicht. Man könnte gewissermassen sagen: auch er habe einem jeden Wesen zwey Seelen zugeschrieben: Eine, die sich nur auf das gegenwärtige einzelne Ding, und eine andre, die sich auf das Ganze bezieht*. Dieser zweiten Seele giebt er auch Unsterblichkeit. Was aber die unendliche Einzige Substanz des Spinoza anbelangt, so hat diese, für sich allein, und ausser den einzelnen Dingen, kein eigenes oder besonderes Daseyn. Hätte sie für ihre Einheit (daß ich mich so ausdrücke) eine eigene, besondere, individuelle Wirklichkeit; hätte sie Persönlichkeit und Leben: so wäre Einsicht auch an ihr der beste Theil. Lessing. Gut. Aber nach was für Vorstellungen nehmen Sie denn Ihre persönliche extramundane Gottheit an? Etwa nach den Vorstellungen des Leibnitz? Ich fürchte, der war selbst im Herzen ein Spinozist. Ich. Reden Sie im Ernste? Lessing. Zweifeln Sie daran im Ernste? – Leibnitzens Begriffe von der Wahrheit waren so beschaffen, daß er es nicht ertragen konnte, wenn man ihr zu enge Schranken setzte. Aus dieser Denkungsart sind viele seiner Behauptungen geflossen; und es ist, bey dem größten Scharfsinne, oft sehr schwer, seine eigentliche Meynung zu entdecken. Eben darum halt' ich ihn so werth; ich meyne: wegen dieser großen Art zu denken, und nicht, wegen dieser oder jener Meynung, die er nur zu haben schien, oder auch wirklich haben mochte. Ich. Ganz recht.

* Wiewohl auch nur mittelst dieses Körpers, der kein absolutes Individuum seyn kann (indem ein absolutes Individuum eben so unmöglich, als ein individuelles Absolutum ist. *Determinatio est negatio. Opp. posth. p. 558.*); sondern allgemeine unveränderliche Eigenschaften und Beschaffenheiten, die Natur und den Begriff des Unendlichen enthalten muß. Mit dieser Unterscheidung hat man einen von den Hauptschlüsseln zu dem System des Spinoza, ohne welche man in demselben überall Verworrenheit und Widersprüche findet. (Anm. der ersten Ausgabe.)

Leibnitz mochte gern »*aus jedem Kiesel Feuer schlagen* *.« Sie aber sagten von einer gewissen Meynung, dem Spinozismus, daß Leibnitz derselben im Herzen zugethan gewesen sey. Lessing. Erinnern Sie sich einer Stelle des Leibnitz, wo von Gott gesagt ist: derselbe befände sich in einer immerwährenden Expansion und Contraction: dieses wäre die Schöpfung und das Bestehen der Welt? Ich. Von seinen Fulgurationen weiß ich; aber diese Stelle ist mir unbekannt. Lessing. Ich will sie aussuchen, und Sie sollen mir dann sagen, was ein Mann, wie Leibnitz, dabey denken – konnte, oder mußte. Ich. Zeigen Sie mir diese Stelle. Aber ich muß Ihnen zum voraus sagen, daß mir bey der Erinnerung so vieler andern Stellen eben dieses Leibnitz, so vieler seiner Briefe, Abhandlungen, seiner Theodicee und *nouveaux Essais*, seiner philosophischen Laufbahn überhaupt – vor der Hypothese schwindelt, daß dieser Mann keine Supramundane, sondern nur eine Intramundane Ursache der Welt angenommen haben sollte. Lessing. Von dieser Seite muß ich Ihnen nachgeben. Sie wird auch das Uebergewicht behalten; und ich gestehe, daß ich etwas zu viel gesagt habe. Indessen bleibt die Stelle die ich meyne – und noch manches andre – immer sonderbar. – Aber nicht zu vergessen! Nach welchen Vorstellungen glauben Sie denn nun das Gegentheil des Spinozismus? Finden Sie, daß Leibnitzens Principia ihm ein Ende machen? Ich. Wie könnte ich, bey der festen Ueberzeugung, daß der bündige Determinist vom Fatalisten sich nicht unterscheidet? ... Die Monaden, sammt ihren *Vinculis*, lassen mir Ausdehnung und Denken, überhaupt Realität, so unbegreiflich als sie mir schon waren; und ich weiß da weder rechts noch links... Uebrigens kenne ich kein Lehrgebäude, das so sehr, als das Leibnitzsche, mit dem Spinozismus übereinkäme; und es ist schwer zu sagen, welcher von ihren Urhebern uns und sich selbst am mehrsten zum besten hatte: wiewohl in allen Ehren!... Mendelssohn hat öffentlich gezeigt, daß die *Harmonia praestabilita* im Spinoza steht. Daraus allein ergiebt sich schon, daß Spinoza von Leibnitzens Grundlehren noch viel mehr enthalten muß, oder Leibnitz und Spinoza

* Lessings Beyträge, I. S. 216.

(dem schwerlich Wolfens Unterricht angeschlagen hätte *) wären die bündigen Köpfe nicht gewesen, die sie doch unstreitig waren. Ich getraue mir aus dem Spinoza Leibnitzens ganze Seelenlehre darzulegen... Im Grunde haben beyde von der Freyheit auch dieselbe Lehre, und nur ein Blendwerk unterscheidet ihre Theorie. Wenn Spinoza (*Epist. LXII. Opp. Posth. p. 584. et 585.*) unser Gefühl von Freyheit durch das Beyspiel eines Steins erläutert, welcher dächte und wüßte, daß er sich bestrebt, so viel er kann, seine Bewegung fortzusetzen: so erläutert Leibnitz dasselbe (Theod. §. 50.) mit dem Beyspiele einer Magnetnadel, welche Lust hätte sich gegen Norden zu bewegen, und in der Meynung stände, sie drehte sich unabhängig von einer andern Ursache, indem sie der unmerklichen Bewegung der magnetischen Materie nicht inne würde **. – ... Die Endursachen erklärt Leibnitz durch einen *Appetitum*, einen *Conatum immanentem (conscientia sui praeditum)*. Eben so Spinoza, der, in diesem Sinne, sie vollkommen gelten lassen konnte; und bey welchem Vorstellung des Aeusserlichen und Begierde, wie bey Leibnitz, das Wesen der Seele ausmachen. – Kurz, wenn man in das Innerste der Sache dringt, so findet sich, daß bey Leibnitz, eben so wie bey Spinoza, eine jede Endursache eine wirkende voraussetzt... Das Denken ist nicht die Quelle der Substanz; sondern die Substanz ist die Quelle des Denkens. Also muß vor dem Denken etwas Nichtdenkendes als das Erste angenommen werden; etwas, das, wenn schon nicht durchaus in der Wirklichkeit, doch der Vorstellung, dem Wesen, der inneren Natur nach, als das Vorderste gedacht werden

* S. Mendelssohns Philosoph. Schriften, das 3te Gespräch, am Ende.

** *Atque haec humana illa libertas est, quam omnes habere jactant, et quae in hoc solo consistit, quod homines sui appetitus sunt conscii, et causarum, à quibus determinantur, ignari* – sagt Spinoza, in demselbigen 63ten Briefe.

Von jener Wendung, womit die Deterministen dem Fatalismus auszuweichen glauben, *mangelte Spinoza keinesweges der Begriff*. Sie schien ihm aber so wenig ächt philosophischer Art zu seyn, daß ihm das *Arbitrium indifferentiae*, oder die *Voluntas aequilibrii* sogar noch lieber war. Man sehe, unter andern im I. Th. der Ethik, das 2te *Schol.* der 33ten *Prop.* am Schlusse. Ferner im III. Theile das *Sch.* der 9ten *Prop.* und vornehmlich die Vorrede zum IV. Theile. (A. d. e. A.)

muß. Ehrlich genug hat deswegen Leibnitz die Seelen, *des automates spirituels* genannt*. Wie aber (ich rede hier nach Leibnitzens tiefstem und vollständigstem Sinne, so weit ich ihn verstehe) das Principium aller Seelen für sich bestehen könne und wirken...; der Geist vor der Materie; der Gedanke vor dem Gegenstande: diesen großen Knoten, den er hätte lösen müssen, um uns wirklich aus der Noth zu helfen, diesen hat er so verstrickt gelassen als er war...

Lessing. ... Ich lasse Ihnen keine Ruhe, Sie müssen mit diesem Parallelismus an den Tag... Reden die Leute doch immer von Spinoza, wie von einem todten Hunde... Ich. Sie würden vor wie nach so von ihm reden. Den Spinoza zu fassen, dazu gehört eine zu lange und zu hartnäckige Anstrengung des Geistes. Und keiner hat ihn gefaßt, dem in der Ethik Eine Zeile dunkel blieb: keiner, der es nicht begreift, wie dieser große Mann von seiner Philosophie die feste innige Ueberzeugung haben konnte, die er so oft und so nachdrücklich an den Tag legt. Noch am Ende seiner Tage schrieb er: ... *non praesumo, me optimam invenisse philosophiam, sed veram me intelligere scio***. – Eine solche Ruhe des Geistes, einen solchen Himmel im Verstande, wie sich dieser helle reine Kopf geschaffen hatte, mögen wenige gekostet haben. Lessing.

* Dieselbige Benennung findet sich auch beym Spinoza, wiewohl nicht in seiner Ethik; sondern in dem Bruchstücke: De *Intellectus Emendatione*. Die Stelle verdient, daß ich sie abschreibe. *At ideam veram simplicem esse ostendimus, aut ex simplicibus compositam, et quae ostendit, quomodo, et cur aliquid sit, aut factum sit, et qoud ipsius effectus objectivi in anima procedunt ad rationem formalitatis ipsius objecti; id, quod idem est, veteres dixerunt, nempe veram scientam procedere a causa ad effectus; nisi quod nunquam, quod sciam, conceperunt, uti nos hic, animam secundum certas leges agentem, et quasi aliquod automa spirituale (Opp. Posth. p. 384)*. Die Ableitung des Wortes *ἀυτοματον*, und was Bilfinger dabey erinnert, ist mir nicht unbekannt. (A. d. e. A.)

** In seinem Briefe an Albert Burgh. Er fügt hinzu: *»Quomodo autem id sciam, si roges, respondebo, eodem modo, ac tu scis tres angulos Trianguli aequales esse duobus rectis, et hoc sufficere negabit nemo, cui sanum est cerebrum nec spiritus immundos somniat, qui nobis ideas falsas inspirant veris similes: est enim verum index sui et falsi.«* – Spinoza machte einen großen Unterschied, zwischen gewiß seyn und nicht zweifeln.

Und Sie sind kein Spinozist, Jacobi! Ich. Nein, auf Ehre! Lessing. Auf Ehre, so müssen Sie ja, bey Ihrer Philosophie, aller Philosophie den Rücken kehren. Ich. Warum aller Philosophie den Rücken kehren? Lessing. Nun, so sind Sie ein vollkommener Skeptiker. Ich. Im Gegentheil, ich ziehe mich aus einer Philosophie zurück, die den vollkommenen Skepticismus nothwenig macht. Lessing. Und ziehen dann – wohin? Ich. Dem Lichte nach, wovon Spinoza sagt, daß es sich selbst, und auch die Finsternis erleuchtet. – Ich liebe den Spinoza, weil er, mehr als irgend ein andrer Philosoph, zu der vollkommenen Ueberzeugung mich geleitet hat, daß sich gewisse Dinge nicht entwickeln lassen: vor denen man darum die Augen nicht zudrücken, sondern sie nehmen muß, wie man sie findet. Ich habe keinen Begriff, der mir inniger als der von den Endursachen wäre; keine lebendigere Ueberzeugung, als, daß ich thue was ich denke; anstatt, daß ich nur denken sollte was ich thue. Freylich muß ich dabey eine Quelle des Denkens und Handelns annehmen, die mir durchaus unerklärlich bleibt. Will ich aber schlechterdings erklären, so muß ich auf den zweiten Satz gerathen, den, in seinem ganzen Umfange betrachtet, und auf einzelne Fälle angewandt, kaum ein menschlicher Verstand ertragen kann. Lessing. Sie drücken sich beynah so herzhaft aus, wie der Reichstagsschluß zu Augsburg; aber ich bleibe ein ehrlicher Lutheraner, und behalte »den mehr viehischen als menschlichen Irrthum und Gotteslästerung, daß kein freyer Will sey«, worin der helle reine Kopf Ihres Spinoza sich doch auch zu finden wußte. Ich. Auch hat Spinoza sich nicht wenig krümmen müssen, um seinen Fatalismus bey der Anwendung auf menschliches Betragen zu verstecken, besonders in seinem vierten und fünften Theile, wo ich sagen möchte, daß er dann und wann bis zum Sophisten sich erniedrigt. – Und das war es ja was ich behauptete: daß auch der größte Kopf, wenn er alles schlechterdings erklären, nach deutlichen Begriffen mit einander reimen, und sonst nichts gelten lassen will, auf ungereimte Dinge kommen muß. Lessing. Und wer nicht erklären will? Ich. Wer nicht erklären will was unbegreiflich ist, sondern nur die Grenze wissen wo es anfängt, und nur erkennen, daß es da ist: von dem glaube ich, daß er den mehresten Raum für ächte menschliche Wahrheit in sich ausgewinne. Lessing. Worte, lieber Jacobi; Worte! Die Grenze, die Sie setzen wollen, läßt sich nicht bestimmen. Und an der andern Seitc geben Sie der Träumerey, dem Unsinne, der Blindheit freyes offenes Feld. Ich. Ich glaube, jene Grenze wäre zu bestimmen. Setzen will ich keine, sondern nur die schon gesetzte finden, und sie lassen. Und was Unsinn, Träumerey und Blindheit anbelangt... Lessing. Die sind überall zu Hause, wo verworrene Begriffe herrschen. Ich. Mehr noch, wo *erlogene* Begriffe herrschen. Auch der blindeste, unsinnigste Glaube, wenn schon nicht der dummste, hat da seinen hohen Thron. Denn wer in gewisse Erklärungen sich einmal verliebt hat, der nimmt jede Folge blindlings an, die nach einem Schlusse, den er nicht entkräften kann, daraus gezogen wird, und wär' es, daß er auf dem Kopfe ginge.

...Nach meinem Urtheil ist das größeste Verdienst des Forschers, Daseyn zu enthüllen, und zu offenbaren... Erklärung ist ihm Mittel, Weg zum Ziele, nächster – niemals letzter Zweck. Sein letzter Zweck ist, was sich nicht erklären läßt: das Unauflösliche, Unmittelbare, Einfache.

...Ungemessene Erklärungssucht läßt uns so hitzig das Gemeinschaftliche suchen, daß wir darüber des Verschiedenen nicht achten; wir wollen immer nur verknüpfen, da wir doch oft mit ungleich größerem Vortheile trennten... Es entstehet auch, indem wir nur, was erklärlich an den Dingen ist, zusammen stellen und zusammen hängen, ein gewisser Schein in der Seele, der sie mehr verblendet als erleuchtet. Wir opfern dann, was Spinoza tiefsinnig und erhaben – die Erkenntnis der obersten Gattung nennt, der Erkenntnis der untern Gattungen auf; wir verschließen das Auge der Seele, womit sie Gott und sich selbst ersiehet, um desto unzerstreuter mit den Augen nur des Leibes zu betrachten... *.

* Ich finde, da ich eben diesen Boden durchsehe, in einem meisterhaften Aufsatze (von Göthe. Deutscher Merkur, Februar 1789. S. 127.) eine Stelle, die ich, um das obige zu bestätigen, hier einrücken will. »Wir sollten, dünkt mich, immer mehr beobachten, worin sich die Dinge, zu deren Erkenntnis wir gelangen mögen, von einander unterscheiden, als wodurch sie einander gleichen. Das Unterscheiden ist schwerer, mühsamer, als das Aehnlichfinden, und wenn man recht gut unterschieden hat, so vergleichen sich alsdann die Gegenstände von selbst. Fängt man damit an, die Sachen gleich oder ähnlich zu finden, so kommt man leicht in den Fall, seiner Hypothese oder

Lessing. Gut, sehr gut! Ich kann das alles auch gebrauchen; aber ich kann nicht dasselbe damit machen. Ueberhaupt gefällt Ihr *Salto mortale* mir nicht übel; und ich begreife, wie ein Mann von Kopf auf diese Art Kopf-unten machen kann, um von der Stelle zu kommen. Nehmen Sie mich mit, wenn es angeht. Ich. Wenn Sie nur auf die elastische Stelle treten wollen, die mich fortschwingt, so geht es von selbst. Lessing. Auch dazu gehörte schon ein Sprung, den ich meinen alten Beinen und meinem schweren Kopfe nicht mehr zumuthen darf.

seiner Vorstellungsart zu lieb, Bestimmungen zu übersehen, wodurch sich die Dinge sehr von einander unterscheiden.«

22. Moses Mendelssohn: Brief an Kant

den 16. Okt. 1785.

Verehrungswürdiger Mann!
Ich bin so frei gewesen, Ihnen durch den Buchhändler *Voß* u. Sohn ein Exemplar von meinen *»Morgenstunden*, oder Vorlesungen über das Dasein Gottes«, zuzuschicken.

Ob ich gleich die Kräfte nicht mehr habe, Ihre tiefsinnigen Schriften mit der erforderlichen Anstrengung zu studieren, so weiß ich doch, daß wir in Grundsätzen nicht übereinkommen. Allein ich weiß auch, daß Sie Widerspruch vertragen, ja daß Sie ihn lieber haben als Nachbeten. So wie ich Sie kenne, ist die Absicht Ihrer Kritik bloß, das Nachbeten aus der Schule der Philosophie zu verbannen. Sie lassen übrigens einem Jeden das Recht, anderer Meinung zu sein u. die seinige öffentlich zu sagen.

Die Veranlassung zur Bekanntmachung dieser Morgenstunden wollte ich mir bis auf den 2ten Teil ersparen um die Leser zuvörderst auf einige Äußerungen vorzubereiten, die mir in Absicht auf ihre Folgen u. Wirkungen auf das lesende Publikum etwas bedenklich schienen. Hr. *Jacobi* ist mir zuvorgeeilt, u. hat unter dem Titel: *Über die Lehre des Spinoza, in Briefen an Moses Mendelssohn*, eine Schrift herausgegeben, welche diese Veranlassung enthält. Er macht in derselben einen Briefwechsel zwischen ihm, einer dritten Person u. mir bekannt, in welchem er (Jacobi) darauf ausgeht, unsern *Lessing* zum erklärten *Spinozisten* zu machen. Jacobi will ihm den Spinozismus vordemonstriert haben; Lessing habe alles mit seinen Grundsätzen übereinstimmend gefunden u. sich gefreut, nach langem Suchen endlich einen Bruder im Pantheismus anzutreffen, der über das System des All- ein- oder Einallerlei so schönes Licht zu verbreiten weiß.

Er für seine eigene Person zieht sich am Ende unter die Kanone des Glaubens zurück u. findet Rettung u. Sicherheit in einer Bastion des seligmachenden *Lavater's*, aus dessen »engelreinem« Munde er am Ende seiner Schrift eine trostreiche Stelle anführt, die mir keinen Trost geben kann, weil ich sie nicht verstehe. Überhaupt ist diese Schrift des Hrn. Jacobi ein seltenes Gemisch, eine fast monströse Geburt: Der Kopf von *Göthe*, der Leib *Spinoza* u. die Füße *Lavater*.

Mit welchem Recht aber man sich jetziger Zeit so allgemein erlaubt, eine Privat-Korrespondenz, ohne Anfrage u. Bewilligung von seiten des Briefschreibenden, öffentlich bekannt zu machen, ist mir unbegreiflich. Noch mehr: Lessing soll ihm, Jacobi nämlich, gestanden haben, daß er mir, seinem vertrautesten, dreißigjährigen philosophischen Freunde, seine wahren philosophischen Grundsätze nie entdeckt habe. Ist dieses, wie hat Jacobi sich dann überwinden können, dieses Geheimnis seines verstorbenen Freundes nicht nur mir, vor dem er es geflissentlich verborgen, sondern der ganzen Welt zu verraten? Seine eigene Person bringt er in Sicherheit u. verläßt seinen Freund nackt u. wehrlos auf freiem Felde, daß er ein Raub oder ein Spott der Feinde werde. Ich kann mich in dieses Betragen nicht finden und möchte wissen, was rechtschaffene Männer davon denken. Ich fürchte, die Philosphie hat ihre Schwärmer, die ebenso ungestüm verfolgen und fast noch mehr auf das Proselytenmachen gesteuert sind, als die Schwärmer der positiven Religion.

Moses Mendelssohn.

23. Friedrich Heinrich Jacobi: Vermittlung und Unmittelbarkeit

Versteht man unter Vernunft die Seele des Menschen, *nur* in so fern sie deutliche Begriffe hat, oder nur Verstand ist, mit diesen Begriffen urtheilet, schließt, und wieder andere Begriffe oder Ideen bildet, so ist die Vernunft eine Beschaffenheit des Menschen, die er nach und nach erlangt, ein Werkzeug, dessen er sich bedient; *sie gehört ihm zu.*

Versteht man aber unter Vernunft das Princip der Erkenntniß überhaupt; so ist sie der Geist, woraus die ganze lebendige Natur des Menschen gemacht ist; durch sie *besteht* der Mensch; er ist eine Form, die sie angenommen hat.

Ich nehme den ganzen Menschen, ohne ihn zu theilen, und finde, daß sein Bewußtseyn aus zwey ursprünglichen Vorstellungen, der Vorstellung des *Bedingten* und des *Unbedingten* zusammen gesetzt ist. Beyde sind unzertrennlich mit einander verknüpft, doch so, daß die Vorstellung des Bedingten die Vorstellung des Unbedingten voraussetzt, und mit *dieser* nur gegeben werden kann. Wir brauchen also das Unbedingte nicht erst zu suchen, sondern haben von seinem Daseyn dieselbe, ja eine noch größere Gewißheit, als wir von unserem eigenen *bedingten* Daseyn haben.

Da unser bedingtes Daseyn auf einer Unendlichkeit von *Vermittelungen* beruht, so ist damit unserer Nachforschung ein unabsehliches Feld eröffnet, welches wir schon um unserer physischen Erhaltung willen zu bearbeiten genöthigt sind. Alle diese Nachforschungen haben die Entdeckung dessen, was das Daseyn der Dinge *vermittelt*, zum Gegenstande. Diejenigen Dinge, wovon wir das Vermittelnde eingesehen, das ist, deren *Mechanismus* wir entdeckt haben, die können wir, wenn jene Mittel in unsern Händen sind, auch hervorbringen. Was wir auf diese Weise, wenigstens in der Vorstellung, construiren können, das begreifen wir, und was wir nicht construiren können, das begreifen wir auch nicht.

Bedingungen des Unbedingten entdecken, dem absolut *Nothwendigen* eine Möglichkeit *erfinden*, und es *construiren* zu wollen, um es *begreifen* zu können, scheint als ein ungereimtes Unternehmen sogleich einleuchten zu müssen. Und doch ist es eben dieses, was wir unternehmen, wenn wir uns bemühen, der Natur ein uns begreifliches, das ist ein *bloß natürliches* Daseyn auszumachen und den Mechanismus des *Princips* des Mechanismus an den Tag zu bringen. Denn wenn alles, was auf eine uns begreifliche Weise entstehen und vorhanden seyn soll, auf eine bedingte Weise entstehen und vorhanden seyn muß; so bleiben wir, so lange wir begreifen, in einer Kette *bedingter Bedingungen*. Wo diese Kette aufhört, da hören wir auf zu begreifen, und da hört auch der Zusammenhang, den wir *Natur* nennen, selbst auf. Der Begriff der *Möglichkeit des Daseyns der Natur*, wäre also der Begriff eines *absoluten Anfangs* oder *Ursprungs* der Natur; er wäre der Begriff des *Unbedingten selbst*, in so fern es die *nicht natürlich* verknüpfte, das ist für uns *unverknüpfte – unbedingte* Bedingung der Natur ist. Soll nun ein Begriff dieses Unbedingten und Unverknüpften – folglich *Aussernatürlichen möglich* werden: so muß das Unbedingte aufhören, das Unbedingte zu seyn; es muß selbst Bedingungen erhalten; und das *absolut Nothwendige* muß anfangen das *Mögliche* zu werden, damit es sich *construiren* lasse.

Da nun allem vorstehenden zufolge das Unbedingte ausser der Natur, und ausser allem *natürlichen* Zusammenhange mit derselben liegt; die Natur aber, das ist der Inbegriff des Bedingten, dennoch im Unbedingten gegründet, folglich mit ihm verknüpft ist: so wird dieses Unbedingte das *Uebernatürliche* genannt, und kann nicht anders genannt werden. Aus diesem Uebernatürlichen kann denn auch das Natürliche, oder das Weltall, nicht anders, als *auf eine übernatürliche* Weise hervorgehen, und hervorgegangen seyn.

Und ferner: da alles, was ausser dem Zusammenhange des Bedingten, des *natürlich vermittelten* liegt, auch ausser der Sphäre unserer deutlichen Erkenntniß liegt, und durch Begriffe nicht verstanden werden kann: so kann das Uebernatürliche auf keine andere Weise von uns angenommen werden, als es uns gegeben ist; nämlich, *als Thatsache – Es ist!*

Dieses Uebernatürliche, dieses *Wesen aller Wesen*, nennen alle Zungen: *den Gott.*

Der Gott des Weltalls kann nicht bloß der Baumeister des Weltalls seyn; er ist *Schöpfer*, und seine *unbedingte* Kraft hat die Dinge *auch der Substanz nach* gewirkt. Hätte er die Dinge nicht auch der Substanz nach gewirkt, so müßten zwey Urheber seyn, die, man weiß nicht wie, miteinander in Verbindung gerathen wären. Eine Ungereimtheit, die in unsern Tagen (nicht weil sie zu groß, sondern weil sie nicht in unserer Vorstellungsart ist) keiner Widerlegung bedarf. Unser Widerstreben gegen ein Entstehen der Dinge *auch der Substanz nach* kommt daher, weil wir kein Entstehen, welches nicht auf eine natürliche, das ist bedingte und mechanische Weise geschieht, begreifen können.

Wie sehr wünschte ich nicht, diese Sätze und Folgerungen eben so faßlich machen zu können, als sie für mich selbst evident sind. Man würde alsdann nicht allein das Vernunftwidrige der Forderung einer *Demonstration* vom Daseyn Gottes einsehen, sondern durch eben diese Einsicht auch begreifen, warum eine mit unserem Verstande und Willen (welche beyde auf Coexistenz, d. i., auf Abhängigkeit und Endlichkeit gepfropft sind) belehnte erste Ursache, als ein unmögliches und ganz ungereimtes Wesen erscheinen müsse. Je vollkommener man aus dem ersten das zweite erkennte, desto deutlicher würde man das Unzuläßige der Folgerung einsehen: Weil ein Gott kein Mensch, oder nicht körperlich seyn kann, so kann ihm auch Individualität und Intelligenz nicht zugehören.

Wir besitzen aber, ungeachtet unserer Endlichkeit und Natursklaverey – oder scheinen wenigstens durch das Bewußtseyn unserer Selbstthätigkeit bey der Ausübung unseres Willens, *ein Analogon* des Uebernatürlichen, das ist des *nicht mechanisch wirkenden* Wesens in uns zu besitzen. Und da wir nicht im Stande sind, überhaupt uns einen möglichen *Anfang* irgend einer Veränderung, ausser einen solchen, welcher durch eine innere Entschließung oder Selbstbestimmung bewirkt wird, wirklich vorzustellen: so hat der bloße Instinct der Vernunft schon alle rohe Völker angetrieben, jede Veränderung, die sie *entstehen* sahen, als eine *Handlung* zu betrachten, und sie auf ein lebendiges, selbstthätiges Wesen zu beziehen. Sie irrten, weil sie *unmittelbar* bezogen; aber doch weniger und auf eine unendlich verzeihlichere Weise als wir, wenn wir alles in Mechanismus auflösen wollen, und die ungereimte Forderung an das Princip des Mechanismus machen, daß es selbst einen Mechanismus zu Tage legen müsse, wenn man ihm Daseyn zugestehen sollte, weil unsere *deutliche* Vorstellung eines Dinges nicht über die Vorstellung seines Mechanismus hinausgeht. Dennoch gehört schon etwas Nichtmechanisches zu der Möglichkeit *einer Vorstellung überhaupt*, und kein Mensch ist im Stande sich das Princip des Lebens, die innere Quelle des Verstandes und Willens, als ein Resultat mechanischer Verknüpfungen, das ist, als etwas bloß *Vermitteltes* vorzustellen. Noch weniger kann *Causalität überhaupt* als etwas bloß *Vermitteltes*, oder auf Mechanismus Beruhendes gedacht werden. Und da wir nun von Causalität nicht die geringste Ahndung haben, ausgenommen *unmittelbar* durch das Bewußtseyn unserer eigenen Causalität, so sehe ich nicht, wie es umgangen werden kann, überhaupt Intelligenz, und zwar eine allerhöchste reale, die nicht wieder unter dem Bilde des Mechanismus (S. Beylage IV. u. V.), sondern als ein durchaus *unabhängiges*, supramundanes und persönliches Wesen gedacht werden muß, als das erste und einzige Princip, als das wahre Urwesen anzunehmen.

Alles zusammengefaßt: Eine mögliche Vorstellung für uns ist allein diejenige, welche nach den Gesetzen unseres Verstandes hervorgebracht werden kann. Die Gesetze des Verstands beziehen sich subjectiv und objectiv auf die Gesetze der Natur, so daß wir keine *Begriffe*, als Begriffe des bloß Natürlichen zu bilden im Stande sind, und was durch die Natur nicht wirklich werden kann, auch in der Vorstellung nicht möglich, das ist, denkbar machen können. So widersprechend es also ist, daß die Natur die Natur hervorgebracht habe, oder daß die Natur *nach dem Laufe der Natur* entstanden sey; eben so widersprechend muß es uns, die wir nur gemäß dem Satze des zureichenden Grundes, das ist, der *Vermittlung*, denken und begreifen können, vorkommen, daß die Natur wider ihren Lauf, nämlich *unvermittelt* entstanden sey. Das Einschieben einer Intelligenz, sobald auch sie dem Satze des zureichenden Grundes, d.i. der *Naturnothwendigkeit* unterworfen wird, ändert nichts an der Sache, wie ich vorhin gezeigt habe. Hingegen verschwindet das Widersprechende sogleich, wenn man entdeckt, daß dem Uebernatürlichen das Natürliche war *zum Grunde gelegt worden*, und dieses unter jenem dennoch befaßt werden sollte.

Dieses wird noch auffallender, wenn wir uns erinnern, daß wir die erste Ursache der Veränderungen zugleich als die Ursache der Substanzen selbst erkennen mußten. Nun ist es schlechterdings unmöglich, daß wir uns von letzterem, nämlich wie ein Ding, auch der Substanz nach, zum Daseyn gelange, oder wie es nur ein solches Daeyn besitze, irgend eine Vorstellung machen; und weil dieses unmöglich ist, so muß die Vorstellung von einer *Ersten*, und *unmittelbaren* Quelle der Veränderungen ebenfalls unmöglich seyn. Verständen wir das eine, so müßten wir nothwendig auch das andere verstehen. Da wir also von einem wirklichen reellen Anfange weder Vorstellung noch Erfahrung haben, und es dem Wesen der Erfahrung, der Vorstellung und des Begriffes gerade zu widerspricht, daß die Erkenntniß eines wirklichen Anfanges, oder auch eines reellen *Daseyns* (der inneren Möglichkeit einer Substanz) in ihnen, oder durch sie gegeben werde; so ist die Frage: Ob die Welt angefangen oder nicht angefangen habe, eine von unserer Seite höchst unbesonnene und thörichte Frage; eine Frage, die entweder sich selbst nicht versteht, oder keiner Beantwortung werth ist. Denn daß die Welt nicht angefangen habe, was wir anfangen heissen, ist klar genug; weil sie sonst zugleich angefangen, und auch nicht angefangen haben müßte. Dasselbe gilt im andern Falle, wo die Welt von Ewigkeit her *angefangen*, also *Nicht* angefangen und doch angefangen hätte. Es sind dieses also nicht zwey *entgegengesetzte* Behauptungen, die sich einander wechselsweise aufheben; sondern der Widerspruch liegt in einer jeden insbesondere, und es ist nur Ein Widerspruch, welcher beyden gemein ist, und durch die Einsicht in seine Quelle vollkommen gehoben wird.

Ist dieser Widerspruch gehoben, (oder sey es auch nur geschlichtet, im Falle, daß man ihn für reel und unauflöslich halten wollte); so haben wir in Absicht des Uebernatürlichen, von dessen Daseyn wir gewiß sind, nur noch zu entscheiden, ob wir annehmen wollen, es sey ein blind actuoses Wesen, oder eine Intelligenz; und mir däucht, hier könnte uns die Wahl nicht schwer fallen.

24. Johann Gottfried Herder: Gott

Viertes Gespräch.

Philolaus. Hier haben Sie Ihr kleines Buch [F. H. Jacobi: *Ueber die Lehre des Spinoza*; A. F. K.] mit Dank wieder. Man hört Leßing reden, wenn er auch nur Sylben hervorbringt; über unsre Materie aber hätte ich ihn doch gern ausführlicher vernommen, ich kanns nicht läugnen.

Theophron. Ich gleichfalls; wie gefällt Ihnen indeß das Wenige, was er saget?

Philolaus. Es ist zu wenig, um darüber zu urtheilen; und wiederum zu abgerissen, ja hie und da nach Leßings Manier vielleicht zu kräftig gesagt. Ists Ihnen nicht entgegen: so will ich seine Worte herausheben und darüber ohne alle Anmaaßung meine Meinung sagen.

Theophron. Thun Sies. Sie werden damit blos Commentator eines Autors, der sich selbst uns nicht mehr erläutern kann.

Philolaus. »Die orthodoxen Begriffe von der Gottheit sind nicht mehr für mich; ich kann sie nicht genießen.« Ich, nachdem mir die Steine des Anstoßes aus Spinoza weggeräumt sind, auch nicht. Das müßige Wesen, das außerhalb der Welt sitzt und sich selbst beschauet, so wie es sich Ewigkeiten hindurch beschauete, ehe es mit dem Plan der Welt fertig ward, ist nicht für mich; für Sie, Theophron, auch nicht.

Theophron. Ich weiß aber nicht, Philolaus, warum Leßing das Phantom dieses langweiligen trägen Gottes orthodoxe Begriffe nennet? Es hat weder die Consistenz eines Begriffes, noch ists je die Meinung orthodoxer d. i. solcher Philosophen gewesen, die deutlicher Begriffe fähig waren. Ein solcher Gott ist zwar Orthodoxie der Indier, deren Gott Jagrenat schon viele Jahrtausende her mit über den Bauch geschlungenen, hangenden Armen sitzt und sich wohl befindet. Ein anderer ihrer Götter liegt seit Aeonen im Schlummer: sein Haupt ruht im Schoos Eines seiner Weiber, die ihm den Kopf kratzt; seine Füße im Schoos einer andern, die ihm die Fußsolen streichelt. Unaufhörlich fließet der Zucker- und Milch-See in ihn; er genießet und ruht in träumender Selbstbeschauung. Aecht-orthodoxe Götter der Hindu's! ich sehe aber nicht, warum der Unsrige ein Jagrenat oder Wistnu seyn müßte?

Philolaus. Sie haben es indessen selbst bekannt, Theophron, daß Einige unsrer popularen Philosophen zu Indischen Vorstellungen der Art Anlaß gegeben, oder wenigstens solchen nicht ernstlich genug entgegengearbeitet haben. Ich lese in Leßing weiter:

»*῾Εν και παν!* Eins und alles. Ich weiß nichts anders.« – Ich auch nicht; nur wünschte ich aus der Seele Leßings zu vernehmen, wie er sich die Verbindung dieser beiden größtesten Worte, deren unsere Sprache fähig ist, erklärte. Auch die Welt ist ein *Eins*; auch die Gottheit ist ein *All*. *Leßing* fühlte selbst, daß er damit noch nichts Bestimmtes gesagt habe: er kam sich darüber näher zu erklären; aber auch diese seine nähere Erklärung reicht nicht so weit als ich wünschte. Ich sehe Leßings Hochachtung gegen die Philosophie des Spinoza; da aber Ihn wie uns *der Geist des Spinozismus*, »ich meine den, sagt er, der in Spinoza selbst gefahren war« eigentlich allein intereßiret; da, wie er sagt, »sein Credo in keinem Buche steht,« und er es nur unter Einer Bedingung, die sich eigentlich selbst aufhebt, an sich kommen läßt, sich nach Jemanden nennen zu wollen; so sind uns diese und andre Winke, ja die ganze Denkart Leßings gnugsame Bürgen, daß er gewiß keine rohe All-Einheit, dergleichen auch das System des Spinoza nicht ist, zu seinem System gemacht haben werde. Eben hier also fing meine Begierde an, zu wissen, wie Leßing »den Geist, der in Spinoza selbst gefahren war« zu sich gezaubert und zu dem Seinigen gemacht habe; und eben hier muß ich bekennen, war meine Begierde vergebens. *Leßing* hört von einer verständigen, *persönlichen* Ursache der Welt und freuet sich dabei nach seiner Art, daß er jetzt etwas ganz neues zu hören bekommen werde. Am Verstande Gottes konnte Leßings Verstand nie zweifeln; seine Neugierde war also auf die *persönliche* Ursache der Welt gerichtet und darüber konnte er natürlich nichts Neues erfahren. Der Ausdruck *Person*, selbst wenn ihn die Theologen gebrauchen, die ihn aber nicht einmal der Welt entgegen setzen, sondern nur als Unterschied im Wesen Gottes annehmen, ist, wie sie selbst sagen, blos anthropopathisch; philosophisch konnte also hierüber nichts ausgemacht werden.

Leßing spricht ferner über die Freiheit des Willens. »Ich begehre, sagt er, keinen freien Willen; ich bleibe ein ehrlicher Lutheraner und behalte den mehr viehischen als menschlichen Irrthum und Gotteslästerung, daß kein freier Will sei; worein der helle reine Kopf Spinoza's sich doch auch zu finden wußte.« So scherzt er mit den Worten des Reichstagsschlusses zu Augsburg und indem er uns auf den hellen, reinen Kopf Spinoza's verweiset, erklärt er selbst, wie er den unfreien Willen des Menschen angenommen haben wolle. Mir ist kein Weltweiser bekannt, der die Knechtschaft des menschlichen Willens gründlicher aus einander gesetzt und die Freiheit desselben vortrefflicher bestimmt habe, als Spinoza. Dem Menschen ist kein geringeres Ziel der Freiheit vorgesetzt, als die Freiheit Gottes selbst, durch eine Art innerer Nothwendigkeit d. i. durch vollständige Begriffe, die uns Erkänntniß und Liebe Gottes allein gewähren können, über unsre Leidenschaften, ja über das Schicksal selbst Herren zu werden. Gründlich beweiset es Spinoza, daß, wenn man Freiheit für tolle, blinde Willkühr nehme, der Mensch eben so wenig als Gott selbst den hohen edlen Namen der Freiheit verdiene; vielmehr gehöre es zur Vollkommenheit der Natur Gottes, daß er auf diese Art nicht frei sei, daß er eine blinde Willkühr nicht kenne, wie es denn auch zur Vollkommenheit seiner Werke gehört, daß eine solche tolle Willkühr aus der ganzen Schöpfung verbannt sei. Sie wäre, (um auch mit dem Reichstage zu Augsburg zu reden,) eine *gotteslästerliche* Lücke in der Schöpfung und für jedes Geschöpf, das sie besäße, ein zerstörendes Unheil. Glücklich also, daß sie ein Widerspruch in sich selbst, mithin ein klarer Unsinn ist. Sie sind doch eben der Meinung, Theophron?

Theophron. Keiner andern; aber was sagt Leßing von den Gedanken Gottes? Mich dünkt, da habe ich etwas Neues gefunden.

Philolaus. Hier ist die Stelle. »Es gehört zu den menschlichen Vorurtheilen, daß wir den Gedanken als das Erste und Vornehmste betrachten und aus ihm alles herleiten wollen; da doch alles, mit sammt den Vorstellungen, von höheren Principien abhängt.

Ausdehnung, Bewegung, Gedanke sind offenbar in einer höheren Kraft gegründet, die noch lange nicht damit erschöpft ist. Sie muß unendlich vortreflicher seyn, als diese oder jene Wirkung; und so kann es auch eine Art des Genusses für sie geben, der nicht allein alle Begriffe übersteigt, sondern auch völlig außer dem Begriffe liegt. Daß wir uns nichts davon denken können, hebt die Möglichkeit nicht auf.« – Was denken Sie von dieser Stelle, Theophron?

Theophron. Ich wollte wissen, was Sie davon denken?

Philolaus. So muß ich bekennen, daß ich mir vergeblich Mühe gebe, etwas Bestimmtes daraus zu finden. Daß es zu den menschlichen Vorurtheilen gehöre, den Gedanken als das Erste und Vornehmste zu betrachten und aus ihm Alles herleiten zu wollen, gebe ich gern zu. Wir kennen nichts Höheres in seiner Art, als den Gedanken; Leßing selbst hat nichts Höheres nahmhaft machen können. Alles aus ihm herleiten zu können, ist bisher ein vergeblicher Versuch gewesen: denn wie Schwere, Bewegung und jede andre der tausend wirkenden Kräfte des Weltalls mit dem Gedanken zusammenhange, ist noch immer ein Räthsel. Daß der Gedanke auf viele andre ihm untergeordnete Kräfte wirke, wissen wir; ob wir gleich die Art der Wirkung nicht einsehn. In welcher höheren Kraft aber Gedanke, Bewegung und alle Kräfte der Natur, (unter welche, wie wir gesehen haben, die Ausdehnung gar nicht gehört,) gegründet seyn; wer ist der uns dieses sage? Leßing selbst sagt nur, es *könne* eine solche Kraft geben; bekennt aber selbst, daß wir nicht im Stande seyn, etwas von ihr zu gedenken.

Theophron. Mich dünkt, da hat Leßing zu viel gesagt. Wie, wenn ich Ihnen zwar nicht eine höhere *Kraft*, aber den *reellen Begriff* nennte, in welchem alle diese Kräfte nicht nur gegründet sind; sondern den sie auch allesammt nicht erschöpfen? Er hat alle Eigenschaften, die Leßing von seiner unbekannten Kraft fordert, »er ist unendlich vortrefflicher, als jede einzelne Wirkung einer einzelnen Kraft und giebt wirklich eine Art des Genusses, der nicht nur alle Begriffe übersteigt, sondern auch (zwar nicht *außer*, aber) *über* und *vor* jedem Begriffe liegt,« weil jeder Begriff ihn voraussetzt und auf ihm ruhet.

Philolaus. Und dieser Begriff ist –?

Theophron. Das Daseyn. Sie sehen, Leßing ist bei Spinoza nur auf halbem Wege stehen geblieben; sonst hätte er sich diesen Begriff schon entwickelt, den unser Weltweise als den Grund und Inbegriff aller Kräfte gnugsam darstellt. Das Daseyn ist vortrefflicher als jede seiner Wirkungen: es giebt einen Genuß, der einzelne Begriffe nicht nur übersteigt, sondern mit ihnen auch gar nicht auszumessen ist: denn die Vorstellungskraft ist nur *Eine* seiner Kräfte, der viele andre Kräfte gehorchen. So ists bei Menschen: bei allen eingeschränkten Wesen muß es derselbe Fall seyn; und bei Gott?

Philolaus. In Gottes Daseyn triffts auf die eminentste Weise zu, was Leßing von dieser höhern Kraft, die über alles Denken gehen soll, ahnet. Seine Existenz ist der Urgrund aller Wirklichkeit, der Inbegriff aller Kräfte, ein Genuß, der über alle Begriffe geht –

Theophron. Der aber auch außer allem Begriff liegt? Sie sehen abermals, daß Leßing den Knäuel Spinozistischer Ideen sich nicht ganz entwirkt habe. Die höchste Kraft muß sich selbst kennen; sonst ist sie eine blinde Macht, die von der denkenden gewiß überwunden würde, mithin nicht Gottheit wäre.

Philolaus. »Er, Spinoza, war aber fern, unsre elende Art nach Absichten zu handeln, für die höchste Methode auszugeben und den Gedanken oben an zu setzen.«

Theophron. Nach dem Daseyn als dem Grunde aller Kräfte steht der Gedanke auch bei Ihm obenan; nur ist er weit entfernt, dem Unendlichen eingeschränkte *Vorstellungarten*, Känntnisse a posteriori, fehlbare Berathschlagungen, willkührliche Absichten zu leihen; welches eben die Vortrefflichkeit seines Systems ausmacht.

Philolaus. Leßing fragt ferner: »nach was für Vorstellungen sein Freund eine *persönliche, extramundane* Gottheit annehme? ob etwa nach den Vorstellungen des Leibnitz?« und fürchtete, dieser sei im Herzen selbst ein Spinozist gewesen.

Theophron. Was Leibnitz im Herzen gewesen sei, weiß ich nicht; seine Theodicee aber zeigt, daß er dies vor der Welt nicht seyn wollte. Vielmehr neigte er sich lieber zu Anthropopathieen einer göttlichen Wahl nach Ueberlegung, einer Auswahl des Besseren unter vielem Schlechtern nach Convenienzen; alles nur um der Spinozischen Nothwendigkeit zu entkommen, gegen welche er den behutsamern Ausdruck einer *moralischen* Nothwendigkeit wählte.

Philolaus. Ich wundere mich, wie sich der scharfsinnige Mann an der Auskunft begnügen konnte.

Theophron. Es war eine feine Auskunft, Philolaus. Sie war die Mitte zwischen Bayle's Zweifeln und Spinoza's hartem System, wo Leibnitz sich durchzuwinden glaubte. Er hats allerdings mit vieler Kunst gethan; aber Bayle und Spinoza lebten nicht mehr und keiner von beiden würde sich für völlig überwunden geachtet haben.

Philolaus. »Leibnitzens Begriffe von der Wahrheit, sagt Leßing ferner, waren so beschaffen, daß er nicht vertragen konnte, wenn man ihr zu enge Schranken setzte. Aus dieser Denkungsart sind viele seiner Behauptungen geflossen und es ist bei dem größesten Scharfsinn oft sehr schwer, seine eigentliche Meinung zu entdecken. Eben darum halt' ich ihn so werth: ich meine wegen *dieser großen Art zu denken* und nicht wegen dieser oder jener Meinung, die er nur zu haben schien, oder denn auch wirklich hatte.«

Theophron. Trefflich! trefflich! Nur ein kleiner Kopf ists, der sein Dutzend schön bemalter Wortschächtelchen als Kram nicht nur, sondern als Monopolium mit sich trägt und es gar nicht begreifen kann, daß andre Krämer andre Schächtelchen tragen. Dem wahren Philosophen ist an den Behältnissen überhaupt wenig gelegen; er siehet, was drinn sei und was für ihn diene. Meinen Sie dies nicht auch, Philolaus? Könnten Sie sich wohl mit Jemand über seinen metaphysischen Lehrbegriff entzweien und mit ihm zanken?

Philolaus. Ich nicht. Spinoza hat mich gelehrt, daß je vollständiger unsre Begriffe sind, desto mehr schweigen unsere Affekten, desto williger vereinigen sich in der deutlich-erkannten Wahrheit alle menschlichen Gemüther: denn es giebt nur Eine Vernunft, nur Eine Wahrheit. Bei Leibnitz indeß kann ichs nicht bergen, daß er mir oft zu biegsam, zu Hypothesenreich scheine. Es ist seine Art, sich gern allem anzuschmiegen, damit er alles nutze und für sich gebrauche.

Theophron. Das sagen Sie nicht, m. Fr. Er wußte wohl, was er dachte und hielt sich sogar an manche seiner Einkleidungen und

Hypothesen fester, als ers nöthig gehabt hätte. Unvermuthet rückt er mit ihnen heraus und bleibt, wie im Briefwechsel mit *Clarke, Hartsoeker* u. f. standhaft bei ihnen; oder er legt des Gegners Meinung nach der Seinigen zurecht und ist artig.

Philolaus. Wer weiß also auch, welchem Kabbalisten er sich eben damals bequemen wollte, als er, wie Leßing anführt, von Gott sagte: »derselbe befinde sich in einer immerwährenden Expansion und Contraction; dies sei die Schöpfung und das Bestehen der Welt.« Mich wundert, daß Leßing an der ungeheuren Verkörperung Geschmack fand.

Theopron. In Leibnitz ist mir diese Stelle noch fremd. Daß aber Leßing sich an ihr ergötzte; woran, m. Fr., ergötzt man sich nicht manchmal im Gespräch? Am Grotesken zuerst und am meisten. Es sollte mir leid thun, wenn Leßing diese Vorstellungsart für das System des Spinoza gehalten hätte; wenigstens wäre es abermals ein Zeichen, daß er über jene Verwirrung der Begriffe, daß Ausdehnung Eine der Eigenschaften Gottes sei u. f. noch nicht hinweg, also auch mit der Philosophie des Spinoza nicht ganz im Hellen gewesen wäre. Wer die Schöpfung und das Bestehen der Dinge durch eine immerwährende Expansion und Contraction Gottes erklären kann; von dem möchte ich mir diese Erklärungsart auch, wie Leßing sagt, »natürlich ausgebeten haben.« Jetzt sehe ich nichts in ihr, als eine grobe Versinnlichung Gottes nach Art der Kabbalisten, mit der ich nichts zu thun weiß.

Philolaus. Und Spinoza zog doch sein eigenes System grossentheils aus der Kabbala der Juden.

Theophron. Um der Kaballa willen! m. Fr. Lassen Sie uns dies jetzt noch bei Seite setzen und das Leßingsche Gespräch endigen.

Philolaus. Es ist zu Ende. Wir haben also von Leßing diesmal wenig gelernet.

Theophron. Und doch ist mirs nicht unlieb, daß dies Gespräch von seinem Freunde auf eine so unbefangene Art aufgeschrieben und bekannt gemacht ist. Dem Verstorbenen kann es nicht schaden, wofür ihn der schwache Sektenmacher halte und uns ists angenehm zu sehen, daß einem so ausgezeichneten Denker, wie Leßing war, auch Spinoza nicht unbemerkt geblieben sei; ja was Er aus ihm hätte machen können, wenn er ihn näher zu prüfen und zu erforschen Zeit und Muße gehabt hätte. Im Buch seines Freundes werden Sie gewiß auch viel Wahres und Schönes, männlich-schön gesagt, gefunden haben.

Philolaus. Gewiß; nur muß ich eben so aufrichtig bekennen, Theophron, daß ich mit seiner »persönlichen, supra- und extramundanen Gottheit« so wenig fortkomme, als Leßing. Gott ist nicht Welt und Welt ist nicht Gott: das bleibt gewiß; aber mit dem *extra* und *supra* ist, dünkt mich, auch noch nicht viel ausgerichtet. Wenn man von Gott redet, muß man sich alle Idole des Raums und der Zeit vergessen oder unsre beste Mühe ist vergeblich.

Zweitens kann ichs eben so wenig bergen, daß *Jacobi* mit dem Begriff nicht übereinstimmt, den ich jetzt von Spinoza's System habe und in welchem Wir beide uns doch Punkt für Punkt verstanden. Auch *Mendelssohns* Morgenstunden nahm ich zur Hand und sah, daß wir über das historische Factum, was Spinoza's System sei? ziemlich Eins waren. Also, sehen sie leicht, kann ich in die Conclusionen nicht einstimmen: *»Spinozismus ist Atheismus. Die Leibnitz-Wolfische Philosophie ist nicht minder fatalistisch als die Spinozistische. Jeder Weg der Demonstration gehet in den Fatalismus aus«* u. f. Denn nach meiner Ueberzeugung ist Spinozismus, wie ihn sich Spinoza dachte, kein Atheismus; auch ist in den harten Ausdrücken des Spinoza die Leibnitz-Wolfische Nothwendigkeit mit der Spinozischen nicht einerlei; und dann muß man sich von dem Wort Fatalismus, dünkt mich, so wenig schrecken lassen als von irgend einem Worte. Es giebt ein blindes und sehendes, ein heidnisches, mahomedanisches und christliches Schicksal. Das letzte liegt im unabänderlichen Begriff der höchsten Macht, Weisheit und Güte; es kann also auch nicht anders als das Ziel jeder wahren Demonstration werden: denn Willkührlichkeiten lassen sich nie erweisen.

V. Ein neues Fundament der Kritischen Philosophie?

25. Karl Leonhard Reinhold: Der Satz des Bewußtseins

§. I. Im Bewusstseyn wird die Vorstellung durch das Subjekt vom Subjekt und Objekt unterschieden und auf beyde bezogen.

Dieser Satz drückt hier *unmittelbar* nichts als die Thatsache aus, die im Bewusstseyn vorgeht; die Begriffe hingegen von Vorstellung, Objekt, und Subjekt nur *mittelbar*, das heisst, in wieferne sie durch jene Thatsache bestimmt werden.

Vor dem Bewusstseyn giebt es keinen Begriff von Vorstellung, Objekt und Subjekt; und diese Begriffe sind *ursprünglich* nur durch das Bewusstseyn möglich, in welchem, und durch welches Vorstellung, Objekt und Subjekt zuerst von einander unterschieden und aufeinander bezogen werden. Die ursprünglichen Merkmale, unter welchen die drey Bestandtheile des Bewusstseyns Vorstellung, Objekt und Subjekt im Bewusstseyn vorkommen, können, in wieferne sie die ursprünglichen sind, durch keine Abstraktion von was immer für vorgestellten Objekten erhalten werden; weil jedes Objekt die Vorstellung durch die es, und das Vorstellende, dem es vorgestellt wird als etwas im Bewusstseyn von demselben unterschiedenes, und auf dasselbe sich beziehendes voraussetzt. Die Merkmale also, welche der Vorstellung, dem Objekt und dem Subjekte, in wie ferne sie Bestandtheile des Bewusstseyns sind, zukommen, quillen unmittelbar aus dem Bewusstseyn selbst, ohne alle Abstraktion, setzen in so ferne durchaus kein Raisonnement voraus, und gehen aller Philosophie vorher.

Der Satz des Bewusstseyns setzt also keine philosophisch bestimmten Begriffe von Vorstellung, Objekt, und Subjekt *voraus*, sondern sie werden in ihm und durch ihn erst bestimmt und aufgestellt. Diese Begriffe können nur durch Sätze ausgedruckt werden die durch den Satz des Bewusstseyns ihren Sinn erhalten, ganz in ihm enthalten sind, und unmittelbar aus ihm abgeleitet werden.

26. Karl Leonhard Reinhold: Der ursprüngliche Begriff des Vorstellungsvermögens

§. VI. Das Vorstellungsvermögen ist dasjenige wodurch die blosse Vorstellung, das heisst das, was sich im Bewusstseyn auf Objekt und Subjekt beziehen lässt, aber von beyden unterschieden wird, möglich ist, und was in der Ursache der Vorstellung d. h. in demjenigen, welches den Grund der Wirklichkeit einer Vorstellung enthält, vor aller Vorstellung vorhanden seyn muss.

Wenn man dasjenige, welches den Grund der Wirklichkeit der blossen Vorstellung enthält, die *vorstellende Kraft* nennt: so ist das Vorstellungsvermögen das Vermögen dieser Kraft, oder dasjenige, wodurch sich die Kraft in ihrer Wirkung, der Vorstellung, äussert, und was folglich vor dieser Wirkung als Bedingung derselben in der Kraft bestimmt vorhanden seyn musste. Ob diese Kraft das vorstellende Subjekt selbst, oder in demselben nur vermittelst der Objekte vorhanden sey; ob das Vorstellungsvermögen bloss im Subjekte allein oder nicht; oder in wieferne es in demselben vorhanden seyn müsse, lässt sich dann erst fragen und beantworten, wenn man weiss, worin dieses Vermögen besteht, oder was man sich unter demselben zu denken hat.

§. VII. So wie die sinnliche Vorstellung, der Begriff und die Idee gemeinschaftlich den Namen Vorstellung führen, und dieser unter dem Prädikat der *Vorstellung überhaupt* dasjenige, was jenen unter sich gemein ist, bezeichnet: so heissen Sinnlichkeit, Verstand und Vernunft als die Vermögen der sinnlichen Vorstellung des Begriffes und der Idee – Vorstellungsvermögen und das, was ihnen unter sich gemeinschaftlich ist, das *Vorstellungsvermögen überhaupt*.

Jede sinnliche Vorstellung (die in wieferne sie sich *unmittelbar* aufs Subjekt beziehen lässt *Empfindung* – aufs Objekt – *Anschauung* heisst) jeder Begriff, jede Idee ist eine Vorstellung; aber nicht jede Vorstellung ist eine sinnliche, nicht jede ein Begriff, nicht jede eine Idee. So müssen zwar auch Sinnlichkeit, Verstand und Vernunft jedes für sich als Vorstellungsvermögen, aber dieses als keines jener besonderen Vermögen gedacht werden. Sinnlichkeit Verstand und Vernunft zusammengenommen machen den Umfang nicht den Innhalt des Begriffes vom Vorstellungsvermögen aus. Sie müssen nothwendig gedacht werden, wenn dasjenige gedacht werden soll, was *unter* dem Begriff des Vorstellungsvermögens überhaupt enthalten ist; sie müssen aber eben so nothwendig ausgeschlossen werden, wenn nur dasjenige gedacht werden soll, was *in* dem Begriff des Vorstellungsvermögens überhaupt, enthalten ist.

Nicht alles, was im Vorstellenden vorgeht; nicht einmal alles was zum Bewusstseyn desselben gelangt, kann *Vorstellung* heissen, sondern nur dasjenige, was sich auf Objekt sowohl als Subjekt beziehen lässt, und von beyden unterschieden wird. Also nicht jedes Leiden, jedes Wirken, jede Veränderung des Gemüthes, nicht das, was als Anstalt der Vorstellung vorhergeht, oder als Mittel oder Folge dieselbe begleitet. Dass man jede Veränderung des Gemüthes Vorstellung nannte, beweist, wie sehr der Begriff einer Vorstellung verkannt wurde. Vorstellung hiess jede Veränderung im Gemüthe, das Gemüth aber die vorstellende Kraft oder die Kraft, welche Vorstellungen, Veränderungen im Vorstellenden, das heisst in demjenigen hervorbringt, welches diese Veränderungen hervorbringt. – So lautet der Zirkel in dem sich die bisherige Erklärung des Begriffes *der Vorstellung* herumdreht.

Unter Vorstellungsvermögen wird daher auch nicht jedes Vermögen zu wirken und zu leiden das im Vorstellenden vorhanden seyn mag, sondern nur dasjenige verstanden, wodurch die blosse Vorstellung möglich ist, und von dem erst untersucht werden muss, ob, und in wieferne dasselbe dem Subjekte zukomme.

In wieferne in der Philosophie die Kenntniss des Besondern nur durch die Kenntniss des Allgemeinen, in Rücksicht auf den wissenschaftlichen Charakter, das heisst die Nothwendigkeit und apodiktische Gewissheit, bestimmt wird: in soferne ist keine philosophisch wissenschaftliche Erkenntnis des sinnlichen, verständigen und vernünftigen Vorstellungsvermögen ohne genau bestimmte Wissenschaft des Vorstellungsvermögens überhaupt möglich. Alles was am Vorstellungsvermögen überhaupt gefunden wird, gilt von Sinnlichkeit, Verstand und Vernunft, aber keinesweges umgekehrt.

§. VIII. Das Vorstellungsvermögen überhaupt, kann zwar nicht ausserhalb der vorstellenden Kraft, und ausserhalb der Sinnlichkeit, dem Verstand und der Vernunft vorhanden seyn; aber der Begriff desselben lässt sich nicht aus der *Kraft*, sondern nur aus der *Wirkung* derselben, nämlich der blossen Vorstellung; und zwar nur aus dem Begriffe derselben, in wie ferne er durch den *Satz des Bewusstseyns* bestimmt wird, ableiten.

Die wirkende Ursache, der Grund der Wirklichkeit, der blossen Vorstellung heisst die vorstellende Kraft; worin sie auch bestehen, und woraus sie auch entstehen mag. Diese ist von der blossen Vorstellung, wie jeder Grund von seiner Folge, wie jede Ursche von ihrer Wirkung, verschieden. Ihre Substanz, oder die Substanzen, woraus sie besteht, ist oder sind daher keineswegs in der blossen Vorstellung enthalten, welche das einzige ist wodurch sie sich im Bewusstseyn äussert. Was also in der blossen Vorstellung, ihrer Wirkung, von ihr vorkommen kann, kann nichts anders als ihre Handlungsweise, die *Form ihres Vermögens* seyn. Aber da sie sich nur durch ihre Wirkung und nicht *vor* ihrer Wirkung äussern kann: so lässt sich auch ihre Handlungsweise, die Form ihres Vermögens, nur aus dieser Wirkung, der blossen Vorstellung, erkennen.

Das Vorstellungsvermögen muss also nothwendig verkannt werden, wenn man den Begriff desselben aus der vorstellenden Kraft und nicht aus der blossen Vorstellung ableitet, und anstatt den Begriff der Kraft, vermittelst den durch die blosse Vorstellung bestimmten Begriff von Vermögen zu bestimmen, das Vermögen sowohl, als die blosse Vorstellung, sich durch die vorstellende Kraft zu erklären sucht. Wenn man mit den *Materialisten* diese Kraft in der Reizbarkeit gewisser Organisationen, und mit den *Spiritualisten* in einer unkörperlichen Substanz aufsucht, bevor man aus dem Begriffe der blossen Vorstellung den Begriff des Vorstellungsvermögens entwickelt hat, welches doch das einzige ist, wodurch die vorstellende Kraft ihre Natur offenbart.

Die Merkmale des Vorstellungsvermögens, können nur aus den Merkmalen der blossen Vorstellung, als einer solchen, und folglich durchaus nicht von dem Subjekte oder den Objekten *an sich* abgeleitet werden. Alles was im Bewusstseyn von der blossen Vorstellung unterschieden werden muss, zum Beyspiel die Gegenstände der äussern Erfahrung als Dinge *an sich*, und die Substanz selbst, der das Vorstellungsvermögen angehört, ist zu dieser Ableitung schlechterdings untauglich. Sowohl die *Lockische* Erklärung des Ursprunges der Vorstellungen aus der Erfahrung, als auch die *Leibnitzische* aus der vorstellenden Substanz müssen also schon darum verdächtig seyn: weil sie ohne Ableitung der Merkmale des blossen Vorstellungsvermögens aus der blossen Vorstellung geschehen sind.

Allein nur derjenige Begriff der blossen Vorstellung, der durch den Satz des Bewusstseyns bestimmt wird, ist zu dieser Ableitung geschickt; nicht der Begriff der Vorstellung *überhaupt*, in wieferne es bloss aus den Begriffen der sinnlichen Vorstellung, des Begriffes und der Idee, ohne Rücksicht auf seine *ursprünglichen* nur aus dem Bewusstseyn quellenden Merkmale abstrahirt wird. (Ich berufe mich hierüber auf die vorhergehende Abhandlung).

Um also den bestimmten Begriff des blossen Vorstellungsvermögens, oder die inneren Merkmale desselben zu erhalten, muss der durch den Satz des Bewusstseyns bestimmte Begriff der *blossen Vorstellung* vollständig entwickelt werden.

27. Karl Leonhard Reinhold: Ein neues Fundament

Jeder bisherigen Philosophie, selbst die *kantische*, wenn man sie als *Wissenschaft* betrachtet, nicht ausgenommen, fehlt es an nichts geringerem, als an einem *Fundamente*. Diese meine Ueberzeugung ist kein blosses Meynen, sondern eigentliches, lange und vielfältig geprüftes Wissen. Meine Abhandlung dürfte manchem Leser in die Hände gerathen, der das *Meynen* für den Charakter der ächtphilosophsichen Bescheidenheit (oder Ueberzeugung?) hält. Diesem war ich jenes Geständniss schuldig, damit er nicht mit einer Schrift, in welcher er nichts von allem dem, was ihm ächt philosophisch heisst, finden könnte, seine Zeit verdürbe. *Meine Philosophie weiss nicht Vieles; aber sie meynt gar nichts.*

Ich weiss also, dass alle bisherige Philosphie kein Fundament habe; ich weiss aber auch, dass diese Behauptung selbst nach allem, was ich zu ihrer Erörterung und Erhärtung im *ersten B. der Beyträge zur Berichtigung bisheriger Missverständnisse der Philosophie* gesagt habe, und in der bevorstehenden Betrachtung, die ich ausdrücklich zu ihrer Erörterung und Erhärtung vornehme, sagen werde – von den meisten meiner Leser *falsch*, von Vielen *paradox*, von einigen *alt* befunden, und nur von den Wenigsten *verstanden* werden wird.

Ich weiss, dass der Sinn dieser Behauptung von den Meisten missverstanden werden müsste, auch selbst dann, wenn alle meine Leser von steifer Anhänglichkeit an gewohnten Vorstellungsarten, Abneigung von der Arbeit des Selbstdenkens, Gleichgültigkeit gegen Wahrheit, Originalitätssucht, Autorneid u. dgl. m., gänzlich frey wären; – bloss aus dem Grunde schon missverstanden werden müsste, den sie selbst angiebt. Wir würden itzt schon ein Fundament der Philosophie aufzuweisen haben, wenn auch nur einige

Selbstdenker darüber einig wären, *was sie unter Fundament der Philosophie zu verstehen hätten.*

Ich weiss, dass meine Behauptung, wenn einmal die Gründe, durch welche ihr eigentlicher Sinn bestimmt wird, missverstanden sind, Auslegungen zulässt, durch welche bald mein Kopf, bald mein Herz, verdächtig werden müssen. Die Schilderung des Zustandes der bisherigen Philosophie, die das *erste Buch meines Versuchs einer neuen Theorie des Vorstellungsvermögens* ausmacht, und der ich die Freundschaft einiger unserer vorzüglichsten Selbstdenker verdanke, hat mir von berühmten und unberühmten Schriftstellern bittern Tadel zugezogen. Man hat sie einerseits einem Mangel an Sachkenntniss, andererseits einem Eigendünkel zugeschrieben, wovon der eine kaum einem Schulknaben, der andere kaum einem Tollhäusler verzeihlich wären, – wenn es wahr wäre, dass ich behauptet hätte: *»Alle Philosophen, bis auf Kant, hätten alles verkehrt angefangen.«*

Indem ich nun behaupte: »auch Kant habe das Lehrgebäude der eigentlichen Philosophie so wenig vollendet, dass er nicht einmal den Grund zu demselben gelegt habe«, empöre ich die *Kantianer* eben so sehr, als ich vorher die *Antikantianer* durch die Behauptung: (die ich nie zurücknehmen werde,) »dass ich die Kantische Philosophie, ihrem wesentlichen Inhalt nach, für die Einzig wahre halte,« empört habe. Bald wird von beyden Seiten vor dem Richterstuhle *des gesunden Menschenverstandes* die Klage angebracht werden: »Dass ich alle Philosophie, die meinige ausgenommen, für grundlos erklärt hätte.« Der gehässige Sinn, den meine Ankläger in diese Beschuldigung legen, würde sich auch ohne ihr mitleidiges Lächeln oder ihre derben Busspredigten *jedermann* von selbst aufdringen; während dasjenige, was ich an dieser Beschuldigung für wahr anerkenne, und welches meine Rechtfertigung enthält, in diesen Blättern nur von den Wenigsten, denen meine Anklage zu Ohren kömmt, gelesen, und von noch Wenigern verstanden werden wird. Allein, soll ich darum schweigen?

28. Gottlob Ernst Schulze: Aus dem »Aenesidemus«

Was nun im VI–VIII. §. [s. o. Text 26, A.F.K.] über die Natur des Vorstellungsvermögens vorläufig gesagt worden ist, besteht aus folgendem. a) Das Vorstellungsvermögen ist die Ursache und der Grund der Wirklichkeit der Vorstellungen. b) Das Vorstellungsvermögen ist vor aller Vorstellung vorhanden, und zwar auf eine bestimmte Art. c) Das Vorstellungsvermögen ist von den Vorstellungen wie iede Ursache von ihrer Wirkung verschieden. d) Der Begriff des Vorstellungsvermögens läßt sich nur aus der Wirkung desselben, nämlich aus der bloßen Vorstellung ableiten, und um die *innern* Merkmale oder den bestimmten Begriff des Vorstellungsvermögens erhalten zu können, muß man den Begriff der bloßen Vorstellung vollständig entwickeln.

Bey diesen Sätzen scheint es zwar nur auf die Bestimmung des *Begriffs* des Vorstellungsvermögens abgesehen zu seyn: Allein da es nach denselben auch zu dem Begriff des Vorstellungsvermögens gehören soll, daß wir uns unter demselben ein obiektiv wirkliches Etwas denken, welches die Ursache und die Bedingung der Wirklichkeit der Vorstellungen ausmacht, und vor aller Vorstellung vorhanden ist; so müssen wir wohl zuvörderst untersuchen: Wodurch die Elementar-Philosophie zu der überschwenglichen Kenntniß von der obiektiven Existenz eines solchen Etwas gekommen sey, und durch welches Raisonnement sie diese Existenz, wovon im Satze des Bewußtseyns gar nichts enthalten ist (denn dieser soll ia nur Thatsachen ausdrücken,) darthue. In der neuen Darstellung ihrer Hauptmomente ist nun nirgends ein Beweis für die obiektive Wirklichkeit des Vorstellungsvermögens angegeben worden. Allein in der Theorie des Vorstellungsvermögens geschieht (S. 190.) eines solchen Beweises Erwähnung. Daselbst heißt es nämlich: »Die Vorstellung ist das einzige, über dessen

Wirklichkeit alle Philosophen einig sind. Wenigstens wenn es überhaupt etwas giebt, worüber man in der philosophischen Welt einig ist, so ist es die Vorstellung; kein Idealist, kein Egoist, kein dogmatischer Skeptiker kann das Daseyn der Vorstellung leugnen. *Wer aber eine Vorstellung zugiebt, der muß auch ein Vorstellungsvermögen zugeben, daß heißt dasienige, ohne welches sich keine Vorstellung denken läßt.«* Von einem Freunde der kritischen Philosophie, die das *Denken* von dem *Seyn* unterschieden wissen will, war ein solcher Beweis für das obiektive Daseyn des Vorstellungsvermögens, auf dessen Gewißheit in der neuesten Philosophie so sehr viel beruhet, kaum zu erwarten. In demselben wird aber wirklich von der *Beschaffenheit der Vorstellungen* und *Gedanken in uns*, auf die Beschaffenheit der Sache außer uns und an sich geschlossen, und das Raisonnement, welches diesen Beweis für die obiektive Wirklichkeit des Vorstellungsvermögens ausmacht, ist eigentlich folgendes: Was sich nicht ohne einander *denken* läßt, das kann auch nicht ohne einander *da seyn;* das Daseyn und die Wirklichkeit der Vorstellungen läßt sich aber nicht ohne das Daseyn und die Wirklichkeit eines Vorstellungsvermögens *denken;* Also muß auch ein Vorstellungsvermögen obiektiv eben so gewiß da seyn, als Vorstellungen in uns vorhanden sind. Wäre nun dieser Schluß richtig, und bewiese er im mindesten etwas; so stände der Spinozismus, das Leibnitzsche System, der Idealismus, und der ganze Dogmatismus mit allen seinen mancherley und einander widersprechenden Behauptungen über das Ding an sich unerschütterlich fest; so hätten wir unwiderlegbar aus theoretischer Vernunft herrührende Beweise, theils für das obiektive Daseyn der Monaden, (denn das Daseyn des Zusammengesetzten läßt sich nicht ohne das Daseyn einfacher Theile denken, aus denen es zusammengesetzt worden ist;) theils für die obiektive Einfachheit und Persönlichkeit des denkenden Subiekts in uns, (denn dieses Subiekt läßt sich nur als einfach und als eine Substanz denken;) so vermögte die theoretische Vernunft einen apodiktischen Beweis für das obiektive Daseyn des Welturhebers zu führen, (denn das Daseyn der ganzen Reihe des Bedingten läßt sich nicht ohne das Daseyn eines unbedingten Urhebers denken;) so sind Raum und Zeit etwas außer uns Wirkliches und realiter Existirendes, (denn das Daseyn der Körper läßt sich nur in einem vorhandenen

Raume, und das Daseyn der Veränderungen nur in einer vorhandenen Zeit denken;) so ist alles, was *Kant* über die Unfähigkeit des Verstandes und der Vernunft, die Natur der Dinge an sich durch das Denken zu ergründen, behauptet und erwiesen zu haben glaubt, falsch und irrig, und wir besitzen ein Prinzip, vermittelst dessen wir die Natur der Dinge, wie sie außer unsern Vorstellungen da ist, zu ergründen im Stande sind.

VII. Die Entstehung des Idealismus

29. Johann Gottlieb Fichte: Rezension des Aenesidemus

Aenesidemus oder über die Fundamente der von dem Herrn Professor Reinhold in Jena gelieferten Elementar-Philosophie. Nebst einer Vertheidigung des Skepticismus gegen die Anmaassungen der Vernunftkritik. 1792. 445 S. 8.

Wenn es unläugbar ist, dass die philosophirende Vernunft jeden menschlichen Fortschritt, den sie von jeher gemacht, den Bemerkungen des Skepticismus über die Unsicherheit ihres jedesmaligen Ruhepunctes verdankt, wenn dieses besonders von dem letztern merkwürdigen Fortschreiten derselben durch ihren kritischen Gebrauch von dem grossen Entdecker dieses Gebrauchs selbst zugestanden ist; wenn aber dennoch durch die fortdauernde Erscheinung, dass die Freunde der neuern Philosophie selbst unter sich getheilter werden, je weiter sie in ihren Untersuchungen fortrükken, auch dem unkundigen Zuschauer wahrscheinlich werden sollte, dass selbst bis jetzt die Vernunft ihren grossen Zweck, Philosophie als Wissenschaft zu realisiren, noch nicht erreicht haben müsse, so nahe sie ihm auch etwa gekommen sey: so war nichts wünschenswürdiger, als dass der Skepticismus sein Werk krönen, und die forschende Vernunft bis an ihr erhabenes Ziel vortreiben möchte; dass derselbe, nachdem man lange gemeint, dass seine noch übrigen richtigen Ansprüche an die Philosophie bisher nur nicht recht deutlich zur Sprache gekommen, endlich einen Sprecher erhalten möchte, der jenen Ansprüchen nichts vergebe, und dabei die Gabe habe, sie deutlich darzustellen. In wiefern der Verfasser der gegenwärtigen Schrift dieser gewünschte Sprecher sey, wird sich aus einer Beurtheilung derselben ergeben.

Der Skepticismus musste allerdings in der Person dieses seines Repräsentanten seine Waffen insbesondere gegen die Reinhold'sche Elementar-Philosophie, und zwar gegen die neue Darstellung derselben in den *Beiträgen*, richten, weil dieser Schriftsteller nach dem Geständnisse der mehrsten Liebhaber der kritischen Philosophie die Begründung der Philosophie als Wissenschaft entweder schon vollendet, oder doch am vorzüglichsten vorbereitet hat. Für diejenigen aber, welche beides läugnen, musste er sie dann wieder gegen die beglaubteste Urkunde der neuern Philosophie, die Kritik der reinen Vernunft selbst, wenden, wenn es mit dem Angriffe wirklich auf eine entscheidende Schlacht abgesehen wurde. – Das Buch ist in Briefen. Hermias, ein enthusiastischer Verehrer der kritischen Philosophie, meldet dem Aenesidemus seine, besonders durch die Reinhold'sche Elementar-Philosophie begründete, völlige Ueberzeugung von der Wahrheit und Allgemeingültigkeit dieser Philosophie. Aenesidemus, welcher andrer Meinung ist, sendet ihm seine Prüfung derselben.

Aenesidemus legt, um Reinholds gegründeter Forderung Genüge zu thun, seiner Censur der Elementar-Philosophie folgende Sätze als bereits ausgemacht und gültig zum Grunde: 1) (Thatsache.) Es giebt Vorstellungen in uns, in welchen theils unterscheidende, theils übereinstimmende, Merkmale angetroffen werden. 2) (Regel der Beurtheilung.) Der Probirstein alles Wahren ist die allgemeine Logik, und jedes Raisonnement über Thatsachen kann nur insofern auf Richtigkeit Anspruch machen, als es mit den Gesetzen derselben übereinkommt. Jedem Theile dieser Prüfung sind die in ihm untersuchten §§. der Elementar-Philosophie, sowie sie Reinhold in den Beiträgen I. B. S. 165–254 von neuem dargestellt hat, wörtlich vorgedruckt. –

Prüfung der Reinhold'schen Grundsätze über die Bestimmung und die wesentlichen Eigenschaften einer Elementar-Philosophie. – Aenesidemus gesteht für's erste zu, dass es der Philosophie bisher an einem obersten, allgemeingeltenden Grundsatze gemangelt habe, und dass sie nur nach Aufstellung eines solchen zum Range einer Wissenschaft sich werde erheben können; ferner scheint es auch ihm unläugbar, dass dieser Grundsatz kein andrer seyn könne, als derjenige, welcher den höchsten aller Begriffe, den der Vorstellung und des Vorstellbaren, festsetze und bestimme. So innig auch hier der Skeptiker und der Elementar-Philosoph übereinstimmen; so zweifelhaft bleibt es dem Rec.: ob die Philosophie selbst bei ihrer Einmüthigkeit über den zweiten Punct gewinnen möge, wenn sich etwa in der Zukunft zeigen sollte, dass dasjenige, was sich gegen den Satz des Bewusstseyns, als ersten Satz der gesammten Philosophie, mit Grund erinnern lässt, auf die Vermuthung führe, daß es für die gesammte, nicht etwa bloss für die theoretische Philosophie noch einen *höhern* Begriff geben müsse, als den der Vorstellung. – Gegen Reinholds §. 1. (im Bewusstseyn wird die Vorstellung durch das Subject und Object unterschieden, und auf beide bezogen) erinnert Aenesidemus 1) »Dieser Satz sey kein absolut *erster* Satz; denn er stehe als Satz und Urtheil unter der höchsten Regel alles Urtheilens, dem Satze des Widerspruchs.« Versteht Rec. dasjenige recht, was Reinhold (Fundament. S. 85) auf diesen ihm schon ehemals gemachten Einwurf geantwortet hat, und was A. nicht befriedigend findet: »Dass der Satz des Bewusstseyns freilich *unter* dem Princip des Widerspruchs stehe, aber nicht als unter einem Grundsatze, durch den er *bestimmt* werde, sondern als unter einem *Gesetze*, dem er nicht *widersprechen* dürfe;« so spricht Reinhold dem Satze des Widerspruchs alle *reale* Gültigkeit ab, wie es auch Kant aber nur für die bloss theoretische Philosophie, gethan hat, und lässt ihm nur eine *formale* und logische übrig; und insofern ist seine Antwort ganz richtig, und kommt auf diejenige zurück, die er unberufnen Beurtheilern seiner E. Ph. schon öfter gegeben hat: man könne *über* die Gesetze des Denkens doch nicht anders denken, als *nach* diesen Gesetzen. Die Reflexion über den Satz des Bewusstseyns steht ihrer Form nach unter dem logischen Satze des Widerspruchs, so wie jede mögliche Reflexion; aber die *Materie* dieses Satzes wird durch ihn nicht bestimmt. Soll nun Aenesidem's Erinnerung einen richtigen Sinn haben: so muss derselbe, unerachtet er sich darüber nirgends deutlich erklärt, dem Satze des Widerspruchs ausser seiner *formalen* auch noch eine reale Gültigkeit beimessen, d. h. er muss irgend eine Thatsache im Gemüthe annehmen, oder vermuthen, welche diesen Satz ursprünglich begründet. Was diess heissen solle, wird sogleich klar werden; denn A. erinnert: 2) »Der Satz des Bewusstseyns sey kein *durchgängig durch sich selbst bestimmter* Satz. Da nach Reinholds eigner Erklärung die Begriffe des Subjects und Objects erst durch ihr Unterscheiden in der Vorstellung, und durch das Beziehen der Vorstellung auf sie, bestimmt würden; so müsse wenigstens dieses *Unterscheiden* und *Beziehen* selbst vollständig und also bestimmt seyn, dass es nicht mehr als eine Deutung zulasse. Und diess sey nicht der Fall,« wie A. durch Aufzählung mehrerer möglichen Bedeutungen, und durch Anführung der mannichfaltigen und selbst zweideutigen Ausdrücke, durch welche Reinhold hinterher diese Begriffe zu erklären sucht, wenigstens für den Rec. befriedigend dargethan hat. Wie nun, wenn eben die Unbestimmtheit und Unbestimmbarkeit dieser Begriffe auf einen aufzuforschenden höhern Grundsatz, auf eine reale Gültigkeit des Satzes der Identität und der Gegensetzung hindeutete, und wenn der Begriff des Unterscheidens und des Beziehens sich nur durch die der Identität und des Gegentheils bestimmen liesse? – Endlich sey 3) »der Satz des Bewusstseyns weder ein allgemein geltender Satz, noch drücke er ein Factum aus, das an keine bestimmte Erfahrung und an kein gewisses Raisonnement gebunden sey.« A. legt verschiedene, in der Erfahrung gegebene Aeusserungen des Bewusstseyns vor, in denen, seiner Meinung nach, jene zu jedem Bewusstseyn erforderten drei Stücke nicht vorkommen sollen. In wiefern ein solcher, auf Erfahrung sich berufender, Einwurf überhaupt aufzunehmen, oder angebrachter Maassen abzuweisen sey, – darüber weiter unten ein paar Worte! – Nach vollendeter Prüfung, was dieser Satz nicht seyn könne, wird die Frage aufgeworfen: was er denn wohl wirklich seyn möge? A. beantwortet sie so: »es sey 1) ein synthetischer Satz, in welchem dem Subjecte, Bewusstseyn, ein Prädicat beigelegt werde, welches nicht schon in seinem Begriffe liege, sondern erst in der Erfahrung zu ihm hinzukomme.« Reinhold behauptet bekannter Maassen, dieser Satz sey ein bloss analytischer. Wir wollen hier davon abstrahiren, dass A. die Allgemeingültigkeit dieses Satzes läugnet, und mithin auch eine Art des Bewusstseyns annimmt, von welchem es nicht gilt; – aber es lässt sich noch ein tieferer Grund dieser Behauptung in der Verschiedenheit der zwei Gesichtspuncte aufzeigen, aus welchen dieser Satz angesehen werden kann. Nemlich, wenn kein Bewusstseyn ohne jene drei Stücke denkbar ist: so liegen sie allerdings im

Begriffe des Bewusstseyns; und der Satz, der sie aufstellt, ist als Reflexions-Satz, seiner logischen Gültigkeit nach, allerdings ein analytischer Satz. Aber die Handlung des Vorstellens selbst, der Act des Bewusstseyns, ist doch offenbar eine Synthesis, da dabei unterschieden und bezogen wird; und zwar die höchste Synthesis, und der Grund aller möglichen übrigen. Und hierbei entsteht dann die sehr natürliche Frage: wie ist es doch möglich, alle Handlungen des Gemüths auf ein Zusammensetzen zurückzuführen? Wie ist Synthesis denkbar, ohne vorausgesetzte Thesis und Antithesis? – Der Satz des Bewustseyns sey 2) »ein abstracter Satz, welcher aussage, was, nach A. *einige*, nach R. *alle*, Aeusserungen des Bewusstseyns gemein haben.« Reinhold läugnet, wie bekannt ist, dass dieser Satz auf irgend eine Abstraction sich gründe. Wenn diess gegen diejenigen gesagt wird, welche vermeinten, es werde in demselben von den Bedingungen der Anschauung, des Begriffs und der Idee abstrahirt; so ist sehr einleuchtend, darzuthun, – weit entfernt, dass der Begriff der blossen Vorstellung sich auf die letztere gründen sollte – dass vielmehr die Begriffe der letztern nur durch Unterscheidung und Beziehung mehrerer blosser Vorstellungen, *als solcher*, möglich werden. Man kann den Begriff der Vorstellung überhaupt vollständig bestimmen, ohne die der Anschauung, des Begriffs, der Idee bestimmt zu haben; aber man kann die letzteren gar nicht vollständig bestimmen, ohne den ersten bestimmt zu haben. Soll aber dadurch gesagt werden, dass dieser Satz nicht nur nicht auf *diese bestimmte*, sondern *überhaupt auf keine* Abstraction sich gründe; so lässt sich, insofern er als erster Grundsatz an der Spitze aller Philosophie steht, das Gegentheil erweisen. Ist nemlich alles, was im Gemüthe zu entdecken ist, ein Vorstellen, alle Vorstellung aber unläugbar eine *empirische* Bestimmung des Gemüths: so wird das Vorstellen selbst, mit allen seinen Bedingungen, nur durch Vorstellung desselben, mithin *empirisch*, dem Bewusstseyn gegeben; und alle Reflexion über das Bewusstseyn hat empirische Vorstellungen zum Objecte. Nun ist das Object jeder empirischen Vorstellung bestimmt gegeben (im Raum, in der Zeit u. s. f.). Von diesen empirischen Bestimmungen des gegebenen Objects aber wird in der Vorstellung des Vorstellens überhaupt, welche der Satz des Bewusstseyns ausdrückt, nothwendig abstrahirt. Der Satz des Bewusstseyns, an der Spitze der gesammten Philosophie gestellt, gründet sich demnach auf empirische Selbstbeobachtung, und sagt allerdings eine Abstraction aus. Freilich fühlt jeder, der diesen Satz wohl versteht, einen innern Widerstand, demselben bloss empirische Gültigkeit beizumessen. Das Gegentheil desselben lässt sich auch nicht einmal denken. Aber eben das deutet darauf hin, dass er sich noch auf etwas Anderes gründen müsse, als auf eine blosse Thatsache. Rec. wenigstens glaubt sich überzeugt zu haben, dass er ein Lehrsatz sey, der auf einen andern Grundsatz sich gründet, aus diesem aber a priori, und unabhängig von aller Erfahrung, sich streng erweisen lässt. Die erste unrichtige Voraussetzung, welche seine Aufstellung zum Grundsatze aller Philosophie veranlasste, war wohl die, dass man von einer Thatsache ausgehen müsse. Allerdings müssen wir einen realen, und nicht bloss formalen, Grundsatz haben; aber ein solcher muss nicht eben eine *Thatsache*, er kann auch eine That*handlung* ausdrücken; wenn es erlaubt ist, eine Behauptung zu wagen, die an diesem Orte weder erklärt, noch erwiesen werden kann. – In sofern nun A. diesen Lehrsatz aufgestellter Maassen für einen Erfahrungs-Satz halten muss, in sofern muss man sich mit ihm auf Erfahrungen, die demselben widersprechen sollen, allerdings einlassen; wenn derselbe aber aus unläugbaren Grundsätzen bewiesen, und das Widersprechende eines Gegensatzes dargethan ist; so sind alle vermeinte Erfahrungen, die mit demselben nicht übereinkommen sollen, als undenkbar abzuweisen. –

Prüfung der §§. 2–5, *welche die ursprünglichen Begriffe der Vorstellung, des Objects, des Subjects, und der blossen Vorstellung bestimmen.* – Ausser Wiederholungen desjenigen, was eben erörtert worden, erinnert A. gegen die Erklärung der Vorstellung, dass sie enger sey, als das zu erklärende. »Denn wenn, nach Reinholds Definition nur dasjenige eine Vorstellung ausmache, was durch das Subject vom Objecte und Subjecte unterschieden, und auf beide bezogen werde; wenn aber, nach Aenesidem's Voraussetzung, nur dasjenige unterschieden werden könne, was schon wahrgenommen sey: so könne die Anschauung (jene erste Wahrnehmung) keine Vorstellung seyn. Nun aber solle sie, nach R., allerdings eine seyn, mithin u. s. f.« Reinhold wird ihm mit Recht die Voraussetzung im Untersatze seines Vernunftschlusses abläugnen. Das ursprüngliche Object wird überhaupt nicht wahrgenommen, und kann nicht wahrgenommen werden. Vor aller andern Wahrnehmung vorher also kann die Anschauung auf ein, ursprünglich dem Subjecte entgegengesetztes, Object, das Nicht-Ich, bezogen werden; welches Nicht-Ich überhaupt nicht *wahrgenommen*, sondern ursprünglich *gesetzt* wird. – Ferner »jenes Unterscheiden und Beziehen, das zur Vorstellung erfordert werde, sey selbst ein Vorstellen;« welches aber Reinhold mit Recht geläugnet hat. Beides kann Object einer Vorstellung werden, und wird es in der Elementar-Philosophie wirklich; aber es ist ursprünglich keins, sondern nur nothwendig zu denkende Handlungsweise des Gemüths, um eine Vorstellung hervorzubringen: woraus aber freilich unläugbar das folgt, dass Vorstellung nicht der höchste Begriff aller in unserm Gemüthe zu denkenden Handlungen sey. –

Reinhold hatte in der Anmerkung zu §. 5. gesagt: »die blosse Vorstellung sey *unmittelbar*, Subject und Object aber nur *vermittelst* der Beziehung jener auf diese im Bewusstseyn vorhanden; denn dasjenige, was im Bewusstseyn auf Object und Subject bezogen werde, müsse zwar nicht der Zeit, aber seiner Natur nach *vor* den Handlungen des Bezogenwerdens da seyn, inwiefern nichts bezogen werden könne, wenn nichts vorhanden sey, das sich beziehen lasse.« A. sucht die Ungültigkeit dieses Beweises dadurch darzuthun, dass er auf ähnliche Art beweisen wolle, »Object und Subject seyen dasjenige, was unmittelbar, die Vorstellung aber dasjenige, was mittelbar im Bewusstseyn vorkomme, indem nichts auf ein anderes bezogen werden könne, wenn nicht dieses andere, worauf es bezogen werden solle, vorhanden sey, mithin u. s. f.« Und allerdings muss Subject und Object eher gedacht werden, als die Vorstellung; aber nicht im Bewusstseyn, als empirischer Bestimmung des Gemüths, wovon Reinhold doch allein redet. Das absolute Subject, das Ich, wird nicht durch empirische Anschauung gegeben, sondern durch intellectuelle gesetzt; und das absolute Object, das Nicht-Ich, ist das ihm entgegengesetzte. Im empirischen Bewusstseyn kommen beide nicht anders als so vor, dass eine Vorstellung auf sie bezogen werde; in diesem sind sie nur mittelbar, als Vorstellendes und Vorgestelltes: des *absoluten* Subjects, des vorstellenden, das nicht vorgestellt würde, und des *absoluten* Objects, eines Dinges an sich, unabhängig von aller Vorstellung, wird man sich nie, als eines empirisch gegebenen, bewusst. Reinhold konnte diese Erörterungen sich wohl auf die Zukunft vorbehalten haben.

Aus dem bisher Gesagten scheint hervorzugehen, dass alle Einwendungen Aenesidem's, in sofern sie als gegen die Wahrheit des Satzes des Bewusstseyns *an sich* gerichtet angesehen werden sollen, ohne Grund sind, dass sie ihn aber als *ersten* Grundsatz aller Philosophie, und als blosse Thatsache allerdings treffen; und eine neue Begründung desselben nothwendig machen. Zugleich ist es merkwürdig, dass A., so lange er seinen eignen oben aufgestellten Grundsätzen getreu war, auch gerecht gegen den Gegner blieb, und dass beides zugleich verschwindet, wie sich bald zeigen wird. Wenn seine Prüfung sich hier endigte, so würde er ohne Zweifel sein Verdienst um die Philosophie, und die Achtung aller unparteiischen Selbstdenker rühmlich behauptet haben. Man wird sehen, wie viel die Fortsetzung derselben ihm davon übrig lasse. – Nemlich die §§. 6, 8., die den ursprünglichen Begriff des Vorstellungs-Vermögens bestimmen, führen den Censor zur Prüfung des eigenthümlichen Charakters der kritischen Philosophie, der darin bestehe, dass der Grund eines grossen Theils von den Bestimmungen der Gegenstände unserer Vorstellungen in das Wesen unsers Vorstellungs-Vermögens selbst gesetzt werde; und hierbei erhalten wir zugleich eine bestimmte Einsicht in die Natur des Aenesidemischen Skepticismus, der auf einen sehr anmaassenden Dogmatismus ausgeht, und ihn sogar, gegen seine eignen oben aufgestellten Grundsätze, zum Theil schon als erwiesen voraussetzt. Nachdem der Skeptiker die in jenen §§. enthalten seyn sollenden Behauptungen aufgezählt hat: a) dass das Vorstellungs-Vermögen der Grund der Wirklicheit der Vorstellungen sey; b) dass das V. V. vor aller Vorstellung auf eine bestimmte Art vorhanden sey; [was mag das heissen sollen, und wo sagt das Reinhold?] c) dass das V. V. von den Vorstellungen, wie jede Ursache von ihren Wirkungen verschieden sey; d) dass der Begriff des V. V. sich nur aus den Wirkungen desselben ableiten lasse, und dass man, um die innern Merkmale desselben zu erhalten, nur den Begriff der blossen Vorstellung sorgfältig zu entwicklen habe; – wirft er die Frage auf, wie denn wohl die Elementar-Philosophie zu der überschwenglichen Kenntniss der *objectiven Existenz* eines solchen Etwas, wie das V. V. seyn solle, kommen möge; und kann sich nicht satt verwundern über die (Theorie des V. V. S. 190.) von Reinhold, als einem kritischen Philosophen, gemachte Folgerung: »Wer eine Vorstellung zugebe, gebe zugleich ein Vorstellungs-Vermögen zu.« Rec., oder wer etwa sehr zur Verwunderung geneigt wäre, würde sich nicht weniger über den Skeptiker verwundern, dem noch vor kurzem nichts ausgemacht war, als dass es verschiedene Vorstellungen in uns gebe, und der jetzt, sowie das Wort: »Vorstellungs-Vermögen« sein Ohr trifft, sich dabei nichts Anderes denken kann, als irgend ein (rundes oder viereckts?) Ding, das *unabhängig* von *seinem Vorstellen* als Ding an sich, und zwar als *vorstellendes* Ding existirt. Dass durch diese Deutung unserm Skeptiker gar nicht Unrecht geschehe, wird der Leser in kurzem sehen. – Das V. V. existirt *für* das V. V. und *durch* das V. V.; diess ist der nothwendige Zirkel, in welchem jeder endliche, und das heisst, jeder uns denkbare, Verstand eingeschlossen ist. Wer über diesen Zirkel hinaus will, versteht sich selbst nicht, und weiss nicht was er will. Rec. überhebt durch diesen einzigen Grundsatz sich der Anführung alles dessen, was A. darüber noch weiter sagt; wobei er denn Reinholden offenbar misversteht oder misdeutet, und an seiner Elementar-Philosophie Ansprüche rügt, die er selbst erst aus seinem eignen Vorrathe an sie übergetragen hat. –

Nachdem durch diese Misdeutung Reinholden völlig abgesprochen ist, dass er etwas zur Erhärtung jenes charakteristischen Grundsatzes der kritischen Philosophie beigebracht habe, geht die Censur zu denjenigen Beweisen über, die der Urheber dieser Philosophie selbst in der *Ktk. d. r. Vernft.* dafür aufgestellt hatte. Dieser Prüfung wird eine kurze Darstellung des Humeschen Skepticismus vorangeschickt. »Hume selbst habe den Satz, dass alle unsre Vorstellungen von den Dingen, von Impressionen derselben auf uns herkämen, gar nicht im Ernste für wahr gehalten, weil er, ohne schon vorher angenommene Gültigkeit des Gesetzes der Causalität, (nach welchem die Dinge Ursache jener Impressionen in uns wären), welche er doch bestritt, mithin ohne die gröbste Inconsequenz, diess nicht habe thun können: sondern er habe ihn nur mit dem Lockeschen System, das damals unter seinen Landsleuten das herrschende gewesen, zur Bestreitung dieses Systems durch sich selbst, hypothetisch aufgestellt. Hume's eignes, wahres System bestehe aus folgenden Sätzen: 1) Was erkannt werden soll, muss vorgestellt werden; 2) welche Erkenntniss reell seyn soll, die muss mit den Dingen ausser derselben im Zusammenhange stehen; 3) es gibt kein Princip, vermöge dessen wir von den Gegenständen, in sofern sie etwas von unsern Vorstellungen verschiednes, und etwas an sich seyn sollen, etwas wissen könnten; 4) selbst das Princip der Causalität ist dazu nicht tauglich; noch taugt das des Widerspruchs, um jenes für die verlangte Bestimmung zu begründen.« – Da die Frage: ob nun eben der Humesche Skepticismus widerlegt sey, dem nichts zur Sache thut, welcher behauptet, dass aller Skepticismus widerlegt sey; so kann Rec. es ganz auf sich beruhen lassen, ob das vorgelegte System eben das Humesche sey oder nicht. Genug, es ist, in sofern es etwas zu suchen scheint, an dessen Auffindung es verzweifelt, ein skeptisches; und es wird gefragt, ob dasselbe durch Kant widerlegt sey? A. verneint diese Frage: 1) »weil in der Ktk. d. r. Vernft. daraus, dass wir uns nur die Einrichtung unsers Gemüths, als den Grund synthetischer Urtheile, *denken* können, gefolgert werde, dass dieses Gemüth *wirklich* und *an sich* der Grund derselben seyn müsse; und also gerade diejenige Folgerungsart, die Hume in Anspruch genommen habe, als gültig vorausgesetzt werde.« Und hierüber bittet denn Rec. diesen Skeptiker: a) dem Publicum doch bald recht bestimmt und deutlich zu erklären, was es doch heissen möge: Irgend ein A. ist *unabhängig von unserm Denken* und *an sich* der Grund unsers Urtheilens, das doch wohl selbst *ein Denken* ist? b) ihm doch die Stelle bei Kant nachzuweisen, wo er diesen Unsinn angetroffen habe. – »Kant sage: das Gemüth ist der Grund gewisser synthetischer Urtheilsformen. Hier werde ja offenbar vorausgesetzt, *dass* jene Formen einen Grund haben müssen; mithin die Gültigkeit des Gesetzes der Causalität, über welche eben die Frage sey, schon im voraus angenommen; es werde vorausgesetzt, jene Formen müssen einen *Real*-Grund haben.« Wenn bloss gesagt wird: *wir* sind genöthigt, einen Grund derselben aufzusuchen und denselben in unser Gemüth zu setzen, wie denn nichts weiter gesagt wird; so wird zuvörderst der Satz des Grundes bloss seiner logischen Gültigkeit nach gebraucht. Da aber das dadurch Begründete nur als Gedanke existirt, so sollte man meinen, der *logische* Grund eines Gedankens sey zugleich der *Real*- oder *Existential*-Grund dieses Gedankens. – A. verneint die aufgeworfne Frage 2) aus dem Grunde, »weil

Kant auch nicht einmal das erwiesen habe, dass *nur* unser Gemüth als der Grund der synthetischen Urtheile sich denken lasse.« Diese Behauptung, wenn ihre Wahrheit sich darthun liesse, wäre allerdings entscheidend gegen die kritische Philosophie; da hingegen in dem Bisherigen A. nichts widerlegt hat, als das, was Niemand behauptet, und Nichts fordert, als das, was Niemand versteht. – Er begründet diese Behauptung auf folgende Weise: a) »daraus, dass wir gegenwärtig uns irgend etwas nicht anders, als auf eine gewisse Weise erklären und denken könnten, folge gar nicht, das wir es uns nie würden anders denken können;« – eine Erinnerung, die gegen einen empirischen Beweis an ihrem Orte wäre, gegen einen von Grundsätzen a priori abgeleiteten aber übel angebracht ist. Wenn der Grundsatz der Identität und des Widerspruchs als Fundament aller Philosophie aufgestellt seyn wird, wie er soll, (zu welchem Systeme denn auch Kant alle mögliche Data gab, da er selbst nicht die Absicht hatte, es aufzubauen); dann wird hoffentlich niemand mehr behaupten, wir dürften doch etwa künftighin zu einer Stufe der Cultur hinaufrücken, aus der wir das Widersprechende als möglich denken können. A. sucht b) die wirkliche Denkbarkeit eines andern Ursprungs jener Urtheilsformen zu zeigen; aber auf eine Art, woraus, ungeachtet der naiven Versicherung, die Ktk. d. r. Vft. wirklich gelesen und auch verstanden zu haben, die der Verf. seinem Hermias in den Mund legt, dennoch deutlich erhellet, dass Aenesidemus selbst sie nicht verstanden habe. »Es lasse sich denken, sagt er, dass alle unsre Erkenntniss aus der Wirksamkeit *realiter* vorhandner Gegenstände auf unser Gemüth herrühre, und dass auch die *Nothwendigkeit*, welche in gewissen Theilen dieser Erkenntniss angetroffen werde, durch eine besondre Art, wie die Dinge uns afficiren, erzeugt sey. So sey es uns z. B. nothwendig, eine Empfindung, während der Zeit, da sie vorhanden sey, als vorhanden zu denken; – und diese Nothwendigkeit komme von aussen; denn der Eindruck komme von aussen.« – Das unglücklichste Beispiel, das gewählt werden konnte! Es ist nothwendig, das Object dieser Empfindung als *wirklich* zu denken (im Gegensatz des *möglichen* und *nothwendigen*), und dieses unmittelbare Verhältniss gegen unser Vorstellungs-Vermögen selbst, sollte unabhängig von demselben ausser uns seyn?? »Es sey nothwendig, die Zweige eines gesehenen Baumes in der Ordnung wahrzunehmen, in der sie einmal unserem Gemüthe gegenwärtig sind.« Ja wohl; vermittelst der Wahrnehmung der einzelnen Theile derselben im stetigen Raume, und ihrer nothwendigen Verbindung durch die Kategorie der Wechselwirkung. »Wenn die Dinge an sich uns völlig unbekannt seyen, so können wir auch nicht wissen, dass sie gewisse Bestimmungen in uns *nicht* hervorgebracht haben können.« Wenn die Dinge an sich, unabhängig von unserm Vorstellungs-Vermögen, in uns *gar keine* Bestimmungen hervorbringen können; so können wir sehr wohl wissen, dass sie die in uns wirklich vorhandnen Bestimmungen nicht hervorgebracht haben. »Eine Ableitung des Nothwendigen und Allgemeingültigen in unsrer Erkenntniss aus dem Gemüthe mache das Daseyn dieses Nothwendigen im Geringsten nicht begreiflicher, als eine Ableitung ebendesselben von der Wirkungsweise der Gegenstände ausser uns auf uns.« Was mag *Daseyn*, was mag *begreiflich* hier heissen? Soll etwa noch ein höherer Grund jener in unserm Gemüthe als vollständig begründet angenommenen Nothwendigkeit aufgesucht, – die in unserm Gemüthe aufgefundene unbedingte Nothwendigkeit dadurch bedingt, davon abgeleitet, dadurch erklärt und begriffen werden? Und wo soll dieser höhere Grund gesucht werden? *In* uns, wo wir bis zur absoluten Autonomie gekommen sind? Soll *absolute* Autonomie *begründet* werden? Das ist ein Widerspruch. Oder *ausser uns?* Aber die Frage ist ja eben von einem *Uebergange* von dem Aeussern zum Innern, oder umgekehrt. Es ist ja eben das Geschäft der kritischen Philosophie, zu zeigen, dass wir eines Ueberganges nicht bedürfen; dass alles, was in unserm Gemüthe vorkommt, aus ihm selbst vollständig zu erklären und zu begreifen ist. Es ist ihr nicht eingefallen, eine Frage zu beantworten, die, nach ihr, der Vernunft widerspricht. Sie zeigt uns den Zirkel, über den wir nicht hinausschreiten können; innerhalb desselben aber verschafft sie uns den innigsten Zusammenhang in unsrer ganzen Erkenntniss. »Die Ktk. d. r. Vern. habe nicht, wie sie vorgebe, bewiesen, dass die Vorstellungen und Urtheile a priori, die in *uns* vorhanden seyn sollen, blosse Formen für Erfahrungs-Erkenntnisse seyen, und nur in Beziehung auf empirische Anschauungen Gültigkeit und Bedeutung haben könnten. Denn es lasse sich, ausser jener Art, Begriffe a priori auf die Dinge zu beziehen, dass sie blosse Bedingungen und Formen unsrer Erkenntniss derselben seyn sollen, noch wohl eine andre denken; nemlich die, dass sie sich vermöge einer *präformirten Harmonie* darauf bezögen; so, dass die Vorstellungen a priori im Menschen zugleich dasjenige mit enthielten, was die objectiven Eigenschaften der Dinge an sich, wenn ihr Einfluss auf das Gemüth möglich gewesen wäre, würden gegeben haben.« – Wenn auch jene Urtheilsformen a priori nicht Einheiten seyn sollen, als welche im Mannichfaltigen an sich gar nicht angetroffen werden kann: so ist doch wenigstens die Harmonie Vereinigung Verschiedener zu Einem? Unsere Vorstellungen a priori von einer, und die objectiven Beschaffenheiten der Dinge an sich von der andern Seite, wären doch wohl die zwei wenigstens numerisch verschiednen Dinge; und das dritte, welches an sich weder das erste, noch das zweite seyn, aber beide in sich vereinigen sollte, wäre doch wohl irgend ein Vorstellungs-Vermögen? Nun ist das unsrige kein solches, wie A. selbst durch seine Hypthese zugesteht; mithin müsste es ein von dem unsrigen verschiedenes seyn. Ein solches aber, d. i. ein Vorstellungs-Vermögen, welches nicht nach den Grundsätzen der Identität und des Widerspruchs urtheilte, ist für uns gar nicht denkbar; mithin auch nicht jene vorgebliche Harmonie, die in ihm anzutreffen seyn soll. »Etwas Absurdes enthält die Hypothese, von einer solchen prästabilirten Harmonie zwischen unsern Vorstellungen a priori und zwischen dem objectiv Vorhandenen doch gewiss nicht,« fährt A. fort. Soll man ihm das glauben? A. wirft die Frage auf, ob das Gemüth, als Ding an sich, oder als Noumenon, oder als transscendentale Idee, Grund der Erkenntnisse a priori sey? Als Ding an sich nicht, wie er ganz richtig läugnet. »Auf ein *Noumenon* lasse sich, Kants eignen Erinnerungen nach, die Kategorie der Causalität nicht anwenden.« Es wird auch nicht der Satz des Real-, sondern bloss der des logischen Grundes darauf angewendet, der aber, in sofern das Gemüth *bloss Intelligenz* ist, Real-Grund wird. Insofern das Gemüth der letzte Grund gewisser Denkformen überhaupt ist, ist es Noumenon; insofern diese als unbedingt nothwendige Gesetze betrachtet werden, ist es transscendentale Idee; die aber von allen andern dadurch sich unterscheidet, dass wir sie durch intellectuelle Anschauung, durch das *Ich bin*, und zwar: *ich bin schlechthin, weil ich bin,* realisiren. Alle Ansprüche Aenesidem's gegen dieses Verfahren gründen sich bloss darauf, dass er die absolute Existenz und Autonomie des Ich – wir wissen nicht wie und für wen – *an sich* gültig machen will; da sie doch nur *für das Ich selbst* gelten soll. Das Ich ist, *was* es ist, und *weil* es ist, *für* das Ich. Ueber diesen Satz hinaus kann unsre Erkenntniss nicht gehen. – Aber wie ist denn nun das kritische System von demjenigen, welches oben als das Humesche aufgestellt wurde, verschieden? Bloss darin, dass dieses die Möglichkeit, noch etwa einmal über jene Begrenzung des menschlichen Geistes hinausgehen zu können, übrig lässt; das kritische aber die absolute Unmöglichkeit eines solchen Fortschreitens darthut und zeigt, dass der Gedanke von einem Dinge, das *an sich*, und unabhängig von irgend einem Vorstellungs-Vermögen, Existenz und gewisse Beschaffenheiten haben soll, eine Grille, ein Traum, ein Nicht-Gedanke ist: und in sofern ist jenes System skeptisch, das kritische aber dogmatisch, und zwar *negativ* dogmatisch. –

Prüfung der §§. 9–14. – A. glaubt, im §. 9., der den Satz aufstellt, dass die blosse Vorstellung aus zwei verschiedenen Bestandtheilen bestehen müsse, habe Reinhold aus folgendem Obersatze geschlossen: Alles, was sich auf verschiedene Gegenstände beziehen soll, das muss auch selbst und an sich aus verschiedenen Bestandtheilen bestehen; und so kostet es ihm freilich nicht viel Mühe, die Folgerung zu entkräften. Allein er hat in jenem als Reinholdisch aufgestellten Obersatze die Bedingungen vergessen: wenn die verschiedenen Gegenstände bloss und allein durch diese Beziehung erst unterschieden werden sollen. Unter dieser Bedingung aber ist es klar, dass, wenn x seyn soll = A und = B, in x ein y seyn müsse = A und ein z = B, und dass das Gegentheil sich widersprechen würde. Die auch hier wieder vorkommende Unterscheidung Aenesidem's zwischen *gedachter* und *realer* Verschiedenheit jener zwei Bestandtheile der blossen Vorstellung verdient keine ernsthafte Erwähnung. Was für ein Ding mag doch eine blosse Vorstellung an sich, und unabhängig von einem Vorstellungs-Vermögen seyn; und wie mögen Bestandtheile einer blossen Vorstellung auch noch anders verschieden seyn, als dadurch, dass das vorstellende sie unterscheidet? Ob A. diese überfreie Unterscheidung im Ernste machte, oder aber das Publicum spottete? – Gegründeter scheinen dem Rec. die Erinnerungen gegen die §. 10. und 11. geschehene Bezeichnung des dem Subjecte in der Vorstellung Angehörigen durch *Form*, und des dem Objecte Angehörigen durch *Stoff*. Man hätte diese Bezeichnung gerade umkehren können, sagt A.: und ebenso hat Rec. diese Erklärungen an der Stelle, an der sie hier stehen, nie für etwas anderes, als willkürliche Namenbestimmungen halten können. (Wenn A und B, ehe x darauf bezogen ist, schlechterdings unbekannt und unbestimmt sind, wie die Elementar-Philosophie ausdrücklich sagt: so bekommen sie durch zwei aufgefundene verschiedene Bestandtheile in x (y und z) nur erst das Prädicat: sie sind von einander verschieden. *Wie* sie aber verschieden seyen, lässt sich erst aus der Art erkennen, wie y und z verschieden sind.) Wenn sie nun bloss als willkürliche Namenbestimmungen gebraucht, und nichts aus ihnen gefolgert würde, so liesse sich dagegen nichts sagen. A. aber merkt an, und wie es dem Rec. scheint, mit Recht, dass tiefer unten die Folgerung, dass der Stoff *gegeben*, die Form aber *hervorgebracht* seyn müsse, bloss durch diese Erklärung begründet werde. –

Endlich geht die Censur zu demjenigen über, was ihr der erste Fehler der Elementar-Philosophie, und der Grund aller ihrer Irrthümer scheint; nemlich: »nicht bloss Etwas in der Vorstellung wurde auf das Subject, und ein anderes Etwas auf das Object, sondern die *ganze* Vorstellung werde auf beides, Subject und Object, bezogen, nur auf beide anders: auf das erstere, wie jede Eigenschaft auf ihr Subject; auf das letztere: wie jedes Zeichen auf sein Bezeichnetes. Diese Verschiedenheit in der Beziehungsart selbst habe Reinhold übersehen, und um desswillen geglaubt, die Möglichkeit der Beziehung auf zwei verschiedne Dinge nur durch die Voraussetzung zweier verschiedner Bestandtheile in der Vorstellung selbst erklären zu können.« Der Satz an sich ist ganz richtig; nur dass Rec. statt der von A. gebrauchten Ausdrücke lieber sagen würde: die Vorstellung werde auf das Object bezogen, wie die Wirkung auf ihre Ursache, und auf das Subject, wie Accidens auf Substanz. Da aber Reinhold dem Subjecte die Form, und dem Objecte den Stoff der *ganzen* Vorstellung zuschreibt; so kann ihm jene Wahrheit doch nicht so ganz verborgen geblieben seyn, wie A. glaubt. Aber wenn Subject und Object bloss durch die Beziehung der Vorstellung auf dieselben bestimmt werden, und vorher ganz unbekannt sind; – wie kommt denn A. dazu, die Vorstellung auf ein Object als *Ursache*, oder wie er sagt: als *Bezeichnetes*, zu beziehen; wenn nicht in ihr selbst etwas ist, wodurch sie sich ursprünglich als *Wirkung* oder als *Zeichen* –; und wie kommt er dazu, sie auf das Subject zu beziehen, wenn nicht in ihr selbst etwas unterschieden wird, wodurch sie sich als Accidens oder Prädicat ankündigt? –

Auf Veranlassung des §. 13, dass kein Gegenstand als Ding an sich vorstellbar sey, äussert sich A. dahin: »es sey durch die ganze Einrichtung unseres Wesens uns einmal eingepflanzt, uns nur dann erst über unsere Erkenntniss zu beruhigen, wenn wir den Zusammenhang und die Uebereinstimmung unserer Vorstellungen und der in ihnen vorkommenden Merkmale mit einem Etwas, *so ganz unabhängig von ihnen existire*, vollkommen einsahen:« und so haben wir denn zum Grunde dieses neues Skepticismus ganz klar und bestimmt den alten Unfug, der bis auf Kant mit einem Dinge an sich getrieben worden ist; gegen den selbst dieser und Reinhold, so wie es wenigstens dem Rec. scheint, sich noch lange nicht laut und stark genug erklärt haben, und der die gemeinschaftliche Quelle aller skeptischen sowohl, als dogmatischen Einwendungen gewesen ist, die sich gegen die kritische Philosophie erhoben haben. Aber es ist der menschlichen Natur gar nicht eingepflanzt, sondern es ist ihr geradezu vielmehr unmöglich, sich ein Ding unabhängig von *irgend einem* Vorstellungs-Vermögen zu denken. Da Kant die reinen Formen der Anschauung, Raum und Zeit, nicht eben so, wie die Kategorien, auf einen einzigen Grundsatz zurückgeführt hat, noch sie, seinem die Wissenschaft bloss vorbereitenden Plane nach, darauf zurückführen konnte; so blieb, da bei ihm diese Anschauungs-Formen blosse Formen des *menschlichen* Vorstellungs-Vermögens scheinen konnten, nach ihm allerdings der Gedanke von der Beschaffenheit der Dinge für ein anderes Vorstellungs-Vermögen als das menschliche denkbar; und er selbst hat diesen Gedanken durch die oft wiederholte Unterscheidung zwischen den Dingen, wie sie uns erscheinen, und den Dingen, wie sie an sich sind, welche Unterscheidung aber gewiss nur vorläufig und für ihren Mann gelten sollten, gewissermaassen autorisirt. Den Gedanken des Aenesidemus aber von einem Dinge, das nicht nur von dem menschlichen Vorstellungs-Vermögen, sondern von aller und jeder Intelligenz unabhängig, Realität und Eigenschaften haben soll, hat noch nie ein Mensch gedacht, so oft er es auch vorgeben mag, und es kann ihn keiner denken; *man denkt allemal sich selbst als Intelligenz, die das Ding zu erkennen strebt, mit hinzu.* Daher musste auch der unsterbliche Leibnitz, der ein wenig weiter sah, als die meisten seiner Nachfolger, sein Ding an sich oder seine Monade nothwendig mit Vorstellungskraft begaben. Und wenn nur seine Folgerung nicht über den Zirkel hinausginge, in den der menschliche Geist eingeschlossen ist, und welchen er, der alles übrige sah, allein nicht sah; so wäre sie unstreitig richtig; *das Ding wäre an sich so beschaffen, wie es sich – sich selbst vorstellt.* Kant entdeckte diesen Zirkel. Nach Kant machte Reinhold sich das unsterbliche Verdienst, die philosohirende Vernunft (die ohne ihn vielleicht noch lange Kanten commentirt, und wieder commentirt, und nie das Eigenthümliche seines Systems gefunden hätte, weil das keiner findet, der sich nicht seinen eigenen Weg zur Auffindung desselben bahnt,) darauf aufmerksam zu machen, dass die gesammte Philosophie auf einen einzigen Grundsatz zurückgeführt werden müsse, und dass man das System der dauernden Handlungsweise des menschlichen Geistes nicht eher auffinden werde, bis man den Schlussstein desselben aufgefunden habe. Sollte durch weiteres Zurückschreiten auf dem von ihm so ruhmvoll gebahnten Wege sich etwa in der Zukunft entdecken, dass das unmittelbar gewisseste: *Ich bin*, auch nur *für* das Ich gelte; dass alles Nicht-Ich nur für's Ich *sey*; dass es alle Bestimmungen dieses Seyns a priori nur durch seine Beziehung auf ein Ich bekomme; dass aber alle diese Bestimmungen, in sofern nemlich ihre Erkenntniss a priori möglich ist, durch die blosse Bedingung der Beziehung eines Nicht-Ich auf ein Ich überhaupt, schlechthin nothwendig werden: so würde daraus hervorgehen, dass ein Ding an sich, in sofern es ein Nicht-Ich seyn soll, das keinem Ich entgegengesetzt ist, sich selbst widerspreche, und dass das Ding wirklich und an sich so beschaffen sey, wie es von jedem denkbaren intelligenten Ich, d. i. von jedem nach dem Satze der Identität und des Widerspruchs denkenden Wesen, gedacht werden müsse; dass mithin die logische Wahrheit für jede der endlichen Intelligenz denkbare Intelligenz zugleich real sey, und dass es keine andere gebe, als jene. – Alsdann würde es auch Niemanden mehr beikommen, zu behaupten, welches auch A. wiederholt, dass die kritische Philosophie idealistisch sey, und alles für *Schein* erkläre, d. h. dass sie annehme, eine Intelligenz lasse sich ohne Beziehung auf etwas

Intelligibles denken. – A. nimmt den in der Kritik der reinen Vernunft von Kant gegen den Idealismus aufgestellten Beweis in Anspruch und zeigt – allerdings mit Grund –, dass durch *diesen* Beweis der Berkeley'sche Idealismus, gegen welchen er seiner Meinung nach gerichtet war, nicht widerlegt sey. S. 274. f. der Kritik der r. Vern. hätte er mit deutlichen Worten lesen können, dass derselbe gar nicht gegen den dogmatischen Idealism des Berkeley, »als dessen Grund schon in der transscendentalen Aesthetik gehoben,« sondern gegen den problematischen des Cartesius gerichtet sey. Und gegen diesen wird allerdings in jenem Beweise gründlich dargethan, dass das von Cartesius selbst zugestandene Bewusstseyn des *denkenden* Ich nur unter der Bedingung eines *zu denkenden* Nicht-Ich möglich sey.

Nachdem Rec. die Unhaltbarkeit des Grundes, auf welchem Aenesidem's Skepticismus aufgebaut ist, dargethan, so überhebt er sich, vielleicht mit einigem Rechte, der Anführung seiner übrigen Einwendungen gegen den theoretischen Theil der kritischen Philosophie überhaupt, und insbesondere gegen die Darstellung derselben durch Reinhold; um noch etwas über seine Einwürfe gegen die Kantische Moral-Theologie zu sagen. »Diese Moral-Theologie schliesse daraus, dass etwas geboten sey, auf das reale Daseyn der Bedingungen, unter denen allein das Gebot erfüllt werden kann.« Die Einsprüche, welche A. gegen diese Schlussart macht, gründen sich auf seinen Mangel an Einsicht in den wahren Unterschied zwischen der theoretischen und praktischen Philosophie. Folgender Vernunftschluss enthält ungefähr diese Einsprüche: Wir können nicht eher das Urtheil fällen, *dass* uns geboten sey, etwas zu thun oder zu lassen, bis ausgemacht ist, *ob* dieses Thun oder Unterlassen *möglich* ist; nun lässt die Möglichkeit oder Unmöglichkeit einer Handlung sich nur nach theoretischen Principien beurtheilen: mithin beruht auch das Urtheil, *dass* etwas geboten sey, auf theoretischen Principien. Das, was Kant erst *aus* dem Gebote folgert, muss *vor* der vernunftmässigen Annahme eines Gebotes überhaupt schon erwiesen und ausgemacht seyn: – weit entfernt, dass durch die Anerkennung eines Gebots die Ueberzeugung vom realen Daseyn der Bedingungen seiner Erfüllung begründet werden könne, könne vielmehr jene Anerkennung nur nach dieser Ueberzeugung Statt haben. – Man sieht, dass A. gerade das eigentliche Fundament der Kantischen Moral-Theologie, den Primat der praktischen Vernunft über die theoretische, angreift; man sieht aber auch leicht, wodurch er sich diesen Angriff leicht gemacht hat. Was wir *thun* oder *lassen* – in der Welt der Erscheinungen gültig zur Wirklichkeit bringen sollen, – muss allerdings unter den Gesetzen dieser Welt stehen. Aber wer redet denn auch von *Thun* und *Lassen?* Das Sittengesetz richtet sich zunächst nicht an eine physische Kraft, als wirksame, etwas ausser sich hervorbringende Ursache; sondern an ein hyperphysisches Begehrungs- oder Bestrebungs-Vermögen, oder wie man es nennen will. Jenes Gesetz soll zunächst gar nicht Handlungen, sondern nur das stete Bestreben nach einer Handlung, hervorbringen, wenn auch dasselbe, durch die Naturkraft gehindert, nie zur *Wirksamkeit* (in der Sinnenwelt) käme. Wenn nemlich, – um die Momente jener Schlussart in ihrer höchsten Abstraction darzustellen, – wenn das Ich in der intellectuellen Anschauung *ist, weil* es ist, und *ist, was* es ist; so ist es in sofern *sich selbst setzend*, schlechthin selbstständig und unabhängig. Das Ich im empirischen Bewusstseyn aber, als Intelligenz, *ist* nur in Beziehung auf ein Intelligibles, und existirt in sofern abhängig. Nun soll dieses dadurch sich selbst entgegengesetzte Ich nicht Zwei, sondern nur Ein Ich ausmachen, und das ist geforderter Maassen unmöglich; denn abhängig und unabhängig stehen im Widerspruche. Weil aber das Ich seinen Charakter der absoluten Selbstständigkeit nicht aufgeben kann; so entsteht ein Streben, das Intelligible von sich selbst abhängig zu machen, um dadurch das dasselbe vorstellende Ich mit dem sich selbst setzenden Ich zur Einheit zu bringen. Und diess ist die Bedeutung des Ausdruckes: *die Vernunft ist praktisch.* Im reinen Ich ist die Vernunft nicht praktisch, auch nicht im Ich als Intelligenz; sie ist es nur, in sofern sie beides zu vereinigen strebt. Dass diese Grundsätze Kant's Darstellung selbst zum Grunde liegen müssen, unerachtet er sie nirgends bestimmt aufgestellt hat, – ferner, wie durch die Vorstellung dieses an sich hyperphysischen Strebens durch das intelligente Ich, im *Ab*steigen über die Stufen, über welche man in der theoretischen Philosophie *auf*steigen muss, eine praktische Philosophie entstehe, ist hier der Ort nicht, zu zeigen. – Jene Vereinigung: Ein Ich, das durch seine Selbstbestimmung zugleich alles Nicht-Ich bestimme (die Idee der Gottheit), ist das letzte Ziel dieses Strebens; ein solches Streben, wenn durch das intelligente Ich das Ziel desselben ausser ihm vorgestellt wird, ist ein *Glaube* (Glauben an Gott). Dies Streben kann nicht aufhören, als nach Erreichung des Ziels, d. h. die Intelligenz kann keinen Moment ihres Daseyns, in welchem dieses Ziel noch nicht erreicht ist, als den letzten annehmen (Glauben an ewige Fortdauer.) An dieser Idee ist aber auch nichts Anderes, als ein *Glaube* möglich, d. h. die Intelligenz hat zum Object ihrer Vorstellung keine empirische Empfindung, sondern nur das nothwendige Streben des Ich; und in aller Ewigkeiten Ewigkeiten hinaus kann nichts Anderes möglich werden. Dieser Glaube ist aber so wenig bloss eine *wahrscheinliche Meinung*, dass er vielmehr, wenigstens nach des Rec. innigster Ueberzeugung, mit dem unmittelbar gewissen: *Ich bin* den gleichen Grad der Gewissheit hat, welche alle, erst durch das intelligente Ich mittelbar mögliche, objective Gewissheit unendlich übertrifft. – Freilich, A. will einen objectiven Beweis für die Existenz Gottes und die Unsterblichkeit der Seele. Was mag er sich dabei denken? Oder ob ihm die objective Gewissheit etwa ungleich vorzüglicher scheint, als die – nur – subjective? Das: *Ich bin* – selbst hat nur subjective Gewissheit; und, so viel wir uns das Selbstbewusstseyn Gottes denken können, ist Gott selbst für Gott subjectiv. Und nun gar ein objectives Daseyn der Unsterblichkeit! (Es sind Aenesidem's eigne Worte.) Wenn irgend ein sein Daseyn in der Zeit anschauendes Wesen in einem Momente seines Daseyns sagen könnte: *nun* bin ich ewig; so wäre es *nicht* ewig. – Es ist also so wenig wahr, dass die praktische Vernunft den Primat der theoretischen anerkennen müsse: dass vielmehr ihre ganze Existenz auf den *Widerstreit* des selbstbestimmenden in uns mit dem theoretisch-erkennenden sich gründet, und dass sie selbst aufgehoben würde, wenn dieser Widerstreit gehoben wäre.

Auf diese gänzliche Verkennung des moralischen Glaubensgrundes gründet sich auch eine zweite Anmerkung Aenesidem's, dass die Folgerungsart im moralischen Beweise von der, in dem von Kant verworfenen kosmotheologischen Beweise um nichts verschieden sey; da auch im letztern geschlossen werde: weil eine Welt vorhanden ist, muss auch die allein gedenkbare Bedingung der Möglichkeit einer Welt vorhanden seyn. – Die hauptsächliche Verschiedenheit dieses Beweises vom moralisch-theologischen ist die, dass der erstere bloss auf die theoretische Vernunft, der zweite aber auf einen Widerstreit des Ich an sich gegen diese theoretische Vernunft sich gründet. Die theoretische Vernunft muss über uns, worüber sie etwas beweisen soll, doch wenigstens mit sich selbst einig seyn. Nun wird sie allerdings dadurch erst in sich selbst Einheit, dass sie sich eine *Welt*, als unbedingtes Ganzes, mithin eine Ursache dieser Welt, die die *erste* sey, denkt; aber eben durch den Gedanken einer solchen ersten Ursache geräth sie wieder in einen unauflöslichen Widerstreit mit sich selbst, weil jede Ursache, die sie sich denken mag, den eignen Gesetzen dieser Vernunft zur Folge, wieder die ihrige haben muss: mithin, obgleich die Aufgabe, eine erste Ursache zu suchen, bleibt, dennoch keine gefundene diese erste seyn kann. Die Vernunft kann also die Idee einer ersten Ursache nie realisiren, als bestimmt und gefunden annehmen, ohne sich selbst zu widersprechen. Kein Beweis aber, der auf einen Widerspruch mit sich selbst hinausläuft, kann gültig seyn.

Rec. hat es für Pflicht gehalten, dieses Werk etwas ausführlicher zu beurtheilen, theils weil wirklich mehrere gute und treffende Bemerkungen darin vorkommen, theils weil der Verf. schon im voraus über unbewiesene Machtsprüche sich beklagte, deren er hoffentlich diese Beurtheilung nicht beschuldigen wird, theils weil es wirklich hier und da Aufmerksamkeit erregt und mancher Leser desselben die Sache der kritischen Philosophie schon für verloren gehalten haben soll, theils endlich, um gewissen Leuten das Vorurtheil benehmen zu helfen, dass man die Einwürfe gegen die Kantische Philosophie nur nicht recht würdige, und sie lieber der Vergessenheit übergeben möchte, weil man nichts Gegründetes darauf zu sagen wisse. Er wünscht nichts lebhafter, als dass seine Beurtheilung dazu beitragen möge, recht viele Selbstdenker zu überzeugen, dass diese Philosophie an sich, und ihrem innern Gehalte nach, noch so fest stehe, als je, dass es aber noch vieler Arbeit bedürfe, um die Materialien in ein wohl verbundenes und unerschütterliches Ganze zu ordnen. Möchten sie dann durch diese Ueberzeugung selbst aufgemuntert werden, jeder an seinem Orte, so viel in seinen Kräften steht, zu diesem erhabenen Zwecke beizutragen! –

30. Friedrich Wilhelm Joseph Schelling: Vom Ich

—

§. 2.

Ein Wissen, zu dem ich nur durch ein anderes Wissen gelangen kann, heiße ich ein *bedingtes* Wissen. Die Kette unseres Wissens geht von einem Bedingten zum andern; entweder muß nun das Ganze seine Haltung haben, oder man muß glauben können, daß es so ins Unendliche fortgehe, oder es muß irgend einen letzten Punkt geben, an dem das Ganze hängt, der aber eben deswegen allem, was noch in die Sphäre des Bedingten fällt, in Rücksicht auf das Princip seines Seyns geradezu *entgegengesetzt*, d. h. nicht nur unbedingt, sondern schlechthin *unbedingbar* seyn muß.

Alle möglichen Theorien des Unbedingten müssen sich, wenn die einzig-richtige einmal gefunden ist, a priori bestimmen lassen; solange diese selbst noch nicht aufgestellt ist, muß man dem empirischen Fortgang der Philosophie folgen; ob in diesem alle möglichen Theorien liegen, muß sich am Ende erst ergeben.

Sobald die Philosophie Wissenschaft zu werden anfängt, muß sie auch einen obersten Grundsatz und mit ihm irgend etwas Unbedingtes wenigstens *voraussetzen*.

Das Unbedingte im *Objekt*, im *Ding* suchen, kann nicht heißen es im *Gattungsbegriff* von Ding suchen. Denn daß ein Gattungsbegriff nichts unbedingtes seyn könne, springt in die Augen. Mithin muß es so viel heißen, als das Unbedingte in einem *absoluten* Objekt suchen, das weder Gattung, noch Art, noch Individuum ist – (Prinzip des vollendeten *Dogmatismus*).

Allein, was Ding ist, ist zugleich selbst *Objekt* des Erkennens, ist also selbst ein Glied in der Kette unsers Wissens, fällt selbst in die Sphäre der Erkennbarkeit, und kann also nicht den Realgrund alles Wissens und Erkennens enthalten. Um zu einem Objekt, *als* solchem, zu gelangen, muß ich schon ein anderes Objekt haben, dem es entgegengesetzt werden kann, und wenn das Princip alles Wissens im Objekt liegt, so muß ich selbst wieder ein neues Princip haben, um dieses Princip zu finden.

Ferner das Unbedingte soll (§. 1) sich selbst realisiren, sich selbst durch sein Denken hervorbringen; das Princip seines Seyns und seines Denkens soll zusammenfallen. Allein ein Objekt realisirt sich niemals selbst; um zur Existenz eines Objekts zu gelangen, muß ich über den Begriff des Objekts hinausgehen: seine Existenz ist kein Theil seiner Realität: ich kann seine Realität denken, ohne es zugleich als existirend zu setzen. Man nehme z. B. an, daß *Gott*, insofern er als Objekt bestimmt ist, Realgrund unsers Wissens sey, so fällt er ja, insofern er *Objekt* ist, selbst in die Sphäre unsers Wissens, kann also für uns nicht der letzte Punkt seyn, an dem diese ganze Sphäre hängt. Wir wollen auch nicht wissen, was Gott *für sich selbst* ist, sondern was er *für uns* in Bezug auf unser *Wissen* ist; Gott kann also immerhin für sich selbst Realgrund *seines* Wissens seyn, aber für *uns* ist er es nicht, weil er für uns *selbst Objekt* ist, also in der Kette unsers Wissens selbst irgend einen Grund voraussetzt, der ihm seine Nothwendigkeit für dasselbe bestimmt.

Objekt überhaupt bestimmt sich *als* solches, eben deßwegen, *weil*, und *insofern*, als es Objekt ist, seine Realität niemals selbst; denn es ist nur *insofern Objekt*, als ihm seine Realität durch etwas anderes bestimmt ist: ja insofern es Objekt ist, setzt es nothwendig etwas voraus, in Bezug auf welches es *Objekt* ist. d. h. ein Subjekt.

Subjekt nenne ich vorjetzt das, was nur im *Gegensatz*, aber doch in *Bezug* auf ein schon gesetztes *Objekt*, bestimmbar ist. *Objekt* das, was nur im *Gegensatz*, aber *doch in Bezug* auf ein Subjekt, bestimmbar ist. Wenn also das Objekt überhaupt nicht das Unbedingte seyn kann, weil es nothwendig ein Subjekt voraussetzt, das ihm durch das Herausgehen aus der Sphäre seines bloßen Gedachtwerdens sein *Daseyn* bestimmt, so ist der nächste Gedanke, das Unbedingte in dem durchs Subjekt bestimmten, nur in Bezug auf dieses denkbaren Objekt, oder, da Objekt nothwendig Subjekt, Subjekt nothwendig Objekt voraussetzt, in dem durchs Objekt bestimmten, nur in Bezug auf dieses denkbaren Subjekt zu suchen. Allein dieser Versuch, das Unbedingte zu realisiren, schließt einen Widerspruch in sich, der auf den ersten Blick einleuchtet. Eben deßwegen, weil das Subjekt nur in Bezug auf ein Objekt, das Objekt nur in Bezug auf ein Subjekt denkbar ist, kann keines von beiden das Unbedingte enthalten; denn beide sind wechselseitig durcheinander bedingt, beide einander gleich gesetzt. Auch muß, um das *Verhältniß* beider zu bestimmen, nothwendig wieder ein höherer Bestimmungsgrund vorausgesetzt werden, durch den sie beide bedingt sind. Denn man kann nicht sagen, daß das Subjekt das Objekt allein bedinge; denn Subjekt ist ebenso gut nur in Bezug auf ein Objekt, als Objekt nur in Bezug auf ein Subjekt denkbar, und es wäre gleichviel, ob ich das durch ein Objekt bedingte Subjekt, oder das durch ein Subjekt bedingte Objekt zum Unbedingten machen wollte, ja das Subjekt ist selbst zugleich als Objekt bestimmbar, und insofern fiele auch dieser Versuch, das Subjekt zum Unbedingten zu machen, ebenso unglücklich aus, als der andere mit dem absoluten Objekt angestellte.

Unsere Frage: wo das Unbedingte zu suchen sey, klärt sich nun allmählich und von selbst auf. Anfänglich fragten wir nur: in welchem bestimmten Objekt in der Sphäre der Objekte das Unbedingte zu suchen sey; nun zeigt es sich, daß es *überall* nicht in der Sphäre der Objekte, und selbst nicht im Subjekt, das gleichfalls als Objekt bestimmbar ist, zu suchen sey.

§. 3.

Die philosophische Bildung der Sprachen, die vorzüglich noch an den ursprünglichen sichtbar wird, ist ein wahrhaftes durch den Mechanismus des menschlichen Geistes gewirktes Wunder. So ist unser bisher unabsichtlich gebrauchtes deutsches Wort *Bedingen* nebst den abgeleiteten in der That ein vortreffliches Wort, von dem man sagen kann, daß es beinahe den ganzen Schatz philosophischer Wahrheit enthalte. *Bedingen* heißt die Handlung, wodurch etwas zum *Ding* wird, *bedingt*, das was zum Ding *gemacht* ist, woraus zugleich erhellt, daß nichts *durch sich selbst als Ding* gesetzt seyn kann, d. h. daß ein unbedingtes Ding ein Widerspruch ist. *Unbedingt* nämlich ist das, was gar nicht zum Ding gemacht ist, gar nicht zum Ding werden kann.

Das Problem also, das wir zur Lösung aufstellen, verwandelt sich nun in das bestimmtere, *etwas zu finden, das schlechterdings nicht als Ding gedacht werden kann.*

Das Unbedingte kann also weder im Ding überhaupt, noch auch in dem was zum Ding werden kann, im Subjekt, also nur in dem was gar kein Ding werden kann, d. h. wenn es ein absolutes *ICH* gibt, nur im *absoluten Ich* liegen. Das *absolute Ich* wäre also vorerst als dasjenige bestimmt, was *schlechterdings niemals Objekt werden kann. Weiter* soll es vorjetzt noch nicht bestimmt werden.

Daß es ein absolutes Ich gebe, das läßt sich schlechterdings nicht *objektiv*, d. h. vom Ich als Objekt, beweisen, denn eben das soll ja bewiesen werden, daß es gar nie Objekt werden könne. Das Ich, wenn es unbedingt seyn soll, muß außer aller Sphäre objektiver Beweisbarkeit liegen. Objektiv *beweisen*, daß das Ich unbedingt sey, hieße beweisen, daß es bedingt sey. Beim Unbedingten muß das Princip seines Seyns und das Princip seines Denkens zusammenfallen. Es ist, bloß *weil* es ist, es wird gedacht, bloß *weil* es gedacht wird. Das Absolute kann nur durch das Absolute gegeben seyn, ja, wenn es absolut seyn soll, muß es selbst allem Denken und Vorstellen vorhergehen, also nicht erst durch objektive Beweise, d. h. dadurch, daß man über seinen Begriff hinausgeht, sondern nur *durch sich selbst* realisirt werden (§. 1). Sollte das Ich nicht *durch sich selbst* realisirt seyn, so müßte der Satz, welcher sein Seyn ausdrückte, dieser seyn: *wenn* Ich bin, *so* bin Ich. Allein die Bedingung dieses Satzes schließt selbst schon das Bedingte in sich: die Bedingung ist selbst nicht ohne das Bedingte *denkbar*, ich kann nicht *mich* unter der *Bedingung* meines Seyns denken, ohne mich als schon seyend zu denken. In jenem Satz also bedingt nicht die Bedingung das Bedingte, sondern umgekehrt das Bedingte die Bedingung, d. h. er hebt sich selbst als bedingter Satz auf, und wird zum unbedingten: *Ich bin, weil Ich bin.*

Ich bin! Mein Ich enthält ein Seyn, das allem Denken und Vorstellen vorhergeht. Es ist, indem es gedacht wird, und es wird gedacht, weil es ist; deßwegen, weil es nur insofern ist und nur insofern gedacht wird, als es *sich selbst* denkt. Es ist also, weil es nur *selbst* sich denkt, und es denkt sich nur selbst, weil es ist. Es bringt sich durch sein Denken selbst – aus absoluter Causalität – hervor.

Ich bin, weil Ich bin! das ergreift jeden plötzlich. Sagt ihm: das Ich ist, weil es ist, er wird es nicht so schnell fassen, deßwegen, weil das Ich nur insofern *durch sich selbst*, nur insofern *unbedingt* ist, als es zugleich *unbedingbar* ist, d. h. niemals zum Ding, zum Objekt werden kann. Was Objekt ist, erwartet seine Existenz von etwas, daß außer der Sphäre seines bloßen Gedachtwerdens liegt; das Ich allein ist nichts, ist selbst nicht denkbar, ohne daß zugleich sein Seyn gesetzt werde, *denn es ist gar nicht denkbar, als insofern es sich selbst denkt, d. h. insofern es ist.* Wir können also auch nicht sagen: *Alles was* denkt ist, denn dadurch würde das Denkende als Objekt bestimmt, sondern nur: Ich denke, Ich bin. (Eben hieraus erhellt aber, daß, sobald wir das, was niemals Objekt werden kann, zum *logischen* Objekt machen, und Untersuchungen darüber aufstellen wollen, diese Untersuchungen eine ganz eigene *Unfaßlichkeit* haben müssen. Denn es ist als Objekt schlechterdings nicht zu fesseln, und käme uns nicht eine Anschauung zu Hülfe, die uns, insofern wir mit unserem Erkennen an Objekte gebunden sind, ebenso fremd ist, als das Ich, das niemals zum Objekt werden kann, so würden wir gar nicht darüber sprechen, einander gar nicht verständlich werden können). [...]

§. 7.

Wir haben das Ich bis jetzt bloß als dasjenige bestimmt, was für *sich selbst* schlechterdings nicht *Objekt*, und für etwas außer ihm weder Objekt noch Nichtobjekt, d. h. *gar nichts* seyn kann, was also seine Realität nicht, wie die Objekte, durch etwas außer seiner Sphäre liegendes, sondern einzig und allein *durch sich selbst* erhält. Dieser Begriff des Ichs ist auch der einzige, wodurch es als das Absolute bezeichnet wird, und unsere ganze weitere Untersuchung ist nun nichts mehr als bloße Entwickelung desselben.

Ist das Ich nicht sich selbst gleich, ist seine Urform nicht die Form reiner Identität, so ist eben dadurch wieder alles aufgehoben, was wir bisher gewonnen zu haben schienen. Denn das Ich ist, nur *weil* es ist. Wäre es also nicht reine Identität, d. h. schlechthin nur das, was es ist, so könnte es auch nicht *durch sich selbst* gesetzt seyn, d. h. es könnte seyn, auch, weil es das ist, was es nicht ist. Das Ich aber ist entweder gar nicht, oder nur durch sich selbst. Also muß die Urform des Ichs reine Identität seyn.

Nur das, was *durch sich selbst* ist, gibt sich selbst die Form der Identität, denn nur das, was schlechthin ist, weil es ist, ist seinem Seyn selbst nach durch Identität, d. h. durch sich selbst, bedingt; da hingegen die Existenz jedes andern Existirenden nicht *bloß* durch seine Identität, sondern durch etwas außer derselben bestimmt ist. Gäbe es aber nicht etwas, das nur durch sich selbst ist, dessen Identität einzige Bedingung seines *Seyns* ist, so wäre auch überall nichts identisch mit sich selbst; denn nur das, was durch seine Identität ist, kann allem andern, was ist, Identität verleihen; nur in einem Absoluten, durch sein Seyn selbst als identisch Gesetzten, kann alles, was ist, zur Einheit seines Wesens kommen. Wie sollte überhaupt etwas gesetzt werden, wenn alles Setzbare wandelbar wäre, und nichts Unbedingtes, Unwandelbares anerkannt würde, in welchem und durch welches alles Setzbare Bestand und Unwandelbarkeit erhielte; was sollte es heißen, etwas *setzen*, wenn alles Setzen, alles Daseyn, alle Wirklichkeit unaufhörlich fort sich ins Unendliche zerstreute, und nicht ein gemeinsamer Punkt der Einheit und der Beharrlichkeit wäre, der nicht wieder durch irgend etwas anderes, sondern nur durch sich selbst, durch sein bloßes Seyn absolute Identität erhalten hätte, um alle Strahlen des Daseyns im Centrum seiner Identität zu sammeln, und alles, was gesetzt ist, im Kreise seiner Macht zusammenzuhalten.

Nur das Ich also ist es, das allem, was ist, Einheit und Beharrlichkeit verleiht; alle Identität kommt nur dem im Ich Gesetzten, und diesem nur *insofern* zu, *als* es im Ich gesetzt ist.

Mithin wird selbst alle Form der Identität (A = A) erst durch das absolute Ich begründet. Ginge diese Form (A = A) dem Ich selbst *voran*, so könnte A nicht das im Ich, sondern nur das *außer* dem Ich Gesetzte ausdrücken, mithin würde jene Form zur Form der Objekte, als solcher, und selbst das Ich würde unter ihr, als ein durch sie bestimmtes Objekt, stehen. Das Ich wäre nicht das Absolute, sondern bedingt, und als einzelne Unterart dem Gattungsbegriff der Objekte (den Modifikationen des allein identisch absoluten Nicht-Ichs) untergeordnet.

Da das Ich seinem Wesen selbst nach, durch sein bloßes Seyn, als abslute Identität gesetzt ist, so ist es gleichviel, ob der oberste Grundsatz *so* ausgedrückt wird:

Ich bin ich, oder: *Ich bin!*

§. 8.

Das Ich läßt sich anders nicht, als bloß insofern es *unbedingt* ist, bestimmen, denn es ist bloß durch seine Unbedingtheit, bloß dadurch, daß es schlechterdings nicht zum *Ding* werden kann, Ich. Es ist also erschöpft, wenn seine Unbedingtheit erschöpft ist. Denn, da es bloß durch seine Unbedingtheit ist, so würde es eben dadurch aufgehoben, wenn irgend ein von ihm denkbares Prädikat anders als durch seine Unbedingtheit denkbar wäre, also dieser entweder widerspräche, oder noch irgend etwas Höheres, in dem sie beide, das Unbedingte und das vorausgesetzte Prädikat, vereinigt wären, voraussetzte.

Das Wesen des Ichs ist Freiheit, d. h. es ist nicht anders denkbar, denn nur insofern es aus absoluter Selbstmacht sich, nicht als irgend *Etwas*, sondern als bloßes Ich setzt. Diese Freiheit läßt sich *positiv* bestimmen, denn wir wollen keinem Ding an sich, sondern dem reinen, durch sich selbst gesetzten, sich allein gegenwärtigen, alles Nicht-Ich ausschließenden Ich Freiheit zuschreiben. Dem Ich kommt keine objektive Freiheit zu, weil es gar kein Objekt ist; sowie wir das Ich als *Objekt* bestimmen wollen, zieht es sich in die beschränkteste Sphäre und unter die Bedingungen der Wechselbestimmung zurück – seine Freiheit und Selbständigkeit verschwindet. Objekt ist nur durch Objekt, und nur insofern, als es an Bedingungen gefesselt ist, möglich – Freiheit ist nur durch sich selbst, und umfaßt das Unendliche.

Wir sind also in Ansehung objektiver Freiheit nicht unwissender, als wir es in Rücksicht auf jeden Begriff sind, der sich selbst widerspricht. Unfähigkeit aber, einen Widerspruch zu denken, ist keine Unwissenheit. Jene Freiheit des Ichs läßt sich also auch *positiv* bestimmen. Sie ist für das Ich nichts mehr und nichts weniger, als unbedingtes Setzen aller Realität in sich selbst durch absolute Selbstmacht. – *Negativ* bestimmbar ist sie als gänzliche Unabhängigkeit, ja sogar als gänzliche Unverträglichkeit mit allem Nicht-Ich.

Ihr verlangt, daß ihr euch dieser Freiheit bewußt seid? Aber bedenkt ihr auch, daß erst durch sie all' euer Bewußtseyn möglich ist, und daß die Bedingung nicht im Bedingten enthalten seyn kann? Bedenkt ihr überhaupt, daß das Ich, insofern es im Bewußtseyn vorkommt, nicht mehr reines absolutes Ich ist, daß es für das absolute Ich überall kein Objekt geben, und daß es also noch viel weniger selbst Objekt werden kann? – *Selbstbewußtseyn* setzt die Gefahr voraus, daß Ich zu verlieren. Es ist kein *freier* Akt des Unwandelbaren, sondern ein abgedrungenes Streben des wandelbaren Ichs, das, durch Nicht-Ich bedingt, seine Identität zu retten und im fortreißenden Strom des Wechsels sich selbst wieder zu ergreifen strebt*; (oder *fühlt* ihr euch wirklich frei beim Selbstbewußtseyn?). Aber jenes Streben des empirischen Ichs, und das daraus hervorgehende Bewußtseyn wäre selbst ohne Freiheit des absoluten Ichs nicht möglich, und die absolute Freiheit ist als Bedingung der Vorstellung ebenso nothwendig, wie als Bedingung der Hand-

* Der Charakter der Endlichkeit ist, nichts setzen zu können, ohne zugleich *entgegenzusetzen*. Diese Form der *Entgegen*setzung ist ursprünglich bestimmt durch die Entgegensetzung des Nicht-Ichs. Es ist nämlich dem endlichen Ich nothwendig, indem es sich als sich selbst absolut gleich setzt, zugleich alles Nicht-Ich sich *entgegenzusetzen*, was nicht möglich ist, ohne das Nicht-Ich selbst zu setzen. Das unendliche Ich würde alles Entgegengesetzte *ausschließen*, ohne es sich *entgegenzusetzen*: es würde überhaupt alles sich schlechthin gleich setzen, also, wo es setzt, nichts als *seine* Realität setzen; es würde also in ihm auch kein *Streben* vorhanden seyn, seine Identität zu retten, also keine Synthesis des Mannigfaltigen, keine Einheit des Bewußtseyns u. s. w. Das empirische Ich ist aber nur durch die ursprüngliche *Entgegensetzung* bestimmt, also außer dieser schlechterdings nichts. Es verdankt also auch seine Realität, als *empirisches* Ich, nicht sich selbst, sondern einzig und allein seiner Einschränkung durch ein Nicht-Ich. Es kündigt sich nicht durch das bloße: Ich bin, sondern durch daß: Ich denke, an, d. h. es ist nicht durch sein bloßes Seyn, sondern dadurch daß es Etwas, daß es Objekte denkt. Um nämlich die ursprüngliche Identität des Ichs zu retten, muß die Vorstellung des identischen Ichs alle anderen Vorstellungen begleiten, um so die Vielheit derselben in Bezug auf Einheit denken zu können. Das empirische Ich existirt also nur *durch* und in *Bezug* auf die Einheit der Vorstellungen, hat also *außer* dieser schlechterdings *keine* Realität *in sich selbst*, sondern verschwindet, sowie man Objekte überhaupt und die Einheit seiner Synthesis aufhebt. Seine Realität, als *empirisches* Ich, ist ihm also durch etwas *außer* ihm Gesetztes, durch *Objekte* bestimmt, sein Seyn wird ihm nicht schlechthin, sondern durch objektive Formen – als ein *Daseyn* – bestimmt. Jedoch ist es selbst nur in dem unendlichen Ich, und durch dasselbe; denn bloße Objekte könnten niemals die Vorstellung von Ich, als einem Princip ihrer Einheit, hervorbringen.

lung. Denn euer *empirisches* Ich würde niemals streben, seine Identität zu retten, wenn nicht das *absolute* ursprünglich durch sich selbst aus absoluter Macht als reine Identität gesetzt wäre.

Wollt ihr diese Freiheit als eine objektive erreichen, so schlägt euch dieß immer fehl, ihr mögt sie dadurch *begreifen* oder *widerlegen* wollen, denn eben darin besteht sie, daß sie alles Nicht-Ich schlechthin ausschließt.

Das Ich kann durch keinen bloßen *Begriff* gegeben seyn. Denn Begriffe sind nur in der Sphäre des Bedingten, nur von Objekten möglich. Wäre das Ich ein Begriff, so müßt' es etwas Höheres geben, in dem er seine Einheit – etwas Niedereres, in dem er seine Vielheit erhalten hätte, kurz: das Ich wäre durchgängig bedingt. Mithin kann das Ich nur in einer Anschauung bestimmt seyn. Aber das Ich ist nur dadurch Ich, daß es niemals Objekt werden kann, mithin kann es in keiner sinnlichen Anschauung, also nur in einer solchen, die gar kein Objekt anschaut, gar nicht sinnlich ist, d. h. in einer intellektualen Anschauung bestimmbar seyn. – Wo Objekt ist, da ist sinnliche Anschauung, und umgekehrt. Wo also *kein* Objekt ist, d. i. im absoluten Ich, da ist keine sinnliche Anschauung, also entweder gar keine, oder *intellektuale* Anschauung. *Das Ich also ist für sich selbst als bloßes Ich in intellektualer Anschauung bestimmt.*

Ich weiß es recht gut, daß Kant alle intellektuale Anschauung geleugnet hat; aber ich weiß auch, wo er dieß gethan hat, in einer Untersuchung, die das *absolute* Ich überall nur *vorausetzt*, und aus vorausgesetzten höhern Principien nur das empirisch-bedingte Ich, und das Nicht-Ich in der Shythesis mit dem Ich, bestimmt. Ich weiß es ebenso, daß diese intellektuale Anschauung, sobald man sie der sinnlichen verähnlichen will, durchaus unbegreiflich seyn muß, daß sie überdieß ebensowenig als die absolute Freiheit im Bewußtseyn vorkommen kann, da Bewußtseyn Objekt voraussetzt, intellektuale Anschauung aber nur dadurch möglich ist, daß sie gar kein Objekt hat. Der Versuch also, sie aus dem Bewußtseyn zu widerlegen, muß ebenso sicher fehlschlagen, als der Versuch, ihr durch dasselbe objektive Realität zu geben, was nichts anderes hieße, als sie schlechterdings aufheben.

Das Ich ist nur durch seine Freiheit, mithin muß alles, was wir vom reinen Ich aussagen, durch seine Freiheit bestimmt seyn. [...]

§. 11.

Enthält das Ich alle Realität, so ist es unendlich. Denn wodurch anders sollte es begränzt werden, als entweder durch eine *Realität außer* ihm, was (§. 10) unmöglich ist, oder durch eine *Negation* außer ihm, was abermals unmöglich ist, ohne es selbst vorher als schlechthin nicht*begränzt* zu setzen, da Negation als solche nur im Gegensatz gegen ein Absolutes bestimmbar ist, oder *durch sich selbst*, dann wäre es nicht *schlechthin*, sondern unter Bedingung einer Gränze gesetzt, was abermals unmöglich ist. – Das Ich muß *schlechthin* unendlich seyn. Wäre eines seiner Attribute endlich, so wäre es diesem Attribute zufolge selbst endlich, also zugleich unendlich und endlich. Demnach *müssen auch alle Attribute des Ichs unendlich seyn.* Denn das Ich ist nur durch *das* was es ist, d. h. durch seine Attribute, unendlich. – Könnte man die Realität des Ichs in mehrere Theile zerlegen, so würden diese Theile entweder die Unendlichkeit der Realität beibehalten oder nicht. Im ersten Falle gäbe es ein Ich außer dem Ich (denn wo Unendlichkeit ist, da ist Ich), eine Unendlichkeit außer der Unendlichkeit, was ungereimt ist, im andern Falle könnte das Ich durch Theilung aufhören, d. h. es wäre nicht unendlich, es wäre nicht *absolute* Realität. *Das Ich ist also untheilbar.* Ist es untheilbar, so ist es auch *unveränderlich.* Denn da es durch nichts außer sich verändert werden kann (§. 8), so müßte es durch sich selbst verändert werden, also müßte ein Theil desselben den anderen bestimmen, d. h. es wäre theilbar. Das Ich soll aber immer sich selbst gleich, und absolute außerhalb alles Wechsels gesetzte Einheit seyn.

[...] 3. Für das absolute Ich gibt es keine Möglichkeit, Wirklichkeit und Nothwendigkeit; denn alles, was das *absolute* Ich setzt, ist durch die bloße Form des reinen Seyns bestimmt. Für das endliche Ich aber gibt es im theoretischen und praktischen Gebrauche Möglichkeit, Wirklichkeit und Nothwendigkeit. Und da die höchste Synthesis der theoretischen und praktischen Philosophie Vereinigung der Möglichkeit mit der Wirklichkeit – Nothwendigkeit ist, so kann auch diese Vereinigung als eigentlicher Gegenstand (wenn gleich nicht als letztes *Ziel*) alles Strebens aufgestellt werden. Für das unendliche Ich nämlich würde, *wenn* es überhaupt Möglichkeit und Wirklichkeit für dasselbe gäbe, alle Möglichkeit Wirklichkeit, und alle Wirklichkeit Möglichkeit seyn. Für das endliche Ich aber gibt es Möglichkeit und Wirklichkeit, mithin muß sein *Streben* in Bezug auf dieselbe so bestimmt werden, wie das *Seyn* des unendlichen Ichs bestimmt *wäre*, *wenn* es mit Möglichkeit und Wirklichkeit zu thun hätte. Also *soll* das endliche Ich *streben*, alles, was in ihm möglich ist, wirklich, und was wirklich ist, möglich zu machen. Nur für das endliche Ich gibt es ein Sollen, d. h. praktische Möglichkeit, Wirklichkeit und Nothwendigkeit, weil nämlich das Handeln des endlichen Ichs nicht durch bloße Thesis (Gesetz des absoluten Seyns), sondern durch Antithesis (Naturgesetz der Endlichkeit) und Synthesis (moralisches Gebot) bedingt ist. Also ist *praktische Möglichkeit* Angemessenheit der Handlung zur praktischen Synthesis *überhaupt*, praktische *Wirklichkeit* Angemessenheit der Handlung zur bestimmten moralischen Synthesis, praktische Nothwendigkeit endlich – (die höchste Stufe, die ein endliches Wesen *erreichen* kann) – Angemessenheit zu *aller* Synthesis. [...] Dagegen beim absoluten Ich gar kein *Sollen* stattfindet, weil, was dem endlichen Ich praktisches *Gebot* ist, jenem *constitutives* Gesetz seyn muß, durch welches weder Möglichkeit, noch Wirklichkeit, noch Nothwendigkeit, sondern absolutes Seyn, nicht *imperativ*, sondern *kategorisch*, ausgesagt wird.

31. Friedrich Hölderlin: Urteil und Sein

Urteil ist im höchsten und strengsten Sinne die ursprüngliche Trennung des in der intellektualen Anschauung innigst vereinigten Objekts und Subjekts, diejenige Trennung, wodurch erst Objekt und Subjekt möglich wird, die Ur-Teilung. Im Begriffe der Teilung liegt schon der Begriff der gegenseitigen Beziehung des Objekts und Subjekts aufeinander und die notwendige Voraussetzung eines Ganzen, wovon Objekt und Subjekt die Teile sind. »Ich bin Ich« ist das passendste Beispiel zu diesem Begriffe der Urteilung, als *theoretischer* Urteilung, denn in der praktischen Urteilung setzt es sich dem *Nicht-Ich*, nicht *sich selbst* entgegen.

Wirklichkeit und Möglichkeit ist unterschieden, wie mittelbares und unmittelbares Bewußtsein. Wenn ich einen Gegenstand als möglich denke, so wiederhol ich nur das vorhergegangene Bewußtsein, kraft dessen er wirklich ist. Es gibt für uns keine denkbare Möglichkeit, die nicht Wirklichkeit war. Deswegen gilt der Begriff der Möglichkeit auch gar nicht von den Gegenständen der Vernunft, weil sie niemals als das, was sie sein sollen, im Bewußtsein vorkommen, sondern nur der Beriff der Notwendigkeit. Der Begriff der Möglichkeit gilt von den Gegenständen des Verstandes, der der Wirklichkeit von den Gegenständen der Wahrnehmung und Anschauung.

Sein drückt die Verbindung des Subjekts und Objekts aus.

Wo Subjekt und Objekt schlechthin, nicht nur zum Teil vereiniget ist, mithin so vereiniget, daß gar keine Teilung vorgenommen werden kann, ohne das Wesen desjenigen, was getrennt werden soll, zu verletzen, da und sonst nirgends kann von einem *Sein schlechthin* die Rede sein, wie es bei der intellektualen Anschauung der Fall ist.

Aber dieses Sein muß nicht mit der Identität verwechselt werden. Wenn ich sage: Ich bin Ich, so ist das Subjekt (Ich) und das Objekt (Ich) nicht so vereiniget, daß gar keine Trennung vorgenommen werden kann, ohne das Wesen desjenigen, was getrennt werden soll, zu verletzen; im Gegenteil: das Ich ist nur durch diese Trennung des Ichs vom Ich möglich. Wie kann ich sagen: Ich! ohne Selbstbewußtsein? Wie ist aber Selbstbewußtsein möglich? Dadurch, daß ich mich mir selbst entgegensetze, mich von mir selbst trenne, aber ungeachtet dieser Trennung mich im Entgegengesetzten als dasselbe erkenne. Aber inwieferne als dasselbe? Ich kann, ich muß so fragen; denn in einer andern Rücksicht ist es sich entgegengesetzt. Also ist die Identität keine Vereinigung des Objekts und Subjekts, die schlechthin stattfände, also ist die Identität nicht = dem absoluten Sein.

32. Friedrich Hölderlin: Brief an Hegel (26. 1. 1795)

[...] Fichtens spekulative Blätter – »Grundlage der gesamten Wissenschaftslehre« – auch seine gedruckten »Vorlesungen über die Bestimmung des Gelehrten« werden Dich sehr interessieren. Anfangs hatt' ich ihn sehr in Verdacht des Dogmatismus; er scheint, wenn ich mutmaßen darf, auch wirklich auf dem Scheidewege gestanden zu sein oder noch zu stehen, – er möchte über das Faktum des Bewußtseins in der *Theorie* hinaus. Das zeigen sehr viele seiner Aeußerungen, und das ist ebenso gewiß und noch auffallender transzendent, als wenn die bisherigen Metaphysiker über das Dasein der Welt hinauswollten. Sein absolutes Ich (= Spinozas Substanz) enthält alle Realität; es ist alles und außer ihm ist nichts. Es gibt also für dieses absolute Ich kein Objekt, denn sonst wäre nicht alle Realität in ihm; ein Bewußtsein ohne Objekt ist aber nicht denkbar, und wenn ich selbst dieses Objekt bin, so bin ich als solches notwendig beschränkt, sollte es auch nur in der Zeit sein, also nicht absolut. Also ist in dem absoluten Ich kein Bewußtsein denkbar, als absolutes Ich habe ich kein Bewußtsein, und insofern ich kein Bewußtsein habe, insofern bin ich (für mich) nichts, also das absolute Ich ist (für mich) Nichts.

So schrieb ich noch in Waltershausen, als ich seine ersten Blätter las, unmittelbar nach der Lektüre des Spinoza, meine Gedanken nieder. Fichte bestätiget mir...

[Hier fehlen fünf Zeilen.]

...der Setzung der Wechselbestimmung des Ich und Nichtich (nach seiner Sprache) ist gewiß merkwürdig; auch die Idee des Strebens u. s. w.

Ich muß abbrechen und muß Dich bitten, all das so gut als nicht geschrieben anzusehen. Daß Du Dich an die Religionsbegriffe machst, ist gewiß in mancher Rücksicht gut und wichtig; den Begriff der Vorsehung behandelst Du wohl ganz parallel mit Kants Teleologie. Die Art, wie er den Mechanismus der Natur (also auch das Schicksal) mit ihrer Zweckmäßigkeit vereiniget, scheint mir eigentlich den ganzen Geist seines Systems zu enthalten; es ist freilich dieselbe, womit er alle Antinomien schlichtet. Fichte hat in Ansehung der Antinomien einen sehr merkwürdigen Gedanken, über den ich aber lieber Dir ein andermal schreibe. Ich gehe schon lange mit dem Ideal einer Volkserziehung um, und weil Du Dich gerade mit einem Teil derselben, der Religion, beschäftigest, so wähl' ich mir vielleicht Dein Bild und Deine Freundschaft zum Konduktor der Gedanken in die äußere Sinnenwelt und schreibe, was ich vielleicht später geschrieben hätte, *bei guter Zeit* in Briefen an Dich, die Du beurteilen und berichtigen sollst. –

[Der Schluß fehlt]

33. Friedrich Wilhelm Joseph Schelling: Brief an Hegel (4.2.1795)

[...] Noch eine Antwort auf Deine Frage: ob ich glaube, wir reichen mit dem moralischen Beweis nicht zu einem persönlichen Wesen? Ich gestehe, die Frage hat mich überrascht; ich hätte sie von einem Vertrauten Lessings nicht erwartet; doch Du hast sie wohl nur getan, um zu erfahren, ob sie bei *mir ganz* entschieden seie; für Dich ist sie gewiß schon längst entschieden. Auch für uns sind die orthodoxen Begriffe von Gott nicht mehr. – Meine Antwort ist: Wir reichen weiter noch als zum persönlichen Wesen. Ich bin indessen Spinozist geworden! – Staune nicht. Du wirst bald hören, wie? – Spinoza'n war die Welt (das Objekt schlechthin, im Gegensatz gegen das Subjekt) – *alles*; mir ist es das Ich. Der eigentliche Unterschied der kritischen und dogmatischen Philosophie scheint mir darin zu liegen, daß jene vom absoluten (noch durch kein Objekt bedingten) Ich, diese vom absoluten Objekt oder Nicht-Ich ausgeht. Die letztere in ihrer höchsten Konsequenz führt auf Spinozas System, die erstere aufs Kantische. Vom *Unbedingten* muß die Philosophie ausgehen. Nun fragt sich's nur, worin dies Unbedingte liegt, im Ich oder im Nicht-Ich. Ist diese Frage entschieden, so ist *alles* entschieden. – Mir ist das höchste Prinzip aller Philosphie das reine, absolute Ich, d. h. das Ich, inwiefern es bloßes Ich, noch gar nicht durch Objekte bedingt, sondern durch *Freiheit* gesetzt ist. Das A und O aller Philosophie ist Freiheit. – Das absolute Ich befaßt eine unendliche Sphäre des absoluten Seins, in dieser bilden sich *endliche* Sphären, die durch *Einschränkung* der absoluten Sphäre durch ein Objekt entstehen (Sphären des *Daseins* – theoretische Philosophie). In diesen ist lauter Bedingtheit, und das Unbedingte führt auf Widersprüche. – Aber wir *sollen* diese Schranken durchbrechen, d. h. wir sollen aus der endlichen Sphäre hinaus in die unendliche kommen (*praktische* Philosophie). Diese *fordert* also Zerstörung der Endlichkeit und führt uns dadurch in die übersinnliche Welt. »Was der theoretischen Vernunft unmöglich war, sintemal sie *durch das Objekt* geschwächt war, das tut die praktische Vernunft.« Allein in dieser können wir nichts finden als unser absolutes Ich, denn nur dieses hat die unendliche Sphäre beschrieben. Es gibt keine übersinnliche Welt für uns als die des absoluten Ichs. – *Gott* ist nichts als das absolute Ich, das Ich, insofern es alles Theoretische zernichtet hat, in der *theoretischen* Philosophie also = 0 ist. Persönlichkeit entsteht durch die Einheit des Bewußtseins. Bewußtsein aber ist nicht ohne Objekt möglich; für Gott aber, d. h. für das absolute Ich gibt es *gar kein* Objekt, denn dadurch hörte es auf, absolut zu sein, – mithin gibt es keinen persönlichen Gott, und unser höchstes Bestreben ist die Zerstörung unsrer Persönlichkeit, Uebergang in die absolute Sphäre des Seins, der aber in Ewigkeit nicht *möglich* ist; – daher nur *praktische* Annäherung zum Absoluten, und daher – *Unsterblichkeit*. Ich muß schließen. Lebe wohl. Antworte bald

Deinem Sch.

34. Das älteste Systemprogramm des deutschen Idealismus

(1796 oder 1797, anonym)

– *eine Ethik*. Da die ganze Metaphysik künftig in die *Moral* fällt – wovon Kant mit seinen beiden praktischen Postulaten nur ein *Beispiel* gegeben, nichts *erschöpft* hat –, so wird diese Ethik nichts anderes als ein vollständiges System aller Ideen oder, was dasselbe ist, aller praktischen Postulate sein. Die erste Idee ist natürlich die Vorstellung *von mir selbst* als einem absolut freien Wesen. Mit dem freien, selbstbewußten Wesen tritt zugleich eine ganze *Welt* – aus dem Nichts hervor – die einzig wahre und gedenkbare *Schöpfung aus Nichts*. – Hier werde ich auf die Felder der Physik herabsteigen; die Frage ist diese: Wie muß eine Welt für ein moralisches Wesen beschaffen sein? Ich möchte unserer langsamen, an Experimenten mühsam schreitenden Physik einmal wieder Flügel geben.

So, wenn die Philosophie die Ideen, die Erfahrung die Data angibt, können wir endlich die Physik im Großen bekommen, die ich von späteren Zeitaltern erwarte. Es scheint nicht, daß die jetzige Physik einen schöpferischen Geist, wie der unsrige ist oder sein soll, befriedigen könne.

Von der Natur komme ich aufs *Menschenwerk*. Die Idee der Menschheit voran, will ich zeigen, daß es keine Idee vom *Staat* gibt, weil der Staat etwas *Mechanisches* ist, so wenig es als eine Idee von einer *Maschine* gibt. Nur was Gegenstand der *Freiheit* ist, heißt *Idee*. Wir müssen also über den Staat hinaus! – Denn jeder Staat muß freie Menschen als mechanisches Räderwerk behandeln; und das soll er nicht; also soll er *aufhören*. Ihr seht von selbst, daß hier alle die Ideen vom ewigen Frieden usw. nur *untergeordnete* Ideen einer höheren Idee sind. Zugleich will ich hier die Prinzipien für eine *Geschichte der Menschheit* niederlegen und das ganze elende Menschenwerk von Staat, Verfassung, Regierung, Gesetzgebung bis auf die Haut entblößen. Endlich kommen die

Ideen von einer moralischen Welt, Gottheit, Unsterblichkeit, – Umsturz alles Afterglaubens, Verfolgung des Priestertums, das neuerdings Vernunft heuchelt, durch die Vernunft selbst. – Absolute Freiheit aller Geister, die die intellektuelle Welt in sich tragen und weder Gott noch Unsterblichkeit *außer sich* suchen dürfen.

Zuletzt die Idee, die alle vereinigt, die Idee der *Schönheit*, das Wort in höherem platonischen Sinne genommen. Ich bin nun überzeugt, daß der höchste Akt der Vernunft, der, in dem sie alle Ideen umfaßt, ein ästhetischer Akt ist und daß *Wahrheit und Güte nur in der Schönheit* verschwistert sind. Der Philosoph muß ebensoviel ästhetische Kraft besitzen als der Dichter. Die Menschen ohne ästhetischen Sinn sind unsere Buchstabenphilosophen. Die Philosophie des Geistes ist eine ästhetische Philosophie. Mann kann in nichts geistreich sein, selbst über Geschichte kann man nicht geistreich raisonieren – ohne ästhetischen Sinn. Hier soll offenbar werden, woran es eigentlich den Menschen fehlt, die keine Idee verstehen – und treuherzig genug gestehen, daß ihnen alles dunkel ist, sobald es über Tabellen und Register hinausgeht.

Die Poesie bekommt dadurch eine höhere Würde, sie wird am Ende wieder, was sie am Anfang war – *Lehrerin der Menschheit*; denn es gibt keine Philosophie, keine Geschichte mehr, die Dichtkunst allein wird alle übrigen Wissenschaften und Künste überleben.

Zu gleicher Zeit hören wir so oft, der große Haufen müsse eine *sinnliche Religion* haben. Nicht nur der große Haufen, auch der Philosoph bedarf ihrer. Monotheismus der Vernunft und des Herzens, Polytheismus der Einbildungskraft und der Kunst, dies ist's, was wir bedürfen.

Zuerst werde ich hier von einer Idee sprechen, die, soviel ich weiß, noch in keines Menschen Sinn gekommen ist – wir müssen eine neue Mythologie haben, diese Mythologie aber muß im Dienste der Ideen stehen, sie muß eine Mythologie der *Vernunft* werden.

Ehe wir die Ideen ästhetisch, d. h. mythologisch machen, haben sie für das *Volk* kein Interesse; und umgekehrt, ehe die Mythologie vernünftig ist, muß sich der Philosoph ihrer schämen. So müssen endlich Aufgeklärte und Unaufgeklärte sich die Hand reichen, die Mythologie muß philosophisch werden und das Volk vernünftig, und die Philosophie muß mythologisch werden, um die Philosophen sinnlich zu machen. Dann herrscht ewige Einheit unter uns. Nimmer der verachtende Blick, nimmer das blinde Zittern des Volks vor seinen Weisen und Priestern. Dann erst erwartet uns *gleiche* Ausbildung *aller* Kräfte, des Einzelnen sowohl als aller Individuen. Keine Kraft wird mehr unterdrückt werden. Dann herrscht allgemeine Freiheit und Gleichheit der Geister! – Ein höherer Geist, vom Himmel gesandt, muß diese neue Religion unter uns stiften, sie wird das letzte größte Werk der Menschheit sein.

[illegible]
[illegible]
[illegible]
[illegible]
[illegible]
[illegible]
[illegible]
[illegible]
[illegible]

VIII. Der Idealismus vor Hegel

35. Johann Gottlieb Fichte: Über den Grund unseres Glaubens an eine göttliche Weltregierung

Der Verfasser dieses Aufsatzes erkannte es schon längst für seine Pflicht, die Resultate seines Philosophirens über den oben angezeigten Gegenstand, welche er bisher in seinem Hörsaale vortrug, auch dem grösseren philosophischen Publicum zur Prüfung und gemeinschaftlichen Berathung vorzulegen. Er wollte dies mit derjenigen Bestimmtheit und Genauigkeit thun, zu welcher die Heiligkeit der Materie für so viele ehrwürdige Gemüther jeden Schriftsteller verbindet; indessen war seine Zeit durch andere Arbeiten ausgefüllt, und die Ausführung seines Entschlusses verzog sich von einer Zeit zur anderen.

Indem er gegenwärtig, als Mitherausgeber dieses Journals, den folgenden Aufsatz eines trefflichen philosophischen Schriftstellers* mit vor das Publicum zu bringen hat, findet er von der einen Seite eine Erleichterung; da dieser Aufsatz in vielen Rücksichten mit seiner eigenen Ueberzeugung übereinkommt, er auf ihn sich berufen, und dem Verfasser desselben es überlassen kann, auch mit in seinem Namen zu reden; von einer anderen Seite aber eine dringende Aufforderung sich zu erklären, indem derselbe Aufsatz

* Forberg: »Entwickelung des Begriffes der Religion.« (Anmerkung des Herausgebers [von Fichtes *Werken*, A. F. K.].)

in manchen anderen Rücksichten seiner Ueberzeugung nicht sowohl entgegen ist, als nur dieselbe nicht erreicht; und es ihm doch wichtig scheint, dass die Denkart über diese Materie, welche aus seiner Ansicht der Philosophie hervorgeht, gleich anfangs vollständig vor das Publicum gebracht werde. Er muss sich jedoch vor jetzt begnügen, nur den Grundriss seiner Gedankenfolge anzugeben, und behält sich die weitere Ausführung auf eine andere Zeit vor.

Was den Gesichtspunct bisher fast allgemein verrückt hat, und vielleicht noch lange fortfahren wird, ihn zu verrücken, ist dies: dass man den sogenannten moralischen, oder irgend einen philosophischen Beweis einer göttlichen Weltregierung für einen eigentlichen *Beweis* gehalten; dass man anzunehmen geschienen, durch jene Demonstrationen solle der Glaube an Gott erst in die Menschheit hineingebracht, und ihr andemonstrirt werden. Arme Philosophie! Wenn es nicht schon im Menschen ist, so möchte ich wenigstens nur das wissen, woher denn deine Repräsentanten, die doch wohl auch nur Menschen sind, selbst nehmen, was sie durch die Kraft ihrer Beweise uns geben wollen; oder, wenn diese Repräsentanten in der That Wesen von einer höheren Natur sind, wie sie darauf rechnen können, Eingang bei uns anderen zu finden, und uns verständlich zu werden, ohne etwas ihrem Glauben analoges in uns vorauszusetzen? – So ist es nicht. Die Philosophie kann nur Facta *erklären*, keinesweges selbst welche hervorbringen, ausser dass sie sich selbst, als Thatsache, hervorbringt. So wenig es dem Philosophen einfallen wird, die Menschen zu bereden, dass sie doch hinführo die Objecte ordentlich als Materie im Raume, und die Veränderungen derselben ordentlich als in der Zeit aufeinanderfolgend denken möchten; so wenig lasse er sich einfallen, sie dazu bereden zu wollen, dass sie doch an eine göttliche Weltregierung glauben. Beides geschieht wohl ohne sein Zuthun; er setzt es als Thatsache voraus; und Er ist lediglich dazu da, die Thatsachen, als solche, aus dem nothwendigen Verfahren jedes vernünftigen Wesens abzuleiten. Also – wir wollen unser Räsonnement keinesweges für eine Ueberführung des Ungläubigen, sondern für eine Ableitung der Ueberzeugung des Gläubigen gehalten wissen. Wir haben nichts zu thun, als die Causalfrage zu beantworten: wie kommt der Mensch zu jenem Glauben?

Der entscheidende Punct, auf den es bei dieser Beantwortung ankommt, ist der, dass jener Glaube durch dieselbe nicht etwa vorgestellt werde als eine willkürliche Annahme, die der Mensch machen könne oder auch nicht, nachdem es ihm beliebe, als ein freier Entschluss, für wahr zu halten, was das Herz wünscht, weil es dasselbe wünscht, als eine Ergänzung oder Ersetzung der zureichenden* Überzeugungsgründe durch die Hoffnung. Was in der Vernunft gegründet ist, ist schlechthin nothwendig; und was nicht nothwendig ist, ist ebendarum vernunftwidrig. Das Fürwahrhalten desselben ist Wahn und Traum, so fromm auch etwas geträumt werden möge.

Wo wird nun der Philosoph, der jenen Glauben voraussetzt, den nothwendigen Grund desselben, den er zu Tage fördern soll, aufsuchen? Etwa in einer vermeinten Nothwendigkeit, von der Existenz oder der Beschaffenheit der Sinnenwelt auf einen vernünftigen Urheber derselben zu schliessen? Keinesweges; denn er weiss zu gut, dass zwar eine verirrte Philosophie, in der Verlegenheit etwas erklären zu wollen, dessen Daseyn sie nicht läugnen kann, dessen wahrer Grund ihr aber verborgen ist, nimmermehr aber der unter der Vormundschaft der Vernunft und unter der Leitung ihres Mechanismus stehende ursprüngliche Verstand, eines solchen Schlusses fähig ist. Entweder erblickt man die Sinnenwelt aus dem Standpuncte des gemeinen Bewusstseyns, den man auch den der Naturwissenschaft nennen kann, oder vom transscendentalen Gesichtspuncte aus. Im ersten Falle ist die Vernunft genöthigt, bei dem Seyn der Welt, als einem Absoluten, stehen zu bleiben; die Welt ist, schlechthin weil sie ist, und sie ist so, schlechthin weil sie so ist. Auf diesem Standpuncte wird von einem absoluten Seyn ausgegangen, und dieses absolute Seyn ist eben die Welt; beide Begriffe sind identisch. Die Welt wird ein sich selbst begründendes, in sich selbst vollendetes, und eben darum ein organisirtes und organisirendes Ganzes, das den Grund aller in ihm vorkommenden Phänomen in sich selbst, und in seinen immanenten Gesetzen enthält. Eine Erklärung der Welt und ihrer Formen aus Zwecken einer Intelligenz, ist, inwiefern nur wirklich die *Welt und ihre For-*

* unzureichenden (?)

men erklärt werden sollen, und wir uns sonach auf dem Gebiete der reinen – ich sage der *reinen* Naturwissenschaft befinden, totaler Unsinn. Ueberdies hilft uns der Satz: eine Intelligenz ist Urheber der Sinnenwelt, nicht das geringste, und bringt uns um keine Linie weiter; denn er hat nicht die mindeste Verständlichkeit, und giebt uns ein paar leere Worte, statt einer Antwort auf die Frage, die wir nicht hätten aufwerfen sollen. Die Bestimmungen einer Intelligenz sind doch ohne Zweifel Begriffe; wie nun diese entweder in Materie sich verwandeln mögen, in dem ungeheuren Systeme einer Schöpfung aus nichts, oder die schon vorhandene Materie modificiren mögen, in dem nicht viel vernünftigeren Systeme der blossen Bearbeitung einer selbstständigen ewigen Materie, – darüber ist noch immer das erste verständliche Wort vorzubringen.

Erblickt man die Sinnenwelt vom transscendentalen Gesichtspuncte aus, so verschwinden freilich alle diese Schwierigkeiten; es ist dann keine für sich bestehende Welt: in allem, was wir erblikken, erblicken wir bloss den Wiederschein unserer eigenen inneren Thätigkeit. Aber was nicht ist, nach dessen Grunde kann nicht gefragt werden; es kann nichts ausser ihm angenommen werden, um dasselbe zu erklären.*

* Man müsste denn nach dem Grunde des Ich selbst fragen. Unter den allerdings originellen Fragen, welche an die Wissenschaftslehre ergingen, blieb jedoch diese dem neuesten Göttingischen Metaphysiker allein vorbehalten, welcher sie in seiner Rec. der W. L. in den Göttingischen gelehrten Anzeigen wirklich erhebt. Mit was für Leuten man nicht zu thun bekommt, wenn man sich in unserem philosophischen Jahrhunderte mit Philosophiren beschäftigt! Kann denn das Ich sich selbst erklären, sich selbst erklären auch nur wollen, ohne aus sich herauszugehen, und aufzuhören, Ich zu seyn? Wobei nach einer Erklärung auch nur gefragt werden kann, das ist sicher nicht das reine (absolut freie, und selbstständige) Ich; denn *alle Erklärung macht abhängig*.

Von derselben Art ist, und aus demselben Geiste geht hervor der Vorwurf desselben Rec.: die W. L. habe ihren *Grundsatz* – sprich ihren Grundsatz – nicht – *erwiesen*. – Wenn der Satz, von welchem sie ausgeht, bewiesen werden könnte, so wäre er ebendarum nicht Grundatz; sondern der höchste Satz, aus dem er bewiesen würde, wäre es, und von diesem sonach würde ausgegangen. Aller Beweis setzt etwas schlechthin Unbeweisbares voraus. – Dasjenige, wovon die W. L. ausgeht, lässt sich nicht begreifen, noch durch Begriffe mittheilen, sondern nur unmittelbar anschauen. Wer diese An-

Von der Sinnenwelt aus giebt es sonach keinen möglichen Weg, um zur Annahme einer moralischen Weltordnung aufzusteigen; wenn man nur die Sinnenwelt rein denkt, und nicht etwa, wie dies durch jene Philosophen geschah, eine moralische Ordnung derselben unvermerkt schon voraussetzt.

Durch unseren Begriff einer übersinnlichen Welt sonach müsste jener Glaube begründet werden.

Es giebt einen solchen Begriff. Ich finde mich frei von allem Einflusse der Sinnenwelt, absolut thätig in mir selbst, und durch mich selbst; sonach, als eine über alles Sinnliche erhabene Macht. Diese Freiheit aber ist nicht unbestimmt; sie hat ihren Zweck: nur erhält sie denselben nicht von aussen her, sondern sie setzt sich ihn durch sich selbst. Ich selbst und mein nothwendiger Zweck sind das Uebersinnliche.

An dieser Freiheit und dieser Bestimmung derselben kann ich nicht zweifeln, ohne mich selbst aufzugeben.

Ich kann nicht zweifeln, sage ich, kann auch nicht einmal die Möglichkeit, dass es nicht so sey, dass jene innere Stimme täusche, dass sie erst anderwärtsher autorisirt und begründet werden müsse, mir denken; ich kann sonach hierüber gar nicht weiter vernünfteln, deuteln und erklären. Jener Ausdruck ist das absolut Positive und Kategorische.

schauung nicht hat, für den bleibt die W. L nothwendig grundlos und lediglich formal; und mit ihm kann dieses System schlechterdings nichts anfangen. Dieses freimüthige Geständniss wird hier nicht zum erstenmale abgelegt, aber es ist nun einmal Sitte, dass, nachdem man eine Erinnerung im Allgemeinen vorgebracht, man sie noch jedem neuen einzelnen Gegner insbesondere mittheilen muss, und dass man darüber nicht im mindesten verdrüsslich werden soll: und ich will hierdurch mit aller Freundlichkeit dieser meiner Pflicht gegen jenen Gegner mich erledigt haben. Das πρῶτον ψεῦδος desselben ist dies: dass ihm noch nicht gehörig klar geworden, dass, wenn überhaupt Wahrheit, und insbesondere mittelbare (durch Folgerung vermittelte) Wahrheit sey, es ein *unmittelbar* Wahres geben müsse. Sobald er dies eingesehen haben wird, suche er nach diesem Unmittelbaren so lange, bis er es findet. Dann erst wird er fähig seyn, das System der W. L. zu beurtheilen; denn erst dann wird er es verstehen, welches bis jetzt, unerachtet seiner mehrmaligen Versicherungen, der Fall nicht ist; wie dies nun beim kalten Erwägen der obigen Erinnerungen vielleicht ihm selbst wahrscheinlich werden wird.

Ich kann nicht weiter, wenn ich nicht mein Inneres zerstören will; ich kann nur darum nicht weiter gehen, weil ich weiter gehen nicht *wollen* kann. Hier liegt dasjenige, was dem sonst ungezähmten Fluge des Räsonnements seine Grenze setzt, was den Geist bindet, weil es das Herz bindet; hier der Punct, der Denken und Wollen in Eins vereiniget, und Harmonie in mein Wesen bringt. Ich könnte an und für sich wohl weiter, wenn ich mich in Widerspruch mit mir selbst versetzen wollte; denn es giebt für das Räsonnement keine immanente Grenze in ihm selbst, es geht frei hinaus ins Unendliche, und muss es können; denn ich bin frei in allen meinen Aeusserungen, und nur ich selbst kann mir eine Grenze setzen durch den Willen. Die Ueberzeugung von unserer moralischen Bestimmung geht sonach selbst schon aus moralischer Stimmung hervor, und ist *Glaube*; und man sagt insofern ganz richtig: das Element aller Gewissheit ist Glaube. – So musste es seyn; denn die Moralität, so gewiss sie das ist, kann schlechterdings nur durch sich selbst, keineswegs etwa durch einen logischen Denkzwang constituirt werden.

Ich könnte weiter, wenn ich auch selbst in bloss theoretischer Hinsicht mich in das unbegrenzte Bodenlose stürzen, absolut Verzicht leisten wollte auf irgend einen festen Standpunct, mich bescheiden wollte, selbst diejenige Gewissheit, welche alles mein Denken begleitet, und ohne deren tiefes Gefühl ich nicht einmal auf das Speculiren ausgehen könnte, schlechterdings unerklärbar zu finden. Denn es giebt keinen festen Standpunct, als den angezeigten, nicht durch die Logik, – sondern durch die moralische Stimmung begründeten; und wenn unser Räsonnement bis zu diesem entweder nicht fortgeht, oder über ihn hinausgeht, so ist es ein grenzenloser Ocean, in welchem jede Woge durch eine andere fortgetrieben wird.

Indem ich jenen mir durch mein eignes Wesen gesetzten Zweck ergreife, und ihn zu dem meines wirklichen Handelns mache, setze ich zugleich die Ausführung desselben durch wirkliches Handeln als möglich. Beide Sätze sind identisch; denn, »ich setze mir etwas als Zweck vor« heisst: »ich setze es in irgend einer zukünftigen Zeit als wirklich;« in der Wirklichkeit aber wird die Möglichkeit nothwendig mit gesetzt. Ich muss, wenn ich nicht mein eignes Wesen verläugnen will, das erste, die Ausführung jenes Zwecks mir vorsetzen; ich muss sonach auch das zweite, seine Ausführbarkeit annehmen: ja es ist hier nicht eigentlich ein erstes und ein zweites, sondern es ist absolut Eins; beides sind in der That nicht zwei Acte, sondern ein und ebenderselbe untheilbare Act des Gemüths.

Man bemerke hierbei theils die absolute Nothwendigkeit des Vermittelten; wenn man mir noch einen Augenblick erlauben will, die Ausführbarkeit des sittlichen Endzwecks als ein Vermitteltes zu betrachten. Es ist hier nicht ein Wunsch, eine Hoffnung, eine Ueberlegung und Erwägung von Gründen für und wider, ein freier Entschluss, etwas anzunehmen, dessen Gegentheil man wohl auch für möglich hält. Jene Annahme ist unter Voraussetzung des Entschlusses, dem Gesetze in seinem Innern zu gehorchen, schlechthin nothwendig; sie ist unmittelbar in diesem Entschlusse enthalten, sie selbst ist dieser Entschluss.

Dann bemerke man die Ordnung des Gedankenganges. Nicht von der Möglichkeit wird auf die Wirklichkeit fortgeschlossen, sondern umgekehrt. Es heisst nicht: ich soll, denn ich kann; sondern: ich kann, denn ich soll. Dass ich soll, und was ich soll, ist das erste, unmittelbarste. Dies bedarf keiner weiteren Erklärung, Rechtfertigung, Autorisation; es ist für sich bekannt, und für sich wahr. Es wird durch keine andere Wahrheit begründet und bestimmt; sondern alle andere Wahrheit wird vielmehr durch diese bestimmt. – Diese Folge der Gedanken ist sehr häufig übersehen worden. Wer da sagt: ich muss doch erst wissen, ob ich kann, ehe ich beurtheilen kann, ob ich soll, der hebt entweder den Primat des Sittengesetzes, und dadurch das Sittengesetz selbst auf, wenn er praktisch, oder er verkennt gänzlich den ursprünglichen Gang der Vernunft, wenn er speculirend so urtheilt.

Ich muss schlechthin den Zweck der Moralität mir vorsetzen, seine Ausführung ist möglich, sie ist durch mich möglich, heisst, zufolge der blossen Analyse: jede der Handlungen die ich vollbringen soll, und meine Zustände, die jene Handlungen bedingen, verhalten sich, wie Mittel zu dem mir vorgesetzten Zwecke. Meine ganze Existenz, die Existenz aller moralischen Wesen, die Sinnenwelt, als unser gemeinschaftlicher Schauplatz, erhalten nun eine Beziehung auf Moralität; und es tritt eine ganz neue Ordnung ein, von welcher die Sinnenwelt, mit allen ihren immanenten Gesetzen, nur die ruhende Grundlage ist. Jene Welt geht ihren Gang ruhig fort, nach ihren ewigen Gesetzen, um der Freiheit eine Sphäre zu bilden; aber sie hat nicht den mindesten Einfluss auf Sittlichkeit oder Unsittlichkeit, nicht die geringste Gewalt über das freie Wesen. Selbstständig und unabhängig schwebt dieses über aller Natur. Dass der Vernunftzweck wirklich werde, kann nur durch das Wirken des freien Wesens erreicht werden; aber es wird dadurch auch ganz sicher erreicht, zufolge eines höheren Gesetzes. Rechtthun ist möglich, und jede Lage ist durch jenes höhere Gesetz darauf berechnet; die sittliche That gelingt, zufolge derselben Einrichtung, unfehlbar, und die unsittliche mislingt unfehlbar. Die ganze Welt hat für uns eine völlig veränderte Ansicht erhalten.

Diese Veränderung der Ansicht wird noch deutlicher erhellen, wenn wir uns in den transscendentalen Gesichtspunct erheben. Die Welt ist nichts weiter, als die nach begreiflichen Vernunftgesetzen versinnlichte Ansicht unsers eigenen inneren Handelns, als blosser Intelligenz, innerhalb unbegreiflicher Schranken, in die wir nun einmal eingeschlossen sind, – sagt die transscendentale Theorie; und es ist dem Menschen nicht zu verargen, wenn ihm bei dieser gänzlichen Verschwindung des Bodens unter ihm unheimlich wird. Jene Schranken sind ihrer Entstehung nach allerdings unbegreiflich; aber was verschlägt dir auch dies? – sagt die praktische Philosophie; die *Bedeutung* derselben ist das klarste und gewisseste, was es giebt, sie sind deine bestimmte Stelle in der moralischen Ordnung der Dinge. Was du zufolge ihrer wahrnimmst, hat Realität, die einzige, die dich angeht, und die es für dich giebt; es ist die fortwährende Deutung des Pflichtgebots, der lebendige Ausdruck dessen, *was* du sollst, da du ja sollst. Unsere Welt ist das versinnlichte Materiale unserer Pflicht; dies ist das eigentliche Reelle in den Dingen, der wahre Grundstoff aller Erscheinung. Der Zwang, mit welchem der Glaube an die Realität derselben sich uns aufdringt, ist ein moralischer Zwang; der einzige, welcher für das freie Wesen möglich ist. Niemand kann ohne Vernichtung seine moralische Bestimmung so weit aufgeben, dass sie ihn nicht wenigstens noch in diesen Schranken für die künftige höhere Veredlung aufbewahre. – So, als das Resultat einer moralischen Weltordnung angesehen, kann man das Princip dieses Glaubens an die Realität der Sinnenwelt gar wohl Offenbarung nennen. Unsere Pflicht ists, die in ihr sich offenbart.

Dies ist der wahre Glaube; diese moralische Ordnung ist das

Göttliche, das wir annehmen. Er wird construirt durch das Rechtthun. Dieses ist das einzige mögliche Glaubensbekenntniss: fröhlich und unbefangen vollbringen, was jedesmal die Pflicht gebeut, ohne Zweifeln und Klügeln über die Folgen. Dadurch wird dieses Göttliche uns lebendig und wirklich; jede unserer Handlungen wird in der Voraussetzung desselben vollzogen, und alle Folgen derselben werden nur in ihm aufbehalten.

Der wahre Atheismus, der eigentliche Unglaube und Gottlosigkeit besteht darin, dass man über die Folgen seiner Handlungen klügelt, der Stimme seines Gewissens nicht eher gehorchen will, bis man den guten Erfolg vorherzusehen glaubt, so seinen eigenen Rath über den Rath Gottes erhebt, und sich selbst zum Gotte macht. Wer Böses thun will, damit Gutes daraus komme, ist ein Gottloser. In einer moralischen Weltregierung kann aus dem Bösen nie Gutes folgen, und so gewiss du an die erstere glaubst, ist es dir unmöglich, das letztere zu denken. – Du darfst nicht lügen, und wenn die Welt darüber in Trümmer zerfallen sollte. Aber dies ist nur eine Redensart; wenn du im Ernste glauben dürftest, dass sie zerfallen würde, so wäre wenigstens dein Wesen schlechthin widersprechend und sich selbst vernichtend. Aber dies glaubst du eben nicht, noch kannst, noch darfst du es glauben; du weisst, dass in dem Plane ihrer Erhaltung sicherlich nicht auf eine Lüge gerechnet ist.

Der eben abgeleitete Glaube ist aber auch der Glaube ganz und vollständig. Jene lebendige und wirkende moralische Ordnung ist selbst Gott; wir bedürfen keines anderen Gottes, und können keinen anderen fassen. Es liegt kein Grund in der Vernunft, aus jener moralischen Weltordnung herauszugehen, und vermittelst eines Schlusses vom Begründeten auf den Grund noch ein besonderes Wesen, als die Ursache desselben, anzunehmen; der ursprüngliche Verstand macht sonach diesen Schluss sicher nicht, und kennt kein solches besonderes Wesen; nur eine sich selbst misverstehende Philosophie macht ihn. Ist denn jene Ordnung ein Zufälliges, welches seyn könnte, oder auch nicht, *so* seyn könnte, wie es ist, oder auch anders; dass ihr ihre Existenz und Beschaffenheit erst aus einem Grunde erklären, erst vermittelst Aufzeigung dieses Grundes den Glauben an dieselbe legitimiren müsstet? Wenn ihr nicht mehr auf die Forderungen eines nichtigen Systems hören, sondern euer eigenes Inneres befragen werdet, werdet ihr finden, dass jene Weltordnung das absolut Erste aller objectiven Erkenntniss ist, gleichwie eure Freiheit und moralische Bestimmung das absolut erste aller subjectiven; dass alle übrige objective Erkenntniss durch sie begründet und bestimmt werden muss, sie aber schlechthin durch kein anderes bestimmt werden kann, weil es über sie hinaus nichts giebt. Ihr könnt jene Erklärung gar nicht versuchen, ohne in euch selbst dem Range jener Annahme Abbruch zu thun, und sie wankend zu machen. Ihr Rang ist der, dass sie absolut durch sich gewiss ist, und keine Klügelei duldet. Ihr macht sie abhängig von Klügelei.

Und dieses Klügeln, wie gelingt es euch denn? Nachdem ihr die unmittelbare Ueberzeugung wankend gemacht habt, wodurch befestigt ihr sie denn? O, es steht mislich um euren Glauben, wenn ihr ihn nur mit der Behauptung jenes Grundes, den ihr aufstellt, zugleich behaupten könnt, und mit dem Hinfallen desselben hinfallen lassen müsst.

Denn wenn man euch nun auch erlauben wollte, jenen Schluss zu machen, und vermittelst desselben ein besonderes Wesen, als die Ursache jener moralischen Weltordnung anzunehmen, was habt ihr denn nun eigentlich angenommen? Dieses Wesen soll von euch und der Welt unterschieden seyn, es soll in der letzteren nach Begriffen wirken, es soll sonach der Begriffe fähig seyn, Persönlichkeit haben und Bewusstseyn. Was nennt ihr denn nun Persönlichkeit und Bewusstseyn? doch wohl dasjenige, was ihr in euch selbst gefunden, an euch selbst kennen gelernt, und mit diesem Namen bezeichnet habt? Dass ihr aber dieses ohne Beschränkung und Endlichkeit schlechterdings nicht denkt, noch denken könnt, kann euch die geringste Aufmerksamkeit auf eure Construction dieses Begriffs lehren. Ihr macht sonach dieses Wesen durch die Beilegung jenes Prädicats zu einem endlichen, zu einem Wesen eures Gleichen, und ihr habt nicht, wie ihr wolltet, Gott gedacht, sondern nur euch selbst im Denken vervielfältigt. Ihr könnt aus diesem Wesen die moralische Weltordnung ebensowenig erklären, als ihr sie aus euch selbst erklären könnt; sie bleibt unerklärt und absolut wie zuvor; und ihr habt in der That, indem ihr dergleichen Worte vorbringt, gar nicht gedacht, sondern bloss mit einem leeren Schalle die Luft erschüttert. Dass es euch so ergehen werde, konntet ihr ohne Mühe voraussehen. Ihr seyd endlich; und wie könnte das Endliche die Unendlichkeit umfassen und begreifen?

So bleibt der Glaube bei dem unmittelbar Gegebenen, und steht unerschütterlich fest; wird er abhängig gemacht vom Begriffe, so wird er wankend, denn der Begriff ist unmöglich, und voller Widersprüche.

Es ist daher ein Misverständniss, zu sagen: es sey zweifelhaft, ob ein Gott sey, oder nicht.* Es ist gar nicht zweifelhaft, sondern das Gewisseste, was es giebt, ja der Grund aller anderen Gewissheit, das einzige absolut gültige Objective, dass es eine moralische Weltordnung giebt, dass jedem vernünftigen Individuum seine bestimmte Stelle in dieser Ordnung angewiesen, und auf seine Arbeit gerechnet ist; dass jedes seiner Schicksale, inwiefern es nicht etwa durch sein eigenes Betragen verursacht ist, Resultat ist von diesem Plane; dass ohne ihn kein Haar fällt von seinem Haupte, und in seiner Wirkungssphäre kein Sperling vom Dache; dass jede wahrhaft gute Handlung gelingt, jede böse sicher mislingt, und dass denen, die nur das Gute recht lieben, alle Dinge zum Besten dienen müssen. Es kann ebensowenig von der anderen Seite dem, der nur einen Augenblick nachdenken, und das Resultat dieses Nachdenkens sich redlich gestehen will, zweifelhaft bleiben, dass der Begriff von Gott, als einer besondern Substanz, unmöglich und widersprechend ist: und es ist erlaubt, dies aufrichtig zu sagen, und das Schulgeschwätz niederzuschlagen, damit die wahre Religion des freudigen Rechtthuns sich erhebe.

Zwei vortreffliche Dichter haben dieses Glaubensbekenntniss des verständigen und guten Menschen unnachahmlich schön ausgedrückt. »Wer darf sagen, lässt der eine eine seiner Personen reden,

wer darf sagen,
Ich glaub' an Gott?
Wer darf ihn *nennen* (Begriff und Wort für ihn suchen)

* Dies ist auf eine nachfolgende Aeusserung in der Abhandlung Forbergs zu beziehen: Phil. Journal Bd. VIII. S. 41. Vergl. Fichte's »Verantwortungsschrift etc.« S. 42.43. (alte Ausg.) (Anm. d. Herausgebers [von Fichtes *Werken*, A.F.K.].)

Und *bekennen*,
Ich glaub' ihn?
Wer empfinden,
Und sich unterwinden
Zu sagen, ich glaub' ihn nicht?
Der Allumfasser, (nachdem man ihn nemlich erst durch moralischen Sinn, nicht etwa durch theoretische Speculation ergriffen hat, und die Welt schon als den Schauplatz moralischer Wesen betrachtet.)
Der Allerhalter,
Fasst und erhält er nicht
Dich, mich, sich selbst?
Wölbt sich der Himmel nicht da droben?
Liegt die Erde nicht hier unten fest?
Und steigen freundlich blickend
Ewige Sterne nicht hier auf?
Schau ich nicht Aug' in Auge dir,
Und dringt nicht alles
Nach Haupt und Herzen dir,
Und webt in ewigem Geheimniss
Unsichtbar sichtbar neben dir?
Erfüll' davon dein Herz, so gross es ist,
Und wenn du ganz in dem Gefühle selig bist,
Nenn es dann, wie du willst,
Nenns Glück! Herz! Liebe! Gott!
Ich habe keinen Namen
Dafür. Gefühl ist alles,
Name ist Schall und Rauch,
Umnebelnd Himmelsgluth.«

Und der zweite singt:

»ein heiliger *Wille* lebt,
Wie auch der menschliche wanke;
Hoch über der Zeit und dem Raume webt
Lebendig der höchste *Gedanke*;
Und ob alles in ewigem Wechsel kreist,
Es beharret im Wechsel ein ruhiger Geist.«

36. Friedrich Wilhelm Joseph Schelling: Über den wahren Begriff der Naturphilosophie

Ich wünsche, daß man vor allen Dingen die Philosophie über das Philosophiren von der Philosophie selbst unterscheide. Ich muß, um philosophiren zu können, schon philosophirt haben, denn woher weiß ich sonst, was philosophiren ist? Wenn ich nun aber erst darauf ausgehe, zu finden, was philosophiren selbst sey, so sehe ich mich freilich ganz bloß an mich selbst gewiesen – und ich komme bei dieser ganzen Untersuchung nie aus mir selbst heraus. – Es ist keine Frage, daß diese Philosophie über das Philosophiren subjektiv (in Bezug auf das philosophirende Subjekt) das *Erste* ist, ebensowenig ist es zweifelhaft, daß ich in der Frage: wie ist Philosophie möglich, *mich* schon in der höchsten Potenz aufnehme, und also die Frage auch nur für diese Potenz beantworte. – Diese Potenz selbst wieder abzuleiten, kann von der Beantworung nicht gefordert werden, denn die *Frage* selbst setzt sie schon voraus. Solange ich im Philosophiren mich in dieser Potenz erhalte, kann ich auch kein Objektives anders als im Moment seines Eintretens ins Bewußtseyn (denn das letztere eben ist die höchste Potenz, auf welche ich mein Objekt ein für allemal durch Freiheit gehoben habe), nimmermehr aber in seinem *ursprünglichen* Entstehen im Moment seines *ersten* Hervortretens (in der *bewußtlosen* Thätigkeit) erblicken – es hat, indem es in meine Hände kommt, bereits alle die Metamorphosen durchlaufen, welche nöthig sind, um es ins Bewußtseyn zu erheben. – Das Objektive in seinem ersten Entstehen zu sehen, ist nur möglich dadurch, daß man das *Objekt* alles Philosophirens, das in der höchsten Potenz = Ich ist, *depotenzirt*, und mit diesem auf die erste Potenz reducirten Objekt von vorne an construirt.

Dieß ist nur durch eine sogleich näher zu bestimmende Abstraktion möglich, und mit dieser Abstraktion versetzt man sich aus dem Gebiet der Wissenschaftslehre in das der *rein-theoretischen* Philosophie. Die Wissenschaftslehre ist nicht die Philosophie selbst, sondern Philosophie über Philosophie. In derselben wird die durch das Bewußtseyn gesetzte Gleichheit zwischen dem Objekt, *über* welches philosophirt wird, und welches im Philosophiren das Producirende, *Handelnde* ist, und dem Subjekt, *welches* philosophirt, und welches in demselben Akt das Reflektirende, Zuschauende ist, niemals aufgehoben, und darf nie aufgehoben werden, wenn jenes Objekt = Ich seyn soll. Denn das Bewußtseyn, wo es einmal erreicht ist, besteht ja eben in der fortwährenden Identiät des *Handelnden* und des dieses Handeln *Anschauenden*; das Handelnde ist auch nicht *an sich* = Ich, es ist = Ich nur *in* dieser Identität des Handelnden und des auf dieses Handelnde Reflektirenden; und da die Wissenschaftslehre ihr Objekt gleich in der Potenz aufnimmt, wo es bereits zur Identität mit dem Reflektirenden gehoben, also = Ich ist, so kann sie auch niemals über diese Identität, also im Grunde auch nie aus dem Kreis des Bewußtseyns hinaus, mithin auch alles nur so, wie es unmittelbar in das Bewußtseyn tritt, also *alles* nur in der höchsten Potenz construiren.

Die Wissenschaftslehre, obgleich sie das *Bewußtseyn* erst ableiten will, bedient sich doch nach einem unvermeidlichen Cirkel aller *Mittel*, die ihr das (im philosophirenden Subjekt) schon *fertige* Bewußtseyn darbietet, um alles gleich in der Potenz darzustellen, in die es doch erst mit dem Bewußtseyn gehoben wird. Sie nimmt also ihr Objekt (das Handelnde, Producirende) auch schon als Ich auf, obgleich es erst = Ich wird, indem das Reflektirende es als identisch mit sich setzt, welches aber erst im *freien* und *bewußten Handeln* geschieht; das Handelnde im *freien* Handeln ist noch dasselbe Objektive, was in der bewußtlosen Anschauung gehandelt hat; es ist *frei* handelnd nur dadurch, daß es als identisch mit dem Anschauenden gesetzt wird.

Abstrahire ich nun davon, was in das Objekt des Philosophen erst durch das freie Handeln – gesetzt wird, so bleibt es als ein *rein Objektives* zurück; durch dieselbe Abstraktion versetze ich mich auf den Standpunkt des *rein theoretischen* (von aller subjektiven und praktischen Einmischung befreiten) Philosophirens: dieses rein-theoretische Philosophiren gibt zum Produkt die *Naturphilosophie*; denn durch jene Abstraktion gelange ich zum Begriff des reinen Subjekt-Objekts (= Natur), von welchem ich mich zum Subjekt-Objekt des Bewußtseyns (= Ich) erst erhebe; dieses wird Princip des idealistischen oder, was mir gleichbedeutend ist, praktischen Theils der Philosophie, jenes ist Princip des rein-theoretischen Theils, beide in ihrer Vereinigung geben das System des *objektiv* gewordenen Ideal-Realismus (das System der Kunst), mit welchem die Philosophie, die in der Wissenschaftslehre von einem bloß subjektiven (im Bewußtseyn des Philosophen enthaltenen) Ideal-Realismus ausgehen mußte, sich aus sich selbst gleichsam herausbringt, und so vollendet.

Dadurch, daß das reine Subjekt-Objekt allmählich *ganz* objektiv wird, erhebt sich die im *Princip* unbegrenzte ideelle (aufschauende) Thätigkeit von selbst zum Ich, d. h. zum Subjekt, für welches jenes Subjekt-Objekt (jenes Ideal-Reale) selbst Objekt ist. Auf dem Standpunkt des Bewußtseyns erscheint mir daher die Natur als das Objektive, das Ich dagegen als das Subjektive; von diesem Standpunkt aus kann ich daher das Problem der Naturphilosophie nicht anders ausdrücken, als so, wie es auch noch in der Einleitung zu meinem System des Idealismus ausgedrückt ist, nämlich *aus dem Objektiven das Subjektive entstehen zu lassen*. In der höhern philosophischen Sprache ausgedrückt heißt dieß so viel als: *aus dem reinen Subjekt-Objekt das Subjekt-Objekt des Bewußtseyns entstehen zu lassen.*

Mehrere philosophische Schriftsteller, unter ihnen neuerdings einer, der sich vornimmt, über etwas auf den Idealismus Gegründetes, durch ihn erst möglich Gewordenes zu urtheilen, obwohl er überzeugt seyn darf, sich von jenem bei weitem noch nicht hinreichende Kenntiß verschafft zu haben, scheinen dieses *Objektive*, von welchem die Naturphilosophie ausgehen sollte – ich weiß nicht genau wofür – aber auf jeden Fall für irgend etwas Objektives an sich gehalten zu haben, und es ist kein Wunder, wenn die Verwirrung ihrer Vorstellungen dadurch noch um ein Beträchtliches vermehrt worden ist. Ich setzte voraus, mit solchen zu reden, denen bekannt wäre, was die Philosophie unter dem Objektiven versteht.

Jenen ist objektiv mit *real* gleichbedeutend. – *Mir ist*, wie sie aus dem System des Idealismus ersehen konnten, das Objektive selbst ein *zugleich Ideelles und Reelles*; beides ist nie getrennt, sondern ursprünglich (auch in der Natur) beisammen; dieses Ideal-Reale wird zum Objektiven nur durch das entstehende Bewußtseyn, in welchem das Subjektive sich zur höchsten (theoretischen) Potenz erhebt.

Ich komme mit der Naturphilosophie nie aus jener Identität des Ideal-Realen heraus, ich erhalte beide fortwährend in dieser ursprünglichen Verknüpfung, und das reine Subjekt-Objekt, von dem ich ausgehe, ist eben jenes zugleich Ideelle und Reelle in der Potenz O. Aus demselben entsteht mir erst das Ideal-Reale der höheren Potenz, das *Ich*, in Bezug auf welches jenes *reine* Subjekt-Objekt bereits objektiv ist.

Der Grund, daß auch solche, die den Idealismus wohl gefaßt haben, die Naturphilosophie nicht begreifen, ist, weil es ihnen schwer oder unmöglich ist, sich von dem Subjektiven der intellektuellen Anschauung loszumachen. – Ich fordere zum Behuf der Naturphilosophie die intellektuelle Anschauung, wie sie in der Wissenschaftslehre gefordert wird; ich fordere aber außerdem noch die Abstraktion von dem *Anschauenden* in dieser Anschauung, eine Abstraktion, welche mir das rein Objektive dieses Akts zurückläßt, welches an sich bloß Subjekt-Objekt, keineswegs aber = Ich ist, aus dem mehrmals angezeigten Grunde.

Selbst in dem System des Idealismus mußte ich, um einen theoretischen Theil zu Stande zu bringen, das Ich aus seiner eignen Anschauung herausnehmen, von dem Subjektiven in der intellektuellen Anschauung abstrahiren – mit Einem Wort es als *Bewußtloses* setzen. – Aber das Ich, insofern es bewußtlos ist, ist nicht = Ich; denn Ich ist nur das Subjekt-Objekt, insofern es sich selbst als solches erkennt. Die Akte, welche dort als Akte des Ichs, also auch gleich in der höchsten Potenz aufgestellt wurden, sind eigentlich Akte des reinen Subjekt-Objekts, und sind *als* solche noch nicht *Empfindung, Anschauung u. s. w.*, welches sie nur durch die Erhebung in das Bewußtseyn werden. [...]

Dadurch, daß ich von der anschauenden Thätigkeit in der intellektuellen Anschauung abstrahire, nehme ich das Subjekt-Objekt nur aus seiner eignen Anschauung (ich mache es bewußtlos), nicht aus der meinigen. Es bleibt als *meine* Construktion auch fortwährend in meiner Anschauung begriffen, und ich weiß, daß ich durchgängig nur mit meiner eignen Construktion zu thun habe. Die Aufgabe ist: das Subjekt-Objekt so objektiv zu machen und bis zu dem Punkte aus sich selbst herauszubringen, wo es mit der Natur (als Produkt) in Eines zusammenfällt; der Punkt, wo es Natur wird, ist auch der, wo das Unbegrenzbare in ihm sich zum Ich erhebt, und wo der Gegensatz zwischen Ich und Natur, der im gemeinen Bewußtseyn gemacht wird, völlig verschwindet, die Natur = Ich, das Ich = Natur ist. Von diesem Punkt an, wo alles, was an der Natur noch Thätigkeit (nicht Produkt) ist, in das *Ich* übergegangen ist, dauert, und lebt die Natur nur in diesem fort, das Ich ist jetzt Eins und alles, und in ihm ist alles beschlossen. Aber eben von diesem Punkt beginnt auch der Idealismus.

Was also in dem System des Idealismus unter dem Namen der theoretischen und praktischen Philosophie aufgestellt worden ist, ist schon als der idealistische Theil des gesammten Systems der Philosophie anzusehen; die Akte, welche in dem theoretischen Theil des Idealismus abgeleitet sind, sind Akte, deren einfache Potenzen in der Natur existiren und in der Naturphilosophie aufgestellt werden. – Das Entstehen dieser höheren Potenzen fällt in den Uebergang aus dem realistischen Theil in den idealistischen; *indem* das Bewußtseyn entsteht, erheben sich alle früheren Akte von selbst zur Empfindung, zur Anschauung u. s. w. – Mehrere haben, weil von Natur- und Transscendental-Philosophie als entgegengesetzten gleich möglichen Richtungen der Philosophie die Rede war, gefragt, welcher von beiden denn die Priorität zukomme. – Ohne Zweifel der Naturphilosophie, weil diese den *Standpunkt* des Idealismus selbst erst entstehen läßt und ihm dadurch eine sichere, *rein* theoretische Grundlage verschafft. Indeß ist der Gegensatz zwischen Naturphilosophie und Idealismus dem, welcher bisher zwischen theoretischer und praktischer Philosophie gemacht wurde, gleich zu schätzen. – Die Philosophie kehrt also zu der alten (griechischen) Eintheilung in Physik und Ethik zurück, welche beide wieder durch einen dritten Theil (Pöetik oder Philosophie der Kunst) vereinigt sind.

37. Immanuel Kant: Kritik der Wissenschaftslehre

II. Erklärung.

Auf die feierliche, im Namen des Publicums an mich ergangene Aufforderung des Recensenten von *Buhle's* Entwurf der Transscendental-Philosophie in Nro. 8. der Erlangischen Litteraturzeitung vom IIten Januar 1799. erkläre ich hiermit: dass ich *Fichte's Wissenschaftslehre* für ein gänzlich unhaltbares System halte. Denn reine Wissenschaftslehre ist nichts mehr oder weniger als blosse *Logik*, welche mit ihren Principien sich nicht zum Materialen des Erkenntnisses versteigt, sondern vom Inhalte derselben als *reine Logik* abstrahirt, aus welcher ein reales Object herauszuklauben vergebliche – und daher auch nie versuchte Arbeit ist, sondern wo, wenn es die Transscendental-Philosophie gilt, allererst zur Metaphysik übergeschritten werden muss. Was aber Metaphysik nach *Fichte's* Principien betrifft: so bin ich so wenig gestimmt, an derselben Theil zu nehmen, dass ich in einem Antwortschreiben ihm, statt der fruchtlosen Spitzfindigkeiten (apices) seine gute Darstellungsgabe zu cultiviren rieth, wie sie sich in der Crit. d. r. V. mit Nutzen anwenden lässt, aber von ihm mit der Erklärung, »er werde doch das Scholastische nicht aus den Augen setzen,« höflich abgewiesen wurde. Also ist die Frage, ob *ich* den Geist der Fichteschen Philosophie für ächten Criticismus halte, durch ihn selbst beantwortet, ohne dass ich nöthig habe, über ihren Werth oder Unwerth abzusprechen: da hier nicht von einem beurtheilten Object, sondern dem beurtheilenden Subject die Rede ist; wo es genug ist, mich von allem Antheil an jener Philosophie loszusagen.

Hierbey muss ich noch bemerken, dass die Anmassung, mir die Absicht unterzuschieben: ich habe bloss eine *Propädeutik* zur

Transscendental-Philosophie, nicht das *System* dieser Philosophie selbst, liefern wollen, mir unbegreiflich ist. Es hat mir eine solche Absicht nie in Gedanken kommen können, da ich selbst das vollendete Ganze der reinen Philosophie in der Crit. der r. V. für das beste Merkmal der Wahrheit derselben gepriesen habe. – Da endlich Recensent behauptet, dass die Critik in Ansehung dessen, was sie von der Sinnlichkeit wörtlich lehrt, nicht *buchstäblich* zu nehmen sey, sondern ein jeder, der die Critik verstehen will, sich allererst des gehörigen (Beckischen oder Fichteschen) *Standpunktes* bemächtigen muss, weil der *kantische* Buchstabe eben so gut wie der aristotelische den Geist tödte; so erkläre ich hiermit nochmals, dass die Critik allerdings nach dem Buchstaben zu verstehen und bloss aus dem Standpunkte des gemeinen nur zu solchen abstracten Untersuchungen hinlänglich cultivirten Verstandes zu betrachten ist.

Ein italienisches Sprüchwort sagt: »Gott bewahre uns nur vor unsern Freunden, vor unsern Feinden wollen wir uns wohl selbst in Acht nehmen.« Es giebt nemlich gutmüthige, gegen uns wohlgesinnte aber dabey in der Wahl der Mittel unsere Absichten zu begünstigen, sich verkehrt benehmende (tölpische), aber auch bisweilen betrügerische, hinterlistige, auf unser Verderben sinnende und dabey doch die Sprache des Wohlwollendes führende (aliud lingua promptum, aliud pectore inclusum gerere) sogenannte Freunde, vor denen und ihren ausgelegten Schlingen man nicht genug auf seiner Huth seyn kann. Aber demungeachtet muss die kritische Philosophie sich durch ihre unaufhaltbare Tendenz zu Befriedigung der Vernunft in theoretischer sowohl als moralisch praktischer Absicht überzeugt fühlen, dass ihr kein Wechsel der Meynungen, keine Nachbesserungen oder ein anders geformtes Lehrgebäude bevorstehe, sondern das System der Critik auf einer völlig gesicherten Grundlage ruhend, auf immer befestigt, und auch für alle künftige Zeitalter zu den höchsten Zwecken der Menschheit unentbehrlich sey.

d. 7ten August 1799. *Immanuel Kant.*

38. Georg Wilhelm Friedrich Hegel: Das Prinzip der Spekulation

Vorerinnerung

Aus den wenigen öffentlichen Äußerungen, in welchen man ein Gefühl der Differenz des Fichteschen und Schellingschen Systems der Philosophie erkennt, leuchtet mehr das Bestreben heraus, diese Verschiedenheit zu umgehen oder sie sich zu verbergen, als eine Deutlichkeit des Bewußtseins darüber. Weder die unmittelbare Ansicht beider Systeme, wie sie vor dem Publikum liegen, noch unter anderen die Schellingsche Beantworung der idealistischen Einwürfe Eschenmayers gegen die Naturphilosophie hat jene Verschiedenheit zur Sprache gebracht. Im Gegenteil hat z. B. Reinhold so wenig eine Ahnung hierüber gehabt, daß vielmehr die einmal für bekannt angenommene völlige Identität beider Systeme ihm den Gesichtspunkt für das Schellingsche System auch hierüber verrückt hat. Diese Reinholdische Verwirrung ist (mehr als die gedrohte – oder vielmehr schon als geschehen angekündigte – Revolution der Philosophie durch ihre Zurückführung auf Logik) die Veranlassung der folgenden Abhandlung.

Die *Kantische* Philosophie hatte es bedurft, daß ihr Geist vom Buchstaben geschieden und das rein spekulative Prinzip aus dem Übrigen herausgehoben wurde, was der räsonierenden Reflexion angehörte oder für sie benutzt werden konnte. In dem Prinzip der Deduktion der Kategorien ist diese Philosophie echter Idealismus, und dies Prinzip ist es, was Fichte in reiner und strenger Form herausgehoben und den Geist der Kantischen Philosophie genannt hat. Daß die Dinge an sich (wodurch nichts als die leerc Form der Entgegensetzung objektiv ausgedrückt ist) wieder hypostasiert und als absolute Objektivität, wie die Dinge des Dogmatikers, gesetzt, – daß die Kategorien selbst teils zu ruhenden toten Fächern der Intelligenz, teils zu den höchsten Prinzipien gemacht worden sind, vermittels welcher der Ausdruck, in dem das Absolute selbst ausgesprochen wird, wie z. B. die Substanz des Spinoza, vernichtet werden und somit das negative Räsonieren sich nach wie vor an die Stelle des Philosophierens, nur mit mehr Prätention unter dem Namen kritischer Philosophie, setzen konnte, – diese Umstände liegen höchstens in der Form der Kantischen Deduktion der Kategorien, nicht in ihrem Prinzip oder Geist; und wenn wir von Kant sonst kein Stück seiner Philosophie hätten als dieses, würde jene Verwandlung fast unbegreiflich sein. In jener Deduktion der Verstandesformen ist das Prinzip der Spekulation, die Identität des Subjekts und Objekts, aufs bestimmteste ausgesprochen; diese Theorie des Verstandes ist von der Vernunft über die Taufe gehalten worden. – Hingegen wenn nun Kant diese Identität selbst, als Vernunft, zum Gegenstand der philosophischen Reflexion macht, verschwindet die Identität bei sich selbst; wenn der Verstand mit Vernunft behandelt worden war, wird dagegen die Vernunft mit Verstand behandelt. Hier wird es deutlich, auf welcher untergeordneten Stufe die Identität des Subjekts und Objekts aufgefaßt worden war. Die Identität des Subjekts und Objekts schränkt sich auf zwölf oder vielmehr nur auf neun reine Denktätigkeiten ein, denn die Modalität gibt keine wahrhaft objektive Bestimmung; es besteht in ihr wesentlich die Nichtidentität des Subjekts und Objekts. Es bleibt außer den objektiven Bestimmungen durch die Kategorien ein ungeheures empirisches Reich der Sinnlichkeit und Wahrnehmung, eine absolute Aposteriorität, für welche keine Apriorität als nur eine subjektive Maxime der reflektierenden Urteilskraft aufgezeigt ist; d. h. die Nichtidentität wird zum absoluten Grundsatz erhoben. Wie es nicht anders [sein] konnte, nachdem aus der Idee, dem Vernunftprodukt, die Identität, d. h. das Vernünftige weggenommen und sie dem Sein absolut entgegengesetzt, – nachdem die Vernunft als praktisches Vermögen, nicht als absolute Identität, sondern in unendlicher Entgegensetzung, als Vermögen der reinen Verstandeseinheit dargestellt worden war, wie sie vom endlichen Denken, d. i. vom Verstande gedacht werden muß. Es entsteht hierdurch das kontrastierende Resultat, daß für den Verstand keine absoluten objektiven Bestimmungen, hingegen für die Vernunft vorhanden sind.

Das reine Denken seiner selbst, die Identität des Subjekts und des Objekts, in der Form Ich = Ich ist Prinzip des *Fichteschen* Systems, und wenn man sich unmittelbar an dieses Prinzip sowie in der Kantischen Philosophie an das transzendentale Prinzip, welches der Deduktion der Kategorien zum Grunde liegt, allein hält, so hat man das kühn ausgesprochene echte Prinzip der Spekulation. Sowie aber die Spekulation aus dem Begriff, den sie von sich selbst aufstellt, heraustritt und sich zum System bildet, so verläßt sie sich und ihr Prinzip und kommt nicht in dasselbe zurück. Sie übergibt die Vernunft dem Verstand und geht in die Kette der Endlichkeiten des Bewußtseins über, aus welchen sie sich zur Identität und zur wahren Unendlichkeit nicht wieder rekonstruiert. Das Prinzip selbst, die transzendentale Anschauung erhält hierdurch die schiefe Stellung eines Entgegengesetzten gegen die aus ihm deduzierte Mannigfaltigkeit. Das Absolute des Systems zeigt sich nur in der Form seiner Erscheinung von der philosophischen Reflexion aufgefaßt, und diese Bestimmtheit, die durch Reflexion ihm gegeben ist, also die Endlichkeit und Entgegensetzung wird nicht abgezogen. Das Prinzip, das Subjekt-Objekt erweist sich als ein subjektives Subjekt-Objekt. Das aus ihm Deduzierte erhält hierdurch die Form einer Bedingung des reinen Bewußtseins, des Ich = Ich, und das reine Bewußtsein selbst die Form eines bedingten durch eine objektive Unendlichkeit, den Zeit-Progreß *in infinitum*, in dem die transzendentale Anschauung sich verliert und Ich nicht zur absoluten Selbstanschauung sich konstituiert, also Ich = Ich sich in das Prinzip: Ich soll gleich Ich sein, verwandelt. Die in die absolute Entgegensetzung gesetzte, also zum Verstand herabpotenzierte Vernunft wird somit Prinzip der Gestalten, die das Absolute sich geben muß, und ihrer Wissenschaften.

Diese zwei Seiten des Fichteschen Systems – die eine, nach welcher es den Begriff der Vernunft und der Spekulation rein aufgestellt, also Philosophie möglich machte, die andere, nach welcher es Vernunft und reines Bewußtsein als eines gesetzt und die in einer endlichen Gestalt aufgefaßte Vernunft zum Prinzip erhob –, diese zwei Seiten unterscheiden zu müssen, muß sich als innere Notwendigkeit der Sache selbst zeigen. Die äußere Veranlassung gibt das Zeitbedürfnis und zunächst die in diesem Zeitbedürfnisse schwimmenden *Beiträge Reinholds zur Übersicht des Zustands der*

Philosophie zu Anfang des neuen Jahrhunderts, in welchen sowohl die Seite, von welcher das Fichtesche System echte Spekulation und also Philosophie ist, übersehen worden als auch die Seite des Schellingschen Systems, von welcher dieses sich vom Fichteschen unterscheidet und dem subjektiven Subjektobjekt das objektive Subjektobjekt in der Naturphilosophie entgegenstellt und beide in einem Höheren, als das Subjekt ist, vereinigt darstellt.

Was das Zeitbedürfnis betrifft, so hat die Fichtesche Philosophie so sehr Aufsehen und Epoche gemacht, daß auch diejenigen, die sich gegen sie erklären und sich bestreben, eigene spekulative Systeme auf die Bahn zu bringen, nur trüber und unreiner in das Prinzip der Fichteschen Philosophie fallen und sich dessen nicht zu erwehren vermögen. Die nächste sich darbietende Erscheinung bei einem epochemachenden System sind die Mißverständisse und das ungeschickte Benehmen seiner Gegner. Wenn man von einem System sagen kann, daß es Glück gemacht habe, so hat sich ein allgemeineres Bedürfnis der Philosophie, das sich für sich selbst nicht zur Philosophie zu gebären vermag – denn damit hätte es sich durch das Schaffen eines Systems befriedigt –, mit einer instinktartigen Hinneigung zu demselben gewendet; und der Schein der passiven Aufnahme rührt daher, daß im Innern das vorhanden ist, was das System ausspricht, welches nunmehr jeder in seiner wissenschaftlichen oder lebendigen Sphäre geltend macht. Man kann vom Fichteschen System in diesem Sinne nicht sagen, daß es Glück gemacht habe. Soviel davon den unphilosophischen Tendenzen des Zeitalters zur Last fällt, sosehr ist zugleich, je mehr der Verstand und die Nützlichkeit sich Gewicht zu verschaffen und beschränkte Zwecke sich geltend zu machen wissen, in Anschlag zu bringen, daß um so kräftiger das Drängen des besseren Geistes besonders in der unbefangeneren, noch jugendlichen Welt ist. Wenn Erscheinungen wie die *Reden über die Religion* [Schleiermachers, A. F. K.] das spekulative Bedürfnis nicht unmittelbar angehen, so deuten sie und ihre Aufnahme, noch mehr aber die Würde, welche, mit dunklerem oder bewußterem Gefühl, Poesie und Kunst überhaupt in ihrem wahren Umfange zu erhalten anfängt, auf das Bedürfnis nach einer Philosophie hin, von welcher die Natur für die Mißhandlungen, die sie in dem Kantischen und Fichteschen Systeme leidet, versöhnt und die Vernunft selbst in eine

Übereinstimmung mit der Natur gesetzt wird, – nicht in eine solche, worin sie auf sich Verzicht tut oder eine schale Nachahmerin derselben werden müßte, sondern eine Einstimmung dadurch, daß sie sich selbst zur Natur aus innerer Kraft gestaltet.

Was die allgemeinen Reflexionen, womit diese Schrift anfängt, über Bedürfnis, Voraussetzung, Grundsätze usw. der Philosophie betrifft, so haben sie den Fehler, allgemeine Reflexionen zu sein, und ihre Veranlassung darin, daß mit solchen Formen als Voraussetzung, Grundsätzen usw. der Eingang in die Philosophie noch immer übersponnen und verdeckt wird und es daher in gewissem Grade nötig ist, sich darauf einzulassen, bis einmal durchaus nur von der Philosophie selbst die Rede ist. Einige der interessanteren dieser Gegenstände werden sonst noch eine größere Ausführung erhalten.

Jena, im Juli 1801.

39. Georg Wilhelm Friedrich Hegel: Transzendentalphilosophie und Naturphilosophie

Vergleichung des Schellingschen Prinzips der Philosophie mit dem Fichteschen

Als Grundcharakter des Fichteschen Prinzips ist aufgezeigt worden, daß Subjekt = Objekt aus dieser Identität heraustritt und sich zu derselben nicht mehr wiederherzustellen vermag, weil das Differente ins Kausalitätsverhältnis versetzt wurde. Das Prinzip der Identität wird nicht Prinzip des Systems; sowie das System sich zu bilden anfängt, wird die Identität aufgegeben. Das System selbst ist eine konsequente verständige Menge von Endlichkeiten, welche die ursprüngliche Identität nicht in den Fokus der Totalität, zur absoluten Selbstanschauung zusammenzugreifen vermag. Das Subjekt = Objekt macht sich daher zu einem subjektiven, und es gelingt ihm nicht, diese Subjektivität aufzuheben und sich objektiv zu setzen.

Das Prinzip der Identität ist absolutes Prinzip des *ganzen* Schellingschen Systems; Philosophie und System fallen zusammen; die Identität verliert sich nicht in den Teilen, noch weniger im Resultate.

Daß absolute Identität das Prinzip eines ganzen Systems sei, dazu ist notwendig, daß das Subjekt und Objekt *beide* als Subjekt-Objekt gesetzt werden. Die Identität hat sich im Fichteschen System nur zu einem subjektiven Subjekt-Objekt konstituiert. Dies bedarf zu seiner Ergänzung eines objektiven Subjekt-Objekts, so daß das Absolute sich in jedem der beiden darstellt, vollständig sich nur in beiden zusammen findet, als höchste Synthese in der Vernichtung beider, insofern sie entgegengesetzt sind, als ihr absoluter Indifferenzpunkt beide in sich schließt, beide gebiert und sich aus beiden gebiert. [...]

Um die wahre Identität des Subjekts und Objekts zu setzen, werden beide als Subjekt-Objekt gesetzt; und jedes für sich ist nunmehr fähig, der Gegenstand einer besonderen Wissenschaft zu sein. Jede dieser Wissenschaften fordert Abstraktion von dem Prinzip der anderen. Im System der Intelligenz sind die Objekte nichts an sich, die Natur hat nur ein Bestehen im Bewußtsein; es wird davon abstrahiert, daß das Objekt eine Natur und die Intelligenz als Bewußtsein dadurch bedingt ist. Im System der Natur wird vergessen, daß die Natur ein Gewußtes ist; die idealen Bestimmungen, welche die Natur in der Wissenschaft erhält, sind zugleich in ihr immanent. Die gegenseitige Abstraktion ist aber nicht eine Einseitigkeit der Wissenschaften, nicht eine subjektive Abstraktion vom reellen Prinzip der andern, welche zum Behuf des Wissens gemacht würde und auf einem höheren Standpunkt insofern verschwände, daß an sich betrachtet die Objekte des Bewußtseins, die im Idealismus nichts sind als Produkte des Bewußtseins, doch etwas absolut anderes wären und ein absolutes Bestehen außer dem Wesen des Bewußtseins hätten, – und dagegen die Natur, welche in ihrer Wissenschaft als sich selbst bestimmend und in sich selbst ideell gesetzt wird, an sich betrachtet nur Objekt und alle Identität, die die Vernunft in ihr erkennt, nur eine ihr vom Wissen geliehene Form wäre. Es wird nicht vom inneren Prinzip, sondern nur von der eigentümlichen Form der anderen Wissenschaft abstrahiert, um jede rein, d. h. die innere Identität beider zu erhalten; und die Abstraktion vom Eigentümlichen der anderen ist eine Abstraktion von der Einseitigkeit. Natur und Selbstbewußtsein sind *an sich* so, wie sie in der eigenen Wissenschaft einer jeden von der Spekulation gesetzt werden; sie sind deswegen so an sich selbst, weil es die Vernunft ist, die sie setzt, und die Vernunft setzt sie als Subjekt-Objekt, also als das Absolute, – und das einzige Ansich ist das Absolute. Sie setzt sie als Subjekt-Objekt, weil sie es selbst ist, die sich als Natur und als Intelligenz produziert und sich in ihnen erkennt.

Um der wahren Identität willen, in welche Subjekt und Objekt gesetzt, nämlich indem beide Subjekt-Objekt sind, und weil ihre Entgegensetzung daher eine reelle, also eins ins andere überzugehen fähig ist, ist der verschiedene Standpunkt beider Wissenschaften kein widersprechender. Wäre Subjekt und Objekt absolut entgegengesetzt, nur eins das Subjekt-Objekt, dann könnten die beiden Wissenschaften nicht nebeneinander in gleicher Weise bestehen; nur der eine Standpunkt würde der vernünftige sein. Beide Wissenschaften sind ganz allein dadurch möglich, daß in beiden ein und ebendasselbe in den notwendigen Formen seiner Existenz konstruiert wird. Beide Wissenschaften scheinen sich zu widersprechen, weil in jeder das Absolute in einer entgegengesetzten Form gesetzt ist. Ihr Widerspruch hebt sich aber nicht dadurch auf, daß nur eine derselben als die einzige Wissenschaft behauptet und von ihrem Standpunkt aus die andere vernichtet wird; der höhere Standpunkt, der die Einseitigkeit beider Wissenschaften in Wahrheit aufhebt, ist derjenige, der in beiden ebendasselbe Absolute erkennt. Die Wissenschaft vom subjektiven Subjekt-Objekt hat bisher Transzendentalphilosophie geheißen; die vom objektiven Subjekt-Objekt Naturphilosophie. Insofern sie einander entgegengesetzt sind, ist in jener das Subjektive das Erste, in dieser das Objektive. In beiden ist das Subjektive und Objektive ins Substantialitätsverhältnis gesetzt; in der Transzendentalphilosophie ist das Subjekt als Intelligenz die absolute Substanz, und die Natur ist Objekt, ein Akzidens, – in der Naturphilosophie ist die Natur die absolute Substanz, und das Subjekt, die Intelligenz, nur ein Akzidens. Der höhere Standpunkt ist nun weder ein solcher, in welchem die eine oder die andere Wissenschaft aufgehoben und entweder nur das Subjekt oder nur das Objekt als Absolutes behauptet wird, noch auch ein solcher, in welchem beide Wissenschaften vermengt werden.

IX. Hegel

40. Aus der Vorrede zur zweiten Auflage der »Enzyklopädie«

Es ist ein unbefangener, dem Anschein nach glücklicher Zustand noch nicht gar lange vorüber, wo die Philosophie Hand in Hand mit den Wissenschaften und mit der Bildung ging, eine mäßige Verstandesaufklärung sich mit dem Bedürfnisse der Einsicht und mit der Religion zugleich zufrieden stellte, ebenso ein Naturrecht sich mit Staat und Politik vertrug und empirische Physik den Namen natürlicher Philosophie führte. Der Friede war aber oberflächlich genug, und insbesondere jene Einsicht stand mit der Religion wie dieses Naturrecht mit dem Staat in der Tat in innerem Widerspruch. Es ist dann die Scheidung erfolgt, der Widerspruch hat sich entwickelt; aber in der Philosophie hat der Geist die Versöhnung seiner mit sich selbst gefeiert, so daß diese Wissenschaft nur mit jenem Widerspruche selbst und mit dessen Übertünchung im Widerspruche ist. Es gehört zu den üblen Vorurteilen, als ob sie sich im Gegensatz befände gegen eine sinnige Erfahrungskenntnis, die vernünftige Wirklichkeit des Rechts und eine unbefangene Religion und Frömmigkeit; diese Gestalten werden von der Philosophie anerkannt, ja selbst gerechtfertigt; der denkende Sinn vertieft sich vielmehr in deren Gehalt, lernt und bekräftigt sich an ihnen wie an den großen Anschauungen der Natur, der Geschichte und der Kunst; denn dieser gediegene Inhalt ist, sofern er gedacht wird, die spekulative Idee selbst. Die Kollision gegen die Philosophie tritt nur insofern ein, als dieser Boden aus seinem eigentümlichen Charakter tritt und sein Inhalt in Kategorien gefaßt und von solchen abhängig gemacht werden soll, ohne dieselben bis zum Begriff zu führen und zur Idee zu vollenden.

Das wichtige negative Resultat, in welchem sich der Verstand der allgemeinen wissenschaftlichen Bildung befindet, daß auf dem Wege des endlichen Begriffs keine Vermittlung mit der Wahrheit möglich sei, pflegt nämlich die entgegengesetzte Folge von der zu haben, welche unmittelbar darin liegt. Jene Überzeugung hat nämlich das Interesse an der Untersuchung der Kategorien und die Aufmerksamkeit und Vorsicht in der Anwendung derselben vielmehr aufgehoben, statt die Entfernung der endlichen Verhältnisse aus dem Erkennen zu bewirken; der Gebrauch derselben ist, wie in einem Zustande der Verzweiflung, nur um so unverhohlener, bewußtloser und unkritischer geworden. Aus dem Mißverstande, daß die Unzureichenheit der endlichen Kategorien zur Wahrheit die Unmöglichkeit objektiver Erkenntnis mit sich bringe, wird die Berechtigung, aus dem Gefühle und der subjektiven Meinung zu sprechen und abzusprechen, gefolgert, und an die Stelle des Beweisens treten Versicherungen und die Erzählungen von dem, was sich in dem Bewußtsein für Tatsachen vorfinden, welches für um so reiner gehalten wird, je unkritischer es ist. Auf eine so dürre Kategorie, wie die *Unmittelbarkeit* ist, und ohne sie weiter zu untersuchen, sollen die höchsten Bedürfnisse des Geistes gestellt und durch sie entschieden sein. Man kann, besonders wo religiöse Gegenstände abgehandelt werden, finden, daß dabei ausdrücklich das Philosophieren bei Seite gelegt wird, als ob hiermit alles Übel verbannt und die Sicherung gegen Irrtum und Täuschung erlangt wäre, und dann wird die Untersuchung der Wahrheit aus irgend woher gemachten Voraussetzungen und durch Räsonnement veranstaltet, d. i. im Gebrauch der gewöhnlichen Denkbestimmungen von Wesen und Erscheinung, Grund und Folge, Ursache und Wirkung und so fort, und in dem üblichen Schließen nach diesen und den andern Verhältnissen der Endlichkeit vorgenommen. »Den Bösen sind sie los, das Böse ist geblieben«, und das Böse ist neunmal schlimmer als vorher, weil sich ihm ohne allen Verdacht und Kritik anvertraut wird; und als ob jenes Übel, das entfernt gehalten wird, die Philosophie, etwas anderes wäre als die Untersuchung der Wahrheit, aber mit Bewußtsein über die Natur und den Wert der allen Inhalt verbindenden und bestimmenden Denkverhältnisse.

Das schlimmste Schicksal hat dabei die Philosophie selbst unter jenen Händen zu erfahren, wenn sie sich mit ihr zu tun machen und sie teils auffassen, teils beurteilen. Es ist das *Faktum* der physischen oder geistigen, insbesondere auch der religiösen Lebendigkeit, was durch jene es zu fassen unfähige Reflexion verunstaltet wird. Dieses Auffassen hat jedoch für sich den Sinn, erst das Faktum zu einem Gewußten zu erheben, und die Schwierigkeit liegt in diesem Übergange von der Sache zur Erkenntnis, welcher durch Nachdenken bewirkt wird. Diese Schwierigkeit ist bei der Wissenschaft selbst nicht mehr vorhanden. Denn das Faktum der Philosophie ist die schon zubereitete Erkenntnis, und das Auffassen wäre hiermit nur ein *Nachdenken* in dem Sinne eines *nachfolgenden* Denkens; erst das Beurteilen erforderte ein Nachdenken in der gewöhnlichen Bedeutung. Allein jener unkritische Verstand beweist sich ebenso ungetreu im nackten Auffassen der bestimmt ausgesprochenen Idee, er hat so wenig Arges oder Zweifel an den festen Voraussetzungen, die er enthält, daß er sogar unfähig ist, das bare Faktum der philosophischen Idee nachzusprechen. Dieser Verstand vereinigt wunderbarerweise das Gedoppelte in sich, daß ihm an der Idee die völlige Abweichung und selbst der ausdrückliche Widerspruch gegen seinen Gebrauch der Kategorien auffällt, und daß ihm zugleich kein Verdacht kommt, daß eine andere Denkweise vorhanden sei und ausgeübt werde als die seinige, und er hiemit anders als sonst denkend sich hier verhalten müsse. Auf solche Weise geschieht es, daß sogleich die Idee der spekulativen Philosophie in ihrer abstrakten Definition festgehalten wird, in der Meinung, daß eine Definition für sich klar und ausgemacht erscheinen müsse und nur an vorausgesetzten Vorstellungen ihren Regulator und Prüfstein habe, wenigstens in der Unwissenheit, daß der Sinn wie der notwendige Beweis der Definition allein in ihrer Entwicklung und darin liegt, daß sie aus dieser als Resultat hervorgeht. Indem nun näher die Idee überhaupt die *konkrete, geistige* Einheit ist, der Verstand aber darin besteht, die Begriffsbestimmungen nur in ihrer *Abstraktion* und damit in ihrer Einseitigkeit und Endlichkeit aufzufassen, so wird jene Einheit zur abstrakten geistlosen Identität gemacht, in welcher hiemit der Unterschied nicht vorhanden, sondern *Alles Eins*, unter anderem auch das Gute und Böse einerlei sei. Für spekulative Philosophie ist daher der Name *Identitäts-System, Identitäts-Philosophie* bereits zu einem rezipierten Namen geworden. Wenn jemand sein Glaubensbekenntnis ablegte: ›Ich glaube an Gott den Vater, den Schöpfer Himmels und der Erde‹, so würde man sich wundern, wenn ein anderer schon aus diesem ersten Teile herausbrächte, daß der Bekenner an Gott den Schöpfer des Himmels glaube, *also* die Erde für nicht geschaffen, die Materie für ewig halte. Das Faktum ist richtig, daß jener in seinem Bekenntnis ausgesprochen hat, er glaube an Gott den Schöpfer des Himmels, und doch ist das Faktum, wie es vom andern aufgefaßt worden, vollkommen falsch; so sehr, daß dies Beispiel für unglaublich und für trivial angesehen werden muß. Und doch ist der Fall mit dem Auffassen der philosophischen Idee diese gewaltsame Halbierung, so daß, um es nicht mißverstehen zu können, wie die Identität, welche der Versicherung nach das Prinzip der spekulativen Philosophie sei, beschaffen sei, die ausdrückliche Belehrung und respektive Widerlegung folgt, etwa daß das Subjekt vom Objekt *verschieden* sei, ingleichen das Endliche vom Unendlichen usf., als ob die konkrete geistige Einheit in sich bestimmungslos wäre und nicht selbst den Unterschied *in sich enthielte*, als ob irgend ein Mensch es nicht wüßte, daß das Subjekt von dem Objekte, das Unendliche von dem Endlichen verschieden sei, oder die Philosophie, in ihre Schulweisheit sich vertiefend, daran zu erinnern wäre, daß es außer der Schule die Weisheit gebe, welcher jene Verschiedenheit etwas Bekanntes sei.

Indem die Philosophie in Beziehung auf die ihr nicht bekannt sein sollende Verschiedenheit bestimmter so verunglimpft wird, daß in ihr damit auch der Unterschied des Guten und Bösen wegfalle, so pflegt gern die Billigkeit und Großmut geübt zu werden, daß zugestanden wird, »daß die Philosophen in ihren Darstellungen die verderblichen Folgerungen, die mit ihrem Satze *verbunden* seien, nicht immer (– also doch vielleicht auch deswegen nicht, weil diese Folgerungen nicht ihnen angehören –) entwickeln«.*

* Worte Hrn. *Tholucks* in der Blütensammlung aus der morgenländischen Mystik, S. 13. Auch der tieffühlende Tholuck läßt sich daselbst verleiten, der gewöhnlichen Heerstraße des Auffassens der Philosophie zu folgen. Der Verstand könne, sagt er, nur auf folgende zwei Arten schließen: entweder gebe es einen Alles bedingenden Urgrund, so liege auch der letzte Grund meiner selbst in ihm, und mein Sein und freies Handeln seien nur Täuschung;

Die Philosophie muß diese Barmherzigkeit, die man ihr angedeihen lassen will, verschmähen, denn sie bedarf derselben ebenso-

oder bin ich wirklich ein vom Urgrunde verschiedenes Wesen, dessen Handeln nicht von dem Urgrunde bedingt und bewirkt wird, so ist der Urgrund kein absolutes, alles bedingendes Wesen, also gebe es keinen unendlichen Gott, sondern eine Menge Götter usf. Zu dem ersten Satze sollen sich alle tiefer und schärfer denkenden Philosophen bekennen (ich wüßte eben nicht, warum die erstere Einseitigkeit tiefer und schärfer sein sollte als die zweite); die Folgen, die sie obenerwähntermaßen jedoch nicht immer entwickeln, seien, »daß auch der sittliche Maßstab des Menschen kein absolut wahrer ist, sondern *eigentlich* (ist vom Verf. selbst unterstrichen) Gut und Böse gleich und nur dem Schein nach verschieden sei«. Man würde immer besser tun, über Philosophie gar nicht zu sprechen, so lange man bei aller Tiefe des Gefühls noch so sehr in der Einseitigkeit des Verstandes befangen ist, um nur von dem *Entweder Oder* eines Urgrundes, in dem das individuelle Sein und dessen Freiheit nur eine Täuschung, und der absoluten Selbstständigkeit der Individuen zu wissen und von dem *Weder Noch* dieser beiden Einseitigkeiten des, wie es Hr. Th. nennt, gefährlichen Dilemmas nichts in Erfahrung gebracht zu haben. Zwar spricht er S. 14 von solchen Geistern, und diese seien die eigentlichen Philosophen, welche den zweiten Satz (dies ist doch wohl dasselbe, was vorher der erste Satz hieß) annehmen und den Gegensatz von *unbedingtem* und bedingtem Sein durch das *indifferente Ursein*, in welchem alle beziehungsweisen Gegensätze sich durchdringen, aufheben. Bemerkte denn aber Hr. Th., indem er so spricht, nicht, daß das indifferente Ursein, in welchem der Gegensatz sich durchdringen soll, mit jenem unbedingten Sein, dessen Einseitigkeit aufgehoben werden sollte, ganz dasselbe ist, und daß er so in Einem Atemzug das Aufheben jenes Einseitigen in einem solchen, welches genau eben dieses Einseitige ist, also statt des Aufhebens das Bestehenlassen der Einseitigkeit ausspricht? Wenn man das sagen will, was *Geister* tun, so muß man mit Geist das Faktum aufzufassen vermögen; sonst ist unter der Hand das Faktum falsch geworden. – Übrigens bemerke ich zum Überfluß, daß, was hier und weiterhin über Hrn. Tholucks Vorstellung von der Philosophie gesagt ist, sozusagen nicht *individuell* über ihn sein kann und soll; man liest dasselbe in hundert Büchern, unter anderem besonders in den Vorreden der Theologen. Hrn. Th.s Darstellung habe ich angeführt, teils weil sie mir zufällig am nächsten, teils weil das tiefe Gefühl, das seine Schriften auf die ganz andere Seite von der Verstandes-Theologie zu stellen scheint, dem Tiefsinn am nächsten steht; denn die Grundbestimmung desselben, die *Versöhnung*, die nicht das unbedingte Ursein und dergleichen Abstraktum ist, ist der Gehalt selbst, der die spekulative Idee ist und den sie denkend ausdrückt, – ein Gehalt, den jener tiefe Sinn am wenigsten in der Idee verkennen müßte.

Aber es geschieht Hrn. Tholuck ebendaselbst wie überall anderwärts in seinen Schriften, sich auch in das gäng und gäbe Gerede von dem *Pantheismus* gehen zu lassen, worüber ich in einer der letzten Anmerkungen der Enzyklop. weitläufiger gesprochen habe. Ich bemerke hier nur die eigentüm-

wenig zur moralischen Rechtfertigung, als es ihr an der Einsicht in die wirklichen Konsequenzen ihrer Prinzipien gebrechen kann und so wenig sie es an den ausdrücklichen Folgerungen ermangeln läßt. Ich will jene angebliche Folgerung, nach welcher die Verschiedenheit von Gut und Böse zu einem bloßen Scheine gemacht werden soll, kurz beleuchten, mehr um ein Beispiel der Hohlheit solchen Auffassens der Philosophie zu geben, als diese zu rechtfertigen. Wir wollen zu diesem Behuf selbst nur den Spinozismus vornehmen, die Philosophie, in welcher Gott nur als *Substanz* und nicht als Subjekt und Geist bestimmt wird. Dieser Unterschied betrifft die *Bestimmung* der Einheit; hierauf kommt es allein an, doch wissen von dieser *Bestimmung*, obgleich sie Faktum ist, diejenigen nichts, welche diese Philosophie Identitätssystem zu nennen pflegen und gar den Ausdruck gebrauchen mögen, daß nach derselben *alles eins und dasselbe*, auch Gut und Böse *gleich* sei, – welches alles die schlechtesten Weisen der Einheit sind, von welchen in spekulativer Philosophie die Rede nicht sein, sondern nur ein noch barbarisches Denken bei Ideen Gebrauch machen kann. Was nun die Angabe betrifft, daß in jener Philosophie *an sich* oder *eigentlich* die Verschiedenheit von Gut und Böse nicht gelte, so ist zu fragen, was denn dies *›eigentlich‹* heiße? Heißt es die Natur Gottes, so wird doch nicht verlangt werden, daß in dieselbe das Böse verlegt werde; jene substantielle Einheit ist das Gute selbst; das Böse ist nur Entzweiung; in jener Einheit ist hiemit nichts weniger als eine Einerleiheit des Guten und des Bösen, das letztere

liche Ungeschicklichkeit und Verkehrung, in die Hr. Th. verfällt. Indem er auf die eine Seite seines vermeintlich philosophischen Dilemmas den Urgrund stellt und dieselbe nachher S. 33, 38 als pantheistisch bezeichnet, so charakterisiert er die andere als die der Sozinianer, Pelagianer und Popularphilosophen so, daß es auf derselben »keinen unendlichen Gott, sondern eine *große Anzahl* Götter gebe, nämlich die Zahl *aller* derer Wesen, die von dem sogenannten Urgrunde verschieden sind und ein eignes *Sein* und Handeln haben, nebst jenem sogenannten Urgrunde«. In der Tat gibt es so auf dieser Seite nicht bloß eine große Anzahl von Göttern, sondern *Alles* (alles Endliche gilt hier dafür, ein eignes *Sein* zu haben) *sind Götter*; auf dieser Seite hat Hr. Th. hiemit in der Tat seine *Allesgötterei*, seinen *Pantheismus* ausdrücklich, nicht auf der ersten, zu deren Gott er ausdrücklich den *Einen* Urgrund macht, wo somit nur *Monotheismus* ist.

vielmehr ausgeschlossen. Damit ist in Gott als solchem ebensowenig der Unterschied von Gut und Böse; denn dieser Unterschied ist nur im Entzweiten, einem solchen, in welchem das Böse selbst ist. Weiter kommt nun im Spinozismus auch der Unterschied vor: *der Mensch verschieden von Gott.* Das System mag nach dieser Seite theoretisch nicht befriedigen; denn der Mensch und das Endliche überhaupt, mag es nachher auch zum Modus herabgesetzt werden, *findet* sich in der Betrachtung nur *neben* der Substanz ein. Hier nun, im Menschen, wo der Unterschied existiert, ist es, daß derselbe auch wesentlich als der Unterschied des Guten und Bösen existiert, und hier nur ist es, wo er *eigentlich* ist, denn hier ist nur die eigentümliche Bestimmung desselben. Hat man beim Spinozismus nur die Substanz vor Augen, so ist in ihr freilich kein Unterschied des Guten und Bösen, aber darum, weil das Böse, wie das Endliche und die *Welt* überhaupt (s. § 50 Anm. S. [376]), auf diesem Standpunkte *gar nicht ist.* Hat man aber den Standpunkt vor Augen, auf welchem in diesem Systeme auch der Mensch und das Verhältnis des Menschen zur Substanz vorkommt, und wo nur das Böse im Unterschied desselben vom Guten seine Stelle haben kann, so muß man die Teile der Ethik nachgesehen haben, welche von demselben, von den Affekten, der menschlichen Knechtschaft und der menschlichen Freiheit handeln, um von den moralischen Folgerungen des Systems erzählen zu können. Ohne Zweifel wird man sich von der hohen Reinheit dieser Moral, deren Prinzip die lautere Liebe Gottes ist, ebensosehr als davon überzeugen, daß diese Reinheit der Moral Konsequenz des Systems ist. *Lessing* sagte zu seiner Zeit: die Leute gehen mit Spinoza wie mit einem toten Hunde um; man kann nicht sagen, daß in neuerer Zeit mit dem Spinozismus und dann überhaupt mit spekulativer Philosophie besser umgegangen werde, wenn man sieht, daß diejenigen, welche davon referieren und urteilen, sich nicht einmal bemühen, die Fakta richtig zu fassen und sie richtig anzugeben und zu erzählen. Es wäre dies das Minimum von Gerechtigkeit, und ein solches doch könnte sie auf allen Fall fordern.

41. Aus der Einleitung in die »Enzyklopädie« (G. F. W. Hegel)

§ 1

Die Philosophie entbehrt des Vorteils, der den andern Wissenschaften zu Gute kommt, ihre *Gegenstände*, als unmittelbar von der Vorstellung zugegeben, sowie die *Methode* des Erkennens für Anfang und Fortgang, als bereits angenommen, *voraussetzen* zu können. Sie hat zwar ihre Gegenstände zunächst mit der Religion gemeinschaftlich. Beide haben die *Wahrheit* zu ihrem Gegenstande, und zwar im höchsten Sinne, – in dem, daß *Gott* die Wahrheit und er *allein* die Wahrheit ist. Beide handeln dann ferner von dem Gebiete des Endlichen, von der *Natur* und dem *menschlichen Geiste*, deren Beziehung aufeinander und auf Gott, als auf ihre Wahrheit. Die Philosophie kann daher wohl eine *Bekanntschaft* mit ihren Gegenständen, ja sie *muß* eine solche, wie ohnehin ein Interesse an denselben voraussetzen; – schon darum, weil das Bewußtsein sich der Zeit nach *Vorstellungen* von Gegenständen früher als *Begriffe* von denselben macht, der *denkende* Geist sogar nur *durchs* Vorstellen hindurch und *auf* dasselbe sich wendend zum denkenden Erkennen und Begreifen fortgeht.

Aber bei dem denkenden Betrachten gibt's sich bald kund, daß dasselbe die Forderung in sich schließt, die *Notwendigkeit* seines Inhalts zu zeigen, sowohl das Sein schon als die Bestimmungen seiner Gegenstände zu *beweisen*. Jene Bekanntschaft mit diesen erscheint so als unzureichend, und *Voraussetzungen* und *Versicherungen* zu machen oder gelten zu lassen, als unzulässig. Die Schwierigkeit, einen *Anfang* zu machen, tritt aber zugleich damit ein, da ein Anfang als ein *Unmittelbares* eine Voraussetzung macht oder vielmehr selbst eine solche ist. [...]

§ 3

Der *Inhalt*, der unser Bewußtsein erfüllt, von welcher Art er sei, macht die *Bestimmtheit* der Gefühle, Anschauungen, Bilder, Vorstellungen, der Zwecke, Pflichten usf. und der Gedanken und Begriffe aus. Gefühl, Anschauung, Bild usf. sind insofern *die Formen* solchen Inhalts, welcher *ein und derselbe* bleibt, ob er gefühlt, angeschaut, vorgestellt, gewollt, und ob er *nur* gefühlt oder aber mit Vermischung von Gedanken gefühlt, angeschaut usf. oder ganz *unvermischt* gedacht wird. In irgend einer dieser Formen oder in der Vermischung mehrerer ist der Inhalt *Gegenstand* des Bewußtseins. In dieser Gegenständlichkeit *schlagen sich* aber auch *die Bestimmtheiten dieser Formen zum Inhalte*; so daß nach jeder dieser Formen ein besonderer Gegenstand zu entstehen scheint, und was an sich dasselbe ist, als ein verschiedener Inhalt aussehen kann.

Indem die Bestimmtheiten des Gefühls, der Anschauung, des Begehrens, des Willens usf., insofern von ihnen *gewußt* wird, überhaupt *Vorstellungen* genannt werden, so kann im allgemeinen gesagt werden, daß die Philosophie *Gedanken, Kategorien*, aber näher *Begriffe* an die Stelle der Vorstellungen setzt. Vorstellungen überhaupt können als *Metaphern* der Gedanken und Begriffe angesehen werden. Damit aber, daß man Vorstellungen hat, kennt man noch nicht deren Bedeutung für das Denken, d. h. noch nicht deren Gedanken und Begriffe. Umgekehrt ist es auch zweierlei, Gedanken und Begriffe zu haben, und zu wissen, welches die ihnen entsprechenden Vorstellungen, Anschauungen, Gefühle sind. – Eine Seite dessen, was man *die Unverständlichkeit* der Philosophie nennt, bezieht sich hierauf. Die Schwierigkeit liegt einesteils in einer Unfähigkeit, die an sich nur *Ungewohnheit* ist, abstrakt zu denken, d. h. reine Gedanken festzuhalten und in ihnen sich zu bewegen. In unserem gewöhnlichen Bewußtsein sind die Gedanken mit sinnlichem und geistigem geläufigen Stoffe angetan und vereinigt, und im Nachdenken, Reflektieren und Räsonnieren *vermischen* wir die Gefühle, Anschauungen, Vorstellungen mit Gedanken (in jedem Satze von ganz sinnlichem Inhalte: ›dies Blatt *ist* grün‹, sind schon Kategorien, *Sein, Einzelheit*, eingemischt). Ein anderes aber ist, die Gedanken selbst unvermischt zum Gegenstande zu machen. – Der andere Teil der Unverständlichkeit ist die Ungeduld, das in der Weise der Vorstellung vor sich haben zu wollen, was als Gedanke und Begriff im Bewußtsein ist. Es kommt der Ausdruck vor, man wisse nicht, was man sich bei einem Begriffe, der gefaßt worden, *denken* solle; bei einem Begriffe ist weiter nichts zu denken als der Begriff selbst. Der Sinn jenes Ausdrucks aber ist eine Sehnsucht nach einer bereits *bekannten, geläufigen Vorstellung*; es ist dem Bewußtsein, als ob ihm, mit der Weise der Vorstellung, der Boden entzogen wäre, auf welchem es sonst seinen festen und heimischen Stand hat. Wenn es sich in die reine Region der Begriffe versetzt findet, weiß es nicht, *wo* es in der Welt ist. – Am *verständlichsten* werden daher Schriftsteller, Prediger, Redner usf. gefunden, die ihren Lesern oder Zuhörern Dinge vorsagen, welche diese bereits auswendig wissen, die ihnen geläufig sind und die sich *von selbst verstehen*. [...]

§ 6

Von der andern Seite ist es ebenso wichtig, daß die Philosophie darüber verständigt sei, daß ihr Inhalt kein anderer ist als der im Gebiete des lebendigen Geistes ursprünglich hervorgebrachte und sich hervorbringende, zur *Welt*, äußern und innern Welt des Bewußtseins gemachte Gehalt, – daß ihr Inhalt die *Wirklichkeit* ist. Das nächste Bewußtsein dieses Inhalts nennen wir *Erfahrung*. Eine sinnige Betrachtung der Welt unterscheidet schon, was von dem weiten Reiche des äußern und innern Daseins nur *Erscheinung*, vorübergehend und bedeutungslos ist, und was in sich wahrhaft den Namen der *Wirklichkeit* verdient. Indem die Philosophie von anderem Bewußtwerden dieses einen und desselben Gehalts nur nach der Form unterschieden ist, so ist ihre Übereinstimmung mit der Wirklichkeit und Erfahrung notwendig. Ja diese Übereinstimmung kann für einen wenigstens äußeren Prüfstein der Wahrheit einer Philosophie angesehen werden, so wie es für den höchsten Endzweck der Wissenschaft anzusehen ist, durch die Erkenntnis dieser Übereinstimmung die Versöhnung der selbstbewußten Vernunft mit der *seienden* Vernunft, mit der Wirklichkeit hervorzubringen.

In der *Vorrede* zu meiner *Philosophie des Rechts*, S. XIX, befinden sich die Sätze:

> *Was vernünftig ist, das ist wirklich,*
> *und was wirklich ist, das ist vernünftig.*

Diese einfachen Sätze haben manchen auffallend geschienen und Anfeindung erfahren, und zwar selbst von solchen, welche Philosophie und wohl ohnehin Religion zu besitzen nicht in Abrede sein wollen. Die Religion wird es unnötig sein in dieser Beziehung anzuführen, da ihre Lehren von der göttlichen Weltregierung diese Sätze zu bestimmt aussprechen. Was aber den philosophischen Sinn betrifft, so ist so viel Bildung vorauszusetzen, daß man wisse, nicht nur daß Gott wirklich, – daß er das Wirklichste, daß er allein wahrhaft wirklich ist, sondern auch, in Ansehung des Formellen, daß überhaupt das Dasein zum Teil *Erscheinung*, und nur zum Teil Wirklichkeit ist. Im gemeinen Leben nennt man etwa jeden Einfall, den Irrtum, das Böse und was auf diese Seite gehört, sowie jede noch so verkümmerte und vergängliche Existenz zufälligerweise eine *Wirklichkeit*. Aber auch schon einem gewöhnlichen Gefühl wird eine zufällige Existenz nicht den emphatischen Namen eines Wirklichen verdienen; – das Zufällige ist eine Existenz, die keinen größern Wert als den eines *Möglichen* hat, die so gut *nicht sein* kann, als sie ist. Wenn aber ich von Wirklichkeit gesprochen habe, so wäre von selbst daran zu denken, in welchem Sinne ich diesen Ausdruck gebrauche, da ich in einer ausführlichen *Logik* auch die Wirklichkeit abgehandelt und sie nicht nur sogleich von dem Zufälligen, was doch auch Existenz hat, sondern näher von Dasein, Existenz und andern Bestimmungen genau unterschieden habe. – Der *Wirklichkeit des Vernünftigen* stellt sich schon die Vorstellung entgegen, sowohl daß die Ideen, Ideale weiter nichts als Chimären und die Philosophie ein System von solchen Hirngespinsten sei, als umgekehrt, daß die Ideen und Ideale etwas viel zu Vortreffliches seien, um Wirklichkeit zu haben, oder ebenso etwas zu Ohnmächtiges, um sich solche zu verschaffen. Aber die Abtrennung der Wirklichkeit von der Idee ist besonders bei dem Verstande beliebt, der die Träume seiner Abstraktionen für etwas Wahrhaftes hält und auf das *Sollen*, das er vornehmlich auch im politischen Felde gern vorschreibt, eitel ist, als ob die Welt auf ihn gewartet hätte, um zu erfahren, wie sie sein *solle*, aber nicht sei; wäre sie, wie sie sein soll, wo bliebe die Altklugheit seines Sollens? Wenn er sich mit dem Sollen gegen triviale, äußerliche und vergängliche Gegenstände, Einrichtungen, Zustände usf. wendet, die etwa auch für eine gewisse Zeit, für besondere Kreise eine große relative Wichtigkeit haben mögen, so mag er wohl Recht haben und in solchem Falle vieles finden, was allgemeinen, richtigen Bestimmungen nicht entspricht; wer wäre nicht so klug, um in seiner Umgebung vieles zu sehen, was in der Tat nicht so ist, wie es sein soll? Aber diese Klugheit hat Unrecht, sich einzubilden, mit solchen Gegenständen und deren Sollen sich innerhalb der Interessen der philosophischen Wissenschaft zu befinden. Diese hat es nur mit der Idee zu tun, welche nicht so ohnmächtig ist, um nur zu sollen und nicht wirklich zu sein, und damit mit einer Wirklichkeit, an welcher jene Gegenstände, Einrichtungen, Zustände usf. nur die oberflächliche Außenseite sind. [...]

§ 13

In der eigentümlichen Gestalt *äußerlicher Geschichte* wird die Entstehung und Entwicklung der Philosophie als *Geschichte dieser Wissenschaft* vorgestellt. Diese Gestalt gibt den Entwicklungs-Stufen der Idee die Form von *zufälliger* Aufeinanderfolge und etwa von bloßer *Verschiedenheit* der Prinzipien und ihrer Ausführungen in ihren Philosophien. Der Werkmeister aber dieser Arbeit von Jahrtausenden ist der Eine lebendige Geist, dessen denkende Natur es ist, das, *was er ist*, zu seinem Bewußtsein zu bringen, und indem dies so Gegenstand geworden, zugleich schon darüber erhoben und eine höhere Stufe in sich zu sein. Die *Geschichte der Philosophie* zeigt an den verschieden erscheinenden Philosophien teils nur Eine Philosophie auf verschiedenen Ausbildungs-Stufen auf, teils daß die besondern *Prinzipien*, deren eines einem System zu Grunde lag, nur *Zweige* eines und desselben Ganzen sind. Die der Zeit nach letzte Philosophie ist das Resultat aller vorhergehenden Philosophien und muß daher die Prinzipien aller enthalten; sie ist darum, wenn sie anders Philosophie ist, die entfaltetste, reichste und konkreteste.

Bei dem Anschein der so vielen, *verschiedenen* Philosophien muß das *Allgemeine* und *Besondere* seiner eigentlichen Bestimmung nach unterschieden werden. Das Allgemeine formell genommen und *neben* das Besondere gestellt, wird selbst auch zu etwas Besonderem. Solche Stellung würde bei Gegenständen des gemeinen Lebens von selbst als unangemessen und ungeschickt auffallen, wie wenn z. B. einer, der Obst verlangt, Kirschen, Birnen, Trauben usf. ausschlüge, weil sie Kirschen, Birnen, Trauben, *nicht* aber Obst seien. In Ansehung der Philosophie aber läßt man es sich zu, die Verschmähung derselben damit zu rechtfertigen, weil es so verschiedene Philosophien gebe, und jede nur *eine* Philosophie, nicht *die* Philosophie sei, – als ob nicht auch die Kirschen Obst wären. Es geschieht auch, daß eine solche, deren Prinzip das Allgemeine ist, *neben* solche, deren Prinzip ein besonderes ist, ja sogar neben Lehren, die versichern, daß es gar keine Philosophie gebe, gestellt wird, in dem Sinne, daß beides *nur verschiedene* Ansichten der Philosophie seien, etwa wie wenn Licht und Finsternis nur zwei *verschiedene* Arten des Lichtes genannt würden.

§ 14

Dieselbe Entwicklung des Denkens, welche in der Geschichte der Philosophie dargestellt wird, wird in der Philosophie selbst dargestellt, aber befreit von jener geschichtlichen Äußerlichkeit, *rein im Elemente des Denkens*. Der freie und wahrhafte Gedanke ist in sich *konkret*, und so ist er *Idee*, und in seiner ganzen Allgemeinheit *die* Idee oder *das Absolute*. Die Wissenschaft desselben ist wesentlich *System*, weil das Wahre als *konkret* nur als sich in sich entfaltend und in Einheit zusammennehmend und -haltend, d. i. als *Totalität* ist, und nur durch Unterscheidung und Bestimmung seiner Unterschiede die Notwendigkeit derselben und die Freiheit des Ganzen sein kann.

Ein Philosophieren *ohne System* kann nichts Wissenschaftliches sein; außerdem, daß solches Philosophieren für sich mehr eine subjektive Sinnesart ausdrückt, ist es seinem Inhalte nach zufällig.

Ein Inhalt hat allein als Moment des Ganzen seine Rechtfertigung, außer demselben aber eine unbegründete Voraussetzung oder subjektive Gewißheit; viele philosophische Schriften beschränken sich darauf, auf solche Weise nur *Gesinnungen* und *Meinungen* auszusprechen. – Unter einem *Systeme* wird fälschlich eine Philosophie von einem beschränkten, von andern unterschiedenen *Prinzip* verstanden; es ist im Gegenteil Prinzip wahrhafter Philosophie, alle besondern Prinzipien in sich zu enthalten.

§ 15

Jeder der Teile der Philosophie ist ein philosophisches Ganzes, ein sich in sich selbst schließender Kreis, aber die philosophische Idee ist darin in einer besondern Bestimmtheit oder Elemente. Der einzelne Kreis durchbricht darum, weil er in sich Totalität ist, auch die Schranke seines Elements und begründet eine weitere Sphäre; das Ganze stellt sich daher als ein Kreis von Kreisen dar, deren jeder ein notwendiges Moment ist, so daß das System ihrer eigentümlichen Elemente die ganze Idee ausmacht, die ebenso in jedem einzelnen erscheint. [...]

§ 17

Für den *Anfang*, den die Philosophie zu machen hat, scheint sie im allgemeinen ebenso mit einer subjektiven Voraussetzung wie die andern Wissenschaften zu beginnen, nämlich einen besondern Gegenstand, wie anderwärts Raum, Zahl usf., so hier das *Denken* zum Gegenstande des Denkens machen zu müssen. Allein es ist dies der freie Akt des Denkens, sich auf den Standpunkt zu stellen, wo es für sich selber ist und *sich* hiemit *seinen Gegenstand selbst erzeugt* und *gibt*. Ferner muß der Standpunkt, welcher so als *unmittelbarer* erscheint, innerhalb der Wissenschaft sich zum *Resultate*, und zwar zu ihrem letzten machen, in welchem sie ihren Anfang wieder erreicht und in sich zurückkehrt. Auf diese Weise zeigt sich die Philosophie als ein in sich zurückgehender Kreis, der keinen Anfang im Sinne anderer Wissenschaften hat, so daß der Anfang nur eine Beziehung auf das Subjekt, als welches sich entschließen will zu philosophieren, nicht aber auf die Wissenschaft als solche hat. – Oder was dasselbe ist, der Begriff der Wissenschaft und somit der erste – und weil er der erste ist, enthält er die Trennung, daß das Denken Gegenstand für ein (gleichsam äußerliches) philosophierendes Subjekt ist, – muß von der Wissenschaft selbst erfaßt werden. Dies ist sogar ihr einziger Zweck, Tun und Ziel, zum Begriffe ihres Begriffes und so zu ihrer Rückkehr und Befriedigung zu gelangen.

§ 18

Wie von einer Philosophie nicht eine vorläufige, allgemeine Vorstellung gegeben werden kann, denn nur das *Ganze* der Wissenschaft ist die Darstellung der Idee, so kann auch ihre *Einteilung* nur erst aus dieser begriffen werden; sie ist wie diese, aus der sie zu nehmen ist, etwas Antizipiertes. Die Idee aber erweist sich als das schlechthin mit sich identische Denken und dies zugleich als die Tätigkeit, sich selbst, um für sich zu sein, sich gegenüber zu stellen und in diesem Andern nur bei sich selbst zu sein. So zerfällt die Wissenschaft in die drei Teile:

I. Die *Logik*, die Wissenschaft der Idee an und für sich,
II. Die *Naturphilosophie* als die Wissenschaft der Idee in ihrem Anderssein,
III. Die *Philosophie des Geistes*, als der Idee, die aus ihrem Anderssein in sich zurückkehrt.

Oben § 15 ist bemerkt, daß die Unterschiede der besondern philosophischen Wissenschaften nur Bestimmungen der Idee selbst sind, und diese es nur ist, die sich in diesen verschiedenen Elementen darstellt. In der Natur ist es nicht ein Anderes als die Idee, welches erkannt würde, aber sie ist in der Form der *Entäußerung*, so wie im Geiste ebendieselbe *als für sich seiend und an und für sich werdend*. Eine solche Bestimmung, in der die Idee erscheint, ist zugleich ein *fließendes* Moment; daher ist die einzelne Wissenschaft ebensosehr dies, ihren Inhalt als *seienden* Gegenstand, als auch dies, unmittelbar darin seinen Übergang in seinen höhern Kreis zu erkennen. Die *Vorstellung* der *Einteilung* hat daher das Unrichtige, daß sie die besondern Teile oder Wissenschaften *nebeneinander* hinstellt, als ob sie nur ruhende und in ihrer Unterscheidung substantielle, wie *Arten*, wären.

42. Drei Stellungen des Gedankens zur Objektivität (G. F. W. Hegel)

A
Erste Stellung des Gedankens zur Objektivität

Metaphysik

§ 26

Die erste Stellung ist das *unbefangene* Verfahren, welches, noch ohne das Bewußtsein des Gegensatzes des Denkens in und gegen sich, den *Glauben* enthält, daß durch das *Nachdenken* die *Wahrheit erkannt*, das, was die Objekte wahrhaft sind, vor das Bewußtsein gebracht werde. In diesem Glauben geht das Denken geradezu an die Gegenstände, reproduziert den Inhalt der Empfindungen und Anschauungen aus sich zu einem Inhalte des Gedankens und ist in solchem als der Wahrheit befriedigt. Alle anfängliche Philosophie, alle Wissenschaften, ja selbst das tägliche Tun und Treiben des Bewußtseins lebt in diesem Glauben.

§ 27

Dieses Denken *kann* wegen der Bewußtlosigkeit über seinen Gegensatz ebensowohl seinem Gehalte nach echtes *spekulatives* Philosophieren sein, als auch in *endlichen* Denkbestimmungen, d. i. in dem *noch unaufgelösten* Gegensatze verweilen. Hier in der Einleitung kann es nur das Interesse sein, diese Stellung des Denkens nach seiner Grenze zu betrachten und daher das letztere *Philosophieren* zunächst vorzunehmen. – Dieses in seiner bestimmtesten und uns am nächsten liegenden Ausbildung war die *vormalige*

Metaphysik, wie sie vor der Kantischen Philosophie bei uns beschaffen war. Diese Metaphysik ist jedoch nur in Beziehung auf die Geschichte der Philosophie etwas *Vormaliges*; für sich ist sie überhaupt immer vorhanden, die *bloße Verstandes-Ansicht* der Vernunft-Gegenstände. Die nähere Betrachtung ihrer Manier und ihres Hauptinhaltes hat daher zugleich dies nähere präsente Interesse.

§ 28

Diese Wissenschaft betrachtete die Denkbestimmungen als die *Grundbestimmungen der Dinge*; sie stand durch diese Voraussetzung, daß das, was *ist*, damit daß es *gedacht* wird, *an sich* erkannt werde, höher als das spätere kritische Philosophieren. Aber 1) wurden jene Bestimmungen in ihrer Abstraktion als für sich geltend und als fähig genommen, *Prädikate des Wahren* zu sein. Jene Metaphysik setzte überhaupt voraus, daß die Erkenntnis des Absoluten in der Weise geschehen könne, daß *ihm Prädikate beigelegt werden*, und untersuchte weder die Verstandesbestimmungen ihrem eigentümlichen Inhalte und Werte nach, noch auch diese Form, das Absolute durch Beilegung von Prädikaten zu bestimmen.

Solche Prädikate sind z. B. *Dasein*, wie in dem Satze: ›*Gott hat Dasein*‹; *Endlichkeit* oder *Unendlichkeit*, in der Frage, ob die Welt endlich oder unendlich ist; *einfach, zusammengesetzt*, in dem Satze: ›Die Seele ist *einfach*‹; – ferner ›das Ding ist *Eines*, ein *Ganzes*‹ usf. – Es wurde nicht untersucht, ob solche Prädikate an und für sich etwas Wahres seien, noch ob die Form des Urteils Form der Wahrheit sein könne.

§ 29

Dergleichen Prädikate sind für sich ein *beschränkter* Inhalt und zeigen sich schon als der *Fülle* der *Vorstellung* (von Gott, Natur, Geist usf.) nicht angemessen und sie keineswegs erschöpfend. Alsdann sind sie dadurch, daß sie Prädikate Eines Subjekts seien, miteinander verbunden, durch ihren Inhalt aber verschieden, so daß sie *gegeneinander* von *außen* her aufgenommen werden.

Dem ersten Mangel suchten die Orientalen z. B. bei der Bestimmung Gottes durch die vielen *Namen*, die sie ihm beilegten, abzuhelfen; zugleich aber sollten der Namen *unendlich* viele sein.

§ 30

2) Ihre *Gegenstände* waren zwar Totalitäten, welche an und für sich der *Vernunft*, dem Denken des in sich *konkreten* Allgemeinen angehören, – *Seele, Welt, Gott;* – aber die Metaphysik nahm sie aus der *Vorstellung* auf, legte sie als *fertige gegebene Subjekte*, bei der Anwendung der Verstandesbestimmungen darauf, zu Grunde, und hatte nur an jener Vorstellung den *Maßstab*, ob die Prädikate passend und genügend seien oder nicht.

§ 31

Die Vorstellungen von Seele, Welt, Gott scheinen zunächst dem Denken einen *festen Halt* zu gewähren. Außerdem aber, daß ihnen der Charakter besonderer Subjektivität beigemischt ist und sie hiernach eine sehr verschiedene Bedeutung haben können, so bedürfen sie es vielmehr, erst durch das Denken die feste Bestimmung zu erhalten. Dies drückt jeder Satz aus, als in welchem erst durch das *Prädikat* (d. i. in der Philosophie durch die Denkbestimmung) angegeben werden soll, *was* das Subjekt, d. i. die anfängliche Vorstellung sei.

In dem Satze: ›Gott *ist* ewig usf.‹ wird mit der Vorstellung ›Gott‹ angefangen; aber was er *ist*, wird noch nicht *gewußt*; erst das Prädikat sagt aus, was er *ist*. Es ist deswegen im Logischen, wo der Inhalt ganz allein in der Form des Gedankens bestimmt wird, nicht nur überflüssig, diese Bestimmungen zu Prädikaten von Sätzen, deren *Subjekt* Gott oder das vagere Absolute wäre, zu machen, sondern es würde auch den Nachteil haben, an einen andern Maßstab, als die

Natur des Gedankens selbst ist, zu erinnern. – Ohnehin ist die Form des Satzes oder bestimmter des Urteils ungeschickt, das Konkrete – und das Wahre ist konkret – und Spekulative auszudrücken; das Urteil ist durch seine Form einseitig und insofern falsch.

§ 32

3) Diese Metaphysik wurde *Dogmatismus*, weil sie nach der Natur der endlichen Bestimmungen annehmen mußte, daß von *zwei entgegengesetzten Behauptungen*, dergleichen jene Sätze waren, die eine *wahr*, die andere aber *falsch* sein müsse.

§ 33

Den *ersten Teil* dieser Metaphysik in ihrer geordneten Gestalt machte die *Ontologie* aus, – die Lehre von den *abstrakten Bestimmungen des Wesens*. Für diese in ihrer Mannigfaltigkeit und endlichem Gelten mangelt es an einem Prinzip; sie müssen darum *empirisch* und *zufälligerweise* aufgezählt, und ihr näherer *Inhalt* kann nur auf die *Vorstellung*, auf die *Versicherung*, daß man sich bei einem Worte gerade dies denke, etwa auch auf die Etymologie gegründet werden. Es kann dabei bloß um die mit dem Sprachgebrauch übereinstimmende *Richtigkeit* der Analyse und empirische *Vollständigkeit*, nicht um die *Wahrheit* und *Notwendigkeit* solcher Bestimmungen an und für sich zu tun sein.

Die Frage, ob Sein, Dasein, oder Endlichkeit, Einfachheit, Zusammensetzung usf. *an und für sich wahre Begriffe* seien, muß auffallend sein, wenn man meint, es könne bloß von der Wahrheit *eines Satzes* die Rede sein und nur gefragt werden, ob ein *Begriff einem Subjekte* mit Wahrheit *beizulegen* sei (wie man es nannte) oder nicht; die Unwahrheit hänge von dem Widerspruche ab, der sich zwischen dem Subjekte der Vorstellung und dem von demselben zu prädizierenden Begriffe fände. Allein der Begriff als Konkretes und selbst jede Bestimmtheit überhaupt ist wesentlich in sich selbst eine Einheit unterschiedener Bestimmungen. Wenn die Wahrheit also weiter nichts wäre als der Mangel des Widerspruchs, so müßte bei jedem Begriffe zuerst betrachtet werden, ob er nicht für sich einen solchen innern Widerspruch enthalte.

§ 34

Der *zweite Teil* war die *rationelle Psychologie* oder *Pneumatologie*, welche die metaphysische Natur der *Seele*, nämlich des Geistes als eines *Dinges* betrifft.

Die Unsterblichkeit wurde in der Sphäre aufgesucht, wo *Zusammensetzung, Zeit, qualitative Veränderung, quantitatives Zu-* oder *Abnehmen* ihre Stelle haben.

§ 35

Der *dritte Teil*, die *Kosmologie*, handelte von der *Welt*, ihrer Zufälligkeit, Notwendigkeit, Ewigkeit, Begrenztsein in Raum und Zeit; den formellen Gesetzen in ihren Veränderungen, ferner von der Freiheit des Menschen und dem Ursprunge des Bösen.

Als absolute Gegensätze gelten hiebei vornehmlich: Zufälligkeit und Notwendigkeit; äußerliche und innerliche Notwendigkeit; wirkende und Endursachen, oder die Kausalität überhaupt und Zweck; Wesen oder Substanz und Erscheinung; Form und Materie; Freiheit und Notwendigkeit; Glückseligkeit und Schmerz; Gutes und Böses.

§ 36

Der *vierte Teil*, die *natürliche* oder *rationelle Theologie*, betrachtete den Begriff Gottes oder dessen Möglichkeit, die Beweise von seinem Dasein und seine Eigenschaften.

a) Bei dieser verständigen Betrachtung Gottes kommt es vornehmlich darauf an, welche Prädikate zu dem passen oder nicht passen, was *wir uns* unter Gott *vorstellen*. Der Gegensatz von Realität und Negation kommt hier als absolut vor; daher bleibt für den *Begriff*, wie ihn der Verstand nimmt, am Ende nur die leere Abstraktion des unbestimmten *Wesens*, der reinen Realität oder Positivität, das tote Produkt der modernen Aufklärung. b) Das *Beweisen* des endlichen Erkennens zeigt überhaupt die verkehrte Stellung, daß ein objektiver Grund von Gottes Sein angegeben werden soll, welches somit sich als *ein* durch ein anderes *Vermitteltes* darstellt. Dies Beweisen, das die Verstandes-Identität zur Regel hat, ist von der Schwierigkeit befangen, den Übergang vom *Endlichen* zum *Unendlichen* zu machen. So konnte es entweder Gott von der positiv bleibenden Endlichkeit der daseienden Welt nicht befreien, so daß er sich als die unmittelbare Substanz derselben bestimmen mußte (Pantheismus); – oder er blieb als ein Objekt dem Subjekt gegenüber, somit auf diese Weise ein *Endliches* (Dualismus). c) Die *Eigenschaften*, da sie doch bestimmte und verschiedene sein sollen, sind eigentlich in dem abstrakten Begriffe der reinen Realität, des unbestimmten Wesens untergegangen. Insofern aber noch die endliche Welt als ein *wahres* Sein und Gott ihr gegenüber in der Vorstellung bleibt, so stellt sich auch die Vorstellung verschiedener Verhältnisse desselben zu jener ein, welche, als Eigenschaften bestimmt, einerseits als Verhältnisse zu endlichen Zuständen selbst endlicher Art (z. B. gerecht, gütig, mächtig, weise usf.) sein müssen, andererseits aber zugleich unendlich sein sollen. Dieser Widerspruch läßt auf diesem Standpunkte nur die nebulose Auflösung durch quantitative Steigerung zu, sie ins Bestimmungslose, in den sensum eminentiorem zu treiben. Hiedurch aber wird die Eigenschaft in der Tat zunichte gemacht und ihr bloß ein Name gelassen.

B
Zweite Stellung des Gedankens zur Objektivität

I. Empirismus

§ 37

Das Bedürfnis teils eines *konkreten* Inhalts gegen die abstrakten Theorien des Verstandes, der nicht für sich selbst aus seinen Allgemeinheiten zur Besonderung und Bestimmung fortgehen kann, teils eines *festen Halts* gegen die Möglichkeit, auf dem Felde und nach der Methode der endlichen Bestimmungen *alles beweisen zu können*, führte zunächst auf den *Empirismus*, welcher, statt in dem Gedanken selbst das Wahre zu suchen, dasselbe aus der *Erfahrung*, der äußern und innern Gegenwart, zu holen geht.

§ 38

Der *Empirismus* hat diese Quelle einerseits mit der Metaphysik selbst gemein, als welche für die Beglaubigung ihrer Definitionen – der Voraussetzungen sowie des bestimmtern Inhalts – ebenfalls die Vorstellungen, d. h. den zunächst von der Erfahrung herrührenden Inhalt zur Gewähr hat. Andernteils ist die einzelne Wahrnehmung von der Erfahrung unterschieden, und der Empirismus erhebt den der Wahrnehmung, dem Gefühl und der Anschauung angehörigen Inhalt in die *Form allgemeiner Vorstellungen, Sätze* und *Gesetze* usw. Dies geschieht jedoch nur in dem Sinne, daß diese allgemeinen Bestimmungen (z. B. Kraft) keine weitere Bedeutung und Gültigkeit für sich haben sollen als die aus der Wahrnehmung genommene, und kein als in der Erscheinung nachzuweisender Zusammenhang Berechtigung haben soll. Den festen Halt nach der *subjektiven* Seite hat das empirische Erkennen darin, daß das Bewußtsein in der Wahrnehmung seine *eigene unmittelbare Gegenwart* und *Gewißtheit* hat.

Es liegt im Empirismus dies große Prinzip, daß, was wahr ist, in der Wirklichkeit sein und für die Wahrnehmung da sein muß. Dies

Prinzip ist dem *Sollen* entgegengesetzt, womit die Reflexion sich aufbläht und gegen die Wirklichkeit und Gegenwart mit einem *Jenseits* verächtlich tut, welches nur in dem subjektiven Verstande seinen Sitz und Dasein haben soll. Wie der Empirismus, erkennt (§ 7) auch die Philosophie nur das, was *ist*; sie weiß nicht solches, was nur sein *soll* und somit *nicht da ist*. – Nach der subjektiven Seite ist ebenso das wichtige Prinzip der *Freiheit* anzuerkennen, welches im Empirismus liegt, daß nämlich der Mensch, was er in seinem Wissen gelten lassen soll, *selbst* sehen, sich *selbst* darin *präsent* wissen soll. – Die *konsequente* Durchführung des Empirismus, insofern er dem Inhalte nach sich auf Endliches beschränkt, leugnet aber das Übersinnliche überhaupt oder wenigstens die Erkenntnis und Bestimmtheit desselben, und läßt dem Denken nur die Abstraktion und formelle Allgemeinheit und Identität zu. – Die Grundtäuschung im wissenschaftlichen Empirismus ist immer diese, daß er die metaphysischen Kategorien von Materie, Kraft, ohnehin von Einem, Vielem, Allgemeinheit, auch Unendlichem usf. gebraucht, ferner am Faden solcher Kategorien weiter fort*schließt*, dabei die Formen des Schließens voraussetzt und anwendet, und bei allem nicht weiß, daß er so selbst Metaphysik enthält und treibt und jene Kategorien und deren Verbindungen auf eine völlig unkritische und bewußtlose Weise gebraucht.

§ 39

Über dies Prinzip ist zunächst die richtige Reflexion gemacht worden, daß in dem, was *Erfahrung* genannt wird und von bloßer einzelner Wahrnehmung einzelner Tatsachen zu unterscheiden ist, sich *zwei Elemente* finden, – das eine der für sich vereinzelte, unendlich *mannigfaltige Stoff*, – das andere die *Form*, die Bestimmungen der *Allgemeinheit* und *Notwendigkeit*. Die Empirie zeigt wohl viele, etwa unzählbar viele gleiche Wahrnehmungen auf; aber etwas ganz anderes ist noch die *Allgemeinheit* als die große Menge. Ebenso gewährt die Empirie wohl Wahrnehmungen von *aufeinander-folgenden* Veränderungen oder von *nebeneinanderliegenden* Gegenständen, aber nicht einen Zusammenhang *der Notwendigkeit*. Indem nun die Wahrnehmung die Grundlage dessen, was für Wahrheit gelte, bleiben soll, so erscheint die Allgemeinheit und Notwendigkeit als etwas *Unberechtigtes*, als eine subjektive Zufälligkeit, eine bloße Gewohnheit, deren Inhalt so oder anders beschaffen sein kann.

Eine wichtige Konsequenz hievon ist, daß in dieser empirischen Weise die rechtlichen und sittlichen Bestimmungen und Gesetze sowie der Inhalt der Religion als etwas Zufälliges erscheinen und deren Objektivität und innere Wahrheit aufgegeben ist.

Der *Humesche* Skeptizismus, von dem die obige Reflexion vornehmlich ausgeht, ist übrigens vom *Griechischen Skeptizismus* sehr wohl zu unterscheiden. Der Humesche legt die *Wahrheit* des Empirischen, des Gefühls, der Anschauung zu Grunde und bestreitet die allgemeinen Bestimmungen und Gesetze von da aus, aus dem Grunde, weil sie nicht eine Berechtigung durch die sinnliche Wahrnehmung haben. Der alte Skeptizismus war so weit entfernt, das Gefühl, die Anschauung zum Prinzip der Wahrheit zu machen, daß er sich vielmehr zu allererst gegen das Sinnliche kehrte. (Über den modernen Skeptizismus in seiner Vergleichung mit dem alten s. Schellings und Hegels Krit. Journal der Philosophie 1802. I. Bd. 2. St.)

II. Kritische Philosophie

§ 40

Die kritische Philosophie hat es mit dem Empirismus gemein, die Erfahrung für den *einzigen* Boden der Erkenntnisse anzunehmen, welche sie aber nicht für Wahrheiten, sondern nur für Erkenntnisse von Erscheinungen gelten läßt.

Zunächst wird von dem Unterschiede der Elemente ausgegangen, die sich in der Analyse der Erfahrung finden, des *sinnlichen Stoffes* und der *allgemeinen Beziehungen* desselben. Indem sich hiemit die im vorhergehenden § angeführte Reflexion verbindet, daß in der Wahrnehmung für sich nur *Einzelnes* und nur solches *was geschehe*, enthalten sei, wird zugleich bei dem *Faktum beharrt*, daß die *Allgemeinheit* und *Notwendigkeit* als ebenso wesentliche

Bestimmungen sich in dem, was Erfahrung genannt wird, vorfinden. Weil dieses Element nun nicht aus dem Empirischen als solzchem herstammt, so gehört es der Spontaneität des *Denkens* an oder ist a priori. – Die Denkbestimmungen oder *Verstandesbegriffe* machen die *Objektivität* der Erfahrungs-Erkenntnisse aus. Sie enthalten überhaupt *Beziehungen*, und es formieren sich daher durch sie *synthetische* Urteile a priori (d. i. ursprüngliche Beziehungen Entgegengesetzter).

Daß sich in der Erkenntnis die Bestimmungen der Allgemeinheit und Notwendigkeit finden, dies Faktum stellt der Humesche Skeptizismus nicht in Abrede. Etwas anderes als ein vorausgesetztes Faktum ist es in der Kantischen Philosophie auch nicht; man kann nach der gewöhnlichen Sprache in der Wissenschaft sagen, daß sie nur eine andere *Erklärung* jenes Faktums aufgestellt habe.

§ 41

Die *kritische* Philosophie unterwirft nun den Wert der in der Metaphysik – übrigens auch in den andern Wissenschaften und im gewöhnlichen Vorstellen – gebrauchten *Verstandesbegriffe* zunächst der Untersuchung. Diese Kritik geht jedoch nicht auf den *Inhalt* und das bestimmte Verhältnis dieser Denkbestimmungen gegeneinander selbst ein, sondern betrachtet sie nach dem Gegensatz von *Subjektivität* und *Objektivität* überhaupt. Dieser Gegensatz, wie er hier genommen wird, bezieht sich (s. vorherg. §) auf den Unterschied der Elemente *innerhalb* der Erfahrung. Die *Objektivität* heißt hier das Element von *Allgemeinheit* und *Notwendigkeit*, d. i. von den Denkbestimmungen selbst, – dem sogenannten *Apriorischen*. Aber die kritische Philosophie erweitert den Gegensatz so, daß in die *Subjektivität* das *Gesamte* der Erfahrung, d. h. jene beiden Elemente zusammen, fällt, und derselben nichts gegenüber bleibt als das *Ding-an-sich*.

Die nähern *Formen* des *Apriorischen*, d. i. des Denkens, und zwar desselben als der seiner Objektivität ungeachtet nur subjektiven Tätigkeit, ergeben sich auf folgende Weise, – einer Systematisierung, welche übrigens nur auf psychologisch-historischen Grundlagen beruht.

a) *Das theoretische Vermögen*, die Erkenntnis als solche.

Als den bestimmten *Grund* der Verstandesbegriffe gibt diese Philosophie die *ursprüngliche Identität* des *Ich* im Denken (– transzendentale Einheit des Selbstbewußtseins) an. Die durch Gefühl und die Anschauung gegebenen Vorstellungen sind ihrem *Inhalte* nach ein *Mannigfaltiges*, und ebensosehr durch ihre Form, durch das *Außereinander* der Sinnlichkeit, in ihren beiden Formen, Raum und Zeit, welche als Formen (das Allgemeine) des Anschauens selbst a priori sind. Dieses Mannigfaltige des Empfindens und Anschauens, indem Ich dasselbe auf sich bezieht und in sich als in Einem Bewußtsein vereinigt (reine Apperzeption), wird hiemit in Identität, in eine ursprüngliche Verbindung gebracht. Die bestimmten Weisen dieses Beziehens sind die reinen Verstandesbegriffe, die *Kategorien*.

Bekanntlich hat es die Kantische Philosophie sich mit der *Auffindung* der Kategorien sehr bequem gemacht. *Ich*, die Einheit des Selbstbewußtseins, ist ganz abstrakt und völlig unbestimmt; wie ist also zu den *Bestimmungen* des Ich, den Kategorien, zu kommen? Glücklicherweise finden sich in der gewöhnlichen Logik die *verschiedenen Arten des Urteils* bereits empirisch angegeben vor. Urteilen aber ist *Denken* eines bestimmten Gegenstandes. Die verschiedenen schon fertig aufgezählten Urteilsweisen liefern also die verschiedenen *Bestimmungen des Denkens*. – Der *Fichteschen* Philosophie bleibt das tiefe Verdienst, daran erinnert zu haben, daß die *Denkbestimmungen* in ihrer *Notwendigkeit* aufzuzeigen, daß sie wesentlich *abzuleiten* seien. – Diese Philosophie hätte auf die Methode, die Logik abzuhandeln, doch wenigstens die Wirkung gehabt haben sollen, daß die Denkbestimmungen überhaupt oder das übliche logische Material, die *Arten* der Begriffe, der Urteile, der Schlüsse, nicht mehr nur aus der Beobachtung genommen und so bloß empirisch aufgefaßt, sondern aus dem Denken selbst abgeleitet würden. Wenn das Denken irgend etwas zu beweisen fähig sein soll, wenn die Logik fordern muß, daß *Beweise* gegeben werden, und wenn sie das Beweisen lehren will, so muß sie doch vor allem ihren eigentümlichsten Inhalt zu beweisen, dessen Notwendigkeit einzusehen, fähig sein.

§ 43

Einerseits ist es durch die Kategorien, daß die bloße Wahrnehmung zur Objektivität, zur *Erfahrung* erhoben wird, andererseits aber sind diese Begriffe, als Einheiten bloß des subjektiven Bewußtseins, durch den gegebenen Stoff bedingt, für sich leer und haben ihre Anwendung und Gebrauch allein in der Erfahrung, deren anderer Bestandteil, die Gefühls- und Anschauungs-Bestimmungen, ebenso nur ein Subjektives ist.

§ 44

Die Kategorien sind daher unfähig, Bestimmungen des Absoluten zu sein, als welches nicht in einer Wahrnehmung gegeben ist, und der Verstand oder die Erkenntnis durch die Kategorien ist darum unvermögend, die *Dinge an sich* zu erkennen.

Das *Ding an sich* (– und unter dem *Ding* wird auch der Geist, Gott, befaßt) drückt den Gegenstand aus, insofern von allem, was er für das Bewußtsein ist, von allen Gefühlsbestimmungen wie von allen bestimmten Gedanken desselben *abstrahiert* wird. Es ist leicht zu sehen, was übrig bleibt, – das *völlige Abstraktum*, das ganz *Leere*, bestimmt nur noch als *Jenseits*; das *Negative* der Vorstellung, des Gefühls, des bestimmten Denkens usf. Ebenso einfach aber ist die Reflexion, daß dies caput mortuum selbst nur *das Produkt* des Denkens ist, eben des zur reinen Abstraktion fortgegangenen Denkens, des leeren Ich, das diese leere *Identität* seiner selbst sich zum *Gegenstande* macht. Die *negative* Bestimmung, welche diese abstrakte Identität als *Gegenstand* erhält, ist gleichfalls unter den Kantischen Kategorien aufgeführt und ebenso etwas ganz Bekanntes wie jene leere Identität. – Man muß sich hiernach nur wundern, so oft wiederholt gelesen zu haben, man wisse nicht, was das *Ding-an-sich* sei; und es ist nichts leichter als dies zu wissen.

§ 45

Es ist nun die *Vernunft*, das Vermögen des *Unbedingten*, welche das Bedingte dieser Erfahrungskenntnisse einsieht. Was hier Vernunftgegenstand heißt, das *Unbedingte* oder *Unendliche*, ist nichts anderes als das Sich-selbst-Gleiche, oder es ist die (§ 42) erwähnte *ursprüngliche Identität* des *Ich* im Denken. *Vernunft* heißt dies *abstrakte* Ich oder Denken, welches diese reine *Identität* sich zum Gegenstande oder Zweck macht. Vergl. Anm. z. vorh. §. Dieser schlechthin *bestimmungslosen* Identität sind die Erfahrungs-Erkenntnisse unangemessen, weil sie überhaupt von *bestimmtem* Inhalte sind. Indem solches Unbedingte für das Absolute und Wahre der Vernunft (für die *Idee*) angenommen wird, so werden somit die Erfahrungskenntnisse für das Unwahre, für *Erscheinungen* erklärt.

§ 46

Es tritt aber das Bedürfnis ein, diese Identität oder das leere *Ding-an-sich* zu erkennen. *Erkennen* heißt nun nichts anderes, als einen Gegenstand nach seinem *bestimmten* Inhalte zu wissen. Bestimmter Inhalt aber enthält mannigfaltigen *Zusammenhang* in ihm selbst und begründet Zusammenhang mit vielen andern Gegenständen. Für diese Bestimmung jenes Unendlichen oder *Dings-an-sich* hätte diese Vernunft nichts als die *Kategorien*; indem sie diese dazu gebrauchen will, wird sie *überfliegend* (transzendent).

Hier tritt die zweite Seite der *Vernunftkritik* ein; und diese zweite ist für sich wichtiger als die erste. Die erste ist nämlich die oben vorgekommene Ansicht, daß die *Kategorien* in der Einheit des Selbstbewußtseins ihre Quelle haben; daß somit die Erkenntnis durch dieselben in der Tat nichts Objektives enthalte und die ihnen zugeschriebene Objektivität (§ 40,41) selbst nur etwas *Subjektives* sei. Wird nur hierauf gesehen, so ist die Kantische Kritik bloß ein *subjektiver* (platter) *Idealismus*, der sich nicht auf den *Inhalt* einläßt, nur die abstrakten Formen der Subjektivität und Objektivität vor sich hat, und zwar einseitigerweise bei der erstern, der Subjektivität, als letzter schlechthin affirmativer Bestimmung stehen bleibt. Bei der Betrachtung aber der sogenannten *Anwendung*, welche die Vernunft von den Kategorien für die Erkenntnis ihrer Gegenstände mache, kommt der Inhalt der Kategorien wenigstens nach einigen Bestimmungen zur Sprache, oder wenigstens läge darin eine Veranlassung, wodurch er zur Sprache kommen könnte. Es hat ein besonderes Interesse zu sehen, wie *Kant* diese *Anwendung der Kategorien auf das Unbedingte*, d. h. die Metaphysik beurteilt; dies Verfahren soll hier mit wenigem angeführt und kritisiert werden.

§ 47

1) Das *erste Unbedingte*, welches betrachtet wird, ist (s. oben § 34) die *Seele*. – In meinem Bewußtsein finde Ich mich immer α) als das *bestimmende Subjekt*, β) als ein *Singuläres* oder Abstrakt-Einfaches, γ) als das in allem Mannigfaltigen desjenigen, dessen ich mir bewußt bin, *Ein* und *Dasselbe*, – als *Identisches*, δ) als ein *mich* als Denkendes von allen *Dingen außer mir Unterscheidendes*.

Das Verfahren der vormaligen Metaphysik wird nun richtig angegeben, daß sie an die Stelle dieser *empirischen* Bestimmungen *Denkbestimmungen*, die entsprechenden *Kategorien* setze, wodurch diese vier Sätze entstehen, α) die *Seele ist Substanz*, β) sie ist *einfache* Substanz, γ) sie ist den verschiedenen Zeiten ihres Daseins nach *numerisch-identisch*, δ) sie steht *im Verhältnisse* zum *Räumlichen*.

An diesem Übergange wird der Mangel bemerklich gemacht, daß zweierlei Bestimmungen miteinander verwechselt werden (*Paralogismus*), nämlich empirische Bestimmungen mit Kategorien, daß es etwas Unberechtigtes sei, aus jenen auf diese *zu schließen*, überhaupt an die Stelle der erstern die andern zu setzen.

Man sieht, daß diese Kritik nichts anderes ausdrückt, als die oben § 39 angeführte *Humesche* Bemerkung, daß die Denkbestimmungen überhaupt – Allgemeinheit und Notwendigkeit – nicht in der Wahrnehmung angetroffen werden, daß das Empirische seinem Inhalte wie seiner Form nach verschieden sei von der Gedankenbestimmung.

Wenn das Empirische die Beglaubigung des Gedankens ausmachen sollte, so wäre für diesen allerdings erforderlich, in Wahrnehmungen genau nachgewiesen werden zu können. – Daß von der Seele nicht die Substantialität, Einfachheit, Identität mit sich und die in der Gemeinschaft mit der materiellen Welt sich erhaltende Selbständigkeit behauptet werden könne, dies wird in der Kantischen Kritik der metaphysischen Psychologie allein darauf gestellt, daß die Bestimmungen, welche uns das Bewußtsein über die Seele *erfahren* läßt, nicht genau dieselben Bestimmungen sind, welche das *Denken* hiebei produziert. Nach der obigen Darstellung aber läßt auch Kant das *Erkennen* überhaupt, ja selbst das *Erfahren*, darin bestehen, daß die *Wahrnehmungen* gedacht werden, d. h. die Bestimmungen, welche zunächst dem Wahrnehmen angehören, in Denkbestimmungen *verwandelt* werden. – Immer ist es für einen guten Erfolg der Kantischen Kritik zu achten, daß das Philosophieren über den *Geist* von dem Seelen*dinge*, von den Kategorien und damit von den Fragen über die *Einfachheit* oder *Zusammengesetztheit, Materialität* usf. der Seele, befreit worden ist. – Der wahrhafte Gesichtspunkt aber von der *Unzulässigkeit* solcher Formen wird selbst für den gewöhnlichen Menschenverstand doch nicht der sein, daß sie *Gedanken* sind, sondern vielmehr, daß solche Gedanken an und für sich nicht die Wahrheit enthalten. – Wenn Gedanke und Erscheinung einander nicht vollkommen entsprechen, so hat man zunächst die Wahl, das Eine oder das Andere für das Mangelhafte anzusehen. In dem Kantischen Idealismus, sofern er das Vernünftige betrifft, wird der Mangel auf die Gedanken geschoben, so daß diese darum unzulänglich seien, weil sie nicht dem Wahrgenommenen und einem auf den Umfang des Wahrnehmens sich beschränkenden Bewußtsein adäquat, die Gedanken nicht als in solchem angetroffen werden. Der Inhalt des Gedankens für sich selbst kommt hier nicht zur Sprache.

§ 48

2) Bei dem Versuche der Vernunft, das Unbedingte des *zweiten* Gegenstandes (§ 35), *der Welt*, zu erkennen, gerät sie in *Antinomien*, d. h. in die Behauptung zweier *entgegengesetzter* Sätze über

denselben Gegenstand, und zwar so, daß jeder dieser Sätze mit gleicher Notwendigkeit behauptet werden muß. Hieraus ergibt sich, daß der weltliche Inhalt, dessen Bestimmungen in solchen Widerspruch geraten, nicht *an sich*, sondern nur Erscheinung sein könne. Die *Auflösung* ist, daß der Widerspruch nicht in den Gegenstand an und für sich fällt, sondern allein der erkennenden Vernunft zukommt.

Hier kommt es zur Sprache, daß der Inhalt selbst, nämlich die Kategorien für sich, es sind, welche den Widerspruch herbeiführen. Dieser Gedanke, daß der Widerspruch, der am Vernünftigen durch die Verstandesbestimmungen gesetzt wird, *wesentlich* und *notwendig* ist, ist für einen der wichtigsten und tiefsten Fortschritte der Philosophie neuerer Zeit zu achten. So tief dieser Gesichtspunkt ist, so trivial ist die Auflösung; sie besteht nur in einer Zärtlichkeit für die weltlichen Dinge. Das weltliche Wesen soll es nicht sein, welches den Makel des Widerspruchs an ihm habe, sondern derselbe *nur* der denkenden Vernunft, dem *Wesen* des *Geistes*, zukommen. Man wird wohl dawider nichts haben, daß die *erscheinende* Welt dem betrachtenden Geiste Widersprüche zeige, – erscheinende Welt ist sie, wie sie für den subjektiven Geist, für *Sinnlichkeit* und *Verstand*, ist. Aber wenn nun das weltliche *Wesen* mit dem geistigen *Wesen* verglichen wird, so kann man sich wundern, mit welcher Unbefangenheit die demütige Behauptung aufgestellt und nachgesprochen worden, daß nicht das weltliche Wesen, sondern das denkende Wesen, die Vernunft, das in sich widersprechende sei. Es hilft nichts, daß die Wendung gebraucht wird, die Vernunft gerate *nur* durch *die Anwendung der Kategorien* in den Widerspruch. Denn es wird dabei behauptet, dieses Anwenden sei *notwendig*, und die Vernunft habe für das Erkennen keine andern Bestimmungen als die Kategorien. Erkennen ist in der Tat *bestimmendes* und *bestimmtes* Denken; ist die Vernunft nur leeres, unbestimmtes Denken, so denkt sie *nichts*. Wird aber am Ende die Vernunft auf jene *leere Identität* reduziert (s. im folg. §), so wird auch sie am Ende glücklich noch von dem Widerspruche befreit durch die leichte Aufopferung alles Inhaltes und Gehaltes.

Es kann ferner bemerkt werden, daß die Ermangelung einer tiefern Betrachtung der Antinomie zunächst noch veranlaßte, daß

Kant nur *vier* Antinomien aufführt. Er kam auf diese, indem er wie bei den sogenannten Paralogismen die Kategorientafel voraussetzte, wobei er die späterhin so beliebt gewordene Manier anwendete, statt die Bestimmungen eines Gegenstandes aus dem Begriffe abzuleiten, denselben bloß unter ein sonst fertiges *Schema* zu setzen. Das weitere Bedürftige in der Ausführung der Antinomien habe ich gelegentlich in meiner *Wissenschaft der Logik* aufgezeigt. – Die Hauptsache, die zu bemerken ist, ist, daß nicht nur in den vier besondern aus der Kosmologie genommenen Gegenständen die Antinomie sich befindet, sondern vielmehr in *allen* Gegenständen aller Gattungen, in *allen* Vorstellungen, Begriffen und Ideen. Dies zu wissen und die Gegenstände in dieser Eigenschaft zu erkennen, gehört zum Wesentlichen der philosophischen Betrachtung; diese Eigenschaft macht das aus, was weiterhin sich als das *dialektische* Moment des Logischen bestimmt.

§ 49

3) Der *dritte* Vernunftgegenstand ist *Gott* (§ 36); welcher erkannt, d. i. *denkend bestimmt* werden soll. Für den Verstand ist nun gegen die einfache *Identität* alle Bestimmung nur eine *Schranke*, eine Negation als solche; somit ist alle Realität nur schrankenlos, d. i. *unbestimmt* zu nehmen, und Gott wird als Inbegriff aller Realitäten oder als das allerrealste Wesen zum *einfachen Abstraktum*, und für die Bestimmung bleibt nur die ebenso schlechthin abstrakte Bestimmtheit, das *Sein*, übrig. Abstrakte *Identität*, welche auch hier der Begriff genannt wird, und *Sein* sind die zwei Momente, deren Vereinigung es ist, die von der Vernunft gesucht wird; sie ist das *Ideal* der Vernunft.

§ 50

Diese Vereinigung läßt *zwei Wege* oder Formen zu; es kann nämlich von dem Sein angefangen und von da zum *Abstraktum des Denkens* übergegangen, oder umgekehrt kann der Übergang vom *Abstraktum* aus zum *Sein* bewerkstelligt werden.

Was jenen Anfang mit dem Sein betrifft, so stellt sich das Sein, als das Unmittelbare, dar als ein unendlich vielfach bestimmtes Sein, eine erfüllte Welt. Diese kann näher bestimmt werden als eine Sammlung von unendlich vielen Zufälligkeiten überhaupt (im *kosmologischen* Beweise) oder als eine Sammlung von unendlich vielen *Zwecken* und *zweckmäßigen* Verhältnissen (im *physikotheologischen* Beweise). – Dieses erfüllte Sein *denken* heißt, ihm die Form von Einzelheiten und Zufälligkeiten abstreifen und es als ein allgemeines, an und für sich notwendiges und nach allgemeinen Zwecken sich bestimmendes und tätiges Sein, welches von jenem ersten verschieden ist, fassen; – als *Gott*. – Der Hauptsinn der Kritik dieses Ganges ist, daß derselbe ein Schließen, ein Übergang ist. Indem nämlich die *Wahrnehmungen* und deren Aggregat, die Welt, an ihnen als solchen nicht die Allgemeinheit zeigen, zu welcher das Denken jenen Inhalt reinigt, so werde hiemit diese Allgemeinheit nicht durch jene empirische Weltvorstellung berechtigt. Dem Aufsteigen des Gedankens von der empirischen Weltvorstellung zu Gott wird somit der *Humesche* Standpunkt entgegengesetzt (wie bei den Paralogismen, s. § 47), – der Standpunkt, der es für unzulässig erklärt, die Wahrnehmungen zu *denken*, d. i. das Allgemeine und Notwendige aus denselben herauszuheben.

Weil der Mensch denkend ist, wird es ebensowenig der gesunde Menschenverstand als die Philosophie sich je nehmen lassen, *von* und *aus* der empirischen Weltanschauung sich zu Gott zu erheben. Dieses Erheben hat nichts anderes zu seiner Grundlage als die *denkende*, nicht bloß sinnliche, tierische Betrachtung der Welt. Für das Denken und *nur* für das Denken ist das *Wesen*, die *Substanz*, die *allgemeine Macht* und *Zweckbestimmung* der Welt. Die sogenannten Beweise vom Dasein Gottes sind nur als die *Beschreibungen* und Analysen des *Ganges des Geistes* in sich anzusehen, der ein *denkender* ist und das Sinnliche denkt. Das *Erheben* des Denkens über das Sinnliche, das *Hinausgehen* desselben über das Endliche zum Unendlichen, der *Sprung*, der mit Abbrechung der Reihen des Sinnlichen ins Übersinnliche gemacht werde, alles dieses ist das Denken selbst, dies Übergehen ist *nur Denken*. Wenn solcher Übergang nicht gemacht werden soll, so heißt dies, es soll nicht gedacht werden. In der Tat machen die Tiere solchen Übergang nicht; *sie* bleiben bei der sinnlichen Empfindung und Anschauung stehen; sie haben deswegen keine Religion. Es ist sowohl überhaupt als insbesondere über die Kritik dieses Erhebens des Denkens zweierlei zu bemerken. *Erstens* wenn dasselbe in die Form von *Schlüssen* (sogenannten *Beweisen* vom Dasein Gottes) gebracht ist, so ist der *Ausgangspunkt* allerdings die Weltanschauung, auf irgend eine Weise als ein Aggregat von Zufälligkeiten oder von Zwecken und zweckmäßigen Beziehungen bestimmt. Dieser Ausgangspunkt kann scheinen, im Denken, insofern es *Schlüsse* macht, als *feste Grundlage* und ganz so empirisch, wie dieser Stoff zunächst ist, *zu bleiben* und *belassen* zu werden. Die Beziehung des Ausgangspunktes auf den Endpunkt, zu welchem fortgegangen wird, wird so als nur *affirmativ* vorgestellt als ein Schließen von *einem*, das *sei* und *bleibe*, auf ein *anderes*, das ebenso *auch sei*. Allein es ist der große Irrtum, die Natur des Denkens nur in dieser Verstandesform erkennen zu wollen. Die empirische Welt denken heißt vielmehr wesentlich, ihre empirische Form umändern und sie in ein Allgemeines verwandeln; das Denken übt zugleich eine *negative* Tätigkeit auf jene Grundlage aus; der wahrgenommene Stoff, wenn er durch Allgemeinheit bestimmt wird, *bleibt nicht* in seiner ersten empirischen Gestalt. Es wird der innere *Gehalt* des Wahrgenommenen mit Entfernung und *Negation* der Schale herausgehoben (vergl. § 13 u. 23). Die metaphysischen Beweise vom Dasein Gottes sind darum mangelhafte Auslegungen und Beschreibungen der Erhebung des Geistes von der Welt zu Gott, weil sie das Moment *der Negation*, welches in dieser Erhebung enthalten ist, nicht ausdrücken oder vielmehr nicht herausheben, denn darin, daß die Welt *zufällig* ist, liegt es selbst, daß sie nur ein *Fallendes*, Erscheinendes, an und für sich *Nichtiges* ist. Der Sinn der Erhebung des Geistes ist, daß der Welt zwar Sein zukomme, das aber nur Schein ist, nicht das wahrhafte Sein, nicht absolute Wahrheit, daß diese vielmehr jenseits jener Erscheinung nur in Gott ist, Gott nur das wahrhafte Sein ist. Indem diese Erhebung *Übergang* und *Vermittlung* ist, so ist sie ebensosehr *Aufheben* des *Überganges* und der Vermittlung, denn das, wodurch Gott vermittelt scheinen könnte, die Welt, wird vielmehr für das Nichtige erklärt; nur die *Nichtigkeit* des *Seins* der Welt ist das Band der Erhebung, so daß das, was als das Vermittelnde ist, verschwindet, und damit in dieser Vermittlung selbst die Vermittlung aufgehoben wird. – Es ist vornehmlich jenes nur als *affirmativ* gefaßte Verhältnis als Verhältnis zwischen zwei Seienden, an das sich *Jacobi* hält, indem er das Beweisen des Verstandes bekämpft; er macht demselben den gerechten Vorwurf, daß damit *Bedingungen* (die Welt) für das *Unbedingte* aufgesucht werden, daß das *Unendliche* (Gott) auf solche Weise als *begründet* und *abhängig* vorgestellt werde. Allein jene Erhebung, wie sie im Geiste ist, korrigiert selbst diesen Schein; ihr ganzer Gehalt vielmehr ist die Korrektion dieses Scheins. Aber diese wahrhafte Natur des wesentlichen Denkens, in der Vermittlung die Vermittlung selbst aufzuheben, hat Jacobi nicht erkannt und daher fälschlich den richtigen Vorwurf, den er dem nur reflektierenden Verstande macht, für einen das Denken überhaupt, damit auch das vernünftige Denken treffenden Vorwurf gehalten.

Zur Erläuterung von dem Übersehen des *negativen* Moments kann beispielsweise der Vorwurf angeführt werden, der dem *Spinozismus* gemacht wird, daß er Pantheismus und Atheismus sei. Die *absolute Substanz* Spinozas ist freilich noch nicht der absolute *Geist*, und es wird mit Recht gefordert, daß Gott als absoluter Geist bestimmt werden müsse. Wenn aber Spinozas Bestimmung so vorgestellt wird, daß er Gott mit der Natur, mit der endlichen Welt vermische und die Welt zu Gott mache, so wird dabei vorausgesetzt, daß die endliche Welt wahrhafte Wirklichkeit, *affirmative Realität* besitze. Mit dieser Voraussetzung wird freilich mit einer Einheit Gottes und der Welt Gott schlechthin verendlicht und zur bloßen endlichen, äußerlichen Mannigfaltigkeit der Existenz herabgesetzt. Abgesehen davon, daß Spinoza Gott nicht definiert, daß er die Einheit Gottes und der Welt, sondern daß er die Einheit des *Denkens* und der Ausdehnung (der materiellen Welt) sei, so liegt es schon in dieser Einheit, selbst auch wenn sie auf jene erste, ganz ungeschickte Weise genommen wird, daß in dem Spinozischen Systeme vielmehr die Welt nur als ein Phänomen, dem nicht wirkliche Realität zukomme, bestimmt wird, so daß dieses System vielmehr als *Akosmismus* anzusehen ist. Eine Philosophie, welche behauptet, daß Gott und *nur* Gott *ist*, dürfte wenigstens nicht für Atheismus ausgegeben werden. Schreibt man doch den Völkern, welche den Affen, die Kuh, steinerne, eherne Statuen usf. als Gott verehren, noch Religion zu. Aber im Sinne der Vorstellung geht es noch vielmehr gegen den Mann, ihre eigene Voraussetzung aufzugeben, daß dies ihr Aggregat von Endlichkeit, welches *Welt* genannt wird, wirkliche Realität habe. Daß *es*, wie sie sich etwa ausdrücken könnte, *keine Welt gebe*, so etwas anzunehmen, hält man leicht für ganz unmöglich oder wenigstens für viel weniger möglich, als daß es einem in den Kopf kommen könne, daß *es keinen Gott gebe*. Man glaubt, und dies eben nicht zur eignen Ehre, viel leichter, daß ein System Gott leugne, als daß es die Welt leugne; man findet viel begreiflicher, daß Gott geleugnet werde, als daß die Welt geleugnet werde.

Die *zweite* Bemerkung betrifft die Kritik des *Gehalts*, den jene denkende Erhebung zunächst gewinnt. Dieser Gehalt, wenn er nur in den Bestimmungen der *Substanz* der Welt, des *notwendigen Wesens* derselben, einer *zweckmäßig einrichtenden* und *dirigierenden Ursache* usf. besteht, ist freilich dem nicht angemessen, was unter *Gott* verstanden wird oder verstanden werden soll. Allein abgesehen von der Manier, eine Vorstellung von Gott vorauszusetzen und nach solcher Voraussetzung ein Resultat zu beurteilen, so haben jene Bestimmungen schon großen Wert und sind notwendige Momente in der Idee Gottes. Um in diesem Wege den Gehalt in seiner wahrhaften Bestimmung, die wahrhafte Idee Gottes vor das Denken zu bringen, dafür muß freilich der Ausgangspunkt nicht von untergeordnetem Inhalte aus genommen werden. Die *bloß zufälligen* Dinge der Welt sind eine sehr abstrakte Bestimmung. Die organischen Gebilde und deren Zweckbestimmungen gehören dem höhern Kreise, *dem Leben*, an. Allein außerdem, daß die Betrachtung der lebendigen Natur und der sonstigen Beziehung der vorhandenen Dinge auf *Zwecke* durch Geringfügigkeit von Zwecken, ja durch selbst kindische Anführungen von Zwecken und deren Beziehungen verunreinigt werden kann, so ist die nur lebendige Natur selbst in der Tat noch nicht dasjenige, woraus die wahrhafte *Bestimmung* der Idee Gottes gefaßt werden kann; Gott ist mehr als lebendig, er ist Geist. Die *geistige* Natur ist allein der würdigste und wahrhafteste *Ausgangspunkt* für das Denken des Absoluten, insofern das Denken sich einen Ausgangspunkt nimmt und den nächsten nehmen will.

Der *andere Weg der Vereinigung*, durch die das *Ideal* zu Stande kommen soll, geht vom *Abstraktum des Denkens* aus fort zur Bestimmung, für die nur *das Sein* übrig bleibt; – *ontologischer Beweis* vom *Dasein Gottes*. Der Gegensatz, der hier vorkommt, ist der des *Denkens* und *Seins*, da im ersten Wege das *Sein* den beiden Seiten gemeinschaftlich ist und der Gegensatz nur den Unterschied von dem Vereinzelten und Allgemeinen betrifft. Was der Verstand diesem andern Wege entgegenstellt, ist an sich dasselbe, was soeben angeführt worden, daß nämlich, wie in dem Empirischen sich das Allgemeine nicht vorfinde, so sei ebenso umgekehrt im Allgemeinen das Bestimmte nicht enthalten, und das Bestimmte ist hier das Sein. Oder das Sein könne nicht aus dem Begriffe abgeleitet und heraus analysiert werden.

Die Kantische Kritik des ontologischen Beweises hat ohne Zweifel auch dadurch eine so unbedingt günstige Auf- und Annahme gefunden, daß Kant zur Verdeutlichung, welch ein Unterschied sei zwischen Denken und Sein, das Beispiel von den *hundert Talern* gebraucht hat, die dem *Begriffe* nach gleich hundert seien, ob sie nur möglich oder wirklich seien; aber für *meinen* Vermögenszustand mache dies einen wesentlichen Unterschied aus. – Nichts kann so einleuchtend sein, als daß dergleichen, was ich mir denke oder vorstelle, darum noch nicht *wirklich ist*, – der Gedanke, daß Vorstellen oder auch der Begriff zum Sein nicht hinreicht. – Abgesehen davon, daß es nicht mit Unrecht eine Barbarei genannt werden könnte, dergleichen wie hundert Taler einen Begriff zu nennen, so sollten doch wohl zunächst diejenigen, die immer und immer gegen die philosophische Idee wiederholen, daß *Denken und Sein verschieden* seien, voraussetzen, den Philosophen sei dies gleichfalls nicht unbekannt; was kann es in der Tat für eine trivialere Kenntnis geben? Alsdenn aber müßte bedacht werden, daß, wenn von *Gott* die Rede ist, dies ein Gegenstand anderer Art sei als hundert Taler und *irgend ein* besonderer Begriff, Vorstellung oder wie es Namen haben wolle. In der Tat ist alles *Endliche* dies und *nur* dies, daß das *Dasein desselben von seinem Begriffe verschieden ist*. Gott aber soll ausdrücklich das sein, das nur *»als existierend gedacht«* werden kann, wo der Begriff das Sein in sich schließt. Diese Einheit des Begriffs und des Seins ist es, die den Begriff Gottes ausmacht. – Es ist dies freilich noch eine formale Bestimmung von Gott, die deswegen in der Tat nur die Natur des *Begriffes* selbst enthält. Daß aber dieser schon in seinem ganz abstrakten Sinne das *Sein* in sich schließe, ist leicht einzusehen. Denn der Begriff, wie er sonst bestimmt werde, ist wenigstens die durch Aufhebung der Vermittlung hervorgehende, somit selbst *unmittelbare Beziehung* auf sich selbst; das Sein ist aber nichts anderes als dieses. – Es müßte, kann man wohl sagen, sonderbar zugehen, wenn dies Innerste des Geistes, der Begriff, oder auch wenn Ich oder vollends die konkrete Totalität, welche Gott ist, nicht einmal so reich wäre, um eine so arme Bestimmung, wie *Sein* ist, ja welche die allerärmste, die abstrakteste, ist, in sich zu enthalten. Es kann für den Gedanken dem Gehalte nach nichts Geringeres geben als *Sein*. Nur dies mag noch geringer sein, was man sich etwa beim Sein zunächst vorstellt, nämlich eine *äußerliche sinnliche* Existenz, wie die des Papiers, das ich hier vor mir habe; von einer sinnlichen Existenz eines beschränkten, vergänglichen Dinges aber wird man ohnehin nicht sprechen wollen. – Übrigens vermag die triviale Bemerkung der Kritik: daß der Gedanke und das Sein verschieden seien, dem Menschen etwa den Gang seines Geistes vom *Gedanken* Gottes aus zu der Gewißheit, daß er *ist*, höchstens zu stören, aber nicht zu benehmen. Dieser Übergang, die absolute Unzertrennlichkeit des Gedankens Gottes von seinem Sein ist es auch, was in der Ansicht *des unmittelbaren Wissens* oder *Glaubens* in sein Recht wieder hergestellt worden ist, wovon nachher.

§ 52

Dem *Denken* bleibt auf diese Weise auf seiner höchsten Spitze die *Bestimmtheit* etwas *Äußerliches*; es bleibt nur schlechthin *abstraktes Denken*, welches hier immer *Vernunft* heißt. Diese, ist hiemit das Resultat, liefert nichts als *die formelle Einheit* zur Vereinfachung und Systematisierung der Erfahrungen, ist ein *Kanon*, nicht ein *Organon* der *Wahrheit*, vermag nicht eine *Doktrin* des Unendlichen, sondern nur eine *Kritik* der Erkenntnis zu liefern. Diese Kritik besteht in ihrer letzten Analyse in der *Versicherung*, daß das Denken in sich nur die *unbestimmte Einheit* und die *Tätigkeit* dieser *unbestimmten Einheit* sei.

§ 53

b) Die *praktische Vernunft* wird als der sich selbst und zwar auf *allgemeine* Weise bestimmende, d. i. *denkende* Wille gefaßt. Sie soll imperative, objektive Gesetze der Freiheit geben, d. i. solche, welche sagen, was *geschehen soll*. Die Berechtigung, hier das Denken als *objektiv bestimmende* Tätigkeit (– d. i. in der Tat *eine Vernunft*) anzunehmen, wird darein gesetzt, daß die praktische Freiheit *durch Erfahrung bewiesen*, d. i. in der Erscheinung des Selbstbewußtseins nachgewiesen werden könne. Gegen diese Erfahrung im Bewußtsein rekurriert alles, was der Determinismus ebenso aus der Erfahrung dagegen vorbringt, insbesondere die skeptische (auch Humesche) Induktion von der *unendlichen Verschiedenheit* desjenigen, was für Recht und Pflicht unter den Menschen gilt, d. i. der objektiv sein sollenden Gesetze der Freiheit.

§ 54

Für das, was das praktische Denken sich zum Gesetz mache, für das Kriterium *des Bestimmens* seiner in sich selbst, ist wieder nichts anderes vorhanden als dieselbe *abstrakte Identität* des Verstandes, daß kein Widerspruch in dem Bestimmen stattfinde; – die *praktische* Vernunft kommt damit über den Formalismus nicht hinaus, welcher das Letzte der *theoretischen* Vernunft sein soll.

Aber diese praktische Vernunft setzt die allgemeine Bestimmung, *das Gute*, nicht nur *in sich*, sondern ist erst eigentlicher *praktisch* in der Forderung, daß das Gute weltliches Dasein, äußerliche Objektivität habe, d. i. daß der Gedanke nicht bloß *subjektiv*, sondern objektiv überhaupt sei. Von diesem Postulate der praktischen Vernunft nachher.

c) *Der reflektierenden Urteilskraft* wird das Prinzip eines *anschauenden Verstandes* zugeschrieben, d. i. worin das *Besondere*, welches für das *Allgemeine* (die abstrakte Identität) *zufällig* sei und davon nicht abgeleitet werden könne, durch dies Allgemeine selbst bestimmt werde; – was in den Produkten der *Kunst* und der *organischen* Natur erfahren werde.

Die *Kritik der Urteilskraft* hat das Ausgezeichnete, daß Kant in ihr die Vorstellung, ja den Gedanken *der Idee* ausgesprochen hat. Die Vorstellung eines *intuitiven Verstandes, innerer* Zweckmäßigkeit usf. ist das *Allgemeine* zugleich als an ihm selbst *konkret* gedacht. In diesen Vorstellungen allein zeigt daher die Kantische Philosophie sich *spekulativ*. Viele, namentlich *Schiller*, haben an der Idee des *Kunstschönen*, der *konkreten* Einheit des Gedankens und der sinnlichen Vorstellung, den Ausweg aus den *Abstraktionen* des trennenden Verstandes gefunden; andere an der Anschauung und dem Bewußtsein der *Lebendigkeit* überhaupt, es sei natürlicher oder intellektueller Lebendigkeit. – Das Kunstprodukt wie die lebendige Individualität sind zwar beschränkt in ihrem Inhalte; aber die auch dem Inhalte nach umfassende Idee stellt Kant in der postulierten Harmonie der Natur oder Notwendigkeit mit dem Zwecke der Freiheit, in dem als realisiert gedachten Endzwecke der Welt auf. Aber die Faulheit des *Gedankens*, wie es genannt werden kann, hat bei dieser höchsten Idee an dem *Sollen* einen zu leichten Ausweg, gegen die wirkliche Realisierung des Endzwecks an dem Geschiedensein des Begriffs und der Realität festzuhalten. Die *Gegenwart* hingegen der lebendigen Organisationen und des Kunstschönen zeigt auch für *den Sinn* und die *Anschauung* schon die *Wirklichkeit* des *Ideals*. Die Kantischen Reflexionen über diese Gegenstände wären daher besonders geeignet, das Bewußtsein in das Fassen und Denken der *konkreten* Idee einzuführen.

§56

Hier ist der Gedanke eines andern Verhältnisses vom *Allgemeinen* des Verstandes zum *Besondern* der Anschauung aufgestellt, als in der Lehre von der theoretischen und praktischen Vernunft zu Grunde liegt. Es verknüpft sich damit aber nicht die Einsicht, daß jenes das *wahrhafte*, ja die *Wahrheit* selbst *ist*. Vielmehr wird diese Einheit nur aufgenommen, wie sie in endlichen Erscheinungen zur Existenz kommt, und wird in *der Erfahrung* aufgezeigt. Solche Erfahrung zunächst im *Subjekte* gewährt teils das *Genie*, das Vermögen, ästhetische Ideen zu produzieren, d.i. Vorstellungen der freien *Einbildungskraft*, die einer Idee dienen und zu *denken* geben, ohne daß solcher Inhalt in einem *Begriffe* ausgedrückt wäre oder sich darin ausdrücken ließe; teils das *Geschmacksurteil*, das Gefühl der *Zusammenstimmung* der *Anschauungen* oder Vorstellungen in ihrer Freiheit zum *Verstande* in seiner Gesetzmäßigkeit.

§57

Das Prinzip der reflektierenden Urteilskraft ferner für *die lebendigen Naturprodukte* wird als der *Zweck* bestimmt, der tätige *Begriff*, das in sich bestimmte und bestimmende Allgemeine. Zugleich wird die Vorstellung der *äußerlichen* oder *endlichen Zweckmäßigkeit* entfernt, in welcher der Zweck für das Mittel und das Material, worin er sich realisiert, nur äußerliche Form ist. Wohingegen im *Lebendigen* der Zweck in der Materie immanente Bestimmung und Tätigkeit ist, und alle Glieder ebenso sich gegenseitig Mittel als Zweck sind.

§58

Wenn nun gleich in solcher Idee das Verstandesverhältnis von Zweck und Mittel, von Subjektivität und Objektivität aufgehoben ist, so wird nun doch wieder im Widerspruch hiemit der Zweck für eine Ursache erklärt, welche *nur als Vorstellung*, d. h. als ein *Subjektives* existiere und tätig sei; hiemit denn auch die Zweckbestimmung nur für ein *unserem* Verstande angehöriges Prinzip der Beurteilung erklärt.

Nachdem es einmal Resultat der kritischen Philosophie ist, daß die Vernunft nur *Erscheinungen* erkennen könne, so hätte man doch wenigstens für die lebendige Natur eine Wahl zwischen zwei *gleich subjektiven* Denkweisen und nach der Kantischen Darstellung selbst eine Verbindlichkeit, die Naturprodukte nicht bloß nach den Kategorien von Qualität, Ursache und Wirkung, Zusammensetzung, Bestandteilen usf. zu erkennen. Das Prinzip *der inneren Zweckmäßigkeit*, in wissenschaftlicher Anwendung festgehalten und entwickelt, würde eine ganz andere, höhere Betrachtungsweise derselben herbeigeführt haben.

§ 59

Die Idee nach diesem Prinzip in ihrer ganzen Unbeschränktheit wäre, daß die von der Vernunft bestimmte Allgemeinheit, – der absolute Endzweck, *das Gute*, in der Welt verwirklicht würde, und zwar durch ein Drittes, die diesen Endzweck selbst setzende und ihn realisierende Macht, – *Gott*, in welchem, der absoluten Wahrheit, hiemit jene Gegensätze von Allgemeinheit und Einzelnheit, von Subjektivität und Objektivität aufgelöst und für unselbständig und unwahr erklärt sind.

§ 60

Allein das *Gute*, – worin der Endzweck der Welt gesetzt wird, ist von vornherein nur als *unser* Gutes, als das moralische Gesetz *unserer* praktischen Vernunft bestimmt; so daß die Einheit weiter nicht geht als auf die Übereinstimmung des Weltzustandes und der Weltereignisse mit unserer Moralität.* Außerdem, daß selbst mit

* In den eignen Worten von Kants Kritik der Urteilskraft S. 427: Endzweck ist bloß ein Begriff unserer praktischen Vernunft und kann *aus keinen Datis der Erfahrung* zu theoretischer Beurteilung der Natur gefolgert, noch auf Er-

dieser Beschränkung der *Endzweck*, das *Gute*, ein bestimmungsloses Abstraktum ist, wie auch das, was *Pflicht* sein soll. Näher wird gegen diese Harmonie der Gegensatz, der in ihrem Inhalte als *unwahr* gesetzt ist, wieder erweckt und behauptet, so daß die Harmonie als ein nur *Subjektives* bestimmt wird, – als ein solches, das nur sein *soll* d. i. das zugleich *nicht Realität* hat; – als ein *Geglaubtes*, dem nur subjektive Gewißheit, nicht Wahrheit, d. i. *nicht* jene der Idee entsprechende Objektivität zukomme. – Wenn dieser Widerspruch dadurch verdeckt zu werden scheint, daß die Realisierung der Idee in die *Zeit*, in eine Zukunft, wo die Idee auch *sei*, verlegt wird, so ist solche sinnliche Bedingung wie die Zeit das Gegenteil vielmehr von einer Auflösung des Widerspruchs, und die entsprechende Verstandesvorstellung, *der unendliche Progreß*, ist unmittelbar nichts als der perennierend gesetzte Widerspruch selbst.

Es kann noch eine allgemeine Bemerkung über das Resultat gemacht werden, welches sich aus der kritischen Philosophie für die Natur des *Erkennens* ergeben und zu einem der Vorurteile, d. i. allgemeinen Voraussetzungen der Zeit erhoben hat.

In jedem dualistischen System, insbesondere aber im Kantischen, gibt sich sein Grundmangel durch die Inkonsequenz, das zu *vereinen*, was einen Augenblick vorher als selbständig, somit als *unvereinbar* erklärt worden ist, zu erkennen. Wie soeben das Vereinte für das Wahrhafte erklärt worden ist, so wird sogleich vielmehr für das Wahrhafte erklärt, daß die *beiden Momente*, denen in der Vereinung als ihrer Wahrheit das Für-sich-bestehen abgesprochen worden ist, nur so, wie sie getrennt sind, Wahrheit und Wirklichkeit haben. Es fehlt bei solchem Philosophieren das einfache Bewußtsein, daß mit diesem Herüber- und Hinübergehen selbst jede dieser einzelnen Bestimmungen für unbefriedi-

kenntnis derselben bezogen werden. Es ist kein Gebrauch von diesem Begriffe möglich als lediglich für die praktische Vernunft nach moralischen Gesetzen, und der *Endzweck der Schöpfung* ist diejenige Beschaffenheit der Welt, die zu dem, was wir allein nach Gesetzen bestimmt angeben können, nämlich dem Endzwecke *unserer reinen praktischen Vernunft*, und zwar sofern sie praktisch sein soll, übereinstimmt.

gend erklärt wird, und der Mangel besteht in der einfachen Unvermögenheit, zwei Gedanken – und es sind der Form nach nur *zwei* vorhanden – zusammenzubringen. Es ist darum die größte Inkonsequenz, einerseits zuzugeben, daß der Verstand nur Erscheinungen erkennt, und andererseits dies Erkennen als *etwas Absolutes* zu behaupten, indem man sagt: das Erkennen *könne* nicht weiter, dies sei die *natürliche*, absolute *Schranke* des menschlichen Wissens. Die natürlichen Dinge sind beschränkt, und nur natürliche Dinge sind sie, insofern sie *nichts* von ihrer allgemeinen *Schranke wissen*, insofern ihre Bestimmtheit nur eine Schranke *für uns* ist, nicht *für sie*. Als *Schranke*, Mangel wird etwas nur gewußt, ja empfunden, indem man zugleich darüber *hinaus* ist. Die lebendigen Dinge haben das Vorrecht des Schmerzes vor den leblosen; selbst für jene wird eine *einzelne* Bestimmtheit zur Empfindung eines *Negativen*, weil sie als lebendig die *Allgemeinheit* der Lebendigkeit, die über das Einzelne *hinaus* ist, in ihnen haben, in dem Negativen ihrer selbst sich noch erhalten und diesen *Widerspruch* als in ihnen existierend empfinden. Dieser Widerspruch ist nur in ihnen, insofern beides in dem Einen Subjekt ist, die Allgemeinheit seines Lebensgefühls und die gegen dasselbe negative Einzelnheit. Schranke, Mangel des Erkennens ist ebenso nur *als* Schranke, Mangel bestimmt durch die *Vergleichung* mit der *vorhandenen* Idee des Allgemeinen, eines Ganzen und Vollendeten. Es ist daher nur Bewußtlosigkeit, nicht einzusehen, daß eben die Bezeichnung von Etwas als einem Endlichen oder Beschränkten den Beweis von der *wirklichen Gegenwart* des Unendlichen, Unbeschränkten enthält, daß das Wissen von Grenze nur sein kann, insofern das Unbegrenzte *diesseits* im Bewußtsein ist.

Über jenes Resultat vom Erkennen kann noch *die weitere Bemerkung* angeschlossen werden, daß die Kantische Philosophie auf die Behandlung der Wissenschaften keinen Einfluß hat haben können. *Sie läßt die Kategorien* und die *Methode des gewöhnlichen Erkennens ganz unangefochten*. Wenn in wissenschaftlichen Schriften damaliger Zeit zuweilen der Anlauf mit Sätzen der Kantischen Philosophie genommen ist, so zeigt sich im Verfolge der Abhandlung selbst, daß jene Sätze nur ein überflüssiger Zierrat waren und derselbe empirische Inhalt aufgetreten wäre, wenn jene etlichen ersten Blätter weggelassen worden wären.*

Was die nähere Vergleichung der Kantischen Philosophie mit dem *metaphysizierenden Empirismus* betrifft, so hält sich zwar der *unbefangene* Empirismus an die sinnliche Wahrnehmung, aber läßt ebenso eine geistige Wirklichkeit, eine übersinnliche Welt zu, wie auch ihr *Inhalt* beschaffen sei, ob er aus dem Gedanken, aus der Phantasie usf. abstamme. Der *Form* nach hat dieser Inhalt die Beglaubigung, wie der sonstige Inhalt des empirischen Wissens in der Autorität der äußern Wahrnehmung, in geistiger Autorität. Aber der *reflektierende* und die *Konsequenz* sich zum Prinzip machende *Empirismus* bekämpft solchen Dualismus des letzten, höchsten Inhalts und negiert die Selbständigkeit des denkenden Prinzips und einer in ihm sich entwickelnden geistigen Welt. Der *Materialismus, Naturalismus* ist das *konsequente* System des Empirismus. – Die Kantische Philosophie stellt diesem Empirismus das Prinzip des Denkens und der Freiheit schlechthin gegenüber und schließt sich dem ersten Empirismus an, ohne im geringsten aus dessen allgemeinem Prinzip herauszutreten. Die eine Seite ihres Dualismus bleibt die Welt der Wahrnehmung und des über sie reflektierenden Verstandes. Diese Welt wird zwar für eine Welt von *Erscheinungen* ausgegeben. Dies ist jedoch ein bloßer Titel, eine nur formelle Bestimmung, denn Quelle, Gehalt und Betrachtungsweise bleiben ganz dieselben. Die andere Seite ist dagegen die Selbständigkeit des sich erfassenden Denkens, das Prinzip der Freiheit, welches sie mit der vormaligen, gewöhnlichen Metaphysik gemein hat, aber alles Inhaltes entleert und ihm keinen wieder zu verschaffen vermag. Dies Denken, hier *Vernunft* genannt, wird, als aller Bestimmung beraubt, aller *Autorität* enthoben. Die Hauptwirkung, welche die Kantische Philosophie gehabt hat, ist

* Sogar im »Handbuche der *Metrik* von *Hermann*« ist der Anfang mit Paragraphen Kantischer Philosophie gemacht; ja in § 8 wird gefolgert, daß das Gesetz des Rhythmus 1) ein *objektives*, 2) ein *formales*, 3) ein a priori *bestimmtes* Gesetz sein müsse. Man vergleiche nun mit diesen Forderungen und den weiter folgenden Prinzipien von Kausalität und Wechselwirkung die Abhandlung der Versmaße selbst, auf welche jene formellen Prinzipien nicht den geringsten Einfluß ausüben.

gewesen, das Bewußtsein dieser absoluten Innerlichkeit erweckt zu haben, die, ob sie um ihrer Abstraktion willen zwar aus sich zu nichts sich entwickeln und keine Bestimmungen, weder Erkenntnisse noch moralische Gesetze, hervorbringen kann, doch schlechthin sich weigert, etwas, das den Charakter einer *Äußerlichkeit* hat, in sich gewähren und gelten zu lassen. Das Prinzip der *Unabhängigkeit der Vernunft*, ihrer absoluten Selbständigkeit in sich, ist von nun an als allgemeines Prinzip der Philosophie, wie als eines der Vorurteile der Zeit, anzusehen.

C
Dritte Stellung des Gedankens zur Objektivität

Das unmittelbare Wissen

§ 61

In der kritischen Philosophie wird das Denken so aufgefaßt, daß es *subjektiv* und dessen *letzte*, unüberwindliche Bestimmung die *abstrakte Allgemeinheit*, die formelle Identität sei; das Denken wird so der Wahrheit als in sich konkreter Allgemeinheit entgegengesetzt. In dieser höchsten Bestimmung des Denkens, welche die Vernunft sei, kommen die Kategorien nicht in Betracht. – Der entgegengesetzte Standpunkt ist, das Denken als Tätigkeit nur *des Besondern* aufzufassen und es auf diese Weise gleichfalls für unfähig zu erklären, Wahrheit zu fassen.

§ 62

Das Denken als Tätigkeit des Besondern hat nur die *Kategorien* zu seinem Produkte und Inhalte. Diese, wie sie der Verstand festhält, sind *beschränkte* Bestimmungen, Formen des *Bedingten, Abhängigen, Vermittelten*. Für das darauf beschränkte Denken ist das Unendliche, das Wahre, nicht; es kann keinen Übergang zu demselben machen (gegen die Beweise vom Dasein Gottes). Diese Denkbestimmungen werden auch *Begriffe* genannt; und einen Gegenstand *begreifen* heißt insofern nichts als ihn in der Form eines *Bedingten* und *Vermittelten* fassen, somit insofern er das Wahre, Unendliche, Unbedingte ist, ihn in ein Bedingtes und Vermitteltes verwandeln und auf solche Weise, statt das Wahre denkend zu fassen, es vielmehr in Unwahres verkehren.

Dies ist die einzige, einfache Polemik, welche der Standpunkt vorbringt, der das nur unmittelbare Wissen von Gott und von dem Wahren behauptet. Früher sind von Gott die sogenannten anthropopathischen Vorstellungen aller Art als endlich und daher des Unendlichen unwürdig entfernt worden, und er war dadurch bereits zu einem erklecklich leeren Wesen gediehen. Aber die Denkbestimmungen wurden im allgemeinen noch nicht unter dem Anthropopathischen befaßt; vielmehr galt das Denken dafür, daß es den Vorstellungen des Absoluten die Endlichkeit abstreife, – nach dem oben bemerkten Vorurteile aller Zeiten, daß man erst durch das Nachdenken zur Wahrheit gelange. Nun sind zuletzt auch die Denkbestimmungen überhaupt für Anthropopathismus, und das Denken für die Tätigkeit, *nur zu verendlichen*, erklärt worden. – In der VII. Beilage zu den Briefen über Spinoza hat *Jacobi* diese Polemik am bestimmtesten vorgetragen, welche er übrigens aus Spinozas Philosophie selbst geschöpft und für die Bekämpfung des Erkennens überhaupt angewendet hat. Von dieser Polemik wird das Erkennen nur als Erkennen des Endlichen aufgefaßt, als das denkende Fortgehen durch *Reihen* von *Bedingtem* zu *Bedingtem*, in denen jedes, was Bedingung, selbst wieder nur ein Bedingtes ist; – durch *bedingte Bedingungen*. Erklären und Begreifen heißt hienach, Etwas als *vermittelt* durch ein *Anderes* aufzeigen; somit ist aller Inhalt nur ein *besonderer, abhängiger* und *endlicher*; das Unendliche, Wahre, Gott liegt außer dem Mechanismus solchen Zusammenhangs, auf welchen das Erkennen eingeschränkt sei. – Es ist wichtig, daß, indem die Kantische Philosophie die Endlichkeit der Kategorien vornehmlich nur in die formelle Bestimmung ihrer *Subjektivität* gesetzt hat, in dieser Polemik die Kategorien nach ihrer Bestimmtheit zur Sprache kommen, und die Kategorie als solche für endlich erkannt wird. – Jacobi hat insbesondere die glänzenden Erfolge der Wissenschaften, die sich auf die Natur beziehen (der sciences exactes), im Erkennen der natürlichen Kräfte und Gesetze vor Augen gehabt. Immanent auf diesem Boden des Endlichen läßt sich freilich das Unendliche nicht finden; wie denn *Lalande* gesagt hat, daß er den ganzen Himmel durchsucht, aber Gott nicht gefunden habe (vergl. Anm. zu § 60). Als letztes Resultat ergab sich auf diesem Boden das *Allgemeine* als das *unbestimmte* Aggregat des äußerlichen Endlichen, die *Materie*; und Jacobi sah mit Recht keinen andern Ausgang auf dem Wege des bloßen Fortgehens in *Vermittlungen*.

§ 63

Zugleich wird behauptet, daß *die Wahrheit für den Geist ist*, so sehr, daß es die *Vernunft* allein ist, durch welche der Mensch besteht, und daß sie *das Wissen von Gott* ist. Weil aber das vermittelte Wissen nur auf endlichen Inhalt eingeschränkt sein soll, so ist die Vernunft *unmittelbares Wissen, Glaube*.

Wissen, Glauben, Denken, Anschauen sind die auf diesem Standpunkt vorkommenden Kategorien, die, indem sie als *bekannt vorausgesetzt* werden, nur zu häufig nach bloßen psychologischen Vorstellungen und Unterscheidungen willkürlich gebraucht werden; was ihre Natur und Begriff ist, dies, worauf es allein ankäme, wird nicht untersucht. So findet man das *Wissen* sehr gewöhnlich dem *Glauben* entgegengesetzt, während zugleich Glauben als unmittelbares Wissen bestimmt, hiemit sogleich auch für ein Wissen anerkannt wird. Es wird sich auch wohl als empirische Tatsache finden, daß das im Bewußtsein ist, was man glaubt, daß man somit wenigstens *davon weiß*; auch daß, was man glaubt, als etwas *Gewisses* im Bewußtsein ist, daß man *es* also weiß. – So wird ferner vornehmlich *Denken* dem unmittelbaren Wissen und Glauben, und insbesondere dem Anschauen entgegengesetzt. Wird das Anschauen als *intellektuell* bestimmt, so kann dies nichts als *denkendes* Anschauen heißen, wenn man anders unter dem Intellektuellen hier, wo Gott der Gegenstand ist, etwa nicht auch Phantasievorstellungen und Bilder verstehen will. Es geschieht in der Sprache dieses

Philosophierens, daß Glauben auch in Beziehung auf die gemeinen Dinge der *sinnlichen* Gegenwart gesagt wird. Wir *glauben*, sagt Jacobi, daß wir einen *Körper* haben, wir glauben an die *Existenz* der *sinnlichen Dinge*. Allein wenn vom Glauben an das Wahre und Ewige die Rede ist, davon, daß Gott in dem unmittelbaren Wissen, Anschauen geoffenbart, gegeben sei, so sind dies keine sinnlichen Dinge, sondern ein *in sich allgemeiner* Inhalt, nur Gegenstände für den *denkenden* Geist. Auch indem die *Einzelnheit* als Ich, die *Persönlichkeit*, insofern nicht ein *empirisches* Ich, eine *besondere* Persönlichkeit verstanden wird, vornehmlich indem die Persönlichkeit Gottes vor dem Bewußtsein ist, so ist von *reiner*, d. i. der *in sich allgemeinen* Persönlichkeit die Rede; eine solche ist Gedanke und kommt nur dem Denken zu. – Reines *Anschauen* ferner ist nur ganz dasselbe, was reines Denken ist. Anschauen, Glauben drücken zunächst die bestimmten Vorstellungen aus, die wir mit diesen Worten im gewöhnlichen Bewußtsein verbinden; so sind sie vom Denken freilich verschieden, und dieser Unterschied ist ungefähr jedem verständlich. Aber nun sollen auch Glauben und Anschauen in höherem Sinn, sie sollen als Glauben an Gott, als intellektuelles Anschauen Gottes, genommen werden, d. h. es soll gerade von dem abstrahiert werden, was den Unterschied von Anschauen, Glauben und vom Denken ausmacht. Es ist nicht zu sagen, wie Glauben und Anschauen, in diese höhere Region versetzt, noch vom Denken verschieden seien. Man meint mit solchen leer gewordenen Unterschieden sehr Wichtiges gesagt und behauptet zu haben und Bestimmungen zu bestreiten, welche mit den behaupteten dieselben sind. – Der Ausdruck *Glauben* jedoch führt den besondern Vorteil mit sich, daß er an den *christlich-religiösen* Glauben erinnert, diesen einzuschließen oder gar leicht dasselbe zu sein scheint, so daß dieses gläubige Philosophieren wesentlich fromm und christlich-fromm aussieht und auf den Grund dieser Frömmigkeit hin sich die Freiheit gibt, um so mehr mit Prätension und Autorität seine beliebigen Versicherungen zu machen. Man muß sich aber vom Scheine nicht über das, was sich durch die bloße Gleichheit der Worte einschleichen kann, täuschen lassen, und den Unterschied wohl festhalten. Der christliche Glaube schließt eine Autorität der Kirche in sich, der Glaube aber jenes philosophierenden Standpunktes ist vielmehr nur die Autorität der eignen subjektiven Offenbarung. Ferner ist jener christliche Glaube ein objektiver, in sich reicher Inhalt, ein System der Lehre und der Erkenntnis; der Inhalt dieses Glaubens aber ist so unbestimmt in sich, daß er jenen Inhalt zwar wohl auch etwa zuläßt, aber ebensosehr auch den Glauben, daß der Dalailama, der Stier, der Affe usf. Gott ist, in sich begreift, und daß er für sich sich auf den *Gott überhaupt*, das *höchste Wesen*, einschränkt. Der Glaube selbst in jenem philosophisch-seinsollenden Sinne ist nichts als das trockne *Abstraktum* des unmittelbaren Wissens, eine ganz formelle Bestimmung, die nicht mit der geistigen Fülle des christlichen Glaubens, weder nach der Seite des gläubigen Herzens und des ihm inwohnenden heiligen Geistes, noch nach der Seite der inhaltsvollen Lehre, zu verwechseln noch für diese Fülle zu nehmen ist.

Mit dem, was hier Glauben und unmittelbares Wissen heißt, ist übrigens ganz dasselbe, was sonst Eingebung, Offenbarung des Herzens, ein von Natur in den Menschen eingepflanzter Inhalt, ferner insbesondere auch gesunder Menschenverstand, common sense, Gemeinsinn, genannt worden ist. Alle diese Formen machen auf die gleiche Weise in Unmittelbarkeit, wie sich ein Inhalt im Bewußtsein findet, eine Tatsache in diesem ist, zum Prinzip.

§ 64

Das, was dieses unmittelbare Wissen weiß, ist, daß das Unendliche, Ewige, Gott, das in unserer *Vorstellung* ist, auch *ist*, – daß im Bewußtsein mit dieser *Vorstellung* unmittelbar und unzertrennlich die Gewißheit ihres *Seins* verbunden ist.

Es kann der Philosophie am wenigsten in Sinn kommen, diesen Sätzen des unmittelbaren Wissens widersprechen zu wollen; sie könnte sich vielmehr Glück wünschen, daß diese *ihre* alten Sätze, welche sogar ihren ganzen allgemeinen Inhalt ausdrücken, auf solche freilich unphilosophische Weise gewissermaßen ebenfalls zu allgemeinen Vorurteilen der Zeit geworden sind. Vielmehr kann man sich nur darüber wundern, daß man meinen konnte, der Philosophie seien diese Sätze entgegengesetzt, – die Sätze: daß das, was für wahr gehalten wird, dem Geiste immanent (§ 63) und daß für den Geist Wahrheit sei (ebendas.). In formeller Rücksicht ist insbesondere der Satz interessant, daß nämlich mit dem *Gedanken* Gottes sein *Sein*, mit der *Subjektivität*, die der Gedanke zunächst hat, die *Objektivität* unmittelbar und unzertrennlich verknüpft ist. Ja die Philosophie des unmittelbaren Wissens geht in ihrer Abstraktion so weit, daß nicht nur mit dem Gedanken Gottes allein, sondern auch in der Anschauung mit der *Vorstellung* meines *Körpers* und der *äußerlichen* Dinge die Bestimmung ihrer *Existenz* ebenso unzertrennlich verbunden sei. – Wenn die Philosophie solche Einheit zu beweisen, d. i. zu zeigen bestrebt ist, daß es in der Natur des Gedankens oder der Subjektivität selbst liege, unzertrennlich von dem Sein oder der Objektivität zu sein, so möchte es mit solchen Beweisen eine Bewandtnis haben,welche es wollte, die Philosophie muß auf allen Fall damit ganz zufrieden sein, daß behauptet und gezeigt wird, daß ihre Sätze auch *Tatsachen des Bewußtseins* sind, hiemit mit der *Erfahrung* übereinstimmen. – Der Unterschied zwischen dem Behaupten des unmittelbaren Wissens und zwischen der Philosophie läuft allein darauf hinaus, daß das unmittelbare Wissen sich eine *ausschließende* Stellung gibt, oder allein darauf, daß es sich dem Philosophieren entgegenstellt. – Aber auch in der Weise der Unmittelbarkeit ist jener Satz, um den, wie man sagen kann, sich das ganze Interesse der neuern Philosophie dreht, sogleich von deren Urheber ausgesprochen worden: ›Cogito, ergo sum‹. Man muß von der Natur des Schlusses etwa nicht viel mehr wissen, als daß in einem Schlusse ›ergo‹ vorkomme, um jenen Satz für einen Schluß anzusehen; wo wäre der medius terminus? und ein solcher gehört doch wohl wesentlicher zum Schlusse als das Wort ›ergo‹. Will man aber, um den Namen zu rechtfertigen, jene Verbindung bei Descartes einen *unmittel-baren* Schluß nennen, so heißt diese überflüssige Form nichts anderes, als eine *durch nichts vermittelte Verknüpfung unterschiedener* Bestimmungen. Dann aber ist die Verknüpfung des Seins mit unsern Vorstellungen, welche der Satz des unmittelbaren Wissens ausdrückt, nicht mehr und nicht weniger ein Schluß. – Aus Herrn *Hothos* Dissertation über die *Cartesische* Philosophie, die i. J. 1826 erschienen ist, entnehme ich die Zitate, in denen auch *Descartes* selbst ausdrücklich sich darüber erklärt, daß der Satz ›cogito, ergo sum‹ kein Schluß ist; die Stellen sind Respons. ad II. Objekt. De Methodo IV. Ep. I. 118. Aus ersterer Stelle führe ich die nähern Ausdrücke an; Descartes sagt zunächst, daß wir denkende Wesen seien, sei prima quaedam notio quae ex nullo syllogismo concluditur, und fährt fort: neque cum quis dicit: ego cogito, ergo sum sive existo, *existentiam ex cogitatione per syllogismum* deducit. Da Descartes weiß, was zu einem Schlusse gehört, so fügt er hinzu, daß wenn bei jenem Satz eine Ableitung durch einen Schluß stattfinden sollte, so gehörte hiezu der Obersatz: ›illud omne, quod cogitat, est sive existit‹. Dieser letztere Satz sei aber ein solcher, den man erst aus jenem ersten Satze vielmehr ableite.

Die Ausdrücke Descartes' über den Satz der Unzertrennlichkeit meiner als Denkenden vom Sein, daß in der *einfachen Anschauung* des Bewußtseins dieser Zusammenhang enthalten und angegeben, daß dieser Zusammenhang schlechthin Erstes, Prinzip, das Gewisseste und Evidenteste sei, so daß kein Skeptizismus so enorm vorgestellt werden könne, um dies nicht zuzulassen, – sind so sprechend und bestimmt, daß die modernen Sätze Jacobis und anderer über diese unmittelbare Verknüpfung nur für überflüssige Wiederholungen gelten können.

§ 65

Dieser Standpunkt begnügt sich nicht damit, von dem *vermittelten* Wissen gezeigt zu haben, daß es, *isoliert* genommen, für die Wahrheit ungenügend sei, sondern seine Eigentümlichkeit besteht darin, daß das *unmittelbare* Wissen nur *isoliert* genommen, mit *Ausschließung* der Vermittlung, die Wahrheit zum Inhalte habe. – In solchen Ausschließungen selbst gibt sich sogleich der genannte Standpunkt als ein Zurückfallen in den metaphysischen Verstand kund, in das *Entweder – Oder* desselben, damit in der Tat selbst in das Verhältnis der äußerlichen Vermittlung, das auf dem Festhalten an Endlichem, d. i. einseitigen Bestimmungen beruht, über die jene Ansicht fälschlich sich hinausgesetzt zu haben meint. Doch lassen wir diesen Punkt unentwickelt; das ausschließend unmittelbare Wissen wird nur als *eine Tatsache* behauptet, und hier in der Einleitung ist es nur nach dieser äußerlichen Reflexion aufzunehmen. An sich kommt es auf das Logische des Gegensatzes von Unmittelbarkeit und Vermittlung an. Aber jener Standpunkt weist es ab, die Natur der Sache, d. i. den Begriff zu betrachten, denn eine solche Betrachtung führt auf Vermittlung und gar auf Erkenntnis. Die wahrhafte Betrachtung, die des Logischen, hat ihre Stelle innerhalb der Wissenschaft selbst zu finden.

Der ganze zweite Teil der *Logik*, die Lehre von dem *Wesen*, ist Abhandlung der wesentlichen sich setzenden Einheit der Unmittelbarkeit und der Vermittlung.

§ 66

Wir bleiben hiemit dabei stehen, daß das unmittelbare Wissen als *Tatsache* genommen werden soll. Hiemit aber ist die Betrachtung auf das Feld der *Erfahrung*, auf ein *psychologisches* Phänomen geführt. – In dieser Rücksicht ist anzuführen, daß es zu den gemeinsten Erfahrungen gehört, daß Wahrheiten, von welchen man sehr wohl weiß, daß sie Resultat der verwickeltsten, höchst vermittelten Betrachtungen sind, sich demjenigen, dem solche Erkenntnis geläufig geworden, *unmittelbar* in seinem Bewußtsein präsentieren. Der Mathematiker, wie jeder in seiner Wissenschaft Unterrichtete, hat Auflösungen unmittelbar gegenwärig, zu denen eine sehr verwickelte Analysis geführt hat; jeder gebildete Mensch hat eine Menge von allgemeinen Gesichtspunkten und Grundsätzen unmittelbar gegenwärtig in seinem Wissen, welche nur aus vielfachem Nachdenken und langer Lebenserfahrung hervorgegangen sind. Die Geläufigkeit, zu der wir es in irgend einer Art von Wissen, auch Kunst, technischer Geschicklichkeit gebracht haben, besteht eben darin, solche Kenntnisse, Arten der Tätigkeit, im vorkommenden Falle *unmittelbar* in seinem Bewußtsein, ja selbst in einer nach außen gehenden Tätigkeit und in seinen Gliedern zu haben. – In allen diesen Fällen schließt die Unmittelbarkeit des Wissens nicht nur die Vermittlung desselben nicht aus, sondern sie sind so verknüpft, daß das unmittelbare Wissen sogar Produkt und Resultat des vermittelten Wissens ist.

Eine ebenso triviale Einsicht ist die Verknüpfung von unmittelbarer *Existenz* mit der Vermittlung derselben; Keime, Eltern sind eine unmittelbare, anfangende Existenz in Ansehung der Kinder usf., welche Erzeugte sind. Aber die Keime, Eltern, so sehr sie als existierend überhaupt *unmittelbar sind*, sind sie gleichfalls Erzeugte, und die Kinder usf., der Vermittlung ihrer Existenz unbeschadet, sind nun unmittelbar, denn sie *sind*. Daß Ich in Berlin *bin*, diese meine *unmittelbare* Gegenwart, ist *vermittelt* durch die gemachte Reise hieher, usf.

§ 67

Was aber das *unmittelbare Wissen* von *Gott*, vom *Rechtlichen*, vom *Sittlichen* betrifft – hieher fallen auch die sonstigen Bestimmungen von Instinkt, eingepflanzten, angebornen Ideen, Gemeinsinn, von natürlicher Vernunft usf. –, welche Form man dieser Ursprünglichkeit gebe, so ist die allgemeine Erfahrung, daß, damit das, was darin enthalten ist, zum Bewußtsein gebracht werde, wesentlich *Erziehung*, Entwicklung (auch zur *Platonschen Erinnerung*) erforderlich sei (– die christliche Taufe, obgleich ein Sakrament, enthält selbst die fernere Verpflichtung einer christlichen Erziehung); d. i. daß Religion, Sittlichkeit, so sehr sie ein *Glauben, unmittelbares* Wissen sind, schlechthin bedingt durch die *Vermittlung* seien, welche Entwicklung, Erziehung, Bildung heißt.

Bei der Behauptung *angeborner* Ideen und bei dem Widerspruch gegen dieselbe ist ein ähnlicher Gegensatz ausschließender Bestimmungen herrschend gewesen als der hier betrachtete, nämlich der Gegensatz von der, wie es ausgedrückt werden kann, wesentlichen *unmittelbaren* Verknüpfung gewisser allgemeiner Bestimmungen mit der *Seele*, und von einer andern Verknüpfung, die auf äußerliche Weise geschähe und durch *gegebene* Gegenstände und Vorstellungen vermittelt wäre. Man machte der Behauptung *angeborner Ideen* den empirischen Einwurf, daß alle Menschen diese Ideen haben, z. B. den Satz des Widerspruchs in ihrem Bewußtsein haben, ihn wissen müßten, als welcher Satz mit andern dergleichen unter die angebornen Ideen gerecht wurde. Man kann diesem Einwurf einen Mißverstand zuschreiben, insofern die gemeinten Bestimmungen als angeborne darum nicht auch schon in der *Form* von Ideen, Vorstellungen von Gewußtem sein sollen. Aber gegen das unmittelbare Wissen ist dieser Einwurf ganz treffend, denn es behauptet ausdrücklich seine Bestimmungen insofern, als sie im Bewußtsein seien. – Wenn der Standpunkt des unmittelbaren Wissens etwa zugibt, daß insbesondere für den religiösen Glauben eine Entwicklung und eine christliche oder religiöse Erziehung *notwendig* sei, so ist es ein Belieben, dies bei dem Reden von dem Glauben wieder ignorieren zu wollen, oder es ist die Gedankenlosigkeit, nicht zu wissen, daß mit der zugegebenen Notwendigkeit einer Erziehung eben die Wesentlichkeit der Vermittlung ausgesprochen ist.

§ 68

In den angeführten Erfahrungen ist sich auf das berufen, was sich als mit dem unmittelbaren Wissen *verbunden* zeigt. Wenn diese Verbindung etwa zunächst als nur ein *äußerlicher*, empirischer Zusammenhang genommen wird, so erweist er sich für die empirische Betrachtung selbst als wesentlich und unzertrennlich, weil er konstant ist. Aber ferner, wenn nach der Erfahrung dieses unmittelbare Wissen für sich selbst genommen wird, insofern es Wissen von Gott und vom Göttlichen ist, so wird solches Bewußtsein allgemein als ein *Erheben über* das Sinnliche, Endliche, wie über die unmittelbaren Begierden und Neigungen des natürlichen Herzens beschrieben, – ein Erheben, welches in den Glauben an Gott und Göttliches übergeht und in demselben endigt, so daß dieser Glaube ein unmittelbares Wissen und Fürwahrhalten ist, aber nichtsdestoweniger jenen Gang der Vermittlung zu seiner Voraussetzung und Bedingung hat.

Es ist schon bemerkt worden, daß die sogenannten Beweise vom Dasein Gottes, welche von dem endlichen Sein ausgehen, diese Erhebung ausdrücken und keine Erfindungen einer künstelnden Reflexion, sondern die eignen, notwendigen Vermittlungen des Geistes sind, wenn sie auch in der gewöhnlichen Form jener Beweise nicht ihren vollständigen und richtigen Ausdruck haben.

§ 69

Der (§ 64) bezeichnete Übergang von der subjektiven Idee zum Sein ist es, welcher für den Standpunkt des unmittelbaren Wissens das Hauptinteresse ausmacht und wesentlich als ein ursprünglicher, vermittlungsloser Zusammenhang behauptet wird. Ganz ohne Rücksicht auf empirisch-scheinende Verbindungen genommen, zeigt gerade dieser Mittelpunkt *in ihm* selbst die Vermittlung, und zwar in ihrer Bestimmung, wie sie wahrhaft ist, nicht als eine Vermittlung mit und durch ein Äußerliches, sondern als sich in sich selbst beschließend.

§ 70

Die Behauptung dieses Standpunkts ist nämlich, daß weder die *Idee* als ein bloß *subjektiver* Gedanke, noch bloß ein *Sein* für sich das Wahre ist; – das Sein nur für sich, ein Sein nicht der Idee, ist das sinnliche, endliche Sein der Welt. Damit wird also unmittelbar behauptet, daß die Idee nur *vermittelst* des Seins, und umgekehrt das Sein nur *vermittelst* der Idee, *das Wahre ist*. Der Satz des unmittelbaren Wissens will mit Recht nicht die unbestimmte, leere Unmittelbarkeit, das abstrakte Sein oder reine Einheit für sich, sondern die Einheit *der Idee* mit dem Sein. Es ist aber Gedankenlosigkeit, nicht zu sehen, daß die Einheit *unterschiedener* Bestimmungen nicht bloß rein unmittelbare, d. i. ganz unbestimmte und leere Einheit, sondern daß eben darin gesetzt ist, daß die eine der Bestimmungen nur durch die andere vermittelt Wahrheit hat – oder, wenn man will, jede nur durch die andere mit der Wahrheit vermittelt ist. – Daß die Bestimmung der Vermittlung in jener Unmittelbarkeit selbst enthalten ist, ist hiemit als *Faktum* aufgezeigt, gegen welches der *Verstand*, dem eigenen Grundsatze des unmittelbaren Wissens gemäß, nichts einzuwenden haben darf. Es ist nur gewöhnlicher abstrakter Verstand, der die Bestimmungen von Unmittelbarkeit und von Vermittlung, jede für sich, als absolut nimmt und an ihnen etwas *Festes* von Unterscheidung zu haben meint; so erzeugt er sich die unüberwindliche Schwierigkeit, sie zu vereinigen; – eine Schwierigkeit, welche ebensosehr, wie gezeigt, im Faktum nicht vorhanden ist, als sie im spekulativen Begriffe verschwindet.

§ 71

Die Einseitigkeit dieses Standpunkts bringt Bestimmungen und Folgen mit sich, deren Hauptzüge nach der geschehenen Erörterung der Grundlage noch bemerklich zu machen sind. *Vors erste*, weil nicht die *Natur* des *Inhalts*, sondern das *Faktum* des *Bewußtseins* als das Kriterium der Wahrheit aufgestellt wird, so ist das *subjektive* Wissen und die *Versicherung*, daß Ich in *meinem* Bewußtsein einen gewissen Inhalt vorfinde, die Grundlage dessen, was als wahr ausgegeben wird. Was Ich in *meinem* Bewußtsein vorfinde, wird dabei dazu gesteigert, in dem Bewußtsein *aller* sich vorzufinden, und für die *Natur* des Bewußtseins selbst ausgegeben.

Vormals wurde unter den sogenannten Beweisen vom Dasein Gottes der consensus gentium aufgeführt, auf den sich auch schon Cicero beruft. Der consensus gentium ist eine bedeutende Autorität, und der Übergang davon, daß ein Inhalt sich in dem Bewußtsein *aller* finde, dazu, daß er in der Natur des Bewußtseins selbst liege und ihm notwendig sei, liegt nahe bei der Hand. Es lag in dieser Kategorie *allgemeiner* Übereinstimmung das wesentliche, dem ungebildetsten Menschensinne nicht entgehende Bewußtsein, daß das Bewußtsein des Einzelnen zugleich ein *Besonderes, Zufälliges* ist. Wenn die Natur dieses Bewußtseins nicht selbst untersucht, d. i. das Besondere, Zufällige desselben nicht abgesondert wird, als durch welche mühsame Operation des Nachdenkens das an und für sich Allgemeine desselben allein herausgefunden werden kann, so kann nur die Übereinstimmung *aller* über einen Inhalt ein respektables Vorurteil begründen, daß derselbe zur Natur des Bewußtseins selbst gehöre. Für das Bedürfnis des Denkens, das, was sich als *allgemein* vorhanden zeigt, als *notwendig* zu wissen, ist der consensus gentium allerdings nicht genügend, aber auch innerhalb der Annahme, daß jene Allgemeinheit des Faktums ein befriedigender Beweis wäre, ist er um der Erfahrung willen, daß es Individuen und Völker gebe, bei denen sich der Glaube an Gott nicht vorfinde, als ein Beweis dieses Glaubens aufgegeben worden.* Kürzer und bequemer aber gibt es nichts, als die bloße *Versicherung* zu machen zu haben, daß Ich einen Inhalt in meinem Bewußtsein mit der Gewißheit seiner Wahrheit finde, und daß daher diese Gewißheit nicht mir als besonderem Subjekte, sondern der Natur des Geistes selbst angehöre.

* Um in der Erfahrung den Atheismus und den Glauben an Gott mehr oder weniger ausgebreitet zu finden, kommt es darauf an, ob man mit der Bestimmung von einem Gott *überhaupt* zufrieden ist, oder ob eine bestimmtere Erkenntnis desselben gefordert wird. Von den chinesischen und indischen usf. Götzen wenigstens, ebensowenig von den afrikanischen Fetischen, auch von den griechischen Göttern selbst wird in der christlichen Welt nicht zugegeben werden, daß solche Götzen Gott sind; wer an solche glaubt, glaubt daher nicht an Gott. Wird dagegen die Betrachtung gemacht, daß in solchem Glauben an Götzen doch *an sich* der Glaube an Gott *überhaupt*, wie im besondern Individuum die Gattung, liege, so gilt der Götzendienst auch für einen Glauben, nicht nur an einen Götzen, sondern an Gott. Umgekehrt haben die Athenienser die Dichter und Philosophen, welche den Zeus usf. nur für Wolken usf. hielten und etwa nur einen *Gott überhaupt* behaupteten, als Atheisten behandelt. – Es kommt nicht darauf an, was *an sich* in einem Gegenstande enthalten sei, sondern was davon für das Bewußtsein *heraus* ist. Jede, die gemeinste sinnliche Anschauung des Menschen wäre, wenn man die Verwechslung dieser Bestimmungen gelten läßt, Religion, weil allerdings *an sich* in jeder solchen Anschauung, in jedem Geistigen das Prinzip enthalten ist, welches entwickelt und gereinigt sich zur Religion steigert. Ein anderes aber ist, der Religion *fähig zu sein* (und jenes *Ansich* drückt die Fähigkeit und Möglichkeit aus), ein anderes, Religion *zu haben*. – So haben in neuern Zeiten wieder Reisende (z. B. die Kapitäne *Ross* und *Parry*) Völkerschaften (Eskimaux) gefunden, denen sie alle Religion absprachen, sogar so etwas von Religion, was man noch in afrikanischen *Zauberern* (den *Goëten* Herodots) finden möchte. Nach einer ganz andern Seite hin sagt ein Engländer, der die ersten Monate des letztverflossenen Jubeljahrs in Rom zubrachte, in seiner Reisebeschreibung von den heutigen *Römern*, daß das gemeine Volk bigott, daß aber die, die lesen und schreiben können, sämtlich Atheisten seien. – Der Vorwurf des Atheismus ist übrigens in neuern Zeiten wohl vornehmlich darum seltener geworden, weil der Gehalt und die Forderung über Religion sich auf ein Minimum reduziert (s. § 73).

§ 72

Daraus, daß das *unmittelbare Wissen* das Kriterium der Wahrheit sein soll, folgt *fürs zweite*, daß aller Aberglaube und Götzendienst für Wahrheit erklärt wird, und daß der unrechtlichste und unsittlichste Inhalt des Willens gerechtfertigt ist. Dem Indier gilt nicht aus sogenanntem vermittelten Wissen, aus Räsonnements und Schlüssen, die Kuh, der Affe oder der Brahmin, der Lama als Gott, sondern er *glaubt* daran. Die natürlichen Begierden und Neigungen aber legen von selbst ihre Interessen ins Bewußtsein, die unmoralischen Zwecke finden sich ganz unmittelbar in demselben; der gute oder böse Charakter drückte das *bestimmte Sein* des Willens aus, welches in den Interessen und Zwecken gewußt, und zwar am unmittelbarsten gewußt wäre.

§ 73

Endlich soll das unmittelbare Wissen von Gott sich nur darauf erstrecken, *daß* Gott ist, nicht *was* Gott ist; denn das letztere würde eine Erkenntnis sein und auf vermitteltes Wissen führen. Damit ist Gott als Gegenstand der Religion ausdrücklich auf den *Gott überhaupt*, auf das unbestimmte Übersinnliche beschränkt, und die Religion ist in ihrem Inhalte auf ihr Minimum reduziert.

Wenn es wirklich nötig wäre, nur so viel zu bewirken, daß der Glaube, *es sei ein Gott*, noch erhalten werde, oder gar, daß solcher Glaube zu Stande komme, so wäre sich nur über die Armut der Zeit zu verwundern, welche das Dürftigste des religiösen Wissens für einen Gewinn halten läßt und dahin gekommen ist, in ihrer Kirche zu dem Altar zurückzukehren, der sich längst in *Athen* befand, welcher *dem unbekannten Gotte!* gewidmet war.

Noch ist die allgemeine Natur der *Form der Unmittelbarkeit* kurz anzugeben. Es ist nämlich diese Form selbst, welche, weil sie *einseitig* ist, ihren Inhalt selbst einseitig und damit *endlich* macht. Dem *Allgemeinen* gibt sie die Einseitigkeit einer *Abstraktion*, so daß Gott zum bestimmungslosen Wesen wird; Geist aber kann Gott nur heißen, insofern er als *sich* in sich selbst *mit sich vermittelnd* gewußt wird. Nur so ist er *konkret*, lebendig und Geist; das *Wissen* von Gott als Geist enthält eben damit Vermittlung in sich. – Dem *Besondern* gibt die Form der Unmittelbarkeit die Bestimmung, zu *sein, sich auf sich* zu beziehen. Das Besondere ist aber eben dies, sich auf *Anderes* außer ihm zu beziehen; durch jene Form wird das *Endliche* als absolut gesetzt. Da sie als ganz abstrakt gegen *jeden Inhalt gleichgültig* und eben damit jeden Inhalts empfänglich ist, so kann sie abgöttischen und unmoralischen ebensogut sanktionieren als den entgegengesetzten Inhalt. Nur diese Einsicht in denselben, daß er nicht selbständig, sondern *durch ein Anderes vermittelt* ist, setzt ihn auf seine Endlichkeit und Unwahrheit herab. Solche Einsicht, weil der Inhalt die Vermittlung mit sich führt, ist ein Wissen, welches Vermittlung enthält. Für das Wahre aber kann nur ein Inhalt erkannt werden, insofern er nicht mit einem Andern vermittelt, nicht endlich ist, also sich mit sich selbst vermittelt, und so in Eins Vermittlung und unmittelbare Beziehung auf sich selbst ist. – Jener Verstand, der sich von dem endlichen Wissen, *der Verstandes-Identität* der Metaphysik und der Aufklärung, losgemacht zu haben meint, macht selbst unmittelbar wieder diese *Unmittelbarkeit, d. i. die abstrakte Beziehung-auf-sich*, die abstrakte Identität, zum Prinzip und Kriterium der Wahrheit. *Abstraktes Denken* (die Form der reflektierenden Metaphysik) und *abstraktes Anschauen* (die Form des unmittelbaren Wissens) sind ein und dasselbe.

§ 75

Die *Beurteilung* dieser dritten Stellung, die dem Denken zur Wahrheit gegeben wird, hat nur auf eine Weise vorgenommen werden können, welche dieser Standpunkt unmittelbar in ihm selbst angibt und zugesteht. Es ist hiemit als *faktisch* falsch aufgezeigt worden, daß es ein unmittelbares Wissen *gebe*, ein Wissen, welches ohne Vermittlung, es sei mit Anderem oder in ihm selbst mit sich, sei. Gleichfalls ist es für faktische Unwahrheit erklärt worden, daß das Denken *nur* an durch *Anderes vermittelten* Bestimmungen – endlichen und bedingten – fortgehe, und daß sich nicht ebenso in der Vermittlung diese Vermittlung selbst aufhebe. Von dem *Faktum* aber solchen Erkennens, das weder in einseitiger Unmittelbarkeit noch in einseitiger Vermittlung fortgeht, ist die *Logik* selbst und die *ganze Philosophie* das *Beispiel*.

§ 76

In Beziehung auf den Ausgangspunkt, die oben sogenannte *unbefangene* Metaphysik, das Prinzip des unmittelbaren Wissens betrachtet, so ergibt sich aus der Vergleichung, daß dasselbe zu jenem Anfang, den diese Metaphysik in der neuern Zeit als *Cartesische* Philosophie genommen hat, *zurückgekehrt* ist. In beiden ist gehauptet:

1) Die einfache Untrennbarkeit des *Denkens* und *Seins* des Denkenden, – cogito ergo sum, ist ganz dasselbe [wie], daß mir im Bewußtsein das Sein, Realität, Existenz des Ich unmittelbar geoffenbart sei (Cartesius erklärt zugleich ausdrücklich Princ. phil. I. 9, daß er unter Denken das *Bewußtsein* überhaupt als solches verstehe); und daß jene Untrennbarkeit die schlechthin *erste* (nicht vermittelte, bewiesene) und *gewisseste* Erkenntnis sei.

2) Ebenso die Unzertrennlichkeit der Vorstellung von *Gott* und seiner *Existenz*, so daß diese in der Vorstellung Gottes selbst enthalten ist, jene Vorstellung schlechthin nicht ohne die Bestimmung der Existenz, diese somit eine notwendige und ewige ist.*

* Cart. Princ. phil I.15: magis hoc (ens summe perfectum existere) *credet*, si attendat, nullius alterius rei ideam apud se inveniri, in qua eodem modo

3) Was das gleichfalls unmittelbare Bewußtsein von der Existenz *äußerer* Dinge betrifft, so heißt dasselbe nichts anderes als *sinnliche* Bewußtsein; daß wir ein solches haben, ist die geringste der Erkenntnisse; es hat allein Interesse zu wissen, daß dies unmittelbare Wissen von dem *Sein* der äußerlichen Dinge Täuschung und Irrtum, und in dem Sinnlichen als solchem keine Wahrheit ist, das *Sein* dieser äußerlichen Dinge vielmehr ein zufälliges, vorübergehendes, ein *Schein* ist, – daß sie wesentlich dies sind, nur eine Existenz zu haben, die von ihrem Begriff, Wesen trennbar ist.

§ 77

Unterschieden sind aber beide Standpunkte:

1) Die Cartesische Philosophie geht von diesen unbewiesenen und für unbeweisbar angenommenen Voraussetzungen *fort zu weiterer* entwickelter Erkenntnis und hat auf diese Weise den Wissenschaften der neuen Zeit den Ursprung gegeben. Der moderne Standpunkt dagegen ist zu dem für sich wichtigen Resultate gekommen (§ 62), daß das Erkennen, welches an *endlichen* Vermitt-

necessariam existentiam contineri animadvertat;... intelliget, illam ideam exhibere veram et immutabilem naturam, quaeque *non potest non existere*, cum necessaria existentia *in ea contineatur*. Eine darauf folgende Wendung, die wie eine Vermittlung und Beweis lautet, tut dieser ersten Grundlage keinen Eintrag. – Bei Spinoza ist es ganz dasselbe, daß Gottes *Wesen*, d. i. die abstrakte Vorstellung, die Existenz in sich schließe. Die erste Definition Spinozas ist die von causa sui, daß sie ein solches sei, cujus *essentia* involvit existentiam; sive id, cujus *natura non potest concipi* nisi existens; – die Untrennbarkeit des Begriffs vom Sein ist die Grundbestimmung und Voraussetzung. Aber welcher Begriff ist es, dem diese Untrennbarkeit vom Sein zukommt? nicht der von *endlichen* Dingen, denn diese sind eben solche, deren Existenz eine *zufällige* und erschaffene ist. – Daß bei Spinoza die 11te Proposition: daß Gott notwendig existiere, mit einem Beweise folgt, ebenso die 20ste: daß Gottes Existenz und sein Wesen ein und dasselbe sind, – ist ein überflüssiger Formalismus des Beweisens. Gott ist die (und zwar einzige) Substanz, die Substanz aber ist causa sui, *also* existiert Gott notwendig – heißt nichts anderes, als daß Gott dies ist, dessen Begriff und Sein unzertrennlich ist.

lungen fortgehe, nur Endliches erkenne und keine Wahrheit enthalte; und verlangt an das Bewußtsein von Gott, daß es bei jenem, und zwar ganz abstrakten Glauben stehen bleibe.*

2) Der moderne Standpunkt ändert dabei einerseits nichts an der von Cartesius eingeleiteten Methode des gewöhnlichen wissenschaftlichen Erkennens und führt die daraus entsprungenen Wissenschaften des Empirischen und Endlichen ganz auf dieselbe Weise fort, – andererseits aber verwirft dieser Standpunkt diese Methode, und damit, weil er keine andere kennt, *alle* Methoden für das Wissen von dem, was seinem Gehalte nach unendlich ist; er überläßt sich darum der wilden Willkür der Einbildungen und Versicherungen, einem Moralitäts-Eigendünkel und Hochmut des Empfindens oder einem maßlosen Gutdünken und Räsonnement, welches sich am stärksten gegen Philosophie und Philosopheme erklärt. Die Philosophie gestattet nämlich nicht ein bloßes Versichern, noch Einbilden, noch beliebiges Hin- und Herdenken des Räsonnements.

§ 78

Der *Gegensatz* von einer selbständigen Unmittelbarkeit des Inhalts oder Wissens und einer dagegen ebenso selbständigen Vermittlung, die mit jener unvereinbar sei, ist zunächst deswegen bei Seite zu setzen, weil er eine bloße *Voraussetzung* und beliebige *Versicherung* ist. Ebenso sind alle anderen Voraussetzungen oder Vorurteile bei dem Eintritt in die Wissenschaft aufzugeben, sie mögen aus der Vorstellung oder dem Denken genommen sein; denn es ist die Wissenschaft, in welcher alle dergleichen Bestimmungen erst untersucht und, was an ihnen und ihren Gegensätzen sei, erkannt werden soll.

* *Anselmus* sagt dagegen: *Negligentiae* mihi videtur, si postquam confirmati sumus in fide, non *studemus*, quod *credimus, intelligere* (Tractat. Cur Deus homo). – Anselm hat dabei an dem konkreten Inhalte der christlichen Lehre eine ganz andere schwere Aufgabe für das Erkennen als das, was jener moderne Glaube enthält.

Der *Skeptizismus* als eine durch alle Formen des Erkennens durchgeführte negative Wissenschaft, würde sich als eine Einleitung darbieten, worin die Nichtigkeit solcher Voraussetzungen dargetan würde. Aber er würde nicht nur ein unerfreulicher, sondern auch darum ein überflüssiger Weg sein, weil das Dialektische selbst ein wesentliches Moment der affirmativen Wissenschaft ist, wie sogleich bemerkt werden wird. Übrigens hätte er die endlichen Formen auch nur empirisch und unwissenschaftlich zu finden und als gegeben aufzunehmen. Die Forderung eines solchen vollbrachten Skeptizismus ist dieselbe mit der, daß der Wissenschaft *das Zweifeln an allem*, d. i. die gänzliche *Voraussetzungslosigkeit* an allem vorangehen solle. Sie ist eigentlich in dem Entschluß, *rein denken zu wollen*, durch die Freiheit vollbracht, welche von allem abstrahiert und ihre reine Abstraktion, die Einfachheit des Denkens, erfaßt.

Näherer Begriff und Einteilung der Logik

§ 79

Das *Logische* hat der Form nach drei Seiten, α) *die abstrakte* oder *verständige*, β) *die dialektische* oder *negativ-vernünftige*, γ) *die spekulative* oder *positiv-vernünftige*.

Diese drei Seiten machen nicht drei *Teile* der Logik aus, sondern sind *Momente jedes Logisch-Reellen*, das ist jedes Begriffes, oder jedes Wahren überhaupt. Sie können sämtlich unter das erste Moment, das *Verständige*, gesetzt und dadurch abgesondert auseinander gehalten werden, aber so werden sie nicht in ihrer Wahrheit betrachtet. – Die Angabe, die hier von den Bestimmungen des Logischen gemacht ist, sowie die Einteilung ist hier ebenfalls nur antizipiert und historisch.

§ 80

α) Das Denken als *Verstand* bleibt bei der festen Bestimmtheit und der Unterschiedenheit derselben gegen andere stehen; ein solches beschränktes Abstraktes gilt ihm als für sich bestehend und seiend.

§ 81

β) Das *dialektische* Moment ist das eigene Sichaufheben solcher endlichen Bestimmungen und ihr Übergehen in ihre entgegengesetzte.

1) Das Dialektische vom Verstande für sich abgesondert genommen, macht, insbesondere in wissenschaftlichen Begriffen aufgezeigt, den *Skeptizismus* aus; er enthält die bloße Negation als Resultat des Dialektischen. 2) Die Dialektik wird gewöhnlich als eine äußere Kunst betrachtet, welche durch Willkür eine Verwirrung in bestimmten Begriffen und einen bloßen *Schein* von *Widersprüchen* in ihnen hervorbringt, so daß nicht diese Bestimmungen, sondern dieser Schein ein Nichtiges und das Verständige dagegen vielmehr das Wahre sei. Oft ist die Dialektik auch weiter nichts als ein subjektives Schaukelsystem von hin- und herübergehendem Räsonnement, wo der Gehalt fehlt und die Blöße durch solchen Scharfsinn bedeckt wird, der solches Räsonnement erzeugt. – In ihrer eigentümlichen Bestimmtheit ist die Dialektik vielmehr die eigene, wahrhafte Natur der Verstandesbestimmungen, der Dinge und des Endlichen überhaupt. Die Reflexion ist zunächst das Hinausgehen über die isolierte Bestimmtheit und ein Beziehen derselben, wodurch diese in Verhältnis gesetzt, übrigens in ihrem isolierten Gelten erhalten wird. Die Dialektik dagegen ist dies *immanente* Hinausgehen, worin die Einseitigkeit und Beschränktheit der Verstandesbestimmungen sich als das, was sie ist, nämlich als ihre Negation, darstellt. Alles Endliche ist dies, sich selbst aufzuheben. Das Dialektische macht daher die bewegende Seele des wissenschaftlichen Fortgehens aus und ist das Prinzip, wodurch allein *immanenter Zusammenhang und Notwendigkeit* in den Inhalt der Wissenschaft kommt, so wie in ihm überhaupt die wahrhafte, nicht äußerliche Erhebung über das Endliche liegt.

§ 82

γ) Das *Spekulative* oder *Positiv-Vernünftige* faßt die Einheit der Bestimmungen in ihrer Entgegensetzung auf, das *Affirmative*, das in ihrer Auflösung und ihrem Übergehen enthalten ist.

1) Die Dialektik hat ein *positives* Resultat, weil sie einen *bestimmten Inhalt* hat, oder weil ihr Resultat wahrhaft nicht das *leere, abstrakte Nichts*, sondern die Negation von *gewissen Bestimmungen* ist, welche im Resultate eben deswegen enthalten sind, weil dies nicht ein *unmittelbares Nichts*, sondern ein Resultat ist. 2) Dies Vernünftige ist daher, obwohl ein Gedachtes, auch Abstraktes, zugleich ein *Konkretes*, weil es nicht *einfache, formelle* Einheit, sondern *Einheit unterschiedener Bestimmungen* ist. Mit bloßen Abstraktionen oder formellen Gedanken hat es darum überhaupt die Philosophie ganz und gar nicht zu tun, sondern allein mit konkreten Gedanken. 3) In der spekulativen Logik ist die bloße *Verstandes-Logik* enthalten und kann aus jener sogleich gemacht werden; es bedarf dazu nichts, als daraus das Dialektische und Vernünftige wegzulassen; so wird sie zu dem, was die *gewöhnliche Logik* ist, eine *Historie* von mancherlei zusammengestellten Gedankenbestimmungen, die in ihrer Endlichkeit als etwas Unendliches gelten.

§ 83

Die Logik zerfällt in drei Teile:
I. In *die Lehre von dem Sein.*
II. *Die Lehre von dem Wesen.*
III. *Die Lehre von dem Begriffe und [der] Idee.*

Nämlich in die Lehre von dem Gedanken:
I. In seiner *Unmittelbarkeit*, – dem *Begriffe an sich*.
II. In seiner *Reflexion* und *Vermittlung*, – dem *Fürsichsein* und *Schein* des Begriffes.
III. In seinem *Zurückgekehrtsein in sich selbst* und *seinem entwickelten Bei-sich-sein*, – dem Begriffe *an* und *für sich*.

43. Der Anfang der »Wissenschaft der Logik« (G. F. W. Hegel)

Erster Abschnitt
Bestimmtheit (Qualität).

Das Sein ist das unbestimmte Unmittelbare; es ist frei von der Bestimmtheit gegen das Wesen, so wie noch von jeder, die es innerhalb seiner selbst erhalten kann. Dies reflexionslose Sein ist das Sein, wie es unmittelbar nur an ihm selber ist.

Weil es unbestimmt ist, ist es qualitätsloses Sein; aber *an sich* kommt ihm der Charakter der Unbestimmtheit nur im Gegensatze gegen das *Bestimmte* oder Qualitative zu. Dem Sein überhaupt tritt aber das *bestimmte* Sein als solches gegenüber, damit aber macht seine Unbestimmtheit selbst seine Qualität aus. Es wird sich daher zeigen, daß das erste Sein, an sich bestimmtes ist, und hiemit

Zweitens, daß es in das *Dasein* übergeht, *Dasein* ist; daß aber dieses als endliches Sein sich aufhebt und in die unendliche Beziehung des Seins auf sich selbst,

Drittens in das *Fürsichsein* übergeht.

Erstes Kapitel.
A. Sein.

Sein, reines Sein, – ohne alle weitere Bestimmung. In seiner unbestimmten Unmittelbarkeit ist es nur sich selbst gleich und auch nicht ungleich gegen Anderes, hat keine Verschiedenheit innerhalb seiner, noch nach außen. Durch irgendeine Bestimmung oder Inhalt, der in ihm unterschieden, oder wodurch es als unterschieden von einem Andern gesetzt würde, würde es nicht in seiner Reinheit festgehalten. Es ist die reine Unbestimmtheit und Leere.

– Es ist *nichts* in ihm anzuschauen, wenn von Anschauen hier gesprochen werden kann; oder es ist nur dies reine, leere Anschauen selbst. Es ist ebensowenig etwas in ihm zu denken, oder es ist ebenso nur dies leere Denken. Das Sein, das unbestimmte Unmittelbare, ist in der Tat *Nichts*, und nicht mehr noch weniger als Nichts.

B. Nichts

Nichts, das reine Nichts; es ist einfache Gleichheit mit sich selbst, vollkommene Leerheit, Bestimmungs- und Inhaltslosigkeit; Ununterschiedenheit in ihm selbst. – Insofern Anschauen oder Denken hier erwähnt werden kann, so gilt es als ein Unterschied, ob etwas oder *nichts* angeschaut oder gedacht wird. Nichts Anschauen oder Denken hat also eine Bedeutung; beide werden unterschieden, so *ist* (existiert) Nichts in unserem Anschauen oder Denken; oder vielmehr ist es das leere Anschauen und Denken selbst, und dasselbe leere Anschauen oder Denken als das reine Sein. – Nichts ist somit dieselbe Bestimmung oder vielmehr Bestimmungslosigkeit und damit überhaupt dasselbe, was das reine *Sein* ist.

C. Werden.
1. Einheit des Seins und Nichts.

Das reine Sein und das reine Nichts ist also dasselbe. Was die Wahrheit ist, ist weder das Sein, noch das Nichts, sondern daß das Sein in Nichts, und das Nichts in Sein – nicht übergeht, – sondern übergegangen ist. Aber ebensosehr ist die Wahrheit nicht ihre Ununterschiedenheit, sondern daß *sie nicht dasselbe*, daß sie *absolut unterschieden*, aber ebenso ungetrennt und untrennbar sind und unmittelbar *jedes in seinem Gegenteil verschwindet*. Ihre Wahrheit ist also diese *Bewegung* des unmittelbaren Verschwindens des Einen in dem Anderen: *das Werden*; eine Bewegung, worin beide unterschieden sind, aber durch einen Unterschied, der sich ebenso unmittelbar aufgelöst hat. [...]

2. Momente des Werdens: Entstehen und Vergehen.

Das Werden ist die Ungetrenntheit des Seins und Nichts, nicht die Einheit, welche vom Sein und Nichts abstrahiert; sondern als Einheit des *Seins* und *Nichts* ist es diese *bestimmte* Einheit, oder in welcher sowohl Sein als Nichts ist. Aber indem Sein und Nichts, jedes ungetrennt von seinem Anderen ist, *ist es nicht.* Sie sind also in dieser Einheit, aber als Verschwindende, nur als *Aufgehobene.* Sie sinken von ihrer zunächst vorgestellten *Selbständigkeit* zu *Momenten* herab, *noch unterschiedenen*, aber zugleich aufgehobenen.

Nach dieser ihrer Unterschiedenheit sie aufgefaßt, ist jedes in *derselben* als Einheit mit dem *Anderen.* Das Werden enthält also Sein und Nichts als *zwei solche Einheiten*, deren jede selbst Einheit des Seins und Nichts ist; die eine das Sein als unmittelbar und als Beziehung auf das Nichts; die andere das Nichts als unmittelbar und als Beziehung auf das Sein; die Bestimmungen sind in ungleichem Werte in diesen Einheiten.

Das Werden ist auf diese Weise in gedoppelter Bestimmung; in der einen ist das Nichts als unmittelbar, d. i. sie ist anfangend vom Nichts, das sich auf das Sein bezieht, das heißt, in dasselbe übergeht, in der anderen ist das Sein als unmittelbar d. i. sie ist anfangend vom Sein, das in das Nichts übergeht, – *Entstehen* und *Vergehen.*

Beide sind dasselbe, Werden, und auch als diese so unterschiedenen Richtungen durchdringen und paralysieren sie sich gegenseitig. Die eine ist *Vergehen*; Sein geht in Nichts über, aber Nichts ist ebensosehr das Gegenteil seiner selbst, Übergehen in Sein, Entstehen. Dies Entstehen ist die andere Richtung; Nichts geht in Sein über, aber Sein hebt ebensosehr sich selbst auf und ist vielmehr das Übergehen in Nichts, ist Vergehen. – Sie heben sich nicht gegenseitig, nicht das Eine äußerlich das Andere auf; sondern jedes hebt sich an sich selbst auf und ist an ihm selbst das Gegenteil seiner.

3. Aufheben des Werdens.

Das Gleichgewicht, worein sich Entstehen und Vergehen setzen, ist zunächst das Werden selbst. Aber dieses geht ebenso in *ruhige Einheit* zusammen. Sein und Nichts sind in ihm nur als Verschwindende; aber das Werden als solches ist nur durch die Unterschiedenheit derselben. Ihr Verschwinden ist daher das Verschwinden des Werdens oder Verschwinden des Verschwindens selbst. Das Werden ist eine haltungslose Unruhe, die in ein ruhiges Resultat zusammensinkt.

Dies könnte auch so ausgedrückt werden: Das Werden ist das Verschwinden von Sein in Nichts und von Nichts in Sein und das Verschwinden von Sein und Nichts überhaupt; aber es beruht zugleich auf dem Unterschiede derselben. Es widerspricht sich also in sich selbst, weil es solches in sich vereint, das sich entgegengesetzt ist; eine solche Vereinigung aber zerstört sich.

Dies Resultat ist das Verschwundensein, aber nicht als *Nichts*; so wäre es nur ein Rückfall in die eine der schon aufgehobenen Bestimmungen, nicht Resultat des Nichts *und des Seins*. Es ist die zur ruhigen Einfachheit gewordene Einheit des Seins und Nichts. Die ruhige Einfachheit aber ist *Sein*, jedoch ebenso, nicht mehr für sich, sondern als Bestimmung des Ganzen.

Das Werden, so Übergehen in die Einheit des Seins und Nichts, welche als *seiend* ist oder die Gestalt der einseitigen *unmittelbaren* Einheit dieser Momente hat, ist das *Dasein*. [...]

Zweites Kapitel.
Das Dasein.

Dasein ist *bestimmtes* Sein; seine Bestimmtheit ist *seiende* Bestimmtheit, *Qualität*. Durch seine Qualität ist *Etwas* gegen ein *Anderes*, ist *veränderlich* und *endlich*, nicht nur gegen ein Anderes, sondern an ihm schlechthin negativ bestimmt. Diese seine Negation dem endlichen Etwas zunächst gegenüber ist das *Unendliche*; der abstrakte Gegensatz, in welchem diese Bestimmungen erscheinen, löst sich in die gegensatzlose Unendlichkeit, in das *Fürsichsein auf.*

Die Abhandlung des Daseins hat so die drei Abteilungen:
A. das *Dasein als solches*,
B. *Etwas und Anderes*, die *Endlichkeit*,
C. die *qualitative Unendlichkeit*.

A. Dasein als solches.

An dem Dasein

a) als *solchem*, ist zunächst seine Bestimmtheit

b) als *Qualität* zu unterscheiden. Diese aber ist sowohl in der einen als in der andern Bestimmung des Daseins zu nehmen, als *Realität* und als *Negation*. Aber in diesen Bestimmtheiten ist Dasein ebensosehr in sich reflektiert; und als solches gesetzt ist es

c) *Etwas*, Daseiendes.

a) Dasein überhaupt.

Aus dem Werden geht das Dasein hervor. Das Dasein ist das einfache Einssein des Seins und Nichts. Es hat um dieser Einfachheit willen die Form von einem *Unmittelbaren*. Seine Vermittlung, das *Werden*, liegt hinter ihm; sie hat sich aufgehoben, und das Dasein erscheint daher als ein erstes, von dem ausgegangen werde. Es ist zunächst in der einseitigen Bestimmung des *Seins*; die andere, die es enthält, das *Nichts*, wird sich gleichfalls an ihm hervortun, gegen jene.

Es ist nicht bloßes Sein, sondern *Dasein*, etymologisch genommen Sein an einem gewissen *Orte*; aber die Raumvorstellung gehört nicht hieher. Dasein ist, nach seinem Werden, überhaupt *Sein* mit einem *Nichtsein*, so daß dies Nichtsein in einfache Einheit mit dem Sein aufgenommen ist. Das *Nichtsein so* in das Sein aufgenommen, daß das konkrete Ganze in der Form des Seins, der Unmittelbarkeit ist, macht die *Bestimmtheit* als solche aus.

Das *Ganze* ist gleichfalls in der Form d. i. *Bestimmtheit* des Seins, – denn Sein hat im Werden sich gleichfalls nur ein Moment zu sein gezeigt, – ein aufgehobenes, negativ-bestimmtes; aber so ist es *für uns in unserer Reflexion*, noch nicht *gesetzt* an ihm selbst.

Aber die Bestimmtheit des Daseins als solche ist die gesetzte, die auch im Ausdruck Dasein liegt. – Beides ist immer sehr wohl voneinander zu unterscheiden; das nur, was *gesetzt* ist an einem Begriffe, gehört in die entwickelnde Betrachtung desselben, zu seinem Inhalte. Die noch nicht an ihm selbst gesetzte Bestimmtheit aber gehört unserer Reflexion, sie betreffe nun die Natur des Begriffs selbst, oder sie sei äußere Vergleichung; eine Bestimmtheit der letztern Art bemerklich zu machen, kann nur zur Erläuterung oder Vorausandeutung des Ganges dienen, der in der Entwicklung selbst sich darstellen wird. Daß das Ganze, die Einheit des Seins und des Nichts, in der *einseitigen Bestimmtheit* des Seins sei, ist eine äußerliche Reflexion; in der Negation aber, im Etwas und *Andern* usf. wird sie dazu kommen, als *gesetzte* zu sein. – Es hat hier auf den angegebenen Unterschied aufmerksam gemacht werden sollen; über alles aber, was die Reflexion sich erlauben kann zu bemerken, Rechenschaft zu geben, würde in die Weitläufigkeit führen, das zu antizipieren, was sich an der Sache selbst ergeben muß. Wenn dergleichen Reflexionen dienen können, die Übersicht und damit das Verständnis zu erleichtern, so führen sie wohl auch den Nachteil herbei, als unberechtigte Behauptungen, Gründe und Grundlagen für das Weitere auszusehen. Man soll sie daher für nichts mehr nehmen, als was sie sein sollen, und sie von dem unterscheiden, was ein Moment im Fortgange der Sache selbst ist.

Das Dasein entspricht dem *Sein* der vorigen Sphäre; das Sein jedoch ist das Unbestimmte, es ergeben sich deswegen keine Bestimmungen an demselben. Aber das Dasein ist ein bestimmtes Sein, ein *konkretes*; es tun sich daher sogleich mehrere Bestimmungen, unterschiedene Verhältnisse seiner Momente an ihm auf.

b) Qualität.

Um der Unmittelbarkeit willen, in der im Dasein Sein und Nichts eins sind, gehen sie nicht übereinander hinaus; so weit das Dasein seiend ist, so weit ist es Nichtsein, ist es bestimmt. Das Sein ist nicht das *Allgemeine*, die Bestimmtheit nicht das *Besondere*. Die Bestimmtheit hat sich noch *nicht* vom *Sein abgelöst*; zwar wird sie sich auch nicht mehr von ihm ablösen, denn das nunmehr zum Grunde liegende Wahre ist die Einheit des Nichtseins mit dem Sein; auf ihr als dem Grunde ergeben sich alle fernern Bestimmungen. Aber die Beziehung, in der hier die Bestimmtheit mit dem Sein steht, ist die unmittelbare Einheit beider, so daß noch keine Unterscheidung derselben gesetzt ist.

Die Bestimmtheit so für sich isoliert, als *seiende* Bestimmtheit, ist die *Qualität*, – ein ganz Einfaches, Unmittelbares. Die *Bestimmtheit* überhaupt ist das Allgemeinere, das ebensosehr auch das Quantitative wie weiter Bestimmte[s] sein kann. Um dieser Einfachheit willen ist von der Qualität als solcher weiter nichts zu sagen.

Aber das Dasein, in welchem ebensowohl das Nichts als das Sein enthalten, ist selbst der Maßstab für die Einseitigkeit der Qualität als nur *unmittelbarer* oder *seiender* Bestimmtheit. Sie ist ebensosehr in der Bestimmung des Nichts zu setzen, womit dann die unmittelbare oder die *seiende* Bestimmtheit als eine unterschiedene, reflektierte gesetzt wird; das Nichts so als das Bestimmte einer Bestimmtheit, ist ebenso ein Reflektiertes, eine *Verneinung*. Die Qualität, so daß sie unterschieden als *seiende* gelte, ist die *Realität*; sie als mit einer Verneinung behaftet, *Negation* überhaupt, gleichfalls eine Qualität, aber die für einen Mangel gilt, sich weiterhin als Grenze, Schranke bestimmt.

Beide sind ein Dasein; aber in der *Realität* als Qualität mit dem Akzente, eine *seiende* zu sein, ist es versteckt, daß sie die Bestimmtheit, also auch die Negation enthält; die Realität gilt daher nur als etwas Positives, aus welchem Verneinung, Beschränktheit, Mangel ausgeschlossen sei. Die Negation als bloßer Mangel genommen, wäre was Nichts ist; aber sie ist ein Dasein, eine Qualität, nur mit einem Nichtsein bestimmt. [...]

c) Etwas.

An dem Dasein ist seine Bestimmtheit als Qualität unterschieden worden; an dieser als daseiender *ist* der Unterschied – der Realität und der Negation. So sehr nun diese Unterschiede an dem Dasein vorhanden sind, so sehr sind sie auch nichtig und aufgehoben. Die

Realität enthält selbst die Negation, ist Dasein, nicht unbestimmtes, abstraktes Sein. Ebenso ist die Negation Dasein, nicht das abstraktseinsollende Nichts, sondern hier gesetzt wie es an sich ist, als seiend, dem Dasein angehörig. So ist die Qualität überhaupt nicht vom Dasein getrennt, welches nur bestimmtes, qualitatives Sein ist.

Dieses Aufheben der Unterscheidung ist mehr als ein bloßes Zurücknehmen und äußeres Wieder-Weglassen derselben oder als ein einfaches Zurückkehren zum einfachen Anfange, dem Dasein als solchem. Der Unterschied kann nicht weggelassen werden; denn er *ist*. Das Faktische, was also vorhanden ist, ist das Dasein überhaupt, Unterschied an ihm, und das Aufheben dieses Unterschiedes; das Dasein nicht als unterschiedlos, wie anfangs, sondern als *wieder* sich selbst gleich, *durch Aufheben des Unterschieds*, die Einfachheit des Daseins *vermittelt* durch dieses Aufheben. Dies Aufgehobensein des Unterschieds ist die eigene Bestimmtheit des Daseins; so ist es *Insichsein*; das Dasein ist *Daseiendes*, *Etwas*.

Das Etwas ist die *erste Negation der Negation*, als einfache seiende Beziehung auf sich. Dasein, Leben, Denken usf. bestimmt sich wesentlich zum *Daseienden, Lebendigen, Denkenden (Ich)* usf. Diese Bestimmung ist von der höchsten Wichtigkeit, um nicht bei dem Dasein, Leben, Denken usf., auch nicht bei der *Gottheit* (statt Gottes), als Allgemeinheiten stehen zu bleiben. *Etwas* gilt der Vorstellung mit Recht als ein *Reelles*. Jedoch ist *Etwas* noch eine sehr oberflächliche Bestimmung; wie *Realität* und *Negation*, das Dasein und dessen Bestimmtheit zwar nicht mehr die leeren: Sein und Nichts, aber ganz abstrakte Bestimmungen sind. Deswegen sind sie auch die geläufigsten Ausdrücke, und die philosophisch nicht gebildete Reflexion gebraucht sie am meisten, gießt ihre Unterscheidungen darein und meint daran etwas recht gut und fest Bestimmtes zu haben. – Das Negative des Negativen ist als *Etwas* nur der Anfang des Subjekts; – das Insichsein nur erst ganz unbestimmt. Es bestimmt sich fernerhin zunächst als Fürsichseiendes und so fort, bis es erst im Begriff die konkrete Intensität des Subjekts erhält. Allen diesen Bestimmungen liegt die negative Einheit mit sich zugrunde. Aber dabei ist die Negation als *erste*, als Negation *überhaupt* wohl zu unterscheiden von der zweiten, der

Negation der Negation, welche die konkrete, *absolute* Negativität, wie jene erste dagegen nur die *abstrakte* Negativität ist.

Etwas ist *seiend* als die Negation der Negation; denn diese ist das Wiederherstellen der einfachen Beziehung auf sich; – aber ebenso ist damit Etwas die *Vermittlung seiner mit sich selbst*. Schon in dem Einfachen des Etwas, dann noch bestimmter im Fürsichsein, Subjekt usf. ist die Vermittlung seiner mit sich selbst vorhanden, bereits auch im Werden nur die ganz abstrakte Vermittlung; die Vermittlung mit *sich* ist im Etwas *gesetzt*, insofern es als einfaches *Identisches* bestimmt ist. – Auf das Vorhandensein der Vermittlung überhaupt kann gegen das Prinzip der behaupteten bloßen Unmittelbarkeit des Wissens, von welcher die Vermittlung ausgeschlossen sein solle, aufmerksam gemacht werden; aber es bedarf weiterhin nicht besonders auf das Moment der Vermittlung aufmerksam zu machen; denn es befindet sich überall und allenthalben, in jedem Begriffe.

Diese Vermittlung mit sich, die Etwas *an sich* ist, hat, nur als Negation der Negation genommen, keine konkrete Bestimmungen zu ihren Seiten; so fällt sie in die einfache Einheit zusammen, welche *Sein* ist. Etwas *ist* und *ist* denn auch Daseiendes; es ist *an sich* ferner auch *Werden*, das aber nicht mehr nur Sein und Nichts zu seinen Momenten hat. Das eine derselben, das Sein, ist nun Dasein und weiter Daseiendes. Das zweite ist ebenso ein *Daseiendes*, aber als Negatives des Etwas bestimmt, – ein *Anderes*. Das Etwas als Werden ist ein Übergehen, dessen Momente selbst Etwas sind, und das darum *Veränderung* ist; – ein bereits *konkret* gewordenes Werden. – Das Etwas aber verändert sich zunächst nur in seinem Begriffe; es ist noch nicht so als vermittelnd und vermittelt *gesetzt*; zunächst nur als sich in seiner Beziehung auf sich einfach erhaltend, und das Negative seiner als ein ebenso Qualitatives, nur ein *Anderes* überhaupt.

44. Der Begriff (G. F. W. Hegel)

Es ergibt sich hieraus für den Begriff sogleich folgende nähere Bestimmung. Weil das An- und Fürsichsein unmittelbar als *Gesetztsein* ist, ist der Begriff in seiner einfachen Beziehung auf sich selbst absolute *Bestimmtheit*; aber welche ebenso als sich nur auf sich beziehend unmittelbar einfache Identität ist. Aber diese *Beziehung* der Bestimmtheit *auf sich selbst*, als das *Zusammengehen* derselben mit sich, ist ebensosehr die *Negation* der *Bestimmtheit*, und der Begriff ist als diese Gleichheit mit sich selbst das *Allgemeine*. Aber diese Identität hat so sehr die Bestimmung der Negativität; sie ist die Negation oder Bestimmtheit, welche sich auf sich bezieht; so ist der Begriff *Einzelnes*. Jedes von ihnen ist die Totalität, jedes enthält die Bestimmung des Andern in sich, und darum sind diese Totalitäten ebenso schlechthin nur *Eine*, als diese Einheit die Diremtion ihrer selbst in den freien Schein dieser Zweiheit ist, – einer Zweiheit, welche in dem Unterschied des *Einzelnen* und *Allgemeinen* als vollkommener Gegensatz erscheint, der aber so sehr *Schein* ist, daß, indem das eine begriffen und ausgesprochen wird, darin das Andere unmittelbar begriffen und ausgesprochen ist.

Das soeben Vorgetragene ist als der *Begriff des Begriffes* zu betrachten. Wenn derselbe von demjenigen abzuweichen scheinen kann, was man sonst unter Begriff verstehe, so könnte verlangt werden, daß aufgezeigt würde, wie dasselbe, was hier als der Begriff sich ergeben hat, in andern Vorstellungen oder Erklärungen enthalten sei. Einerseits kann es jedoch nicht um eine durch die *Autorität* des gewöhnlichen Verstehens begründete Bestätigung zu tun sein; in der Wissenschaft des Begriffes kann dessen Inhalt und Bestimmung allein durch die *immanente Deduktion* bewährt werden, welche seine Genesis enthält, und welche bereits hinter uns liegt. Auf der andern Seite muß wohl an sich in demjenigen, was sonst als der Begriff des Begriffs vorgelegt wird, der hier deduzierte zu erkennen sein. Aber es ist nicht so leicht, das aufzufinden, was andere von der Natur des Begriffes gesagt haben. Denn meistens befassen sie sich mit dieser Aufsuchung gar nicht und setzen voraus, daß jeder es schon von selbst verstehe, wenn man von dem Begriffe spreche. Neuerlich konnte man sich der Bemühung mit dem Begriffe um so mehr überhoben glauben, da, wie es eine Zeitlang Ton war, der Einbildungskraft, dann dem Gedächtnisse alles mögliche Schlimme nachzusagen, es in der Philosophie seit geraumer Zeit zu Gewohnheit geworden und zum Teil noch gegenwärtig ist, auf den *Begriff* alle üble Nachrede zu häufen, ihn, der das Höchste des Denkens ist, verächtlich zu machen und dagegen für den höchsten sowohl szientifischen als moralischen Gipfel das *Unbegreifliche* und das *Nichtbegreifen* anzusehen.

Ich beschränke mich hier auf eine Bemerkung, die für das Auffassen der hier entwickelten Begriffe dienen kann und es erleichtern mag, sich darein zu finden. Der Begriff, insofern er zu einer solchen *Existenz* gediehen ist, welche selbst frei ist, ist nichts anderes als *Ich* oder das reine Selbstbewußtsein. Ich *habe* wohl Begriffe, das heißt, bestimmte Begriffe; aber *Ich* ist der reine Begriff selbst, der als Begriff zum *Dasein* gekommen ist. Wenn man daher an die Grundbestimmungen, welche die Natur des Ich ausmachen, erinnert, so darf man voraussetzen, daß an etwas Bekanntes, d. i. der Vorstellung Geläufiges, erinnert wird. *Ich* aber ist diese *erstlich* reine, sich auf sich beziehende Einheit, und dies nicht unmittelbar, sondern indem es von aller Bestimmtheit und Inhalt abstrahiert und in die Freiheit der schrankenlosen Gleichheit mit sich selbst zurückgeht. So ist es *Allgemeinheit*; Einheit, welche nur durch jenes *negative* Verhalten, welches als das Abstrahieren erscheint, Einheit mit sich ist, und dadurch alles Bestimmtsein in sich aufgelöst enthält. *Zweitens* ist Ich ebenso unmittelbar als die sich auf *sich* selbst beziehende Negativität *Einzelheit, absolutes Bestimmtsein*, welches sich anderem gegenüberstellt und es ausschließt; *individuelle Persönlichkeit*. Jene absolute *Allgemeinheit*, die ebenso unmittelbar absolute *Vereinzelung* ist, und ein An- und Fürsichsein, welches schlechthin Gesetztsein und nur dies *An- und Fürsichsein* durch die Einheit mit dem *Gesetztsein* ist, macht ebenso die Natur des *Ich* als des *Begriffes* aus; von dem einen und dem andern ist nichts zu begreifen, wenn nicht die angegebenen beiden Momente zugleich in ihrer Abstraktion und zugleich in ihrer vollkommenen Einheit aufgefaßt werden.

X. Der Idealismus neben und nach Hegel

45. Johann Gottlieb Fichte: Aus der »Anweisung zum seligen Leben«

Dritte Vorlesung.

[...] Ich sage: das eigentliche und wahre Seyn wird nicht, entsteht nicht, geht nicht hervor aus dem Nichtseyn. Denn allem, was da wird, sind Sie genöthigt ein Seyendes vorauszusetzen, durch dessen Kraft jenes erste werde. Wollten Sie nun etwa dieses zweite Seyende wiederum in einer früheren Zeit geworden seyn lassen, so müssen Sie auch ihm ein drittes Seyendes voraussetzen, durch dessen Kraft es geworden: und falls Sie auch dieses dritte entstehen lassen wollten, diesem ein viertes voraussetzen, und so in das Unendliche fort. Immer müssen Sie zuletzt auf ein Seyn kommen, das da nicht geworden ist, und das ebendarum keines anderen für sein Seyn bedarf, sondern das da schlechthin durch sich selbst, von sich und aus sich selbst ist. In diesem Seyn, zu welchem Sie doch einmal von allem Werdenden sich erheben müssen, sollen Sie nun, meiner Anforderung zufolge, gleich vonvornherein sich festsetzen; – und so wird Ihnen denn, falls Sie nur die aufgegebenen Gedanken mit mir vollzogen haben, einleuchten, dass Sie das wahrhaftige Seyn denken können, nur als ein Seyn von sich selbst, aus sich selbst, durch sich selbst.

Zweitens setze ich hinzu: auch innerhalb dieses Seyns kann nichts neues werden, nichts anders sich gestalten, noch wandeln und wechseln; sondern wie es ist, ist es von aller Ewigkeit her, und bleibt es unveränderlich in alle Ewigkeit. Denn, da es durch sich selbst ist, so ist es ganz, ungetheilt und ohne Abbruch alles, was es durch sich seyn kann und seyn muss. Sollte es in der Zeit etwas neues werden, so müsste es entweder vorher, durch ein Seyn ausser ihm, verhindert worden seyn, dies zu werden; oder auch, es müsste durch die Kraft dieses Seyns ausser ihm, welche erst jetzt anfinge auf dasselbe einzuwirken, dieses neue werden: welche beide Annahmen der absoluten Unabhängigkeit und Selbständigkeit desselben geradezu widersprechen. Und so wird Ihnen denn, falls Sie nur die aufgegebenen Gedanken selbst vollzogen haben, einleuchten, dass das Seyn schlechthin nur als Eins, nicht als mehrere; und dass es nur als eine, in sich selbst geschlossene und vollendete und absolut unveränderliche Einerleiheit zu denken sey.

Durch ein solches Denken – welches unser Drittes wäre – kommen Sie bloss zu einem in sich selber verschlossenen, verborgenen und aufgegangenen Seyn: Sie kommen aber noch keinesweges zu einem Daseyn, ich sage Daseyn, zu einer Aeusserung und Offenbarung dieses Seyns. Ich wünschte sehr, dass Sie das gesagte gleich auf der Stelle fassten: und Sie werden es ohne Zweifel, wenn Sie nur den zuerst construirten Gedanken des Seyns recht scharf gedacht haben; und jetzt sich bewusst werden, was in diesem Gedanken liegt, und was nicht in ihm liegt. Die natürliche Täuschung, welche Ihnen die begehrte Einsicht verdunkeln könnte, werde ich sehr bald tiefer unten aufdecken.

Um dies weiter auseinanderzusetzen: Sie vernehmen, dass ich – Seyn, inneres und in sich verborgenes, vom – Daseyn unterscheide, und diese zwei, als völlig entgegengesetzte und gar nicht unmittelbar verknüpfte Gedanken, aufstelle. Diese Unterscheidung ist von der höchsten Wichtigkeit; und nur durch sie kommt Klarheit und Sicherheit in die höchsten Elemente der Erkenntniss. Was nun insbesondere das Daseyn sey, wird am besten durch die wirkliche Anschauung dieses Daseyns sich deutlich machen lassen. Ich nemlich sage: unmittelbar und in der Wurzel ist – Daseyn des Seyns das – Bewusstseyn, oder die Vorstellung des Seyns, wie sie an dem Worte: *Ist*, dasselbe von irgend einem Objecte, z. B. dieser Wand, gebraucht, sich auf der Stelle klar machen können. Denn was ist nun dieses *Ist* selber in dem Satze: die Wand *ist*? Offenbar ist es nicht die Wand selber, und einerlei mit ihr; auch giebt es sich dafür gar nicht aus, sondern es scheidet durch die dritte Person diese Wand, als ein unabhängig von ihm Seyendes, aus von sich: es giebt sich also nur für ein äusseres Merkzeichen des selbständigen Seyns, für ein Bild davon, oder, wie wir dies oben aussprachen, und wie es am bestimmtesten auszusprechen ist, als das unmittelbare, äussere Daseyn der Wand, und als *ihr Seyn ausserhalb ihres Seyns.* (Dass das ganze Experiment der schärfsten Abstraction und der lebendigsten inneren Anschauung bedürfe, wird zugestanden; so wie als die Probe hinzugefügt wird, dass keiner die Aufgabe vollzogen hat, dem nicht, besonders der letzte Ausdruck als vollkommen exact einleuchtet.)

Zwar pflegt sogar dies von der gemeinen Denkart nicht bemerkt zu werden; und es kann wohl seyn, dass ich an dem Gesagten vielen etwas ganz Neues und Unerhörtes gesagt habe. Der Grund davon ist der, dass ihre Liebe und ihr Herz ohne Verzug nur sogleich zum Objecte eilt, und nur für dieses sich interessirt, in dasselbe sich wirft und nicht Zeit hat, bei dem Ist betrachtend zu verweilen, und so dasselbe gänzlich verliert. Daher kommt es, dass wir gewöhnlich, das Daseyn überspringend, in das Seyn selber gekommen zu seyn glauben; indess wir doch immer und ewig nur in dem Vorhofe, in dem Daseyn, verharren: und gerade diese gewöhnliche Täuschung konnte den Ihnen oben angemutheten Satz fürs erste verdunkeln. Hier liegt nun alles daran, dass wir dieses einmal einsehen, und es uns von nun an merken für das Leben.

Das Bewusstseyn des Seyns, das Ist zu dem Seyn – ist unmittelbar das Daseyn: sagten wir, vorläufig den Anschein übriglassend, als ob das Bewusstseyn etwa nur eine – neben und unter anderen mögliche Form, und Art und Weise des Daseyns wäre, und als ob es auch noch mehrere, vielleicht unendliche Formen und Weisen des Daseyns geben könne. Dieser Anschein darf nicht übrigbleiben; zuvörderst, so gewiss wir hier nicht – meinen, sondern wahrhaft denken wollen; sodann aber würde, auch in Absicht der Folgen, neben dieser übriggelassenen Möglichkeit nimmermehr unsere Vereinigung mit dem Absoluten, als die einzige Quelle der Seligkeit, bestehen können; sondern es würde vielmehr daraus eine unermessliche Kluft zwischen ihm und uns, als die wahre Quelle aller Unseligkeit, fliessen und hervorgehen.

Wir haben sonach, welches unser Viertes wäre, im Denken darzuthun, dass das *Bewusstseyn* des Seyns, die einzigmögliche Form und Weise des *Daseyns* des Seyns, somit selber ganz unmittelbar, schlechthin und absolut dieses Daseyn des Seyns sey. Wir leiten Sie zu dieser Einsicht auf folgende Weise: Das Seyn – als Seyn, und bleibend Seyn, keinesweges aber etwa aufgebend seinen absoluten Charakter, und mit dem Daseyn sich vermengend und vermischend, soll daseyn. Es muss darum von dem Daseyn unterschieden und demselben entgegengesetzt werden; und zwar, – da ausser dem absoluten Seyn schlechthin nichts anderes ist, als sein Daseyn, – diese Unterscheidung, und diese Entgegensetzung muss – in dem Daseyn selber – vorkommen; welches, deutlicher ausgesprochen, folgendes heissen wird: das Daseyn muss sich selber als blosses Daseyn fassen, erkennen und bilden, und muss, sich selber gegenüber, ein absolutes Seyn setzen und bilden, dessen blosses Daseyn eben es selbst sey: es muss durch sein Seyn, einem anderen absoluten Daseyn gegenüber, sich vernichten; was eben den Charakter des blossen Bildes, der Vorstellung oder des Bewusstseyns des Seyns giebt; wie Sie dieses alles gerade also, schon in der obigen Erörterung des Ist, gefunden haben. Und so leuchtet es denn, falls wir nur die aufgegebenen Gedanken vollzogen haben, ein, dass das – Daseyn des Seyns – nothwendig ein – Selbstbewusstseyn seiner (des Daseyns) selbst, als blossen Bildes, von dem absolut in sich selber seyenden Seyn, seyn – müsse, und gar nichts anderes seyn könne.

Dass es nun also sey, und das Wissen und Bewusstseyn das absolute Daseyn, oder wenn Sie jetzt lieber wollen, die Aeusserung und Offenbarung des Seyns sey in seiner einzigmöglichen Form, – kann das Wissen sehr wohl begreifen und einsehen, so wie, der Voraussetzung nach, wir alle es soeben eingesehen haben. Keinesweges aber – welches unser Fünftes wäre, – kann dieses Wissen in ihm selber begreifen und einsehen, wie es selber – entstehe, und wie aus dem innern und in sich selber verborgenen Seyn ein Daseyn, eine Aeusserung und Offenbarung desselben, folgen möge, wie wir denn auch oben, beim Anknüpfen unseres dritten Punctes, ausdrücklich eingesehen, dass eine solche nothwendige Folge für uns nicht vorhanden sey. Dies kommt daher, weil, wie schon oben gezeigt, das Daseyn gar nicht seyn kann, ohne sich zu finden, zu fassen und vorauszusetzen, da ja das Sichfassen unabtrennlich ist von seinem Wesen; und so ist ihm denn durch die Absolutheit seines Daseyns, und durch die Gebundenheit an dieses sein Daseyn, alle Möglichkeit, über dasselbe hinauszugehen, und jenseits desselben sich noch zu begreifen und abzuleiten, abgeschnitten. Es ist, für sich und in sich, und damit gut: allenthalben wo es ist, findet es sich schon vor, und findet sich vor auf eine gewisse Weise bestimmt, die es nehmen muss, so wie sie sich ihm giebt, keinesweges aber erklären kann, wie und wodurch sie also geworden. Diese unabänderlich bestimmte, und lediglich durch unmittelbare Auffassung und Wahrnehung zu ergreifende *Weise* dazuseyn, des Wissens, ist das innere und wahrhaft reale Leben an ihm.

Ohnerachtet nun dieses wahrhaft reale Leben des Wissens – sich, in Absicht seiner besonderen Bestimmtheit, – im Wissen nicht erklären lässt, so lässt es sich denn doch in diesem Wissen im Allgemeinen deuten; und es lässt sich verstehen, und mit absoluter Evidenz einsehen, was es seinem inneren und wahren Wesen nach sey; – welches unser Sechstes wäre. Ich leite Sie zu dieser Einsicht also: was wir oben, als unseren vierten Punct, folgerten, dass das Daseyn nothwendig ein Bewusstseyn sey, und alles andere, was damit zusammenhing, – folgte aus dem blossen Daseyn, als solchem, und seinem Begriffe. Nun *ist* dieses Daseyn selber auf sich ruhend und stehend; – vor allem seinem Begriffe von sich selbst, und unauflöslich diesem seinem Begriffe von sich selbst; wie wir soeben bewiesen, und dieses sein Seyn, sein reales, lediglich unmittelbar wahrzunehmendes: *Leben* genannt haben. Woher hat es nun dieses, von allem seinem, aus seinem Begriffe von sich selbst folgenden Seyn völlig unabhängiges, demselben vielmehr vorhergehendes, und es selbst erst möglich machendes Seyn? Wir haben es gesagt: es ist dieses das lebendige und kräftige Daseyn des Absoluten selber, welches ja allein zu seyn, und da zu seyn vermag, und ausser welchem nichts *ist*, noch wahrhaftig *da ist*. Nun kann das Absolute, so wie es nur durch sich selbst seyn kann, auch nur durch sich selber daseyn: und da es selbst, und kein fremdes an seiner Stelle, daseyn soll, indem ja auch kein fremdes ausser ihm zu seyn und dazuseyn vermag; – es ist da, schlechthin so, wie es in ihm selber ist, und ganz, ungetheilt und ohne Rückhalt, und ohne Veränderlichkeit und Wandel, als absolute Einerleiheit, so wie es also auch innerlich ist. Das reale Leben des Wissens ist daher, in seiner Wurzel, das innere Seyn und Wesen des Absoluten selber, und nichts anderes; und es ist zwischen dem Absoluten oder Gott, und dem Wissen in seiner tiefsten Lebenswurzel, gar keine Trennung, sondern beide gehen völlig ineinander auf.

Und so wären wir denn schon heute bei einem Puncte angekommen, der unsere bisherigen Behauptungen deutlicher macht, und Licht verbreitet über unseren künftigen Weg. – Dass irgend ein lebendig Daseyendes – aber alles Daseyende ist, wie wir gesehen haben, nothwendig Leben und Bewusstseyn, und das Todte und Bewusstlose ist nicht einmal da – dass ein lebendig Daseyendes gänzlich von Gott sich trenne, dagegen ist gesorgt, und es ist dieses schlechthin unmöglich; denn nur durch das Daseyn Gottes in ihm wird es im Daseyn gehalten, und so Gott aus ihm zu verschwinden vermöchte, würde es selbst aus dem Daseyn schwinden. Nur wird dieses göttliche Daseyn auf den niederen Stufen des geistigen Lebens bloss hinter trüben Hüllen, und in verworrenen Schattenbildern gesehen, welche aus dem geistigen Sinnenorgane, mit dem man sich und das Seyn anblickt, abstammen; klar aber und unverhüllt, ausdrücklich als göttliches Leben und Daseyn es erblicken, und mit Liebe und Genuss in dieses also begriffene Leben sich eintauchen, ist das wahrhaftige und das unaussprechlich selige Leben.

Immer ist es, sagten wir, das Daseyn des absoluten und göttlichen Seyns, das da ist in allem Leben; unter welchem allem Leben wir hier das, zu Anfange dieser Stunde genannte allgemeine Leben nach dem Gesetze verstehen, welches insofern gar nicht anders seyn kann, als so, wie es eben ist. Nur geht, auf den niederen Stufen des geistigen Lebens der Menschen, jenes göttliche Seyn nicht als solches dem Bewusstseyn auf: in dem eigentlichen Grundpuncte aber des geistigen Lebens geht jenes göttliche Seyn, ausdrücklich als solches, dem Bewusstseyn auf, so wie es, der Voraussetzung nach, soeben uns aufgegangen ist. Aber, es geht als solches dem Bewusstseyn auf, – kann nichts anderes heissen, als, es tritt ein in die eben als nothwendig abgeleitete Form des Daseyns und Bewusstseyns, in einem *Bilde* und einer *Abschilderung*, oder einem *Begriffe*, der sich ausdrücklich nur als Begriff, keinesweges aber als die Sache selbst giebt. Unmittelbar mit seinem realen Seyn, und bildlos, ist es von jeher eingetreten im wirklichen Leben des Menschen, nur unerkannt, und fährt auch, nach erlangter Erkenntniss, ebenso fort in ihm einzutreten, nur dass es noch überdies auch im Bilde anerkannt wird. Jene bildliche Form aber ist das innere Wesen des Denkens; und insbesondere trägt das hier betrachtete Denken, an seinem Beruhen auf sich selber, und seinem sich selber Bewähren (was wir die innere Evidenz desselben nannten), den Charakter der Absolutheit; und erprobt sich dadurch als reines, eigentliches und absolutes Denken. Und so ist denn von allen Seiten erwiesen, dass nur im reinen Denken unsere Vereinigung mit Gott erkannt werden könne.

Schon ist erinnert, aber es muss noch ausdrücklich eingeschärft und Ihrer Beachtung empfohlen werden, dass, ebenso wie das Seyn nur ein einiges ist, und nicht mehrere, und wie es, unwandelbar und unveränderlich, mit Einemmale ganz ist, und so ein inneres absolutes Einerlei; – dass ebenso auch das Daseyn oder das Bewusstseyn, da es ja ist nur durch das Seyn, und nur dessen Daseyn ist, ein absolut ewiges, unwandelbares und unveränderliches Eins und Einerlei sey. So ist es mit absoluter Nothwendigkeit an sich; und so *bleibt* es – im reinen Denken. Es ist durchaus nichts im Daseyn, ausser dem unmittelbaren und lebendigen Denken: – *Denken* sage ich, keinesweges aber etwa *Denkendes*, als ein todter Stoff, welchem das Denken inhärire; mit welchem Nichtgedanken freilich der Nichtdenker sogleich bei der Hand ist – ferner, das reale Leben dieses Denkens, das im Grunde das göttliche Leben ist: welche beide, jenes Denken und dieses reale Leben, zu einer inneren organischen Einheit zusammenschmelzen, so wie sie auch äusserlich eine Einheit, eine ewige Einfachheit und unveränderliche Einerleiheit sind. Nun entsteht jedoch, der letzteren äusseren Einheit zuwider, der Anschein einer Mannigfaltigkeit im Denken, theils vermöge verschiedener denkender Subjecte, die es geben soll, theils wegen der sogar unendlichen Reihe von Objecten, über welche das Denken jener Subjecte in alle Ewigkeit fortlaufen soll. Dieser Schein entsteht eben also auch dem reinen Denken, und dem in ihm seligen Leben, und es vermag dieses das Vorhandenseyn dieses Scheins nicht aufzuheben; keinesweges aber glaubt dieses Denken dem Scheine, noch liebt es ihn, noch versucht es, sich selbst in ihm zu geniessen. Dagegen das niedere Leben, auf allen niederen Stufen, irgend einem Scheine aus dem Mannigfaltigen und in dem Mannigfaltigen glaubt, über diesem Mannigfaltigen sich zerstreut und versplittert, und in ihm Ruhe und Selbstgenuss sucht, welchen es doch auf diesem Wege nie finden wird. – Diese Bemerkung möge fürs erste die Schilderung, die ich in der ersten Vorlesung vom wahrhaftigen Leben und von dem nur scheinbaren Leben machte, erläutern. Im äusserlichen sind diese beiden entgegengesetzten Weisen des Lebens einander so ziemlich gleich; beide laufen ab über dieselben gemeinschaftlichen Gegenstände, die von beiden auf die gleiche Weise wahrgenommen werden; innerlich aber sind beide gar sehr verschieden. Das wahre Leben nemlich glaubt gar nicht an die Realität dieses Mannigfaltigen und Wandelbaren, sondern es glaubt ganz allein an ihre unwandelbare und ewige Grundlage im göttlichen Wesen; mit allem seinem Denken, seiner Liebe, seinem Gehorsame, seinem Selbstgenusse, unveränderlich verschmolzen und aufgegangen in dieser Grundlage; dagegen das scheinbare Leben gar keine Einheit kennt oder fasset, sondern das Mannigfaltige und Vergängliche selbst für das wahre Seyn hält, und es als solches sich gefallen lässt. Fürs zweite stellt dieselbe Bemerkung die Aufgabe an uns, den eigentlichen Grund, warum das, was nach uns an sich schlechthin Eins ist, und in dem wahrhaften Leben und Denken Eins bleibt, in der Erscheinung, deren factische Unaustilgbarkeit wir doch gleichfalls zugestehen, in ein Mannigfaltiges und Veränderliches sich verwandle; den eigentlichen Grund dieser Verwandlung, sage ich, wenigstens genau anzugeben und deutlich zu vermelden; falls etwa die klare Demonstration dieses Grundes der populären Darstellung unzugänglich seyn sollte. Die Aufstellung dieses Grundes nun der Mannigfaltigkeit und Veränderlichkeit soll, nebst der weiteren Anwendung des heute Gesagten, den Inhalt unseres künftigen Vortrages ausmachen, zu welchem ich Sie hierdurch ehrerbietigst einlade.

Vierte Vorlesung.

[...] Das bestimmteste Resultat unserer vorigen Vorlesung, an welches wir heute anzuknüpfen gedenken, war dieses: Gott ist nicht nur, innerlich und in sich verborgen, sondern er ist auch da, und äussert sich; sein Daseyn aber unmittelbar ist nothwendig Wissen, welche letztere Nothwendigkeit im Wissen selber sich einsehen lässt. In diesem seinem Daseyn ist er nun – wie gleichfalls nothwendig ist, und einzusehen ist, als nothwendig – also da, wie er schlechthin in sich selber ist; ohne irgend sich zu verwandeln auf dem Uebergange vom Seyn zum Daseyn, ohne eine zwischen beiden liegende Kluft oder Trennung, oder dess etwas. Gott ist innerlich in sich selbst Eins, nicht mehrere; er ist in sich selbst Einerlei, ohne Veränderung noch Wandel; da er nun da ist gerade also, wie er in sich selbst ist, so ist er auch da als Eins, ohne Veränderung noch Wandel; und da das Wissen, oder – wir, – dieses göttliche Daseyn selbst sind, so kann auch in uns, inwiefern wir dieses Daseyn sind, keine Veränderung oder Wandel, kein Mehreres und Mannigfaltiges, keine Trennung, Unterscheidung noch Zerspaltung, stattfinden. – So muss es seyn, und es kann nicht anders seyn: darum ist es also.

Nun aber findet sich dennoch jenes Mannifaltige, jene Trennungen, Unterscheidungen und Zerspaltungen des Seyns, und in dem Seyn, in der *Wirklichkeit*, welche im *Denken* als schlechthin unmöglich einleuchten, und hierdurch entsteht denn die Aufgabe, diesen Widerspruch zwischen der Wahrnehmung der Wirklichkeit und dem reinen Denken zu vereinigen; zu zeigen, wie die widerstreitenden Aussprüche beider dennoch neben einander bestehen, und so beide wahr seyn können; und diese Aufgabe besonders dadurch zu lösen, dass man nachweise, woher denn nun eigentlich, und aus welchem Princip, jene Mannigfaltigkeit in das an sich einfache Seyn komme? –

Zuvörderst und vor allen Dingen: Wer ist es, der die Frage nach dem Grunde des Mannigfaltigen erhebt, und eine solche Einsicht in diesen Grund begehrt, dass er das Mannigfaltige, aus demselben hervorgehend erblicke; und so eine Einsicht in das Wie der Verwandlung und des Ueberganges erhalte? Keineswegs ist es der unerschütterliche und feste Glaube. Dieser fasst sich kurz also: es ist schlechthin nur das Eine, Unwandelbare und Ewige, und nichts ausser ihm; alles Wandelbare und Veränderliche ist darum ganz gewiss nicht, und seine Erscheinung ist ganz gewiss leerer Schein; dies weiss ich: ob ich nun diesen Schein zu erklären vermöge, oder nicht zu erklären, so wird durch das erstere meine Gewissheit ebensowenig fester, als sie durch das letztere wankender wird. Dieser Glaube ruht unerschütterlich in dem Das seiner Einsicht, ohne des Wie zu bedürfen. So beantwortet z. B. das Christenthum, in dem Evangelium Johannis, diese Frage in der That nicht; es berührt dieselbe nicht einmal, oder wundert sich auch nur über das Vorhandenseyn des Vergänglichen, indem es eben jenen festen Glauben hat, und voraussetzt, dass nur das Eine sey, und das Vergängliche durchaus nicht sey. So nun jemand auch unter uns dieses festen Glaubens theilhaftig ist, so erhebt auch Er nicht diese Frage; er bedarf daher auch nicht unserer Beantwortung derselben, und es kann ihm zuletzt, in Beziehung auf das selige Leben, gleichgültig seyn, ob er unsere Beantwortung derselben fasse oder sie nicht fasse.

Wohl aber erhebt diese Frage, und muss durch eine Beantwortung derselben zu den Einsichten, die die Erzeugung eines seligen Lebens bedingen, hindurchgehen, – derjenige, welcher entweder bisher nur an das Mannigfaltige geglaubt und sich zur Ahndung des Einen noch gar nicht erhoben, oder zwischen den beiden Ansichten und der Unentschiedenheit, in welcher von beiden er fest fussen, und die entgegengesetzte aufgeben solle, herumgeworfen worden. Für solche muss ich die aufgegebene Frage beantworten; und ihnen ist es nöthig, dass sie meine Beantwortung derselben fassen.

Die Sache steht so: Inwiefern das göttliche Daseyn unmittelbar sein lebendiges und kräftiges Daseyen ist, – Daseyen sage ich, gleichsam einen Act des Daseyns bezeichnend, – ist es dem inneren Seyn gleich, und ist darum eine unveränderliche, unwandelbare und der Mannigfaltigkeit durchaus unfähige Eins. Darum kann – ich habe hier die doppelte Absicht, theils auf eine populäre Weise die vorliegenden Erkenntnisse an einige erst zu bringen, theils für andere unter den Anwesenden, welche die Erkenntnisse anderwärts auf dem scientifischen Wege schon erhalten haben, in einen einzigen Strahl und Lichtpunct zusammenzufassen, was sie ehemals vereinzelt erblickt haben; darum drücke ich mich mit der strengsten Präcision aus – darum kann, wollte ich sagen, das Princip der Spaltung nicht unmittelbar in jenen *Act* des göttlichen Daseyns fallen, sondern es muss *ausser denselben* fallen; jedoch also, dass dieses Ausser einleuchte als unmittelbar mit jenem lebendigen Acte verknüpft, und aus ihm nothwendig folgend; dass keinesweges aber etwa in diesem Puncte die Kluft zwischen uns und der

Gottheit, und unsere unwiederbringliche Ausstossung von ihr, befestigt werde. Ich leite Sie zur Einsicht in dieses Princip der Mannigfaltigkeit also:

1) Was das absolute Seyn, oder Gott, ist, das ist er schlechthin und unmittelbar durch und von sich: nun ist er unter anderm auch da; äussert und offenbaret sich: dieses Daseyn – dies ist der Punct, auf den es ankommt – dieses Daseyn ist er daher auch von sich, und nur – im Vonsichseyn unmittelbar, das ist im unmittelbaren Leben und Werden. Er ist, in seinem Existiren, mit seiner ganzen Kraft zu existiren dabei; und nur in diesem seinem kräftigen und lebendigen Existiren besteht seine unmittelbare Existenz: und in dieser Rücksicht ist sie ganz, eins, unveränderlich.

2) Hierin nun ist Seyn und Daseyn völlig in einander aufgegangen, und mit einander verschmolzen und vermischt; denn zu seinem Seyn von sich und durch sich gehört sein Daseyn, und einen anderen Grund kann dieses Daseyn nicht haben: wiederum zu *seinem* Daseyn gehört alles dasjenige, was er innerlich und durch sein Wesen ist. Der ganze in der vorigen Stunde aufgezeigte Unterschied zwischen Seyn und Daseyn, und der Nichtzusammenhang zwischen beiden, zeigt sich hier als nur für uns, und nur als eine Folge unserer Beschränkung seyend: keinesweges aber als an sich und unmittelbar in dem göttlichen Daseyn seyend.

3) Ferner sagte ich in der vorigen Vorlesung: das Seyn darf *in dem blossen Daseyn* mit dem Daseyn nicht vermischt, sondern beides muss von einander unterschieden werden, damit das Seyn *als* Seyn, und das Absolute *als* Absolutes heraustrete. Diese Unterscheidung, und dieses *Als* der beiden zu Unterscheidenden, ist zunächst in sich selber absolute Trennung, und das *Princip* aller nachmaligen Trennung und Mannigfaltigkeit, wie Sie auf folgende Weise in Kurzem sich klar machen können.

a. Zuvörderst das *Als* der beiden liefert nicht unmittelbar ihr Seyn, sondern es liefert nur *was* sie sind, ihre Beschreibung und Charakteristik: es liefert sie im Bilde; und zwar liefert es – ein gemischtes, sich durchdringendes und gegenseitig sich bestimmendes Bild beider; indem jedes von den beiden zu begreifen und zu charakterisiren ist nur durch das zweite, dass es nicht sey, was das andere ist, und umgekehrt, dass das andere nicht sey, was dieses ist. – Mit dieser Unterscheidung hebt nun das eigentliche Wissen und Bewusstseyn – wenn Sie wollen und was dasselbe heisst: das Bilden, Beschreiben und Charakterisiren, mittelbare Erkennen und Anerkennen, eben durch den Charakter und das Merkmal, an, und in diesem Unterscheiden liegt das eigentliche Grundprincip des Wissens. (Es ist reine Relation; die Relation zweier liegt aber durchaus nicht weder in dem einen, noch in dem anderen, sondern zwischen beiden, und als ein drittes, welches die eigentliche Natur des Wissens, als ein vom Seyn durchaus verschiedenes, anzeigt).

b. Dieses Unterscheiden geschieht nun im Daseyn selber, und gehet von ihm aus; da nun das Unterscheiden sein Object nicht unmittelbar, sondern nur das Was desselben und seinen Charakter fasset, so fasset auch das Daseyn im Unterscheiden, d. i. im Bewusstseyn, nicht unmittelbar sich selbst, sondern es fasset sich nur im Bilde und Repräsentanten. Es begreift sich nicht unmittelbar wie es ist, sondern es begreift sich nur innerhalb der, im absoluten Wesen des Begreifens liegenden Grenzen. Dies populär ausgedrückt: wir begreifen zu allernächst und selber nicht, wie wir an sich sind: und dass wir das Absolute nicht begreifen, davon liegt der Grund nicht in dem Absoluten, sondern er liegt in dem Begriffe selber, der sogar sich nicht begreift. Vermöchte er nur sich zu begreifen, so vermöchte er ebensowohl das Absolute zu begreifen; denn in seinem Seyn jenseits des Begriffes ist er das Absolute selber.

c. Also das Bewusstseyn, als ein Unterscheiden, ist es, in welchem das ursprüngliche Wesen des göttlichen Seyns und Daseyns – eine Verwandlung erfährt. Welches ist nun der absolut Eine und unveränderliche Grundcharakter dieser Verwandlung? –

Bedenken Sie folgendes: Das Wissen, als ein Unterscheiden, ist ein Charakterisiren der Unterschiedenen; alle Charakteristik aber setzt durch sich selbst das stehende und ruhende Seyn und Vorhandenseyn des charakterisirt werdenden voraus. Also, durch den Begriff wird zu einem stehenden und vorhandenen Seyn (die Schule würde hinzusetzen, zu einem Objectiven, welches aber selbst aus dem ersten folgt, und nicht umgekehrt) dasjenige, was an sich unmittelbar das göttliche Leben im Leben ist, und oben auch also beschrieben wurde. Also: das lebendige Leben ist es, *was* da verwandelt wird; und ein stehendes und ruhendes Seyn ist die *Gestalt*, welche es in dieser Verwandlung annimmt, oder: die Verwandlung des unmittelbaren Lebens in ein stehendes und todtes Seyn ist der gesuchte Grundcharakter derjenigen Verwandlung, welche der Begriff mit dem Daseyn vornimmt. – Jenes stehende Vorhandenseyn ist der Charakter desjenigen, was wir die Welt nennen; der Begriff daher ist der eigentliche Weltschöpfer, vermittelst der aus seinem inneren Charakter erfolgenden Verwandlung des göttlichen Lebens in ein stehendes Seyn, und nur für den Begriff und im Begriffe ist eine Welt, als die nothwendige Erscheinung des Lebens im Begriffe; jenseits des Begriffes aber, d. h. wahrhaftig und an sich, ist nichts und wird in alle Ewigkeit nichts, denn der lebendige Gott in seiner Lebendigkeit.

d. Die Welt hat in ihrem Grundcharakter sich gezeigt, als hervorgehend aus dem Begriffe; welcher Begriff wiederum nichts ist, denn das Als zum göttlichen Seyn und Daseyn. Wird nun etwa diese Welt im Begriffe, und der Begriff an ihr noch eine neue Form annehmen? – es versteht sich mit Nothwendigkeit, und also, dass die Nothwendigkeit einleuchte?

Um diese Frage zu beantworten, überlegen Sie mit mir folgendes: Das Daseyn erfasset sich selber, sagte ich oben, im Bilde, und mit einem dasselbe vom Seyn unterscheidenden Charakter. Dies thut es nun schlechthin durch und von sich selbst, und durch seine eigene Kraft; auch erscheint diese Kraft der gewöhnlichen Selbstbeobachtung in allem sich Zusammennehmen, Aufmerken und seine Gedanken auf einen bestimmten Gegenstand Richten (mit dem Kunstausdrucke nennt man diese selbständige Sicherfassung des Begriffs die *Reflexion*; und so wollen auch wir es fernerhin nennen). Diese Kraftanwendung des Daseyns und Bewusstseyns folgt daraus, dass ein Als des Daseyns seyn soll: dieses Soll selbst aber ist gegründet unmittelbar in dem lebendigen – Daseyen Gottes. Der Grund der Selbständigkeit und Freiheit des Bewusstseyns liegt freilich in Gott; aber ebendarum und deswegen, weil er in Gott liegt, ist die Selbständigkeit und Freiheit wahrhaftig da, und keinesweges ein leerer Schein. Durch sein eigenes – *Daseyn*, und zufolge des inneren Wesens desselben, stösst Gott zum Theil, d. h. inwiefern es Selbstbewusstseyn wird, sein Daseyn aus von sich, und stellt es hin wahrhaft selbständig und frei: welchen Punct, als denjenigen, der das letzte und tiefste Misverständniss der Speculation löst, ich hier nicht übergehen wollte.

Das Daseyn erfasset sich mit eigener und selbständiger Kraft: dies war das Erste, was ich Ihnen hierbei bemerkbar machen wollte. Was entsteht ihm denn nun in diesem Erfassen? Dies ist das Zweite, worauf ich Ihr Nachdenken zu richten wünsche. Indem es fürs erste nur schlechtweg auf sich hinsieht in seinem Vorhandenseyn, so entsteht ihm unmittelbar in dieser kräftigen Richtung auf sich selbst die Ansicht, dass es das und das sey, den und den Charakter trage; also – dies ist der allgemeine Ausdruck, den ich Sie wohl zu fassen bitte – also, in der Reflexion auf sich selbst spaltet sich das Wissen durch sich selber und seine eigene Natur, indem es nicht nur überhaupt – sich einleuchtet, welches Eins wäre; sondern zugleich auch sich einleuchtet als das und das, welches zum ersten das zweite giebt; – ein aus dem ersten gleichsam herausspringendes; so dass die eigentliche Grundlage der Reflexion gleichsam in zwei Stücke zerfällt. Dies ist das wesentliche Grundgesetz der Reflexion.

e. Nun ist der erste und unmittelbare Gegenstand der absoluten Reflexion das Daseyn selber, welches, durch die schon oben erklärte Form des Wissens, aus einem lebendigen Leben sich in ein stehendes Seyn, oder in eine Welt verwandelt hat: also der erste Gegenstand der absoluten Reflexion ist die Welt. Diese Welt muss, zufolge der soeben abgeleiteten inneren Form der Reflexion, in dieser Reflexion zerspringen und sich zerspalten also, dass die Welt oder das stehende Daseyn überhaupt, und im allgemeinen, mit einem bestimmten Charakter heraustrete, und die allgemeine Welt in der Reflexion zu einer besonderen *Gestalt* sich gebäre. Dies liegt, wie gesagt, in der Reflexion als solcher; die Reflexion aber ist, wie gleichfalls gesagt worden, in sich selber absolut frei und selbstständig. Wird daher nicht reflectirt, wie es denn zufolge der Freiheit wohl unterlassen werden kann, so erscheint nichts; wird aber ins Unendliche fort von Reflexion auf Reflexion reflectirt, wie zufolge derselben Freiheit wohl geschehen kann, so muss jeder neuen Reflexion die Welt in einer neuen Gestalt heraustreten, und so in einer unendlichen Zeit, welche gleichfalls nur durch die absolute Freiheit der Reflexion erzeugt wird, ins Unendliche fort sich verändern und gestalten, und hinfliessen als ein unendliches Mannigfaltige. – So wie der Begriff überhaupt sich zeigte als Welterzeuger, so zeigt hier das freie Factum der Reflexion sich als Erzeuger der Mannigfaltigkeit, und einer unendlichen Mannigfaltigkeit, in der Welt; welche Welt jedoch, ohngeachtet jener Mannigfaltigkeit, dieselbe bleibt darum, weil der Begriff überhaupt in seinem Grundcharakter Einer und derselbe bleibt.

f. Und nun fassen Sie das Gesagte also in einen Blick zusammen: das Bewusstseyn, oder auch wir selber, – ist das göttliche Daseyn selber, und schlechthin Eins mit ihm. In diesem Seyn fasst es sich nun, und wird dadurch Bewusstseyn; und sein eigenes oder auch das göttliche wahrhaftige Seyn, wird ihm zur Welt. Was ist denn nun in diesem Zustande in seinem Bewusstseyn? Ich denke, jeder wird antworten: die Welt, und nichts denn die Welt. Oder, ist etwa in diesem Bewusstseyn auch das unmittelbare göttliche Leben? Ich denke, jeder wird antworten: nein: denn das Bewusstseyn kann schlechthin nicht anders, als jenes unmittelbare Leben in eine Welt verwandeln, und so wie Bewusstseyn gesetzt ist, ist diese Verwandlung als geschehen gesetzt; und das absolute Bewusstseyn ist eben durch sich selbst die unmittelbare, und darum nicht wieder bewusste Vollziehung dieser Verwandlung. Nun aber, – wo ist denn jenes unmittelbare göttliche Leben, welches in seiner Unmittelbarkeit das Bewusstseyn ja seyn soll, – wo ist es denn hingeschwunden, da es laut unseres eigenen, durch unsere Sätze durchaus nothwendig gewordenen Geständnisses, – im Bewusstseyn, seiner Unmittelbarkeit nach, unwiederbringlich ausgetilgt ist? Wir antworten: es ist nicht verschwunden, sondern es ist und bleibt da, wo es allein seyn kann; im verborgenen und dem Begriffe unzugänglichen – Seyn des Bewusstseyns; in dem, was allein das Bewusstseyn trägt und es im Daseyn erhält, und es im Daseyn möglich macht. Im Bewusstseyn verwandelt das göttliche Leben sich unwiederbringlich in eine stehende Welt: ferner aber ist jedes wirkliche Bewusstseyn ein Reflexionsact; der Reflexionsact aber spaltet unwiederbringlich die Eine Welt in unendliche Gestalten, deren Auffassung nie vollendet werden kann, von denen daher immer nur eine endliche Reihe ins Bewusstseyn eintritt. Ich frage: wo bleibt denn also die Eine, in sich geschlossene und vollendete Welt, als das eben abgeleitete Gegenbild des in sich selber geschlossenen göttlichen Lebens? Ich antworte: sie bleibt da, wo allein sie ist – nicht in einer einzelnen Reflexion, sondern in der absoluten und Einen Grundform des Begriffes; welche du niemals im wirklichen unmittelbaren Bewusstseyn, wohl aber in dem darüber sich erhebenden Denken wiederherstellen kannst; ebenso wie du in demselben Denken das noch weiter zurückliegende und noch tiefer verborgene göttliche Leben wiederherstellen kannst. Wo bleibt denn nun in diesem, durch unaufhörliche Veränderungen ablaufenden Strome der wirklichen Reflexion und ihrer Weltgestaltung das Eine, ewige und unveränderliche, in dem göttlichen Daseyn aufgehende Seyn des Bewusstseyns? Es tritt in diesen Wechsel gar nicht ein, sondern nur sein Repräsentant, das Bild, tritt darin ein.

So wie schon dein sinnliches Auge ein Prisma ist, in welchem der an sich durchaus sich gleiche, reine und farblose Aether der sinnlichen Welt auf den Oberflächen der Dinge in mannigfaltige Farben sich bricht; – du aber darum keinesweges behaupten wirst, dass der Aether an und für sich farbig sey, sondern nur, dass er in und an deinem Auge, und mit diesem in Wechselwirkung stehend, zu Farben sich breche: und du nun zwar nicht vermagst, den Aether farblos zu – sehen, wohl aber ihn farblos zu – denken; welchem Denken du, nachdem dir die Natur deines sehenden Auges bekannt worden, allein Glauben beimissest: – so verfahre auch in Sachen der geistigen Welt, und mit der Ansicht deines geistigen Auges. Was du siehst, bist ewig du selbst; aber du bist es nicht, wie du es siehst, noch siehest du es, wie du es bist. Du bist es unveränderlich, rein, farben- und gestaltlos. Nur die Reflexion, welche gleichfalls du selber bist, und du darum nie von ihr dich trennen kannst; – nur diese bricht es dir in unendliche Strahlen und Gestalten. Wisse darum doch, dass es nicht an sich, sondern, dass es nur in dieser deiner Reflexion, als deinem geistigen Auge, wodurch allein du zu sehen vermagst, und in Wechselwirkung mit dieser Reflexion gebrochen und gestaltet, und wie ein Mannigfaltiges gestaltet ist; erhebe über diesen Schein, – der in der Wirklichkeit ebenso unaustilgbar ist, als die Farben es in deinem sinnlichen Auge sind – erhebe über diesen Schein dich zum Denken; lass von diesem dich ergreifen; und du wirst von nun an nur ihm Glauben beimessen.

Soviel als ich eben gesagt, soll, meines Erachtens, ein populärer Vortrag beibringen zur Beantwortung der Frage: woher denn, da das Daseyn an sich doch schlechthin nur Eines, und unwandelbar und unveränderlich seyn müsse, und als solches dem Denken auch einleuchte, dennoch die Veränderlichkeit und Wandelbarkeit in dasselbe komme, die das wirkliche Bewusstseyn darin antrifft. Das Seyn ist an sich allerdings Eins, das einige göttliche Seyn: und dieses allein ist das wahrhaft Reale in allem Daseyn, und bleibt es in Ewigkeit. Dieses Eine Seyn wird durch die Reflexion, welche im wirklichen Bewusstseyn mit jenem unabtrennlich vereinigt ist, in einen unendlichen Wechsel von Gestalten zerspaltet. Diese Spaltung ist, wie gesagt, eine schlechthin ursprüngliche und im wirklichen Bewusstseyn niemals aufzuhebende, oder durch etwas anderes zu ersetzende: die wirklichen Gestalten somit, welche durch diese Zerspaltung das an sich Reale erhalten hat, lassen sich nur im wirklichen Bewusstseyn, und so, dass man sich demselben beobachtend hingebe, – leben und erleben; keineswegs aber erdenken und *a priori* ableiten. Sie sind reine und absolute Erfahrung, die nichts ist, denn Erfahrung; welche aufheben zu wollen wohl keiner Speculation, die nur sich selber versteht, jemals einfallen wird: und zwar ist der Stoff dieser Erfahrung an jedem Dinge das – absolut ihm allein zukommende, und es individuell charakterisirende; das in dem unendlichen Ablaufe der Zeiten nie wiederkommen, auch niemals vorher dagewesen seyn kann. Wohl aber lassen sich, – geradeso durch die Untersuchung der verschiedenen Gesetze der Reflexion, wie wir soeben das Eine Grundgesetz davon aufgestellt haben, – die allgemeinen Eigenschaften jener, durch die Spaltung entstandenen Gestalten des Einen Realen – in Rücksicht welcher Eigenschaften übereinstimmende Klassen und Arten entstehen – *a priori* ableiten; und eine systematische Philosophie soll und muss das absolut erschöpfend und vollständig thun. So lässt sich die Materie im Raume, so lässt sich die Zeit, so lassen sich geschlossene Systeme von Welten, so lässt sich, wie die das Bewusstseyn tragende Substanz, welche an sich doch auch nur Eine seyn kann, in ein System von verschiedenen, auch als selbständig erscheinenden

Individuen, sich zerspalten, – und alles von dieser Art – aus dem Reflexionsgesetze völlig einleuchtend ableiten. Doch bedarf es dieser Ableitungen mehr, um eine gründliche Einsicht in die besonderen Wissenschaften hervorzubringen, als zur Erweckung eines gottseligen Lebens. Sie fallen darum dem scientifischen Vortrage der Philosophie, als ausschliessendes Eigenthum, anheim, und sind der Popularität weder fähig, noch bedürftig. Hier sonach, in dem erwähnten Puncte, liegt die Grenze zwischen strenger Scienz und Popularität. Wir sind, wie Sie sehen, an dieser Grenze angekommen; und es lässt sich darum wohl erwarten, dass von nun unsere Betrachtung allmählig sich zu denjenigen Regionen herablassen werde, welche, wenigstens in Absicht der Gegenstände, uns auch schon vorher bekannt waren, und die wir mit unserem Denken schon zuweilen berührt haben.

Ausser der heute abgeleiteten Spaltung der im Bewusstseyn aus dem göttlichen Leben entstandenen Welt in eine, in Absicht ihrer Gestaltung ins unendliche veränderlichen Welt, vermittelst der Grundform der Reflexion, – giebt es noch eine andere, mit der ersten Spaltung unabtrennlich verbundene Spaltung derselben Welt, nicht in eine unendliche, sondern in eine fünffache Form ihrer möglichen Ansicht. Wir müssen auch diese zweite Spaltung – wenigstens historisch aufstellen und Ihnen bekannt machen; welches in der nächsten Stunde geschehen wird. Erst nach diesen Vorbereitungen werden wir fähig seyn, das innere Wesen sowohl, als die äusseren Erscheinungen des wahrhaft seligen Lebens fürs erste zu fassen, und, nachdem wir es also gefasst haben, einzusehen, dass es der Seligkeit, und welcher Seligkeit es theilhaftig sey.

Fünfte Vorlesung.

[...] Ich fasse diese neue und zweite Spaltung im allgemeinen hier nicht tiefer, denn so. Erstens ist sie, in ihrem innern Wesen, von der in der vorigen Stunde abgeleiteten, hier soeben wieder erwähnten Spaltung also verschieden, – dass jene die durch die Form des Wissens überhaupt aus dem göttlichen Leben entstandene stehende Welt unmittelbar spaltet und theilet; dagegen die jetzt zu betrachtende nicht unmittelbar das Object, sondern nur die Reflexion auf das Object spaltet und theilet. Jene ist eine Spaltung und Eintheilung in dem Objecte selber: diese ist nur eine Spaltung und Eintheilung in der Ansicht des Objects, nicht, wie jene, gebend an sich verschiedene Objecte, sondern nur verschiedene Weisen, die Eine bleibende Welt innerlich anzusehen, zu nehmen und zu verstehen. Zweitens ist nicht ausser Acht zu lassen, dass diese beiden Spaltungen – nicht etwa eine die Stelle der andern vertreten, und so sich gegenseitig verdrängen können, sondern dass sie beide, – unabtrennlich, und so in Einem Schlage sind, so wie nur die Reflexion, deren unveränderliche Formen sie sind, überhaupt ist: – dass daher auch die Resultate der beiden unabtrennlich sich begleiten und nebeneinander fortgehen. – Das Resultat der ersten Spaltung ist, wie wir in der vorigen Rede zeigten, die Unendlichkeit; das Resultat der zweiten ist, wie wir damals erwähnten, eine Fünffachheit: somit ist die jetzt behauptete Unabtrennlichkeit beider Spaltungen also zu verstehen, dass die ganze bleibende und nie aufzuhebende Unendlichkeit, in ihrer Unendlichkeit, auf eine fünffache Weise angesehen werden könne; und wiederum, dass jede der fünf möglichen Ansichten der Welt denn doch wieder die Eine Welt in ein unendliches spalte. Und so fassen Sie denn alles bisjetzt Gesagte also in Einen Ueberblick zusammen: Im geistigen Sehen wird das, was an sich göttliches Leben ist, zu einem *Gesehenen*, d. i. zu einem vollendet Vorhandenen, oder zu einer Welt. Welches das Erste wäre. Dieses Sehen ist nun immer ein Act, genannt Reflexion, und durch diesen Act, theils als gehend auf sein Object, die Welt, theils als gehend auf sich selber, wird jene Welt in ein unendliches Fünffaches, oder, was dasselbe sagt, in eine fünffache Unendlichkeit gespalten. Was das Zweite wäre. [...]

Die erste, niedrigste, oberflächlichste und verworrenste Weise, die Welt zu nehmen, ist die, wenn man dasjenige für die Welt und das wirklich Daseyende hält, was in die äusseren Sinne fällt: dies für das höchste, wahrhafte und für sich bestehende. [...]

Die zweite, aus der ursprünglichen Spaltung möglicher Ansichten der Welt hervorgehende Ansicht ist die, da man die Welt erfasset als ein Gesetz der Ordnung und des gleichen Rechts in einem Systeme vernünftiger Wesen. [...]

Die dritte Ansicht der Welt ist die aus dem Standpuncte der wahren und höheren Sittlichkeit. Es ist nöthig, über diesen, dem Zeitalter so gut als ganz verborgenen Standpunct sehr bestimmte Rechenschaft abzulegen. – Auch ihm ist, ebenso wie dem jetzt beschriebenen zweiten Standpuncte, ein Gesetz für die Geisterwelt, das höchste, erste und absolut reale; und hierin kommen die beiden Ansichten überein. Aber das Gesetz des dritten Standpunctes ist nicht, so wie das des zweiten, lediglich ein das vorhandene *ordnendes*, sondern vielmehr ein das neue und schlechthin nicht vorhandene, innerhalb des vorhandenen, *erschaffendes* Gesetz. [...]

Die vierte Ansicht der Welt ist die aus dem Standpuncte der Religion; welche, falls sie hervorgehet aus der dritten soeben beschriebenen Ansicht, und mit ihr vereinigt ist, beschrieben werden müsste als die klare Erkenntniss, dass jenes Heilige, Gute und Schöne keinesweges unsere Ausgeburt, oder die Ausgeburt eines an sich nichtigen Geistes, Lichtes, Denkens, – sondern, dass es die Erscheinung des inneren Wesens Gottes, in uns, als dem Lichte, unmittelbar sey, – sein Ausdruck und sein Bild durchaus und schlechthin, und ohne allen Abzug also, wie sein inneres Wesen herauszutreten vermag in einem Bilde. Diese, die religiöse Ansicht, ist eben diejenige Einsicht, auf deren Erzeugung wir in den bisherigen Vorlesungen hingearbeitet haben, und welche wir nun, in dem Zusammenhange ihrer Grundsätze, schärfer und bestimmter also ausdrücken können. 1) Gott allein ist, und ausser ihm nichts: – ein, wie mir es scheint, leicht einzusehender Satz, und die ausschliessende Bedingung aller religiösen Ansicht. 2) Indem wir nun auf diese Weise sagen: Gott ist; haben wir einen durchaus leeren, über Gottes inneres Wesen schlechthin keinen Aufschluss gebenden Begriff. Was wollten wir denn aus diesem Begriffe auf die Frage antworten: *Was* denn nun Gott sey? – Der einzig mögliche Zusatz, dass er absolut sey von sich, durch sich, in sich, ist selbst nur die an ihm dargestellte Grundform unsers Verstandes, und sagt nichts weiter aus, als unsere Denkweise desselben; noch dazu nur negativ, und wie wir ihn nicht denken sollen, d. h. wir sollen ihn nicht von einem Andern ableiten, so wie wir, durch das Wesen unsers Verstandes genöthiget, mit andern Gegenständen unsers Denkens verfahren. *Dieser* Begriff von Gott ist daher ein gehaltloser Schattenbegriff; und indem wir sagen: Gott ist, ist er eben für uns innerlich nichts, und wird gerade, durch dieses Sagen selber, zu nichts. 3) Nun aber tritt Gott dennoch, wie wir dies oben fleissig auseinandergesetzt haben, ausser diesem leeren Schattenbegriffe, in seinem wirklichen, wahren und unmittelbaren Leben in uns ein; oder strenger ausgedrückt, wir selbst sind dieses sein unmittelbares Leben. – Wohl: von diesem unmittelbaren göttlichen Leben aber – wissen wir nicht: und da, gleichfalls nach unserer Aeusserung, unser eigenes, uns angehöriges Daseyn nur dasjenige ist, was wir im Bewusstseyn erfassen können, so bleibt jenes unser Seyn *in Gott*, ohnerachtet es in der Wurzel immer das unsrige seyn mag, uns dennoch ewig fremd, und so in der That und Wahrheit *für uns selbst* nicht unser Seyn; wir sind durch jene Einsicht um nichts gebessert, und bleiben von Gott ebenso entfernt, als je. – Wir wissen von jenem unmittelbaren göttlichen Leben nichts, sagte ich: denn mit dem ersten Schlage des Bewusstseyns schon verwandelt es sich in eine todte Welt, die sich noch überdies in fünf Standpuncte ihrer möglichen Ansicht theilt. Mag es doch immer Gott selber seyn, der hinter allen diesen Gestalten lebet; wir sehen nicht ihn, sondern immer nur seine Hülle; wir sehen ihn als Stein, Kraut, Thier, sehen ihn, wenn wir höher uns schwingen, als Naturgesetz, als Sittengesetz, und alles dieses ist doch immer nicht Er. Immer verhüllet die Form uns das Wesen; immer verdeckt unser Sehen selbst uns den Gegenstand; und unser Auge selbst steht unserm Auge im Wege. – Ich sage dir, der du so klagest: erhebe dich nur in den Standpunct der Religion, und alle Hüllen schwinden; die Welt vergehet dir mit ihrem todten Princip, und die Gottheit selbst tritt wieder in dich ein, in ihrer ersten und ursprünglichen Form, als Leben, als dein eigenes Leben, das du leben sollst und leben wirst. Nur noch die Eine, unaustilgbare Form der Reflexion bleibt, die Unendlichkeit dieses göttlichen Lebens in dir, welches in Gott freilich nur Eins ist; aber diese Form drückt dich nicht; denn du begehrst sie, und liebst sie nicht: sie irret dich nicht; denn du vermagst sie zu erklären. In dem, was der heilige Mensch thut, lebet und liebet, erscheint Gott nicht mehr im Schatten, oder bedeckt von einer Hülle, sondern in seinem eigenen, unmittelbaren und kräftigen Leben; und die, aus dem leeren Schattenbegriffe von Gott unbeantwortliche Frage: *was* ist Gott, wird hier so beantwortet: er *ist* dasjenige, was der ihm Ergebene und von ihm Begeisterte *thut*. Willst du Gott schauen, wie er in sich selber ist, von Angesicht zu Angesicht? Suche ihn nicht jenseits der Wolken; du kannst ihn allenthalben finden, wo du bist. Schaue an das Leben seiner Ergebenen, und du schauest Ihn an; ergieb dich selber ihm, und du findest ihn in deiner Brust.

Dies, E. V., ist die Ansicht der Welt und des Seyns, vom Standpuncte der Religion.

Die fünfte und letzte Ansicht der Welt ist die aus dem Standpuncte der Wissenschaft. *Der* Wissenschaft, sage ich, der Einen, absoluten und in sich selber vollendeten. Die Wissenschaft erfasset alle diese Puncte der Verwandlung des Einen in ein Mannigfaltiges, und des Absoluten in ein Relatives, vollständig, in ihrer Ordnung und in ihrem Verhältnisse zu einander; allenthalben, und von jedem einzelnen Standpuncte aus, zurückzuführen vermögend nach dem Gesetze jedes Mannigfaltige auf die Einheit, oder aus der Einheit abzuleiten vermögend jedes Mannigfaltige: so wie wir die Grundzüge dieser Wissenschaft in dieser und in den letzten beiden Vorlesungen vor Ihren Augen entwickelt haben. Sie, die Wissenschaft, geht über die Einsicht, *dass* schlechthin alles Mannigfaltige in dem Einen gegründet und auf dasselbe zurückzuführen sey, welche schon die Religion gewährt, hinaus zu der Einsicht des Wie dieses Zusammenhanges: und für sie wird genetisch, was für die Religion nur ein absolutes Factum ist. Die Religion ohne Wissenschaft, ist irgendwo ein blosser, demohngeachtet jedoch unerschütterlicher Glaube: die Wissenschaft hebt allen Glauben auf und verwandelt ihn in Schauen. – Da wir hier diesen wissenschaftlichen Standpunct keinesweges als zu unserem eigentlichen Zweck gehörig, sondern nur um der Vollständigkeit willen angeben, so sey es genug, über ihn nur folgendes hinzuzusetzen. Das gottselige und selige Leben ist durch ihn zwar keinesweges bedingt; dennoch aber gehört die Anforderung, diese Wissenschaft in uns und andern zu realisiren, in das Gebiet der höheren Moralität. Der wahrhaftige und vollendete Mensch soll durchaus in sich selber klar seyn: denn die allseitige und durchgeführte Klarheit gehört zum Bilde und Abdrucke Gottes. Von der anderen Seite aber kann freilich keiner diese Anforderung an sich selber thun, an den sie nicht schon, ohne alles sein Zuthun, ergangen, und dadurch selbst ihm erst klar und verständlich geworden ist. [...]

46. Johann Gottlieb Fichte: Aus der Wissenschaftslehre von 1812

Nur zwei Punkte wären noch abzumachen, die vor der Hand auch noch zur Einleitung gehören.

Zweierlei hat sich faktisch ergeben. 1) Die Erscheinung ist; das absolute Sein *erscheint* eben schlechtweg; so ist's: es findet sich diese Erscheinung an dem Begriffe wenigstens des Absoluten, von dem wir ausgegangen sind, faktisch vor. – Für unser Bewußtsein darum, und aus dessen Standpunkte ist die Erscheinung ein solches, das auch nicht sein könnte, ein *Zufälliges*. –

Es findet die höhere Frage Statt: ist die Erscheinung an sich zufällig? *Kann* Gott erscheinen oder auch *nicht*; und ist die Erscheinung bloß ein Akt seiner Freiheit, in der niedern Bedeutung des Wort, nicht als absolutes Leben durch sich selbst gedacht, sondern als ein absolut *gesetzloses* Leben; und kommt Gott eine solche Freiheit zu, oder ist sein Erscheinen nothwendig (in dem bezeichneten Sinne von Nothwendigkeit)?

Es ist leicht einzusehen, das Letztere: Gott ist, *was* er ist, schlechthin dadurch, *daß* er ist: durch sein bloßes formales Sein ist sein ganzes Sein gegeben. Nun erscheint er unter Andern; so gewiß darum er erscheint, ist dies durch sein absolutes Sein, und er kann, nachdem er einmal erscheint, nicht nicht erscheinen. Das Faktum ist ein absolut nothwendiges.

Bemerken Sie den Zusatz: nachdem er einmal erscheint. Bemerken Sie den Gang des Schlusses. Die Erscheinung wird schlechthin faktisch gegeben: erst unter dieser Bedingung erhält sie den Charakter im Denken, daß, da sie zufällig sei, in der Ansicht ihrer selbst, sie sei durch ein *Anderes*: daß aber, was durch dieses sei, *absolut* sei, und nicht nicht sein könne. Es ist ein vermittelter Schluß, ruhend auf dem Faktum und dasselbe voraussetzend.

Um den Unterschied zu fassen, denken Sie sich folgende andere

Schlußweise. Wir hätten einen realen Begriff vom Absoluten, und sähen in demselben ein irgend einen Charakter = x, zufolge dessen er erscheinen müsse. So schlössen wir auf die Nothwendigkeit der Erscheinung ganz unabhängig von ihrem faktischen Gegebensein. Hier verhält es sich anders. 1) Einen solchen Begriff haben wir eben nicht. – *Spinoza*, der in Gott einen solchen Begriff hineinbringt, findet ihn selbst doch auch nur faktisch. Wie kann er sonst auf Ausdehnung und Denken, als die Grundformen, gekommen sein. 2) Wir werden indeß, Sie sehen es voraus, auch in der W.-L. eine solche *Schlußweise* bekommen. Wir haben nämlich auch solch einen, eine qualitative Bestimmung gebenden Begriff: die Ich-Form. Aus dieser, unabhängig von der Fakticität, werden wir direkt folgern; aber nur innerhalb der *Erscheinung*. 3) Dies ist wichtig. Alles unser Wissen geht schlechthin aus von einem absoluten Faktum, dem eben, daß die *Erscheinung* von sich weiß, *sich* erscheint. Alle Deduktion, Einsicht, Verständigung etc., die ja nur im *Wissen* möglich, bedarf darum *dessen*, als einer Voraussetzung, als *Grundfaktum*. Darum bedarf auch die W.-L. einer Einleitung, in welcher dieses absolute Faktum als ihre Grundlage nachgewiesen und derselben ihr Objekt gegeben wird. Es ist viel darüber gestritten worden. *Jacobi* behauptet, alle Philosophie beruhe auf dem Faktischen, Wirklichen; ihre Aufgabe sei, *Dasein* zu enthüllen; sie könne darum nicht ihm *a priori* Gesetze geben, sondern müsse *zusehen*, und in seinem Sein treu es abbilden. Recht hat er, wenn er behauptet, die Philosophie ruhe auf dem Wissen als *Faktum*, aber dem einzigen Faktum. Dies hat sie zu *verstehen*, d. h. aus seinem Gesetze abzuleiten, welches sie freilich ihm nicht *giebt*, sondern die Erscheinung bildet, versteht sich eben selbst schlechthin in *ihrem Gesetze*, und dies vollzogene Sichverstehen aus ihrem Gesetze ist die W.-L. 4) Die ganze Bemerkung ist wichtig in historisch-kritischer Beziehung. Setzt man die Erscheinung des Absoluten als ein zufälliges, wohl noch dazu historisch, als ein solches, das nicht war, und einmal wurde; so setzt man sie in die Zeit, und bekommt eine Zeit, in der Gott nicht erschien, und eine andere, in der er erschien. Dies ist nun der gewöhnliche Begriff einer Schöpfung. Dadurch verfällt man in absolute Unbegreiflichkeit. Nach uns ist die Erscheinung schlechthin bei Gott, und unabtrennlich von ihm; sie, die dadurch, daß sie sich erscheint, sich und ihn ausspricht (das ewige *Wort* bei Gott:) und weder Gott noch sie ist in der Zeit, sondern erst innerhalb ihrer selbst entwickelt sich eine Zeit, wie wir dies sehen werden; nicht inwiefern in ihr Gott, sondern inwiefern *sie sich selbst* erscheint.

2) Das zweite, auch bloß faktisch Gefundene, ist, daß die Erscheinung erscheine *sich*. – Läßt auch dieses Faktum durch Denken sich auf Nothwendigkeit zurückführen? Es kommt darauf an, zur Uebersicht und Befestigung des Ganzen, dies zu untersuchen; und ich weiß, daß nicht Alle über diesen Punkt klar sind.

Ueberlegen Sie: das *Absolute* soll erscheinen, wie es eben erschien in seinem Begriffe: so nur, und unter dieser Bedingung ist sie Erscheinung des Absoluten; aber es kann als Absolutes nur erscheinen neben einem Gegensatze des Nichtabsoluten; da ist nichts Anderes, denn die Erscheinung. Die Erscheinung muß darum *sich* setzen, (sich erscheinen), um auch nur das Absolute setzen zu können, und unter der Bedingung, daß dieses in ihr erscheine. (Durch reine Analyse würden sich hier noch weit mehrere Sätze finden, die wir dermalen übergehen können). Im Begriffe des Seins schon, ohne alle Reflexion, wie ihn Spinoza hatte, ja ohne Reflexion auf die Reflexion, welche Akte wir alle schon vollzogen haben, liegt dieser Gegensatz. Denn nur durch ihn ist der Satz möglich; in ihm sonach schon erscheint die Erscheinung *sich*, und in ihrer höchsten Einfachheit und Abstraktion kommt sie dennoch von diesem ihrem Grundgesetze nicht los. Wir bringen darum nichts Neues hinein in jenen Begriff, was er nicht auch für Spinoza hätte; wir machen nur durch Reflexion, die kein Schaffen, sondern lediglich eine Analyse ist des Gegebenen, das darin Liegende klar, und erheben es zum deutlichen Bewußtsein; da es ausserdem nur unsichtbarer Faktor ist: wie Sie mit diesem Gesetze, und mit diesem Ausdrucke desselben schon aus den Thatsachen bekannt sind.

Dies aber merken Sie fest, daß dadurch eine nähere Erklärung gegeben ist, in welchem Sinne der Grundsatz der W.-L. genommen wird: die Erscheinung erscheint *sich*. Sie muß sich *also* erscheinen, daß ihr gegenüber, und im Gegensatze mit ihr erscheinen könne das Absolute. Dies ist durch den Begriff der Sicherscheinung ausgesprochen; denn es findet sich offenbar im höchsten Faktum der Sicherscheinung, und in dem Beweise ihrer

Nothwendigkeit. Es erhält dadurch die W.-L. auf eine bisher noch nicht beachtete Weise gleich von vorn herein ihre Rundung und ihren Umfang. Den Nutzen davon wird sehr bald der Erfolg lehren.

Diese Punkte gehören auch noch zur Einleitung. Nun zur Sache selbst. Der Standpunkt ist genau angegeben: er besteht im Sehen auf das *sich* Erscheinen der Erscheinung, durchaus auf nichts Anderes. Nun zur *Wissenschaftslehre* selbst.

Der Standpunkt bekannt: die Erscheinung, als Princip des sich Erscheinens, ein thätiges Leben, (dies durchaus durch den Standpunkt selbst gegeben, was er verantworten mag, wenn er etwa zur Prüfung gezogen werden sollte): – unter bestimmten Gesetzen, die sich uns eben in absoluter Evidenz ergeben sollen in diesem Denken: 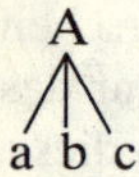

; auf diese Synthesis und nirgends anders hin ist unser Blick gerichtet.

Kapitel I.
Grundbegriffe der Wissenschaftslehre.

Zur Sache: Das Allereinfachste giebt die Grundbegriffe. Lassen Sie sich durch die Leichtigkeit, die nicht eben so leicht gefunden worden ist, und durch die Kürze, mit der wir dieses abthun werden, nicht verleiten, sie für unwichtig zu halten. Ein Blick auf andere philosophische Systeme und Lehrsätze könnte Sie davon zurückbringen. Prägen Sie sich dieselben fest ein, als Regulativ unserer künftigen Forschungen.

Die Erscheinung *erscheint sich*: in einem eigenthümlichen, wirklichen und wahrhaften Leben, und zwar in einem erscheinenden, bildenden, schematisirenden. Das Resultat dieses Lebens ist darum ein neues Bild des ersten in *A*; ein Bild des Bildes, Schema II., wenn das in *A* Schema I. genannt wird. – Setzet, es solle das Schema I. bleiben; so setzet Ihr, daß die Erscheinung sei und bleibe, was sie ist schlechthin durch Gott, und sein Erscheinen in ihr. Nur in diesem Sinne *ist* sie, und es tritt in ihren Umkreis keine Genesis ein. Aber so laßt Ihr sie nicht sein und bleiben; sondern

Ihr setzt ihr, der seienden, wieder ein Leben zu, und zwar ein bildendes Leben: so gewiß Ihr aber dies thut, setzt ihr ein neues Bilden, ausserdem hättet ihr Nichts gethan, sondern es beim Alten gelassen. –

Wohlgemerkt, ausdrücklich dieses *A*, in dessen Umkreis kein Wandel eintritt, *lebt bildend* und erscheinend: also sich abbildend in seiner Ganzheit und Unwandelbarkeit, nicht etwa nur einen Theil seines Wesens: eben so lediglich diese *bildend*, keinesweges etwa sie realiter setzend noch einmal. Ich habe diesen Satz schon oben vorgetragen, als Hülfsmittel einer andern Erkenntniß: hier trage ich ihn rein vor: wer dort mich nicht verstanden hat, verstehe mich jetzt. – Führte ich in *A* ein ein *reales* Leben, sich Bestimmen, u.s.f.: so würde es dadurch in seinem Sein *wandeln*. Dies wäre Widerspruch: denn es ist nur abgestammt, leidend, Nichts durch sich, sondern Alles durch den Widerschein Gottes in ihm. Dabei bleibt es nun unwiderruflich. Nur ein *schematisirendes* Leben lege ich ihm bei, wodurch es seiend und bleibend, wie es sich, nur ein Abbild seiner selbst wirft. Auf eben die Weise, wie ich oben dem Absoluten selbst ein solches Leben beigemessen habe, wodurch es nicht sein Sein ändert, sondern es uns abbildet, also verhält es sich und nach demselben Principe mit diesem Bilde des Absoluten. – Es demnach, dieses so seiende *A*, und kein Fremdes an seiner Stelle, bildet sich ab, ganz wie es ist. Es ist darum im Schema II. ganz, wie es zu sein vermag im Bilde, und durch nichts Anderes, als eben durch das Wesen des Bildes modificirt. Sein Bild (Schema II.) ist sein Urbild, wahres, getroffenes Bild, so wie es selbst ist Urbild, wahres und getroffenes Bild des Absoluten. *Nervus probandi*, und Evidenz-Grund: die Erscheinung erscheint: (eben Alles fest, nicht nur *quasi* genommen).

Schon dies von der höchsten Bedeutsamkeit, und als nie zu Verrückendes, fest Bestimmendes alles weitern Unterrichts über diesen Punkt festzuhalten. Das Absolute erscheint im Schema II. eigentlich nicht. Jenes tritt in diese Form des Sichbildens *unmittelbar* nie ein, sondern nur in seinem Bilde, und Stellvertreter, dem Schema I. Daß daher das Schema II. nie zum *unmittelbaren* Bilde Gottes werden könne, ist schon hier klar: nur zum Bilde *von* seinem Bilde, es fragt sich noch, inwiefern auch dies. Das müssen wir erwarten. Das Erste aber sehen wir schon hier klar ein. – Dies aus dem Satze: die Erscheinung *erscheint*. 2) Die *Erscheinung* aber erscheint *sich*. – Beide Begriffe sind absolut vereinigt. Es giebt kein solches Erscheinen, wie eben beschrieben, kein Schema II., das nicht habe diese Form: diese Form tritt nicht erst hinzu. Und hinwiederum: es giebt keine Beziehung der Erscheinung auf sich, ausser in diesem Erscheinen, dem Schema II. Nur da ist der Moment der Einheit, und unser Augpunkt; nicht in *A*, und noch weniger in Gott: W.d.E.w. [= Was das Erste wäre, A. F. K.] und sogleich genutzt werden wird.

Sie erscheint *sich*: sie wird darum in dieser Form eine, *der* erscheint Etwas, sie selbst; und eine, *die* erscheint Einem, eben sich selbst. Sie bekommt ein Verhältnis zu sich selber, und ein solches, wie gesagt (subjektiv-objektiv), vereinigt schlechthin mit einander, indem sie überall nur zusammen, und in Beziehung auf einander sein können, vereint durchaus mit dem Erscheinen Schema I. der Erscheinung; Alles ein unzertrennliches synthetisches Ganzes, der Einen Lebensform des Erscheinens.

Ohne allen Zweifel bringt das Erscheinen mit sich ein *bestimmtes* Bild, das wir indessen überhaupt nur denken mögen, als das, in welchem enthalten sei, was in ihm enthalten, und ausgeschlossen alles Uebrige. Denn das Absolute ist schlechthin, was es ist, eitel Realität, und Position: aber *A* ist sein Bild, darum gleichfalls bestimmt, Schema II. aber das Bild von *A*; darum bestimmt. Aber dieses Erscheinen ist ein *sich* Erscheinen, annehmend die subjektobjektive Form: *dieses*, als *dasselbige*. Also es ist in beiden Bildern ganz dasselbe, und gar kein anderer Unterschied, als der in ihrem eignen Verhältnisse liegt, daß es ist subjektiv das, *dem* erscheint, und objektiv, das Erscheinende. Beide sind schlechthin Eins, als *dieselbe* Erscheinung in der Duplicität der Form. Was im Objekt, ist auch im Subjekt, und umgekehrt; denn es ist die Eine Erscheinung: diese Eine Erscheinung aber kann nur sein in der Duplicität dieser Form, zufolge des erst aufgestellten Satzes.

Grade eine Zweiheit, und eine solche, wie sie aufgestellt ist, Eins, dem erscheint, und das erscheint, liegt in dem sich Erscheinen; und durch *diese* wird die ganze, dieselbe und sich gleich bleibende Erscheinung gesetzt in dieses Verhältnis zu sich. Subjekt, Objekt ist durchaus *dasselbe*, und nur als Subjekt, Objekt verschieden.

Beide Hälften sind unzertrennlich, gleich, in dem *Einen*. Das

Eine nicht ohne sie, sie nicht ohne das Eine. Alle ein Ganzes, denn es ist die sich Erscheinung, und diese ist Schema II., Produkt des sichbildenden Lebens des Urbildes. (Büchersäle voll falscher Weisheit sind dem erspart, der dies recht einsieht, und festhält). – Dies Vorgetragene gilt als Grundsätze; als bestimmende Gesetze, ungeachtet sie eben deßhalb keine besondern Thatsachen des wirklichen Bewußtseins bilden.

Kapitel II.
Deduktion der Fünffachheit in der Form der Erscheinung.

Was haben wir nun, und inwiefern unserer Aufgabe, die *sich Erscheinung der Erscheinung* zu beschreiben, Genüge gethan.

Wo hat das, dem erscheint, seinen Standpunkt? Die Erscheinung, als Schema I., ist zugleich sich erscheinend, Schema II.; also in ungetheilter Duplicität $\frac{\text{Subjekt}}{\text{Objekt}}$. In S ist daher, wenn Sie das vorläufig die Sehe nennen wollen, dieselbe. – Diese hat ihr Gesehenes = O; vollendet im Sehen, so gewiß das Sehen ist; es ist ein Gesehenes und ist insofern. – Sieht das Sehen irgend etwas Anderes als Sich? Nein, denn es ist nur die Beziehung auf das Objekt, und zwar gerade diese.

Durchaus nichts weiter.

Die Beziehung des Subjekts auf das Objekt macht, was in unserer Ableitung freilich ein Erscheinen war, zur Erscheinung: zu einem vollendeten Faktum. Man kann im Anfange nicht genau genug sein; und diese Hauptsätze, die immer, zur Anwendung, oder in einer bestimmten Gestalt, wieder vorkommen, nie zu klar fassen, um sie recht festzuhalten. Sehen Sie darum recht klar ein diese Verwandlung. – A erscheint, ein fließender Akt: – sich, eine feste vollendete, durchaus bestimmte Form. Nun ist das Sehen in dieser Form, und ist die Beziehung des Mannigfaltigen $\frac{\text{Subjekt}}{\text{Objekt a b c}}$ in dieser Form aufeinander. Im Sehen darum ist das Erscheinen ein festes: Erscheinung. – Es wird dem zufolge gesehen Schema I. als seiend: faktisch gefunden im Sehen. – Wird noch etwas Anderes gesehen, denn Schema I.? – Durchaus nicht. – Die Erscheinung erscheint sich: dies ist ihr Sein: sie ist nur als ein Sicherscheinen. Analysire man nochmals diesen Gedanken, so finden sich die oben nachgewiesenen Glieder genau darin.

Zur Probe: der Satz: die Erscheinung erscheint sich, kann haben zwei Bedeutungen und Ansichten; und aus der Verwechselung dieser, indem man ihn bloß in der Einen, ersten Bedeutung nimmt, entsteht alles Mißverständniß. 1) Die Erscheinung ist, und *erscheint*: – aber das *Sich* ist auch als Sein an sich, als selbstständige Substanz. – Das Erscheinen trifft unter Andern auch das *Sich*; – da es ausserdem das *Nicht-sich* hätte treffen *können*. – Solche Voraussetzung der Substanzialität und bloßer Veränderung der Accidenzen ist es, wieweit das gewöhnliche Bemerken und Sagen sich erstrecket, und so auch das gewöhnliche Verstehen. – Unser Leben und unser Verkehr erstreckt sich gewöhnlich gar nicht darüber hinaus. 2) Die *Erscheinung* ist. A) *Sie erscheint* eben schlechthin, und macht durch dieses Erscheinen das *Sich* ursprünglich und schöpferisch: dies ist unsere Meinung. – B) Dies Verhältniß wird hier zunächst angesehen als Faktum. Wird noch etwas *Anderes* gesehen? Durchaus nicht. – Es wird also zunächst eigentlich nur von dem Standpunkte *S* aus gesehen ein *unbestimmtes, unverstandenes* Bild. Verborgen nämlich bleibt *A*, und das Verhältniß des *A* zu Schema II.

So ist's, und damit könnte es vorläufig gut sein: die Sache wäre zu Ende: es wäre angegeben, was der Satz heißt: die Erscheinung *erscheint sich*.

Ich könnte faktisch fragen; und ich will es, zur Beförderung der Deutlichkeit durch eine Nebenbetrachtung thun; *wir* sehen und denken ja allerdings dieses *A*, und sein Verhältniß zu Schema II., und haben bisher Nichts gethan und ausgesprochen, denn dies. Nun sind doch ohne Zweifel wir nichts Anderes, als die *Sich*erscheinung der Erscheinung der Erscheinung: also muß allerdings auch noch *diese* Bestimmung in jener Grundform des sich Erscheinens liegen. Dann würde von dem Faktum ausgegangen, wie in der Einleitung, und etwa späterhin dieses durch Denken in gesetzliche Form der Nothwendigkeit erhoben. – So nun wollen wir nicht gehen, sondern rein denkend einherschreiten, und also anknüpfen.

Die Erscheinung muß also *sich* erscheinen, damit sie im Begriffe des Absoluten den Gegensatz dazu bilden könne, wie wir dies oben in diesem Begriffe nachgewiesen haben; denn ausserdem ist gar keine Erscheinung des Absoluten, auf deren Voraussetzung allein wir den strengen Beweis des sich Erscheinens gründen. Gerade dasjenige sonach, was gefordert worden ist in dem Erweise, ist nicht geleistet. – Es muß dieser Gegensatz der Erscheinung = *A* selbst sich erscheinen, in ihr gebildet werden, dergleichen in der beschriebenen Ableitung durchaus unmöglich ist. Machen wir uns nur recht deutlich: *was* für eine Erscheinung von *A* wir eigentlich wollen. Offenbar nicht, *wie* sie ist, sondern, daß sie nur *ist* überhaupt, und nicht ist das Absolute. Eine Erscheinung des blossen formalen Seins demnach; der bloßen Position, die reine Negation des Nichtseins, und nicht mehr. Dies ist die Anforderung: die Erscheinung soll sich erscheinen in ihrem bloßen Sein: in sich entwerfen ein Bild und einen Repräsentanten dieses ihres Seins. So bedarf es der Begriff, und so erfordert es unsere Deduktion aus diesem Begriffe. So hat es sich aber durch die Analyse, die wir angestellt haben, durchaus nicht ergeben, sondern anders. *Was* die Erscheinung *ist*, innerlich und in ihr selbst, qualitativ, das erscheint im Bilde; und dann erscheint eben und wird sichtbar das Bild: keinesweges aber die Erscheinung *A* selbst.

Beides ist wahr, und muß wahr sein: das eine, als richtig sich ergebend aus der Analyse des *Sicherscheinens*; das Andere aus dem Postulate der Erscheinung des Absoluten *als solchen*, wie wir es im Begriffe nachgewiesen haben.

Dies nur für's Erste festgesetzt, erhalten wir zwei durchaus verschiedene Bilder der Erscheinung: Eins, in welchem ausgedrückt ist das innere Wesen der Erscheinung *A*, ihr qualitativer Inhalt: ihr so formales Dasein aber überhaupt durchaus verborgen bleibt. Ein anderes, in welchem ausgedrückt ist das bloße formale Dasein, ohne allen Inhalt. Wir werden geneigt sein, diese beiden generisch verschiedenen Bilder durch das, was wir über das Wissen schon anderwärts kennen, und durch Analogie zu bezeichnen. Wir können dieser Neigung uns überlassen. Jenes erste Bild ist *Anschauung*; das zweite *Begriff*, für ein *Denken*. Dies möchte vorläufig den Gegensatz beider bezeichnen.

1) Beides scharf charakterisirt: *Begriff* = Sicherscheinung des bloßen reinen Seins: bloße Position, bloße Negation des Nichtseins. – Wie kommt es denn nun zu dieser Position, und was ist denn das Gesetzte? Offenbar die Erscheinung als Objekt. Und wie vermag sie denn dies zu sein, als inwiefern sie, dieselbige, auch Subjekt ist; also die Subjekt-Objektivität, d. i. das *sich*, die in sich zurückgehende Form der Erscheinung ist diese Gesetztheit: und zwar als bloß formales Sein, in welchem die Erscheinung durchaus nichts weiter ist, denn *sich*, Subjekt-Objekt: reines Objekt, reines Subjekt, – ohne alle Synthesis aus einem Inhalte, einer Bestimmtheit. – Darum das Denken, Begriff, formales Sein, welches Alles hier Eins ist, ist nichts Anderes, denn die reine Sich-Form der Erscheinung = die Erscheinung rein in dieser Form ohne allen Zusatz. – Der Satz ist bedeutend; und er ist in dieser Klarheit noch nicht gesagt worden, und es ist Ernst damit.

Das Sein, die Existenz in der Erscheinung ist durchaus nur das Verhältniß des Subjekts zum Objekte, und es kommt nur in und zufolge dieses Verhältnisses zu Stande. – Wir sehen es entstehen, und wenn wir dieses fest eingesehen haben; so ist uns ja wohl alles Sein an sich *innerhalb* der Erscheinung verschwunden. (Bemerken Sie, daß ich immer nur sage: innerhalb der Erscheinung).

2) *Anschauung* ist ganz dasselbe, nur nicht rein: die Erscheinung ist darin nicht Subjekt-Objekt schlechtweg, sondern sie ist, was sie ist als Erscheinung, dieses aber in subjekt-objektiver Form. Dort Objekt, und nichts mehr denn dies: hier mehr: d. i. Alles, was die Erscheinung ist durch sich selbst: und eben so das Subjekt.

Ich hoffe, der Unterschied ist klar.

Bemerkung: Das formale Sein der Erscheinung, ihre Selbstständigkeit, und Alles, was daraus folgt, ist nur in ihrer *Sicherscheinung*, und Resultat derselben; ist in ihrer subjektiv-objektiven Form gegründet. Dies erklärt, was wir selbst bisher getrieben und gewesen, und macht es deutlich. Wir sagten im Vorhergehenden: die Erscheinung *A* sei nichts Anderes, denn das Erscheinen, das lebendige Erscheinen Gottes selbst: in diesem Satze sprachen wir ihr doch durchaus kein, nicht einmal ein formales Sein, oder Selbstständigkeit zu, sondern um es logisch scharf zu bezeichnen, wir machten sie zu einem Accidens, zwar nicht des realen Seins Gottes, das keines Accidens fähig ist, sondern des formalen. Darauf faßten wir, durch den Gang der Untersuchung dazu genöthigt, sie für sich, und schrieben ihr ein selbstständiges, aber todtes und starres Sein zu. Wie? Wir waren eben die formale Sicherscheinung selbst: das Subjekt zu dem Objekte, das wir aussprachen. Dies war ein Sicherscheinen, ein *formales Leben*: da uns aber dieses in der Anschauung verloren ging, blieb uns bloß das ruhende Objekt.

Das Resultat ist: durch den Begriff der *Sicherscheinung* werden gesetzt zwei Bilder der Erscheinung, die durchaus verschieden sind, und sich gegenseitig ausschließen. In dem Begriffe, dem Denken oder dem formalen Sein derselben ist durchaus kein Inhalt gesetzt: in der Anschauung des Inhalts umgekehrt ist durchaus kein formales Sein, kein Träger des Inhalts gesetzt. Es ist aufgestellterweise durchaus nicht Ein Bild, und kann nicht Eins werden, wenn nicht beide ihr Wesen verlieren sollen, sondern es sind zwei.

Nun aber ist es die *Eine* und selbige Erscheinung = *A*, die *sich* erscheint, und in diesem Sich liegt *beides* unzertrennlich. Es müßten darum doch beide Bilder im Akte oder Zustande der Sicherscheinung Eins, (Ein Akt und Zustand) sein, indem es ausserdem nicht wahr wäre, daß die Erscheinung *sich* erscheine.

Wie läßt eine solche Vereinigung sich denken? Ich behaupte, und fordere Sie auf, es selbst einzusehen: wenn die Erscheinung, die formaliter seiende, sich erscheint, als sicherscheinend, in der *qualitativen Anschauung* nämlich. Dadurch sind die beiden, die nur als Hälften eines Zustandes erschienen, ergänzt. Die Anschauung für sich ist ein unbestimmtes und unverständliches Bild, in dem das, was darin sich bildet, schlechthin verborgen ist. Jetzt tritt dies Fehlende hinzu durch den Begriff. Der Begriff ist ein durchaus leeres Sein, ein formeller Anknüpfungspunkt von Nichts; jetzt wird sein Was durch die Anschauung gegeben. Beides muß vereinigt sein, denn nur auf diese Weise erscheint die Erscheinung sich. Nur auf diese Weise kann es vereinigt sein. Es ist darum diese einzig mögliche Weise als die wirkliche, als Sein der Erscheinung, zu setzen. Und so ist denn der analytische Ausdruck der Sicherscheinung, so weit wir bis jetzt gekommen sind, der: die

Erscheinung erscheint sich, *als* sicherscheinend: in dem hinlänglich erklärten Sinne der beiden, durch das *Als* verbundenen Sätze. Die schon früher gefundene Duplicität hat in ihr selbst eine neue, in der Form des Denkens und der Anschauung, gewonnen, und diese Quadruplicität ist vereinigt durch das neue und fünfte Glied eines *Als*.

47. Friedrich Wilhelm Joseph Schelling: Über das Wesen der menschlichen Freiheit

Es wird immer in der Geschichte deutscher Geistesentwicklung ein auffallendes Phänomen bleiben, daß zu irgend einer Zeit die Behauptung aufgestellt werden konnte: das System, welches Gott mit den Dingen, das Geschöpf mit dem Schöpfer vermengt (so wurde es verstanden) und alles einer blinden gedankenlosen Nothwendigkeit unterwirft, sey das einzige der Vernunft mögliche – aus reiner Vernunft zu entwickelnde! Um sie zu begreifen, muß man sich den herrschenden Geist eines früheren Zeitalters vergegenwärtigen. Damals hatte die mechanische Denkweise, die in dem französischen Atheismus den Gipfel ihrer Ruchlosigkeit erstieg, nachgerade alle Köpfe eingenommen; auch in Deutschland fing man an, diese Art zu sehen und zu erklären für die eigentliche und einzige Philosophie zu halten. Da indeß ursprünglich deutsches Gemüth nie die Folgen davon mit sich vereinigen konnte, so entstand daher zuerst der für die philosophische Literatur der neueren Zeit charakteristische Zwiespalt von Kopf und Herz: man verabscheute die Folgen, ohne sich von dem Grund der Denkweise selbst zu befreien oder zu einer bessern erheben zu können. Aussprechen wollte man diese Folgen; und da deutscher Geist die mechanische Philosophie nur bei ihrem (vermeintlich) höchsten Ausdruck fassen konnte, so wurde auf diese Art die schreckliche Wahrheit ausgesprochen: alle Philosophie, schlechthin alle, die nur rein vernunftmäßig ist, ist oder wird Spinozismus! Gewarnt war nun jedermann vor dem Abgrund; er war offen dargelegt vor aller Augen; das einzige noch möglich scheinende Mittel war ergriffen; jenes kühne Wort konnte die Krisis herbeiführen und die Deutschen von der verderblichen Philosophie überhaupt zurückschrecken, sie auf das Herz, das innere Gefühl und den Glauben zurückführen. Heutzutage, da jene Denkweise längst vorüber ist, und das höhere Licht des Idealismus uns leuchtet, würdc die nämliche Behauptung weder in gleichem Grade begreiflich seyn, noch auch die nämlichen Folgen versprechen.*

Und hier denn ein für allemal unsre bestimmte Meinung über den Spinozismus! Dieses System ist nicht Fatalismus, weil es die Dinge in Gott begriffen seyn läßt; denn, wie wir gezeigt haben, der Pantheismus macht wenigstens die formelle Freiheit nicht unmöglich; Spinoza muß also aus einem ganz andern und von jenem unabhängigen Grund Fatalist seyn. Der Fehler seines Systems liegt keineswegs darin, daß er die Dinge in *Gott* setzt, sondern darin, daß es *Dinge* sind – in dem abstrakten Begriff der Weltwesen, ja der unendlichen Substanz selber, die ihm eben auch ein Ding ist. Daher sind seine Argumente gegen die Freiheit ganz deterministisch, auf keine Weise pantheistisch. Er behandelt auch den Willen als eine Sache, und beweist dann sehr natürlich, daß er in jedem Fall des Wirkens durch eine andere Sache bestimmt seyn müsse, die wieder durch eine andere bestimmt ist u.s.f. ins Unendliche. Daher die Leblosigkeit seines Systems, die Gemüthlosigkeit der Form, die Dürftigkeit der Begriffe und Ausdrücke, das unerbittlich Herbe der Bestimmungen, das sich mit der abstrakten Betrachtungsweise vortrefflich verträgt; daher auch ganz folgerichtig seine mechanische Naturansicht. Oder zweifelt man, daß schon durch die dynamische Vorstellung der Natur die Grundansichten des Spinozismus wesentlich verändert werden müssen? Wenn die Lehre vom Begriffenseyn aller Dinge in Gott der Grund

* Den Rath, den Hr. Fr. Schlegel in einer Recension der neueren Schriften Fichtes in den Heidelbergischen Jahrb. der Literatur (1. Jahrg., 6. Heft, S. 139) dem letzten ertheilt, sich bei seinen polemischen Unternehmungen ausschließlich an den Spinoza zu halten, weil bei diesem allein das der Form und Consequenz nach durchaus vollendete System des Pantheismus – welcher nach der oben angeführten Aeußerung zugleich das System der reinen Vernunft wäre – angetroffen werde; dieser Rath mag zwar übrigens gewisse Vortheile gewähren, fällt aber doch dadurch ins Sonderbare, daß Hr. Fichte ohne Zweifel der Meinung ist, den Spinozismus (als Spinozismus) bereits durch die Wissenschaftslehre widerlegt zu haben, woran er auch ganz Recht hat. – Oder ist der Idealismus vielleicht kein Werk der Vernunft, und bleibt die vermeintlich traurige Ehre, Vernunftsystem zu seyn, wirklich nur dem Pantheismus und Spinozismus?

des ganzen Systems ist, so muß sie zum wenigsten erst belebt und der Abstraktion entrissen werden, ehe sie zum Princip eines Vernunftsystems werden kann. Wie allgemein sind die Ausdrücke, daß die endlichen Wesen Modificationen oder Folgen von Gott sind; welche Kluft ist hier auszufüllen, welche Fragen sind zu beantworten! Man könnte den Spinozismus in seiner Starrheit wie die Bildsäule des Pygmalion ansehen, die durch warmen Liebeshauch beseelt werden müßte; aber dieser Vergleich ist unvollkommen, da es vielmehr einem nur in den äußersten Umrissen entworfenen Werk gleicht, in dem man, wenn es beseelt wäre, erst noch die vielen fehlenden oder unausgeführten Züge bemerken würde. Eher wäre es den ältesten Bildern der Gottheiten zu vergleichen, die, je weniger individuell-lebendige Züge aus ihnen sprachen, desto geheimnißvoller erschienen. Mit Einem Wort, es ist ein einseitig-realistisches System, welcher Ausdruck zwar weniger verdammend klingt als Pantheismus, dennoch aber weit richtiger das Eigenthümliche desselben bezeichnet, und auch nicht jetzt das erstemal gebraucht wird. Es würde verdrießlich seyn, die vielen Erklärungen zu wiederholen, die sich über diesen Punkt in den ersten Schriften des Verfassers finden. Wechseldurchdringung des Realismus und Idealismus war die ausgesprochene Absicht seiner Bestrebungen. Der Spinozische Grundbegriff, durch das Princip des Idealismus vergeistigt (und in Einem wesentlichen Punkte verändert), erhielt in der höheren Betrachtungsweise der Natur und der erkannten Einheit des Dynamischen mit dem Gemüthlichen und Geistigen eine lebendige Basis, woraus Naturphilosophie erwuchs, die als bloße Physik zwar für sich bestehen konnte, in Bezug auf das Ganze der Philosophie aber jederzeit nur als der eine, nämlich der reelle Theil, derselben betrachtet wurde, der erst durch die Ergänzung mit dem ideellen, in welchem Freiheit herrscht, der Erhebung in das eigentliche Vernunftsystem fähig werde. In dieser (der Freiheit) wurde behauptet, finde sich der letzte potenzirende Akt, wodurch sich die ganze Natur in Empfindung, in Intelligenz, endlich in Willen verkläre. – Es gibt in der letzten und höchsten Instanz gar kein anderes Seyn als Wollen. Wollen ist Urseyn, und auf dieses allein passen alle Prädicate desselben: Grundlosigkeit, Ewigkeit, Unabhängigkeit von der Zeit, Selbstbejahung. Die ganze Philosphie strebt nur dahin, diesen höchsten Ausdruck zu finden.

Bis zu diesem Punkt ist die Philosophie zu unsrer Zeit durch den Idealismus gehoben worden: und erst bei diesem können wir eigentlich die Untersuchung unsres Gegenstandes aufnehmen, indem es keineswegs unsre Absicht seyn konnte, alle diejenigen Schwierigkeiten, die sich aus dem einseitig-realistischen oder dogmatischen System gegen den Begriff der Freiheit erheben lassen und vorlängst erhoben worden sind, zu berücksichtigen. Allein der Idealismus selbst, so hoch wir durch ihn in dieser Hinsicht gestellt sind, und so gewiß es ist, daß wir ihm den ersten vollkommenen Begriff der formellen Freiheit verdanken, ist doch selbst für sich nichts weniger als vollendetes System, und läßt uns, sobald wir in das Genauere und Bestimmtere eingehen wollen, in der Lehre der Freiheit dennoch rathlos. In der ersten Beziehung bemerken wir, daß es in dem zum System gebildeten Idealismus keineswegs hinreicht, zu behaupten, »daß Thätigkeit, Leben und Freiheit allein das wahrhaft Wirkliche seyen«, womit auch der subjektive (sich selbst mißverstehende Idealismus Fichtes bestehen kann); es wird vielmehr gefordert, auch umgekehrt zu zeigen, daß alles Wirkliche (die Natur, die Welt der Dinge) Thätigkeit, Leben und Freiheit zum Grund habe, oder im Fichteschen Ausdruck, daß nicht allein die Ichheit alles, sondern auch umgekehrt alles Ichheit sey. Der Gedanke, die Freiheit einmal zum Eins und Alles der Philosophie zu machen, hat den menschlichen Geist überhaupt, nicht bloß in Bezug auf sich selbst, in Freiheit gesetzt und der Wissenschaft in allen ihren Theilen einen kräftigern Umschwung gegeben als irgend eine frühere Revolution. Der idealistische Begriff ist die wahre Weihe für die höhere Philosophie unsrer Zeit und besonders den höheren Realismus derselben. Möchten doch die, welche diesen beurtheilen oder sich zueignen, bedenken, daß die Freiheit die innerste Voraussetzung desselben ist; in wie ganz anderm Licht würden sie ihn betrachten und auffassen! Nur wer Freiheit gekostet hat, kann das Verlangen empfinden, ihr alles analog zu machen, sie über das ganze Universum zu verbreiten. Wer nicht auf diesem Weg zur Philosphie kommt, folgt und thut bloß andern nach, was sie thun; ohne Gefühl weßwegen sie es thun. Es wird aber immer merkwürdig bleiben, daß Kant, nachdem er zuerst Dinge an sich von Erscheinungen nur negativ, durch die Unabhängigkeit von der Zeit, unterschieden, nachher in den metaphysischen Erörterungen seiner Kritik der praktischen Vernunft Unabhängigkeit von der Zeit und Freiheit wirklich als correlate Begriffe behandelt hatte, nicht zu dem Gedanken fortging, diesen einzig möglichen positiven Begriff des An-sich auch auf die Dinge überzutragen, wodurch er sich unmittelbar zu einem höhern Standpunkt der Betrachtung und über die Negativität erhoben hätte, die der Charakter seiner theoretischen Philosophie ist. Von der andern Seite aber, wenn Freiheit der positive Begriff des Ansich überhaupt ist, wird die Untersuchung über menschliche Freiheit wieder ins Allgemeine zurückgeworfen, indem das Intelligible, auf welches sie allein gegründet worden, auch das Wesen der Dinge an sich ist. Um also die specifische Differenz, d. h. eben das Bestimmte der menschlichen Freiheit, zu zeigen, reicht der bloße Idealismus nicht hin. Ebenso wäre es ein Irrthum, zu meinen, daß der Pantheismus durch den Idealismus aufgehoben und vernichtet sey; eine Meinung, die nur aus Verwechslung desselben mit einseitigem Realismus entspringen könnte. Denn ob es einzelne Dinge sind, die in einer absoluten Substanz, oder ebenso viele einzelne Willen, die in einem Urwillen begriffen sind, ist für den Pantheismus, als solchen, ganz einerlei. Er ist in dem ersten Falle realistisch, in dem andern idealistisch, der Grundbegriff aber bleibt derselbe. Eben hieraus ist vorläufig zu ersehen, daß die tiefsten Schwierigkeiten, die in dem Begriff der Freiheit liegen, durch den Idealismus für sich genommen so wenig auflösbar seyn werden als durch irgend ein anderes partielles System. Der Idealismus gibt nämlich einerseits nur den allgemeinsten, andererseits den bloß formellen Begriff der Freiheit. Der reale und lebendige Begriff aber ist, daß sie ein Vermögen des Guten und des Bösen sey.

Dieses ist der Punkt der tiefsten Schwierigkeit in der ganzen Lehre von der Freiheit, die von jeher empfunden worden, und die nicht bloß dieses oder jenes System, sondern, mehr oder weniger, alle trifft:* Am auffallendsten allerdings den Begriff der Immanenz; denn entweder wird ein wirkliches Böses zugegeben, so ist es

* Hr. Fr. Schlegel hat das Verdienst, in seiner Schrift über Indien und an mehreren Orten diese Schwierigkeit besonders gegen den Pantheismus geltend gemacht zu haben; wobei bloß zu bedauern ist, daß dieser scharfsinnige Ge-

unvermeidlich, das Böse in die unendliche Substanz oder den Urwillen selbst mitzusetzen, wodurch der Begriff eines allervollkommensten Wesens gänzlich zerstört wird; oder es muß auf irgend eine Weise die Realität des Bösen geleugnet werden, womit aber zugleich der reale Begriff von Freiheit verschwindet. Nicht geringer jedoch ist die Schwierigkeit, wenn zwischen Gott und den Weltwesen auch nur der allerweiteste Zusammenhang angenommen wird; denn wird dieser auch auf den bloßen sogenannten *concursus*, oder auf jene nothwendige Mitwirkung Gottes zum Handeln der Creatur beschränkt, welches vermöge der wesentlichen Abhängigkeit der letzten von Gott angenommen werden muß, wenn auch übrigens Freiheit behauptet wird: so erscheint doch Gott unleugbar als Miturheber des Bösen, indem das Zulassen bei einem ganz und gar dependenten Wesen doch nicht viel besser ist als mitverursachen; oder es muß ebenfalls auf die eine oder die andere Art die Realität des Bösen geleugnet werden. Der Satz, daß alles Positive der Creatur von Gott kommt, muß auch in diesem System behauptet werden. Wird nun angenommen, es sey in dem Bösen etwas Positives, so kommt auch dieß Positive von Gott. Hiegegen kann eingewendet werden: das Positive des Bösen, soweit es positiv ist, sey gut. Damit verschwindet das Böse nicht, ob es gleich auch nicht erklärt wird. Denn wenn das im Bösen *Seyende* gut ist, woher ist denn das, *worin* dieses Seyende ist, die *Basis*, welche eigentlich das Böse ausmacht? Ganz verschieden von dieser Behauptung (obgleich öfters, auch neuerlich, mit ihr verwechselt) ist die, daß im Bösen überall nichts Positives sey, oder anders ausgedrückt, daß es gar nicht (auch nicht mit und an einem andern Positiven) existire, sondern alle Handlungen mehr oder weniger positiv, und der Unterschied derselben ein bloßes *Plus* und *Minus* der Vollkommenheit sey, wodurch kein Gegensatz begründet wird, und also das Böse gänzlich verschwindet. Es wäre dieß die zweite mögliche Annahme in Bezug auf den Satz, daß alles Positive von Gott herkommt. Dann wäre die Kraft, die im Bösen sich zeigt, zwar vergleichungsweise unvollkommener als die welche im

lehrte seine eigne Ansicht vom Ursprung des Bösen und seinem Verhältniß zum Guten nicht mitzutheilen für gut gefunden hat.

Guten, an sich aber, oder außer der Vergleichung betrachtet, doch selbst eine Vollkommenheit, die also, wie jede andere, von Gott abgeleitet werden muß. Das, was wir Böses daran nennen, ist nur der geringere Grad der Perfektion, der aber bloß für unsre Vergleichung als ein Mangel erscheint, in der Natur keiner ist. Es ist nicht zu leugnen, daß dieß die wahre Meinung des Spinoza sey. Es könnte jemand versuchen, jenem Dilemma durch die Antwort zu entgehen: das Positive, was von Gott herkommt, sey die Freiheit, die an sich gegen Böses und Gutes indifferent sey. Allein wenn er nur diese Indifferenz nicht bloß negativ denkt, sondern als ein lebendiges positives Vermögen zum Guten und zum Bösen, so ist nicht einzusehen, wie aus Gott, der als lautere Güte betrachtet wird, ein Vermögen zum Bösen folgen könne. Es erhellt hieraus, im Vorbeigehen zu sagen, daß, wenn die Freiheit wirklich das ist, was sie diesem Begriff zufolge seyn muß (und sie ist es unfehlbar), daß es alsdann auch mit der oben versuchten Ableitung der Freiheit aus Gott wohl nicht seine Richtigkeit habe; denn ist die Freiheit ein Vermögen zum Bösen, so muß sie eine von Gott unabhängige Wurzel haben. Hierdurch getrieben kann man versucht werden, sich dem Dualismus in die Arme zu werfen. Allein dieses System, wenn es wirklich als die Lehre von zwei absolut verschiedenen und gegenseitig unabhängigen Principien gedacht wird, ist nur ein System der Selbstzerreißung und Verzweiflung der Vernunft. Wird aber das böse Grundwesen in irgend einem Sinn als abhängig von dem guten gedacht, so ist die ganze Schwierigkeit der Abkunft des Bösen von dem Guten zwar auf Ein Wesen concentrirt, aber dadurch eher vermehrt als vermindert. Selbst wenn angenommen wird, daß dieses zweite Wesen anfänglich gut erschaffen worden und durch eigne Schuld vom Urwesen abgefallen sey, so bleibt immer das erste Vermögen zu einer Gottwiderstrebenden That in allen bisherigen Systemen unerklärbar. Daher, wenn man auch endlich nicht nur die Identität, sondern jeden Zusammenhang der Weltwesen mit Gott aufheben, ihr ganzes gegenwärtiges Daseyn und somit das der Welt als eine Entfernung von Gott ansehen wollte, die Schwierigkeit nur um einen Punkt weiter hinausgerückt, aber nicht aufgehoben wäre. Denn um aus Gott ausfließen zu können, mußten sie schon auf irgend eine Weise daseyn, und am wenigsten könnte daher die Emanationslehre dem

Pantheismus entgegengesetzt werden, da sie eine ursprüngliche Existenz der Dinge in Gott und somit jenen offenbar voraussetzt. Zur Erklärung jener Entfernung aber könnte nur Folgendes angenommen werden. Sie ist entweder eine unwillkürliche von Seiten der Dinge, aber nicht von Seiten Gottes: so sind sie durch Gott in den Zustand der Unseligkeit und Bosheit verstoßen, Gott also ist Urheber dieses Zustandes. Oder sie ist unwillkürlich von beiden Seiten, etwa durch Ueberfluß des Wesens verursacht, wie einige es ausdrücken: eine ganz unhaltbare Vorstellung. Oder sie ist willkürlich von Seiten der Dinge, ein Losreißen von Gott, also die Folge einer Schuld, auf die immer tieferes Herabsinken folgt: so ist diese erste Schuld eben schon selbst das Böse, und gewährt daher keine Erklärung seines Ursprungs. Ohne diesen Hülfsgedanken aber, der, wenn er das Böse in der Welt erklärt, dagegen das Gute völlig auslöscht, und anstatt des Pantheismus einen Pandämonismus einführt, verschwindet gerade im System der Emanation jeder eigentliche Gegensatz des Guten und Bösen; das Erste verliert sich durch unendlich viele Zwischenstufen durch allmähliche Abschwächung in das, was keinen Schein des Guten mehr hat, ungefähr so wie Plotinos * spitzfindig, aber ungenügend den Uebergang des ursprünglichen Guten in die Materie und das Böse beschreibt. Nämlich durch eine beständige Unterordnung und Entfernung kommt ein Letztes hervor, über das hinaus nichts mehr werden kann, und dieß eben (das zu weiterem Produciren Unfähige) ist das Böse. Oder: wenn etwas nach dem Ersten ist, so muß auch ein Letztes seyn, das nichts mehr von dem Ersten an sich hat, und dieß ist die Materie und die Nothwendigkeit des Bösen.

Diesen Betrachtungen zufolge scheint es eben nicht billig, die ganze Last dieser Schwierigkeit nur auf Ein System zu werfen, besonders da das angeblich höhere, was ihm entgegengesetzt wird, so wenig Genüge leistet. Auch die Allgemeinheiten des Idealismus können hier keine Hülfe schaffen. Mit solchen abgezogenen Begriffen von Gott als *Actus purissimus*, dergleichen die ältere Philosophie aufstellte, oder solchen, wie sie die neuere, aus Fürsorge Gott ja recht weit von aller Natur zu entfernen, immer wieder her-

* Ennead. I, L. VIII, c. 8.

vorbringt, läßt sich überall nichts ausrichten. Gott ist etwas Reale-res als eine bloße moralische Weltordnung, und hat ganz andere und lebendigere Bewegungskräfte in sich, als ihm die dürftige Subtilität abstrakter Idealisten zuschreibt. Der Abscheu gegen alles Reale, der das Geistige durch jede Berührung mit demselben zu verunreinigen meint, muß natürlich auch den Blick für den Ursprung des Bösen blind machen. Der Idealismus, wenn er nicht einen lebendigen Realismus zur Basis erhält, wird ein ebenso leeres und abgezogenes System, als das Leibnizische, Spinozische, oder irgend ein anderes dogmatisches. Die ganze neu-europäische Philosophie seit ihrem Beginn (durch Descartes) hat diesen gemeinschaftlichen Mangel, daß die Natur für sie nicht vorhanden ist, und daß es ihr am lebendigen Grunde fehlt. Spinozas Realismus ist dadurch so abstrakt als der Idealismus des Leibniz. Idealismus ist Seele der Philosophie; Realismus ihr Leib; nur beide zusammen machen ein lebendiges Ganzes aus. Nie kann der letzte das Princip hergeben, aber er muß Grund und Mittel seyn, worin jener sich verwirklicht, Fleisch und Blut annimmt. Fehlt einer Philosophie dieses lebendige Fundament, welches gewöhnlich ein Zeichen ist, daß auch das ideelle Princip in ihr ursprünglich nur schwach wirksam war: so verliert sie sich in jene Systeme, deren abgezogene Begriffe von Aseität, Modificationen u. s. w. mit der Lebenskraft und Fülle der Wirklichkeit in dem schneidendsten Contrast stehen. Wo aber das ideelle Princip wirklich in hohem Maß kräftig wirkt, aber die versöhnende und vermittelnde Basis nicht finden kann, da erzeugt es einen trüben und wilden Enthusiasmus, der in Selbstzerfleischung, oder, wie bei den Priestern der phrygischen Göttin, in Selbstentmannung ausbricht, welche in der Philosophie durch das Aufgeben von Vernunft und Wissenschaft vollbracht wird.

Es schien nöthig, diese Abhandlung mit der Berichtigung wesentlicher Begriffe anzufangen, die von jeher, besonders aber neuerdings, verwirrt worden. Die bisherigen Bemerkungem sind daher als bloße Einleitung zu unsrer eigentlichen Untersuchung zu betrachten. Wir haben es bereits erklärt: nur aus den Grundsätzen einer wahren Naturphilosophie läßt sich diejenige Ansicht entwikkeln, welche der hier stattfindenden Aufgabe vollkommen Genüge thut. Wir leugnen darum nicht, daß diese richtige Ansicht nicht schon längst in einzelnen Geistern vorhanden gewesen sey. Aber eben diese waren es auch, die ohne Furcht vor den von jeher gegen alle reelle Philosophie gebräuchlichen Schmähworten, Materialismus, Pantheismus u. s. w., den lebendigen Grund der Natur aufsuchten, und im Gegensatz der Dogmatiker und abstrakten Idealisten, welche sie als Mystiker ausstießen, Naturphilosophen (in beiderlei Verstande) waren.

Die Naturphilosophie unsrer Zeit hat zuerst in der Wissenschaft die Unterscheidung aufgestellt zwischen dem Wesen, sofern es existiert, und dem Wesen, sofern es bloß Grund von Existenz ist. Diese Unterscheidung ist so alt als die erste wissenschaftliche Darstellung derselben.* Ohnerachtet es eben dieser Punkt ist, bei welchem sie aufs bestimmteste von dem Wege des Spinoza ablenkt, so konnte doch in Deutschland bis auf diese Zeit behauptet werden, ihre metaphysischen Grundsätze seyen mit denen des Spinoza einerlei; und obwohl eben jene Unterscheidung es ist, welche zugleich die bestimmteste Unterscheidung der Natur von Gott herbeiführt, so verhinderte dieß nicht, sie der Vermischung Gottes mit der Natur anzuklagen. Da es die nämliche Unterscheidung ist, auf welche die gegenwärtige Untersuchung sich gründet, so sey hier Folgendes zu ihrer Erläuterung gesagt.

Da nichts vor oder außer Gott ist, so muß er den Grund seiner Existenz in sich selbst haben. Das sagen alle Philosophien; aber sie reden von diesem Grund als einem bloßen Begriff, ohne ihn zu etwas Reellem und Wirklichen zu machen. Dieser Grund seiner Existenz, den Gott in sich hat, ist nicht Gott absolut betrachtet, d. h. sofern er existirt; denn er ist ja nur der Grund seiner Existenz, Er ist die *Natur* – in Gott; ein von ihm zwar unabtrennliches, aber doch unterschiedenes Wesen. Analogisch kann dieses Verhältniß durch das der Schwerkraft und des Lichtes in der Natur erläutert werden. Die Schwerkraft geht vor dem Licht her als dessen ewig dunkler Grund, der selbst nicht *actu* ist, und entflieht in die Nacht, indem das Licht (das Existirende) aufgeht. Selbst

* Man s. dieselbe in der Zeitsch. für specul. Physik Bd. II, Heft 2, §. 54 Anm. ferner Anm. 1 zu §. 93 und die Erklärung S. 114.

das Licht löst das Siegel nicht völlig, unter dem sie beschlossen liegt.*

Sie ist eben darum weder das reine Wesen noch auch das aktuale Seyn der absoluten Identität, sondern folgt nur aus ihrer Natur;** oder ist sie, nämlich in der bestimmten Potenz betrachtet: denn übrigens gehört auch das, was beziehungsweise auf die Schwerkraft als existirend erscheint, an sich wieder zu dem Grunde, und Natur im Allgemeinen ist daher alles, was jenseits des absoluten Seyns der absoluten Identität liegt.*** Was übrigens jenes Vorhergehen betrifft, so ist es weder als Vorhergehen der Zeit nach, noch als Priorität des Wesens zu denken. In dem Cirkel, daraus alles wird, ist es kein Widerspruch, daß das, wodurch das Eine erzeugt wird, selbst wieder von ihm gezeugt werde. Es ist hier kein Erstes und kein Letztes, weil alles sich gegenseitig voraussetzt, keins das andere und doch nicht ohne das andere ist. Gott hat in sich einen innern Grund seiner Existenz, der insofern ihm als Existirendem vorangeht; aber ebenso ist Gott wieder das *Prius* des Grundes, indem der Grund, auch als solcher, nicht seyn könnte, wenn Gott nicht *actu* existirte.

Auf dieselbe Unterscheidung führt die von den Dingen ausgehende Betrachtung. Zuerst ist der Begriff der Immanenz völlig zu beseitigen, inwiefern etwa dadurch ein todtes Begriffenseyn der Dinge in Gott ausgedrückt werden soll. Wir erkennen vielmehr, daß der Begriff des Werdens der einzige der Natur der Dinge angemessene ist. Aber sie können nicht werden in Gott, absolut betrachtet, indem sie *toto genere*, oder richtiger zu reden, unendlich von ihm verschieden sind. Um von Gott geschieden zu seyn, müssen sie in einem von ihm verschiedenen Grunde werden. Da aber doch nichts außer Gott seyn kann, so ist dieser Widerspruch nur dadurch aufzulösen, daß die Dinge ihren Grund in dem haben, was in Gott selbst nicht *Er Selbst* ist,**** d.h. in dem, was Grund sei-

* A.a.O. S.59.60.

** Ebendas. S.41.

*** Das. S.114.

**** Es ist dieß der einzig rechte Dualismus, nämlich der, welcher zugleich eine Einheit zuläßt. Oben war von dem modificirten Dualismus die

ner Existenz ist. Wollen wir uns dieses Wesen menschlich näher bringen, so können wir sagen: es sey die Sehnsucht, die das ewige Eine empfindet, sich selbst zu gebären. Sie ist nicht das Eine selbst, aber doch mit ihm gleich ewig. Sie will Gott, d. h. die unergründliche Einheit, gebären, aber insofern ist in ihr selbst noch nicht die Einheit. Sie ist daher für sich betrachtet auch Wille; aber Wille, in dem kein Verstand ist, und darum auch nicht selbständiger und vollkommener Wille, indem der Verstand eigentlich der Wille in dem Willen ist. Dennoch ist sie ein Willen des Verstandes, nämlich Sehnsucht und Begierde desselben; nicht ein bewußter, sondern ein ahndender Wille, dessen Ahndung der Verstand ist. Wir reden von dem Wesen der Sehnsucht an und für sich betrachtet, das wohl ins Auge gefaßt werden muß, ob es gleich längst durch das Höhere, das sich aus ihm erhoben, verdrängt ist, und obgleich wir es nicht sinnlich, sondern nur mit Geiste und den Gedanken erfassen können. Nach der ewigen That der Selbstoffenbarung ist nämlich in der Welt, wie wir sie jetzt erblicken, alles Regel, Ordnung und Form; aber immer liegt noch im Grunde das Regellose, als könnte es einmal wieder durchbrechen, und nirgends scheint es, als wären Ordnung und Form das Ursprüngliche, sondern als wäre ein anfänglich Regelloses zur Ordnung gebracht worden. Dieses ist an den Dingen die unergreifliche Basis der Realität, der nie aufgehende Rest, das, was sich mit der größten Anstrengung nicht in Verstand auflösen läßt, sondern ewig im Grunde bleibt. Aus diesem Verstandlosen ist im eigentlichen Sinne der Verstand geboren. Ohne dieß vorausgehende Dunkel gibt es keine Realität der Creatur; Finsterniß ist ihr nothwendiges Erbtheil. Gott allein – Er selbst der Existirende – wohnt im reinen Lichte, denn er allein ist von sich selbst. Der Eigendünkel des Menschen sträubt sich gegen diesen Ursprung aus dem Grunde, und sucht sogar sittliche Gründe dagegen auf. Dennoch wüßten wir nichts,

Rede, nach welchem das böse Princip dem guten nicht bei- sondern untergeordnet ist. Kaum ist zu fürchten, daß jemand das hier aufgestellte Verhältniß mit jenem Dualismus verwechseln werde, in welchem das Untergeordnete immer ein wesentlich-böses Princip ist und eben darum seiner Abkunft aus Gott nach völlig unbegreiflich bleibt.

das den Menschen mehr antreiben könnte, aus allen Kräften nach dem Lichte zu streben, als das Bewußtsein der tiefen Nacht, aus der er ans Daseyn gehoben worden. Die weibischen Klagen, daß so das Verstandlose zur Wurzel des Verstandes, die Nacht zum Anfang des Lichtes gemacht werde, beruhen zwar zum Theil auf Mißverstand der Sache (indem man nicht begreift, wie dieser Ansicht die Priorität des Verstandes und Wesens dem Begriff nach dennoch bestehen kann); aber sie drücken das wahre System heutiger Philosophen aus, die gern *fumum ex fulgore* machen wollten, wozu aber selbst die gewaltsamste Fichtesche Präcipitation nicht hinreicht. Alle Geburt ist Geburt aus Dunkel ans Licht; das Samenkorn muß in die Erde versenkt werden und in der Finsterniß sterben, damit die schönere Lichtgestalt sich erhebe und am Sonnenstrahl sich entfalte. Der Mensch wird im Mutterleibe gebildet; und aus dem Dunkeln des Verstandlosen (aus Gefühl, Sehnsucht, der herrlichen Mutter der Erkenntniß) erwachsen erst die lichten Gedanken. So also müssen wir die ursprüngliche Sehnsucht uns vorstellen, wie sie zwar zu dem Verstande sich richtet, den sie noch nicht erkennt, wie wir in der Sehnsucht nach unbekanntem namenlosen Gut verlangen, und sich ahndend bewegt, als ein wogend wallend Meer, der Materie des Platon gleich, nach dunkelm ungewissem Gesetz, unvermögend etwas Dauerndes für sich zu bilden. Aber entsprechend der Sehnsucht, welche als der noch dunkle Grund die erste Regung göttlichen Daseyns ist, erzeugt sich in Gott selbst eine innere reflexive Vorstellung, durch welche, da sie keinen andern Gegenstand haben kann als Gott, Gott sich selbst in einem Ebenbilde erblickt. Diese Vorstellung ist das Erste, worin Gott, absolut betrachtet, verwirklicht ist, obgleich nur in ihm selbst, sie ist im Anfange bei Gott, und der in Gott gezeugte Gott selbst. Diese Vorstellung ist zugleich der Verstand – das *Wort* jener Sehnsucht,* und der ewige Geist, der das Wort in sich und zugleich die unendliche Sehnsucht empfindet, von der Liebe bewogen, die er selbst ist, spricht das Wort aus, daß nun der Verstand mit der Sehnsucht zusammen freischaffender und allmächtiger Wille wird und in der anfänglich regellosen Natur als in seinem Element oder

* In dem Sinne, wie man sagt: das Wort des Räthsels.

Werkzeuge bildet. Die erste Wirkung des Verstandes in ihr ist die Scheidung der Kräfte, indem er nur dadurch die in ihr unbewußt, als in einem Samen, aber doch nothwendig enthaltene Einheit zu entfalten vermag, so wie im Menschen in die dunkle Sehnsucht, etwas zu schaffen, dadurch Licht tritt, daß in dem chaotischen Gemenge der Gedanken, die alle zusammenhängen, jeder aber den andern hindert hervorzutreten, die Gedanken sich scheiden und nun die im Grunde verborgen liegende, alle unter sich befassende Einheit sich erhebt; oder wie in der Pflanze nur im Verhältniß der Entfaltung und Ausbreitung der Kräfte das dunkle Band der Schwere sich löst und die im geschiedenen Stoff verborgene Einheit entwickelt wird. Weil nämlich dieses Wesen (der anfänglichen Natur) nichts anderes ist als der ewige Grund zur Existenz Gottes, so muß es in sich selbst, obwohl verschlossen, das Wesen Gottes gleichsam als einen im Dunkel der Tiefe leuchtenden Lebensblick enthalten. Die Sehnsucht aber, vom Verstande erregt, strebt nunmehr, den in sich ergriffenen Lebensblick zu erhalten, und sich in sich selbst zu verschließen, damit immer ein Grund bleibe. Indem also der Verstand, oder das in die anfängliche Natur gesetzte Licht, die in sich selbst zurückstrebende Sehnsucht zur Scheidung der Kräfte (zum Aufgeben der Dunkelheit) erregt, eben in dieser Scheidung aber die im Geschiedenen verschlossene Einheit, den verborgenen Lichtblick, hervorhebt, so entsteht auf diese Art zuerst etwas Begreifliches und Einzelnes, und zwar nicht durch äußere Vorstellung, sondern durch wahre *Ein-Bildung*, indem das Entstehende in die Natur hineingebildet wird, oder richtiger noch, durch Erweckung, indem der Verstand die in dem geschiedenen Grund verborgene Einheit oder Idea hervorhebt. Die in dieser Scheidung getrennten (aber nicht völlig auseinandergetretenen) Kräfte sind der Stoff, woraus nachher der Leib configurirt wird; das aber in der Scheidung, also aus der Tiefe des natürlichen Grundes, als Mittelpunkt der Kräfte entstehende lebendige Band ist die Seele. Weil der ursprüngliche Verstand die Seele aus einem von ihm unabhängigen Grunde als Inneres hervorhebt, so bleibt sie eben damit selbst unabhängig von ihm, als ein besonderes und für sich bestehendes Wesen.

48. Friedrich Wilhelm Joseph Schelling: Rückblick auf die eigenen Anfänge

Angewiesen nun, die Philosophie da aufzunehmen, wo sie Fichte hingestellt hatte, mußte ich vor allem sehen, wie jene unleugbare und unabweisliche Nothwendigkeit, die Fichte gleichsam nur mit Worten hinwegzuschelten sucht, mit den Fichteschen Begriffen, also mit der behaupteten absoluten Substanz des Ich sich vereinigen ließe. Hier ergab sich nun aber sogleich, daß freilich die Außenwelt *für* mich nur da ist, inwiefern ich zugleich selbst da und mir bewußt bin (dieß versteht sich von selbst), aber daß auch umgekehrt, *sowie* ich für mich selbst *da*, ich mir *bewußt* bin, daß, mit dem ausgesprochenen Ich bin, ich auch die Welt als bereits – *da* – seyend finde, also daß auf keinen Fall das *schon bewußte* Ich die Welt produciren kann. Nichts verhinderte aber, mit diesem *jetzt* in mir sich-bewußten Ich auf einen Moment zurückzugehen, wo es seiner noch nicht bewußt war, – eine Region jenseits des *jetzt vorhandenen* Bewußtseyns anzunehmen und eine Thätigkeit, die nicht mehr selbst, sondern nur durch ihr Resultat in das Bewußtsein kommt. Diese Thätigkeit konnte nun keine andere seyn als eben die Arbeit des zu-sich-selbst-Kommens, des sich Bewußtwerdens selbst, wo es denn natürlich ist und nicht anders seyn kann, als daß diese Thätigkeit mit dem erlangten Bewußtseyn aufhört und bloß ihr Resultat stehen bleibt. Dieses bloße Resultat, in welchem sie dem Bewußtseyn stehen bleibt, ist dann eben die Außenwelt, der sich eben darum das Ich nicht als einer von ihm selbst producirten, sondern nur als einer zugleich mit ihm da seyenden bewußt seyn kann. Ich suchte also mit Einem Wort den unzerreißbaren Zusammenhang des Ich mit einer von ihm nothwendig vorgestellten Außenwelt durch eine dem *wirklichen* oder empirischen Bewußtseyn vorausgehende transscendentale Vergangenheit des Ichs zu erklären, eine Erklärung, die sonach auf eine transscendentale

Geschichte des Ichs führte. Und so verrieth sich schon durch meine ersten Schritte in der Philosophie die Tendenz zum Geschichtlichen wenigstens in der Form des sich selbst bewußten, zu sich selbst gekommenen Ich. Denn das Ich bin ist eben nur der Ausdruck des zu-sich-Kommens selber – also dieses zu-sich-Kommen, das im Ich bin sich auspricht, setzt ein *außer-* und von-sich-Gewesenseyn voraus. Denn nur das kann zu *sich* kommen, was zuvor *außer* sich war. Der erste Zustand des Ichs ist also ein außer-sich-Seyn. Hiebei ist nur noch zu bemerken (und dieß ist ein sehr wesentlicher Punkt), *daß* das Ich, inwiefern es jenseits des Bewußtseyns gedacht wird, eben darum noch nicht das individuelle ist, denn zum individuellen bestimmt es sich eben erst im zu-sich-Kommen, also das *jenseits* des Bewußtseyns oder des *ausgesprochenen* Ich bin gedachte *Ich* ist für alle menschlichen Individuen das gleiche und selbe, es *wird* in jedem erst *sein* Ich, sein individuelles Ich, indem es eben in ihm zu sich kommt. Daraus, daß das jenseits des Bewußtseyns gedachte für alle Individuen dasselbe ist, daß hier das Individuum noch nicht mitwirkt, daraus erklärt sich alsdann, warum ich für meine Vorstellung von der Außenwelt unbedingt, und ohne selbst erst eine Erfahrung darüber gemacht zu haben, auf die Uebereinstimmung aller menschlichen Individuen zähle (das Kind schon, das mir einen Gegenstand zeigt, setzt voraus, daß dieser Gegenstand ebensowohl für mich als für es existiren müsse). Allerdings nun indem das Ich zum *individuellen* wird – was eben durch das Ich bin sich ankündigt – angekommen also bei dem *Ich bin*, womit sein individuelles Leben beginnt, erinnert es sich nicht mehr des Wegs, den es bis dahin zurückgelegt hat, denn da das Ende dieses Wegs eben erst das Bewußtseyn ist, so hat es (das jetzt individuelle) den Weg zum Bewußtseyn selbst bewußtlos und ohne es zu wissen zurückgelegt. Hier erklärt sich die Blindheit und Nothwendigkeit seiner Vorstellungen von der Außenwelt, wie dort die Gleichheit und Allgemeinheit derselben in allen Individuen. Das individuelle Ich findet in seinem Bewußtseyn nur noch gleichsam die Monumente, die Denkmäler jenes Wegs, nicht den Weg selbst. Aber eben darum ist es nun Sache der Wissenschaft und zwar der Urwissenschaft, der Philosophie, jenes Ich des Bewußtseyns mit *Bewußtseyn* zu sich selbst, d.h. ins Bewußtseyn, kommen zu lassen. Oder: die Aufgabe der Wissenschaft ist, daß jenes Ich des Bewußtseyns den ganzen Weg von dem Anfang seines Außersichseyns bis zu dem höchsten Bewußtseyn – *selbst* mit Bewußtseyn zurücklege. Die Philosophie ist insofern für das Ich nichts anderes als eine Anamnese, Erinnerung dessen, was es in seinem allgemeinen (seinem vorindividuellen) Seyn gethan und gelitten hat: ein Ergebniß, das mit bekannten Platonischen Ansichten (wenn gleich diese zum Theil einen anderen Sinn und nicht ohne eine gewisse Zuthat von Schwärmerischem verstanden waren) übereinstimmten.

Dieß war also der Weg, den ich zuerst und noch eben von Fichte herkommend, einschlug, um meinerseits wieder ins Objektive zu kommen, und leicht begreiflich konnte es dieser Wendung des Fichteschen Begriffs, wodurch dieser eigentlich erst verständlich und die Haupteinwendung gegen denselben entfernt wurde, bei ihrem ersten Hervortreten nicht an Beifall fehlen. Es war ein Versuch, den Fichteschen Idealismus mit der Wirklichkeit auszusöhnen, oder zu zeigen, wie gleichwohl, auch unter Voraussetzung des Fichteschen Satzes, daß alles nur *durch* das Ich und *für* das Ich ist, die objektive Welt begreiflich sey.

49. Friedrich Wilhelm Joseph Schelling: Über Naturphilosophie und Hegels System

Die Naturphilosophie.

Ich gehe nun über zur Darstellung des Systems, wie es in der völligen Unabhängigkeit von Fichte hervorgetreten ist. Hier war es also nicht mehr das endliche oder menschliche Ich, von dem ausgegangen wurde, sondern das unendliche Subjekt, nämlich 1) das Subjekt überhaupt, weil das allein *unmittelbar* Gewisse, aber 2) das *unendliche* Subjekt, d. h. das nie aufhören kann Subjekt zu seyn, nie im Objekt untergehen, zum bloßen Objekt werden, wie es dem Spinoza durch einen Akt, dessen er selbst sich nicht bewußt ist, geschehen ist.

Das Subjekt, inwiefern es noch in seiner reinen Substantialität gedacht wird, insofern ist es noch frei von allem Seyn, und obgleich *nicht* nichts, doch *als* nichts. Nicht nichts, weil doch Subjekt, *als* nichts, weil nicht Objekt, weil nicht im gegenständlichen Seyn seyend. Aber es kann in dieser Abstraktion nicht bleiben, es ist ihm gleichsam natürlich, sich selbst *als* Etwas, und demnach als Objekt zu wollen. Aber der Unterschied *dieses* Objektwerdens von dem, was auch der Spinozischen Substanz vorausgedacht werden muß, ist dieser, daß letzteres mit gänzlichem Verlust seiner selbst, also ganz und ohne Rückhalt übergeht in das Objekt, und nur als *solches* (als Objekt) noch angetroffen wird, jenes Subjekt aber nicht blindes, sondern vielmehr *unendliches* Selbstsetzen ist, d. h. das im Objekt-Werden nicht aufhört Subjekt zu seyn, unendliches also – nicht in dem bloß *negativen* Sinn, daß es nur nicht endlich ist oder gar nicht endlich werden könnte, sondern in dem positiven, *daß* es sich verendlichen (sich zu Etwas machen) kann, aber aus jeder Endlichkeit siegreich, wieder als Subjekt, hervortritt, *oder*: daß es durch jedes Endlich-, Objekt-

Werden sich nur wieder in eine höhere Potenz der Subjektivität erhebt.

Aber eben darum, weil dieß seine Natur ist, nie bloß Objekt seyn zu können, sondern immer und nothwendig zugleich Subjekt zu seyn, so ist, die Bewegung einmal angefangen, oder ihren Anfang gesetzt – ist sie eine nothwendig fortschreitende.

Der Anfang ist natürlich das erste sich zu etwas Machen, das erste objektiv-Werden; denn mit diesem war in Folge der *Unendlichkeit* des Subjekts, nach welcher jedem objektiv-Werden unmittelbar nur eine höhere Potenz der *Subjektivität* folgt – aus diesem Grunde also war mit dem ersten objektiv-Werden der Grund aller folgenden Steigerung und damit der Bewegung selbst gelegt. Das Wichtigste ist daher die Erklärung dieses Anfangs, dieses ersten Etwas-seyn. Dieß wurde nun auf folgende Weise gedacht. Das Subjekt noch in seiner reinen Substantialität oder Wesentlichkeit, vor allem Aktus *gedacht*, ist, wie schon bemerkt, zwar nicht nichts, aber *als* nichts; dieses *als* drückt immer etwas über das Wesen Hinzukommendes aus, und bezieht sich demnach auf das gegenständliche, auf das über das Wesen hinausgehende Seyn; wenn also gesagt wird, das Subjekt oder Ich in seiner reinen Substantialität war *als* nichts, so drückt dieß nichts anderes aus als die Negation alles gegenständlichen Seyns. Dagegen wenn wir nun zuerst von ihm sagen: es ist *als* Etwas, so wird eben damit ausgedrückt, daß dieses Etwas-seyn, als *Seyn* ein Accessorisches, Hinzugekommenes, Zugezogenes, in gewissem Betracht Zufälliges ist. Das *als* bezeichnet hier eine Anziehung, eine Attraktion, ein angezogenes Seyn. Zur Erläuterung! Es gibt gewisse moralische und andere Eigenschaften, die man gerade nur *hat*, inwiefern man sie *nicht* hat, oder wie die deutsche Sprache trefflich dieß ausdrückt, inwiefern man sich dieselben nicht anzieht. Z. B. wahre Anmuth ist gerade nur möglich im Nichtwissen ihrer selbst, dagegen eine Person, die um ihre Anmuth weiß, sie sich anzieht, sogleich aufhört anmuthig zu seyn, und wenn sie *als* anmuthig sich gebärdet, vielmehr das Gegenteil wird. Ebenso ist es mit der Unbefangenheit. Das unbefangene Seyn ist überall nur das, was sich selbst nicht weiß; sowie es sich selbst Gegenstand wird, ist es auch schon ein befangenes. Wenden Sie diese Bemerkungen auf das Vorliegende an, so ist das Subjekt in seiner reinen Wesentlichkeit als nichts – eine völlige Bloßheit aller Eigenschaften – es ist bis jetzt nur Es selbst, und so weit eine völlige Freiheit von allem Seyn und gegen alles Seyn; aber es ist ihm unvermeidlich, sich sich selbst anzuziehen, denn nur *dazu* ist es Subjekt, daß es sich selbst Objekt werde, da vorausgesetzt wird, daß nichts *außer* ihm sey, das ihm Objekt werden könne; indem es sich aber sich selbst anzieht, ist es nicht mehr als *nichts*, sondern als Etwas – in dieser Selbstanziehung macht es sich zu etwas; in der Selbstanziehung also liegt der Ursprung des Etwas-Seyns, oder des objektiven, des gegenständlichen Seyns überhaupt. Aber als das, was es Ist, kann sich das Subjekt nie habhaft werden, denn eben im sich-Anziehen wird es ein anderes, dies ist der Grund-Widerspruch, wir können sagen, das Unglück in allem Seyn – denn entweder *läßt* es sich, so ist es als nichts, oder es zieht sich selbst an, so ist es ein anderes und sich selbst Ungleiches, – nicht mehr das mit dem Seyn, wie zuvor Unbefangene, sondern das sich mit dem Seyn befangen hat – es selbst empfindet dieses Seyn als ein zugezogenes und demnach zufälliges. Bemerken Sie hier, daß demgemäß der erste Anfang ausdrücklich als ein Zufälliges gedacht wird. Das erste *Seyende*, dieses *primum Existens*, wie ich es genannt habe, ist also zugleich das erste Zufällige (Urzufall). Diese ganze Construktion fängt also mit der Entstehung des ersten Zufälligen – sich selbst Ungleichen –, sie fängt mit einer *Dissonanz* an, und muß wohl so anfangen. Denn zuvor – *vor* der Zuziehung des Seyns, in seinem *an* und *vor* sich Seyn, war das Subjekt auch unendlich, aber inwiefern es die Endlichkeit noch vor sich hatte, aber eben darum ist es dort noch nicht *als* unendlich gesetzt; um sich *als* unendlich zu setzen, muß es von dieser Möglichkeit, auch das Endliche zu sehn, sich gereinigt haben, also die Endlichkeit selbst wird ihm zum Mittel, sich *als* unendlich (d. h. als Freiheit vom Seyn, denn ein anderer Begriff wird mit dem Wort unendlich hier nicht verbunden) sich *als* unendlich zu setzen. Nur durch wirklichen Gegensatz konnte es in sein wahres Wesen erhöht werden, konnte es sich *als* Unendliches erreichen.

Ich will das Letzte noch in einer anderen, obwohl völlig äquivalenten Wendung erklären.

Das Subjekt, das erst *reines*, sich selbst nicht gegenwärtiges Subjekt ist – indem es sich *haben* will, sich selbst Objekt wird, ist es mit einer Zufälligkeit behaftet (Zufälligkeit ist Gegensatz des Wesens). Aber *dadurch* ist es als *Wesen* nicht aufzuheben, denn es ist nicht bloß Wesen überhaupt, sondern *unendlicher Weise*. Jene Zufälligkeit wird ihm also nur Anlaß, in sein Wesen zurücktretend sich gegen jenes Zufällige *als* Wesen zu setzen, das es zuvor nicht war. An und vor sich war es Wesen (= Freiheit vom Seyn) aber nicht *als* Wesen, denn es hatte jenen, daß ich so sage, verhängnißvollen Akt des sich-selbst-Anziehens noch vor sich; es stand noch an jenem Abhang, von dem es sich selbst nicht zurückhalten kann. Denn entweder bleibt es stehen (bleibt, wie es ist, also reines Subjekt), so ist kein Leben, und es selbst ist als nichts, oder es will sich selbst, so wird es ein anderes, sich selbst Ungleiches, *sui dissimile*. Es will sich zwar als solches, aber dieß eben ist *unmittelbar* unmöglich, im Wollen selbst schon wird es ein anderes und entstellt sich, aber es ergibt sich darein, weil ihm doch nur versagt ist, *unmittelbar* sich als Wesen zu setzen; jenes endliche oder befangene Seyn – das allein unmittelbar mögliche – stellt sich ihm selbst *gleich* nur dar als Vermittlung seines *als* unendlich-, als Wesen Seyns; insofern kann es jenes Seyn *wollen*, ob es gleich nicht das ist, was es eigentlich will. Dieses endliche Seyn vermittelt ihm, sich in einer zweiten Stufe oder Potenz zu setzen – nun *als* Wesen. Dieses in der zweiten Potenz gesetzte Wesen ist, *was* das unanfängliche ist, mit dem einzigen Unterschied, daß es (ohne sein eignes Zuthun) gleich als Wesen gesetzt und demnach festgemacht ist. Nennen wir das Wesen oder reine Subjekt *A*, so ist das Subjekt *vor* allem Actus nicht als *A*, also ist es auch nicht so *A*, daß es nicht nicht-*A* oder = *B* seyn könnte. Nun aber macht es sich selbst zu *B* in der Selbstanziehung, wo es ein anderes wird. Aber die Nothwendigkeit seiner Natur ist, *unendliches* Subjekt, unendliches *A* zu seyn, d.h. nicht Objekt seyn zu können, ohne Subjekt zu seyn. Es kann also nicht *B* seyn, ohne *uno eodemque actu* als *A* zu seyn, nicht sofern es *B* ist, wohl aber in einer andern Gestalt seines Wesens. In dieser ist es nicht mehr bloßes *A*, sondern als *A*, *als A*, weil jetzt die Möglichkeit nicht-*A* zu seyn schon ausgeschlossen ist. Das als *A* gesetzte *A* ist aber nicht mehr das einfache *A*, sondern *A*, das *A ist*, nicht – ist und nicht ist, sondern entschieden ist. *A*, das *A* ist, ist das mit sich selbst duplicirte *A* (in der älteren Logik wurde diese Art des Setzens, wo *A* nicht *simpliciter*, sondern als *A* gesetzt wird, die reduplicative oder *Reduplicatio* genannt), also das als *A* gesetzte *A* ist nicht mehr einfaches, sondern duplicirtes A, das wir (nachdem der Begriff erklärt ist) der Kürze wegen wohl A^2 nennen können, und wir hätten also nun auf der einen Seite A, das B geworden ist, auf der andern im Gegensatz und in der Spannung mit diesem – aber eben darum zugleich in der Erhöhung *durch* dieses – A^2 (das in sich selbst erhöhte A, denn das heißt das als solches gesetzte A). [...]

Cartesius und sein Nachfolger Spinoza hatten das Denken von der Ausdehnung und dem Ausgedehnten rein ausgeschlossen. Aber z. B. das Licht ist in der ausgedehnten Welt offenbar ein Analogon des Geistes oder des Denkens, und wenn wir diesen unbestimmten Begriff eines Analogon auf einen bestimmten Begriff reduciren, so ist das Licht gar nichts anderes als der Geist oder das Denken selbst nur auf einer tieferen Stufe oder Potenz. Ganz auf dieselbe Weise hatte Fichte den Gegensatz von Ich und Nicht-Ich. Zwar hätte er seiner eignen Lehre zufolge, daß nur das Ich wahrhaft existirt, das Ich auch als die Substanz oder als das letzte Wesen der Natur erkennen, er hätte von der Natur behaupten müssen, daß auch sie wahrhaft nur existire, inwiefern sie innerlich oder ihrem Wesen nach = Ich, Subjekt-Objekt sey. Er hätte dieß behaupten müssen, wenn er ihr nicht *alle* Realität außer unsern Vorstellungen abgesprochen hätte. Also auch Fichte kannte *nichts* Subjektives als nur in dem *menschlichen* Ich oder Geist, während man z. B. von dem Licht sagen kann, es sey ein Subjektives, aber ein in die *Natur* selbst Gesetztes, das, worin die Natur gegen sich selbst subjektiv oder Subjekt ist, woraus denn auch folgt, daß die Natur nicht etwas *bloß* Objektives – *bloßes* Nicht-Ich sey. Denn das Ich ist gleichsam das Ich oder das erste Subjektive der Natur – das erste Subjektive *außer* uns. Nirgendwo, in keiner Sphäre ist ein bloß Subjektives oder ein bloß Objektives, sondern immer eine Einheit beider. Das Licht gehört für mich allerdings zu der mir objektiven Welt, zu der Welt, die für mich, der bereits auf eine höhere Stufe erhoben ist, als objektiv sich *verhält*, die aber in sich selbst auch ein Subjektives hat. Nur gegen ein noch höheres Ideales, z. B. gegen das menschliche Wissen, also überhaupt nur relativ, beziehungsweise gehört das Licht zur reellen Welt, für sich betrachtet aber, oder auch mit der Materie verglichen, ist es in *seiner* Art oder Potenz ebensowohl ein Ideales, als das menschliche Denken in *seiner* Potenz ein Ideales ist.

Aus den bisherigen Bestimmungen hat sich nun also ergeben, daß die ersten Momente des unendlichen sich-selbst-Setzens, oder, da in diesem das *Leben* des Subjekts besteht, daß die ersten Momente dieses *Lebens* Momente der *Natur* sind. Hieraus folgt also, daß diese Philosophie mit ihren ersten Schritten in der Natur ist, oder von der Natur anfängt – natürlich nicht um in ihr zu bleiben, sondern um in der Folge durch immer fortschreitende Steigerung sie zu übertreffen, über sie hinauszukommen, und zum Geist, in die eigentlich geistige Welt, sich zu erheben. Diese Philosophie konnte also in ihrem Anfang Naturphilosophie heißen, aber die Naturphilosophie war nur der erste Theil oder die Grundlage des Ganzen. Die Natur war selbst nur die *eine* Seite des Universums oder der absoluten Totalität, in welcher erst das absolute Subjekt ganz verwirklicht ist, die relativ ideale Welt. Die Welt des Geistes war die *andere* Seite. Die Philosophie mußte in die Tiefen der Natur hinabsteigen, nur um sich von dort aus zu den Höhen des Geistes zu erheben. Die andere Seite des Systems war also die Philosophie des Geistes. Wenn man daher das ganze System Naturphilosophie nannte, so war dieß eine *denominatio a potiori*, oder eigentlich *a priori*, als eine Benennung von dem, was in dem System das Vorausgehende, das Erste, aber insofern vielmehr das Untergeordnete war. Es war im Grunde schwer, diesem System einen Namen zu finden, weil es eben die Gegensätze aller früheren Systeme in sich aufgehoben enthielt; in der That war es weder Materialismus noch Spiritualismus zu nennen, weder Realismus noch Idealismus. Man hätte es Real-Idealismus nennen können, inwiefern in ihm der Idealismus selbst einen Realismus zur Basis hatte und aus einem Realismus entwickelt wurde. Nur einmal, in der Vorrede, also in dem exoterischen Theil meiner ersten Darstellung dieses Systems, hatte ich es das absolute Identitätssystem genannt, um eben anzudeuten, daß hier kein einseitiges Reales noch ein einseitiges Ideales behauptet werde, sondern in dem, was man von Fichte her das Reale, und in dem, was man das Ideale zu nennen gewohnt war, nur Ein letztes Subjekt gedacht werde. Allein auch diese Benennung wurde übel gedeutet und von denen, welche nie in das Innere des Systems eindrangen, benutzt, um daraus zu schließen, oder dem ununterichteten Theil des Publikums glauben zu machen, es werden in diesem System *alle* Unterschiede, namentlich jeder Unterschied von Materie und Geist, von Gutem und Bösem, selbst von Wahrheit und Irrthum aufgehoben, nach diesem System sey im gemeinen Sinn alles eins. Ich setze nun übrigens die Darstellung desselben fort.

Wir hätten also nun die zwei ersten Potenzen, die Materie auf der einen Seite als Ausdruck des ersten noch mit oder von sich selbst Befangenseyns des zuvor lauteren und freien Subjekts, und das Licht als Ausdruck des *als* frei und unbefangen gesetzten Subjekts, was aber eben darum nicht mehr das *ganze* oder das absolute Subjekt seyn kann, eben weil es das schon *als solches* gesetzte ist. Denn das absolute Subjekt ist noch *rein* unendlich, also auch noch nicht *als* solches gesetzt. Es ist nun zu zeigen, wie von diesem Punkt aus die Entwicklung weiter fortgeschritten. Hier kommt dann zuerst das eigentliche Princip des Fortschreitens oder die *Methode* zur Sprache, welche auf der Voraussetzung ruhte, daß immer das, was auf einer vorhergehenden Stufe noch subjektiv gesetzt ist, in einer folgenden selbst objektiv werde – zum Objekt hinzutrete, damit auf diese Weise zuletzt das vollkommenste Objekt entstehe, endlich aber das letzte, allein stehen bleibende Subjekt, das nicht mehr objektiv werden *könnende* (weil alle Formen da sind), also wirklich das höchste, als solches gesetzte Subjekt *sey*, denn was im *Lauf* der Entwicklung als Subjekt erscheint, ist gleichsam nur für einen Moment Subjekt, aber in einem folgenden Moment schon finden wir es als mit zum Objekt gehörig, selbst wieder objektiv gesetzt. Das Subjekt hat die nothwendige Tendenz zum Objektiven, diese *erschöpft* sich. [...]

Hat nun der (organische) Proceß sein Ziel erreicht, so tritt auch jenes bisher Subjektive selbst wieder zum Objekt hinzu, sein Reich, seine Herrschaft endet, um wieder einer höheren Potenz Platz zu machen. (Es entstehen jetzt keine *ursprünglichen* Organisationen mehr. Insofern ist auch historisch dieses ursprünglich organisirende, Organisationen hervorrufende Princip zu einer Vergangenheit geworden). Das Princip des organischen Lebens gehört also in Bezug oder im Verhältniß zu dem höheren Princip der *folgenden* Periode selbst noch zur objektiven Welt, und ist insofern Gegenstand, sogar der empirischen Naturforschung. Der Moment, wo jenes bis *jetzt* Höchste, das A^3, nun selbst auch ganz objektiv wird, also einem noch höheren Subjekt sich unterordnet, ist – die Geburt des Menschen, mit welchem die *Natur* als solche vollendet ist und eine neue Welt, eine völlig neue Folge von Entwicklungen beginnt. Denn der *Anfang* der Natur war eben jenes erste *Etwas*-Seyn, und der ganze Naturproceß ging nur auf Ueberwindung desselben in seiner Selbständigkeit oder Substantialität, ging nur dahin, es selbst wieder zur bloßen Existenzform eines Höheren zu machen. nachdem also dieses erste Seyn von seiner Befangenheit erlöst und eben dadurch, daß es einem Höheren sich unterordnete, zu der Freiheit wieder gebracht ist, die es im Organischen schon zum Theil in den freiwilligen Bewegungen der Thiere erlangt hat, so ist der Naturproceß als solcher geendigt; das Subjektive, das jetzt eintritt, hat nicht mehr unmittelbar, wie noch die vorhergehenden Potenzen, mit dem Seyn zu thun, indem es dieß als ein fertiges, vollendetes, abgeschlossenes vor sich hat; die höhere Potenz, die nun wieder *über* dieser Welt des Seyns sich erhebt, hat zu dieser nur noch einen *idealen* Bezug, oder sie kann nur noch *Wissen* seyn. Denn was sich gegen das *gesammte* Seyn wieder als Höheres, als Begreifendes verhält, kann nur Wissen seyn. Wir hätten also jetzt das Subjekt bis zu *dem* Punkt gebracht, wo es reines Wissen ist, oder wo es dasjenige ist, dessen *Seyn* eben nur noch im Wissen besteht, das wir nicht mehr nachweisen können als ein Ding oder als Materie (*hier* war die Immaterialität der Seele oder dessen, was in uns unmittelbar nur noch Wissen ist, besser und einleuchtender erklärt als in allen früheren Theorien, für welche noch außerdem die Existenz dieses Einfachen und Immateriellen, wie sie es nannten, selbst nur eine zufällige war, während sie in jener Folge als eine *nothwendige* einleuchtet – es muß in dieser Folge ein Punkt kommen, wo das Subjekt nicht mehr zur Materie herabsinkt, wo es nur noch Wissen, also *reines* Wissen, d. h. reiner Geist ist, und wo es alles, was es außerdem und *unmittelbar* seyn könnte, bereits *außer* sich, als ein *Anderes* vor sich, als ein für es selbst *Objektives* hat. Dennoch bleibt es zwar nur in *idealer*, aber doch in nothwendiger Beziehung auf *das*, was es nun *vor* sich hat; denn es ist *reines* Wissen eben nur, *weil* es das gesammte Seyn schon *außer* sich hat denn *an* sich ist es nicht ein anderes, sondern dasselbe Subjekt, das in seinem ersten und unmittelbaren Thun Materie geworden, in einer höheren Potenz als Licht, in einer noch höheren als Lebensprincip erschienen; könnte man also diese früheren Momente vor ihm hinwegnehmen, so würde das Subjekt nur wieder eben da anfangen können, wo es angefangen hatte, und es würde – auf dieser bestimmten Stufe – zu dieser Potenz seiner selbst abermals erhoben, *wieder* als reines Wissen seyn; es ist als reines Wissen gesetzt nicht an sich, sondern nur vermöge dieser Stufe, d. h. inwiefern es jene Momente vor sich hat, inwiefern es an diesen, die in ihm, dem absolut oder an sich betrachteten, als Möglichkeiten waren, inwiefern es sich von diesen schon gereinigt, sie *außer* sich, also zugleich von sich ausgeschlossen hat, es ist als reines Wissen nicht an sich, sondern nur durch seine Potenz, als A^4, als welches es aber sich selbst in den früheren Potenzen voraussetzt. Eben darum steht es in nothwendigem und nicht aufzuhebendem Bezug zu jenen vorausgegangenen Momenten, in *unmittelbarem* Bezug aber zu *dem*, in welchem allein der Schluß und das Ende des vorhergehenden Seyns ist, also zu dem Menschen (denn das folgende Moment muß immer das vorhergehende als seine unmittelbare Basis festhalten) – es ist also reines Wissen, das zwar auf die ganze Natur sich bezieht, seine *unmittelbare* Beziehung aber nur zum Menschen hat und insofern menschliches Wissen ist. Hiermit entsteht denn eine neue Folge von Momenten, welche nicht umhin kann der Folge von Momenten, die wir bereits in der Natur erkannt haben, parallel zu seyn. Aber der Unterschied ist, daß hier alles nur im Idealen vorgeht, was dort im Realen ist. [...]

In einer neuen Steigerung also, wodurch ihm die in seinem Erkennen gesetzte Nothwendigkeit selbst wieder objektiv wird, befreit sich das Subjekt von eben dieser Nothwendigkeit und erscheint nun als frei, zwar nicht in Ansehung des Erkennens oder Wissens, wohl aber in Ansehung des Handelns. Aber der Gegensatz ist damit nicht aufgehoben, sondern eben erst gesetzt, der Gegensatz zwischen Freiheit und Nothwendigkeit, der durch immer weiter ausgedehnte Verzweigungen, welche ich hier nicht darstellen kann, endlich jene hohe Bedeutung annimmt, die er in der *Geschichte* hat, in der nicht das Individuum, sondern die ganze Gattung handelt.

Hier also war der Punkt des Systems, wo es in die Sphäre des Handelns, die praktische Philosophie überging, wo demnach die moralische Freiheit des Menschen, der Gegensatz des Guten und Bösen und die Bedeutung dieses Gegensatzes, wo dann insbesondere auch der *Staat* als eine, wiewohl untergeordnete Vermittlung der Freiheit und Nothwendigkeit, als ein Erzeugniß der zwischen beiden ringenden Menschheit, und endlich die *Geschichte* selbst als der große Proceß, in den die ganze Menschheit verwickelt ist, zur Sprache kam. Und so wurde denn dieselbe Philosphie, welche auf einer früheren Stufe Naturphilosophie war, hier Philosophie der Geschichte. In dieser zeigte sich, daß eine schrankenlose Freiheit, die durch keine Gesetzmäßigkeit gezügelt wäre, zu einer trostlosen und verzweiflungsvollen Ansicht der Geschichte führe. Hier, wo die höchste und am meisten tragische Dissonanz hervortritt, in welcher der Mißbrauch der Freiheit uns selbst wieder die Nothwendigkeit zurückzurufen lehrt, hier sieht der Mensch sich genöthigt, etwas zu erkennen, das höher ist denn die menschliche Freiheit; die Pflicht selbst könnte ihm nicht gebieten, sobald sie entschieden habe, über die Folgen seiner Handlung ruhig zu seyn, wenn er sich nicht bewußt seyn dürfte, daß seine *Handlung* zwar von ihm, von seiner Freiheit, die *Folgen* aber oder das, was aus dieser Handlung für sein ganzes Geschlecht sich entwickelt, von einem Anderen und Höheren abhängig ist, welches durch die freieste, ja gesetzloseste Handlungsweise des Individuums hindurch eine höhere Gesetzmäßigkeit handhabt und behauptet.

Ohne diese Voraussetzung würde nie ein um die Folgen seiner Handlung ganz unbekümmerter Muth, zu thun, was die Pflicht gebietet, ein menschliches Gemüth begeistern; ohne diese Voraussetzung könnte nie ein Mensch wagen, eine Handlung von großen Folgen zu unternehmen, wäre sie ihm selbst durch die heiligste Pflicht vorgeschrieben. Hier wird also *für* die Geschichte selbst eine Nothwendigkeit gefordert, die auch gegen die moralische Freiheit noch besteht und sich behauptet, die also nicht *blinde* Nothwendigkeit (über welche die Freiheit allerdings erhaben ist) seyn kann, welche vielmehr nur darum die Freiheit mit der Nothwendigkeit vermittelt, weil sie selbst nicht (wie menschliche Freiheit) mit der Nothwendigkeit in Conflikt tritt, und nicht bloß relativ, sondern *absolut* frei gegen sie, immer *Vorsehung*, also immer und gegen alles *Subjekt* – reines, freies, unbetheiligtes und daher wahrhaft unendliches Subjekt bleibt. Hier kam also die Philosophie auf jenes letzte, über alles siegreiche Subjekt, das selbst nicht mehr objektiv wird, sondern immer Subjekt bleibt, und das der Mensch nicht mehr wie im Wissen als *Sich*, sonder als *über* Sich und eben darum als *über* allem erkennen muß, dem *zuletzt* alles unterworfen ist, und das nun nicht mehr bloß, wie im ersten Ausgang, Geist und Vorsehung ist, sondern auch als Vorsehung sich *erklärt*, und am Ende *zeigt*, was es im Anfang schon war. Die letzte Aufgabe konnte nun bloß noch seyn, das Verhältniß dieses seiner Natur nach unzugänglichen und wie in einem unzugänglichen Licht wohnenden – weil nie Objekt werden könnenden – Subjekts zum menschlichen Bewußtseyn zu zeigen; *denn irgend ein Verhältniß zu diesem mußte ihm zukommen.* Da aber bereits ausgesprochen ist, daß es selbst nie und durch keinen weiteren Fortschritt zum Objekt werden könne, sondern als herrschend *über* allem stehen bleibe, so läßt sich kein weiteres Verhältniß zum menschlichen Bewußtsein als das der bloßen Manifestation denken. [...]

Kunst, Religion und Philosophie, dieß sind die drei Sphären menschlicher Thäthigkeit, in denen allein der höchste Geist als solcher sich manifestirt, *er* ist der Genius der Kunst, der Genius der Religion, der Genius der Philosophie. Diesen drei Sphären wird allein Göttlichkeit und daher auch ursprüngliche Begeisterung zugestanden (alle andere Begeisterung ist schon nur eine abgeleitete, und wie Homer durch das einstimmige Zeugniß aller Zeiten, so ist auch Platon von seiner Nachwelt der göttliche genannt worden. Betrachten wir jenes höchste Subjekt nicht in einer jener besonderen Beziehungen, sondern schlechthin und allgemein, so bleibt uns für dasselbe kein anderer Name, als dem ihm alle Völker ohne Unterschied geben, der Name des Gottes – nicht bloß Gottes, nicht *ϑεοῦ*, sondern *τοῦ ϑεοῦ*, des bestimmten Gottes, dessen, der Gott ist. In diesem Begriff endigt also die Philosophie, er ist, nachdem die drei Potenzen der realen und der idealen Welt, gleichsam als ebensoviel successive Herrscher verschwunden und untergegangen sind, der letzte, allein überbleibende, in welchem die Philosophie ruht von ihrer Arbeit und gleichsam ihren Sabbath feiert.

Auf diese Weise war also von dem Tiefsten, das sich uns darstellt, bis zu dem Höchsten, dessen die menschliche Natur fähig ist, Eine Linie, Ein stetiger und nothwendiger Fortschritt dargethan. – [...]

Der Punkt, in welchem *jede* Philosophie mit dem *allgemeinen* menschlichen Bewußtsein immer entweder in Uebereinstimmung oder in Conflikt sich finden wird, ist die Art, wie sie sich über das Höchste, über Gott erklärt. Welche Stellung hatte nun *Gott* in der zuletzt vorgetragenen Philosophie? Zunächst die Stellung eines bloßen *Resultats*, des höchsten und letzten, alles abschließenden Gedankens – ganz der Stellung gemäß, welche er auch in der früheren Metaphysik gehabt, und die ihm auch Kant gelassen hatte, dem *Gott* bloß der zur formalen Abschließung der menschlichen Erkenntniß nothwendige Gedanke war. In dem zuletzt vorgetragenen System war Gott jenes zuletzt *als* Subjekt, als über alles siegreich stehen bleibende Subjekt, das nicht mehr zum Objekt herabsinken kann; eben dieses Subjekt war durch die ganze Natur, durch die ganze Geschichte, durch die Aufeinanderfolge *aller* der Momente hindurchgegangen, von denen es nur das letzte Resultat schien, und dieses Hindurchgehen wurde als eine wirkliche Bewegung (nicht als Fortschreiten im bloßen Denken), es wurde sogar als realer Proceß vorgestellt. Nun kann ich mir Gott wohl als das Ende und das bloße Resultat meines Denkens, wie er es in der alten Metaphysik war, aber ich kann ihn nicht als Resultat eines *objektiven* Processes denken; dieser als Resultat angenommene Gott könnte ferner, wenn er Gott ist, *nicht etwas außer Sich (praeter se)*, er könnte höchstens sich selbst zur Voraussetzung haben; nun hat er aber in jener Darstellung allerdings die früheren Momente der Entwicklung zu seiner Voraussetzung. Hieraus – aus dem Letzten – folgt, daß dieser Gott am Ende denn doch bestimmt werden muß, als der auch schon im Anfang war, daß also jenes Subjekt, das durch den ganzen Proceß hindurchgeht, im Anfang und Fortgang schon Gott ist, eh' es im Resultat auch *als* Gott gesetzt wird – daß in diesem Sinn allerdings *alles* Gott ist, daß auch das durch die Natur hindurchgehende Subjekt Gott ist, nur nicht *als* Gott – also Gott nur *außer* seiner Gottheit oder in seiner Entäußerung, oder in seiner Anderheit, als ein anderer von *sich selbst*, *als* welcher er erst im Ende ist. Wird nun aber wieder dieß angenommen, so zeigen sich folgende Schwierigkeiten. Theils ist Gott offenbar in einem Proceß begriffen, und wenigstens gerade um *als* Gott zu seyn, einem Werden unterworfen, was die angenommenen Begriffe zu sehr vor den Kopf stößt, als daß es je auf allgemeine Zustimmung rechnen könnte. Die Philosophie ist aber nur Philosophie, um *allgemeine* Verständigung, Ueberzeugung und daher auch allgemeine Zustimmung zu erhalten, und jeder, der eine philosophische Lehre aufstellt, macht diesen Anspruch. Man kann freilich sagen: der Gott begibt sich in dieses Werden, eben um sich als solchen zu setzen, und dieß muß man freilich sagen. Aber sowie dieß ausgesprochen ist, sieht man auch ein, daß man alsdann entweder eine Zeit annehmen muß, wo Gott nicht als solcher war (dem widerspricht aber wieder das allgemeine religiöse Bewußtseyn), oder man leugnet, daß je eine solche *Zeit* gewesen, d. h. jene Bewegung, jenes Geschehen wird als ein *ewiges Geschehen* erklärt. Ein ewiges Geschehen ist aber kein Geschehen. Mithin ist die ganze Vorstellung jenes Processes und jener Bewegung eine selbst illusorische, es ist eigentlich nichts geschehen, *alles* ist nur in Gedanken vorgegangen, und die ganze Bewegung war eigentlich nur eine Bewegung des Denkens. Dieß hätte jene Philosophie ergreifen sollen; damit setzte sie sich außer allen Widerspruch, aber eben damit begab sie sich ihres Anspruchs auf Objektivität, d. h. sie mußte sich als Wissenschaft bekennen, in der von *Existenz*, von dem was *wirklich existirt*, und also auch von Erkenntniß in diesem Sinn gar nicht die Rede ist, sondern nur von den Verhältnissen, welche die Gegenstände im bloßen Denken annehmen, und da Existenz überall das *Positive* ist, nämlich das, was gesetzt, was versichert, was behauptet wird, so mußte sie sich als rein *negative* Philosophie *bekennen*, aber eben damit den Raum für die Philosophie, welche sich auf die *Existenz* bezieht, d. h. für die positive Philosophie, außer sich frei lassen, sich nicht für die absolute Philosophie ausgeben, für die Philosophie, die nichts außer sich zurückläßt. Es bedurfte einer geraumen Zeit, bis sich die Philosophie hierüber ins Klare setzte, denn alle Fortschritte in der Philosophie geschehen nur langsam. Wodurch übrigens jener Zeitraum noch beträchtlich verlängert wurde, war eine Episode, die dieser letzten Entwicklung entgegentrat, und von der nun auch wenigstens das Nothwendige zu erwähnen ist.

Hegel.

Die so eben dargestellte Philosophie, welche auf allgemeine Zustimmung rechnen konnte, wenn sie sich als Denk- oder Vernunftwissenschaft und Gott, zu dem sie ans Ende gelangte, als das bloß *logische* Resultat ihrer früheren Vermittlungen darstellte, erhielt, indem sie den Schein des Gegentheils annahm, ein ganz falsches, sogar ihrem eignen ursprünglichen Gedanken widersprechendes Ansehen (daher die veränderlichen und höchst verschiedenen Urtheile, die über sie geäußert wurden, ganz natürlich waren). Nun konnte man aber hoffen, daß sie sich wirklich in diese Grenze zurückziehe, sich als negative, bloß logische erkläre, als *Hegel* eben dieß als die erste Forderung an die Philosophie aufstellte, *daß* sie sich in das reine Denken zurückziehe, und daß sie zum einzigen unmittelbaren Gegenstand den reinen Begriff habe. Man kann Hegel das Verdienst nicht absprechen, daß er die bloß *logische Natur* jener Philosophie, die er sich zu bearbeiten vornahm, und die er zu ihrer vollkommenen Gestalt zu bringen versprach, wohl eingesehen hatte. Hätte er *sich* dabei festgehalten, und hätte er diesen Gedanken mit strenger, mit entschiedener Verzichtleistung auf alles Positive ausgeführt, so hätte *er* den entschiedenen Uebergang zur positiven Philosphie herbeigeführt, denn das Negative, der negative Pol, kann nirgends in seiner Reinheit da seyn, ohne sogleich den positiven zu fordern. Allein jene Zurückziehung auf das bloße Denken, auf den reinen Begriff, war, wie man gleich auf den ersten Seiten von Hegels Logik ausgesprochen finden kann, mit dem Anspruch verknüpft, daß der Begriff *alles* sey und nichts außer sich zurücklasse. [...]

Dieß war es gerade, was Hegel vorzüglich zu vermeiden suchte, daß Gott, wie es innerhalb einer logischen Philosophie doch nicht anders seyn konnte, bloß im *Begriff* gesetzt sey. Gott war ihm nicht sowohl ein bloßer Begriff, als der Begriff Gott, der Begriff war ihm mit der Bedeutung, daß er Gott sey. Seine Meinung ist: Gott ist nichts anderes, als der Begriff, der stufenweise zur selbstbewußten Idee wird, als selbstbewußte Idee sich zur Natur entläßt, aus dieser in sich selbst zurückkehrend zum absoluten Geist wird.

So wenig ist Hegel geneigt, seine Philosophie *als* die bloß negative zu erkennen, daß er vielmehr versichert: sie sey die Philosophie, die schlechthin nichts außer sich zurücklasse; seine Philosophie schreibt sich die objektivste Bedeutung und insbesondere eine ganz vollkommene Erkenntniß Gottes und göttlicher Dinge zu – die Erkenntniß, die Kant der Vernunft abgesprochen, sey durch seine Philosophie erreicht. Ja er geht so weit, selbst eine Erkenntniß der christlichen Dogmen seiner Philosophie zuzuschreiben: in dieser Hinsicht ist wohl seine Darstellung der Dreieinigkeitslehre das Sprechendste, welche kürzlich folgende ist. Gott der Vater, vor der Schöpfung, ist der rein logische Begriff, der in den reinen Kategorien des *Seyns* sich verläuft. Dieser Gott aber muß sich, weil sein Wesen in einem nothwendigen Proceß besteht, offenbaren, diese Offenbarung oder Entäußerung seiner selbst ist die Welt, und ist Gott der *Sohn*. Aber Gott muß auch diese Entäußerung (welche ein Heraustreten aus dem bloß Logischen ist – so wenig hat Hegel den bloß logischen Charakter des *Ganzen* dieser Philosophie erkannt, daß er mit der Naturphilosophie aus ihr herauszutreten erklärte) – Gott muß auch diese Entäußerung, diese Negation seines bloß logischen Seyns wieder aufheben und zu sich zurückkehren, welches durch den Menschengeist geschieht in der Kunst, in der Religion und vollständig in der Philosophie, und dieser Menschengeist ist zugleich der heilige Geist, wodurch Gott erst zum vollkommenen Bewußtseyn seiner selbst kommt.

Sie sehen, wie hier jener Proceß, den die frühere Philosophie eingeführt, verstanden, und wie er auf die entschiedenste Weise als objektiver und realer genommen ist. Für so verdienstlich man daher auch die Anwandlung anschlagen muß, die Hegel hatte, die bloß logische Natur und Bedeutung der Wissenschaft, die er vor sich fand, einzusehen, so verdienstlich insbesondere es ist, daß er die von der früheren Philosophie im Realen verhüllten logischen Verhältnisse *als solche* hervorgehoben hat, so muß man doch gestehen, daß in der wirklichen Ausführung seine Philosophie (eben durch die Prätension auf objektive, reale Bedeutung) um ein gut Theil monstroser geworden ist, als es die vorhergehende je war, und daß ich daher auch dieser Philosophie nicht Unrecht gethan habe, wenn ich sie – eine Episode nannte. [...]

Die Identitätsphilosophie war mit den ersten Schritten in der Natur, also in der Sphäre des Empirischen und somit auch der Anschauung. Hegel hat *über* der Naturphilosophie seine abstrakte

Logik aufbauen wollen. Allein er hat dorthin die Methode der Naturphilosophie mitgenommen; es ist leicht zu erachten, welche Erzwungenheit dadurch entstehen mußte, daß er die Methode, welche durchaus Natur zum Inhalt und Naturanschauung zur Begleiterin hatte, ins *bloß* Logische erheben wollte; die Erzwungenheit entstand dadurch, daß er diese Formen der Anschauung verleugnen mußte und doch sie beständig unterschob, daher es auch eine ganz richtige Bemerkung und unschwere Entdeckung ist, daß Hegel schon mit dem ersten Schritt seiner Logik *Anschauung* voraussetze und, ohne sie unterzuschieben, keinen Schritt thun könnte.

Die alte Metaphysik, die sich aus verschiedenen Wissenschaften aufbaute, hatte zur allgemeinen Grundlage eine Wissenschaft, welche ebenfalls die Begriffe nur als Begriffe zum Inhalt hatte, die Ontologie. Hegeln schwebte bei seiner Logik nichts anderes als diese Ontologie vor, die *er* über die schlechte Form erheben wollte, die sie z. B. in der Wolffischen Philosophie gehabt hatte, wo die verschiedenen Kategorien in einem mehr oder weniger bloß zufälligen, mehr oder weniger gleichgültigen Neben- und Nacheinander aufgestellt und abgehandelt wurden. Er suchte diese Erhebung zu bewerkstelligen durch Anwendung einer Methode, die für einen ganz andern Zweck, für reale Potenzen erfunden war, auf *bloße* Begriffe, denen er ein *Leben*, eine innere Nöthigung zur Fortbewegung vergebens einzuhauchen suchte. Man sieht, daß hierin nichts *Ursprüngliches* ist; für diesen Zweck wäre die Methode nie erfunden worden. Sie ist hier etwas nur künstlich und gewaltsam Angewendetes. Aber überhaupt auf diese Ontologie zurückzugehen, war ein Rückschritt. [...]

Autoren- und Quellenverzeichnis

Gottfried Wilhelm Leibniz (1646–1716)

Naturforscher, Mathematiker, Historiker und Philosoph, geb. in Leipzig, gest. in Hannover; entwickelte unabhängig von und etwa gleichzeitig mit Newton die Differential- und Integralrechnung; schuf ein rationalistisches metaphysisches System, das die Grundlage der philosophischen Ausbildung in Deutschland bis zu der Studienzeit Hegels und Schellings bildete (Leibniz-Wolffische Philosophie). Nach dem Studium in Leipzig und Aufenthalten in Mainz und Paris wurde er 1676 Bibliothekar und später auch Hofhistoriograph der Herzöge von Braunschweig-Lüneburg in Hannover.

Wichtige Werke: *Discours de métaphysique* (Metaphysische Abhandlung, entstanden 1696, in deutscher Übersetzung erstmals 1780, im französischen Original erst 1846 veröffentlicht), *Systéme nouveau de la nature et de la communication des substances, aussi bien que de l'union qu'il y a entre l'âme et le corps* (Neues System der Natur und der Verbindung der Substanzen sowie der Vereinigung zwischen Seele und Körper, 1695), *Nouveaux essais sur l'entendement humain* (Neue Abhandlungen über den menschlichen Verstand, entstanden 1704 als Replik auf Lockes *Essay Concerning Human Understanding*, 1765 erstmals veröffentlicht), *Essais de theodicée sur la bonté de Dieu, la liberté de l'homme et l'origine du mal* (Versuche der Theodizee über die Güte Gottes, die Freiheit des Menschen und den Ursprung des Übels, 1710), *Monadologie* (entstanden 1714, in deutscher Übersetzung 1720, im französischen Original erstmals 1840 veröffentlicht), *Principes de la nature et de la grace fondés en raison* (Vernunftprinzipien der Natur und der Gnade, entstanden 1714, veröffentlicht 1718).

Text 1: Aus: *Metaphysische Abhandlung* (1786), in G.W. Leibniz, *Hauptschriften zur Philosophie*, Band II, Felix Meiner Verlag, Hamburg [3]1966, S. 143–147. Titel nicht original.

Text 2: Ebd. S. 168f. Titel nicht original.

Text 3: Undatierter Text aus dem Nachlaß. In: G. W. Leibniz, *Hauptschriften*, Band II, a. a. O., S. 497–503. Titel gemäß dieser Ausgabe.

Text 4: *Die »Monadologie«* (1714), in: G. W. Leibniz, *Hauptschriften*, Band II, a. a. O., 434–456. Titel nach dieser Ausgabe.

Christian Wolff (1679–1754)

Mathematiker und Philosoph, geb. in Breslau, gest. in Halle; 1707–1723 Professor für Mathematik an der Universität Halle, mußte 1723 Preußen auf Betreiben pietistischer Kreise verlassen und war danach Professor für Philosophie und Mathematik in Marburg, wurde nach dem Regierungsantritt Friedrichs II. 1740 als Professor der Rechte und Vizekanzler an die Universität Halle zurückberufen; schuf die Grundlagen der deutschen philosophischen Terminologie.

Wichtige Werke: *Vernünftige Gedanken von den Kräften des menschlichen Verstandes und ihrem richtigen Gebrauche in Erkenntnis der Wahrheit* (Deutsche Logik, 1712), *Vernünftige Gedanken von der Menschen Tun und Lassen zur Beförderung ihrer Glückseligkeit* (Deutsche Ethik, 1720), *Vernünftige Gedanken von Gott, der Welt und der Seele des Menschen, auch allen Dingen überhaupt* (Deutsche Metaphysik, 1720), *Philosophia Rationalis sive Logica* (Lateinische Logik, 1728), *Philosophia Prima sive Ontologia* (1729).

Text 5: Aus der sogenannten deutschen Metaphysik: *Vernünftige Gedanken von Gott, der Welt und der Seele des Menschen, auch allen Dingen überhaupt*, Halle 1720. Wiedergabe nach dem Nachdruck der elften Auflage von 1751, Georg Olms Verlagsbuchhandlung, Hildesheim 1983, §§ 10–12, 30–47, 76, 81–83, 114–116.

Moses Mendelssohn (1729–1786)

Jüdischer Aufklärungsphilosoph im theoretischen Spektrum des Leibniz-Wolffischen Rationalismus, Freund Lessings, geb. in Dessau, gest. in Berlin.

Wichtige Werke: *Briefe über die Empfindungen* (1755), *Phaedon oder über die Unsterblichkeit der Seele* (1767), *Jerusalem oder über religiöse Macht und Judentum* (1783), *Morgenstunden oder Vorlesungen über das Dasein Gottes* (1785),

Text 6: Aus: *Morgenstunden oder Vorlesungen über das Dasein Gottes*, Berlin 1785. Nach der Ausgabe im Verlag Philipp Reclam Jun., Stuttgart 1979, S. 169–175. Titel nicht original.

Text 22: Nach: Immanuel Kant, *Briefwechsel*, Felix Meiner Verlag, Hamburg 1972, S. 270–272.

Georg Christoph Lichtenberg (1742–1799)

Satiriker, Naturwissenschaftler und Philosoph, geb. in Ober-Ramstadt bei Darmstadt, gest. in Göttingen; Professor für Philosophie an der Universität Göttingen.

Wichtigstes Werk: *Sudelbücher* (Aufzeichnungen aus den Jahren 1765–1799, posthum veröffentlicht 1801).

Text 7: Die vier kurzen Texte aus den *Sudelbüchern*, Heft H 146f. und Heft K 65f., sind abgedruckt nach: Georg Christoph Lichtenberg, *Schriften und Briefe*. Hrsg. von Wolfgang Promies. Zweiter Band, Sudelbücher II, Materialhefte, Tagebücher. Carl Hanser Verlag, München ^{2}1975, S. 197f. bzw. 409f.

Immanuel Kant (1724–1804)

Wohl der bedeutendste nachantike Philosoph, geb. und gest. in Königsberg, Professor für Logik und Metaphysik an der dortigen Universität.

Wichtige Werke: *Kritik der reinen Vernunft* (1781), *Grundle-*

gung zur Metaphysik der Sitten (1785), *Kritik der Praktischen Vernunft* (1788), *Kritik der Urteilskraft* (1790), *Die Religion innerhalb der Grenzen der bloßen Vernunft* (1793), *Die Metaphysik der Sitten* (1797).

Text 8: Aus: *Kritik der reinen Vernunft*, 2. Auflage (B) von 1787, B XIV–XXII. Nach der Ausgabe im Felix Meiner Verlag, Hamburg 1956. Titel nicht original.

Text 9: Ebd. B 37–41, 46–49. Titel nicht original.

Text 10: Ebd. B 74–82, 87f. Titel nicht original.

Text 11: Ebd. B 95–107. Titel nicht original.

Text 12: Ebd. B 129–143. Titel nicht original.

Text 13: Ebd. B 399–404. Titel nicht original.

Text 14: Ebd. B 472–475. Titel nicht original.

Text 15: Ebd. B 620–630. Titel nicht original.

Text 16: Aus: *Kritik der praktischen Vernunft* (1788), §§ 1–8 ohne die »Anmerkungen« zu den §§ 1–6 und 8. Nach der Ausgabe im Felix Meiner Verlag, Hamburg 1974, S. 35, 38–41, 48f., 51f., 54–59 (Originalpaginierung der Ausgabe von 1797).

Text 17: Ebd. S. 128–144 (Originalpaginierung von 1797). Titel nicht original.

Text 18: Ebd. S. 215–220, 223–227, 238–241 (Originalpaginierung von 1797). Titel nicht original.

Text 19: Aus: *Die Religion innerhalb der Grenzen der bloßen Vernunft* (1793). Nach der Ausgabe im Felix Meiner Verlag, ^{7}1961, S. 33 und 36–39. Titel nicht original.

Text 37: In: *Intelligenzblatt* der Jenaischen *Allgemeinen Literatur-Zeitung*, Nr. 109, vom 28.8. 1977, Spalte 876–878. Titel nicht original. (Der zu Beginn von Kants Erklärung erwähnte Rezensent hatte Kant im Namen eines »sehr großen und achtungswürdigen Theils des Publicums« gebeten, »sein für die Wissenschaft so interessantes Urtheil über die Wissenschaftslehre« mitzuteilen.)

Gotthold Ephraim Lessing (1729–1781)

Dramatiker, Kritiker und Kunsttheoretiker, geb. in Kamenz (Sachsen), gest. in Braunschweig; lebte u. a. in Leipzig, Berlin, Hamburg und zuletzt als herzoglich Braunschweigischer Bibliothekar in Wolfenbüttel; griff wiederholt in theologische Debatten ein.

Wichtige Werke: *Laokoon, oder über die Grenzen der Malerei und Poesie* (1766), *Nathan der Weise, ein dramatisches Gedicht in fünf Aufzügen* (1779), *Die Erziehung des Menschengeschlechts* (1780).

Text 20: Aus: *Die Erziehung des Menschengeschlechts* (1780), §§ 1–9, 16–18, 22f., 26–28, 34–37, 54–77, 86–100. Nach G.E. Lessings *Sämtliche Schriften*, hrsg. von Karl Lachmann, 13. Band, G.J. Göschen'sche Verlagsbuchhandlung, Leipzig 1897, Nachdruck Walter de Gruyter & Co. 1968, S. 413–436.

Friedrich Heinrich Jacobi (1743–1819)

Philosoph und Dichter, geb. in Düsseldorf, gest. in München.

Wichtige Werke: *Über die Lehre des Spinoza in Briefen an Herrn Moses Mendelssohn* (1785), *David Hume über den Glauben oder über Idealismus und Realismus* (1787), *Von den göttlichen Dingen und ihrer Offenbarung* (1811).

Text 21: Aus: *Ueber die Lehre des Spinoza in Briefen an Herrn Moses Mendelssohn*, ^{1}1785, ^{2}1789. Nach: Friedrich Heinrich Jacobi's Werke. Vierter Band. Erste Abtheilung. Leipzig 1819 (Nachdruck: Wissenschaftliche Buchgesellschaft, Darmstadt 1980), S. 51–74. Titel nicht original.

Text 23: Ebd. Vierter Band. Zweite Abtheilung. S. 152–162. (Aus der »Beilage VII« zur zweiten Auflage von 1789.) Titel nicht original.

Johann Gottfried Herder (1744–1803)

Kunst- und Literaturtheoretiker, Theologe und Philosoph, geb. in Mohrungen (Ostpreußen), gest. in Weimar; Mitinitiator und Theoretiker des Sturm und Drang, 1770 Bekanntschaft mit Goethe in Straßburg, ab 1776 Generalsuperintendent in Weimar.

Wichtige Werke: *Abhandlung über den Ursprung der Sprache* (1772), *Auch eine Philosophie der Geschichte zur Bildung der Menschheit* (1774), *Ideen zur Philosophie der Geschichte der Menschheit* (1784–1791), *Briefe zur Beförderung der Humanität* (1793–1797).

Text 24: Aus: *Gott. Einige Gespräche* (1787), in: Johann Gottfried Herder, *Sämtliche Werke* XVI, hrsg. von Bernhard Suphan, Berlin 1887; Nachdruck: Georg Olms Verlagsbuchhandlung, Hildesheim 1967, S. 495–510. (Ohne Textapparat)

Karl Leonhard Reinhold (1758–1823)

Philosoph, zunächst in der Nachfolge Kants, später mit anderen Affiliationen, geb. in Wien, gest. in Kiel; Schwiegersohn Wielands, in dessen *Teutschen Merkur* er 1786–1787 »Briefe über die Kantische Philosophie« publizierte; lehrte Philosophie in Jena (1787–1794) und in Kiel (ab 1794).

Wichtige Werke: *Versuch einer neuen Theorie des menschlichen Vorstellungsvermögens* (1789), *Beiträge zur Berichtigung bisheriger Mißverständnisse der Philosophen* (1790 und 1794), *Beiträge zur leichteren Übersicht des Zustandes der Philosophie beim Anfange des 19. Jahrhunderts* (1801–1802).

Text 25: Aus: *»Neue Darstellung der Hauptmomente der Elementarphilosophie. Erster Theil. Fundamentallehre.«* In: K. L. Reinhold, *Beyträge zur Berichtigung bisheriger Mißverständnisse der Philosophen. Erster Band das Fundament der Elementarphilosophie betreffend.* Jena 1790, 165–254, § I (S. 167f.). Titel im Original: »Der Satz des Bewusstseyns.«

Text 26: Ebd. §§ VI–VIII (S. 175–180).

Text 27: *Ueber das Fundament des philosophischen Wissens*, Jena 1791, S. 3–6. Nachdruck: Felix Meiner Verlag, Hamburg 1978. Titel nicht original.

Gottlob Ernst Schulze (1761–1833)

Skeptiker und Kantkritiker, geb. in Heldrungen (Thüringen), gest. in Göttingen; Studium und erste Lehrtätigkeit in Wittenberg, danach Professor in Helmstedt (1788–1810) und in Göttingen (ab 1810), wo Schopenhauer zu seinen Hörern zählte. Sein Hauptwerk ist der 1792 anonym erschienene *Aenesidemus*.

Text 28: Aus Schulzes anonym erschienener Schrift: *Aenesidemus oder über die Fundamente der von dem Herrn Prof. Reinhold in Jena gelieferten Elementar-Philosophie. Nebst einer Vertheidigung des Skepticismus gegen die Anmaaßungen der Vernunftkritik*. 1792. (Nachdruck: Aetas Kantiana, 1969.) S. 97–100.

Johann Gottlieb Fichte (1762–1814)

Begründer der Philosophie des deutschen Idealismus, geb. in Rammenau (Lausitz), gest. in Berlin; Philosophieprofessor in Jena von 1794 bis zum sogenannten Atheismusstreit 1799 und in Berlin von 1810 bis zu seinem Tod.

Wichtige Werke: *Grundlage der gesamten Wissenschaftslehre als Handschrift für seine Zuhörer* (1794/95), *Grundlage des Naturrechts nach Prinzipien der Wissenschaftslehre* (1796/97), *Das System der Sittenlehre nach den Prinzipien der Wissenschaftslehre* (1798), *Die Bestimmung des Menschen* (1800), *Die Wissenschaftslehre. Vorgetragen im Jahre 1804* (erstmals 1834 veröffentlicht).

Text 29: Aus der Rezension des *Aenesidemus* (s. Text 27), in der *Allgemeinen Literatur-Zeitung*, Jena, Februar 1794. Die Textwiedergabe folgt dem Abdruck in: Fichtes *Werke*, hrsg. von Immanuel Hermann Fichte, Berlin 1845/1846, Band I, 1–25. Nachdruck: Walter de Gruyter & Co., Berlin 1971.

Text 35: *»Über den Grund unseres Glaubens an eine göttliche Weltregierung«* in: *Philosophisches Journal*, Band VIII (1798), 1–20. Die Textwiedergabe folgt dem Abdruck in: Fichtes *Werke* (s. Text 29), Band V, 175–189. Die »Anmerkungen des Herausgebers« stammen von I. H. Fichte.

Text 45: Aus der dritten, vierten und fünften Vorlesung in: *Die Anweisung zum seligen Leben oder auch die Religionslehre*, Berlin 1808. Die Textwiedergabe folgt dem Abdruck in: Fichtes *Werke* (s. Text 29), Band V, S. 438–447, 449–461, 463f. 465f., 466, 468f. und 470–473.

Text 46: Aus: *Die Wissenschaftslehre. Vorgetragen im Jahre 1812*. (Aus der Einleitung und den beiden ersten Kapiteln). Nach: Fichtes *Werke* (s. Text 29), Band X, S. 343–355.

Friedrich Wilhelm Joseph Schelling (1775–1854)

Der jünste unter den Philosophen des deutschen Idealismus, geb. in Leonberg (Württemberg), gest. in Bad Ragaz (Schweiz); philosophische und theologische Ausbildung im Tübinger Stift zusammen mit Hegel und Hölderlin, Professor an verschiedenen Universitäten: 1798–1803 in Jena, 1803–1806 in Würzburg, 1820–1827 in Erlangen, 1827–1841 in München, 1841–1846 in Berlin.

Wichtige Werke: *Philosophische Briefe über Dogmatizismus und Kritizismus* (1795), *Ideen zu einer Philosophie der Natur* (1797), *Erster Entwurf eines Systems der Naturphilosophie* (1799), *System des transzendentalen Idealismus* (1800), *Philosophische Untersuchungen über das Wesen der menschlichen Freiheit und die damit zusammenhängenden Gegenstände* (1809), *Philosophie der Mythologie und Philosophie der Offenbarung* (veröffentlicht 1856–1858).

Text 30: Aus: *Vom Ich als Princip der Philosophie oder über das Unbedingte im menschlichen Wissen* (1795), in: Friedrich Wilhelm Joseph von Schellings *Sämtliche*

Werke. Erste Abtheilung, erster Band, Stuttgart und Augsburg 1856, 149–244, hier: §§ 2, 3 (Anfang), 7, 8 und 11 und (mit einer Auslassung) S. 232–234. (Auszugsweiser Nachdruck der *Sämmtlichen Werke*: (a) Wissenschaftliche Buchgesellschaft, Darmstadt 1980; (b) Suhrkamp, Ffm 1985.)

Text 33: Aus einem Brief, den Schelling am 4. Februar 1795 von Tübingen aus an Hegel schrieb, der das Tübinger Stift im Herbst 1793 verlassen hatte und sich seitdem in Bern als Hauslehrer aufhielt. Die Textwiedergabe folgt: *Briefe von und an Hegel*, Band I: 1785–1812, hrsg. von Johannes Hoffmeister, Felix Meiner Verlag, Hamburg 1952, S. 21 f.

Text 36: Aus: *Ueber den wahren Begriff der Naturphilosophie und die richtige Art ihre Probleme aufzulösen*, 1801, in: *Sämmtliche Werke* (s. Text 30), Erste Abtheilung, dritter Band, S. 635–659, hier: S. 640–644 und 647 f.

Text 47: Aus: *Philosophische Untersuchungen über das Wesen der menschlichen Freiheit und die damit zusammenhängenden Gegenstände*, 1809, in: *Sämmtliche Werke* (s. Text 30), Erste Abtheilung, sechster Band (1860), S. 348–362. (Diese Schrift fehlt im Nachdruck (b) der *Sämmtlichen Werke*.)

Text 48: Aus: *Zur Geschichte der neueren Philosophie. Münchener Vorlesungen*. Wohl 1833/1834. In: *Sämmtliche Werke* (s. Text 30), Erste Abtheilung, zehnter Band, S. 93 – 95. (Im Nachdruck (a) der *Sämmtlichen Werke* ist der Text auf 1827 datiert.) Titel nicht original.

Text 49: Ebd. S. 99–103, 105–108, 112–114, 115–117, 119, 129–127, 127 f und 138 f. Titel nicht original.

Johann Christian Friedrich Hölderlin (1770–1843)

Wohl der bedeutendste deutsche Lyriker, geb. in Lauffen am Nekkar, gest. in Tübingen; philosophische und theologische Ausbildung im Tübinger Stift zusammen mit Hegel und Schelling, philosophische Studien bei Fichte in Jena, Hauslehrer an verschiedenen

Orten, litt seit 1802 an einer geistigen Krankheit und lebte von 1807 bis zu seinem Tod in Pflege bei einem Tübinger Schreinermeister.

Wichtige Werke: Neben den Gedichten der Briefroman *Hyperion* (1797–1799) und die Tragödie *Der Tod des Empedokles* (Fragmente aus den Jahren 1797–1800).

Text 31: Die Textwiedergabe folgt: Friedrich Hölderlin, *Sämtliche Werke und Briefe,* Erster Band, Carl Hanser Verlag, München 1970, S. 840f. In den Anmerkungen wird dort (S. 1159) der Text wie folgt erläutert: »Diese beiden auf einem Einzelblatt überlieferten Definitionen formulierte Hölderlin vielleicht erst Anfang April 1795. Die Überschrift stammt von Friedrich Beißner, der den Entwurf, dessen weitreichende philosophiegeschichtliche Bedeutung in einem Aufsatz von Dieter Henrich im Hölderlin-Jahrbuch 1965/66 nachgewiesen wird, erstmals 1961 veröffentlichte.«

Text 32: Aus einem Brief, den Hölderlin am 26. Januar 1795 von Jena aus an Hegel schrieb, der sich als Hauslehrer in Bern aufhielt. Die Textwiedergabe folgt: *Briefe von und an Hegel* (s. Text 33), S. 19f.

Georg Wilhelm Friedrich Hegel (1770–1831)

Der bekannteste und wirkungsmächtigste unter den Philosophen des deutschen Idealismus, geb. in Stuttgart, gest. in Berlin; philosophische und theologische Ausbildung im Tübinger Stift zusammen mit Hölderlin und Schelling, danach zunächst Hauslehrer in Bern und Frankfurt, dann Dozent in Jena 1801–1807, Redakteur in Bamberg 1807–1808, Gymnasialdirektor in Nürnberg 1808–1816, schließlich Professor in Heidelberg 1816–1818 und in Berlin 1818–1831.

Wichtige Werke: *Phänomenologie des Geistes* (1807), *Wissenschaft der Logik* (1812–1816), *Enzyklopädie der philosophischen Wissenschaften im Grundrisse* (1817), *Grundlinien der Philosophie des Rechts oder Naturrecht und Staatswissenschaft im Grundrisse* (1821), *Vorlesungen über die Ästhetik* (veröffentlicht 1835–1838).

Text 34: Die Textwiedergabe des Fragmentes folgt: Georg Wilhelm Friedrich Hegel, *Werke 1. Frühe Schriften*. Suhrkamp, Ffm 1971, S. 234–236. In den Anmerkungen wird der Text dort (S. 628) wie folgt erläutert: »[...] Dieses Blatt hat Franz Rosenzweig 1917 publiziert [...]. Er erkannte darin die Handschrift Hegels von 1796, deutete es jedoch als die Abschrift einer Vorlage, die von einem anderen Autor stamme. So kühn aber habe damals nur der junge Schelling gedacht. [...] 1926 stellte Wilhelm Böhm die These auf, nicht Schelling, sondern Hölderlin sei der Autor. Ludwig Strauß widerlegte sie. Man einigte sich auf die Verfasserschaft Schellings und die Urheberschaft Hölderlins, was die Gedanken über die Schönheit anbelangt. Erst 1965 wurde dieser Konsensus durchbrochen. Pöggeler ›kam zu der Überzeugung, daß Hegel der Verfasser des Systemprogramms sein müsse und daß er es wahrscheinlich in Frankfurt [also frühestens 1797, A. F. K.] unter dem Einfluß Hölderlins niedergeschrieben habe [...].‹ [Otto Pöggeler, ›Hegel, der Verfasser des ältesten Systemprogramms des deutschen Idealismus‹, *Hegel-Studien*, Beiheft 4, Bonn 1968, S. 181].«

Text 38: *Differenz des Fichte'schen und Schelling'schen Systems der Philosophie in Beziehung auf Reinhold's Beyträge zur leichtern Übersicht des Zustands der Philosophie zu Anfang des neunzehnten Jahrhunderts, 1stes Heft*, Jena 1801. »Vorerinnerung«. Die Textwiedergabe folgt: Georg Wilhelm Friedrich Hegel, *Werke 2. Jenaer Schriften (1801–1807)*. Suhrkamp, Ffm 1970, S. 9–14. Titel nicht original.

Text 39: Ebd. S. 94 und 100–102. Titel nicht original.

Text 40: Aus der Vorrede zur zweiten Auflage (1827) der *Enzyklopädie der philosophischen Wissenschaften im Grundrisse*, ^{3}1830, hrsg. von Friedhelm Nicolin und Otto Pöggeler, Felix Meiner Verlag, Hamburg 1969, S. 4–10.

Text 41: Aus der Einleitung in die *Enzyklopädie* (s. Text 40), §§ 1, 3, 6, 13–15, 17f. (S. 33–51)

Text 42: Aus der *Enzyklopädie* (s. Text 40), §§ 26–78 (S. 59–104). Titel nicht original.

Text 43: Aus: *Wissenschaft der Logik*. Erster Band: Die objective Logik. Erstes Buch: Das Sein. 1812, 1831. Die Textwiedergabe folgt der zweiten Auflage: G. W. F. Hegel, *Wissenschaft der Logik*. Hrsg. von Georg Lasson. Erster Teil. Felix Meiner Verlag, Hamburg 1971, S. 66f., 92f. 95–98, 101–103. (Die Auslassungen betreffen nur Anmerkungen, nicht den Haupttext.)

Text 44: Aus: *Wissenschaft der Logik*. Zweiter Band: Die subjective Logik oder Lehre vom Begriff. 1816. Die Textwiedergabe folgt der Ausgabe von Lasson (s. Text 43), Zweiter Teil, Felix Meiner Verlag, Hamburg 1969, S. 219–221. Titel nicht original.

Lust an der Erkenntnis

Die Philosophie des 20. Jahrhunderts

Ein Lesebuch. Herausgegeben und mit Einführungen versehen von Volker Spierling. 509 Seiten. Serie Piper 547

Das Lesebuch »Lust an der Erkenntnis« stellt die Positionen der wichtigsten und originellsten – aber auch der bedenklichsten – Philosophen beziehungsweise Philosophien unseres Jahrhunderts vor, Positionen, die das Bewußtsein der Gegenwart entscheidend mitgeprägt haben. Das Buch verdankt seine leserfreundliche und übersichtliche Form den vielfältigen Erfahrungen und Resultaten, die der Herausgeber in mehreren von ihm geleiteten Ferienseminaren zum Thema Gegenwartsphilosophie gemacht hat. Darüber hinaus erleichtern die vom Herausgeber verfaßten Einführungen zu den jeweiligen Themengruppen den Zugang selbst zu schwierigeren Texten und stellen zusätzliches authentisches Quellenmaterial zur Diskussion. Das Lesebuch möchte die eigene Phantasie des Lesers wecken, seine Lust am Lesen wie seine Lust am Selbstdenken.

Lust am Denken

Ein Lesebuch aus Philosophie, Natur- und Humanwissenschaften 1947–1981. Herausgegeben von Klaus Piper.
528 Seiten. Serie Piper 250

Mit dieser Anthologie von Texten aus dem Wissenschaftsprogramm des Piper Verlages stellt der Herausgeber, Klaus Piper, ein Lesebuch vor, in dem Beiträge von substantieller Eigenständigkeit und geistiger Originalität vereinigt sind.